Die Erzväter in der biblischen Tradition

Beihefte zur Zeitschrift für die alttestamentliche Wissenschaft

Herausgegeben von
John Barton · Reinhard G. Kratz
Choon-Leong Seow · Markus Witte

Band 400

Walter de Gruyter · Berlin · New York

Die Erzväter in der biblischen Tradition

Festschrift für Matthias Köckert

Herausgegeben von
Anselm C. Hagedorn und Henrik Pfeiffer

Walter de Gruyter · Berlin · New York

♾ Gedruckt auf säurefreiem Papier,
das die US-ANSI-Norm über Haltbarkeit erfüllt.

ISBN 978-3-11-020978-5
ISSN 0934-2575

Bibliografische Information der Deutschen Nationalbibliothek

Die Deutsche Nationalbibliothek verzeichnet diese Publikation in der Deutschen
Nationalbibliografie; detaillierte bibliografische Daten sind im Internet
über http://dnb.d-nb.de abrufbar.

Vorwort

Mit dem vorliegenden Band grüßen Kollegen, Schüler und Freunde Prof. Dr. Matthias Köckert zum 65. Geburtstag. Die Wahl des Gegenstandes für diese Festschrift erschließt sich im Wesentlichen von selbst. Mit dem Vätergott hat der Jubilar das Licht der wissenschaftlichen Welt erblickt. Ohne seine bahnbrechenden Studien samt ihren traditionskritischen Impulsen tappte die Forschung in vielerlei Hinsicht noch im Dunkeln. Eine Kommentierung der Vätererzählungen durch den Jubilar steht in Aussicht.

Ausgehend von den Erzählungen über die Väter beleuchtet der vorliegende Band die einschlägigen Traditionen über die Buchgrenzen der Genesis hinweg und zieht die Linien über Qumran und die jüdisch-hellenistischen Schriften bis in die Auslegungsgeschichte. Ein altorientalistischer Beitrag steht am Eingang, eine Predigt am Ausgang. Beide markieren den Horizont, in dem Matthias Köckert selbst sein exegetisches Geschäft betreibt: historisch *stricte* und theologisch pointiert.

Unser herzlicher Dank gilt neben den Autoren zunächst dem Verlag W. de Gruyter und den Herausgebern *der Beihefte für die Zeitschrift für die alttestamentliche Wissenschaft*, welche die Idee der Festschrift großzügig unterstützt haben. Besonderer Dank gebührt weiterhin Frau Marie Schoenauer (Erlangen) und Herrn Johannes Heinrich (Berlin), die sich mit großem Einsatz der Herstellung von Druckvorlage und Register angenommen haben. Herrn Dr. Albrecht Döhnert vom Verlag W. de Gruyter danken wir für die verlegerische Betreuung.

Ad multos annos!

Berlin und Erlangen, im Februar 2009
Anselm C. Hagedorn und Henrik Pfeiffer

Inhaltsverzeichnis

Ruinenstätten im hethitischen und akkadischen Schrifttum

Volkert Haas

Berlin

Legenden oder Mythen von Stadtvernichtungen gehören in den in zahlreichen Variationen überlieferten Themenkreis der Vernichtung der sündhaften Menschheit und fanden ein reiches Echo bis in die Literatur der Neuzeit.[1]

Inbegriff der sündigen Welt und Topos untergegangener Städte sind Sodom und Gomorrha[2], die Jhwh wegen ihrer sittlichen Verfehlungen in Ruinen verwandelt hat:

> „Jhwh aber ließ auf Sodom und Gomorrha Schwefel und Feuer regnen ›von Jhwh, vom Himmel her‹ und zerstörte jene Städte von Grund aus samt der ganzen Niederung und allen Bewohnern der Städte und den Gewächsen auf den Fluren".[3]

Das gleiche Schicksal widerfuhr einer sumerischen Dichtung zufolge der von den Göttern verlassenen Stadt Akkade[4] und der syrischen Stadt Ebla wegen der Unterlassung eines sittlichen Gebotes des Wettergottes.[5] Um die Ruinen von Ebla entstand wohl schon im 16. Jahrhundert eine Ätiologie ihrer Zerstörung durch ein göttliches Strafgericht: Das in hurritischer Sprache und hethitischer Übersetzung überlieferte literarische Werk „Gesang (von) der Freilassung" (hurritisch *kirenzi*, hethitisch *parā tarnumar*)[6] ist um etwa 1400 v.Chr. in Ḫattusa niedergeschrieben worden, doch nach sprachlichen und inhaltlichen Kriterien ist die hurritische Fassung als weitaus ältere einzustufen. Das Kernstück der aus verschiedenen literarischen Genres kombinierten Dichtung ist die

---

1   Zum Beispiel in Marcel Proust's Romanzyklus *A la recherche du temps perdu* der Band *Sodome et Gomorrhe*, 1921–1923 oder dem Schauspiel *Sodome et Gomorrhe* von Jean Giraudoux, erschienen 1943.

2   Allgemein am Südostufer des Toten Meeres (südlich der Halbinsel el-lisān) lokalisiert. Der Untergang der Städte wird auf ein Einsinken der Erdkruste infolge eines Erbebens in der mittleren Bronzezeit zurückgeführt, siehe etwa Hentschke (1966).

3   Gen 19,24f., vgl. Schreiner, Sodom (2006).

4   Siehe Edzard 2004: 90.

5   Schauplatz des literarischen Werkes ist Ebla, die heutige Ruine Tell Mardih etwa 60 km südöstlich von Aleppo.

6   Bearbeitet von Neu 1996. Vgl. auch Haas 2006: 177–192. In der Interpretation der Ebla-Erzählung folge ich im wesentlichen Otto 2001.

ursprünglich selbständige Erzählung über den Untergang der Stadt: Der Wettergott und mit ihm Mēgi, der König von Ebla, fordern die Freilassung der Gefangenen, die aber in der Versammlung der Stadtältesten verweigert wird. So trifft der Fluch des Wettergottes die Stadt, die sich dem göttlichen Willen widersetzt hat. Die Warnung des Wettergottes:

> „Wenn ihr aber in Ebla, in der Stadt des Thrones, die Freilassung nicht durchführt und dann der siebte Tag (da ist), werde ich selbst zu euch kommen. (§-Strich) Die Stadt Ebla werde ich vernichten. Ich werde sie zugrunde richten, als wäre sie niemals besiedelt gewesen – so werde ich sie dem Erdboden gleichmachen: (§-Strich) Die Umwallung von Eblas Unterstadt werde ich wie einen Becher zerbrechen. Die Umwallung der Oberstadt werde ich wie einen Abfallhaufen zertrampeln. (§-Strich) Inmitten des Marktplatzes aber [werde ich] Ebla[s *Fundament*] wie einen [Bech]er ze[rbrechen] (§-Strich). Mit mir aber werde ich [ihren Wohlstand hinweg]neh[men]. Die Feuerstelle der [Umwallung der] Oberstadt [aber] werde ich hinab [in die Umwallung der] Unte[rstadt] bringen (§-Strich). [Die F]euerstelle der U[mwallung] der Unterstadt [werde ich] hinab in den Fluß [schütten]. Die Feuerstelle der [Umwall]ung der Oberstadt aber [werde ich] hinab auf die Umwallung der Unterstadt schüt[ten]."[7]

Die Zerstörung von Ebla erfolgte den Ausgrabungsergebnissen zufolge in der altbabylonischen Zeit.[8] Trotz des Wiedererstehens der Stadt hat sie ihre alte Bedeutung in der zweiten Hälfte des 3. Jahrtausends nie wieder erlangt.

Wie lebendig und verbreitet diese Untergangssagen unbotmäßiger oder gottloser Städte gewesen sind, zeigt ein hethitischer Mythos mit dem Vernichtungsmotiv der nahe der Küste des Schwarzen Meeres gelegenen Stadt Liḫzina durch den Wettergott:[9] Ein mittelhethitisches Heilungsritual enthält auf der Vorderseite (Vs. I und Vs. II) die Entsorgung der pathogenen Substanzen eines von Krankheit geheilten Kindes; die Rückseite (Rs. III) ein Mythologem, dem zufolge der Wettergott die Stadt zerstört, die Einwohner tötet und die Äcker zu Brachland verwandelt hat. Nach seiner Rückkehr aus der zerstörten Stadt „traf der Wettergott unterwegs acht seiner (göttlichen) Söhne an. Vor ihm verneigten sie sich (mit den Worten): ‚O Wettergott, uns[er] Vater, wo warst du?' ‚In Liḫzina war ich. Sie (die Felder?) erntete ich ab. Einen Wald legte ich (an ihrer Stelle?) an. (So) verfuhr ich (mit ihr).'" In Kombination mit einem anderen Heilungsritual einer Frau Zuwi[10] könnte die Zerstörung von Liḫzina insofern mit dem Fluch des Wettergottes auf die alten Weiber der Stadt Liḫzina eine Erklärung finden, als sich der göttliche Zorn auf

---

7   KBo 32.19 Vs. I/Vs. II 24–42. Die Übersetzung folgt Neu 1996: 383–385.

8   Zur Stadt der Schichten III A-B (2000–1600) siehe Matthiae 1980: 112–114.

9   CTH 331.1: KBo 23.4 + KUB 33.66 + KBo 40.333; CTH 331.2: KUB 34.91; bearbeitet von Groddek 1999.

10   CTH 412.2. Zwar gehört CTH 331 (KBo 23.4 + KUB 33.66 + KBo 40.333 junghethitisch) auf jeden Fall zu den Ritualen der Frau Zuwi, einem Textzusammenschluß mit KUB 7.57 + KUB 35.148 (mittelhethitisch) jedoch widerspricht die verschiedene Datierung der beiden Tafelfragmente.

diese Schadenzauber ausübenden Frauen der Stadt richtet: „Ich, der Wettergott, werde die Stadt Liḫzina auf ihr [Antlitz] werfen, und ich werde sie auf dem Marktplatz?? (ḫumanni) zertreten und die Magierinnen zerstreuen."[11] Das Ritual dient der Heilung eines Menschen, der – so ließe sich folgern – von den Magierinnen behext worden ist, die nun von dem Wettergott mitsamt der Stadt vernichtet werden.

Ohne eine überlieferte antike Legende blieben die weithin sichtbaren Ruinen der hethitischen Metropole Hattusa. Nur die Bewohner der umliegenden Dörfer berichteten, daß dort in längst vergangenen Zeiten ein Prinz namens Zizim – wahrscheinlich mißverstandenes türkisch cüce „Zwerg" – einen großen Palast und einen Bazar (Tempel I) errichtet habe.[12]

Tabuiert der hethitische König eine zerstörte feindliche Stadt, so erklärt er sie für sakrosankt, indem er sie den Stieren des Wettergottes als Weide übereignet. Nachdem man die Götter aus den Ruinen mit den üblichen Evokationsriten in das Hattiland gelockt und in die dortigen Tempel überführt hat, spricht Mursili II den Fluch über die Stadt Timuhala:

> „Seht, die Stadt war feindlich gegen mich. (§-Strich) Da rief ich den Wettergott, meinen Herrn, an. Und der Wettergott, mein Herr, soll mir den Wunsch erfüllen und mir den Wunsch verwirklichen. Da lieferte er sie mir aus, und ich verwüstete sie. (§-Strich) Und ich tabuierte sie. Solange der Himmel, die Erde [und] die Menschen (bestehen), soll sie in alle Zukunft kein Mensch mehr besiedeln. [In alle Zukunft] soll die Feindesstadt mitsamt Feld, Flur, Dreschplatz, Gärten und ... dem Wettergott, meinem Herrn, (übergeben sein). Und, Wettergott, mein Herr, deine Stiere Seri (und) Hurri, (sollen) sie als Weide (nehmen), und Seri (und) Hurri sollen sie für immer beweiden. Wer sie (aber) wieder besiedelt und sie den Stieren des Wettergott – dem Seri und dem Hurri – als Weide wegnimmt, der soll dem Wettergott, meinem Herrn, ein Prozeßgegner sein. Und wenn irgendein Mensch diese Feindesstadt (wieder) besiedelt und wenn (es auch) nur [ein einziges] Haus (ist), oder (auch nur) zwei Häuser (sind); (wenn) sie irgendwelche Fußtruppen und Kavallerie be[siedeln], so [soll] mein Herr dieses eine Haus oder die [zwei] Häuser oder die Fußtruppen [oder die Kavallerie vernichten]."[13]

„Ruinen des Landes Hatti"[14] sind vielfach belegt: „die Ruinen der Stadt Ura"[15], „die Ruinen in Kummanni"[16], „die Ruinen der Stadt Katruna"[17] und „die Ruinen der Stadt Anta".[18]

---

11   KUB 7.57 Vs. I 6–8, siehe Oettinger 1976: 44 und 2002: 256.
12   Haas 1998: 95.
13   Zuletzt Haas 2006: 228.
14   KUB 38.9 Vs. 17 ff., vgl. Archi 1973: 23.
15   KUB 49.11 Vs. II 21'.
16   473/z 10.
17   KUB 22.25 [ein Feldzugsorakel, bearbeitet von von Schuler 1965: 176–184] Vs. 25', 36', Rs. 11, 20, 30.
18   Bronzetafel Vs. I 69.

Wenn die Götter nach dem Verfall ihrer Städte nicht evoziert werden und in den Ruinen verbleiben, so wird den Restaurationstexten aus der Zeit des Großkönigs Tuthaliyas IV. zufolge, ihr dortiger Kult weiterhin aufrecht erhalten; so verehrt man den „Wettergott des Regens" in der „Ruinenstätte des Tauben":[19] Seine (des Wettergottes) Statue „steht in der Ruinenstätte des Tauben auf einem *passu*-Podest. Wenn es Frühling wird, dann geht der (Priester) ‚Wettergottmann' nach Ḫakmiš herab. Er bringt drei Brote eines Liters (und) eine *ḫanessa*-Kanne Bier von seinem Haus. Die Leute der Ruinenstätte des Tauben bringen ein schwarzes Schaf und der ‚Wettergottmann' opfert es; man schlachtet es an der Stele für ihn. Fleisch, roh und gekocht, stellt man hin."[20] An anderer Stelle sind aufgeführt: Die Gottheit Zithara und die Ruinenstätten, weitere Städte, sodann „acht Ruinenstätten", in denen der Kult versehen wird.[21] In einem Absatz der Rituale für die Göttin Huwassanna (von Hupisna[22]) begibt sich das Kultpersonal – „die Männer des Herrn der Götter und die *alḫuitra*-Priesterin" „nach draußen zu irgendeiner Ruine".[23] Was dort geschieht, wird nicht beschrieben. Noch unklar ist der Begriff „Königsruinenstätte".[24]

In einem Gebet des Großkönigs Muwatalli II. geht es um das sakrale, dem Tempel zugehörige, *sinapsi*-Gebäude(teil), in welchem (in magischer Hinsicht) gefahrvolle rituelle Handlungen stattfinden. Muwatalli verspricht dem Wettergott die in „verlassenen Städten" befindlichen *sinapsi*-Häuser oder Räume in besonderer Weise in Ordnung zu halten.[25]

Ruinen sind universell übel berufene Orte. In einem fragmentarisch erhaltenen Ritual[26] hat der Zauberer Persönlichkeitsträger des Behexten – Haare, Fingernägel usw. als *pars pro toto* – an unheimlichen Orten[27] deponiert, worunter auch die Ruinen und unbewohnte Ortschaften sowie die nur hier

---

19 Daß die Ruinenstätten die Namen ihrer (ehemaligen) Besitzer beibehalten, zeigt auch der bekannte Text der Aphasie Mursilis II., der von seinem Schockerlebnis berichtet: „So (spricht) Murçili, der Großkönig: Ich fuhr (einst) mit dem Wagen nach dem Orte "Ruine des Kunnu", da kam ein Unwetter auf, und die Gottheit donnerte schrecklich", siehe Kümmel 1987: 289–292.

20 KUB 25.23 linker Rand, siehe Hazenbos 2003: 35, 40.

21 HT 4 10'–13', siehe Hazenbos 2003: 108–109.

22 Ḫupisna ist der alte Name der griechischen Stadt Cybistra, türkisch Ereğli.

23 KUB 27.66 Vs. II (Duplikat KUB 27.60) 10'–14'.

24 URU.ʿDU₆ʾ.LUGAL, KUB 56.40 IV 13', 18' siehe Hazenbos 2003: 74.

25 KBo 11.1 [bearbeitet von H.J. Houwink ten Cate und F. Josphson 1967: 108 ff.] Vs. I 36–37.

26 KBo 31.143 + KBo 20.49 Vs.; bearbeitet von Haas 2007: 29–35.

27 Zu solchen Orten mag auch der in dem Entsühnungsritual KUB 30.34 Rs. IV 19–24 genannte Hinrichtungsplatz gehören: „Einen Ziegenbock und einen *šurašura*-Vogel (als Substitute) bringt er mitten durch die Stadt, und aus demjenigen Tore, durch das man Menschen zum Töten hinausführt, führst du auch jene herab, und ebendort an die Stelle, an der Menschen getötet worden sind, bringst du sie hin", siehe Kümmel 1967: 158.

belegten „ḫusular der Ruine", aufgeführt sind. Die „ḫusular der Ruine" könnten Schuttplätze, aber auch in Ruinen hausende Wesen sein.

Ein Dämon der Ruine ist in der Fluchformel des altassyrischen Königs Irišum[28] belegt: ša ḫarībim „der (Bewohner) der Ruine":

> „[Der Dä]mon der Ruine wird seinen Mund und seinen After besetzen, wie einen Topf, einen zerbrochenen, seinen Schädel zerbrechen."

Insbesonders in der babylonischen Überlieferung sind Ruinen Stätten, in denen die Totengeister hausen und an denen zauberische Handlungen vollzogen werden: In einem babylonischen Ritual gegen das Erscheinen eines Totengeistes findet sich die Beschwörung: „Tote Menschen, warum erscheint ihr mir; ihr, deren Städte die Ruinen sind"[29], ähnlich richtet sich in der akkadischen Beschwörungsserie Maqlû „Verbrennung" der Behexte an seine Behexerinnen: „Einem Totengeist verlassener Ruinen (oder: Ödlandes) habt ihr mich übergeben," und in dem sogenannten babylonischen Dialog des Pessimisten findet sich der tiefsinnige Satz: „Gehe zu den alten Ruinen, sieh auf die Schädel von hoch und niedrig, welcher ist ein Bösewicht und welcher ist ein Guter?"[30]

Beschließen wir nun diesen kleinen Beitrag mit dem Fluch des Propheten Jesaja (13, 19–23) über Babylon:

> Und Babel, der Zierde der Königreiche, der stolzen Pracht der Chaldäer, soll es ergehen,
> wie [es erging, als] Gott Sodom und Gomorrha von Grund aus zerstörte.
> Nie soll sie mehr besiedelt sein noch bewohnt auf Geschlecht und Geschlecht;
> nicht sollen Araber dort zelten, noch Hirten dort lagern.
> Ihre Häuser sollen voll werden von Uhus und Wüstentiere dort lagern. Strauße[?]
> sollen dort wohnen und Bocksgeister herumhüpfen;
> und wilde Hunde werden in ihren Palästen heulen und Schakale in den Schlössern der Lust.
> Ihre Zeit ist nahe herangekommen und ihre Tage werden sich nicht hinziehen.

Im Lauf der Zeiten hat die Phantasie die Ruinen Babylons mit weiteren Schreckgestalten – tanzenden und schreienden Dämonen, bocksbeinigen Gespenstern, Uhus, Eulen, Kobolden und Mischwesen – bevölkert. Die Zeitschrift *Morgenlaendische Alterthümer* (Wiesbaden), herausgegeben von dem Hobby-Archäologen, dem Hofrat Dr. Wilhelm D. Dorow, enthält in Heft I (1820), *Die assyrische Keilschrift,* unter anderen auch einen Bericht von G.F. Grotefend, daß ein Araber – ein Chôadar – dem der orientalischen Sprachen kundigen Residenten der Indischen Kompagnie in Bagdad und Generalkonsul Claudius James Rich[31] bei einem Besuch der Ruinen Babylons von einem dort

---

28 Bearbeitet von Landsberger/Balkan 1950: 219–268, siehe 227: 41–42.
29 CT 23.15–18:13, bearbeitet von Castellino 1953.
30 Bearbeitet von Lambert 1960: 139–149, siehe 148: 76–78.
31 Zu den archäologischen Unternehmungen von James Rich in Babylon und Ninive siehe Layard 1854: 4–6; vgl. auch Beyer 1989: 92.

lebenden Tier erzählte, welches von oben einem Manne gliche, aber die Schenkel und Beine eines Schafs oder einer Ziege hätte. Die Araber jagten es mit Hunden, schnitten ihm aber nur, aus Achtung gegen die menschliche Gestalt, die unteren Glieder ab.[32] Auch Austen Henry Layard berichtet anlässlich seines Aufenthalts in Babylon:

> „Das Geheimnisvolle und die Scheu, welche mit diesem Orte verbunden sind, wurden durch übertriebene Nachrichten von wilden Thieren, welche die unterirdischen Durchgänge unsicher machten, und von den nicht weniger wilden Stämmen, welche in den Ruinen herumschwärmten, nur erhalten."[33]

Literatur

ARCHI, A. (1973): Bureaucratie et communautés d'hommes libres, in: Festschrift Heinrich Otten, Wiesbaden.

BEYER, D. (1989): Khorsabad oder die Entdeckung der Assyrer, in: Sievernich, G./Budde, H. (Hg.): Katalog Europa und der Orient 800–1900.

DOROW, W.D. (1820): Morgenlaendische Alterthümer I Heft, Die assyrische Keilschrift erläutert durch zwei noch nicht bekannt gewordene Jaspis Cylinder aus Niniveh und Babylon; begleitet mit dem Nachstiche des vom Abte Lichtenstein herausgegebenen Cylinders, und dem genauen Abdrucke einer alten tibetanischen Handschrift in schönen Utschen – Charakteren, Wiesbaden.

EDZARD, D.O. (2004): Geschichte Mesopotamiens. Von den Sumerern bis zu Alexander dem Großen, München.

FORLANINI, M. (1984): Die „Götter von Zalpa" Hethitische Götter und Städte am Schwarzen Meer, ZA 74, 245–266.

FRIEDRICH, J. (1926): Staatsverträge des Ḫatti-Reiches II, MVAeG 31.

GRODDEK, D. (1999): CTH 331: Mythos vom verschwundenen Wettergott oder Aitologie der Zerstörung Liḫzinas?, ZA 89, 36–49.

GROTEFEND, G.F. (1820): Erläuterungen über einige babylonische Cylinder mit Keilschrift, in: Dorow, W.D. (Hg.): Morgenlaendische Alterthümer I Heft, Die assyrische Keilschrift erläutert durch zwei noch nicht bekannt gewordene Jaspis Cylinder aus Niniveh und Babylon; begleitet mit dem Nachstiche des vom Abte Lichtenstein herausgegebenen Cylinders, und dem genauen Abdrucke einer alten tibetanischen Handschrift in schönen Utschen – Charakteren, Wiesbaden, 23–56.

---

32 Grotefend 1820: 49.
33 Layard 1854: 4.

HAAS, V. (1998): 1906–1912 Hattuscha (Boğazköy) – Die Hauptstadt der Hethiter, in: Zwischen Tigris und Nil. 100 Jahre Ausgrabungen der Deutschen Orient-Gesellschaft in Vorderasien und Ägypten, Mainz, 92–100.

– (2006): Die hethitische Literatur, Berlin/New York.

– (2007): Notizen zu den Ritualen der Frau Allaituraḫi aus Mukiš, AoF 34, 9–36.

HAZENBOSH, J. (2003): The Organization of the Anatolian Local Cults during the Thirteenth Century B.C. An appraisal of the Hittite cult inventories, Leiden/Boston.

HENTSCHKE, R. (1966): Sodom, in: Reicke, B./Rost, L. (Hg.): Biblisch-historisches Handwörterbuck, Göttingen, 3. Band, 1817–1818.

HOUWINK TEN CATE, H.J./JOSPHSON, F. (1967): Muwatallis' Prayer to the Storm-God of Kummanni (KBo XI 1), RHA XXV, 101–140.

KÜMMEL, H.M. (1967): Ersatzrituale für den hethitischen König, StBoT 3, Wiesbaden.

– (1987): Rituale in hethitischer Sprache, TUAT II.2, 282–292.

LAMBERT, W.G. (1960): Babylonian Wisdom Literature, Oxford.

LANDSBERGER, B./BALKAN, K. (1950): Die Inschrift des assyrischen Königs Iriçum. Gefunden in Kültepe 1948, Belleten 53, 219–268.

LAYARD, A.H. (1854): Niniveh und seine Ueberreste. Nebst einem Bericht über einen Besuch bei den chaldischen Christen in Kurdistan und den Jezidi oder Teufelsanbetern; sowie einer Untersuchung über die Sitten und Künste der alten Assyrier, Leipzig.

MATTHIAE, P. (1980): *Ebla. An Empire Rediscovered*, London.

NEU, E. (1996): Das hurritische Epos der Freilassung I. Untersuchungen zu einem hurritisch-hethitischen Textensemble aus Ḫattuša, StBoT 32.

OETTINGER, N. (1976): Die Militärischen Eide der Hethiter, StBoT 22.

OTTO, E. (2001): *Kirenzi* und *d^erôr* in der hurritisch-hethitischen Serie "Freilassung" (*parā tarnumar*), StBoT 45, 524–531.

SCHULER, VON E. (1965): Die Kaškäer. Ein Beitrag zur Ethnographie des alten Kleinasien, Berlin.

SINGER, I. (1996): Muwatalli's Prayer to the Assembly of Gods Through the Storm-God of Lightning (*CTH* 381), Atlanta.

STRAUSS, R. (2006): Reinigungsrituale aus Kizzuwatna. Ein Beitrag zur Erforschung hethitischer Ritualtradition und Kulturgeschichte, Berlin/New York.

Babel im Rücken und das Land vor Augen

Anmerkungen zum Abschluß der Urgeschichte und zum Anfang der Erzählungen von den Erzeltern Israels

Jan Christian Gertz
Heidelberg

Es hat den Herausgebern der Reihe „Das Alte Testament Deutsch" gefallen, den Nachfolgeband zu G. von Rads klassischem Genesiskommentar[1] auf mehrere Schultern zu verteilen. Auf den ersten Blick könnte die vorgesehene Einzelkommentierung der biblischen Urgeschichte, der Erzelterngeschichte und der Josefserzählung wie ein vorweggenommenes Zugeständnis an die gegenwärtige Renais-sance modifizierter Fragmenten- und Ergänzungshypothesen in der Pentateuchforschung wirken. Doch die Dreiteilung greift, wenn auch bei anderer Gliederung des Buches, nur die alte Zählung des ATD auf.[2] Die Verpflichtung mehrerer Kommentatoren dürfte hingegen auf der Hoffnung beruhen, durch kleinere Einheiten dem landläufigen Herausgeberleid mit säumigen Autoren ein Schnippchen zu schlagen. Ist die besagte Aufteilung der Kommentierung der Genesis folglich in erster Linie ein Gebot pragmatischer Klugheit, so wirft sie dennoch eine Reihe wichtiger Detailfragen auf. Diese betreffen vor allem die dem Jubilar auferlegte Kommentierung der Erzelterngeschichte. Ist eine abgerundete und in sich stimmige Auslegung der Jakobserzählungen überhaupt möglich, wenn Jakobs Wanderung nach Ägypten (Gen 46,1–34), sein Segen (Gen 49,1–28) oder der Tod und das Begräbnis des Patriarchen (Gen

---

1   von Rad 1972.
2   von Rads Genesiskommentar ist zunächst als ATD 2-4 in Einzellieferungen erschienen (Band 2: Gen 1,1–12,9 [1949], Band 3: Gen 12,10–25,18 [1952] und Band 4: Gen 25,19–50,26 [1953]). Die Einzelbände haben mehrere Auflagen erlebt. Seit 1961 erscheint der Kommentar in einem Band. Der Briefwechsel von Rads mit dem Verlag gibt verlegerische Gründe für das Erscheinen in Einzellieferungen zu erkennen: Die Wiederaufnahme der Reihe nach längerer Pause sollte zügig vorangehen. Gewünscht waren Doppellieferungen von 10 Bogen. Die Mehrzahl der erwarteten Abnehmer seien Landpfarrer, denen die einzelnen Lieferungen mit der Post zugeschickt werden müssten. Da das Porto für die Doppellieferung nicht höher sei als für eine Einzellieferung, ergebe sich für die Bezieher der ganzen Reihe im Laufe der Jahre eine erhebliche Ersparnis. Die Abgabe des Manuskripts hat sich durch den Krieg, den Tod des Sohnes, Krankheit und andere Buchprojekte jedoch sehr verzögert.

49,28–50,26) einem Mitkommentator überlassen werden? Darüber hinaus
hängen gerade die Schlußkapitel der Genesis mit der schwierigen literarhistorischen Verhältnisbestimmung von Erzelterngeschichte und Exoduserzählung
zusammen. Daß diese wiederum einige Bedeutung für die Bestimmung des
Erzählziels der Erzelterngeschichte im allgemeinen und die Auslegung der
Verheißungen im besonderen hat, dürfte unstrittig sein.[3] Mit Blick auf die
Separierung der Urgeschichte ist das Problem für die Kommentierung der
Erzelterngeschichte schon damit angezeigt, daß diese bei von Rad erst mit Gen
12,10 einsetzt[4] – eine Einteilung, welche die Herausgeber der Reihe nicht
übernommen haben, die jedoch daran erinnert, daß für das Verständnis von
Urgeschichte und Erzelterngeschichte die wechselseitige Zuordnung und Ab-
grenzung der beiden Textbereiche von grundlegender Bedeutung ist.

Insofern der Auslegungshorizont für die priesterschriftlichen Texte und für
die kanonische Endgestalt ohnehin die Buchgrenzen der Genesis überschreitet,
stellt sich das genannte Problem vor allem für den nicht- und zugleich vorpriesterschriftlichen Textbestand, also den klassischen Jahwisten. Er steht im Zentrum der folgenden Bestandsaufnahme, die darüber Auskunft geben soll, welche literarhistorischen Perspektiven sich aus der Urgeschichte für die Kommentierung der Erzelterngeschichte ergeben können und welche Pfade der
Auslegung vielleicht weniger nahe liegen. Nach einem Überblick zur Diskussion um die diachrone Selbständigkeit des nichtpriesterschriftlichen Textbestandes der Urgeschichte (I) soll mit der Turmbauerzählung in Gen 11,1–9
deren letzter größerer nichtpriesterschriftlicher Abschnitt untersucht werden
(II–III), um abschließend die in diesem Text zusammenlaufenden und von ihm
ausgehenden Interpretationslinien zu skizzieren (IV).

I. Zur Diskussion um die diachrone Selbständigkeit der
biblischen Urgeschichte

Die ursprüngliche Zusammengehörigkeit des nichtpriesterschriftlichen Textbestandes in der Urgeschichte und in der Erzelterngeschichte gehört zu den
Grundlagen der klassischen Hypothese eines Jahwisten.[5] Mit von Rads Genesiskommentar wurde sie zum Schlüssel für die Herausarbeitung des litera-

---

3   Vgl. dazu Köckert 1988 und 2002.
4   von Rad erkennt in Gen 12,1–3 das Ende der Urgeschichte. Der jahwistische Anteil am
     anschließenden Auszug Abrahams in Gen 12,4–9 (V. 4a.6–9) kommt so ein wenig zwischen
     den Büchern zu stehen. Vgl. von Rad 1972: 9, 123–127.
5   Vgl. die Wolke der Zeugen bei Crüsemann 1981: 1 Anm. 4; die Ausnahmen bei Witte 1998:
     198f. Anm. 216.

rischen Profils dieser Quellenschrift und für ihr theologisches Verständnis.[6] Die weithin rezipierte These ist bekannt: Die Voranstellung der Urgeschichte ist das originäre Werk des Jahwisten, sprechen doch keine „Anzeichen dafür, daß der Jahwist hier schon einer vorgegebenen Tradition folge. Diese Schau ist so einmalig, und man glaubt jenem noch Lockeren der ganzen Komposition das Wagnis des ersten Wurfes noch abfühlen zu können".[7] Die theologische Konzeption der aus sehr verschiedenen Elementen zusammengesetzten Komposition entfalte sich im Zusammenspiel zweier gegenläufiger Bewegungen, dem vielzitierten „lawinenartigen Anwachsen der Sünde"[8] einerseits und dem vergebenden und tragenden Heilshandeln Gottes andererseits. So korrespondieren nach von Rad in der Urgeschichte des Jahwisten die Ausbreitung des Fluchs und die stetige Daseinsminderung menschlicher Existenz als Folge der Sünde und „ein heimliches Mächtigwerden der Gnade"[9]. Lediglich in der abschließenden Turmbaugeschichte wirke das Gericht auf den ersten Blick wie das letzte Wort. Doch deute dies auf die charakteristische Verzahnung von jahwistischer Urgeschichte und Erzelterngeschichte hin, insofern die Berufung Abrahams in Gen 12,1–3 auf die offene Frage nach dem „Verhältnis Gottes zu seiner empörerischen, nun aber in Splitter zerschlagenen Menschheit"[10] antworte und zugleich eine partikulare Segensgeschichte in universaler Abzweckung eröffne.

Die Beschreibung einer fortschreitenden Unheilsgeschichte hat jedoch zunehmend Widerspruch erfahren.[11] Insbesondere die nichtpriesterschriftliche Flutgeschichte fügt sich nur schlecht in die aufgezeigte Kompositionslinie.[12] Die im Flutprolog festgestellte Totalität der Sünde und die Härte des Gerichts, das beinahe zur völligen Vernichtung der Menschheit führt, sowie die am Ende der Flut zugesagte gnädige Entkoppelung von menschlicher Schuld und göttlicher Reaktion entziehen sich der vermeintlichen Steigerungslogik.[13] Auch fällt es im Vergleich mit der Flutgeschichte schwer, in der Turmbauerzählung das

---

6   Vgl. von Rad 1972: 9f., 116–118, 121–123 in Aufnahme und Weiterführung der Untersuchungen zum formgeschichtlichen Problem des Hexateuch (von Rad 1938: 71–75). Andeutungen finden sich bereits bei Budde 1883: 409 und Stärk 1924: 38.56.64. Vgl. ferner von Rad 1957: 164–168 sowie Wolff 1964 und Steck 1971.

7   von Rad 1972: 9.

8   von Rad 1972: 116.

9   von Rad 1972: 10.

10   von Rad 1972: 116.

11   Vgl. insbesondere Westermann 1974: 73f., 85f. sowie Crüsemann 1981: 22–26.

12   Statt vieler mit wünschenswerter Deutlichkeit Kratz 2000: 252, der aus diesem Grund im Anschluß an Wellhausen 1899: 7–14 (und Levin 1993: 103) vorschlägt, die Turmbauerzählung einer Urgeschichte zuzurechnen, welche die Flut noch nicht gekannt habe. Zu dieser These und ihrer Begründung s.u. unter Abschnitt III.

13   Vgl. dazu Gertz 2007.

abschließende „gnadenlose[...] Gottesgericht über die Menschheit"[14] zu sehen.
C. Levin hat daher in einer redaktionsgeschichtlichen Reformulierung der von
Radschen These Jahwes Zusage am Ende der Flut in Gen 8,21–22* als den
grundsätzlichen, dann mit der Berufung Abrahams ins Spezielle gewendeten
Anfang der Segensgeschichte ausgemacht.[15] Der „Schlußstein der jahwistischen Urgeschichte" wird somit nach vorn verschoben, während Gen 12,1–3
ihr „Schlüssel" bleibt.[16] Folgerichtig wird das Schema von Sünde und Strafe in
der Turmbauerzählung als sekundär ausgesondert und diese im beherzten literarkritischen Zugriff – gegen die redaktionsgeschichtliche *communis opinio* und
auch auf Kosten des sachlichen Zusammenhalts mit Gen 12,1–3 – auf das
Zerstreuungsmotiv reduziert.[17] Als Ergebnis der Analyse formulieren die
Turmbauerzählung und ihr Gegenstück in Gen 12,1–3 das Leitthema des Jahwisten, die segensvolle Bewahrung der Israeliten, an denen sich unter den
Bedingungen der Teilung und Zerstreuung der Menschheit die Verheißungen
Jahwes erfüllen.[18]

Andere haben sich in kritischer Auseinandersetzung mit von Rads These
für die diachrone Selbständigkeit der nichtpriesterschriftlichen Urgeschichte
ausgesprochen.[19] Für eine entstehungsgeschichtliche Trennung der nichtpriesterschriftlichen Anteile in der Urgeschichte und der Erzelterngeschichte sprechen die Brüchigkeit der mutmaßlichen Verbindung und deutliche konzeptionelle Unterschiede zwischen beiden Textbereichen. Positiv läßt sich für
die ursprüngliche Selbständigkeit der nichtpriesterschriftlichen Urgeschichte
deren thematische und kompositionelle Geschlossenheit anführen. Während
die nichtpriesterschriftliche Urgeschichte von einem feinmaschigen Netz an
Querverweisen durchzogen ist, weist sie im Kernbestand nicht über sich hinaus. Andererseits wird in der nichtpriester-schriftlichen Erzelterngeschichte

---

14   von Rad 1972: 117.
15   Vgl. Levin 1993: 86. Für die Vorverlegung des Endes der Geschichte des Fluches greift
     Levin auf die von E. Riehm in die Diskussion eingebrachte und dann von R. Rendtorff aus-
     formulierte Einschätzung zurück, daß mit Gen 8,21a die in Gen 3,17 ausgesprochene Verflu-
     chung des Ackerbodens außer Kraft gesetzt sei und fortan der in Gen 8,22 ausgesprochene
     Segen regiere (vgl. Riehm 1885: 780f.; Rendtorff 1961: 69–78; Levin 1993: 108, 426f.). Von
     Abraham an trete der Segen überschwenglich zutage – konturiert durch seine Kehrseite, den
     Fluch über die nicht zu Jahwe Gehörenden (vgl. Levin 1993: 427). Zur kritischen Auseinan-
     dersetzung mit der These Rendtorffs vgl. Steck 1971: 119–124.
16   von Rad 1972: 116, 118.
17   Vgl. Levin 1993: 127–132. Sofern in der Turmbauerzählung redaktionsgeschichtlich diffe-
     renziert wird, gelten zumeist die von Levin dem Grundbestand (Gen 11,2.4aα.b.5.6aα*β.8a.)
     zugerechneten Zerstreuungsnotizen als sekundär (vgl. bereits F. Giesebrecht 1901: 1863).
18   Levin 1993: 128, 133f.
19   Vgl. Crüsemann 1981: 11–29 und vor allem Blum 1984: 359f.; ders. 2002: 438f.; Carr 1996:
     234–248; Witte 1998: 192–205. Die Diskussion bis 1983 ist dargestellt bei Zenger 1983: 36–
     44. Für die seitherige Diskussion kann auf die gen. Beiträge von Witte und Blum sowie das
     Referat bei Schmid 1999: 165–169 verwiesen werden.

nirgends eindeutig auf die Urgeschichte Bezug genommen. Vor allem für Gen 12,1–3, den vermeintlichen Ziel- und Fluchtpunkt der nichtpriesterschriftlichen Urgeschichte, ist das im Anschluß an F. Crüsemann mehrfach aufgezeigte Fehlen eines derartigen Rückverweises, der auch nur annähernd mit dem Beziehungsnetz innerhalb der nichtpriesterschriftlichen Urgeschichte vergleichbar wäre, auffällig.[20] Inhaltlich unterscheiden sich die Problemhorizonte der auf die Existenz des Ackerbauern ausgerichteten urgeschichtlichen Ätiologie und die Hochschätzung der halbnomadischen Lebensweise der Erzeltern, die aus der Perspektive der Urgeschichte als unstet und fluchbeladen erscheinen muß (vgl. Gen 4,1–16). Laufen diese Beobachtungen darauf hinaus, daß sich die nichtpriesterschriftliche Urgeschichte besser verstehen läßt, wenn sie als ehedem eigenständige Komposition und nicht als unselbständiger Vorbau zur Erzelterngeschichte gelesen wird, so bleibt deren Endpunkt doch umstritten.

Die gängige, sich vom kanonischen Endtext und der Auslegungsgeschichte her nahe legende Abgrenzung läßt die ehedem selbständige nichtpriesterschriftliche Urgeschichte mit Gen 11,1–9 enden. Ausführlich begründet wird diese Sicht von D.M. Carr und E. Blum.[21] Beide führen die vielfach erkannten Querbezüge an, die von der Paradieserzählung bis zur Turmbauerzählung reichen (vgl. Gen 2,8a.10–14[und 4,16] mit Gen 11,2; Gen 3,22 mit Gen 11,6) und eine thematisch und strukturell geschlossene Komposition umgreifen. Diese wird von Carr aufgrund der strukturgebenden Korrespondenz der Erschaffung des Menschen aus dem Ackerboden in Gen 2–3 und seiner Vernichtung vom Ackerboden in Gen 6–8 als zweiteilig beschrieben, wobei Paradies und Flut jeweils den Ausgangspunkt einer parallel angelegten Reihe markieren: Auf die Einführung des urgeschichtlichen Vorfahren (Adam, Noah) folgen Geschichten zunächst über die erste Generation (Adam und Eva in Gen 2,4b–3,24 und Noah in Gen 6,5–8,22*), dann über die Kinder (Kain und Abel in Gen 4,1–17 und Noahs Söhne in Gen 9,18–27) sowie genealogische Informationen (Gen 4,17–26; 5,29 und Gen 10*). Die Reihe schließt mit Episoden, welche die gesamte Menschheit betreffen (Gen 6,1–4 und Gen 11,1–9). Zwischen den einzelnen Parallelgliedern kann Carr zahlreiche Bezüge beschreiben. Für die Frage nach dem Endpunkt der Komposition ist dabei von besonderem Interesse, daß die Turmbauerzählung das Thema der Grenzen zwischen göttlicher und menschlicher Sphäre aufnimmt, das auch Anfang (Gen 3,22) und Ende (Gen 6,1–4) der ersten Reihe bestimmt. Die Beziehungen zwischen diesen drei Texten gewinnen damit eine tragende Funktion für den Aufbau und die Reichweite der Gesamtkomposition sowie für die Kontexteinbindung der Turmbauerzählung. Auffälligerweise spielt in diesem Beziehungsgeflecht die

---

20 Vgl. Crüsemann 1981: 18–22; Blum 1984: 349–361; Köckert 1988: 264–266; Witte 1998: 192–200.
21 Vgl. Carr 1996: 235–240; Blum 2002: 439f. Vgl. dort jeweils auch zum folgenden.

umfangreiche Flutgeschichte keine maßgebliche Rolle, wie bei der Strukturbe-
schreibung auch nicht hinreichend berücksichtigt ist, daß die Flutgeschichte
nicht nur den neuen Anfang der Menschheit mit Noah beschreibt, sondern
auch das Ende einer mit Gen 2 einsetzenden Bewegung.[22] Beide Probleme
gelten nicht für die von Blum beschriebene Struktur. Blum, der die Engelehen
in Gen 6,1–4 als spätere Einschreibung bewertet, rückt die Flutgeschichte ins
Zentrum der Komposition. Die Bezüge zwischen Paradies- und Turmbauerzählung markieren die Eckpunkte einer Höhenlinie, deren „Exempel[...] des
Scheiterns und Gelingens im zwischenmenschlichen Bereich und in der Weltgestaltung"[23] (Gen 2,4b–3,24; 4,1–16 und Gen 9,20–27 und Gen 11,1-9) samt
den Genealogien (Gen 4,17–26; 5,29 und Gen 9,18f; 10*) eine *inclusio* um die
Flutgeschichte bilden.[24] Hinzu kommt eine weitere Bewegung, deren Proble-
matisierung der „Daseinssteigerung durch zivilisatorische Weltgestaltung"[25] in
der Turmbauerzählung kulminiert.

Schon die Differenzen zwischen Blum und Carr zeigen die Ambiguität
von Strukturbeobachtungen bei Texten, die anerkanntermaßen über einen län-
geren Zeitraum gewachsen sind. So läßt sich insbesondere die von Carr aufgezeigte Struktur auch unter Einbeziehung der priesterschriftlichen Texte nach-
zeichnen.[26] Mit Blick auf den nichtpriesterschriftlichen Textbestand hängt für
Carr vieles an der von Blum wohl zu Recht bestrittenen Ursprünglichkeit von
Gen 6,1–4[27]. Für Carr wie für Blum haben sodann die Querbezüge der Turmbauerzählung zu Gen 3,22 eine wichtige Funktion. Doch auch für diesen Text
ist wiederholt eine redaktionelle Herkunft angenommen worden.[28] Ist diese

---

22 Letzteres stellt auch Carr 1996: 236f. u.ö. heraus, was teilweise zu einer Verschiebung innerhalb der von ihm erkannten Struktur führt und die Flutgeschichte (genauer: Gen 6,9) eher als
Mitte der Komposition denn als Eröffnung ihres zweiten Teils erscheinen läßt.

23 Blum 2002: 440.

24 Ähnlich schon Uehlinger 1990: 563.

25 Blum 2002: 440.

26 Bezeichnenderweise beruft sich Carr für seine Strukturanalyse auf synchron angelegte Arbeiten zum vorliegenden Textzusammenhang: vgl. Carr 1996: 236 Anm. 4 sowie Cohn 1983: 3–
16, bes. 5; Sasson 1980: 211–219. Für sich genommen wäre dies noch kein Einwand gegen
Carrs These zur Struktur einer Vorstufe des vorliegenden Textzusammenhangs. Der Redaktor
(sei es die Priesterschrift selbst, sei es die klassische Verbindung der beiden Versionen der
Urgeschichte) kann sich gut an eine vorgefundene Struktur angelehnt haben. Bemerkenswert
ist, daß die von Carr rezipierten Strukturanalysen den Bogen bis zu Abraham schlagen. Dazu
s.u.

27 Zu Gen 6,1–4 vgl. Witte 1998: 65–74. Sofern der Abschnitt dem Grundbestand der nichtpriesterschriftlichen Urgeschichte bzw. dem Jahwisten zugewiesen wird, gilt ausgerechnet
der in philologischer Hinsicht notorisch problematische V. 3, der in der von Carr beschriebenen Struktur eine wichtige Bedeutung hat, häufig als (nachpriesterschriftlicher)
Nachtrag. Vgl. aus der Kommentarliteratur Gunkel 1910: 57; von Rad 1972: 84f.; Westermann 1974: 495. Anders jetzt wieder Seebaß 1996:187–196.

28 Vgl. zuletzt Pfeiffer 2000: 489f.; Gertz 2004: 215–236, bes. 225–227 (jeweils bei Annahme
einer weitgehenden literarischen Einheitlichkeit der Paradieserzählung). Sofern in Gen 2–4

Einschätzung richtig, dann gehören die auf Gen 3,22 rekurrierenden Strukturen nicht zum Grundbestand der nichtpriesterschriftlichen Urgeschichte, sondern zum Kompositionsbogen eines anderen literarischen Kontextes. Nun wäre es naiv, für die redaktionsgeschichtliche Feindifferenzierung innerhalb des nicht-priesterschriftlichen Textbestandes einen Konsens herbeischreiben zu wollen. Doch auch unabhängig von der literarhistorischen Zuordnung der Querbezüge lassen sich erhebliche Bedenken gegen die Annahme vorbringen, die Turm-bauerzählung sei der Endpunkt einer ehedem unabhängigen nichtpriester-schriftlichen Urgeschichte gewesen: Angesichts des üblichen Achtergewichts biblischer Erzähltexte ist es nur schwer vorstellbar, daß ein in Juda, in Israel oder im Kreise der babylonischen Diaspora verfaßtes Erzählwerk mit der Notiz geendet haben soll „Deshalb nennt man ihren Namen Babel, denn dort ver-mengte Jahwe die Rede der ganzen Menschheit. Und von dort zerstreute sie Jahwe über das Angesicht der ganzen Erde" (Gen 11,9). Gänzlich undenkbar ist dies für eine *biblische* Ätiologie elementarer lebensweltlicher Verhältnisse, zumal in der Urgeschichte ausgerechnet mit der zitierten Nennung Babels der Überschritt von der Urgeschichte in die Geschichte erfolgt. Aus der Perspek-tive biblischer Autoren kann dieser Überschritt nur ein vorläufiges Ende be-schreiben, dem mit Notwendigkeit die Fokussierung auf Israel, sprich Gen 12,1–3, folgen muß. Bestätigt wird diese Einschätzung durch die Schwierig-keiten, der unterstellten Abfolge von Schöpfung, Flut und Turmbauerzählung eine Analogie aus der altorientalischen Literatur zur Seite zu stellen.[29] Gerade die in der älteren Forschung mitunter genannten *Babylonica* des um den Ruf Babylons in der hellenistischen Welt bemühten Berossos zeigen, wie proble-matisch die Annahme eines bis Gen 11,9 reichenden biblischen Erzählwerks ist: Die von dem Babylonier Berossos wohl ohne mesopotamische Vorlagen gestaltete Schlußnotiz berichtet den Wiederaufbau seiner durch die Flut zer-störten Heimatstadt auf Geheiß der Götter![30]

Die zuletzt von M. Witte und C. Baumgart ausführlich begründete Alter-native, wonach die ehedem selbständige nichtpriesterschriftliche Urgeschichte lediglich bis zum Abschluß der Flutgeschichte gereicht hat, kann daher von vornherein mehr Wahrscheinlichkeit für sich beanspruchen.[31] Die kompositori-sche Höhenlinie dieser Urgeschichte ist schnell skizziert. Es ist im wesentli-chen eine Geschichte der Krise und der Daseinsminderungen. Diese setzt mit der wider den Willen des Schöpfergottes erlangten Fähigkeit des Menschen

---

eine ursprüngliche Anthropogonie von einer redaktionellen Hamartiologie unterschieden wird, ist der Vers ohnehin sekundär. Vgl. Levin 1993: 92; Witte 1998: 79–86. Für eine um-sichtige Begründung der Einheitlichkeit von Gen 2,4b–3,24 (einschließlich Gen 3,22) vgl. dagegen Blum 2004: 9–29.

29 Vgl. dazu Witte 1998: 190f.
30 Zur Schlußnotiz vgl. Schnabel 1923: 91f.; ferner Uehlinger 1990: 97–101; Witte 1998: 191 Anm. 166.
31 Vgl. Witte 1998: 184–205; Baumgart 1999; ähnlich schon Rendtorff 1961: 69–78.

ein, sich zwischen dem Lebensfeindlichen und dem Lebensförderlichen zu entscheiden (Gen 2,4b–3,24). Am Beispiel der Brudermorderzählung illustriert sie
die Wahl des Schlechten (Gen 4,1–16). Mit dem im Prolog über die Menschheit ausgesprochenen Urteil und dem darin begründeten Entschluß, die Erschaffung des Lebens grundsätzlich in Frage zu stellen (Gen 6,5–8), erfährt die
Krise ihre äußerste Zuspitzung, der dann in der Bestandszusage des Schöpfergottes nach der Flut die Auflösung folgt: Der Bestand der Erde ist vom menschlichen Tun entkoppelt, die Ambivalenz menschlichen Lebens ist nicht aufgehoben, wohl aber in die Schöpfungsordnung integriert (Gen 8,21f. mit
Bezug auf Gen 3,17; 4,10f.). Als Geschichte einer überwundenen Krise und
grundsätzlichen Infragestellung der Schöpfung bietet die Fluterzählung den
kaum überbietbaren Abschluß eines Erzählwerks, das mit der Erschaffung des
menschlichen Lebens und der Grundsitutation seiner Ambivalenz einsetzt. Zugleich ist dieser Abschluß mit seiner Bestandszusage auf die Lebenswirklichkeit seiner Autoren und Leser hin formuliert, und zwar ohne daß dies einer
weiteren Entfaltung bedarf.[32] Schließlich darf an die Tatsache erinnert werden,
daß sich für eine Schöpfung und Flut umfassende Komposition in der altorientalischen Literatur Analogien benennen lassen,[33] was durch die offenkundige Vertrautheit der Autoren der nichtpriesterschriftlichen Urgeschichte mit
diesen Traditionen ein besonderes Gewicht erhält.[34]

Die Konsequenzen dieser Abgrenzung für den nichtpriesterschriftlichen
Textbestand zwischen Flut und Berufung Abrahams liegen auf der Hand: Sie
sind auf eine Fortsetzung in der Erzelterngeschichte hin angelegt. Für die genealogischen Notizen zu den Nachkommen Noahs bietet sich dieses Verständnis ohnehin an,[35] für die Turmbauerzählung ist es im folgenden herauszuarbeiten.

II. Zur literarischen Analyse der Turmbauerzählung

Die Abgrenzung und Beschreibung des Aufbaus von Gen 11,1–9 bereiten
keine Probleme. Unabhängig von der Frage nach der ursprünglichen Selbständigkeit der Turmbauerzählung oder ihrer Zugehörigkeit zu einem bestimmten

---

32 Es bleibt allenfalls zu überlegen, ob noch die Notiz über die Noahsöhne Sem, Ham und Jafet
    (Gen 9,18*) hinzuzunehmen ist.
33 So im altbabylonischen Atrachasis-Epos und in der sumerischen Fluterzählung.
34 Vgl. ausführlich Baumgart 1999: 419–495. Ferner Gertz 2007: 514–522. Auch Carr 1996:
    242f. weist auf die konzeptionelle Nähe der nichtpriesterschriftlichen Urgeschichte zu Atrachasis hin, wobei er die Erzählung von Noah und seinen Söhnen, deren Genealogie und die
    Turmbauerzählung unter die Überschrift „Postflood structure" subsumieren muß, um mit
    Blick auf die von ihm vorgenommene Abgrenzung eine Parallelität behaupten zu können.
35 In üblicher Abgrenzung: Gen 9,18f.; 10,(1b.)8–19.21.24–30. Die Erzählung von Noah und
    seinen Söhnen in Gen 9,20–27 gehört zur Auffüllung des genealogischen Materials.

Stratum der Urgeschichte handelt es sich um eine formal und thematisch geschlossene Einheit. Die Unterschrift der vorangehenden Völkertafel und der Auftakt der folgenden Genealogie Sems nehmen jeweils die Flut zum „ereignisgeschichtlichen" Ausgangspunkt ihrer Chronologie (Gen 10,32; 11,10). Auf diese Weise entsteht der Eindruck eines chronologischen Déjà-vu, wodurch die Turmbauerzählung und die in ihr berichteten Geschehnisse aus Zeit- und Generationenfolge in Völkertafel und Genealogie Sems herausgenommen sind.[36] Ihrem eigentümlichen Jenseits zur zeitlichen Struktur des Kontextes entspricht die Exposition in V. 1. Sie ist als Zustandssatz formuliert, der knapp und affirmativ das notwendige, sich offenbar nicht aus dem Kontext herleitbare Vorwissen für das Verstehen der Geschichte mitteilt und an den sich der mit dem üblichen ויהי eingeleitete Erzählanfang anschließt. Der Exposition entspricht die Ätiologie am Schluß, welche den Schauplatz des Geschehens mit Babel identifiziert. Die Begründung für die Namensgebung greift das Motiv der einen Sprache der gesamten Menschheit aus V. 1a auf, konstatiert jedoch die Verkehrung der Ausgangssituation durch die geschilderten Ereignisse in ihr Gegenteil. Darüber hinaus nimmt die Identifizierung des Ortes wie die abschließende Zerstreuungsnotiz (V. 9b) den Erzählanfang in V. 2 auf. Aus dem einen unbenamten Wohnort der Menschheit im Lande Schinear ist der eine bestimmte Ort ihrer Zerstreuung und damit ein Ort unter vielen geworden. Auch in dieser Hinsicht sind die ursprünglichen Verhältnisse in ihr Gegenteil verkehrt worden.

Innerhalb dieses Rahmens ist eine vielfach beschriebene Zweiteilung zu notieren. Die V. 2–4 sind durch menschliches Handeln und Reden bestimmt, die V. 6–8 durch das Reden und Handeln Jahwes. Den Übergang bildet V. 5, der erstmalig vom Handeln Jahwes berichtet und dieses in einen expliziten Zusammenhang mit demjenigen der Menschen stellt. Innerhalb der Grundstruktur sind zahlreiche Querbezüge zu erkennen, was wiederholt im Sinne einer konzentrischen Struktur der Erzählung ausgedeutet worden ist. Doch keines der (in sich divergierenden) Modelle erfaßt den Text in seiner Gesamtheit,[37] weswegen es angemessener ist, von Parallelhandlungen in beiden Teilen ohne eine strenge Konzentrik zu sprechen.[38] Unter Einbeziehung der Rahmenverse handelt es sich um folgende Entsprechungen:

---

36 Die Turmbauerzählung wird häufig als Teil der Genealogie Sems beschrieben. Damit ist die Positionierung von Gen 11,1–9 nur unvollständig beschrieben. Insofern Gen 11,10 auf Gen 10,32 zurückgreift und zugleich hinter den in Gen 10,31 erreichten Stand der Genealogie Sems zurückfällt, und andererseits Gen 10,32 alle Völker im Blick hat, steht die Turmbauerzählung innerhalb der Genealogie der Söhne Noahs am Übergang zu deren Fokussierung auf Sem.

37 Vgl. insbesondere Kikawada 1974: 18–32 sowie das Referat und die Kritik bei Uehlinger 1990: 296–301. Nachzutragen ist Arneth 2007: 221.

38 So auch Seebaß 1996: 274, mit dem treffenden Hinweis darauf, daß „[d]ie Sprachkunst ... nicht ein totales Aufgehen aller Bezüge" verlangt.

1. Feststellung der einen Sprache der Menschheit (V. 1) und der Verlust derselben (V. 9aβ);
2. „sie blieben dort" (V. 2b) – „von dort hat Jahwe sie zerstreut" (V. 9b);
3. „einer sprach zu seinem Nächsten" (V. 3a) – „keiner vermag die Sprache seines Nächsten zu hören" (V. 7b);
4. der mit הבה und Kohortativ Plural formulierte Entschluß der Menschen, Baumaterialien herzustellen (V. 3a), wird in der Formulierung des Entschlusses zum Bau von Stadt und Turm aufgenommen (V. 4). Dieser wiederum hat sein Gegenüber in dem mit הבה und Kohortativ Plural formulierten Entschluß Jahwes, in das Geschehen einzugreifen (V. 7a), wobei wie in V. 4 eine Angabe des Ziels folgt (vgl. V. 4b und V. 7b);
5. dem Vorhaben der Menschen, daß die Spitze des Turm bis an den Himmel reichen soll (V. 4a), korrespondiert die Notiz vom Herabsteigen Jahwes, um das Bauwerk zu sehen (V. 5a);
6. das Ziel der Menschen, sich nicht zu zerstreuen (V. 4b), findet ihr Gegenüber im Bericht von Jahwes Zerstreuen der Menschen (V. 8a).

Blickt man ferner auf die beiden *figurae ethymologicae* in der ersten Rede der eine Sprache und dieselben Worte sprechenden Menschheit (V. 3a), dann ist die häufig testierte Kunstfertigkeit des sprachlichen Ausdrucks unverkennbar, wie sie auch dem in V. 1 angeschlagenen Thema der Erzählung entspricht.

Bei diesem weithin geteilten Urteil ist eine Eigentümlichkeit der Turmbauerzählung noch gar nicht berücksichtigt, und zwar ihre interessanten Unregelmäßigkeiten. Sie betreffen vor allem das Verhältnis der Ankündigung und Schilderung von Handlungen. Mit Ausnahme der Herstellung der Baumaterialien in V. 3 wird in der Turmbauerzählung keine Handlung geschildert, die zuvor in einer Rede so angekündigt worden ist,[39] wie andererseits für jede geschilderte Handlung eine entsprechende Ankündigung fehlt. Zumindest für die lediglich angekündigten Handlungen wird ihre Ausführung offenkundig vorausgesetzt,[40] ohne daß dies eigens notiert wird oder beim Lesen des Textes irritiert. Auf diese Weise gewinnt die Erzählung an Dichte, worin sich eine Kunstfertigkeit des sprachlichen Ausdrucks zeigt, die über die bloße Symmetrie hinausragt.

Dessen ungeachtet wurde wiederholt eine erhebliche Störung der Kohärenz des Textes festgestellt, was zu recht unterschiedlichen Rekonstruktionen der Entstehungsgeschichte geführt hat. Da die Frage der literarischen Homogenität des Textes kaum mit dem Hinweis auf die durchdachte Struktur des vorliegenden Textzusammenhangs erledigt ist, kann ihr nicht ausgewichen werden. Klassisch ist die Beobachtung vom zweimaligen Herabsteigen Jah-

---

39   Daß die (teilweise) Ausführung der Ankündigung von V. 4aα in Jahwes Rede (V. 5) vorausgesetzt ist, ändert nichts an dem Befund: Eine Ausführungsnotiz fehlt.
40   Die Ausnahme ist V. 4aβ.

wes, ohne daß ein zwischenzeitlicher Wiederaufstieg berichtet wird (V. 5; V. 7). Bekanntlich hat H. Gunkel dies mit einer Reihe von ihm als Dubletten bewerteter Erzählzüge zum Anlaß genommen, Gen 11,1–9 im Rahmen seiner Hypothese zweier jahwistischer Quellen auszuwerten und eine Stadt- und eine Turmrezension unterschieden.[41] Nach anfänglicher Zustimmung hat die quellenkritische Erklärung vor allem deswegen nicht überzeugen können, weil keine der beiden Versionen einen in sich stimmigen Text bietet.[42] Auch ist die Aufteilung der Wendung „Stadt und Turm" (V. 4.5) auf zwei Quellen offenkundig allein dem gewünschten Ergebnis geschuldet. Das gleiche gilt für Gunkels freie Bildung einer mit der Zerstreuungsnotiz (פוּץ) in V. 9b korrespondierenden Namensgebung (Piz oder Puz). Als Folge der Kritik wurden die von Gunkel erkannten Quellen in die jedem analytischen Zugriff entzogene mündliche Vorgeschichte des Textes verlegt[43] oder aus dem quellenkritischen Nebeneinander wurde ein redaktionsgeschichtliches Nacheinander[44]. Letzteres hat den pragmatischen Vorteil, daß lediglich *ein* plausibler Grundtext nachzuweisen ist, dem dann eine Reihe von Ver(schlimm)besserungen gefolgt wären. Wie schon in Gunkels Quellenmodell gilt das Nebeneinander von Sprachverwirrung und Zerstreuung literarhistorisch als sekundär, wobei die überwiegende Zahl der einschlägigen Analysen davon ausgeht, daß das Zerstreuungsmotiv der Erzählung nachträglich zugewachsen ist.[45] Ich gehe die einzelnen Textbeobachtungen kurz durch:

1. V. 1 und V. 2 wurden von Gunkel als zwei eigenständige Erzählungsanfänge beurteilt. In redaktionsgeschichtlichen Modellen gilt in der Regel V. 1 als nachgetragen, da im Anschluß an C. Westermanns Analyse im ויהי von V. 1 „eigentlich das vorgezogene ויהי von V. 2" erkannt wird.[46] Sofern V. 1 als Nachtrag beurteilt wird, gilt dies zumeist auch für den korrespondierenden V. 9a. Als Anlaß für den Nachtrag wird entweder angegeben, daß er eine ehedem selbständige Erzählung von der Sprachverwirrung in den jetzigen urgeschichtlichen Kontext einbinden soll[47] oder daß er im Zusammenhang der sekundären Eintragung des Motivs von der Verwirrung der Sprache steht[48]. Doch sollte das zweifache ויהי nicht überbewertet werden, da es in V. 1 eine andere syntakti-

---

41 Vgl. Gunkel 1910: 92–97. Stadtrezension mit Sprachverwirrung zu Babel: V. 1.3a.4aα1[bis Stadt]4β.5[nur Stadt].6aα.7.8b.9a: Turmrezension mit Turmbau zu Piz: V. 2.3b.4aα2[ab Turm]b.5[ohne Stadt].6aββ.8a.9b.

42 Zur Kritik der Argumente Gunkels vgl. Seybold 1976: 456–458.

43 Vgl. von Rad 1972: 114.

44 Vgl. Seybold 1976: 453–479; Bost 1985: 21–38; Uehlinger 1990: 304–343 und passim; Levin 1993: 127–132; Witte 1998: 87–99; Kratz 2000: 258f.

45 Die (mir bekannten) Ausnahmen sind Levin 1993: 127–132 und Kratz 2000: 258.

46 Westermann 1974: 710.

47 Vgl. Seybold 1976: 458f.; Bost 1985: 33ff.; mit Modifikationen auch Uehlinger 1990: 317ff.

48 So Levin 1993: 129f., 473f. und Kratz 2000: 258; mit Modifikationen auch Witte 1998: 88–91.

sche Funktion hat als in V. 2. In V. 1 eröffnet וירי eine nominale Zustandsbe-
schreibung, die als Exposition der Erzählung dient, in V. 2 handelt es sich um
die übliche Formulierung des Beginns einer Handlung.[49] Sodann fehlt dem
Suffix zu בנסעם in V. 2 nach Ausscheidung von V. 1 das Bezugswort. Ein
Anschluß von V. 2 an die Völkertafel ist unmöglich, der mitunter ins Spiel
gebrachte Anschluß an Gen 10,31[50] oder Gen 10,25[51] ist ebenfalls denkbar
schlecht: In beiden Fällen würde die Turmbauerzählung lediglich eine Bege-
benheit der Nachkommen Sems (Gen 10,31) oder von dessen Urenkel Eber
(Gen 10,25) berichten. Beides widerspricht eindeutig den Intentionen der
Turmbauerzählung, die selbst in einer reduzierten Gestalt von der gesamten
Menschheit handelt. Ohne die präzise Nennung eines Subjekts ist V. 2 als
Auftakt einer Erzählung – sei es als selbständiger Text, sei es als Abschnitt
eines Erzählwerkes – ungeeignet.[52]

Auch C. Uehlinger rechnet daher V. 1 prinzipiell dem Grundbestand der
Erzählung zu, betrachtet jedoch V. 1b und V. 2 als sekundär.[53] Für die Ausscheidung von V. 1b führt er die fehlende Wiederaufnahme des Teilverses in
der restlichen Erzählung an, wodurch er „weniger organisch in die narrative
Logik der Erzählung integriert [sei] als V. 1a"[54]. Dies gelte ebenso für V.
3aβγ.b (sic!), den Uehlinger zutreffend als Illustration (auch) von V. 1b charakterisiert. Zusammen mit V. 9a werden sie zu einer Bearbeitungsschicht aus
neubabylonischer Zeit gezählt, die eine ursprünglich selbständige Erzählung zu
einer Kritik am Weltherrschaftsanspruch Babylons umgestaltet habe. Die ursprüngliche Erzählung stamme dagegen aus neuassyrischer Zeit und biete eine
theologisch-politische Reflexion über Sargon II und den unvollendeten Ausbau
seiner Residenz in Dur-Šarrukin (Khorsabad). Auf eine noch spätere Bearbeitung gehe V. 2 zurück, weil er anders als die jeweils selbständig überlieferte
Grunderzählung aus neuassyrischer Zeit und ihre *relecture* in neubabylonischer Zeit den Kontext der Urgeschichte voraussetze. Nun ist die literarkritische Ausscheidung von V. 1b.2.3aβγδ.b (und auch V. 9a; dazu s.u.) zwar
denkmöglich, aber kaum hinreichend begründet. Insofern hängt die literarkritische Rekonstruktion der postulierten Grunderzählung einzig und allein daran,
daß „die in Gen 11,1–9* dominanten Motive der ‚einen Rede', des Baus von
‚Stadt und Zitadelle', des ‚Namenmachens' und vermutlich auch die Charakterisierung der Bauleute als ‚ein Volk' im Horizont neuassyrischer Weltherr-

---

49   Mit Uehlinger 1990: 312.
50   Vgl. Levin 1993: 55, 127.
51   So wohl Kratz 2000: 258, 263.
52   So auch Uehlinger 1990: 312, der allerdings die Möglichkeit eines Anschlusses in der Urge-
      schichte gar nicht erwägt, da er von einer selbständigen Erzählung ausgeht.
53   Vgl. Uehlinger 1990: 310, 312, 317ff.
54   Uehlinger 1990: 310.

schaftsrhetorik zu interpretieren sind"[55]. Die bemerkenswert materialreiche und geschlossene Begründung dieser These hat jedoch schwerwiegende methodische und inhaltliche Einwände gegen sich: So werden die vom Text genannten Referenzgrößen – Babel und der urgeschichtliche Horizont der an einem Ort wohnenden und gemeinsam handelnden einen Menschheit – durch außertextliche Bezüge ersetzt, wodurch eine Deutung etabliert wird, die sich allein auf die herangezogenen Texte aus der Umwelt stützt und zugleich eine erhebliche Reduzierung des Bestandes des gedeuteten Textes verlangt.[56] Vom Erzählverlauf des Textes her geurteilt, legt sich die skizzierte historisch-politische Deutung jedenfalls nicht nahe. Aus Sicht Jahwes (bzw. des Textes) ist nicht die „eine Lippe/Rede" problematisch, sondern die Möglichkeiten menschlichen Handelns, symbolisiert im Bauprojekt der Stadt und ihres bis zum Himmel reichenden Turmes.[57] Auch zwingt in der neuassyrischen Weltherrschaftsrhetorik der König den Völkern „einen Mund" (*pû ištēn*)[58] auf, während in Gen 11,1 die „eine Lippe" (שָׂפָה אֶחָת) die unhinterfragte (urgeschichtliche) und bis zum Bau von Stadt und Turm unproblematische Voraussetzung der Erzählung ist.[59] Der ganze militärisch-machtpolitische Hintergrund der Weltherrschaftsrhetorik bleibt dagegen in Gen 11,1–9 ungenannt, wie denn auch das Königtum als *conditio sine qua non* jeder weltherrschaftskritischen Deutung mühsam in den Text hineingelesen werden muß.[60]

2. Die Verabredung zum Streichen von Ziegeln etc. in V. 3 gilt dort als Nachtrag, wo das Motiv der Sprachverwirrung als sekundär beurteilt wird.[61] Richtig erkannt ist dabei, daß sich beides kaum trennen läßt, insofern die zweifache *figura etymologica* den in V. 1 beschriebenen Zustand der einen Rede und derselben Worte treffend illustriert und zugleich den Gegenpunkt zu dem

---

55   Uehlinger 1990: 512.

56   Vgl. auch Witte 1998: 94 Anm. 71, der von einem „textfremde[n] Deutemuster" spricht. Auf das grundsätzliche Problem, welche zum Verständnis unabdingbare Text- und Traditionskenntnis bei den biblischen Autoren und ihren Lesern vorausgesetzt werden kann, ist an dieser Stelle nicht weiter einzugehen.

57   Daß מִגְדָּל auch mit „Zitadelle" übersetzt werden kann und daß die Wendung וְרֹאשׁוֹ בַשָּׁמַיִם hyperbolisch gemeint sein kann (vgl. Dtn 1,28; 9,1) ist unbestritten. Vom Erzählverlauf legt sich aber nahe, daß an einen Turm gedacht ist, dessen Spitze an den Himmel reichen soll. S.u. Abschnitt IV.

58   Zur Verbindung der akkadischen Wendung mit dem hebräischen שפה אחת, das im Akkadischen keine genaue Entsprechung hat, vgl. Uehlinger 1990: 435–444. Seebaß 1996: 281 weist jedoch mit Recht darauf hin, daß sich für die akkadische Wendung im Hebräischen durchaus eine wörtliche Übertragung angeboten hätte (vgl. פֶּה אֶחָד; vgl. Jos 9,2).

59   Ähnlich auch Schüle 2006: 412.

60   So auch Seebaß 1996: 281, 285, der deswegen den Umweg über die kulturelle Hegemonie Babylons nimmt. Doch auch das steht nicht im Text und läßt sich bestenfalls mit den Assoziationen begründen, welche die Erwähnung Babels in V. 9a hervorgerufen haben mag.

61   Vgl. Levin 1993: 129ff.; ferner Uehlinger 1990: 310, der allerdings die Redeeinleitung herausnimmt.

in V. 7 angekündigten Vermengen der Rede darstellt.[62] Für sich genommen
bietet V. 3 keinen Anlaß für einen literarkritischen Eingriff.

3. Das in V. 4b erstmals explizit erwähnte Motiv der Zerstreuung (vgl.
noch V. 8a.9b) wird seit F. Giesebrecht immer wieder als Nachtrag bewertet.[63]
Vermutlich steht wie bei der Gegenthese, wonach die Sprachverwirrung sekundär sei, die Überzeugung im Hintergrund, daß eine kurze Erzählung unmöglich zwei Grundmotive haben könne.[64] Hinzu kommt die Einschätzung,
daß die Handlungsfolge in den V. 7–9 durch die Verquickung der beiden Motive gestört ist.[65] Doch zeigt sich gerade hier, wie sich die beigebrachten Argumente gegenseitig aufheben – sofern beachtet wird, daß in Gen 11,1–9 mit
Ausnahme von V. 3 keine Ankündigung einer Handlung einen entsprechenden
Bericht nach sich zieht und daß umgekehrt keine Handlung zuvor angekündigt
wird. Aus diesem Grund wird man für die Ankündigung der Sprachverwirrung
(V. 7aβ) voraussetzen dürfen, daß Jahwe sie tatsächlich wahr gemacht hat, was
dann die berichtete, aber nicht angekündigte Zerstreuung (V. 8a) und das ebenfalls nicht angekündigte Bauende (V. 8b) zur Folge gehabt hat. Die Gegen-
probe bestätigt diese Sicht. Wird zusammen mit dem Zerstreuungsmotiv V. 8a
gestrichen, dann fehlt jeder Bericht über eine Aktion Jahwes. Wird zusammen
mit dem Motiv der Sprachverwirrung V. 7b gestrichen, dann fehlt die Absichtserklärung Jahwes. Letzteres wäre schon deswegen auffällig, weil diese
ihr Gegenüber in der Absichtserklärung der Menschen hat (V. 4b: Zerstreuungsmotiv!). Man wird also die beiden Motive nicht gegeneinander ausspielen dürfen. Nach dem Erzählverlauf hat die Störung der eingangs erwähnten unproblematischen Kommunikation (V. 1) die Zerstreuung der ursprünglich an einem Ort befindlichen Menschheit (V. 2) zur Folge. Hinzu kommt,
daß sich weder für eine Ausscheidung der V. 2.4b.8a.9b (Zerstreuungsmotiv)
noch für diejenige von V. 1.3.7.9a (Sprachverwirrung) oder die Aufteilung von
V. 6 (beide Motive)[66] hinreichende sprachliche Gründe beibringen lassen. So
wird für V. 4b.8a.9b auf die Verwendung von על־פני כל־הארץ „Erdoberfläche"

---

62 Anders Kratz 2000: 258f., der V. 3 für ursprünglich, das Motiv der Sprachverwirrung hinge-
    gen für nachgetragen hält.

63 Vgl. Giesebrecht 1901: 1862. Vgl. ferner Seybold 1976: 457f.; Uehlinger 1990: 308f.

64 Vgl. Levin 1993: 129 „Bei einer kurzen einsträngigen ätiologischen Erzählung, wie sie für
    Gen 11,1–9 vorauszusetzen ist, kann beides nicht gleichursprünglich sein". Diese formge-
    schichtliche Argumentation ist auch deswegen erstaunlich, weil nach Levin die Ätiologie in
    V. 9 redaktionell ist.

65 Vgl. statt vieler Westermann 1974: 734f.; Seybold 1976: 457f.; Uehlinger 1990: 308.

66 Die von Seybold 1976: 460 festgestellte „syntaktische Inkonzinnität" vermag ich nicht zu
    erkennen. Daß die Herauslösung von שפה אחת keine Lücke hinterläßt, hängt von Erwartun-
    gen ab, die von dem gemutmaßten Grundtext bestimmt sind, und ist ebenso wenig einschlä-
    gig wie die begriffliche Wiederholung von V. 1. Angemerkt sei, daß Seybold selbst auf den
    „relativ hypothetischen Charakter" seiner Argumentation zu V. 6 hinweist.

gegenüber כל־הארץ „Menschheit" in V. 1.9aβ verwiesen.[67] Der Sprachgebrauch mag oszillierend sein, doch besteht wegen des vereindeutigenden פני־
על keine semantische Kohärenzstörung. Da es um die Zerstreuung der gesamten Menschheit über die ganze Erdoberfläche geht, sind die Begriffe vielmehr
klug gewählt, deutet sich doch schon in der Exposition (Spracheinheit der
Menschheit) das Ergebnis (Zerstreuung über die Erdoberfläche) an.[68] Sodann
wird angemerkt, daß V. 4b nur schlecht an V. 4a anschließt. Das ist sicher
richtig, doch fügt sich V. 4b bestens an V. 4aα an. Auch ist eine V. 4b entsprechende Zweckangabe, wie bemerkt, in jedem Fall zu erwarten.[69] So läßt sich
eher erwägen, ob die Selbstaufforderung „und machen wir uns einen Namen"
in V. 4aβ ein späterer Nachtrag ist.[70] Es bleibt die schon früh beanstandete
Erwähnung der Zerstreuung im Kontext der Namensätiologie in V. 9b. Das
Nebeneinander von Zerstreuung und Sprachverwirrung gilt als „unerträglich"[71], da eine doppelte und widersprüchliche Begründung der Namensätiologie vorliege. Diese Auskunft zielt insbesondere auf das Zerstreuungsmotiv in
V. 9b, da es „keine für den Ortsnamen בבל ätiologische verwertbare Information"[72] biete. Nun ist es nicht ausgeschlossen, daß mit V. 9b eine Randbemer-
kung in den Text geraten ist,[73] was freilich noch nichts über die redaktionsgeschichtliche Bewertung der übrigen Erwähnungen der Motive aussagt. Davon
einmal abgesehen, überzeugen die angeführten Gründe für eine Streichung von
V. 9b nicht. Der Teilvers bietet nämlich keine weitere Begründung für den
Ortsnamen, sondern eine aus der Erzählung resultierende Information zu dem
genannten Ort, die zugleich im Stil eines Itinerar (vgl. Num 21,16) die in V. 2
unterbrochene Bewegung der Menschheit (מקדם בנסעם) wieder aufnimmt. Die
Ausscheidung von V. 4b.8a.9b und des damit zusammengehörenden Zer-
streuungsmotivs (V. 2.6*) läßt sich nicht hinreichend begründen.

4. Auch unabhängig von der Frage der Zugehörigkeit von V. 9b gilt die
Ätiologie in V. 9a häufig als Zusatz, da sie einen neuen Gesichtspunkt in die
Erzählung eintrage.[74] Vor einer redaktionsgeschichtlichen Auswertung dieses
bei Ätiologien stets gegebenen Eindrucks ist jedoch zu bedenken, daß V. 9a
mit der Exposition in V. 1 fest verbunden ist und daß die Identifizierung des in

---

67 Vgl. (mit unterschiedlichen Konsequenzen) Levin 1993: 130 einerseits und Uehlinger 1990:
     308 andererseits.
68 Letzteres betont auch Schüle 2007: 389f.
69 Mit Seebaß 1996: 272.
70 Vgl. Levin 1993: 131; Blum 2002: 439. Allerdings läßt sich kaum ein besserer Ort für die
     Beibringung dieses Motivs anführen, sei es nun redaktionell oder ursprünglich.
71 Levin 1993: 130, der den Vers einer redaktionellen Hand zuschreibt, wodurch der unerträgli-
     che Widerspruch freilich nicht aufgelöst ist.
72 Uehlinger 1990: 308f. Anm. 74.
73 So schon Ilgen 1798: 38 (für den ganzen V. 9; notiert bei Levin 1993: 130).
74 Vgl. statt vieler (mit überlieferungsgeschichtlicher Erklärung) Westermann 1974: 736 und
     (mit redaktionsgeschichtlicher Erklärung) Uehlinger 1990: 311f.

V. 2 genannten Ortes im Gefälle der Erzählung liegt. Zudem liest sich das Wortspiel בלל – בבל (vgl. auch ונבלה in V. 7) wie ein ironisierendes Echo von V. 3.[75] Sofern man nicht davon ausgeht, daß eine Ätiologie nur dann ursprünglich sein kann, wenn sie den Haft- und Ausgangspunkt der Überlieferungsbildung markiert, spricht also viel für die Zugehörigkeit von V. 9a zum Grundbestand.

5. Wie erwähnt, gilt das zweimalige Herabsteigen Jahwes in V. 5 und V. 7 als problematisch. Unbestritten setzt der vorliegende Textzusammenhang einen Wiederaufstieg oder – weniger wahrscheinlich – einen gestaffelten Abstieg voraus, erwähnt dies aber nicht. Bei der quellenkritischen Bewertung von V. 5 und V. 7 könnte das Nebeneinander damit erklärt werden, daß sich der Redaktor an seine Vorgaben gebunden fühlte und aus welchen Gründen auch immer auf einen Ausgleich verzichtet hat. Für das Modell einer redaktionell erweiterten Grundschicht scheidet diese mögliche Erklärung aus. Der Überarbeiter hätte die Doppelung unschwer vermeiden können. Es ist also wie beim fehlenden, gleichwohl vorausgesetzten Baubericht von einer intendierten „Nichterwähnung" auszugehen. Da die vermeintliche Doppelung die Reflexion Jahwes in V. 6 rahmt, soll sie diese (anstatt eines mutmaßlich umständlichen Berichts über den Wiederaufstieg Jahwes) vermutlich betont herausstellen. Auch wird durch das zweimalige Herabsteigen das Projekt eines bis zum Himmel reichenden Turms ironisiert.[76]

Die Turmbauerzählung erweist sich damit als weitgehend einheitlich. Lediglich für V. 4aβ läßt sich eine redaktionelle Herkunft vermuten. Daß in Gen 11,1–9 zwei Grundmotive zu erkennen sind, ist damit keineswegs bestritten. Im Gegenteil: Der Verfasser von Gen 11,1–9 hat die Motive der Zerstreuung und der Sprachverwirrung für seine Erzählung kombiniert. Für das Motiv der Sprachverwirrung darf man vielleicht eine Herkunft aus einem Spottgedicht über Babel erwägen.[77] Verifizieren läßt sich diese Vermutung kaum. Die Isolierung des Motivs gibt allenfalls Umrisse einer solchen Überlieferung zu erkennen.[78] Für das Motiv der Zerstreuung liegt es dagegen nahe, daß es der Verfasser von Gen 11,1–9 dem Kontext entnommen hat.

---

75 Mit Uehlinger 1990: 312, der V. 9a und V. 3aβγb seiner Babel-Bearbeitung zuweist.

76 Vgl. Procksch 1924: 90. Von einem ironisierenden Grundton der gesamten Erzählung spricht Jacob 1934: 300. Anders Wellhausen 1927: 305.

77 So Witte 1999: 87–99.

78 Zu optimistisch ist wohl auch noch Witte 1998: 92f. (2*[nur ויהי בארץ שנער] 4a.5a.8b(?).9aα).

III. Zum Kontext der Turmbauerzählung

Die literarisch weitgehend einheitliche Turmbauerzählung ist durch eine Reihe sprachlicher Referenzen und motivlicher Querverweise in die Urgeschichte integriert:[79]

1. Die vage Angabe über Ausgangspunkt der Wanderung der Menschheit „von Osten"[80] (מקדם) greift auf die Paradiesgeographie in Gen 2,8 (prUG); 3,24 (R); 4,16 (R) zurück;
2. die Ortsangaben „im Lande Schinear" (V. 2) und „Babel" (V. 9a) sind aus Gen 10,10 (R) bekannt, was angesichts der sparsamen Verwendung von Ortsnamen in den Erzähltexten der Urgeschichte besondere Aufmerksamkeit verdient;
3. das Motiv der Zerstreuung (פוץ; V. 4b.8a.9b) der „ganzen Menschheit" (כל הארץ; V. 1.9) nimmt die Notiz über die Abstammung (פוץ 3. fem. perf. ni.?) der „ganzen Menschheit" (כל־הארץ) in 9,19 (P?) auf;[81]
4. der Ausdruck „die ganze Menschheit" (כל־הארץ) hat seinerseits die Formulierung „über die ganze Erdoberfläche" (על־פני כל־הארץ) veranlaßt, zugleich knüpft die überraschend selten belegte Wendung an Gen 1,29; 7,3; 8,9 (alle P) an. Außerhalb der Urgeschichte ist sie noch in Dtn 11,25; I Sam 30,16; II Sam 18,8; Sach 5,3 und Dan 8,5 belegt, bezeichnet aber lediglich in Dan 8,5 wie in der Urgeschichte die Oberfläche der bewohnbaren Welt und nicht nur eine einzelne Region;
5. Jahwes Reflexion über das Trachten des Menschen und sein darauf gefaßter Entschluß zum vorbeugenden Handeln (V. 6) steht unverkennbar inhaltlich und sprachlich in der Fluchtlinie von Gen 3,22 (R);[82]
6. V. 6 ist darüber hinaus motivlich über das Thema der Abgrenzung zwischen göttlicher und menschlicher Sphäre noch mit Gen 6,1–4 (R) verbunden.[83] In diesem Zusammenhang erinnert die Formulierung in V. 5, wonach Jahwe die „Söhne des Menschen" (בני האדם) sieht (ראה), deutlich an

---

79 Die literarhistorischen Zuordnungen sind für die priesterschriftlichen Passagen unproblematisch. Bei den nichtpriesterschriftlichen Passagen unterscheide ich nach meinem bisherigen Kenntnisstand eine ehedem selbständige Urgeschichte in prophetischer Tradition (prUG) und Ergänzungen, die im Zusammenhang der Verbindung beider Versionen der Urgeschichte stehen oder diese schon voraussetzen (R).

80 Die bereits von den *versiones* bevorzugte Übersetzung מקדם als Ausgangspunkt ist nicht ganz sicher. Möglicherweise handelt es sich um die Zielangabe „ostwärts" oder ein schlichtes „im Osten" (vgl. bereits Dillmann 1892: 205 bzw. Budde 1883: 379, jeweils mit Hinweis auf מקדם + נסע in Gen 13,11). In diesem Fall wäre die Angabe dem Standpunkt des Verfassers in Palästina geschuldet oder es handelt sich um den Versuch der Menschheit, nach der Flut zu ihrem ursprünglichen Siedlungsgebiet zurückzukehren.

81 So schon zu Recht Dillmann 1892: 202 gegen Budde 1883: 377f.

82 Zu diesem schon immer aufgefallenen Zusammenhang vgl. ausführlich Witte 1999: 88.

83 So u.a. Carr 1996: 237–239.

Gen 6,2, wo es von den Göttersöhnen heißt, daß sie die Menschentöchter
(בנות האדם) sehen (ראה). Die Wendung „Söhne des Menschen" (בני האדם)
ist sonst in der Urgeschichte nicht belegt;

7. das Motiv des kulturgeschichtlichen Fortschritts aus V. 3 und V. 4 nimmt
    ein Leitmotiv der Genealogie der kulturgeschichtlichen Heroen und Nach-
    kommen Kains in Gen 4,17–22 (prUG) auf.[84] Daß hier auch von der ersten
    Stadtgründung berichtet wird (Gen 4,17), stellt nach dem Erzählverlauf
    kein Widerspruch zu Gen 11,1–9 dar, dürften doch diese und alle anderen
    Städte in der Flut untergegangen sein;

8. der Vollständigkeit halber sei noch das vermutlich nachträglich hinzuge-
    fügte Motiv des Namenmachens in V. 4aβ erwähnt.[85] Es erinnert an die
    Männer des Namens (Gen 6,4).

Mit Blick auf die Verbindungen in die Urgeschichte erübrigt sich für Gen
11,1–9 die Annahme eines ehedem selbständigen Traditionsstücks. Die Turmbauerzählung ist vielmehr von vornherein für einen urgeschichtlichen Kontext
formuliert worden. Nach den bisherigen Überlegungen ist sie jedoch nicht als
Abschluß einer ehedem nichtpriesterschriftlichen Urgeschichte konzipiert worden, sondern auf eine genuin auf Israel bezogene Fortsetzung hin angelegt. Die
Bezugspunkte innerhalb der Urgeschichte legen darüber hinaus eine nachpriesterschriftliche Herkunft nahe. Beobachtungen zum Kontext der Turmbauerzählung stützen diese Annahme.

Die Stellung der Turmbauerzählung innerhalb der jahwistischen Urgeschichte ist stets problematisiert worden:[86] Mit den herkömmlich dem Jahwisten zugeschriebenen Anteilen der Völkertafel (Gen 10,1b.8–19.21.24–30*) sei
die Ausdifferenzierung der Söhne Noahs (Gen 9,18f.) in die Völker der Welt
bereits eine vollendete Tatsache, der gegenüber die in der Turmbauerzählung
berichtete Zerstreuung der einen Menschheit über die Erde als verspätet er-
scheine. Auch ereigne sich die Entstehung der Völkerwelt nach Gen 10 auf
gleichsam natürliche Weise nach dem Prinzip der Genealogie, hingegen sei sie
nach Gen 11,1–9 das Resultat eines übernatürlichen Eingreifens Jahwes. Bekanntlich hat J. Wellhausen hieraus auf eine erste Ausgabe der jahwistischen
Urgeschichte ohne Flut und Völkertafel und eine zweite, um eben diese Stücke
erweiterte Ausgabe geschlossen.[87] Die von K. Budde ausgebaute[88] und dann in
verschiedenen Ausformungen rezipierte These ist jedoch mit Blick auf die
vorausgesetzten literarkritischen Eingriffe in Gen 2–4,[89] die unverkennbaren

---

84 Vgl. statt vieler Blum 2002: 439f.
85 Vgl. dazu auch Jenkins 1978: 41–57.
86 Vgl. statt vieler Wellhausen 1899: 11; Budde 1883: 371–388.
87 Vgl. Wellhausen 1899: 8–14.
88 Vgl. Budde 1883.
89 Nach Wellhausen 1899: 8f., 14 sind Gen 4,1–15 und 5,29 im Zuge der Einschreibung der
    wohl schon schriftlich vorliegenden nichtpriesterschriftlichen Fluterzählung nachgetragen

Querbezüge zwischen Paradieserzählung und dem nichtpriesterschriftlichen Prolog und Epilog zur Flut[90] und die auch andernorts belegte Abfolge von Menschenschöpfung und Flut ausgesprochen problematisch. Mit Blick auf die Turmbauerzählung ist zu konstatieren, daß der herausgestellte Widerspruch zur Völkertafel kaum die Intention erfaßt hat, die sich für den Verfasser der Turmbauerzählung mit der Plazierung im Kontext der Völkertafel verbunden haben dürften. Schon A. Dillmann hat in Auseinandersetzung mit Wellhausen und Budde treffend bemerkt, daß die Turmbauerzählung „nachholend den Anlass u. die näheren Umstände an[gibt], unter denen das נפצה הארץ 9,19 sich vollzog"[91]. Dies geschieht, wie die Formulierung der Exposition der Turmbauerzählung deutlich zeigt, in Form einer aus dem chronologischen Ablauf der Genealogien herausgenommenen Rückblende. Wenn diese Rückblende durch die Völkertafel in einem deutlichen Abstand zur Flutgeschichte zu stehen kommt, dürfte das zudem der einfachen Überlegung geschuldet sein, daß es nach der Flut eines gewissen zeitlichen Abstandes bedurfte, bevor wieder angemessen vom Handeln der gesamten Menschheit gesprochen werden konnte. Letzteres spricht gegen den immerhin denkbaren direkten Anschluß von Gen 11,1–9 an die Notiz über die Noahsöhne in 9,19. Doch auch der immer wieder in die Diskussion gebrachte unmittelbare Anschluß an die „jahwistischen" Notizen zur Genealogie Sems (Gen 10,31), an diejenige seines Urenkels Eber (Gen 10,25) oder an die Notiz über Nimrod-Gilgamesch, den König der Städte Babel, Erech, Akkad und Kalne im Lande Schinear (Gen 10,8–10), verbietet sich, da die Turmbauerzählung auf diese Weise gegen ihre Intention auf das Erleben eines Teils der Menschheit beschränkt werden würde. Im vorliegenden Textzusammenhang bestehen diese Schwierigkeiten nicht. Als Rückblende über den Hergang der Entstehung und Verteilung der Völker der Welt kann Gen 11,1–9 nur auf eine abschließende Notiz über das Werden der Völker nach der Flut (10,32; P) und vor der Konzentration auf die Nachkommenschaft des einen Noahsohnes Sem, in dessen Linie Abraham steht (11,10; P), eingeschaltet werden. Der urgeschichtliche Kontext der Turmbauerzählung ist derjenige der Priesterschrift und der mit zum vorliegenden Textzusammenhang

---

worden. Gegen Wellhausen 1899: 9 läßt sich die Brudermorderzählung literarhistorisch nicht aus dem Erzählzusammenhang von Gen 3–4 herauslösen. Wenig überzeugend ist, wie mir scheint, auch die weitergehende, in jüngerer Zeit mehrfach vertretene These einer umfangreichen sündentheologischen Bearbeitung der jahwistischen Urgeschichte, auf die außer Gen 4,1–15 auch die Ausgestaltung einer ursprünglichen Anthropogonie zur Fallerzählung in Gen 2–3 zurückgehen soll. Vgl. dazu Gertz 2004: 215–236. Daß in der Durchführung immer kleinteiligere literarkritische Eingriffe notwendig geworden sind (vgl. zuletzt Kratz 2000: 252–263), spricht sicher auch gegen Wellhausens These.

90 Vgl. Witte 1998: 174–184; ferner (unter Einschluß von Gen 6,1–4) Baumgart 1999: 141–162.

91 Dillmann 1892: 202. Ähnlich u.a. auch von Rad 1972: 116 und zuletzt Kratz 2000: 258, was Kratz' mit Berufung auf Wellhausen formulierten These einer späteren (nachpriesterschriftlichen) Eintragung der Flutgeschichte (9,19: Söhne Noahs!) nicht eben günstig ist.

vereinigten nichtpriesterschriftlichen Texte. Die wiederholt notierte Nähe der Reflexion Jahwes in V. 6 zu Hi 42,1f. spricht sicher auch nicht gegen die aus diesen Überlegungen folgende späte („nachpriesterschriftliche") Einordnung von Gen 11,1–9.

IV. Interpretationslinien der Turmbauerzählung

Die Turmbauerzählung expliziert den Hergang der in der Völkertafel genannten Entstehung der Völker und ihrer Sprachen (vgl. Gen 10,5.20.31) aus der einen Familie der Nachkommen Noahs (vgl. Gen 9,19). Insofern hat sie eine nicht zu bestreitende ätiologische Abzweckung. Sie geht aber nicht darin auf, da sie mit ihrer Schlußnotiz über die Zerstreuung der Menschheit (Gen 11,9b) zugleich eine Begründung für die nachfolgende Fokussierung auf die Nachkommen Sems und schließlich auf Abraham liefert. Mit der Turmbauerzählung ist aus der einen einheitlich agierenden Menschheit die Vielzahl der Völker und damit die Welt geworden, in die Abraham eintritt. Insofern handelt es sich um den Epilog der Urgeschichte und zugleich um den Prolog zur Vorgeschichte des Volkes Israel, weswegen die Kommentierung der Erzelterngeschichte mit Gen 11,10,[92] spätestens jedoch mit Gen 11,27 einsetzen sollte. Natürlich erschöpft sich die Turmbauerzählung auch nicht darin, mit einigem ätiologischen Beiwerk den Übergang von der Menschheit in die Völkerwelt sowie die in Gen 12,1–3 einfach vorausgesetzte Herkunft Abrahams außerhalb des Landes zu erzählen.[93] Sie hat vielmehr mehrere Erzählziele, die sich schon deswegen nicht gegeneinander ausspielen lassen, weil der Abschnitt aufgrund seiner Querbezüge und seiner exponierten Stellung gleichermaßen als urgeschichtlicher Text und mit Blick auf seine Fortsetzung in der Geschichte Abrahams und seiner Nachkommen gelesen sein will.

Die Auslegung der Turmbauerzählung im Rahmen der Urgeschichte setzt am sinnvollsten mit der Reflexion Jahwes über das von ihm beobachtete Handeln der Menschheit in V. 6 ein. Hier bündeln sich die Bezüge zur Urgeschichte. Darüber hinaus wird man kaum fehlgehen, hinter der Autorität Jahwes die Deutung der erzählten Geschehnisse durch den Verfasser formuliert zu sehen. Nach V. 5f. ist es der Bau von „Stadt und Turm", der Jahwe zunächst zur Reflexion über das Tun des Menschen und dann zum Einschreiten veranlaßt. Worin besteht das Problem? Unbestritten ist mit den geographischen Angaben „im Lande Schinear" und „Babel" ein zeitgeschichtliches Ambiente intendiert. Gleichwohl ist es wenig wahrscheinlich, daß eine konkrete (religions-)geschichtliche Situation den Schlüssel zum Verstehen bietet und die

---

92   So richtig Berges 1994: 52.
93   Daß Abraham aus Mesopotamien kommt, ergibt sich erst aus dem Zusammenhang mit 11,27–32 und dem in V. 4 genannten nordsyrischen Haran.

Turmbauerzählung als „konstruierter Mythos"[94] zu verstehen ist. Zwei Deutungen werden in diesem Zusammenhang in verschiedenen Variationen immer wieder durchgespielt. So soll sich der Text in religionspolemischer Abgrenzung mit der Errichtung oder Renovierung der Ziqqurrat Etemenanki in Babylon auseinandersetzten. Ausweislich der Ortsangabe Babel und der auch aus Bauinschriften Nebukadnezars am Etemenanki bekannten Metaphorik eines bis zum Himmel reichenden Bauwerks dürfte der Verfasser wohl tatsächlich an diesen hohen Turm gedacht haben. Gleichwohl scheitert die religionspolemische Deutung schon an der Nichterwähnung des dazugehörigen kultischen Inventars und Handelns sowie an der mangelnden sakralen Konnotation des Ausdrucks מגדל.[95] Vor allem aber fehlt der Erzählung – unbeschadet der ironisierenden Namensätiologie – jeglicher polemischer Unterton, wie ein Vergleich mit einschlägigen Babeltexten zeigt (vgl. Jes 14; Ez 28).[96] Der friedfertige und unaufgeregte Charakter der Darstellung spricht auch gegen die Annahme, es handele sich um eine Kritik an Weltherrschaftsansprüchen mesopotamischer Großreiche. Hinzu kommt in diesem Fall die Nichterwähnung des Königtums. Wie schon angemerkt, schließt sie jede herrschaftskritische Lesart der Erzählung aus.

Kontext und Erzählverlauf legen vielmehr die exemplarisch-urgeschichtliche Lesart eines „reflektierten Mythos"[97] nahe. Die Korrespondenz der geplanten Himmelshöhe des Turmes (V. 4a) und des durch die Doppelung betonten Hinabsteigen Jahwes (V. 5.7) spricht dafür, daß es beim Bau des Turms und dem Eingreifen Jahwes um die Distanzüberwindung bzw. Unterscheidung zwischen göttlich-himmlischer und menschlich-irdischer Sphäre geht.[98] Wie das betonte Herausstellen des Hinabsteigens Jahwes und Jahwes Rede von den Anfängen menschlichen Tuns zeigen, stellt der Turm dabei weniger eine tatsächliche Gefährdung der himmlischen Sphäre dar, sondern eher ein Symbol für das Potential des Menschen, diese Grenze zu überschreiten. In diesem Sinn ist der Turm, der in der Folge auch nicht mehr eigens erwähnt wird (vgl. V. 8),

---

94 von Soden 1984: 148–157: Eine Form mythisierenden Erzählens, die sich nicht einer langen Überlieferung verdankt, sondern einem konkreten historischen Ereignis entspringt.

95 Zur Diskussion um den Ausdruck מגדל vgl. Uehlinger 1990: 372–378 (Lit.). Die dort favorisierte Festlegung von מגדל auf „Zitadelle" oder „Akropolis" ist gut möglich (Jdc 9,46–49), aber nicht zwingend (vgl. auch a.a.O., 380 Anm. 176).

96 So zu Recht Seebaß 1996: 278; Schüle 2006: 411–413.

97 Vgl. von Soden 1984: 148–157: Mythische Dichtungen, in denen der Dichter ihm wichtige Überzeugungen im bisweilen recht freien Rückgriff auf mythische Überlieferungen veranschaulicht. In Gen 11,1–9 beschränkt sich die Verwendung von Überlieferung allerdings auf einzelne Motive, den Namen der Stadt und ein als charakteristisch empfundenes Bauwerk. Das Interesse am exemplarisch Gültigen betont auch Schüle 2006: 382.

98 So u.a. auch Carr 1996: 238; Witte 1998: 94; Schüle 2006: 383, 395f. Damit wird dem zuletzt von Uehlinger 1990: 378–380 begründeten hyperbolischen Verständnis von וראשו בשמים in V. 4a eine Absage erteilt. Wie schon Dillmann 1892: 206 dargelegt hat, ist es dem Erzählverlauf nicht angemessen.

gar nicht das Hauptmotiv. Dies ist vielmehr die in seiner Planung und anfänglichen Errichtung erkennbare Tendenz des Menschen, die von Gott gesetzten
oder auch nur vorausgesetzten Grenzen zu überschreiten. So gesehen, setzt die
Turmbauerzählung das im Zusatz zur Paradieserzählung (Gen 3,22) und in der
redaktionellen Notiz von der Engelehen (Gen 6,1–4) angeschlagene Thema der
Grenzziehungen fort: Nach der lebenszeitlichen (Gen 3,22) und sexuellen
Grenzziehung (Gen 6,1–4) zwischen Gott und Mensch geht es jetzt abschlie-
ßend um die Trennung der menschlichen Wirkungssphäre von dem allein Gott
vorbehaltenen Bereich. Wie bei den beiden vorangehenden Episoden weiß der
Mensch im übrigen gar nicht um das von Jahwe gefürchtete Potential seines
Handelns und überschreitet die Grenzen eher naiv als wissentlich, was seinem
Ergehen eine tragische Note gibt:[99] Der Mensch beginnt lediglich aus Angst
vor seiner Zerstreuung ein einheitsstiftendes Bauwerk (V. 4b). Die in dem
Unternehmen zu Tage tretende Fähigkeit des Menschen zur Überschreitung
der Grenzen tritt erst mit dem sekundären V. 4aβ in das Kalkül des Menschen.
In der Grundschicht wird sie allein von Jahwe erkannt, worauf dieser mit der
Verunmöglichung einer menschheitlichen Kommunikation die Voraussetzung
für ein solches Handeln rein prophylaktisch aufhebt und den Menschen um
seine Einheit bringt, die er zu sichern bestrebt war. Zusätzliche Tiefe gewinnt
das genuin urgeschichtliche Thema der abgrenzenden Verhältnisbestimmung
von Gott und Mensch durch die oft notierte Parallelität von V. 6 zu Hi 42,2–
6.[100] Sie macht deutlich, worin Jahwes Problem mit dem menschlichen Handeln liegt: Die Menschen machen sich anheischig, den unendlichen Abstand
zwischen Gott und Mensch in Frage zu stellen. Daß dies eher unbeabsichtigt
durch ein Handeln geschieht, das durch die existentielle Angst des Menschen
hervorgerufen wird, ist ein psychologisch fein beobachteter Zug.[101] Ebenso
fein beobachtet ist in diesem Zusammenhang die Bedeutung menschlicher
Kulturleistung. Sie gilt in den nichtpriesterschriftlichen Texten der Urgeschichte von Anfang an (auch in literarhistorischer Hinsicht)[102] als ambivalent.
Gen 11,1–9 unterstreicht dies am Beispiel eines Großbaus und benennt die
Grundkräfte der Kultur: Neben der Erfindungsgabe und der Fähigkeit zur ge-
meinsamen Anstrengung zielgerichteten Handelns sind dies auch die
Ängstlichkeit und eine gehörige Portion Naivität.[103] Darüber hinaus führt die
Turmbauerzählung in Verbindung mit Gen 3,22 einen weiteren Aspekt an, der
in den älteren Strata der Urgeschichte noch nicht ausgeführt ist. Die in der
Erkenntnis gründende Kulturleistung provoziert das vorbeugende Einschreiten

---

99   Zur Ahnungslosigkeit der Menschen vgl. auch Schüle 2006: 394 u.ö.
100 Vgl. dazu Westermann 1974: 733f.; Witte 1998: 94; Schüle 2006: 397.
101 Vgl. dazu auch von Rad 1972: 113; Seebaß 1996: 273f.
102 Zu den Versuchen, die Ambivalenzen in Gen 2–4 redaktionsgeschichtlich oder überliefe-
     rungsgeschichtlich „aufzulösen", vgl. Gertz 2004: 215–236.
103 Vgl. von Rad 1972: 113.

Jahwes. Dies geschieht jedoch nicht mit dem Ziel, den Menschen zu strafen oder fürsorgend vor den Folgen seines Handelns zu bewahren, sondern um die göttliche Sphäre dem Zugriff des Menschen zu entziehen: Jahwe greift ein, „weil der Entfaltung menschlichen Lebens eine Dynamik eigen ist, die letztlich auf einen Konflikt mit ihm hinausläuft"[104]. Am Ende der Urgeschichte hat die beste aller möglichen Welten doch ganz erheblich von ihrem Glanz verloren.

Die Auslegung der Turmbauerzählung mit Blick auf ihre Fortsetzung in der Geschichte Abrahams und seiner Nachkommen muß zunächst zur Kenntnis nehmen, daß das Motiv des Namenmachens auf der Ebene des Grundtextes keine Verbindung zu Gen 12,1–3 herstellt. Die Formulierungen der Verheißung eines großen Namens in Gen 12,2 (ואגדלה שמך) und die Selbstaufforderung der Bauherren in Gen 11,4aβ (ונעשה־לנו שם) unterscheiden sich zu deutlich, um hier einen gezielt gesetzten Kontrapunkt behaupten zu können. Allenfalls wird man von einer impliziten Stichwortassoziation sprechen können.[105] So oder so würde sich der Verfasser von Gen 12,1–3 auf einen Nachtrag beziehen. Aussagekräftiger sind hingegen die von A. Schüle herausgearbeiteten Beziehungen zu den Anfängen der Exoduserzählung.[106] Schüle hat sie zum Anlaß genommen, die Turmbauerzählung als „mythologische Reflexion auf die Exoduserzählung" zu lesen, die es erlaubt, die in der Exoduserzählung formulierten „besondere Erfahrungen Israels in einem universellen Deutungshorizont zu reflektieren".[107] Denkbar ist aber auch, daß die vorwegnehmende Erwähnung einzelner sprachlicher Details aus der Schilderung von Israels Aufenthalt in Ägypten dazu dient, Abrahams Auszug aus Mesopotamien als exemplarische Vorwegnahme des Exodus zu charakterisieren. Die Erzählungen von Abraham bieten für dieses Verständnis bekanntlich eine ganze Reihe von Anknüpfungspunkten. Die auf eine Fortsetzung in der Erzelterngeschichte hin angelegte Turmbauerzählung schildert in diesem Sinn erstmals den in der späteren Tradition kräftig ausgemalten Prolog von Abrahams Aufenthalt in der

---

104 Schüle 2006: 396.
105 Vgl. Uehlinger 1990: 321 mit Hinweis auf die „gewundene Formulierung" bei Köckert 1988: 265. Anders u.a. Jenkins 1978: 41–57; Berges 1994: 51–53. Wenig bedacht ist in den meisten Interpretationen zu Gen 11,4aβ der Aspekt der Identifikation der Namensträger mit dem im Bauwerk gesetzten Namen. Sie eröffnet dem Namensträger die Möglichkeit, die eigene physische Vergänglichkeit zu überwinden (vgl. dazu für Mesopotamien Radner 2005). Sollte dieser Aspekt in Gen 11,4aβ mit im Blick sein (Handlungsträger ist „die Menschheit"), so wird in dem Zusatz noch einmal das Thema der Sterblichkeit aus Gen 3,22 und 6,1–4 aufgegriffen.
106 Vgl. Schüle 2006: 406f. mit Hinweis auf Smith 1996: 179–181. V. 3b weist terminologische Überschneidungen mit Ex 1,14a auf; die Konstruktion der Selbstaufforderung in V. 4 mit Kohortativ Plural und negativ formulierter Zielbestimmung begegnet im AT nur noch in Ex 1,10, wobei dann in beiden Fällen die Zielsetzung noch von Gott durchkreuzt wird. Die Rede vom Hinabsteigen Gottes in V. 5.7 erinnert deutlich an Ex 3,8.
107 Schüle 2006: 409.

Fremde,[108] was natürlich auch Auswirkungen auf das Verständnis Abrahams hat: Mit Babel im Rücken und dem Land vor Augen durchlebt Abraham exemplarisch das Schicksal der Menschheit nach ihrer Zerstreuung. Daß sich dieses Leben ungeachtet seiner Widrigkeiten als Geschichte des Segens entfaltet, ist das Thema der Erzelterngeschichte.

Literatur

ARNETH, M. (2007): „Durch Adams Fall ist ganz verderbt ...". Studien zur Entstehung der alttestamentlichen Urgeschichte, FRLANT 217, Göttingen.

BAUMGART, N.C. (1999): Die Umkehr des Schöpfergottes. Zu Komposition und religionsgeschichtlichem Hintergrund von Gen 5–9, HBS 22, Freiburg i.Br. u.a.

BERGES, U. (1994): Gen 11,1–9: Babel oder das Ende der Kommunikation, BN 74, 37–56.

BLUM, E (2004): Von Gottesunmittelbarkeit zu Gottesähnlichkeit. Überlegungen zur theologischen Anthropologie der Paradieserzählung, in: Gönke, E./ Liess, K. (Hg.), Gottes Nähe im Alten Testament, SBS 202, Stuttgart, 9–29.

– (1984): Die Komposition der Vätergeschichte, WMANT 57, Neukirchen-Vluyn.

– (2002): Art. „Urgeschichte", TRE 34, 436–445.

BOST, H. (1985): Babel: Du texte au symbole, Genf.

BUDDE, K. (1883): Die biblische Urgeschichte (Gen. 1–12,5) untersucht, Gießen.

CARR, D.M. (1996): Reading the Fractures of Genesis: Historical and Literary Approaches, Louisville/Ky.

COHN, R.L. (1983): Narrative Structure and Canonical Perspective in Genesis, JSOT 25, 3–16.

CRÜSEMANN, F. (1981): Die Eigenständigkeit der Urgeschichte. Ein Beitrag zur Diskussion um den „Jahwisten", in: Jeremias, J./ Perlitt, L. (Hg.), Die Botschaft und die Boten, FS H.W. Wolff, Neukirchen-Vluyn, 11–29.

DILLMANN, A. (1892): Genesis, KEH 11, Leipzig.

GERTZ, J.C. (2004): Von Adam zu Enosch. Überlegungen zur Entstehungsgeschichte von Genesis 2–4, in: Witte, M. (Hg.), Gott und Mensch im Dialog. FS Otto Kaiser, BZAW 345/1, Berlin/New York, 215–236.

---

108 Einschlägig sind die Kombination von Turmbau- und Abrahamserzählung bei Pseudo-Philo (LibAnt 4,19–7,5); ferner Pseudo-Eupolemus (überliefert bei Euseb, Präp. ev. 9,17,2–9); Jub 11,14–12,31; ApkAbr 1–8; Jud 5,6–8; Philo (Abr 68ff.) sowie Josephus (Ant I, §§ 154–160). Vgl. dazu demnächst Wewer 2008.

– (2007): Noah und die Propheten. Rezeption und Reformulierung eines altorientalischen Mythos, DVfLG 81, 514–522.

GIESEBRECHT, F. (1901): Rezension zu H. Gunkel, Genesis, DLZ 22, 1861–1866.

GUNKEL, H. (^{3}1910): Genesis übersetzt und erklärt. Göttinger Handkommentar zum Alten Testament, Göttingen (= 9. Aufl. 1977).

ILGEN, D. (1798): Die Urkunden des ersten Buchs von Moses in ihrer Urgestalt zum bessern Verständniss und richtigem Gebrauch derselben in ihrer gegenwärtigen Form I, Halle.

JACOB, B. (1934): Das erste Buch der Tora: Genesis übersetzt und erklärt von B. Jacob, Berlin (Nachdr. Stuttgart 2000).

JENKINS, H.J.L. (1978): A Great Name: Genesis 12:2 and the Editing of the Pentateuch, JSOT 10, 41–57.

KIKAWEDA, I.M. (1974): The Shape of Gen 11:1–9, in: Jackson, J.J./Kessler, M. (Hg.), Rhetorical Criticism. FS J. Muilenburg, Pittburg, 18–32.

KÖCKERT, M. (1988): Vätergott und Väterverheißung. Eine Auseinandersetzung mit Albrecht Alt und seinen Erben, FRLANT 142, Göttingen.

– (2002): Art. „Verheißung I", TRE 34, 2002, 697–704.

KRATZ, R.G. (2000): Die Komposition der erzählenden Bücher des Alten Testaments. Grundwissen der Bibelkritik, UTB 2157, Göttingen.

LEVIN, C. (1993): Der Jahwist, FRLANT 157, Göttingen.

PFEIFFER, H. (2000): Der Baum in der Mitte des Gartens. Zum überlieferungsgeschichtlichen Ursprung der Paradieserzählung (Gen 2,4b–3,24), Teil I: Analyse, ZAW 112, 487–500.

PROCKSCH, O. (1924): Die Genesis übersetzt und erklärt, KAT I, 3. Aufl. Leipzig/Erlangen.

RAD, G. VON (1938): Das formgeschichtliche Problem des Hexateuch, BWANT IV/26, Stuttgart (ders., GSt zum AT, TB 8, München 1958, 9–86).

– (1957): Theologie des Alten Testaments. Band 1. Die Theologie der geschichtlichen Überlieferung Israels, EETh 1, München.

– (^{9}1972): Das erste Buch Mose. Genesis, ATD 2–4 (1949–1953), Göttingen, (= 12. Aufl. 1987).

RADNER, K. (2005): Die Macht des Namens. Altorientalische Strategien zur Selbsterhaltung, Santag 8, Wiesbaden.

RENDTORFF, R. (1961): Genesis 8,21 und die Urgeschichte des Jahwisten, KuD 7, 69–78.

RIEHM, E. (1885): Rezension zu K. Budde, Die biblische Urgeschichte, ThStKr 58, 753 –786.

ROTTZOLL, D. (1996): Abraham Ibn Esras Kommentar zur Urgeschichte, SJ 15, Berlin/New York.

SASSON, J.M. (1980): The 'Tower of Babel' as a clue to the redactional structuring of the primeval history (Gen.1-11:9), in: Rendsburg, G. (Hg.), The Bible World. Essays in honor of Cyrus H. Gordon, New York, 211–219.

SCHMID, K. (1999): Erzväter und Exodus. Untersuchungen zur doppelten Begründung der Ursprünge Israels innerhalb der Geschichtsbücher des Alten Testaments, WMANT 81, Neukirchen-Vluyn.

SCHNABEL, P. (1923): Berossos und die babylonisch-hellenistische Literatur, Leipzig/Berlin (Neudruck Hildesheim 1968).

SCHÜLE, A. (2006): Der Prolog der hebräischen Bibel. Der literar- und theologiegeschichtliche Diskurs der Urgeschichte (Genesis 1–11), AThANT 86, Zürich.

SEEBAß, H. (1996): Genesis 1. Urgeschichte (1,1–11,26), Neukirchen-Vluyn.

SEYBOLD, K. (1976): Der Turmbau zu Babel. Zur Entstehung von Genesis XI 1–9, VT 26, 453–479.

SMITH, D. (1996): What hope after Babel? Diversity and Community in Gen 11:1-9; Exod 1:1-14; Zeph 3:1-13 and Acts 2:1-3, HBT 18, 169–191.

SODEN, W. von (1984): Reflektierte und konstruierte Mythen in Babylonien und Assyrien, StOr 54, 149–157.

STÄRK, W. (1924): Zur alttestamentlichen Literarkritik. Grundsätzliches und Methodisches, ZAW 42, 34–74.

STECK, O.H. (1982): Genesis 12,1–3 und die Urgeschichte des Jahwisten (1971), in: ders., Wahrnehmungen Gottes im Alten Testament. Gesammelte Studien, ThB 70, München, 117–148.

UEHLINGER, C. ([3]1990): Weltreich und „eine Rede". Eine neue Deutung der sogenannten Turmbauerzählung (Gen 11,1–9), OBO 101, Freiburg/Freiburg.

WELLHAUSEN, J. (1889): Die Composition des Hexateuch und der historischen Bücher des Alten Testaments (1876/77), Berlin, (= 4. Aufl. Berlin 1964).

–   ([6]1927): Prolegomena zur Geschichte Israels (1878 als Geschichte Israels, Bd. 1: Prolegomena), Berlin.

WESTERMANN, C. (1974): Genesis, 1. Teilband Gen 1–11, BK I/1, Neukirchen-Vluyn.

WEWER, A. (2008): „Blickt auf Abraham, euren Vater". Abraham als Identifikationsfigur des Judentums in der Zeit des Exils und des zweiten Tempels, Diss. Heidelberg.

WITTE, M. (1998): Die Biblische Urgeschichte. Redaktions- und theologiegeschichtliche Beobachtungen zu Gen 1,1–11,26, BZAW 265, Berlin/New York.

WOLFF, H.W. (1964): Das Kerygma des Jahwisten, EvTh 24, 73–98.

ZENGER, E (1983): Beobachtungen zu Komposition und Theologie der jahwistischen Urgeschichte, in: Katholisches Bibelwerk (Hg.), Dynamik im Wort. Lehre von der Bibel, Leben aus der Bibel. FS aus Anlaß des 50jährigen Bestehens des Kathol. Bibelwerks, Stuttgart, 35–54.

Abram in Exile.
Remarks on Genesis 12,10–20*

Bob Becking
Utrecht

1. Introduction

In his *Praep. Ev.*, Eusebius quotes a few fragments of Artapanus' *On the Jews*, written in the third century BCE.[1] Artapanus appropriated traditions on Abraham, Joseph and Moses to the Hellenistic culture and art of history-writing.[2] He might even have felt forced in doing so for apologetic reasons. As an antidote against the Egyptian anti-Semitism of his days, he interpreted the Biblical tradition in a contextualizing way by claiming that Egyptian culture – including idolatry and polytheism – was shaped by Abraham, Joseph and Moses.[3] He tells his reader that Abraham – when in Egypt –[4] revealed the secrets of astrology to Pharaoh:

> Artapanus, in his *Jewish History*, says that the Jews were called Ermiuth, which when interpreted after the Greek language means Judaeans, and that they were called Hebrews from Abraham. And he, they say, came with all his household into Egypt, to Pharethothes the king of the Egyptians, and taught him astrology; and after remaining there twenty years, removed back again into the regions of Syria: but that many of those who had come with him remained in Egypt because of the prosperity of the country.[5]

Despite the fact that one can – on good grounds – question the historicity of Abram being an astrology teacher in Egypt,[6] this passage indicates that already in the early Hellenistic times a tradition of a sojourn of Abram in Egypt existed. The short narrative in Artapanus is most probably based on the Biblica

---

*   The literature on Gen 12,10–20 is that abundant, that it is impossible to refer to all scholars who uttered thoughts on this textual unit.

1   See Holladay 1983: 189–243; see also Attridge 1984:166–168.
2   See, e.g., van der Horst 1988: 148–152; Grabbe 1994: 237.
3   See Braun 1938: 26–31.
4   Cf. Gen 12,10–20.
5   Artapanus, Fragm. 1; Eusebius, Praep. Ev., IX 18:1.
6   From the traditions in the Hebrew Bible, Moses seems to be a more likely candidate for such a role.

story in Gen 12,10–20. This episode narrates the sojourn of Abram and Sara and especially Abram's daring act of giving away Sara to the Pharaoh depicting her as his sister. In my contribution to this volume honouring Matthias Köckert, I would like to make some remarks on this Biblical text.

2. Threefold Tradition

It has often been remarked that the story in Gen 12,10–20 has two duplicates, or analogies, within the Book of Genesis. Gen 20,1–18 relates the encounter of Abraham with Abimelekh, the king of Gerar, in which Abraham gives his wife Sara away as being his sister. In Gen 26,1–14 Isaac repeats this act to Abimelekh with his wife Rebecca. The puzzling question, whether these are three unifyingly moulded stories on three different events, or three stories repeating a motif, will be discussed below.

First, I would like to concentrate on the concept of tradition. When interpreting a story from the past, it is – in my view – important to make a distinction between the narrated time and the time of the narrator. The concept of 'narrated time' refers to the 'event(s)' as it (they) might have happened in the past. With the 'time of the narrator' I refer to the period in time, when the story – assumedly – received its final form. An example from narrative fiction might be clarifying. Harry Mulisch's *The Assault*[7] is a novel written around 1980 narrating the consequences of an assault on a Dutch collaborator during World War II for the life of a young boy who witnessed the event. The narrated time is the period of World War II and its aftermath. The time of the narrator – around 1980 – is informative for the interpretation of the novel since in that period the Dutch mentality was gradually moving to a more German-friendly – or at least less 'black-and-white' – position. Next to that the great nucleair-disarmement campaign of the early eighties forms the scene of this novel.[8] It should be noted that there has also been an in-between: Between the war and the time of writing a period existed in which the collective memory was either delicate or designed in black and white.

This detour makes clear that the concept of tradition has three dimensions. Therefore, a distinction will be made between:

– The assumed sojourn of Abram in Egypt;
– The period of transmission of the narrative(s) and
– The tradition in its final form read against the socio-historical context of the final redactor.

---

7   Mulisch 1982; ET: 1986; GT: 1986.
8   See also Forst 1994: 47–53.

3. Did Gen 12,10–20 Really Happen?

I would like to argue that neither a critical 'No', nor a naïve 'Yes' to this question are dealing the evidence correctly. Therefore, I have to discuss some features in and around the narrative.[9]

- Cognates of the name Abra(ha)m have only scarcely been found in Ancient Near Eastern inscriptions. A few attestations are known from Ugarit and Mari.[10] In the list on the campaign of Pharaoh Sheshonq from the 10th century BCE mention is made of the *p3 ḥqr 3brm*, probably 'the fortress of Abram'.[11] It is, however, not very easy to connect these names with the name of the Biblical patriarch. It should, however, be noted that this absence of evidence is not the evidence of absence, since the general picture of Abra(ha)m in the Biblical tradition is that of a person living at the fringe of culture.[12] The greater majority of the Ancient Near Eastern inscriptions stem from the centre of culture.
- The Pharaoh in Gen 12,10–20 is nameless. As is generally known, the Hebr noun פַּרְעֹה refers to Egyptian *pr-'3* signifying 'great house'. It is therefore impossible to identify the Pharaoh in this story.
- Some scholars argue that in the hurro-accadian inscriptions from Nuzu, 'sister' is a legal indicator for a wife.[13] This argument would imply that the presenting of one's wife as one's sister was a motif in the second millennium BCE. Moreover, it would indicate that Abram did not so much lie, but that the Pharaoh – unaware of the legal customs in far away Nuzu – misunderstood Abram's concept.

On the other hand, there are some features that might hint at the plausibility of the narratives on Abra(ha)m.

- The cuneiform inscriptions from ancient Mari present an intertwined community of settled people and nomads that can be labelled as a dimorphic society. The many texts from the first half of the second millennium BCE picture a peacefully living together of various groups. The city elite and the farmers on plots of land in the immediate vicinity coexisted with various groups of traders and cattle-holders that went back and forth in the movement of the transhumance. The awareness of economic interdependence was a fruitful soil for a dimorphic society. The existence of such a

---

9   See basically Noll 2001: 108–135.
10   *Abrm* KTU 4.532:2.4; *A-bi-ra-m(u)* PRU 3,20; 5,85:10; 107:8: see also Huffmonn 1965: 5.
11   Simons 1973: 71–72.
12   See also van Seters 1975: 40–42; Thompson 1974: 22–36.
13   Gordon 1940: 1–12; Speiser 1963; Speiser 1964: 91–94. For criticism of this position see Van Seters 1975: 71–76; Thompson 1974: 234–248; Brueggemann 1982: 127.

dimorphic society creates a possible background for the Biblical patriarchs especially for their living as 'foreigners (*gēr*) in the country'.[14]

– Ancient Egyptian inscriptions from the second Millennium BCE show that nomads and Bedouins quite often journeyed to Egypt. Especially, the Shashu-nomads are referred to. Among these nomads are various persons with West-Semitic names.[15] Next to that, various texts mention the *Habiru*, which, however, is not the name of a clan or a tribe, but a social indication for wandering persons and groups who for one reason or another had fallen down to the lower stages of society. The name of Abra(ha)m is not mentioned in these texts. They nevertheless make clear that in the second Millennium Semitic nomads crossed the border of Ancient Egypt.

Next to that a few themes in the narratives on the patriarchs refer to reality:

– Hunger occurred more than often in the Ancient Near East. The semi-arid climate in the Levant and especially at the fringes of culture could lead to crop-failure with all its disastrous effects for the population. Biblical stories such as on Joseph or Ruth contain the cultural remembrance to such events. In the documents from Mari too, the theme of hunger occurs. Egyptian texts mention that Asiatics sought refuge in Egypt driven by hunger.[16]

– The fear that a powerful king would abuse his position to possess the wife of another is mirrored in the story on David and Bathshebah. After having had intercourse with her, the king organised an assassination of her husband Uriah.

– The theme of the sending away of unwanted foreigners is known from the Ancient Near East. Amos 7,10–17 narrates the deeds and doings of the powerful in the Northern Kingdom of Israel when driving away from their territory the southerner Amos.

These parallels and analogies do not prove the historicity of the narratives on Abra(ha)m. A statement that Gen 12,10–20 really happened when based on this evidence is to be seen as an act of overasking and overcharging. To me, however, the evidence makes clear that various traits and themes in the Abra(ha)m narratives contain elements from daily life experience in Ancient Israel. In other words: The focal question of this section cannot be answered.

---

14 See, e.g., Van Seters 1975: 16; Oswald 2001: 79–89, argued that the picture of the patriarchs as *gēr* would fit the post-exilic tension between returnees and 'the people of the land'; his view can be challenged for the post-exilic period but certainly does not exclude the possibility of the patriarchs as *gēr* in earlier periods.

15 Giveon 1971.

16 See, e.g., Ruppert 2002: 136–137.

4.   Between 'Event' and Narrative

The origin of the story in Gen 12,10–20 is hidden in the dawn of history. Within the Hebrew Bible three narratives on the wife-sister motif occur.

4.1 A Threefold Tradition?

As is well known the wife-sister motif occurs also at Gen 20,1–19 and 26,1–14. In Gen 20 Abraham presents his wife Sarai as his sister to Abimelekh, the philistine king of Gerar. In Gen 26 it is narrated that Isaac copies the deed of his father with his wife Rebecca. Traditionally these stories had been seen as three independent narratives on three historical events, although some traditionalists accept that during the oral or written transmission the narratives were moulded on the same fabric. Many critical scholars hold the position that three narratives represent three variants of one and the same tradition, whose origin is no longer detectable.[17] I would like to argue for a different view. My argument will be based on the following observations. The three narratives contain some elements that occur in all three texts:

– the wife, presented as sister;
– a situation of distress and anxiety;
– the wife who is included in the household of the Pharaoh or the king;
– the prosperity of the patriarch;
– the moment at which the lie of the patriarch comes to light;
– the restoration of the marital relation of the patriarch and his wife.

When, however, the way in which the story is narrated in the three respective narratives, is better analysed then remarkable differences can be detected. Next to that, the order of the composition differs between the three as can be seen in the following outline:[18]

1.   The motif of famine, though present in A and C, is absent from B.
2.   In A Abram and Sara sojourn in Egypt; in B and C Abraham, viz. Isaac live as foreigners in the territory of the kingdom of Gerar.
3.   In C, Isaac is restrained from fleeing to Egypt by a direct address of God in which the promise of land and posterity is repeated. This element of promise functioning as a warning is absent from A and B.
4.   Fear is given as the motivation for the lie of Abram and Isaac in A and C. In B this theme is absent.

---

17   Speiser 1964: 89–94.147–152; Koch 1974: 135–162; Van Seters 1975: 167–191; Westermann 1981: 187–189; Brueggemann 1982: 126–127; Ska 2000: 85–88; de Hoop 2001; Ruppert 2002: 131–135.
18   A = Gen 12: B = Gen 20: C = Gen 26. See also Speiser 1964: 198–204; Gordis:1985.

5. In B and C it are Abraham, viz. Isaac themselves who inform the foreign
    ruler that their wife is their sister, while in A Sara gives this information to
    the Pharaoh.
6. Quite important is the way in which the falsity is uncovered. In A, the
    plagues sent by YHWH bring the Pharaoh to discernment. In B the epiph-
    any of God in a dream is operative. In C the king sees the lovemaking of
    Isaac and Rebecca.
7. In A, the uncovering of the truth leads to monologue of the Pharaoh, while
    B and C narrate a dialogue between king and patriarch.
8. In A, Abram and Sara exiled away from Egypt. In B and C the couples
    may continue to live in the area of Gerar.
9. It is remarkable that the intercession of Abraham for Abimelekh in B has
    no counterpart in A or C.

How to interpret this balance between comparable and contrasting elements?
In my view, the contrasting elements are too numerous to conclude that the
three narratives emerged form one tradition. The corresponding elements,
however, indicate that the three narratives cannot be seen as strictly independent from each other. Both elements, the comparable and the contrasting, should
be taken as motifs by which the tradition moulded the three stories over time.

The differences between the three narratives can best be explained, by
looking at the various places they received in the final redaction of Gen 12–50.
The Abram-narrative Gen 12,10–20 is placed as the middle part of a triptych:
Gen 12,1–9 + 12,10–20 + 13,1–18.[19] This compositional place makes it possible to interpret the specialities of narrative A in contrast to B and C.

The fact that Abram was driven to Egypt by famine (2)[20] can be construed
as a result of his movements in Gen 12,1–9 where he is more and more head-
ing for the south. The absence of the promise to the patriarchs in this story (3)
can easily be explained by the fact that that promise had just been given. The
deeds and doings of Abram in narrative A should be evaluated form this perspective. One way or another, his acts are an answer to the promise an own
land and great posterity. By fleeing from the country and by his proposal to
Sarai, Abram unsettles both elements of the divine promise. In the other ver-
sions (B and C) the connection with the promise-theme is much more loose. It
is therefore far from surprising that especially in narrative A the presentation
of the wife as a sister takes place in such a roundabout and complicated way. It
is the narrator who lets Abram propose to Sarai that she were to tell the Egyp-
tians that she is his sister (5). Through this focalisation, the initiative of Abram
is emphasized. The plagues (6) are connected with the land of Egypt and the
traditions on the Exodus. For the development of the plot, the plagues are not

---

19   On this 'unit' see Köckert 1988: 250–255; Torralba 2001: 55–91.
20   In this section the numbers refer to the nine differences between A, B and C listed above.

necessary. The narrator could have used another motif to have the Pharaoh discover Abram's lie.[21] The specificities of the narratives B and C can be explained in a comparable way by looking at their place in the composition of Gen 12–50.

One final remark on 'tradition in between'. Literary motifs in the narratives A, B, and C refer to real experiences of agony and fear: famine, littleness in confrontation with the superior food-supplier, fear of death, and fear for losing one's beloved in a foreign country. The experiences of fear are comprehensible in the assumed lifetime of Abram somewhere in the second millennium BCE. They are as such, however, not restricted to that age and time. After 1200 BCE these experiences were still very real. It is during the Iron Age that the traditions on this patriarch have been collected and transmitted. It was these elements of recognition that served as a carrying element in the process of tradition. The ongoing presence of the type of threats in Gen 12,10–20 were important in the dynamics of the transmission of this narrative.

4.2 Domestication of the Camel

Gen 12,16 narrates the prosperity of Abram. Pharaoh offered to the brother of the wife that was incorporated in his household 'sheep, cattle, donkeys, slaves, maid-servants, she-donkeys, and camels'. The contents of this gift contain a small historical problem for those who want to construe the narrative as historically trustworthy. There is an anomaly. The gift of camels presupposes the domestication of that animal. During the assumed lifetime of Abram in the second millennium BCE camels were not yet domesticated. The oldest data on domesticated camels refer to the early Iron Age, when camels became part of the household of wandering Arameans. The domestication of the Arabian camel in Egypt is to be dated at the earliest in the tenth century BCE, but probably later.[22] In the assumed lifetime of Abram, camels were still wild animals.

It is interesting to note that in the Decalogue the camel is absent in the list of animals that were part of the Israelite household. It is not before the Persian period, that camels are mentioned as part of the Israelite household.[23] These data make it impossible for an Egyptian Pharoah to give a domesticated camel to a wandering nomad in the second millennium BCE.

This implies that Gen 12,10–20 could not have been written in its present form before the tenth century BCE. In the later part of the Iron Age, camels

---

21   See below.
22   Clutton-Brock 1982; Finkelstein, Silberman 2001: 37.
23   I Chr 12,14.

were a well-known phenomenon especially on the trade routes from the desert
to the arid zones in the cultivated land. The historical consciousness of the
Ancient Near East was based in the idea of cultural continuity. Although writers, storytellers, or redactors during the Iron Age might have been aware of the
fact that camels once lived only in the wild, they did not hesitate to introduce
an anachronism in their story.

4.3 The Exodus Model

As already indicated above, Gen 12,17 contains an unexpected element.
Abram's falsehood was uncovered after the moment that 'YHWH afflicted
Pharaoh and his house with great plagues'. This motif differs from the parallel
accounts in the narratives B and C. What is the background of this plague-
motif? The experienced reader of the Hebrew Bible immediately will answer
that question with a reference to the Book of Exodus. In the narratives on the
final period of Israel's sojourn in Egypt too it is narrated that YHWH afflicted
Pharaoh and his house with great plagues in order to change Pharaoh's mind.[24]
I would like to inquire the details.

In Gen 12,17 the Hebrew verb נגע, 'to hit; afflict', is used. The combina-
tion with the noun *nèga'*, 'stroke; plague', can best be rendered with 'to afflict
with a plague'.[25] The more common meaning 'to hit' occurs relatively often in
the Hebrew Bible, and also in the Book of Exodus. The specific meaning –
indicating a plague – is much less common. In the Book of Exodus, the verb
נגע – with this specific meaning – is only attested once. In Exod. 11,1 YHWH
announces to Moses the beginning of the final and decisive of the ten plagues.
Only this final plague – and only once – is depicted as a *nèga'*. Elsewhere in
the Book of Exodus, the plagues are described with the use of the more common root נכה, 'to hit'. Ex 7–12 is full of examples. I conclude that in Gen
12,17, the Hebrew verb נגע refers to the Exodus pattern and to a specific interpretation of that event.[26]

It is interesting to note – by way of a side remark – that in the two other
narratives B and C the Hebrew verb נגע is attested. In Gen 20,16 and 26,11 this
Hebrew verb has the more general meaning 'to hit'.

A second verb that refers to the Exodus is the verb שלח, 'to send'. In Gen
12,20 the Pi'el of this verb is used having a factitive connotation. This implies

---

24   A connection with the Exodus has been proposed by many other scholars, see, e.g., Wester-
      mann 1981: 193; Römer 2002; Ruppert 2002: 143–145; Geoghegan 2005: 16–25.43–46.

25   See DCH V, 608–611.

26   I therefore disagree with I. Peleg 2006: 197–208, who argues on the basis of an assumed 'tit-
      for-tat' pattern that God hit Pharaoh, since he had 'touched' Sarai, in the sense of having sex-
      ual intercourse.

that Pharaoh had Abram and Sarai send away. The same verb and also in the Pi'el is used several times in the description of the Exodus. I will pay attention to only two occurrences, one from the beginning and one from the end of the narrative. When Moses is ready to return from his temporary stay with the Midianites to Egypt, he is commissioned by YHWH. Moses is ordered to conduct miracles before the Pharaoh with the aim is displaying the divine power that works in him and to have the Pharaoh let the Israelites go. God, however, says:

> Pharaoh's heart is hardened;
> he refuses to let the people go.[27]

These words reveal a tension that will be present throughout the narratives on the Exodus out of Egypt. In this narrative there are two divinely willed tensions. (1) The combat between YHWH and Pharaoh and (2) The inscrutable paradox between the theme of the hardening of the heart as God's work and the plea for freedom as the core of Moses' message. At the end of the narrative, when the Israelites have left Egypt after the tenth plague, the servants of the Pharaoh cry out in terrified confusion:

> What have we done,
> letting Israel leave our service?[28]

In both texts, the verb שלח, 'to send', is use in the Pi'el. I arrive at the conclusion, that the author of Gen 12,10–20 is presupposing the Exodus tradition. According to Albertz, the Exodus narrative functioned as a foundational text in the period of the kings of Israel and Judah.[29]

Both features, the anachronistic reference to the camel as pharaonic gift and the intertextual relations with the Exodus-narrative, imply that the narrative in Gen 12,10–20 was part of the traditions the Israelites and Judaeans lived by in the monarchic period. It is impossible to decide what form the tradition had during the various stages of that period.

5. Final Redaction

The final redaction of the greater history-writing Genesis – II Reg most probably took place during the exilic or early post-exilic period. Although on a historical level the Exile has not been such a great period of distress as has traditionally been assumed,[30] the 'crisis' functioned as a delivery room for the reformulation of the Israelite tradition.

---

27   Ex 7,14.
28   Ex 14,5.
29   Albertz 2001.
30   See Becking 2009.

6. Reading Historically, Three Times

What fruits can be gathered from this detour for the question of the meaning of Gen 12,10–20? A threefold answer must be given

1. The historicity of the assumed event cannot be proven. An ancient original form of the narrative cannot be reconstructed. Nothing more can be said than the fact that the narrative refers to the perennial problems of mankind.
2. These life-experiences – e.g., on drought, fear, and famine – have been connected in the tradition with the figure of Abram as they have been connected with the figures of Abraham (narrative B) and Isaac (narrative C). In his description in Gen 12,10–20, the author has used the Exodus-motif. This implies that during the tradition an identification has been made. The 'father-God' of Abram[31] has been identified with the liberating God of the Exodus.[32] This narrative has been transmitted during the monarchic age. In that period, the significance of telling and retelling this narrative functioned as a signal hope for hearers in distress. Even in times of fear, divine sustenance was a pillar to trust on although the narrative testifies the mysterious character of that sustenance.[33]
3. In the age of exile, the narrative on Abram's lie needs to be read as part of a wider textual network: from creation to exilation. Within this greater composition the them of the promises to the patriarchs is of great significance.[34] By his flight to Egypt and by his urge for a lie he seems to set both sides of the divine promise between brackets: (1) In Egypt he would be outside the promised land; (2) With Sarai in Pharaoh's harem it would be difficult for her to give off-spring to Abram. In the exilic age, the people of Israel – both in Mesopotamia and in Judah – could identify themselves with Abram. The deportation under the Babylonians implied a return to the beginnings. As a people they were back at position one in and around 'Ur of the Chaldeans'. This identification with Abram in Exile would have had two different sides. Abram arrived in Egypt as a result of his own conduct and behaviour. Driven by fear he had challenged the divine promises. In a different way, but in a similar vain, the Israelites and Judaeans had been exiled from their land as a result of their own behaviour and trespasses.[35]

In the historical context of the Babylonian Exile and its aftermath, I would like to bring in another identity-marker. As in a mirror the narrative character of an

---

31   See Köckert 1988.
32   On this shift see Koch 1974: 154–155; Albertz 2001.
33   See also Westermann 1981: 125–127; Brueggemann 1997: esp. 267–313.
34   See recently Brueggemann 1982: 125–130; Köckert 2006.
35   See II Reg 17,7–20.

unnamed Pharaoh is connected with the historical figure of Nebuchadnezzar II, King of Babylon. Reading Genesis 12,10–20 in exile, I arrive at the following interpretation. A time will come when 'Pharaoh'/a Babylonian king driven – by the chilliness of history – will give permission to the Israelites to part away from exile. The future of this people – like in the narrative age of Abram – hangs on a thread.

7. Aftermath

The narrative on Abram has been re-written in later Jewish texts. The Book of Jubilees XIII,10–16 is an almost verbatim reproduction of Gen 12,10–20. In the Qumranic text Genesis Apocryphon the story is retold in a vivid and plastic way paying much attention to human interest by depicting all sorts of emotions in Abram, Sarai, and the Pharaoh.[36] Midrash Rabba on Gen 12,10–20 tells a beautiful story. Abraham, when reaching the Egyptian border hides Sara in his trunk. He then has an ongoing dialogue with the customs-officers on the content of his trunk. Abraham wants to be taxed for barley etc. The officers do not believe Abraham and urge him to open the trunk and show what goods he is carrying. The moment Abraham opened the trunk, Egypt was set aglow for the beauty of Sara's radiation. The image of Abram in the fragments of Artapanus is an interesting and unexpected stage in the scribal tradition.[37]

Bibliography

ALBERTZ, R. (2001): 'Exodus: Liberation History against Charter Myth', in: van Henten, J.W./ Houtepen, A. (eds), Religious Identity and the Invention of Tradition (STAR 3), Assen, 128–143.

ATTRIDGE, H.W. (1984): 'Historiography', in: Stone, M.E. (ed.), Jewish Writings of the Second Temple Period (CRINT 2,II), Assen, 166–168.

BECKING, B. (2009): 'In Babylon: The Exile in Historical (Re)construction', in: Becking, B. e.a. (eds), From Babylon to Eternity: the Exile Remembered and Constructed in Text and Tradition, Sheffield, in press.

BRAUN, M. (1938): History and Romance in Graeco-Oriental Literature, Oxford.

BRUEGGEMANN, W. (1982): Genesis (Interpretation), Atlanta.

–   (1997): Theology of the Old Testament: Testimony, Dispute, Advocacy, Minneapolis.

---

36   1Q20 (GenApo) XIX 10–XX 33.
37   See van der Toorn 2007.

CLUTTON-BROCK, J. (1982): Domesticated Animals from Early Times, Austin.

FORST, GRAHAM N. (1994): "'Shall We Talk about Light?'": Fate and Freedom in Harry Mulisch's "The Assault"', Modern Language Studies 24 , 47–53.

FINKELSTEIN, I., SILBERMAN, N.A.(2001): The Bible Unearthed, New York.

GEOGHEGAN, J.C. (2005): 'The Exodus of Abraham', BRev 21, 16–25.43–46.

GIVEON, R. (1971):   Les bédouins Shasou des documents égyptiens, Leiden.

GORDIS, D.H. (1985): 'Lies, Wives and Sisters: The Wife-Sister Motif Revisited', Judaism 34, 344–359.

GORDON, C.H. (1940): 'Biblical Customs and the Nuzu Tablets', BiAr 3, 1–12.

GRABBE, L.L. (1994): Judaism from Cyrus to Hadrian, London 1994.

HOLLADAY, C.R. (1983): Fragments from Hellenistic Jewish Authors, Vol. 1: Historians (SBL Texts and Translations 20; Pseudepigrapha Series 10), Atlanta, 189–243.

DE HOOP, R. (2001): 'The Use of the Past to address the Present: The Wife-Sister-Incidents (Gen 12,10–20; 20,1–18; 26,1–16)" in: Wénin, A. (ed.), Studies in the Book of Genesis: Literature, Redaction and History (BEThL 155), Leuven, 359–369.

HUFFMONN, H.B. (1965): Amorite Personal Names in the Mari Letters, Baltimore.

KOCH, K. (^{3}1974): Was ist Formgeschichte? Methoden der Bibelexegese, Neukirchen-Vluyn .

KÖCKERT, M. (1988): Vätergott und Väterverheissungen: Eine Auseinandersetzung mit Albrecht Alt und seine Erben (FRLANT 142), Göttingen.

–   (2006): 'Die Geschichte der Abrahamüberlieferung', in: Lemaire, A. (ed.), Congress Volume Leiden 2004 (VT Sup 109), Leiden, 103–128.

MULISCH, H. (1982): De Aanslag, Amsterdam; ET: The Assault, London 1986; GT: Das Attentat, München 1986.

NOLL, K.L. (2001): Canaan and Israel in Antiquity: An Introduction (BiSe 83), London/New York, 108–135.

OSWALD, W. (2001): 'Die Erzeltern als Schutzbürger: Überlegungen zum Thema von Gen 12,10–20 mit Ausblick auf Gen 20.21,22–34 und Gen 26', BN 106, 79–89.

PELEG, I. (2006): 'Was the Ancestress of Israel in Danger? Did Pharaoh touch Sarai?', ZAW 118, 197–208.

RÖMER, T. (2002): 'Typologie exodiques dans les récits patriarcaux', in: Kuntzmann, R. (ed.), Typologie biblique; De quelques figures vives, Paris, 49–76.

RUPPERT, L. (2002): Genesis: Ein kritischer und theologischer Kommentar 2. Teilband: Gen 11, 27 –25, 18 (FzB 98), Würzburg.

SIMONS, J. (1937): Handbook of Egyptian Topographical Lists, Leiden.

SKA, J.-L. (2000):   Introduction à la lecture du Pentateuque: Clés pour l'interprétation des cinq premiers livres de la Bible, Bruxelles.

SPEISER, E.A. (1963): 'The Wife-Sister Motif in the Patriarchal Narratives', in: Altmann, A. (ed.), Biblical and Other Studies I, 15–28.

– (1964): Genesis (AnBi 1), New York.

THOMPSON, T.L. (1974): The Historicity of the Patriachical Narratives (BZAW 133), Berlin/New York, 22–36.

TORRALBA, J.G. (2001): ,Un viaje iniciático: Gn 11, 27–13, 18', Cmio 34, 55–91.

VAN DER HORST, P.W. (1988): 'The Interpretation of the Bible by Minor Hellenistic Jewish Authors', in: Mulder, M.J. (ed.), Mikra (CRINT, 2,I), Assen, 148–152.

VAN DER TOORN, K. (2007): Scribal Culture and the Making of the Hebrew Bible, Cambridge MA London.

VAN SETERS, J.(1975): Abraham in History and Tradition, New Haven, London.

WESTERMANN, C. (1981): Genesis 12–36 (BKAT I/2), Neukirchen-Vluyn.

Abraham zwischen JHWH und Elohim. Zur narrativen Logik des Wechsels der Gottesbezeichnungen in den Abrahamerzählungen

Eckart Otto
München

"I do not think that any of the recent 'new looks' at pentateuchal criticism have yet given reason to abandon the statement of Noth that regardless of scholarly ingenuity, no one has offered a more plausible explanation of the usage of the divine names than the view that there were two originally independent narrative works ... But categories of analysis that relate in the first instance to the Pentateuch as it stands, rather than to hypothetical stages of its possible prehistory, will provide a firmer foundation for studies of every kind, historical as well theological".

R. Walter L. Moberly

Das vorangestellte Zitat von R.W.L. Moberly[1] bringt recht gut eine Problematik in der gegenwärtigen Pentateuchforschung zum Ausdruck. Die Zahl der Forschungsbeiträge, die sich von der durch A. Kuenen und J. Wellhausen in klassisch gewordener Weise formulierten Neueren Urkundenhypothese abwenden und neue Wege zur Erklärung der Literaturwerdung des Pentateuch suchen, nimmt in den letzten 25 Jahren weltweit dramatisch zu.[2] Doch hat die Frage, warum die Gottesbezeichnungen zwischen Gen 1 und Ex 3/6 wechseln, jenseits der Annahme von Quellen, deren Gebrauch der Gottesbezeichnungen in der Genesis wechselte, und damit die Frage, warum die Vorstellungen, wann der Gottesname JHWH erstmals bekannt wurde, sich unterschieden, bislang keine befriedigende Antwort gefunden. Der Wechsel von JHWH zu Elohim in Gen 20–22 hatte schon im 19. Jh. zur Annahme einer Quelle eines vorpriesterschriftlichen Elohisten in den Abrahamserzählungen geführt. Jüngst hat noch einmal A. Graupner Dubletten und Wechsel der Gottesbezeichnungen in der Genesis als zentrale Beobachtungen benannt, die sich nur durch die Annahme der Quelle eines Elohisten erklären ließen. Eine stärkere überlieferungs- bzw. kompositionsgeschichtlich begründete Hypothese könne zwar

---

1 Moberly 1992: 43.182.
2 Zu Geschichte und Stand der Pentateuchforschung cf. Otto 2007a: 103–204. Zur Forschungsgeschichte von Gen 22 cf. Steins 1999: 103–132; Schmid 2004: 271 –284.

Dubletten erklären, etwa aus dem Impetus einer maximalen Traditions-
sicherung heraus, versage aber, so Graupner, bei der Erklärung des Wechsels
der Gottesbezeichnungen von JHWH zu Elohim.[3] Dem hat sich jüngst M. Gerhards angeschlossen, der den Wechsel der Gottesbezeichnung als „Urkrite-
rium" der Literarkritik im Pentateuch bezeichnet und Gen 20–22 wie A.
Graupner einem Elohisten zuordnen will.[4] Beiden Autoren ist darin zuzustimmen, dass jede Redaktionshypothese sich danach befragen lassen muss, welche
Erklärung sie für den Wechsel der Gottesbezeichnungen hat, denn dass ein
derartiger Wechsel den Redaktoren nicht aufgefallen sein sollte, ist ebenso
unwahrscheinlich wie die Annahme, die Art der Gottesbezeichnung sei ihnen
nicht wichtig gewesen, so dass um der Traditionserhaltung willen die sich
widersprechenden Vorstellungen, der JHWH-Name sei seit der Urgeschichte
(Gen 4,26) oder aber erst seit der Offenbarung in der Ägyptenzeit (Ex 3,13–15;
6,2–3) bekannt – ein Widerspruch also von fundamentaler theologischer Bedeutung – , nicht ausgeglichen worden seien. Auch macht dieses Argument des
Traditionserhalts nur Sinn unter der Voraussetzung, die mit dem Wechsel der
Gottesnamen gerade bewiesen werden soll, dass J und E literarisch unabhän-
gige Quellen gewesen seien.[5] Doch dem widerspricht nun nicht nur Gen 20–
21[6] mit Bezügen zu traditionell dem „Jahwisten" zugewiesenen Texten, sondern vor allem Gen 22, wird doch in diesem Kapitel Gen 12,1–9, wie G. Steins
zeigt,[7] als Hypotext rezipiert. Besonders dicht ist die Aufnahme von Gen 12,1
in Gen 22,2 und von Gen 12,4 in Gen 22,3. „Aus der Perspektive von Gen 22
betrachtet wird gleich zu Beginn des Textes der markante erzählerische Auf-

---

3   Graupner 2002: 4f.
4   Gerhards 2006: 50ff., der den „Elohisten" wie den „Jahwisten" in die exilische oder früh-
    nachexilische Zeit datieren will. Cf. die Rezension von Otto 2007d und Arneth 2007a: 427–
    429. M. Gerhards variiert damit die klassische und zuletzt von Jeremias 2006: 71–73 erneuer-
    te These, Gen 20–22 sei aufgrund der Nähe von Gen 22 zu Ex 20,20 einem vordtr E zuzu-
    schreiben; siehe zu Ex 20,20 aber bereits L. Perlitt 1969: 92: „Zu 20,2–17 besagt 20,18–21
    nur etwas, wenn man von Dtn 5 herkommt". Siehe dazu Otto 1996: 82f. und daran anknüp-
    fend Achenbach 2004: 62f. Einer vordtr Datierung von Gen 22 steht entgegen, dass es sich
    hierbei, wie die intensive Vernetzung mit späten Texten innerhalb des Pentateuch zeigt, um
    einen der spätesten Texte innerhalb des Pentateuch handelt, der noch die chronistische Da-
    vidsüberlieferung (Schmid 2004: 294–296) wie die postpriesterschriftliche Opfertheologie in
    Levitikus voraussetzt (Steins 1999: 191–197) und mit dem Hiobbuch im Gespräch ist; cf. da-
    zu Japhet 1994: 153–171; Veijola 2002: 127–155. Für den Nachweis nachexilischer Abfas-
    sung von Gen 22 siehe auch bereits Veijola 1988: 149–162.
5   Konservativ-synchronen Harmonisierungsversuchen wie in den Kommentaren von C.F. Keil,
    F. Delitzsch, B. Jacob und U. Cassuto derart, dass Ex 3 und Ex 6 nicht Gen 4,26 widerspre-
    chen sollen, da in Ex 3/6 dem JHWH-Namen nur eine neue Bedeutung zugewiesen worden
    sei (cf. dazu Westermann 1974: 767ff.), widerspricht Ex 6,3. Wie Moberly 1992: 59ff. zu
    Recht festgehalten hat, besteht die gleiche Spannung wie zwischen Gen 4,26 und Ex 6,3 auch
    zwischen Gen 4,26 und Ex 3,13–15.
6   So bereits Volz/Rudolph 1933: 34ff.; siehe auch im Folgenden.
7   Steins 1999: 135–147.

takt der Abrahamperikope eingespielt".[8] Gen 22,14, und das ist für den weiteren Fortgang der Erzählung in Gen 22 von besonderer Bedeutung, knüpft an Gen 12,6f. an. Die These einer literarischen Unabhängigkeit von Gen 22 von einem „Jahwisten" geht also an den Vernetzungen der Erzählung mit dem literarischen Kontext der Abrahamserzählungen vorbei. Warum also wird in Gen 20–22 vom Gottesnamen JHWH zu Elohim gewechselt?

Erweist sich die These einer durch Redaktoren nicht ausgeglichenen Spannung im Gebrauch der Gottesbezeichnungen als für Gen 20–22 nicht tragfähig,[9] ist zu prüfen, ob die Spannung zwischen Gen 4,26 und Ex 3 sowie Ex 6 als intendiert zu verstehen ist, ebenso wie auch der Wechsel zwischen JHWH und Elohim in den Abrahamserzählungen. P. Volz, der die Existenz einer Quelle eines „Elohisten" bestritten hat, bleibt hier allgemein: *„Der Wechsel der Gottesnamen braucht nicht Anlass der Scheidung* (sc. der Quellen J und E) *zu werden und der Gottesname kann kein Wegweiser für die Scheidung sein, weil der eine, einzige Erzähler* (den wir den Jahwisten nennen) *beide Gottesnamen gebraucht.* Der Jahwist gebraucht Jahwe und Elohim, und zwar verwendet er *Elohim* teils aus allgemeinen sachlichen Gründen, teils aus konkreten sachlichen Gründen, teils in künstlerischer Absicht".[10] Doch so hat sich keine Systematik im Gebrauch der Gottesbezeichnungen erheben lassen, mussten doch mehrfach haggadisch anmutende Erklärungen für den Wechsel von JHWH zu Elohim herangezogen werden, so dass M. Noth[11] gegen P. Volz und W. Rudolph darauf beharren konnte, dass das Nebeneinander der beiden Gottesbezeichnungen, „das zwar im Einzelfalle niemals ein hundertprozentiges zuverlässiges Kriterium ist, weil stets mit der Möglichkeit sekundärer Ver-

---

8   Steins 1999: 140. Gleichermaßen sind die Rückbezüge von Gen 20 und Gen 21,8–21 auf Gen 12; 16 unverkennbar; Schmitt 2004: 259–270. Die Annahme eines „Elohisten" in Gen 12*; 16*; 20–22* übergeht das Problem des Wechsels der Gottesnamen zugunsten der Annahme einer elohistischen Bearbeitung einer protojahwistischen Schicht. Dass diese elohistische Komposition im Wesentlichen Nordreichtradition verarbeite und vorexilisch datiert den Untergang des Nordreichs verarbeite, hat zumindest an Gen 22 als einem der spätesten Texte des Pentateuch keinen Anhalt. Die Erzählung von der Gefährdung der Ahnfrau in Gen 20,1–18 und der Vertreibung Israels in Gen 21,8–21 sind Teil der Hexateuchredaktion, die hier wie auch andernorts Nichtisraeliten positiv zu JHWH in Beziehung setzt, wie es u. a. Ex 18* (HexRed) zeigt. Zu Gen 21,8–21* als postpriesterschriftlich cf. Knauf 1985: 16–25.
9   Dass die LXX den Versuch eines Ausgleichs unternimmt, ist keine Basis für eine Harmonisierung im MT, sondern gerade Hinweis darauf, dass die Übersetzer im MT eine Spannung wahrgenommen haben: „Die Gegner der Quellentheorie dürfen nicht in den umgekehrten Fehler fallen, daß sie nun gegen M ausspielen", so Volz/Rudolph 1933: 14.
10 Volz/Rudolph 1933: 15 (Kursive im Zitat).
11 Noth 1948: 23. Der in der Urkundenhypothese klassischen Zuweisung von E in das Nordreich und J in den Süden steht in Bezug auf Gen 22, wollte man nicht der komplexen G-Hypothese M. Noths, die keine Nachfolger gefunden hat, Kredit geben, entgegen, dass Moria in Gen 22,2 und *JHWH-jerā'aeh* auf Jerusalem verweisen; cf. Mittmann 2000: 67–97. Zum Element *jr'* im Namen Jerusalem cf. Otto 1978: 279.

wechslungen gerechnet werden muss", trotz allem aufgewendeten Scharfsinn noch von niemandem, also auch nicht von P. Volz und W. Rudolph, wirklich einleuchtend anders erklärt worden sei als durch die Annahme der zwei ursprünglich selbständigen und nachträglich ineinandergeschalteten Erzählwerke des „Jahwisten" und des „Elohisten". Weder P. Volz und W. Rudolph noch M. Noth konnten aber erklären, mit welcher Absicht der Widerspruch von Gen 4,26 und Ex 3/6 in den Pentateuch eingebracht wurde. C. Westermann, der ähnlich wie P. Volz und W. Rudolph nicht mehr mit einer Quelle E rechnet, sondern E als „Nacherzählungen" der jahwistischen Quelle versteht, sieht in dem Widerspruch zwischen Gen 4,26 und Ex 6,3 einen dennoch weiterhin gültigen Anhalt für literarkritische Operationen, da es schwerlich denkbar sei, dass „derselbe Schriftsteller, der den Jahwe-Namen erst dem Mose offenbart sein lässt, den Jahwe-Namen in der Genesis gebraucht".[12] Daran knüpft E. Blum an. Da er aber prinzipiell auf eine Quellenscheidung verzichtet, muss er dieser Spannung eine Absicht zuschreiben, also einen Gesichtspunkt einbringen, den die Vertreter der Urkundenhypothese seit J. Astruc und B. Witter, die im Wechsel der Gottesbezeichnungen das Hauptargument für eine Quellenscheidung sahen, nicht eingebracht hatten. So meint E. Blum in einer der forschungsgeschichtlichen Gewichtung zum Trotz nur sehr knappen Bemerkung, dass durch Ex 6,3 (KP) in synchroner Lektüre „die gesamte voraufgehende Darstellung – einschließlich der widerständigen, ,unangepassten' Komponenten – verbindlich *interpretiert* wird; sie erscheint sozusagen eingeklammert und durch den priesterlichen Schlüssel neu bestimmt. Die daraus resultierende Korrektur wird nicht in den Text eingetragen, sondern bleibt dem Rezipienten überlassen".[13] In welchem Sinne aber die unangepasste Komposition durch Ex 6,3 eingeklammert werden sollte und welche Form von Interpretationsleistung also dem antiken Leser, der am Text des Pentateuch selbst dafür keinen Anhalt finden konnte, da die aufgrund von Ex 6,3 notwendig gewordenen Korrekturen nicht in den Text eingetragen worden sein sollen, aufgebürdet wird, bleibt unbeantwortet. Dieser Vorschlag einer Lösung des Widerspruchs zwischen

---

12   Westermann 1974: 768; cf. Weimar 1977: 107.111; S.E. McEvenue 1984: 329f. Warum aber
     die elohistischen Nachträge zu J die Gottesbezeichnung wechseln sollten, bleibt wohl auf-
     grund des vernichtenden Urteils, das M. Noth über den Versuch von P. Volz und W. Ru-
     dolph, den Wechsel zu erklären, gefällt hat (s.o.), offen. C. Levin 1993: 172ff. sieht in Gen
     20–22 eine „elohistische Abrahamserzählung", als eine Form von Midrasch, der einem deute-
     rokanonischen Werk, dem Genesis-Apokryphon vergleichbar, entnommen worden sei. An
     anderer Stelle soll der Gebrauch des Gottesnamens Elohim Kennzeichen einer vorjahwisti-
     schen Quelle sein. Dieser Umgang mit dem Wechsel der Gottesbezeichnung setzt voraus,
     was es zu beweisen gilt, dass es einen Redaktor J gegeben habe, dessen Kennzeichen die
     Verwendung des Gottesnamens JHWH gewesen sei, so dass Elohim entweder vor- oder
     nachjahwistisch sei; zur Kritik siehe Otto 1995: 182–191. Warum der „Jahwist" nicht einen
     Ausgleich der Gottesbezeichnungen in vor- und postjahwistischen Texten mit dem von ihm
     gebrauchten Gottesnamen JHWH gesucht habe, bleibt unbeantwortet.
13   Blum 1990: 235.

Gen 4,26 und Ex 6,3 ist nicht mehr als eine Problemanzeige, zumal die zu-
grundeliegende Annahme einer Fügung des Pentateuch als Kompromisswerk
aus KD und KP sich nicht bewährt.[14] Festzuhalten bleibt, und darin ist E.
Blum einen wesentlichen Schritt über die Vertreter der Urkundenhypothese hinaus,
dass er damit rechnet, dass der Widerspruch von Ex 6,3 zu Gen 4,26 gezielt in
den Pentateuch eingefügt worden sei.[15]

Das Problem des Wechsels der Gottesbezeichnung ist unbeschadet der diachron
zu beschreibenden Literaturgeschichte des Pentateuch, und darin ist
R.W.L. Moberly[16] Recht zu geben, zunächst im synchron gelesenen Narrativ
des Pentateuch auf seine Logik hin zu befragen, die er, Moberly, darin sieht,
dass „(t)he use of the name YHWH in Genesis conveys the perspective of the
storytellers who tell the originally non-Yahwistic patriarchal stories from within the context of Mosaic Yahwism. As the storytellers take for granted that
YHWH the God of Israel is also the God of Abraham, Isaac, and Jacob, they
feel free to use the familiar divine name when telling the stories of their ancestors, even though they are aware that the name was first disclosed to Moses.
It is our thesis that all the pentateuchal writers share a common tradition that
the divine name was first revealed by God to Moses, and yet all feel free to use
the divine name where they consider appropriate in the patriarchal stories. Like
most traditional storytellers, the pentateuchal narrators to some extend merge
their own perspective with that of the stories they tell – and no doubt would
not have been greatly moved by the criticism that from a strictly historical perspective such a practice entails anachronism".[17] Doch bleibt die Frage, unter
welchen Gesichtspunkten die Gottesbezeichnungen JHWH oder Elohim jeweils gewechselt wurden, offen. Sicherlich ist es richtig, dass die Autoren des

---

14 Otto 1995: 164–181.
15 Das gilt auch für den Fall, dass Gen und Ex erst von KP zusammengefügt wurden; Blum
    2002: 119–156.
16 Moberly 1992: 182.
17 Moberly 1992: 36. Moberly knüpft damit an eine These von Eerdmans 1908 an, allerdings
    ohne ihn zu nennen, der den Wechsel der Gottesbezeichnungen als Kriterium der Literarkri-
    tik ablehnte zugunsten der Annahme, dass ein Elohim auf einen israelitischen Polytheismus
    verweise, der erst im 7. Jh. überwunden wurde, und exilisch-nachexilisch die Texte des Pen-
    tateuch monotheistisch unter dem Signum des JHWH-Namens überarbeitet wurden. In der
    Konsequenz beharrte Eerdmans auf der literarischen Einheitlichkeit zahlreicher Erzählungen
    der Genesis, die die Vertreter der Urkundenhypothese kleinräumig zerlegten. Deutlich zu
    kurz aber greift Eerdmans Unterscheidung von Sagen aufgrund der Gottesnamen, die JHWH
    nicht kennen, zu denen er Gen 20 rechnet, und solchen, in denen JHWH der Götter ist,
    so in Gen 22, doch versucht er auf diese wenn auch wenig adäquate Weise Antwort auf die
    Frage zu geben, warum jeweils die Gottesbezeichnungen wechseln, während R.W L. Mober-
    ly nur von einem „Verschmelzen" der Perspektiven spricht, die es also offen lässt, warum an
    den jeweiligen Textstellen von JHWH oder Elohim gesprochen wird.

Pentateuch in Bezug auf die Literaturgeschichte[18] wie auch in Bezug auf die
Religionsgeschichte der JHWH-Religion[19] und ihrer Vorstufen ein quasi-
historisches Wissen hatten, das sich zwar von dem moderner Historiker unterschied, dennoch aber auf Vorstufen des jeweils gegenwärtigen Standes auf
beiden Feldern reflektierte. Doch wenn durch die Verwendung von Elohim im
Gegensatz zu JHWH die religionshistorisch vergangene Situation im Gegensatz zur Gegenwart, die durch die JHWH-Verehrung gekennzeichnet sei, bezeichnet werden soll, so will das für Gen 22 nun gar nicht überzeugen, da dieses Kapitel wie kein anderes der Abrahamserzählungen auf die Zeit der
JHWH-Verehrung abzielt und aller vorjahwistischen Familienreligion und
ihren Herausforderungen fern ist, da die Erzählung in diachroner Perspektive
zu den spätesten Texten des Pentateuch mit intensiver Verknüpfung mit der
Sinaiperikope in Ex 19–24; 29,38–46; Lev 8–9[20] gehört. R.W.L. Moberlys
Überlegungen sind darin aber richtungsweisend, dass der synchron gelesene
Pentateuch der Ausgangspunkt jeden Versuches, die Logik im Wechsel der
Gottesnamen in der Genesis zu erfassen, sein sollte, ehe das literarkritische
Skalpell angesetzt wird. Die Frage stellt sich also, ob der Widerspruch zwi-
schen Gen 4,26 und Ex 6,3 intendiert worden ist, also in diachroner Perspek-
tive ein Widerspruch im Quellenmaterial nicht ausgeglichen oder gar bei der
Redaktion des Pentateuch im Text gezielt verankert wurde. Sollte Letzteres der
Fall sein, ist zu klären, ob sich von daher der Wechsel der Gottesbezeichnun-
gen in den Abrahamserzählungen erklärt.

Ehe wir diese Fragen zu beantworten suchen, seien einige hermeneutische
Grundsätze zur synchronen Interpretation des Pentateuch vorangestellt. Grundsatz aller Interpretation sollte es sein, dass Widersprüche und Spannungen im
Text den antiken Autoren und Rezipienten ebenso aufgefallen sind wie den
modernen Lesern, also davon auszugehen ist, dass sie gezielt im Text als Tra-
ditionstext stehen gelassen oder gar hineingefügt wurden.[21] Können wir tat-

---

18 Cf. Otto 2004: 420–435; ders. 2007a: 98–103.
19 Cf. Moberly 1992: 79–104. An A. Alt anknüpfend rechnet er mit einer vorjahwistischen
    Religionsgestalt in den Patriarchenerzählungen, wofür ihm das Fehlen jeder Heiligkeitskon-
    zeption in diesen Erzählungen ein Indiz ist. Im Gegensatz zu Moberly muss daraus aber nicht
    die Ablehnung der These der Patriarchenreligion als Familienreligion erfolgen; Moberly
    1992: 79–104. Die Väterreligion als Familienreligion war Subformation zur JHWH-Religion,
    wie von Albertz 1978: 77–96 und Köckert 1988: 306–312 vertreten. Familienreligionen sind
    sehr stabil und in der Gestalt, die Teile der Jakobserzählungen widerspiegeln, geht sie bis in
    die vorjahwistische Zeit des 2. Jt. zurück; cf. Otto 1979: 24ff. sowie zusammenfassend ders.
    2001: 352–354 mit weiterer Literatur.
20 Cf. Steins 1999: 121–213, bes. 162; daran knüpft Schmid 2004: 284–294 an.
21 Das bedeutet in diachroner Perspektive, dass, je größer die Zahl der Bearbeiter eines Textes
    ist, erfahrungsgemäß der Text umso stärker geglättet wird, da kein Bearbeiter das Ziel hat,
    einen vorgegebenen Text durch Eingriffe widerspruchs- und spannungsvoller zu machen, es
    sei denn, er verbindet damit eine erzählerische Intention. Der die Literarkritik beherrschende

sächlich annehmen, dass antike Autoren und Leser nicht erkannt haben sollten, dass Dtn 31,9–13, Mose habe die Tora östlich des Jordans im Land Moab verschriftet, im Widerspruch steht zu Gen 50,10f.; Num 22,1 und insbesondere Dtn 1,5, wo zu erkennen gegeben wird, dass die Autoren des Pentateuch ihren Standort westlich des Jordans hatten? Wohl kaum! Die Autoren des Pentateuch geben u.a. in Gen 12,6 deutlich zu erkennen, dass sie in großem Zeitabstand zur erzählten Zeit schreiben. Wiederholt verlassen sie im Deuteronomium die Moab-Fiktion der mosaischen Zeit und sprechen ihre Adressaten unmittelbar an, wenn sie die Erfüllung der Tora zur Vorbedingung der Einnahme des Verheißenen Landes erklären (Dtn 6,18; 8,1; 11,8.22–25), obwohl Israel gemäß des Narrativs des Pentateuchs unmittelbar vor dem Durchzug über dem Jordan steht. Die Autoren des Pentateuch lassen diese Widersprüche gezielt stehen oder bauen sie ein, um wie auch in Gen 22,14[22] die Zeitdifferenz zu akzentuieren und damit eine hermeneutische Differenzierung zwischen erzählter Zeit und Zeit der Erzählung im Text zu verankern.[23] Diese hermeneutische Differenzierung von Erzählzeit und erzählter Zeit dient dem Ziel, dem Rezipienten des Textes die unmittelbare Aktualität des Erzählten zu verdeutlichen. Nicht nur über vergangenes Geschehen einer mosaischen Gründungsgeschichte Israels soll im Pentateuch erzählt werden, sondern dieses Gründungsgeschehen soll unmittelbare Aktualität für die Adressaten nicht zuletzt im Dienste einer komplexen Rechtshermeneutik haben, die die Aktualität der Tora für die Leser begründet.[24]

Der hermeneutischen Differenzierung zwischen Erzählzeit und erzählter Zeit dient auch der Widerspruch zwischen Gen 4,26 („damals begann man den Namen JHWH auszurufen") und Ex 6,3 („unter meinem Namen habe ich mich ihnen nicht zu erkennen gegeben"). Wenn JHWH seinen Namen erst am Dornbusch in der Wüste Mose offenbart (Ex 3,13–15), andererseits aber schon in der Urgeschichte die Anrufung des JHWH-Namens notiert wird, so ist damit zum Ausdruck gebracht, dass für die Leser und Hörer des Pentateuch in der Erzählzeit unzweifelhaft ist, dass hinter allem Geschehen von der Urgeschichte an bis zur Offenbarung des JHWH-Namens in Ex 3/6 JHWH, der Gott Israels, das göttliche Handlungssubjekt ist. Auf der Ebene der erzählten Zeit aber, so wissen die Autoren des Pentateuch wie ihre Leser, hat Israel erst im Laufe seiner Geschichte zu diesem Gott gefunden. Auf diese Weise wird dem Leser

---

Grundsatz, den schon Augustin propagiert hat, dass die Erklärung einer Stelle eines Werkes nicht im Widerspruch zu einer anderen desselben Werkes stehen dürfe, führt ein aristotelisches Kriterium ein, dass der biblischen Literaturgeschichte nur begrenzt adäquat ist; siehe dazu im Folgenden.

22   Siehe dazu im Folgenden.
23   Cf. Otto 2007b: 19–28.
24   Cf. Otto 2007c: 72–121.

und Hörer des Pentateuch signalisiert, dass der Pentateuch nicht nur von einer fernen Vergangenheit der Entstehung der Welt, der Völker und Israels erzählt, sondern, indem die Autoren so erzählen, wie sie erzählen, sie gleichzeitig die Erzählzeit und damit die Zeit ihrer Adressaten im Blick haben. In der Gottesrede am Dornbusch in Ex 3 und ratifiziert durch Ex 6[25] offenbart JHWH selbst seine Identität mit dem Gott der Väter, Abrahams, Isaaks und Jakobs, auf der Ebene der erzählten Zeit, was die Leser und Hörer des Pentateuch auf der Ebene der Erzählzeit von Anfang an wussten.[26] Gen 4,26 und Ex 6,3 sind also nur vordergründig widersprüchlich, sondern wichtiger Hinweis für die Adressaten des Pentateuch, zwischen erzählter Zeit und Erzählzeit zu differenzieren und den Narrativ des Pentateuch einschließlich der Gebote auf ihre jeweilige Gegenwart zu beziehen, also Signal eines *tua res agitur* der Hermeneutik im Narrativ des Pentateuch.

Damit stellt sich die Frage, unter welchen Gesichtspunkten die Gottesbezeichnung in den Abrahamserzählungen zwischen JHWH und Elohim wechselt. B. Ziemer sieht in diesem Wechsel einen Vorausverweis in der Genesis „auf die Namensoffenbarung an Mose, den wichtigsten Offenbarungsempfänger", so wie der erste Schöpfungsbericht sein Ziel nicht vor dem Sinai erreiche.[27] Diese Überlegung geht in die richtige Richtung, wenn sie den Schlüssel für den Wechsel der Gottesbezeichnungen in der Genesis in Ex 3/6 sieht, doch bleibt so die Intention der Widersprüchlichkeit von Gen 4,26 und Ex 6,3 im Zusammenhang mit Ex 3,13–15 ebenso unerklärt wie die Frage, warum in der Abrahamsüberlieferung von JHWH zu Elohim in Gen 20–22 und innerhalb von Gen 22 von Elohim in Gen 22,1.3.8.9.12 zu JHWH in Gen 22,11.14a gewechselt wird. Die wohl am wenigsten überzeugende Lösung ist die oftmals im Horizont der Urkundenhypothese vertretene Annahme, der JHWH-Name habe postquellenschriftlich ein durchgängig ursprüngliches Elohim in Gen 22 verdrängt.[28] Wenn ein derartiger Wechsel auf den Redaktor zurückgeführt wird, der Gen 22,15–18 angefügt habe, mit dem Argument, dass er in Gen 22,15.16 ebenfalls den JHWH-Namen verwendet habe,[29] bleibt offen, warum er in Gen 22,11.14, nicht aber in der übrigen Erzählung den Elohim-Namen verdrängt haben sollte. Die These setzt insgesamt voraus, was sie beweisen sollte, dass Gen 22 Teil einer Quelle E sei. T. Veijola hat die Lösung, mit der

---

25 Zum diachron umgekehrten Verhältnis zwischen Ex 6 (P) und Ex 3 (HexRed) als postpriesterschriftliche Interpretation von Ex 6 cf. Otto 1996a: 101–111; cf. auch Schmid 1999: 190–196.

26 Die These einer „Einklammerung" der vorangehenden Erzählung durch Ex 6,3 in synchroner Interpretation geht am Kern vorbei und ist von der diachronen Hypothese vom Pentateuch als einer „unangepassten Fügung" geleitet; cf. oben Anm. 12.

27 Ziemer 2006: 461.

28 Cf. neben vielen anderen Gunkel 1966: 238–240.

29 Cf. Kilian 1970: 23.

er sich von dem Quellenmodell als Konsequenz seiner Spätdatierung von Gen 22 verabschiedet, darin gesehen, dass nachexilisch „die Gottesnamen Elohim und Jahwe oft promiscue und ohne einen erkennbaren Bedeutungsunterschied verwendet werden". Doch die Spannung zwischen Gen 4,26 und Ex 6,3 lässt eine derartige harmonisierende Lösung, die den Wechsel der Gottesbezeichnungen für bedeutungslos erklärt, kaum zu.[30] H. Seebaß hat anders als die älteren Vertreter der Urkundenhypothese ebenfalls auf einen Texteingriff zugunsten der Vereinheitlichung der Gottesbezeichnungen in Gen 22 verzichtet und den Wechsel zu JHWH in Gen 22,11.14 damit erklärt, dass „es jetzt ausdrücklich um Jahwe geht, der ein Menschenopfer nicht will".[31] Doch nach Meinung der Erzähler ist es ein und derselbe Gott, der Abraham durch die Gefährdung der Verheißung prüft und auf den die Rettung aus der Gefährdung zurückgeführt wird. Dass der Wechsel der Gottesbezeichnung anzeigen solle, dass es mehr oder weniger ausdrücklich um JHWH gehe, ist narratologisch nicht überzeugend und angesichts der mit Ex 3,14; 6,3 verbundenen Sichtweise, dass der JHWH-Name erst im Kontext des Ägyptengeschehens offenbart worden sei, keine Lösung. Vielmehr haben wir gesehen, dass der Widerspruch zwischen Gen 4,26 und Ex 3,14; 6,3 ein nur vordergründiger ist und der Pentateuch gerade auf die Identität von Elohim und JHWH in Urgeschichte und Patriarchenerzählung abhebt. Der Wechsel steht, so sahen wir, im Dienste der Differenzierung von Erzählzeit und erzählter Zeit als hermeneutischer Schlüssel zur Begründung der auf den Adressaten des Pentateuch zielenden Aktualität seines Narrativs der Israels Identität stiftenden Gründungserzählung. Der Leser und Hörer des Pentateuch in der Erzählzeit weiß, dass von der Urgeschichte an JHWH handelt. Er weiß aber auch, dass dieser Gottesname erst historisch-kontingent nach der Entstehung des Gottesvolkes Israel diesem bekannt wurde. Der Wechsel der Gottesbezeichnung bringt aber nicht nur die hermeneutische Doppelseitigkeit des Narrativs des Pentateuch zum Ausdruck, die im Dienste seiner Rechtshermeneutik der Tora steht, sondern differenziert auch recht feinsinnig den Gegenwartsbezug und damit die Applikabilität von Erzählungen der Urgeschichte und der Patriarchen auf die Erzählzeit. Nehmen wir, um dieses Verfahren zu verdeutlichen, unseren Ausgangspunkt bei den beiden Erzählungen Gen 21,8–21 und Gen 22,1–19, die analog aufgebaut und konzeptionell weitgehend parallel gestaltet sind.[32] Jeweils bildet der vom Himmel rufende Gottesbote Höhepunkt und Wendepunkt der Erzählung (Gen

---

30 Cf. Veijola 1988: 149.
31 Seebaß 1997: 210, der (a.a.O. 204) im Gegensatz zu älteren Vorstufenrekonstruktionen nun für die vorliegende Textfassung von Gen 22 die Menschenopferthematik aufgrund eines vermeintlichen Bezugs zu Ps 26,2–7, den schon Steins 1999: 108.181–185 als ohne jede Basis im Text zurückgewiesen hat, ins Zentrum der Auslegung rückt; cf. dagegen auch Schmid 2004: 288.293f., der eine Vermischung von narrativer und religionsgeschichtlicher Ebene zurückweist.
32 Cf. Jeremias 2006: 61ff.

21,17; 22,11). Auffällig aber und angesichts der Parallelität im besonderen
Maße der Erklärung bedürftig ist der Wechsel von *mal'ak* *ᵃᵉlohîm* in Gen
21,17 zum *mal'ak JHWH* in Gen 22,11. Die Annahme, dass dieser Wechsel
der Gottesbezeichnung an gerade diesem jeweiligen Höhepunkt Zufall sein
sollte, ist wenig plausibel, da die Autoren sich gerade um die Parallelität der
beiden Erzählungen von der Gefährdung der an Abraham ergangenen Verheißungen bemühen. Beide Erzählungen beginnen mit einer an Abraham gerichteten Gottesrede, worauf Aufbruchsnotiz verbunden mit der Schilderung der
Reisevorbereitung, die Erzählung der Lebensgefahr für die Söhne Ismael und
Isaak, die Verheißungsträger, und die überraschende Rettung in ausweglos
erscheinender Situation durch einen Ruf des Gottesboten und anschließende
Gottesrede folgen. Die Erzählungen werden abgeschlossen durch einen Hinweis auf den Wohnort des Protagonisten Abraham. In beiden Erzählungen hat
Gott selbst die Lebensgefahr für die beiden Söhne Abrahams als Träger der
Nachkommensverheißung herbeigeführt, und er ist es auch, der sie rettet, so
dass Gott weder nur der Gefährdende noch nur der Rettende ist, sondern beides
in einer Person.[33] Auch in Gen 20 wird ein unschuldiger Mensch in Gestalt
Abimelechs aus der Lebensgefahr durch Gott gerettet. Wieder ist es Gott, der
über den unschuldigen König das Todesurteil verhängt und gleichzeitig die
Rettung herbeiführt. In allen drei Erzählungen erscheint Gott als der Rettende,
und so mag es zunächst erscheinen, als Gegengott, der Unschuldige in Lebensgefahr bringt, und in Gen 21–22 darüber hinaus als derjenige, der seinen eigenen Verheißungen untreu zu werden scheint. J. Jeremias hat das Gegenwartsinteresse der Autoren von Gen 20–22 in den Vordergrund gestellt, da Gen 21–
22 gemeinsame Züge erkennen lassen, „dass der erzählerische Wille, die
Ereignisse von Gen 21 und 22 aufeinander zu beziehen, nicht die Treue des
Historikers widerspiegelt, also nicht das Interesse an einer vergangenen Epoche der Erzväter, sondern Gegenwartsinteresse".[34] Sollten die Hörer und Leser
des Pentateuch also davon ausgehen, dass JHWH ihnen jederzeit als Gegengott
wieder begegnen könnte? Der von Abraham geforderte Gottesgehorsam solle
sich, so das Paradox dieser Erzählungen, noch gegen das Vertrauen auf die
Erfüllung der von Gott gegebenen Verheißungen richten. Kein Autor des Pentateuch kann das von seinen Lesern und Hörern erwartet haben. Auch führt die
Forderung, dem Weg Gottes, dem JHWH-Ethos, zu folgen, zum Widerspruch
gegen alles menschliche Ethos. Kein Autor des Pentateuch hat je seine Leser
und Hörer in einen derartigen Widerspruch treiben wollen. Schließlich löst
JHWH selbst das Paradox auf. Der verheißende Gott konfrontiert in Gen 20–

---

33   Cf. Schmitt 2001: 118ff.; Jeremias 2006: 65 sowie bereits von Rad 1971.
34   Jeremias 2006: 67, der auch konstatiert, „dass die Zumutung Gottes an Abraham, den eigenen
      Sohn darzubringen, ein einmaliges und unwiederholbares Ereignis war, ohne das es Isaak und
      seine Nachkommen gar nicht gäbe". Ungeklärt bleibt, wie *Einmaligkeit* des Geschehens und
      „*Gegenwartsinteresse*" hermeneutisch aufeinander zu beziehen sind.

22 mit seiner dunklen Seite, die zur Gefahr für den Menschen wird, von der anderseits Gott selbst in Gestalt des vom Himmel rufenden Engels befreit und so die Treue Gottes zu seinem verheißenden Wort bestärkt wird. Abraham, der die Not als Prüfung bestanden hat, kann so zum Segen für andere Menschen werden (Gen 22,15–18). Der Leser und Hörer der Erzählungen in Gen 20–22 kann aber sehr deutlich durch die Verwendung der Gottesbezeichnung Elohim erkennen, dass es sich um eine Erzählung handelt, die so nur in der erzählten Zeit des Erzvaters Abraham geschehen, in diesem Sinne also einmalig ist und sich in der Zeit der Leser und Hörer des Pentateuch nicht wiederholen wird. Die Gottesbezeichnung Elohim ist, so zeigen es Ex 3,13–15; 6,2–3, die für die erzählte Zeit gültige Gottesbezeichnung, da zur Zeit Abrahams der JHWH-Name noch nicht offenbart war. Anders aber ist der Sachverhalt für die Leser und Hörer des Pentateuch in der Erzählzeit. Sie wissen seit Gen 4,26, dass es JHWH ist, der seit der Urgeschichte als Gott handelt. Der abrupte Wechsel des Gottesnamens von JHWH in Gen 12–19 zu Elohim in den Erzählungen vom gefährdenden Gott in Gen 20–22 arbeitet gezielt mit dieser Differenz von Erzählzeit und erzählter Zeit. Einer unmittelbaren Applikation dieser Erzählungen in Gen 20–22 auf die Erzählzeit wird so gewehrt und Ängste, die diese Erzählungen in Gen 20–22 wecken könnten, man könnte es mit JHWH als Gegengott zu tun bekommen, vermieden. Dort aber, wo sich endgültig das wahre Gesicht JHWHs als eines noch aus tiefster Not rettenden Gottes zeigt, wird in Gen 22,11.14–16 beginnend mit dem letzten und entscheidenden Zuruf des Gottesboten der JHWH-Name wieder verwendet. Rettung aus der Not werde, so die Autoren der Erzählungen, auch in der Zeit der Erzählung, der Gegenwart der Erzähler und ihrer Leser und Hörer durch die Generationen hindurch erfahrbar sein.

Die hier entfaltete Logik im Wechsel der Gottesnamen bewährt sich auch außerhalb der Abrahamserzählungen in der Urgeschichte, und hier wird auch die diachrone Tiefendimension dieser Logik deutlich. Die Priesterschrift verwendet im ersten Schöpfungsbericht in Gen 1,1–2,3 durchgängig die Gottesbezeichnung Elohim, während der zweite Schöpfungsbericht in Gen 2,4–3,24, der im Horizont der Urkundenhypothese in der Regel einem „Jahwisten" zugewiesen wird, die Gottesbezeichnung „JHWH Elohim" gebraucht. Der Wechsel der Gottesbezeichnungen war seit den Anfängen der Literarkritik im 18. Jh. ein wesentliches Indiz für die Annahme zweier Quellenschriften in der Urgeschichte, gleichzeitig aber seit der Trennung eines „Elohisten" von einem „Jahwisten" insofern eine Herausforderung, dass in Gen 2,4–3,24 der Gottesname JHWH mit Elohim verbunden worden ist, was entweder auf die Verbindung zweier Quellen Jj und Je[35] als Quellen der Quelle J oder auf den Eingriff eines Redaktors J/P, der Gen 1 mit Gen 2–3 verbunden habe,[36] zurückgeführt wurde. Diese Erklärungsversuche scheitern daran, dass sie keine Antwort darauf geben, warum die Gottesnamen zwischen Gen 1 und Gen 2–3 im Zuge des Redaktionsprozesses nicht ausgeglichen wurden, also JHWH auch in Gen 1 eingefügt oder in Gen 2–3 gestrichen wurde, handelt es sich doch keineswegs um eine theologische Beiläufigkeit, wie der Gott bezeichnet wird, auf den die Schöpfung der Welt als Eröffnung des Pentateuch zurückgeführt wurde. Auch die neuere Einsicht, dass Gen 1 und Gen 2–3 derart literarisch aufeinander bezogen sind, dass Gen 2,4–3,24 literarisch postpriesterschriftliche Interpretation von Gen 1,1–2,3 ist,[37] steht vor dem Problem, den Wechsel der Gottesnamen erklären zu müssen. Mit dieser neuen Einsicht allerdings wird die Erkenntnis unausweichlich, dass der Wechsel der Gottesnamen in Gen 1–3 mit einer theologischen Absicht der Autoren verbunden ist, und das ist auch der Fall. Wird erkannt, dass im synchron gelesenen Pentateuch der Wechsel der Gottesnamen nicht zufällig geschieht und nicht schlicht unausgeglichenes Relikt der Textdiachronie ist, sondern im Dienste der hermeneutischen Differenzierung von Erzählzeit und erzählter Zeit und damit der Applikation des Narrativs des Pentateuch auf die Gegenwart von Lesern und Hörern steht, klärt sich auch der Wechsel der Gottesbezeichnungen in Gen 1–3. Die Gottesbezeichnung Elohim, die fest in der Konzeption der Priesterschrift verankert ist, verdeutlicht im Horizont des post-P Pentateuch die Einmaligkeit und Unwiederholbarkeit des Weltschöpfungsgeschehens, das schon durch die mit jedem Schöpfungswerk verbundenen Feststellung Gottes „und er sah, dass es gut war" von der Erzählzeit der Autoren und ihrer Rezipienten getrennt ist. Gen 2–3 rückt in den urzeitlich-mythischen Horizont von Gen 1 ein, zielt aber durch die Flüche (Gen 3,14–19) als Ziel der Erzählung, die die in der Erzählzeit erfahrbaren Lebensminderungen und damit die Minderungen der Schöpfung von Gen 1 erklärt,[38] unmittelbar auch auf die Erzählzeit von Autoren und Rezipienten, die täglich diese Minderungen erfahren. Der urzeitlich-mythische Horizont der Erzählung Gen 2–3 zeigt an, dass die in den Flüchen beschriebenen Lebensminderungen als Reduktionen der göttlichen Schöpfungsintentio-

---

35 So Gunkel 1966: 26 im Anschluss an Budde 1883: 232ff.: „Der doppelte Name *JHWH 'lhjm* erklärt sich nach dem Folgenden (vgl. zu 4, 25.26) daraus, daß die eine Quelle von Anfang an *JHWH*, die andere dagegen für die ältere Zeit *'lhjm* und erst von Enoš an *JHWH* gesagt hat".

36 So noch wieder Witte 1998: 57: „Literarkritisch liegt bei der Doppelbezeichnung *JHWH 'lhjm* eine redaktionelle Bindung vor, um den ‚priesterlichen' Schöpfungsbericht, der die Gottesbezeichnung *'lhjm* gebraucht, mit der ‚jahwistischen' Paradieserzählung, die in den narrativen Teilen ausschließlich den Gottesnamen *JHWH* verwendet, zu verbinden". So auch bereits Ewald 1831: 605 und seitdem eine Fülle von Auslegern.

37 Otto 1996b: 167–192; M. Arneth 2007: 97–147.

38 Cf. Otto 2007e: 122–133 mit weiterer Literatur.

nen grundsätzlicher und jede Erzählzeit transzendierender Natur sind.[39] Noch innerhalb von Gen 2,4–3,24 findet ein Wechsel der Gottesbezeichnungen statt, der dem in den Abrahamserzählungen entspricht. In der Versuchung durch die Schlange in Gen 3,1–7 wechselt die Erzählung von einem sonst durchgängigen JHWH Elohim zu Elohim. Eine Versuchung wie in der Sündenfallerzählung bleibt auf die Zeit der Urgeschichte als erzählter Zeit begrenzt und werde es wie die Versuchung Abrahams in Gen 22 in der Erzählzeit und also in der Welt der Leser und Hörer als Adressaten der Autoren des Pentateuch nicht mehr geben. Auch hier ist der Wechsel der Gottesbezeichnungen nicht Zeichen eines unausgeglichenen Zusammenfließens verschiedener Quellen oder Überlieferungsstufen, sondern gezielt mit einer klaren Botschaft für die Adressaten des Pentateuch gesetzt.

Die Beispiele für die Logik im Wechsel der Gottesnamen im Dienste der Hermeneutik des Narrativs des Pentateuch lassen sich vermehren. Ich breche an dieser Stelle ab, steht doch nur begrenzter Raum im Rahmen eines Festschriftbeitrags zur Verfügung. Dies aber soll nicht geschehen ohne Hinweis, dass der Wechsel der Gottesnamen kein schlüssiges Kriterium der Literarkritik ist, die vielmehr die Hermeneutik als Pentateuch zerstört. Zwar ist der Gebrauch der Gottesbezeichnungen z.T. in der literarischen Vorgeschichte des pentateuchischen Narrativs verankert, wie die Priesterschrift zeigt. Doch ist damit zu rechnen, dass wie in Gen 20–22 und Gen 1–3 der Wechsel auch gezielt vorgenommen wurde und damit gerade nicht Anlass zu Literarkritik geben kann. Dass diese Einfügung des Wechsels der Gottesbezeichnungen in Gen 20–22 literaturhistorisch sehr spät erfolgt ist, zeigt die Tatsache, dass Gen 22 ein sehr später, noch postchronistischer Text ist und alles dafür spricht, dass die Gottesbezeichnung Elohim erst mit Gen 22 in Gen 20–22 eingefügt wurde,[40] also nahe der Gestalt des Pentateuch, die der synchronen Interpretation

---

39 Damit unterstreicht der Wechsel der Gottesnamen in Gen 2–3 genau die Intention, die die Autoren von Gen 2–3 bei der Verbindung mit Gen 1 leitete.

40 Gen 20*; 21,8–21 ist Teil der Priesterschrift und dtr Deuteronomium der Horebredaktion in Verbindung mit dem dtr Josuabuch voraussetzenden Hexateuchredaktion, also Gen 22 bereits literarisch vorgegeben. Da Gen 22 auch die Pentateuchredaktion der Sinaiperikope voraussetzt und postpentateuchredaktionell in die Abrahamsüberlieferungen eingefügt wurde, was die Abhängigkeit von chr. Davidüberlieferungen (Schmid 2004: 294–296) bestätigt, ist auch der Wechsel der Gottesbezeichnungen von JHWH zu Elohim und umgekehrt erst postpentateuchredaktionell in die Abrahamserzählung eingefügt worden. In diesem Sinne ist mit Schmid 2004: 297 von Gen 20 als einem „literarhistorisch(en) Solitär" zu sprechen. Wenn er Gen 22 aber zwar als postpriesterschriftlich, gleichzeitig aber als vorpentateuchredaktionell einordnet, da der Landeid in Gen 50,24; Ex 33,1; Num 32,11; Dtn 34,4 als Replik auf Gen 22 zu lesen sei, so widerspricht er sich. Dem liegt die von E. Aurelius übernommene These zugrunde, dass durch die Landeidtexte ein Pentateuch innerhalb eines Enneateuch erst konstituiert worden sei; cf. aber zu dieser These Otto 2005: 323–345, bes. 340f. sowie zur Reihe der Landeide ders. 2000: 217ff. Dass das chr. Davidsbild mit der Rezeption von I Chr 21; II

zugrunde liegt. Die Alten als Autoren des Pentateuch wussten, was sie taten, wenn sie Widersprüche und Spannungen im Text des Pentateuch stehen ließen, und, so zeigt sich anhand von Gen 4,26 und Ex 3,13–15 sowie Ex 6,2f. wie dem damit verbunden Wechsel der Gottesnamen, den sie stellenweise in den Text einfügten, sie uns wesentliche Marker zum Verständnis der Hermeneutik des Textes an die Hand geben wollten, die eine am Endtext vorbei analysierende Literarkritik gerade zu zerstören droht. Es zeigt sich schließlich, dass eine diachrone Analyse, ohne dass der Text synchron so verständlich wird, dass er funktioniert, nicht sinnvoll beginnen kann. Wäre diese Einsicht schon vor einhundert Jahren zur Hand gewesen, wären der Alttestamentlichen Wissenschaft viele Umwege diachroner Hypothesenbildung erspart geblieben. Damit verbunden ist die Einsicht, dass die Umwege wohl gegangen werden müssen, um das Ziel zu erreichen, denn nur die Urkundenhypothese hat den Blick geschärft für die Bedeutung des Wechsels der Gottesbezeichnungen. Erst so lässt sich aber erkennen, welche Wege Umwege waren. Mit dieser Einsicht grüße ich meinen Kollegen Matthias Köckert, mit dem mich viele Jahre gemeinsam auf der „Bühne" der Alttestamentlichen Wissenschaft verbinden.

Literatur

ACHENBACH, R. (2004): Grundlinien redaktioneller Arbeit in der Sinaiperikope, in: Otto, E./Achenbach, R. (Hg.), Das Deuteronomium zwischen Pentateuch und Deuteronomistischem Geschichtswerk, FRLANT 206, Göttingen, 56–80.

ALBERTZ, R. (1978): Persönliche Frömmigkeit und offizielle Religion, CTM 9, Stuttgart.

ARNETH, M. (2007): Durch Adams Fall ist ganz verderbt ... Studien zur Entstehung der alttestamentlichen Urgeschichte, FRLANT 217, Göttingen.

–   (2007a): Rezension von M. Gerhards, Die Aussetzungsgeschichte des Mose, ZAR 13, 427–429.

Chr 3,1 in Gen 22 ebenso wie die Pentateuchredaktion in der Sinaiperikope vorausgesetzt wird, zeigt deutlich, dass Gen 22 in den Pentateuch der Pentateuchredaktion sekundär eingefügt wurde und insofern ein „Solitär" ist. Für die postpentateuchredaktionelle Einfügung von Gen 22 spricht auch, dass Gen 4,26 in Verbindung mit Gen 4,25 pentateuchredaktionelle Bearbeitung der priesterschriftlichen Urgeschichte ist und damit zu den sehr späten Teilen des Pentateuch gehört; cf. Arneth 2007: 230ff. Gen 2–3 ist mit Blick auf Qohelet- und Hiobbuch konzipiert worden (Otto 1999: 221ff.), und das gilt auch für Gen 22 im Verhältnis zum Hiobbuch. Damit ist ein literaturhistorischer Horizont dieser Literatur in spätpersischer oder eher frühhellenistischer Zeit nicht fern der Textgestalt, die der Übersetzung der LXX im 3. Jh. zugrunde lag, angezeigt; Otto 2007f: 47–52. Über diese diachronen Fragen, die hier nur am Rande gestellt werden, da sie nicht Thema dieses Beitrags sind, der dezidiert dem Verständnis des synchron gelesenen Pentateuch dienen soll, die also auch nicht erschöpfend beantwortet werden sollen, ist an anderer Stelle zu handeln. Die Linie der Antwort ist aber angedeutet.

BLUM, E. (1990): Studien zur Komposition des Pentateuch, BZAW 189, Berlin/New York.

– (2002): Die literarische Verbindung von Erzvätern und Exodus, in: Gertz, J.C. u.a. (Hg.), Abschied vom Jahwisten, BZAW 315, Berlin/New York, 119–156.

BUDDE, K. (1883): Die biblische Urgeschichte (Gen. 1–12,5), Gießen.

EERDMANS, B.D. (1908): Alttestamentliche Studien I. Die Komposition der Genesis, Gießen.

EWALD, H. (1831): Rezension von J. J. Stähelin, Kritische Untersuchungen über die Genesis, 1830, ThStKr 4, 595–606.

GERHARDS, M. (2006): Die Aussetzungsgeschichte des Mose, WMANT 109, Neukirchen-Vluyn.

GRAUPNER, A. (2002): Der Elohist, WMANT 97, Neukirchen-Vluyn.

GUNKEL, H. (^{7}1966): Genesis, Göttingen.

JAPHET, S. (1994): The Trial of Abraham and the Test of Job: How Do they Differ?, Henoch 16, 153–171.

JEREMIAS, J. (2006): Gen 20–22 als theologisches Programm, in: Beck, M./ Schorn, U. (Hg.), Auf dem Weg zur Endgestalt von Genesis bis II Regum. FS H.-C. Schmitt, BZAW 370, Berlin/New York, 59–73.

KILIAN, R. (1970): Isaaks Opferung, SBS 44, Stuttgart.

KNAUF, E. A. (1985): Ismael, ADPV, Wiesbaden.

KÖCKERT, M. (1988): Vätergott und Väterverheißungen, FRLANT 142, Göttingen.

LEVIN, C. (1993), Der Jahwist, FRLANT 157, Göttingen.

MCEVENUE, S. E. (1984): The Elohist at Work, ZAW 96, 315–332.

MITTMANN, S. (2000): ha - Morijja - Präfiguration der Gottesstadt Jerusalem (Gen 22,1–14.19), in: Hengel, M. u.a. (Hg.), La Cité de Dieu. Die Stadt Gottes, WUNT 129, Tübingen, 67–97.

MOBERLY, R.W.L. (1992): The Old Testament of the Old Testament, Minneapolis.

NOTH, M. (1948): Überlieferungsgeschichte des Pentateuch, Stuttgart.

OTTO, E. (1978): Art. Jerusalem, Reallexikon der Assyriologie (RLA) V, Berlin/New York, 278–281.

OTTO, E. (1979): Jakob in Sichem, BWANT 110, Stuttgart.

– (1995): Kritik der Pentateuchkomposition, ThR 60, 163–191.

– (1996a): Die nachpriesterschriftliche Pentateuchredaktion im Buch Exodus, in: Vervenne, M. (Hg.), Studies in the Book of Exodus, BEThL 126, Leuven, 61–111.

– (1996b): Die Paradieserzählung Genesis 2–3, in: Diesel, A. u.a. (Hg.), „Jedes Ding hat seine Zeit ...". FS D. Michel, BZAW 241, Berlin/New York, 167–192.

- (1999): Woher weiß der Mensch um Gut und Böse?, in: Beyerle, S. u.a. (Hg.), Recht und Ethos im Alten Testament. FS H. Seebaß, Neukirchen-Vluyn, 207–231.
- (2000): Das Deuteronomium im Pentateuch und Hexateuch, FAT 30, Tübingen.
- (2001): Jakob I. Altes Testament, RGG⁴ IV, Tübingen, 352–354.
- (2004): Wie „synchron" wurde in der Antike der Pentateuch gelesen?, in: Hoßfeld, F.-L. u.a. (Hg.), Das Manna fällt auch heute noch. FS E. Zenger, HBS 44, Freiburg/Br., 420–435.
- (2005): Das Deuteronomistische Geschichtswerk im Enneateuch, ZAR 11, 323–345.
- (2007a): Das Gesetz des Mose, Darmstadt.
- (2007b): A Hidden Truth Behind the Text or The Truth of the Text, in: Le Roux, J./Otto, E. (Hg.), South African Perspectives on the Pentateuch Between Synchrony and Diachrony, LHB/OTS 463, New York/ London, 19–28.
- (2007c): Die Rechtshermeneutik im Pentateuch und in der Tempelrolle, in: Achenbach, R./Arneth, M./Otto, E., Tora in der Hebräischen Bibel, BZAR 7, Wiesbaden, 72–121.
- (2007d): Rezension von M. Gerhards, Die Aussetzungsgeschichte des Mose, 2006, RBL 11/2007.
- (2007e): Der Urmensch im Paradies. Vom Ursprung des Bösen und der Freiheit des Menschen, in: Achenbach, R./eArneth, M./Otto, E., Tora in der Hebräischen Bibel, BZAR 7, Wiesbaden, 122–133.
- (2007f): The Pivotal Meaning of Pentateuch Research for a History of Israelite and Jewish Religion and Society, in: Le Roux, J./Otto, E. (Hg.), South African Perspectives on the Pentateuch Between Synchrony and Diachrony, LHB/OTS 463, London/New York, 29–53.

SCHMID, K. (1999): Erzväter und Exodus, WMANT 81, Neukirchen-Vluyn.
- (2004): Die Rückgabe der Verheißungsgabe, in: Witte, M. (Hg.), Gott und Mensch im Dialog. FS O. Kaiser, Bd. I, BZAW 345/I, Berlin/New York, 271–300.

SCHMITT, H.-C. (2001): Die Erzählung von der Versuchung Abrahams Gen 22,1–19* und das Problem einer Theologie der elohistischen Pentateuchtexte, in: ders., Theologie in Prophetie und Pentateuch. Gesammelte Studien, BZAW 310, 108–130.
- (2004): Menschliche Schuld, göttliche Führung und ethische Wandlung, in: Witte, M. (Hg.), Gott und Mensch im Dialog. FS O. Kaiser, Bd. I, BZAW 345/I, Berlin/New York, 259–270.

SEEBAß, H. (1997): Genesis II/1. Vätergeschichte I (11,27–22,24), Neukirchen-Vluyn.

STEINS, G. (1999): Die Bindung Isaaks im Kanon (Gen 22). Grundlagen und Programm einer kanonisch-intertextuellen Lektüre, HBS 20, Freiburg/Br.

VEIJOLA, T. (1988): Das Opfer des Abraham-Paradigma des Glaubens aus dem nachexilischen Zeitalter, ZThK 85, 129–164.

– (2002): Abraham und Hiob, in: Bultmann, C. u.a. (Hg.), Vergegenwärtigung des Alten Testaments. FS R. Smend, Göttingen, 127–155.

VOLZ, P./RUDOLPH, W. (1933): Der Elohist als Erzähler. Ein Irrweg der Pentateuchkritik, BZAW 63.

VON RAD, G. (1971): Das Opfer des Abraham, KT 6, München.

WEIMAR, P. (1977): Untersuchungen zur Redaktionsgeschichte des Pentateuch, BZAW 146, Berlin/New York.

WESTERMANN, C. (1974): Genesis I, BK I/1, Neukirchen-Vluyn.

WITTE, M. (1998): Die biblische Urgeschichte, BZAW 265, Berlin/New York.

ZIEMER, B. (2006): Prophetenrede und Gottesrede im Pentateuch und der Ausgang der Schriftprophetie, in: Lux, R./Waschke, E.-J. (Hg.), Die unwiderstehliche Wahrheit. FS A. Meinhold, Leipzig, 441–466.

Gibt es eine „abrahamitische Ökumene" im Alten Testament?

Überlegungen zur religionspolitischen Theologie der Priesterschrift in Genesis 17

Konrad Schmid
Zürich

I.

Der Begriff „abraham(it)ische Ökumene" steht in der Titelformulierung mit Bedacht in Anführungszeichen. Er ist kaum 20 Jahre alt und geht auf die Tübinger katholischen Theologen Karl-Josef Kuschel[1] und Hans Küng[2] zurück.[3] Bezeichnet wird damit ein Trialogprojekt zwischen den drei monotheistischen Religionen Judentum, Christentum und Islam, die gleichermaßen auf Abraham als Stiftungsfigur ansprechbar und durch den monotheistischen Glauben an den Schöpfergott miteinander verbunden seien.

Was zunächst wie ein Joker sondergleichen für das interreligiöse Gespräch aussah, hat sich allerdings, schneller als manche, vor allem seine Befürworter, erwarteten, als in verschiedener Hinsicht wenig taugliches Konzept erwiesen. Die meisten Reserven löste das Projekt wegen der breiten inhaltlichen und theologischen Divergenzen der jüdischen, christlichen und islamischen Abrahamsbilder aus, die „Abraham" zu alles anderem als einer einfachen Verständigungschiffre machen. Zusätzlich wurde die Exklusivität der Perspektive auf die drei klassischen Offenbarungsreligionen kritisiert. Schließlich ist auch noch nicht ausgemacht, ob die Übernahme der „Ökumene"-Begrifflichkeit aus

---

1 Kuschel 1994 (13 Anm. 4 zur begrifflichen Unterscheidung von „abrahamisch" und „abrahamitisch"); vgl. auch ders. 2001b; ders. 2001a; ders. 2007.

2 In seinem „Projekt Weltethos", Küng 1990: z.B. 97.109.112.162–166 gebraucht Küng v.a. die Begriffe „ökumenisch" und „Ökumene" in Anwendung auf verschiedene Religionen, zur Verbindung „abrahamische Ökumene" vgl. Küng 1991; ders. 1998.

3 Die RGG4 bringt erstmals einen Artikel zu „Abrahamitische Religionen" (Bd. I, Tübingen 1998, 78 [A.-T. Khoury]) Seit 2001 dokumentiert das „Journal of Scriptural Reasoning" (http://etext.lib.virginia.edu/journals/ssr/index.html) die Interpretationsbemühungen der „Society of Scriptural Reasoning" um die tragenden Überlieferungen von Judentum, Christentum und Islam. Vgl. weiter auch Peters 1982.

der innerchristlichen in den Bereich der interreligiösen Verständigung wirklich hilfreich ist. Immerhin aber ist die Idee – der Sache oder dem Namen nach – zu solcher Bedeutung aufgestiegen, dass sie in den vergangenen zwei Dekaden durch eine Vielzahl von Publikationen[4] bearbeitet worden ist und sogar eine monographische Abhandlung in Gestalt einer Habilitationsschrift hervorgerufen hat[5], die allerdings dem Konzept skeptisch gegenübersteht und mehr Grenzen als Chancen sieht.[6]

Die gegenwärtige Diskussion um einen Trialog zwischen Judentum, Christentum und Islam – mit oder ohne der Hilfe des Konzepts einer „abrahamitische Ökumene" – mag und muss hier auf sich beruhen bleiben. Im Folgenden soll es lediglich um einen Beitrag zu der umstrittenen Frage gehen, ob und gegebenenfalls inwiefern der Abrahamsfigur in der priesterschriftlichen Überlieferung der Genesis[7] – historisch gesehen[8] – eine „ökumenische" Funktion zukommt, die freilich nicht das Verhältnis der nachalttestamentlichen Religionen des Judentums, des Christentums und des Islams, sondern nur von historischen Größen der damaligen Zeit betreffen kann.

Die in der Forschung nicht neue, aber nach wie vor umstrittene Frage der „Ökumenizität" der priesterschriftlichen Abrahamtheologie[9] entscheidet sich an der Bestimmung des theologischen Profils von Gen 17. Konkret lautet die Frage: Wer ist Bundespartner Gottes in diesem Bundesschluss? Ist es Abraham als Repräsentant des späteren Israels? Oder ist es Abraham als Repräsentant der von ihm abstammenden Völker – d.h. der Araber, deren Stammvater Ismael, der Sohn Abrahams und Hagars, ist, der Israeliten, die die Priesterschrift auf Isaak, den Sohn Abrahams und Saras, und dessen Sohn Jakob zurückführt, sowie schließlich auch der Edomiter, deren Ahnherr Esau der Zwillingsbruder Jakobs ist? Oder anders gesagt: Gilt der Bund nur der durch die Isaak- und

---

4 Vgl. – in Auswahl – die Beiträge in Weth (Hg.) 2000; Magonet 2000; Görg 2002; Naumann 2004; Küster 2002; Wenzel 2002a; dies. 2002b; R.G. Kratz/T. Nagel (Hg.) 2003; Rickers 2003: 87–108; Siedler 2003; Wyshogrod 2004; Ochs 2004; Eißler 2005a; ders. 2005b; ders. 2006; Zimmermann 2007.

5 Bechmann 2004a. Vgl. dies. 2004b; dies. 2007.

6 Vgl. besonders profiliert auch Levenson 2004.

7 Zum literarischen Wachstum der Abrahamüberlieferung der Genesis insgesamt vgl. v.a. Köckert 2006; vgl. auch Römer 2001; Ska 2001. Eigene Wege mit nachpriesterschriftlicher Ansetzung breiter Textanteile gehen Jericke 2003; de Pury 2007; auch für Kratz 2000: 263–280, sind die Abrahamsüberlieferungen weitgehend redaktionell, ohne dass eine klare Verhältnisbestimmung zu P vorgenommen würde.

8 Dass es im Alten Testament in der Tat reflexive Bemühungen gibt, die eigene Religion mit anderen, fremden Religionen in Beziehung zu setzen, ohne sie nur als Götzendienst abzutun, hat von unverdächtiger Seite etwa A. Schenker deutlich gemacht: vgl. Schenker 1997; ders. 2001; ders. 2007. Vgl. auch die Überlegungen von A. de Pury (2002) zum inklusiven Monotheismus der Priesterschrift in Gen 1.

9 Die „Ökumene"-Begrifflichkeit hat für die Priesterschrift v.a. A. de Pury benutzt, vgl. ders., 2000a; ders. 2000b: 56.

Jakoblinie repräsentierten Abrahamsnachkommenschaft oder ihr insgesamt? Ist weiterhin damit zu rechnen, dass dieses Problem textgenetisch zu differenzieren ist?

Um sich diesem Problem zu nähern, ist es zunächst hilfreich, den *status quaestionis* zu erörtern (II.). In einem weiteren Schritt soll dann versucht werden, das religionspolitische Konzept von Gen 17 unter Diskussion diachroner Differenzierungen zu erheben (III.), woran sich Überlegungen zur Funktion von Gen 17 im Gesamtaufriss der Priesterschrift (IV.) und eine Schlussbetrachtung (V.) anschließen sollen.

II.

Die sachliche Schwierigkeit, wem denn nun der Bund Gottes in Gen 17 gelte, ist in der Forschungsgeschichte zum Pentateuch, nachdem sich die Neuere Urkundenhypothese und mit ihr die Annahme der Priesterschrift als des zwar grundlegenden, aber doch spätesten Bestandteils des Pentateuch durchgesetzt hatten, schon sehr bald gesehen worden und im Verlauf des 20. Jahrhunderts in nachgerade allen denkbaren Varianten beantwortet worden.

Um die Jahrhundertwende machte zunächst Holzinger[10] darauf aufmerksam, dass in Gen 17,19.21 der in Gen 17,7 explizit mit Abraham und dessen Nachkommen geschlossene Bund offenbar auf die Isaaklinie enggeführt wird („meinen Bund will ich aufrichten mit Isaak"), worauf Gunkel feststellte, dass Gen 17,23–27 dazu in Widerspruch stehe:

> „Dabei hat P den Fehler gemacht, daß auch Ismael die Beschneidung bekommt: er ist sogar hier als erstes Exempel des Haussohnes die Hauptperson, während er anderseits von dem Bunde, dessen Zeichen die Beschneidung ist, ausdrücklich ausgenommen sein soll (Holzinger)."[11]

Weder Holzinger noch Gunkel aber schlugen literarkritische Operationen in Gen 17 vor, sondern beschränkten sich darauf, die Priesterschrift als in diesem Punkt inkonsistent anzusehen. Mit Wellhausen[12] galt ihnen das Kapitel als einheitlich. Smend hingegen zog aus diesem Widerspruch Konsequenzen hinsichtlich der literarischen Genese von Gen 17:

> „Eingeschoben ist ferner 17,12b.13a das Gebot, die Sklaven zu beschneiden, womit eine starke Erweiterung in v 23–27 zusammenhängt. Diese Verse müssen auch deshalb von späterer Hand überarbeitet sein, weil P, der den Bund allein auf Isaak

---

10 Holzinger 1898: 128: „V. 19 und 21 enthalten die bestimmte Erklärung, dass die Berîth, die Gott gegenüber dem Abraham verfügt, nur dem Sohn der Sara gilt; für Ismael bleibt da nur ein einfacher Segen übrig, wie 20 dazwischen hinein die künftige Stellung Ismaels präcisiert."

11 Gunkel 1969: 272.

12 Wellhausen 1899: 23: „Über Gen. 17 ist nichts zu bemerken."

übergehn läßt (v 19.21), unmöglich von einer Beschneidung Ismaels erzählt haben
kann."[13]

Ihm schloss sich Eichrodt an:

> „Was die Aufnahme Ismaels und der fremden Sklaven in den Bund mit Jahve be-
> trifft, so haben auch schon Gunkel und Holzinger bemerkt, daß sie eigentlich der in
> der Erzählung liegenden Tendenz widerspricht; doch lassen sie es bei der Konsta-
> tierung dieses Widerspruchs in Pg selbst bewenden. Richtiger ist es wohl, in Gen
> 17 die Verse 12b.13a.23–27 als sekundären Einschub bei Pg zu streichen."[14]

Auf die genannten Forscher schien sich einige Jahre später Steuernagel zu
beziehen, als er festhielt:

> „Es ist bisher wohl schon mehrfach beachtet worden, daß in Gen 17 ein gewisser
> Widerspruch steckt, sofern ausdrücklich erklärt wird, die ברית, durch die sich Gott
> an bestimmte Verpflichtungen gebunden hat, beziehe sich nur auf Isaak und dessen
> Nachkommen und nicht auch auf Ismael (v. 19ff), und andererseits in v. 10ff ge-
> boten wird, die Beschneidung, die nach v. 11 das Zeichen der ברית ist, an allen
> Nachkommen Abrahams, also auch an Ismael, ja selbst an den Sklaven Abrahams
> und seiner Nachkommen zu vollziehen, so daß sie das Zeichen der ברית an sich
> tragen, ohne daß die ברית sich auf sie erstreckt."[15]

Sein eigener Lösungsvorschlag lief auf eine vierfache diachrone Differenzierung von Gen 17 hinaus, in der er mit einer vorpriesterschriftlichen Grundlage
und zwei Ergänzungen zur Priesterschrift rechnete.[16]

Der Sache nach folgte der Genesiskommentar von Procksch der Sicht
Steuernagels:

> „v. 19 אבל... steht gegensätzlich, um Abrahams Ablenkung (v. 18) auszuschließen,
> als solle Išmaʻel Bundesträger sein."[17]

---

13 Smend 1912: 9, vgl. 37.
14 Eichrodt 1916: 27, mit explizitem Verweis auf Smend ebd. Anm. 13.
15 Steuernagel 1920.
16 Steuernagel 1920: 177. Bemerkenswert sind zwei Argumentationen seiner Entscheidungsfin-
    dung. Zum einen ging er unhinterfragt davon aus, dass der Abrahambund auf der literari-
    schen Ebene der Priesterschrift von vornherein nur der *Israel*-Nachkommenschaft Abrahams
    gelten könne: „Es ist klar, daß diese ברית-Zusagen [sc. in Gen 17,7f.] nur auf die Israeliten
    Bezug haben können, denn nur ihr Gott ist Jahwe und nur ihnen gehört das Land Kanaan"
    (173). Zum anderen liefert die Engführung des Abrahambundes auf Isaak in der Sicht Steuer-
    nagels die entscheidende Erklärung dafür, dass die Priesterschrift keinen Sinaibund kennt:
    „Nun ist es aber eine sehr bemerkenswerte Tatsache, daß P in allen seinen Schichten keine
    weitere ברית und insbesondere keine Sinai- ברית kennt. Diese Tatsache wird nur dann ver-
    ständlich, wenn Pg die Abraham- ברית so dargestellt hatte, daß daneben eine Sinai- ברית nicht
    mehr nötig war, wenn also die Abraham- ברית als eine von vornherein auf Abraham und sei-
    ne israelitischen Nachkommen und nur auf diese bezügliche dargestellt war." (178)
17 Procksch 1924: 522. Procksch schlägt zudem vor, in V. 19 mit G* „um ihm zum Gott zu
    sein" zu ergänzen, um so die Engführung der Bundesaussage zu verdeutlichen. Vgl. auch u.
    Anm. 70.

Die Spannung zur Beschneidung Ismaels löste Procksch wie folgt:

> „Der volle Träger des Bundes ist nur Abrahams in Isaak verheißenes Geschlecht
> (v. 15ff.), das zum Bundesvolke heranreift, in dem Gott Bundesgott ist (v. 19 G*).
> Dagegen ist für Išma'el die Beschneidung nur Zeichen der Verwandtschaft mit Ab-
> rahams Geschlecht nach Blut und Sitte, in der ein Volkssegen begründet ist (v.
> 20), für das Ingesinde ist sie lediglich Forderung als tabu des Hauswesens ohne Verhei-
> ßung."[18]

Ähnlich urteilte von Rad in seiner Studie zur Priesterschrift aus dem Jahr 1934.
Für ihn zerfiel die Priesterschrift in drei Kreise, einen Welt-, einen noachiti-
schen und einen abrahamitischen Kreis, wobei der abrahamitische Kreis der
innerste und engste ist. Von Rad erkannte zwar, dass die Abraham- und die
Mosezeit noch einmal voneinander abgesetzt sind:

> „Gewiß, es besteht ein innerer Fortschritt zwischen Abraham und Mose; aber das
> ist der historische Fortschrittt [sic] von der Verheißung zur Erfüllung, und der kann
> nun wirklich nicht entfernt verglichen werden mit dem heilsökonomischen Fort-
> schritt von Gen. 9 zu Gen. 17."[19]

Er musste allerdings sogleich hinzufügen:

> „Von dem Gedanken, P habe ein nach einem Schema absolut präzis durchgeführtes
> Werk geschaffen, müssen wir uns allerdings freimachen."[20]

Besonders im Blick auf die Erstreckung des Abrahambundes mangelt es der
Priesterschrift nach von Rad offenbar an Präzision:

> „Die Auskunft, die Aussage der großen Vermehrung des Abrahamssamens beziehe
> sich auf die von Abraham gleichfalls abstammenden Edomiter und Keturasöhne,
> versagt angesichts der Feststellung, daß die gleiche Verheißung auch dem Isaak
> und Jakob gegeben ist. Es ist auch nicht erfindlich, mit welchem theologischen An-
> liegen sich die Mitteilung, daß auch die Edomiter und Araber Abrahamssöhne sei-
> en, verbinden ließe; die Verheißung großer Vermehrung des Abrahamssamens
> kann doch nicht ohne die enge Beziehung zu dem durch den Abrahamsbund inau-
> gurierten *Gottesverhältnis* gemeint sein; das wäre aber der Fall, wenn dieses Ver-
> heißungselement sich auch auf die Edomiter und Araber bezöge."[21]

Erklärt wird diese Unstimmigkeit damit,

> „daß wir es hier offenbar mit einem allgemeinen Traditionselement zu tun haben.
> Auch der Jahwist verfolgt ja diesen Gedanken nicht weiter und gibt seinen Lesern
> keine konkrete Vorstellung darüber, inwiefern ‚sich alle Geschlechter der Erde in
> Abraham segnen werden'. Es scheint also von der Überlieferung gegeben gewesen
> zu sein, gerade am Beginn der partikularen Linie dieses letzte Ziel programmatisch
> zum Ausdruck zu bringen. Ob P hier etwa mehr dem Herkommen folgt, ob nicht

---

18 Procksch 1924: 520.
19 von Rad 1934: 176.
20 von Rad 1934: 176.
21 177, Kursive im Original gesperrt.

vielleicht dieses Element außerhalb seiner besonderen Anliegen steht, kann man immerhin fragen.“[22]

Nachdem Humbert[23] die weitergehende literarkritische Differenzierung innerhalb der Priesterschrift in zwei Quellen durch von Rad[24] erfolgreich zurückgewiesen hatte, wurde es um diachrone Schichtungen in Gen 17 still. Vollends schien die literarische Einheitlichkeit von Gen 17 dann durch die Untersuchung von McEvenue[25] gesichert gewesen zu sein, der die sorgfältige Organisation des Kapitels in zwei (!) sich überlagernden Strukturen aufzeigen konnte, sowie durch die entsprechenden positiven Aufnahmen seiner Ergebnisse bei Westermann[26] und Blum[27]. Beide sprachen sich bei dem für einheitlich gehaltenen Text von Gen 17 dafür aus, dass der Bund Gottes nur den Abrahamsnachkommen der Isaaklinie gelte. Ebenso entschied sich auch Seebass. So urteilte er bezüglich des verheißenen Sohnes:

> „V. 19 macht Gottes Wort eindeutig. Es enthält nicht so sehr einen Verweis Abrahams ..., als dass Abrahams Lachen und Zweifel das Mittel bilden, um die Pointe scharf herauszustellen: Nur mit diesem Wundersohn wird der Bund weitergehen.“[28]

Umgekehrt gilt für Ismael:

> „Ismael bekommt ganz ähnliche Zusagen wie Abraham: fruchtbar, sehr sehr zahlreich, Fürsten (vgl. 25,13–17). Aber in den Bund gehört er nicht.“[29]

Schließlich hielt Kratz zum „Neueinsatz in 17,15–21“ fest:

> „Er macht deutlich, dass sich der Bund mit Abram/Abraham nur über die Hauptlinie, Sarai/Sara und ihren Sohn Isaak, fortpflanzt (vgl. Ex 6).“[30]

Offensichtlich hat das von Steuernagel explizit genannte Axiom, dass der Abrahambund nur die Israeliten betreffen kann, „denn nur ihr Gott ist Jahwe und nur ihnen gehört das Land Kanaan“[31], die Diskussion zu Gen 17 im 20. Jahrhundert nahezu vollständig dominiert.

---

22   177f. Von Rad scheint seine Position in seinem späteren Genesiskommentar nicht wesentlich verändert zu haben, vgl. ders. 1953: 172.
23   Humbert 1940/1941.
24   von Rad 1934.
25   McEvenue 1971: 145–178, bes. 158f. Vgl. auch die Studie von A. Wénin 2006.
26   Westermann 1981: 307f.
27   Blum 1984: 420f. Vgl. auch Wenham 1994: 17f.
28   Seebass 1997: 109.
29   Seebass1997: 110. Seebass bestimmt die Anteile von P^g in Gen 17 – im Anschluss an K. Grünwaldt (1992: 27–70) wie folgt: „V.1–8.15–22.26–27a.24f.“ (172) Vgl. auch Soggin 1997: 266: „... auch [Ismael] er wird fruchtbar sein und ist zu Großem bestimmt, jedoch nicht dazu, der menschliche Partner im göttlichen Bund zu werden.“
30   Kratz 2000: 241. Vgl. auch Köckert 1988: 167.
31   Steuernagel 1920: 173, s.o. Anm. 16.

Doch es gibt Ausnahmen: John Van Seters etwa bemerkte in seinem Abraham-Buch:

"There is a certain amount of ambiguity in the matter of who is included within this covenant. Since all the males in Abraham's household are circumcised, including Ishmael ...., the covenant would seem to be wider than Israel."[32]

Weiter rechnete Westermann mit einem inhaltlich abgestuften Verständnis von ברית in Gen 17, da seiner Auffassung nach ברית in Gen 17 ausweislich V.7 vor allem „Mehrung" beinhalte, deshalb auch die Mehrungsverheißung für Ismael als Bund zu gelten habe. So hielt er E. Kutsch entgegen[33]:

„Wenn er sagt: ‚Die *berīt* ist allein Isaak vorbehalten'; ‚Gottes *berīt* kommt nur Isaak zu', so stimmt das nicht. Die Mehrungsverheißung, die Ismael erhält, wird auch *berīt* genannt. Es zeigt sich, daß das Wort *berīt*, wo es auf Isaak bezogen wird, eine neue Bedeutung bekommen hat: allein zu dieser *berīt* gehört das neue Gottesverhältnis. P prägt in Gen 17 einen neuen Begriff der *berīt* für das nur Israel eigene Gottesverhältnis [...]."[34]

In seinem Genesis-Kommentar beschrieb er dieses doppelte Verständnis von ברית so:

„In V. 15–21 wird die Verheißung dahin präzisiert, daß die Mehrungsverheißung in allen Kindern Abrahams weitergeht, die Verheißung des Gottseins nur in Isaak."[35]

In jüngster Zeit hat die Sensibilität für die Frage nach der Stellung Ismaels im Abrahambund zugenommen. Thomas Naumann[36], Albert de Pury[37], Ernst Axel Knauf[38], Mark G. Brett[39] und Philippe Guillaume[40] haben in je unterschiedlicher Weise auf das „ökumenische" Gepräge der Abrahamsfigur in ihrer priesterschriftlichen Darstellung aufmerksam gemacht.[41] Thomas Naumann, der das Thema monographisch abgehandelt hat, schreibt:

„Es hat sich ergeben, daß die Art und Weise, wie Ismael in Gen 17 Erwähnung findet, nicht geeignet ist, das herkömmliche Urteil zu stützen, Ismael werde aus dem Gottesbund dezidiert ausgeschlossen [...]. Ismael und Isaak werden in V.19–21 theologisch einander zugeordnet, *neben*-[,] nicht gegeneinander gestellt. Es regiert aber weder Gleichheit noch Ausgrenzung und Verwerfung des einen zugunsten des anderen. Auf Isaak ruht das größere Gewicht [...] In V. 19–21 werden mit

---

32   Van Seters 1975: 291.
33   Kutsch 1976: 367–388.
34   Westermann 1984: 78 Anm. 2.
35   Westermann 1981: 307.
36   Naumann 1996; ders. 2000; ders. 2004; ders. 2003.
37   De Pury 2000a; ders. 2000b ; vgl. auch ders. 2001.
38   Knauf 1985; ders. 2000; ders. 2003.
39   Brett 2000: 72f.
40   Guillaume 2007: 72.
41   Sachlich vergleichbar, allerdings unter Bestreitung der Zugehörigkeit zu P, auch Ziemer 2005: 309–314.

beiden Brüdern theologische Bewertungen verbunden, die sich nur in einem inklusiven Modell der Zuordnung zweier ungleicher Brüder verstehen lassen, das den jüngeren bevorzugt, ohne den älteren zu verwerfen oder aus der bleibenden Fürsorge Gottes zu entlassen."[42]

Noch schärfer hält de Pury fest:

"The whole structure of this chapter [sc. Gen 17] would be incomprehensible if the covenant and its benefits were limited only to Isaac. Why would there be such an elaborate 'first act' in the account of the covenant – with a threefold insistence on the 'multi-nation'-posterity of Abraham (Gen 17,4–6) – if that posterity was then to be excluded from the covenant?"[43]

Die Forschungsgeschichte zeigt also, dass die Frage, wem der Abrahambund gilt, kontrovers beurteilt wird.[44] Der Hauptstrang der deutschsprachigen Exegese optiert dafür, dass in Gen 17,19–21 Ismael daraus aus-, einige neuere Stimmen dafür, dass in demselben Passus der noch ungeborene Isaak explizit darin eingeschlossen werden soll. Die erste Vermutung, die man aus dieser divergenten Diskussionslage erschließen kann, ist diejenige, dass der Text eine gewisse Ambiguität zu besitzen scheint. Doch wie ist sie näher zu bestimmen und zu erklären?

III.

Versucht man, im Blick auf das zu verhandelnde Problem das nahezu[45] einhellig der priesterschriftlichen Literatur zugewiesene Kapitel Gen 17 – strittig ist lediglich Frage, ob Gen 17 insgesamt oder nur teilweise P^g zuzurechnen ist – zu verstehen, so empfiehlt es sich, den Bundesaussagen entlangzugehen und nach ihren Akzenten und Verbindungen zu fragen. Dabei wird zu prüfen sein, ob und inwieweit sich literarkritische Optionen nahelegen.

Deutlich ist, dass in 17,2.4 zunächst ein Bund mit dem Individuum Abraham allein geschlossen wird, denn nur von ihm als Einzelnem kann gelten, dass er ein „Vater vieler Völker" werden soll:[46]

---

42   Naumann 1996: 151f.

43   De Pury 2000a: 170.

44   Mitunter wird spezifisch dieses Problem nachgerade als literarkritisches Kriterium in Gen 17 interpretiert, indem die explizite Statuierung des Bundes mit Isaak in Gen 17,19–21 und die Beschneidungsszene für Ismael in Gen 17,23–27 unterschiedlichen Textschichten zugewiesen werden: „[T]he two Ishmael sections in Genesis 17 attest two different attitudes towards him: one exclusive, the other inclusive." (Syrén 1993: 40f.).

45   Neuerdings will B. Ziemer (2005: 280–290.389) die sog. „Priestergrundschrift" in Gen 12–36 bestreiten, allerdings mit unzureichenden Mitteln. Insofern kann dieser „Vorschlag" auf sich beruhen bleiben.

46   Die Aussage in V. 6b, dass Könige von Abraham abstammen werden, ist schwierig zu interpretieren. Üblicherweise wird sie aus der Verfassergegenwart von P als bereits historisiert angenommen, anders aber z.B. Blum 1984: 458; Groß 1987: 65–96, bes. 66–75.

„Ich will einen Bund stiften zwischen mir und dir und will dich über alle Maßen mehren." – „Siehe, das ist mein Bund mit dir, dass du ein Vater vieler Völker werden sollst."

In diesem „Bund" von Gen 17,2.4 sind also weder Ismael noch Isaak eingeschlossen, sondern er gilt nur Abraham allein.

In der nächsten Bundeserwähnung von Gen 17,7f. liegen die Dinge anders, da hier nun ausdrücklich von einem Bundesschluss Gottes mit „dir und deinen Nachkommen" die Rede ist:

> „Ich richte meinen Bund auf zwischen mir und dir und deinen Nachkommen von Geschlecht zu Geschlecht als einen ewigen Bund, dass ich dein und deiner Nachkommen Gott sei. Und ich gebe dir und deinen Nachkommen das Land, wo du als Fremdling weilst, das ganze Land Kanaan, zur ewigem Nutzung, und ich will ihnen Gott sein."

Der hier verhandelte Bund – ob man von einem zweiten Bund spricht oder von einer Präzisierung des Bundes von Gen 17,2.4, lässt sich diskutieren,[47] die erste Option ist aber eher unwahrscheinlich, da „der Inhalt der ברית fortschreitend näher"[48] präzisiert wird – gilt Abraham und offenbar Ismael als seinem ersten und bisher einzigen Nachkommen. Dass Ismael ein legitimer Sohn Abrahams ist, lässt sich für die Priesterschrift (Gen 16,1a.3) nicht bestreiten.[49] Allerdings ist die Formulierung in Gen 17,7f. ebenso zweifelsfrei so gewählt, dass auch künftige Nachkommen Abrahams, also namentlich der vier biblische Kapitel später das Licht der Welt erblickende Isaak, in diesen Bund eingeschlossen sein werden.[50]

Der Einschluss der gesamten, priesterschriftlich bezeugten Abrahams-Nachkommenschaft in den Bund von Gen 17,7f. lässt sich weiter anhand der von der Priesterschrift narrativ propagierten Heiratspolitik belegen, die genau innerhalb dieses Kreises möglich und erlaubt ist. Esau heiratet gemäß der Priesterschrift zunächst – offenbar illegitimerweise (Gen 26,34; 27,46) – zwei „Hethiterinnen"[51] (Gen 26,34). Jakob wird daraufhin von seinen Eltern angewiesen, eine Frau aus der Verwandtschaft, aus Paddan Aram, zu heiraten (Gen 27,46; 28,1f.5). Esau heiratet daraufhin eine weitere Frau, eine Tochter seines

---

47 Vgl. die Diskussion bei Blum 1984: 422 Anm. 13. Die Redeweise von הקים ברית in V. 7 steht jedenfalls der Interpretation von Gen 17,1–8 als *einem* Bundesschluss nicht entgegen, vgl. Garr 1992: 403: „The idiom *hēqîm bᵉrît* means not only 'make (establish) a promise (covenant)' but also 'keep (fulfill) a promise (covenant).'"

48 Blum 1984: 421.

49 Vgl. Westermann 1981: 285f.; Fischer 2004: 97–101.

50 Angesichts des Konkordanzbefundes wäre es überzogen, die Formulierung זרעך אחריך exklusiv auf die *noch ungeborene* Generation – also unter Auslassung von Ismael – zu beziehen, vgl. außerhalb von Gen 17 die Belege in Gen 9,9; 35,12; 48,4; Ex 28,43; Num 25,13 aus Pᵍ und Pˢ, sonst Dtn 1,8; 4,37; 10,15; I Sam 24,22; II Sam 7,12 // I Chr 17,11.

51 Was mit dieser Herkunftsangabe genau gemeint sein könnte, ist nicht genau bestimmbar. Wie es scheint, haben diese „Hethiter" sehr viel mehr mit den „Kanaanäern" als mit den historischen Hethitern zu tun, vgl. McMahon 1992, s. aber immerhin Weinfeld 1993.

Onkels Ismaels (Gen 28,6–9). „Nach P dürfen also integre Juden Ismaeliterinnen und Edomiterinnen heiraten, nicht aber ‚Hethiterinnen' und ‚Kanaanäerinnen.'"[52] Weiter dokumentieren die in der Priesterschrift eingebundenen Genealogien der Nachfahren Ismaels (Gen 25,12–18) und Esaus (Gen 36,4–14) das Bewusstsein einer theologisch qualifizierten Nähe Israels zu diesen ethnischen Größen.[53]

Inhalt dieses zweiten (Aspekts des) Bundes ist nun zusätzlich zur Mehrung (V. 2.4) zum einen die Zusage Gottes, für Abraham und seiner Nachkommenschaft Gott zu sein, womit die erste Hälfte der sogenannten „Bundesformel" zitiert wird – die zweite Hälfte, dass also Abrahams Nachkommenschaft Gottes Volk sein sollen, wird in der Priesterschrift programmatisch ausgelassen, was den theologischen Charakter des „Bundes" als im Wesentlichen einseitige Verpflichtung Gottes hervorhebt. Zum anderen umfasst dieser Bund nun auch die Zusage der Landnutzung (אחזה) in V.8,[54] die von der abermaligen Bestätigung „ich will ihnen Gott sein" (vgl. V.7) umschlossen wird.

Das seit Steuernagel[55] im Raum stehende Argument, dass nach der Priesterschrift das Land Kanaan Israel allein gehöre und deshalb der Bund von Gen 17,7f. – wohlgemerkt gegen den expliziten Wortlaut – nur der Isaaklinie allein gelten könne, übersieht, dass die Priesterschrift in 17,8, und nur hier,[56] vom „*ganzen*" Land Kanaan spricht.

> "With this term he [sc. P] envisages a region encompassing not only today's geographical Palestine but nearly the whole of the Levant."[57]

Die Priesterschrift umgrenzt nirgends das „Land Kanaan" genau, aber es ist unterschieden von der Region am oberen Euphrat (Gen 12,5) sowie von "Paddan-Aram"[58], wohl dem nördlichen Syrien (Gen 25,20; 31,18), und Ägypten (Gen 46,6f.), das Jordantal und das Ostjordanland gehören offenbar nicht dazu (Gen 13,12). An Ortschaften in „Kanaan" erwähnt P lediglich Mamre und Qirjat Arba/Hebron (Gen 25,9; 35,27; vgl. Gen 23,1.17.19[59]).

Etwas verwirrend bezüglich der „Bundes"-Terminologie in Gen 17 mag nun der nächste Abschnitt mit dem Beschneidungsgebot V. 9–14 (sowie dessen Ausführung V. 23–27) erscheinen, in dem die Beschneidung[60] nun selbst

---

52 De Pury 2000b: 55.
53 Vgl. Syrén 1993: 122–129; Hieke 2003: 144–150.175–191.
54 Vgl. Bauks 2004.
55 Steuernagel 1920: 173, s.o.
56 Sonst im Alten Testament nur noch Jos 24,3, als Rückblick auf Gen 17,8. Möglicherweise hat die LXX in Jos 24,3 (ἐν πάσῃ τῇ γῇ) eine ältere Lesart bewahrt.
57 De Pury, FS Van Seters: 171.
58 Vgl. Görg 1997, 56; Westermann 1981: 503.
59 Zur Exklusion von Gen 23 aus P vgl. Blum 1984: 441–444; Kratz 2000: 241.
60 Vgl. zu ihr Grünwaldt 2000: 3–18.

als „Bund" bezeichnet wird.[61] Doch sie „heißt nur metonymisch b·rit, insofern sie in Wirklichkeit Zeichen der b·rit ist."[62] Wie der Blick in die Forschungsgeschichte bereits deutlich gezeigt hat, ist vor allem der *Vollzug* der Beschneidung in V.23–27 *auch an Ismael und den Hausklaven* auffällig. Sie tragen also das Bundeszeichen auf sich. Allerdings ist dieser Umstand aufgrund der spezifischen Formulierung des Auftrags in V. 12f. nur bedingt aussagekräftig:

> „Nach diesem muß nämlich Ismael als einer, der zu Abrahams *Haus* gehört (V.12f.), beschnitten werden; auch Ismaels Beschneidung hat allein für Abraham eine Bedeutung als Bundeszeichen."[63]

Ob Ismael zum Abrahambund gehört oder nicht, lässt sich also aufgrund von V. 23–27 weder widerlegen noch bestätigen.

Entscheidend ist vielmehr die Passage in V. 15–22, in der Ismael und Isaak ins Verhältnis zueinander gesetzt werden. Auf die Verheißung an Sara in V.15–17 bittet Abraham:

> 17,18b: Wenn doch nur Ismael vor dir leben wird!   לו ישמעאל יחיה לפניך

V. 18b wird oft im Sinne verstanden: Wenn doch nur Ismael am Leben bliebe![64] Doch die Verbindung חיה לפני יהוה ist sehr viel spezifischer als bloß auf das physische Überleben ausgerichtet, sie hat offenbar kultische Konnotationen, wie folgende Auswahl priesterschriftlicher Belege für לפני יהוה deutlich macht:[65]

> Ex 27,21: Im Zelt der Begegnung, außerhalb des Vorhangs, der vor dem Zeugnis ist, sollen Aaron und seine Söhne sie bereitstellen, damit sie vom Abend bis zum Morgen *vor Jhwh* (לפני יהוה) brennt, als ewige Ordnung bei den Israeliten von Generation zu Generation.

> Ex 28,30: Und Aaron soll es zum Dienst tragen, und sein Klang soll zu hören sein, wenn er in das Heiligtum tritt *vor Jhwh* (לפני יהוה) und wenn er es verlässt. So wird er nicht sterben.

> Ex 29,42: Ein ständiges Brandopfer sei es von Generation zu Generation am Eingang des Zelts der Begegnung *vor Jhwh* (לפני יהוה), wo ich euch begegnen werde, um dort mit dir zu reden.

> Ex 40,22–25: Dann stellte er den Tisch in das Zelt der Begegnung, an die Nordseite der Wohnung, aussen vor den Vorhang, und richtete auf ihm eine Schicht Brot her *vor Jhwh* (לפני יהוה), wie Jhwh es Mose geboten hatte. Und er stellte den

---

61 Kratz 2000: 240 sympathisiert mit der Option, V.9–14.23–27 als literarischen Nachtrag zu interpretieren.

62 Groß 1987: 113. Nicht der Akt, sondern das Ergebnis der Beschneidung ist das Bundeszeichen, vgl. Köckert 1988: 167 mit Anm. 29f.

63 Blum 1984: 422. Vgl. ähnlich bereits Jacob 1934: 430f.

64 Vgl. etwa Speiser 1964: 125: "*thrive*. Literally 'live', with the force of 'stay well, prosper.'"; Westermann 1981: 323: „Die Wunschbitte Abrahams für Ismael ist Ausdruck frommer Bescheidung mit dem einen Sohn der Nebenfrau, der ihm geschenkt ist."; Wenham 1994: 27.

65 לפני יהוה in P Ex 6,12.30; 27,21; 28,12.30.35.38; 29,42; 30,16; 40,23.25 u.ö.

Leuchter in das Zelt der Begegnung, dem Tisch gegenüber, an die Südseite der Wohnung, und setzte die Lampen auf *vor Jhwh* (לפני יהוה), wie Jhwh es Mose geboten hatte.

„Vor Jhwh" meint also die kultische Präsenz vor Jhwh im Heiligtum (oder – exzeptionell – im unmittelbaren Gesprächskontakt mit ihm, wie im Falle Moses: Ex 6,12.30). Entsprechend dürfte de Pury recht haben, wenn er schreibt:

> "Whether the Priestly writer's Abraham is aware of it or not, what he asks is that Ishmael become YHWH's priest; and it is that request that is denied to Ishmael and offered instead to the yet to be born Isaac. In this whole exchange (vv.18-21), the question therefore is not whether Ishmael will be allowed to live in the land of Canaan – the right of Ishmael to live in Canaan has been settled once and for all in v. 8 – but the question is only whether there is a need for a further son, i.e. for a further category among Abraham's multi-nation descendants. And the answer to that question is yes. Sarah's son Isaac will beget those descendants of Abraham who are destined to become YHWH's priestly nation."[66]

Erkennt man das so spezifisch akzentuierte Profil von V. 18, so erschließt sich von daher das Verständnis der nachfolgenden Passage in V. 19–21:

ויאמר אלהים	17,19: Da sprach Gott:
אבל שרה אשתך ילדת לך בן	Nein/vielmehr, deine Frau Sara wird dir
וקראת את־שמו יצחק	einen Sohn gebären, und du sollst ihn Isaak nennen,
והקמתי את־בריתי אתו	und ich werde meinen Bund mit ihm aufrichten
לברית עולם	als einen ewigen Bund für seine
לזרעו אחריו	Nachkommen nach ihm.
ולישמעאל שמעתיך	17,20: Aber auch wegen Ismaels erhöre ich
הנה ברכתי אתו	dich: Siehe, ich segne ihn
והפריתי אתו	und mache ihn fruchtbar
והרביתי אתו במאד מאד	und mehre ihn über alle Maßen;
שנים־עשר נשיאם יוליד	zwölf Fürsten wird er zeugen,
ונתתיו	und ich werde ihn
לגוי גדול	zu einem großen Volk machen.
ואת־בריתי אקים את־יצחק	17,21: Und meinen Bund will ich aufrichten
אשר תלד לך שרה	ten mit Isaak, den dir Sara gebären wird
למועד הזה בשנה האחרת	um diese Zeit im nächsten Jahr.

Allerdings stellen sich zunächst drei Übersetzungsschwierigkeiten: Zunächst ist zu klären, wie die Partikel אבל in V. 19 wiederzugeben sei. Weist Gott hier die Bitte Abrahams ab? Die Bibelübersetzungen sind sich uneinig: Die Vulgata und die King James Version lassen אבל unübersetzt, die Revised und die New Revised Standard Version übersetzen mit „no", die Lutherbibel entschied sich

---

66 De Pury 2000a: 172. Vgl. auch ders. 2007: 109: "The content of the second berît (or part of berît), apparently, is to "live before the face of 'Yhwh'", since that is the request denied to Ishmael (18–19). 'Living before the face of Yhwh', which is not equivalent to 'living in the land of Canaan', obviously refers to the cultic access to the משכן that the sons of Israel will (later) be invited to build (Ex 25,1.8a.9; 29,45–46; 40,16.17a.33b.34b)."

bis 1912 für „ja", seit 1984 für „nein", die Zürcher Bibel hat ihre Variante „vielmehr" aus dem Jahr 1931 in der Neuübersetzung von 2007 durch ein „nein" ersetzt, die Septuaginta bietet ναί ίδού.[67]

Die Unsicherheit ist einerseits in dem inhaltlich nicht von vornherein klaren Verhältnis zwischen der Frage Abrahams in V.18 und der Antwort Gottes in V.19, andererseits in einer auch sprachgeschichtlich interpretierbaren, vergleichsweise breiten Bedeutungsbreite des nur 11mal im Alten Testament belegten Worts אבל begründet, die vom Ausdruck des Bedauerns und der Klage (II Sam 14,5; II Reg 4,14; Gen 42,21) über den Ausdruck des Bedauerns mit abschlägiger Antwort (I Reg 1,43) bis hin zum rein adversativem Gebrauch reichen kann (Esr 10,13; II Chr 1,4; 19,3; 33,17; Dan 10,7.21).[68] Erkennt man den kultischen Hintergrund von חיה לפני יהוה in V.18 und stellt den literaturgeschichtlichen Ort der Priesterschrift in Rechnung, so liegt eine Übersetzung mit „nein" näher als eine positive („ja") oder neutrale („vielmehr") Wiedergabe.

Dann fragt sich, ob הקים ברית ausschließlich „einen Bund aufrichten" heißen muss, oder ob auch das Bestehenlassen eines bereits errichteten Bundes so formuliert werden kann. Besonders anhand von Ex 6,4, selbst ein priesterschriftlicher Text, lässt sich zeigen, dass offenbar Letzteres zutreffend ist.[69] Einige Septuagintahandschriften bieten in V.19 ein kleines Plus („um ihm zum Gott zu sein") und vereindeutigen so die Engführung der Bundesaussage auf Isaak. [70]

Schließlich ist bezüglich der Übersetzung von ואת־בריתי אקים את־יצחק (V.21), mit auffälliger Voranstellung des Objekts ואת־בריתי, festzuhalten, dass die übliche, adversative Wiedergabe mit „meinen Bund aber ..." oder „aber meinen Bund ..." eine mögliche, aber nicht von vornherein zwingende deutsche Interpretation des Anschlusses an das Voraufgehende bedeutet. Formal gesehen handelt es sich um eine bekräftigende Inklusion mit V.19. Entsprechend ist oben die neutrale Übersetzung „und meinen Bund ..." gewählt.

In der Regel wird dieser Abschnitt dergestalt interpretiert, dass hier nun deutlich werde, dass der Abrahambund sich nur in der Isaaklinie verwirklichen werde: Die „Bundes"-Terminologie erscheint nur im Zusammenhang mit Isaak in V.19.21. Ismael dagegen erhalte lediglich einen Segen, der die Mehrung beinhalte.

In der Tat ist die doppelte, nur auf Isaak bezogene Verwendung des „Bundes"-Begriffs in V.19.21 auffällig, doch stehen dieser – traditionell dominierenden – Auslegung gleichwohl einige Schwierigkeiten entgegen: Die wohl gravierendste besteht darin, dass nicht erklärbar wird, weshalb die Priester-

---

67 Vgl. weiter das Forschungsreferat bei Naumann 1996: 138 Anm. 34.
68 Vgl. Kilwing 1980.
69 Vgl. o. Anm. 47.
70 Vgl. o. Anm. 17.

schrift zunächst in Gen 17,7f. die gesamte Nachkommenschaft Abrahams in den Bund miteinschließen sollte – dass sie dies tut, kann nur gegen gegen den expliziten Textsinn bestritten werden –, um sie dann bis auf die Isaaklinie sogleich wieder daraus auszuschließen.[71] Dieses Problem wird noch drängender, wenn man V.9–14 als sekundär ausscheidet,[72] dann folgen die beiden Perspektiven unmittelbar aufeinander.

Ist das Problem durch weitergehende literarkritische Maßnahmen zu lösen? In der Tat ist Genesis 17 kaum ein von aufgenommenen Materialien und Zusätzen freier Text,[73] wenn auch keine Notwendigkeit besteht, die prominente Bundesbruchaussage Gen 17,14 dem Grundtext abzusprechen, wie Knauf und de Pury – aus Überlegungen zur unkonditionierten Theologie der Priesterschrift – vorschlagen.[74] Denn das Beschneidungsgebot lässt im Fall des Missachtens nur *Einzelne* aus dem Gottesbund herausfallen, der Bund Gottes mit Israel ist aber unverbrüchlich.[75] Die nächstliegende literarkritische Option, um die genannte Spannung zwischen dem Bund mit der ganzen Abrahamsnachkommenschaft und nur der Isaaklinie aufzulösen, bestünde darin, den ganzen Abschnitt Gen 17,15–21 für sekundär zu erklären. Er wäre dann als eine sekundäre Engführung des Abrahambundes auf die leibliche Nachkommenschaft Saras zu interpretieren.[76] Das ist nicht von vornherein undenkbar und diskutierbar. Allerdings bleibt die Schwierigkeit zu bedenken, dass die Ausgrenzung von V.15–21 das Problem nicht vollständig löst. Man müsste dem Ergänzer unterstellen, dass er verkannt oder vergessen hätte, dass von Sara und Isaak nicht nur Jakob, sondern auch Esau abstammt, also wären immerhin noch die Edomiter mit in den Bund eingeschlossen. Ein solcher israelitischedomitischer „Kreis" – unter Ausschluss der Ismael-Nachkommenschaft – ist in der Priesterschrift sonst konzeptionell nicht erkennbar, die von ihr gebilligte Verschwägerungspolitik schließt deutlich die gesamte Abrahamsnachkommenschaft zu einer Internubiumseinheit zusammen.[77] Entsprechend bleibt eine literarkritische Absetzung von V.15–21 unwahrscheinlich.

---

71 Vgl. o. Anm. 44.

72 Zu den damit verbundenen Schwierigkeiten vgl. Jericke 2003: 217f.

73 Vgl. etwa Köckert 1989. Köckert identifiziert das Beschneidungsgebot V.10.11a als vorpriesterliches Traditionsstück, die Ausführungsbestimmungen V.12f. als in sich gestufte Ergänzung, die ihrerseits noch einmal durch die sakralrechtliche Bestimmung V.14 fortgeschrieben worden sei. Weitreichende Textzergliederungen schlägt Weimar 1988 vor. Er erkennt in V.1–4a.6.22 eine vorpriesterschriftliche Grundschicht, die durch die Einschreibung von V.4b.5.7.8*.9*.10*.11.15.16*.17a.18.19a.20*.24–26 in die Priesterschrift eingebaut worden sei. Die verbleibenden Textanteile gehen auf zwei nachpriesterschriftliche Redaktionen zurück, deren zweite mit der Pentateuchredaktion identisch sei. Die hier zum Ausgangspunkt genommene Schwierigkeit des Einschlusses oder Ausschlusses Ismaels in den Abrahambund hält Weimar für ein Scheinproblem (37 Anm. 77), er diskutiert allerdings lediglich den Erzählzug der Beschneidung Ismaels, den er mit dessen Zugehörigkeit zu Abrahams Haus erklärt (mit Verweis auf Blum 1984: 422).

74 Vgl. de Pury 2007: 109, im Anschluss an Knauf (vgl. den Verweis in de Pury 2000a: 168 Anm. 22).

75 Vgl. Stipp 2005.

76 Vgl. o. Anm. 44.

77 Vgl. o. Anm. 52.

Weiter sind die Formulierungsübereinstimmungen in der Mehrungsverheißung für Abraham und Ismael in Gen 17,2.6 einerseits und Gen 17,20 andererseits zu beachten:[78]

Gen 17,2	Abraham	במאד מאד	אותך	וארבה
Gen 17,6	Abraham	במאד מאד	אותך	והפרתי
Gen 17,20	Ismael		אותו	והפרתי
Gen 17,20	Ismael	במאד מאד	אותו	והרביתי

Offenbar soll die Abraham als „Bund" und Ismael als „Segen" verheißene Mehrung, jedenfalls, was ihre konkrete Ausgestaltung betrifft, als sachlich gleichgerichtet gezeichnet werden.

Angesichts dieser Überlegungen erscheint es wesentlich näherliegender, die Funktion von V. 19–21 nicht primär in der *Exklusion Ismaels*, sondern in der *Inklusion Isaaks* in den Abrahambund zu sehen. Dass Ismael nicht sogleich wieder aus dem soeben geschlossenen Bund exkludiert werden soll und kann, ergibt sich aus Gen 17,7f. Hier wird explizit betont, dass dieser Bund mit Abraham und seinen Nachkommen, zu denen Ismael fraglos zählt, als „ewiger Bund" geschlossen wurde.

Umgekehrt erscheint die explizite Inklusion Isaaks in V. 19.21 mehr als geboten angesichts des Umstandes, dass er zum Zeitpunkt der Szenerie von Gen 17 *noch gar nicht geboren worden ist*. Von daher lässt sich auch die doppelte Verwendung der „Bundes"-Terminologie in V. 19.21 in Bezug auf Isaak plausibilisieren: Ein Bundesschluss mit einer noch nicht existierenden Person ist eine waghalsige Konstruktion, so dass sie besonderer terminologischer Hervorhebung bedarf.

Gleichwohl bleibt festzuhalten: Ismael ist *nicht in gleicher Weise* Partner im Bunde Gottes wie Isaak. Bezüglich Mehrung und Landgabe (im Sinne einer אחוזה, Israel wird dann sein Land in Ex 6,8 als מורשה angekündigt[79]) innerhalb des Großbereichs des „ganzen Landes Kanaan" sind sie gleichberechtigt, nicht aber bezüglich der Möglichkeit der kultischen Nähe („Leben vor Gott", Gen 17,18b), die – wie der narrative Ablauf der Priesterschrift zeigt (Ex 25–40) – Israel durch die Stiftung des Heiligtums allein vorbehalten ist.[80]

---

78 Warning 1999/2000: 100; Guillaume 2007: 72. Zur islamischen Rezeptionsgeschichte von Gen 17,20 als Hinweis auf die Sendung Mohammeds vgl. Görg 2002: 163 Anm. 14.

79 Zur bisweilen angezweifelten Zugehörigkeit von Ex 6,8 zur Priesterschrift vgl. die Diskussion bei Schmid 1999: 258 Anm. 498; Gertz 2000: 245–248. Die Terminologie מורשה könnte auch spezifisch vom Ezechielbuch her beeinflusst sein, das in Ex 6,2–8 stark rezipiert wird (vgl. auch Gosse 1994).

80 Vgl. Knauf 2003: 224: „Die Priesterschrift (P) in der Tora vertritt die persische Staatsideologie mit einer Deutlichkeit wie sonst nur noch die altpersischen Königsinschriften. Jedes Volk hat seinen Platz in der Welt (Gen 10), darin erfüllen sich Schöpfungsordnung und Schöpfungssegen. Nur Israel gehört als JHWH's priesterliches Volk in seinem Land, das im Grunde als heiliger Bezirk (Temenos) die Wohnung des Schöpfergottes auf Erden umgibt, nicht der Schöpfungs-, sondern der Heilsordnung an."

Man sieht so: Der priesterschriftliche Abrahambund ist in seiner Abstu-
fung ein theologisches Kunstprodukt, das als solches keine Analogie im altorientalischen Vertragswesen hat. Schon die Einseitigkeit der Verpflichtung
Gottes zeigt die Transformationsleistung an, die die Priesterschrift an ihren
konzeptionellen Vorlagen vollzogen hat, die vermutlich ausschließlich inner-
biblisch zu suchen sind, näherhin in den deuteronomistischen Bundestexten.[81]
   Die Priesterschrift versucht in Gen 17, die politische Realität des perserzeitlichen Juda – Juda lebt in einer bescheidenen Provinz in „ökumenischer"
Nähe zu seinen Nachbarn – mit der theologisch geforderten Prärogative Israels
auszugleichen. Möglicherweise spiegelt sich – wenn man in der umstrittenen
Frage der Datierung der Priesterschrift so weit heruntergehen will[82] – in der
ökumenischen Ausrichtung von Gen 17 der Umstand, dass „im 5. Jh. v.Chr.
das Heiligtum von Hebron in Idumäa lag und aller Wahrscheinlichkeit von
Juden, Arabern und Nachfahren der Edomiter gemeinsam verehrt wurde (alle
drei Bevölkerungsgruppen sind unter den Personennamen des achämenidi-
schen Juda vertreten)."[83]

IV.

Lässt sich die religionspolitische Akzentuierung der priesterschriftlichen Abrahamsfigur von ihrer Kontextvernetzung im Gesamtrahmen der Priesterschrift
weiter profilieren? Jedenfalls ist es unabdingbar, diese Perspektive mit in die
Überlegungen einzubeziehen, ist doch der priesterschriftliche Abrahamsbund
in Gen 17 keine isolierte Aussage, sondern in einen größeren Erzählverlauf
eingebettet, der – wie gegenwärtig zumeist und mit Gründen angenommen[84] –
von der Schöpfung bis zum Sinai reicht.[85] Wie dieser Verlauf in sich zu gliedern ist, wird zumindest der deutschsprachigen Forschung gerne wie folgt
beantwortet: Man rechnet in der Regel – in Analogie zur zweiteiligen Bun-

---

81   Vgl. zu P als Gegenkonzept zur deuteronomistischen Literatur die Hinweise bei Steck 1991:
     17f. Anm. 19; Schmid 1999: 256 Anm. 476 (Lit.); Knauf 2000.
82   Vgl. etwa die Hinweise bei Gertz 2006: 236f.
83   Knauf 2003: 226; Jericke 2003: 18f.32f.81–96; de Pury 2005: 183f; zu Ismael vgl. Knauf
     1985.
84   Vgl. dazu die im thematischen Großbogen übereinstimmenden, im Einzelnen aber unterschied-
     lichen Bestimmungen der literarischen Endpunkte bei Ex 29 (Otto 1997), Ex 40 (Pola 1995;
     Kratz 2000: 102–117; Bauks 2000), Lev 9 (Zenger 1997; ders., u.a., 2004: 156–175) und Lev
     16 (Köckert 1989: 105; Nihan 2006: 20–68). Eine innerpriesterschriftliche Staffelung des
     Endpunkts zwischen Ex 40 und Lev 26 schlägt Gertz 2006: 236 vor. Anders Frevel 2000, der
     für den traditionellen Abschluss in Dtn 34 (vgl. L. Schmidt 1993: 271) votiert, sowie Blen-
     kinsopp 1976; Lohfink 1978; Knauf 2000; Guillaume 2007, die den Abschluss von P^g im Jo-
     suabuch sehen. Zur Profilierung des Landthemas in P vgl. Köckert 1995; L. Schmidt 1993:
     251–274; Schmid 1999: 258–264; Bauks 2004.
85   Zur thematischen Dimension dieser Inklusion s. Janowski 1990.

destheologie der Priesterschrift (Gen 9; Gen 17)[86] – mit einem *zweigeteilten* Aufbau der Priesterschrift und unterscheidet einen Weltkreis und einen Israelkreis. Blickt man jedoch in die Diskussion im Einzelnen, so zeigt sich ein uneinheitlicheres Bild.

Es ist in forschungsgeschichtlicher Perspektive interessant zu sehen, dass die Rede von „Weltkreis" und „Israelkreis" sich zwar offenbar der Terminologie Gerhard von Rads verdankt, dieser aber hatte gerade keinen zwei-, sondern einen dreiteiligen Aufbau der Priesterschrift vorgeschlagen. Er unterschied in seiner Arbeit zur Priesterschrift aus dem Jahr 1934 „drei mächtige konzentrische Kreise ..., die von außen nach innen fortschreitend in das Heilsgeheimnis Gottes einführen: der Weltkreis, der Noahkreis und der abrahamitische Kreis".[87] In seiner Theologie erscheint wiederum eine Dreiteilung, nun aber anderer Art: „Die Priesterschrift hat bekanntlich ihr Geschichtsbild als eine Stufenfolge göttlicher Offenbarungen aufgerissen: Noah – Abraham – Mose."[88]

Bei der Rezeption der Interpretation von Rads durch Odil Hannes Steck[89] ist die Redeweise der „Kreise" beibehalten worden, die Zahl dieser „Kreise" aber stillschweigend um einen reduziert worden. Erich Zenger schließt sich explizit an Steck an, und hält die von ihm vorgeschlagene „Zweiteilung ‚*Welt/Menschen-Kreis*' (Urgeschichte der Völkerwelt) und ‚*Israel-Kreis*' (Urgeschichte Israels)" für „am plausibelsten"[90]. Diese Zweiteilung wird dann allerdings in einem *drei*geteilten Schema veranschaulicht, das erstens Schöpfung und Flut, zweitens Abraham und Isaak sowie drittens Exodus und Sinai voneinander absetzt.

Was die innere Gliederung der Priesterschrift betrifft, so ist sich die neuere Forschung also nicht einig. Sie zeigt vielmehr ein divergierendes Bild, das vermutlich ursächlich nicht zuletzt mit den hier diskutierten Unklarheiten in der Bestimmung des sachlichen Profils von Gen 17 zusammenhängt.

Folgt man den hier angestellten Überlegungen, so lässt sich von der priesterschriftlichen politischen Theologie her rechtfertigen, dass ihre Gesamtanlage nicht zwei, sondern drei konzentrische Kreise unterscheidet, die der dreifach gestuften Offenbarungstheorie der Priesterschrift korrespondieren:[91] einen

---

86 Vgl. bes. Zimmerli 1960, vor ihm bereits Valeton 1892.
87 Von Rad 1934: 167; gefolgt von Janowski 2000: 9.
88 von Rad 1957: 239.
89 Steck 1991: 307. Vgl. die Diskussion alternativer Gliederungsvorschläge der Gesamtanlage von P dort 305f.
90 Zenger 2004: 167f. W.H. Schmidt 1995: 104f.
91 De Pury 2000a: 172f.; ders. 2007: 109–111; vgl. Schmid 2003. Es ist aber zu beachten, dass die geographische Verengung der Perspektive theologisch immer wieder konterkariert wird, etwa dadurch, dass Jakob verheißen wird, dass er nicht nur Vater eines Volkes werden wird, sondern einer „Versammlung von Nationen" (קהל עמים Gen 28,3; 48,4), eines „Volks, einer Versammlung von Völkern" (גוי וקהל גוים Gen 35,11). Möglicherweise denkt die Priester-

Weltkreis, dem Gott als אלהים gegenübersteht,[92] einen Abrahamkreis, zu dem sich Gott als אל שדי in Beziehung setzt,[93] und schließlich einen Israelkreis, innerhalb dessen Gott mit seinem eigentlichen, kultisch verwendbaren Namen יהוה anrufbar ist.[94]

Der Weltkreis hat die gesamte, politisch geordnete Welt im Blick, die allerdings nicht notwendigerweise deckungsgleich ist mit der damals bekannten Welt. Die große geographische Ausnahme für die Priesterschrift ist vermutlich Ägypten, wie namentlich die ägyptenfeindlichen Züge innerhalb der priesterschriftlichen Plagenerzählung[95], aber auch die einzige Erwähnung von „Göttern" (den „Göttern Ägyptens") innerhalb von P in Ex 12,12 zeigen, die den sonst inklusiven Theologie[96] der Priesterschrift entgegenstehen. Der Weltkreis steht – literarisch und erzähllogisch gesprochen – seit dem Noahbund Gen 9 unter der unverbrüchlichen Zusage Gottes, dass er durch kein umfassendes Gericht mehr bedroht werden wird.

Der Abrahamkreis umfasst die „abrahamitische Ökumene" von Arabern („Ismael"), Israel (bzw. Samaria) und Juda („Jakob") und Edom („Esau"). Innerhalb dieses Kreises ist Heiraten erlaubt.[97] Theologisch ist er durch den Abrahambund Gen 17 qualifiziert, der den beteiligten Bundespartner spezifisch Mehrung, Landgabe und Gottesnähe verheißt.

Der Israelkreis schließlich lenkt den Begriff auf das Gottesvolk allein und behandelt in aller Breite die Konstitution des Heiligtums, aufgrund dessen Sühnekults Israel allein die Möglichkeit hat, an den elementaren Heilsgaben Gottes teilzuhaben, die für Israel so etwas wie eine partielle Restitution der „Schöpfung in der Schöpfung" bedeuten.[98] Der Israelkreis ist nicht durch einen eigenen Bundesschluss qualifiziert, denn die grundsätzliche Zusage der Gottesnähe („ich will euch zum Gott sein") wird schon in Gen 17,7 gegeben (vgl. Ex 6,7; 29,45f.). Die Stiftung des Heiligtums konkretisiert nun diese Gottesnähe für Israel in besonderer Weise in der Vorstellung des „auf Begegnung zielende[n] Verweilen[s]" Gottes inmitten seines Volkes (vgl. Ex 29,45f.).[99]

---

schrift hier an das Nebeneinander von Samaritanern und Judäern, kaum jedenfalls, wie früher oft vorgeschlagen, an die Stämme Israels, die bei ihr nie גוי oder עם heißen (vgl. de Pury 2000a: 170 Anm. 26).

92 Zur Diskussion des kosmologischen „Ortes" Gottes und Gottes präsenztheologischer Beschreibung als כבוד יהוה in der Priesterschrift vgl. Schmid 2006.

93 Vgl. zu אל שדי Knauf 1995.

94 Zu Lohfink 1968, vgl. die Kritik bei Blum 1990: 235f.

95 Vgl. dazu Blum 1990: 242–256; Gertz 2000: 79–97.

96 Vgl. dazu Schmid 2003.

97 S.o. Anm. 52.

98 Vgl. Blum 1990: 287–322, bes. 311; Köckert 1989: 102–107.

99 Janowski 2000: 306; vgl. Köckert 1995: 153 Anm. 21.

V.

Die voranstehenden Überlegungen haben zu zeigen versucht, dass die Priesterschrift den Abrahamkreis in einer Weise beschreibt, die – zwar anachronistisch, aber sachlich zutreffend – als „ökumenisch“ bezeichnet werden kann. Abrahams Nachkommen, die zwar keine ethnische Einheit bilden, aber doch durch eine theologisch qualifizierte Nähe miteinander verbunden sind, stehen in einem Bund, der grundsätzlich ihnen allen gilt – nur bezüglich der konkreten, nämlich kultischen Ausgestaltung des Bundesinhalts der Gottesnähe hat Israel einen Vorzug vor seinen Partnern, der allerdings von entscheidender Bedeutung ist. Auch Heiraten zwischen Paaren aus dem Abrahamskreis sind theologisch legitim.

Ob man dieses „ökumenische“ Gepräge des Abrahambundes von Gen 17 für gegenwärtige Problemstellungen fruchtbar machen kann, sei allerdings dahingestellt. Denn Gen 17 ist nur eine unter mehreren biblischen Positionen zur theologischen Verhältnisbestimmung von Israel und seinen Nachbarn, die notabene in der Fiktion von Gen 17 allesamt derselben Religion angehören und denselben Gott „El Šaddaj“ verehren. Zudem handelt es sich um eine biblische Binnenperspektive, die für außerjüdische und außerchristliche Positionen wenig Verbindlichkeit beanspruchen kann. Dass die Stimme von Gen 17 in der Bibel bemerkenswert ist, bleibt davon unberührt.

Literatur

BAUKS, M. (2000): La signification de l'espace et du temps dans l'„historiographie sacerdotale“, in: Römer, T. (Hg.), The Future of the Deuteronomistic History, BEThL 147, Leuven, 29–45.

– (2004): Die Begriffe מורשה und אחזה in Pg. Überlegungen zur Landkonzeption der Priestergrundschrift, ZAW 116, 171–188.

BECHMANN, U. (2004a): Abraham. Beschwörungsformel oder Präzisierungsquelle. Bibeltheologische und religionswissenschaftliche Untersuchungen zum Abrahamparadigma im interreligiösen Dialog, Habilitationsschrift Bayreuth.

– (2004b): Die vielen Väter Abrahams. Chancen und Grenzen einer dialogorientierten Abrahamrezeption, in: Kügler, J. (Hg.) Impuls oder Hindernis? Mit dem Alten Testament in multireligiöser Gesellschaft, Münster, 125–150.

– (2007): Abraham und Ibrahim. Die Grenzen des Abraham-Paradigmas im interreligiösen Dialog, MThZ 57, 110–126.

BLENKINSOPP, J. (1976): The Structure of P, CBQ 38, 275–292.

BLUM, E. (1984): Die Komposition der Vätergeschichte, WMANT 57, Neukirchen-Vluyn.

– (1990): Studien zur Komposition des Pentateuch, BZAW 189, Berlin/New York.

BRETT, M.G. (2000): Reading the Bible in the context of methodological pluralism: The undermining of ethnic exclusivism in Genesis, in: Carroll R., M.D. (Hg.), Rethinking Contexts, Rereading Texts. Contributions from the Social Sciences to Biblical Interpretation, JSOT.S 299, Sheffield, 48–74.

EICHRODT, W. (1916): Die Quellen der Genesis von neuem untersucht, BZAW 31, Giessen.

EIßLER, F. (2005a): Gibt es eine abrahamische Ökumene? Zur Konstitution eines Begriffs und seinen religionstheologischen Implikationen, in: Pechmann, R./Kamlah, D. (Hg.), So weit die Worte tragen. Wie tragfähig ist der Dialog zwischen Christen, Juden und Muslimen?, Gießen, 261–287.

– (2005b): Abrahamische Ökumene – eine Option?, ThBeitr 36, 173–187.

– (2006): Gemeinsam Beten? Eine Anfrage an das interreligiöse Gebet unter dem Vorzeichen abrahamischer Ökumene, in: Schmid, H./Renz, A./Sperber, J. (Hg.), „Im Namen Gottes …" Theologie und Praxis des Gebets in Christentum und Islam, Theologisches Forum Christentum-Islam, Regensburg, 216–226.

FISCHER, I. (2004): Die Erzeltern Israels. Feministisch-theologische Studien zu Gen 12–36, BZAW 222, Berlin/New York.

FREVEL, C. (2000): Mit Blick auf das Land die Schöpfung erinnern. Zum Ende der Priestergrundschrift, HBS 23, Freiburg u.a.

GARR, W.R. (1992): The Grammar and Interpretation of Exodus 6:3, JBL 111, 385–408.

GERTZ, J.C. (2000): Tradition und Redaktion in der Exoduserzählung, FRLANT 189, Göttingen.

– (Hg.) (2006): Grundinformation Altes Testament. Eine Einführung in Literatur, Religion und Geschichte des Alten Testaments, UTB 2745, Göttingen.

GOLDINGAY, J. (2000): The Significance of Circumcision, JSOT 88, 3–18.

GÖRG, M. (1997): Art. Paddan-Aram, NBL Lfg. 11, Zürich/Düsseldorf, 56.

– (2002): Abraham als Ausgangspunkt für eine „abrahamitische Ökumene"?, in: Renz, A./Leimgruber, S. (Hg.), Lernprozess Christen Muslime. Gesellschaftliche Kontexte – Theologische Grundlagen –Begegnungsfelder, Münster 142–150.

GOSSE, B. (1994): Exode 6,8 comme réponse à Ézéchiel 33,24, RHPhR 74, 241–247.

GROß, W. (1987): Israels Hoffnung auf die Erneuerung des Staates, in: ders., Studien zur Priesterschrift und zu alttestamentlichen Gottesbildern, SBAB 30, Stuttgart 1999, 65–96.

GRÜNWALDT, K. (1992): Exil und Identität. Beschneidung, Passa und Sabbat in der Priesterschrift, Frankfurt a.m.

GUILLAUME, P. (2007): Land & Kalend: Updating the Priestly Code, (masch.), Schiers.

GUNKEL, H. (1969): Genesis übersetzt und erklärt, HKAT I/1, Göttingen[8].

HIEKE, T. (2003): Die Genealogien der Genesis, HBS 39, Freiburg u.a.

HOLZINGER, H. (1898): Genesis, KAT I, Freiburg i.B./Leipzig/Tübingen.

HUMBERT, P. (1940/1941): Die literarische Zweiheit des Priester-Codex in der Genesis (Kritische Untersuchung der These von Rads), ZAW 17, 30–57.

JACOB, B. (1934): Das erste Buch der Tora, Berlin.

JANOWSKI, B. (1990): Tempel und Schöpfung. Schöpfungstheologische Aspekte der priesterschriftlichen Heiligtumskonzeption, in: Baldermann, I. u.a. (Hg.), Schöpfung und Neuschöpfung, JBTh 5, Neukirchen-Vluyn 1990, 37–69 = ders., Gottes Gegenwart in Israel. Beiträge zur Theologie des Alten Testaments, Neukirchen-Vluyn 1993, 214–246.

–   ([2]2000): Sühne als Heilsgeschehen: Traditions- und religionsgeschichtliche Studien zur priesterschriftlichen Sühnetheologie, WMANT 55, Neukirchen-Vluyn.

JERICKE, D. (2003): Abraham in Mamre. Historische und exegetische Studien zur Religion von Hebron und zu Genesis 11,27–19,38, SCHANE 17, Leiden/Boston.

KHOURY, A.-T. (1998): RGG[4] Art. "Abrahamitische Religionen", Bd. I, Tübingen, 78.

KILWING, N. (1980): אבל „ja, gewiss" – „nein, vielmehr"?, BN 11, 23–28.

KNAUF, E.A. (1985): Ismael. Untersuchungen zur Geschichte Palästinas und Nordarabiens im 1. Jahrtausend v. Chr., ADPV, Wiesbaden.

KNAUF, E.A. (1995): Art. Shadday, DDD, Leiden u.a., 1416–1423.

–   (2000): Die Priesterschrift und die Geschichten der Deutoronomisten, in: Römer, T.C. (Hg.), The Future of the Deuteronomistic History, BEThL 147, Leuven, 101–118.

–   (2003): Grenzen der Toleranz in der Priesterschaft, BiKi 58, 224–227.

KÖCKERT, M. (1988): Vätergott und Väterverheißungen. Eine Auseinandersetzung mit Albrecht Alt und seinen Erben, FRLANT 142, Göttingen.

–   (1989): Leben in Gottes Gegenwart. Zum Verständnis des Gesetzes in der priesterschriftlichen Literatur, JBTh 4, Neukirchen-Vluyn 1989, 29–61 = ders., Leben in Gottes Gegenwart. Studien zum Verständnis des Gesetzes im Alten Testament, FAT 43, Tübingen 2004, 73–107.

–   (1995): Das Land in der priesterlichen Komposition des Pentateuch, in: Vieweger, D./Waschke, E.-J. (Hg.), Von Gott reden. Beiträge zur Theologie und Exegese des Alten Testaments. FS S. Wagner, Neukirchen-Vluyn, 147–162.

- (2006): Die Geschichte der Abrahamüberlieferung, in: Lemaire, A. (Hg.), Congress Volume Leiden 2004. VT.S 109, Leiden u.a., 103–128.

KRATZ, R.G. (2000): Die Komposition der erzählenden Bücher des Alten Testaments. Grundwissen der Bibelkritik, UTB 2157, Göttingen.

- /NAGEL, T. (Hg.)(2003): „Abraham, unser Vater". Die gemeinsamen Wurzeln von Judentum, Christentum und Islam, Göttingen.

KÜNG, H. (1990): Projekt Weltethos, München.

- (1991): Abrahamische Ökumene zwischen Juden, Christen und Muslimen. Theologische Grundlegung – praktische Konsequenzen, in: Stifterverband für die Deutsche Wissenschaft. Jahresversammlung 1991 des Landeskuratoriums Baden-Würtemberg, hrsg. vom Stifterverband für die die Deutsche Wissenschaft, Essen, 16–32.

- (1998): Abrahamische Ökumene zwischen Juden, Christen und Muslimen, Iranzamin 11, 29–46.

KUSCHEL, K.-J. (1994): Streit um Abraham. Was Juden, Christen und Muslime trennt – und was sie eint, München.

- (2001a): Abrahamische Ökumene? Zum Problem einer Theologie des Anderen bei Juden, Christen und Muslimen, ZMR 85, 258–278.

- (2001b): Auf dem Weg zu einer Ökumene der Kinder Abrahams. Vorwort zur Neuausgabe seines Buches von 1994, Düsseldorf.

- (2007): Juden – Christen – Muslime. Herkunft und Zukunft, Düsseldorf.

KÜSTER, V. (2002): Verwandtschaft verpflichtet. Erwägungen zum Projekt einer „Abrahamitischen Ökumene", EvTh 62, 384–398.

KUTSCH, E. (1976): „Ich will euer Gott sein." berīt in der Priesterschrift, ZThK 71, 367–388.

LEVENSON, J.D. (2004): The Conversion of Abraham to Judaism, Christianity, and Islam, in: Najman, H./Newman, J.H. (Hg.), The Ideal of Biblical Interpretation, JSJ.S 83, Leiden u.a., 3–40.

LOHFINK, N. (1968): Die priesterschriftliche Abwertung der Tradition von der Offenbarung des Jahwenamens an Mose, Bib. 49 (1968), 1–8 = ders., Studien zum Pentateuch, SBAB 4, Stuttgart 1988, 71–78.

- (1978): Die Priesterschrift und die Geschichte, in: Emerton, J.A. (Hg.), Congress Volume Göttingen 1977, VT.S 29, Leiden, 183–225 = ders., Studien zum Pentateuch, SBAB 4, Stuttgart 1988, 213–253.

MAGONET, J. (2000): Abraham - Jesus - Mohammed. Interreligiöser Dialog aus jüdischer Perspektive, Gütersloh.

MCEVENUE, S.E. (1971): The Narrative Style of the Priestly Writer, AnBib 50, Roma, 145–178.

MCMAHON, G. (1992): Art. Hittites in the OT, ABD 3, New York u.a., 231–233.

NIHAN, C. (2006): From Priestly Torah to Pentateuch. A Study in the Composition of the Book of Leviticus, FAT II/25, Tübingen.

NAUMANN, TH. (1996): Ismael. Studien zu einem biblischen Konzept der Selbstwahrnehmung Israels im Kreis der Völker aus der Nachkommenschaft Abrahams, Habil. (masch.) Universität Bern.

– (2000): Ismael – Abrahams verlorener Sohn, in: Weth, R. (Hg.), Bekenntnis zu dem einen Gott? Christen und Muslime zwischen Mission und Dialog, Neukirchen-Vluyn, 70–89.

– (2002): Die biblische Verheißung für Ismael als Grundlage einer christlichen Anerkennung des Islam? in: Renz, A./Leimgruber, S. (Hg.), Lernprozess Christen Muslime. Gesellschaftliche Kontexte - Theologische Grundlagen - Begegnungsfelder, Münster 152–169.

– (2003): Ismael-Abrahams Sohn und arabischer Erzvater. Biblische Wege zum Verständnis des Islam, in: Görg, M./Wimmer, S.J. (Hg.), Blätter Abrahams, München, 58–79.

– (2004): Ismael unter dem Segen des Gottes Abrahams, in: Barth, H.-M./Elsas, C. (Hg.), Religiöse Minderheiten. Potentiale für Konflikt und Frieden, IV. Internationales Rudolf-Otto-Symposion, Marburg 2002, Hamburg, 179–192.

OCHS, P. (2004): Abrahamic Theo-politics: A Jewish View, in: Cavanaugh, W./Scott, P. (Hg.), The Blackwell Companion to Political Theology, Oxford, 519–534.

OTTO, E. (1997): Forschungen zur Priesterschrift, ThR 62, 1–50.

PETERS, F.E. (1982): Children of Abraham: Judaism, Christianity, Islam, Princeton.

POLA, T. (1995): Die ursprüngliche Priesterschrift. Beobachtungen zur Literarkritik und Traditionsgeschichte von Pg, WMANT 70, Neukirchen-Vluyn.

PROCKSCH, O. (1924): Die Genesis, KAT I, Leipzig/Erlangen, 2. und 3. Aufl.

DE PURY, A. (2000a): Abraham. The Priestly Writer's ‚Ecumenical' Ancestor, in: McKenzie, S.L. u.a. (Hg.), Rethinking the Foundations. Historiography in the Ancient World and in the Bible. FS J. Van Seters, BZAW 294, Berlin/New York, 163–181.

– (2000b): Der priesterschriftliche Umgang mit der Jakobsgeschichte, in: Kratz, R.G. u.a. (Hg.), Schriftauslegung in der Schrift. FS O.H. Steck, BZAW 300, Berlin/New York, 33–60.

– (2001): L'émergence de la conscience „interreligieuse" dans l'Ancien Testament, Theological Review. Near East School of Theology 22, 7–34.

– (2002): Gottesname, Gottesbezeichnung und Gottesbegriff. 'Elohim als Indiz zur Entstehungsgeschichte des Pentateuch, in: Gertz, J.C. u.a. (Hg.), Abschied vom Jahwisten. Die Komposition des Hexateuch in der jüngsten Diskussion, BZAW 315, Berlin/New York, 25–47.

– (2005): Le tombeau des Abrahamides d'Hébron et sa fonction au début de l'époque perse, Trans 30, 183f.

– (2007): Pg as the Absolute Beginning, in: Römer, T./Schmid, K. (Hg.), Les dernières redactions du Pentateuque, de l'Hexateuch et de l'Ennéateuch, BEThL 203, Leuven, 99–128.

VON RAD, G. (1934): Die Priesterschrift im Hexateuch. Literarisch untersucht und theologisch gewertet, BWANT 65, Stuttgart/Berlin.

– (1953): Das erste Buch Mose. Genesis, ATD 2/4, Göttingen.

– (1957): Theologie des Alten Testaments. Band 1: Die Theologie der geschichtlichen Überlieferungen Israels, München.

RICKERS, F. (2003): Dialog der abrahamischen Religionen. Ihre Verantwortung für den Frieden in der Welt in transkultureller Sicht, in: Siedler, D.C. (Hg.) Religionen in der Pluralität. Ihre Rolle in postmodernen transkulturellen Gesellschaften, Berlin, 87–108.

RÖMER, T.C. (2001): Recherches actuelles sur le cycle d'Abraham, in: Wénin, A. (Hg.), Studies in the Book of Genesis. Literature, Redaction and History, BEThL 155, Leuven, 179–211.

SCHENKER, A. (1997): Le monothéisme israélite: un dieu qui transcende le monde et les dieux, Bib. 78 , 436–448.

– (2001): Gott als Stifter der Religionen der Welt. Unerwartete Früchte textgeschichtlicher Forschung, in: Goldman, Y./Uehlinger, C. (Hg.), La double transmission du texte biblique. Etudes d'histoire du texte offertes en hommage à Adrian Schenker, OBO 179, Fribourg/Göttingen, 99–102.

– (2007): Das Paradox des israelitischen Monotheismus in Dtn 4,15–20. Israels Gott stiftet Religion und Kultbilder der Völker, in: Bickel, S. u.a. (Hg.), Bilder als Quellen. Images as Sources. Studies on ancient Near Eastern artefacts and the Bible inspired by the work of Othmar Keel, OBO Sonderband, Fribourg/Göttingen, 511–528.

SCHMID, K. (1999): Erzväter und Exodus. Untersuchungen zur doppelten Begründung der Ursprünge Israels in den Geschichtsbüchern des Alten Testaments, WMANT 81, Neukirchen-Vluyn.

– (2003): Differenzierungen und Konzeptualisierungen der Einheit Gottes in der Religions- und Literaturgeschichte Israels. Methodische, religionsgeschichtliche und exegetische Aspekte zur neueren Diskussion um den sogenannten „Monotheismus" im antiken Israel, in: Oeming, M./ Schmid, K. (Hg.), Der eine Gott und die Götter. Polytheismus und Monotheismus im antiken Israel, AThANT 82, Zürich, 11–38.

– (2006): Himmelsgott, Weltgott und Schöpfer. „Gott" und der „Himmel" in der Literatur der Zeit des Zweiten Tempels, in: Sattler, D./Vollenweider, S. (Hg.), Der Himmel, JBTh 20 (2005), Neukirchen-Vluyn 2006, 111–148.

SCHMIDT, L. (1993): Studien zur Priesterschrift, BZAW 214, Berlin/New York.

SCHMIDT, W.H. ([5]1995): Einführung in das Alte Testament, Berlin/New York.

SEEBASS, H. (1997): Genesis II / 1. Vätergeschichte, Neukirchen-Vluyn.

SIEDLER, D.C. (2003): Abrahamische Ökumene als Anfrage an christliche Theologie und Religionspädagogik – Folkert Rickers' Ansatz „Im Entwurf des Glaubens Abrahams leben", in: Gottwald, E./Mette, N. (Hg.), Religionsunterricht interreligiös. Hermeneutische und didaktische Erschließungen, FS F. Rickers, Neukirchen, 163–180.

SKA, J.-L. (2001): Essai sur la nature et la signification du cycle d'Abraham (Gn 11,27-25,11), in: Wénin, A. (Hg.), Studies in the Book of Genesis, 153–177.

SMEND, R. (1912): Die Erzählung des Hexateuch auf ihre Quellen untersucht, Berlin.

SOGGIN, J.A. (1997): Das Buch Genesis. Kommentar, Darmstadt.

SPEISER, E.A. (1964): Genesis, AB 1, Garden City.

STECK, O.H. (1991a): Der Abschluß der Prophetie im Alten Testament. Ein Versuch zur Frage der Vorgeschichte des Kanons, BThSt 17, Neukirchen-Vluyn.

– (1991b): Aufbauprobleme in der Priesterschrift, in: Daniels, D.R. u.a. (Hg.), Ernten, was man sät. Festschrift für Klaus Koch zu seinem 65. Geburtstag, Neukirchen-Vluyn, 287–308.

STEUERNAGEL, C. (1920): Bemerkungen zu Genesis 17, in: Marti, K. (Hg.), Beiträge zur alttestamentlichen Wissenschaft. Karl Budde zum siebzigsten Geburtstag am 13. April 1920 überreicht von Freunden und Schülern, BZAW 34, Giessen, 172–179.

STIPP, H.-J. (2005): „Meinen Bund hat er gebrochen" (Gen 17,14). Die Individualisierung des Bundesbruchs in der Priesterschrift, MThZ 56, 290–304.

SYRÉN, R. (1993): The Forsaken First-Born. A Study of a Recurrent Motif in the Patriarchal Narratives, JSOT.S 133, Sheffield.

VALETON, J.J.P. (1892): Bedeutung und Stellung des Wortes ברית im Priestercodex, ZAW 12, 1–22.

VAN SETERS, J. (1975): Abraham in History and Tradition, New Haven/London.

WARNING, W. (1999/2000): Terminological Patterns and Genesis 17, HUCA 70/71, 93–107.

WEIMAR, P. (1988): Gen 17 und die priesterschriftliche Abrahamserzählung, ZAW 100, 22–60.

WEINFELD, M. (1993): Traces of Hittite Cult in Shiloh, Bethel and in Jerusalem, in: Janowski, B. u.a. (Hg.), Religionsgeschichtliche Beziehungen zwischen Kleinasien, Nordsyrien und dem Alten Testament, OBO 129, Fribourg/Göttingen, 455–472.

WELLHAUSEN, J. (1899): Die Composition des Hexateuch und der historischen Bücher des Alten Testaments, Berlin.

WENHAM, G.J. (1994): Genesis 16–50, WBC 2, Dallas.

WÉNIN, A. (2006): Recherche sur la structure de Genèse 17, BZ 50, 196–211.

WENZEL, C. (2002a): Abraham - Ibrahim. Ähnlichkeit statt Verwandtschaft, EvTh 62, 362–384.

–   (2002b): Und als Ibrahim und Isma'il die Fundamente des Hauses (der Ka'ba) legten ... (Sure 2,127)". Abrahamsrezeption und Legitimität im Koran, ZRGG 54, 193–209.

WESTERMANN, C. (1981): Genesis. 2. Teilband. Genesis 12–36 (BK 1/2), Neukirchen-Vluyn.

–   (1984): Genesis 17 und die Bedeutung von berit, in: ders., Erträge der Forschung am Alten Testament III, Gesammelte Studien, TB 73, München, 66–78.

WETH, R. (Hg.) (2000): Bekenntnis zu dem einen Gott? Christen und Muslime zwischen Mission und Dialog, Neukirchen-Vluyn.

WYSHOGROD, M. (2004): Abraham's Promise: Judaism and Jewish Christian Relations, hg. von R. Kendall Soulen, Grand Rapids.

ZENGER, E. (1997): Art. Priesterschrift, TRE 27, Berlin/New York, 435–446.

–   (⁵2004): Einleitung in das Alte Testament, Studienbücher Theologie 1,1, Stuttgart u.a.

ZIEMER, B. (2005): Abram – Abraham. Kompositionsgeschichtliche Untersuchungen zu Gen 14, 15 und 17, BZAW 350, Berlin/New York.

ZIMMERLI, W. (1960): Sinaibund und Abrahambund. Ein Beitrag zum Verständnis der Priesterschrift, ThZ 16 (1960), 268–280 = ders., Gottes Offenbarung. Gesammelte Aufsätze zum Alten Testament, ThB 19, München 1963, 205–217.

ZIMMERMANN, R. (2007): Abraham – Integrationsfigur im interreligiösen Dialog? Biblische Grundlagen und Wirkungen im Judentum, Christentum und Islam, KuD 53, 160–188.

Abrahams Unterredung mit Gott und die schriftgelehrte Stilisierung der Abrahamgestalt in Gen 18,16b–33

Karin Schöpflin
Göttingen

Abrahams Unterredung mit Gott hat im Rahmen ihres Kontextes in kritischer Exegese vielfach den Eindruck des Eigentümlichen geweckt. Die literarkritisch[1] unterschiedlich wahrgenommene Passage ist kontrovers diskutiert worden im Blick auf ihre Genese, ihre Stellung im Kontext, ihre Gattung und vor allem ihre theologische Aussage. Recht einhellig wird seit Wellhausen[2] immerhin festgehalten, daß es sich um einen nachträglichen Einschub innerhalb von Gen 18–19 handelt, den man als frühestens exilisch[3] ansieht. Hier nun wird eine neuerliche Annäherung gewagt, die es unternimmt, vor allem die Bezüge zwischen dieser schriftgelehrten Passage und anderen alttestamentlichen Texten zu betrachten und auf diesem Wege ihre theologische Bedeutung zu erhellen. Ausgehend von dem Gespräch Abrahams mit Gott (18,22b–33a) wird der Blick auf den näheren (18,16b–22a.33b) und weiteren Kontext (Gen 13.18–19) geweitet. Abschließend wird die Stilisierung der Abrahamgestalt im Rahmen des Abraham-Zyklus beleuchtet.

---

1   Die Extreme reichen von der Annahme der Einheitlichkeit des Ganzen (Van Seters 1975) bis zu unterschiedlichen mehrstufigen Modellen (etwa Schmidt 1976; zuletzt Seebass 1997 und Ruppert 2002).

2   Wellhausen 1899: 25: „Ich denke wenigstens, dass ursprünglich 18,22a und 18,33b an einander schlossen […]. Was zwischen diesen beiden Sätzen steht, zeigt am Anfang und am Ende die Fuge."; und 26: „Ich wage auch darauf hinzuweisen, dass der sonst überall in Kap. 18. 19 herrschende sehr naive Verkehr der Erväter mit Gott in 18,22–33 plötzlich aufhört; während Abraham 18,8 dem Jahve ein Kalb schlachtet und ihm Käse und Milch vorsetzt, fühlt er 18,23ss. mit einem Mal den Abstand der Kreatur von dem Schöpfer".

3   Vgl. Wellhausen 1899: 26: „[…] als Jeremias und Ezechiel weissagten und das Buch Iob entstand – aus dieser Zeit scheint somit 18,22b–33a zu stammen."

1. Abrahams Unterredung mit Gott (Gen 18,22b–33a)

1.1. Auslegung

Die dialogische Passage läßt sich relativ leicht aus dem Kontext herauslösen[4] und zunächst unabhängig davon betrachten. Einleitend beschreibt V.22b die Gesprächssituation, die im schlichten Gegenüber der beiden Gesprächspartner besteht. Lediglich die Partikel עודנו schließt diesen Satz an das Vorhergehende an. Bemerkenswert ist aber die Wortwahl: Abraham steht vor dem Angesicht JHWHs;[5] עמד לפני יהוה bildet einen *terminus technicus*, der den priesterlichen Dienst vor Gott[6] ebenso bezeichnen kann wie das enge Verhältnis auserwählter Einzelner[7] – vor allem Mose – zu Gott, die JHWH ebenso direkt anreden können, wie Abraham es hier tut. Die Wendung weckt die Assoziation einer priesterlichen, mehr noch einer prophetischen Stellung vor Gott.

V. 23 macht zunächst deutlich, daß Abraham das Gespräch beginnt: Er tritt näher und ergreift das Wort (ויגש אברהם ויאמר). Innerhalb des Abraham-Zyklus ist dies ein einmaliger Vorgang, weil sonst stets Gott das Wort an Abraham richtet[8] und Abraham allenfalls auf Gottes Anrede reagiert, nämlich in Gen 15,2.8 und 17,17, wo er Anfragen und Zweifel im Blick auf seine persönlichen Belange äußert; in der Regel pflegt er Gottes Rede hinzunehmen bzw. zu handeln, wie Gott es befohlen hat.

Abrahams erste Rede fällt relativ umfangreich aus (18,23b–25). Er entfaltet darin seine Anfrage bzw. sein theologisches Problem, welches er eingangs als Frage allgemein formuliert: „Nimmst du tatsächlich hinweg einen Gerechten zusammen mit einem Frevler?"[9] Es geht um das Gegensatzpaar צדיק – רשע, das schwerpunktmäßig in weisheitlichen Erwägungen im Proverbien-

---

4   Vgl. Wellhausen 1899: 25.

5   Nach rabbinischer Angabe liegt hier eine Schreiberkorrektur vor; ursprünglich sei Gott vor Abraham stehen geblieben (vgl. BHS). Gunkel ³1910: 205–206 bemerkt dazu: „diese Angabe [*sc.* der Rabbinen] ist keine alte Tradition, sondern aus dem gegenwärtigen Text erschlossen [..]; sachlich trifft sie das Richtige [...]. Die Worte sind aus religiöser Scheu geändert, um den starken Anthropomorphismus zu vermeiden und weil ‚vor jemandem stehen' den Nebensinn hat ‚ihn bedienen'".

6   Dtn 10,8; 18,7; 29,14; Lev 9,5; Ez 44,15 (in 8,11 „vor Götzen stehen"), Jer 7,10; Ps 135,2 (Tempel); I Reg 3,15 (Bundeslade); 8,22 (Altar); Belege ohne לפני Dtn 17,12; 18,5.

7   Zu Mose vgl. Dtn 4,10; 5,5.31; Ps 106,23; den von Elia und Elisa verwendeten formelhaften Satz יהוה אשר־עמדתי לפניו I Reg 17,1; 18,15; II Reg 3,14; 5,16 sowie I Reg 19,11 als Aufforderung; für Jeremia selbst Jer 18,20. Jer 15,1 sagt Gott dies von Mose und Samuel. Hiob hingegen beklagt, dass er ungehört vor Gott stehe (Jb 30,20). Vgl. auch Amsler ⁴1993: 331.

8   Vgl. Gen 12,1; 13,14; 15,1; 17,1; 21,12; 22,1. Ebenso verhält es sich bei Jakob vgl. Gen 28,13; 31,3; 35,1.

9   Von Rad 1949: 180, hat unter Verweis auf Dtn 25,1 dafür plädiert, die gegensätzlichen Begriffe hier mit „Unschuldiger" / „Schuldiger" wiederzugeben. Damit hebt er den Rechtscharakter des Problems stärker hervor als dessen weisheitlichen Charakter.

buch[10] sowie in den Psalmen[11] auftritt. Dort kommt die Überzeugung zum Ausdruck, daß Gott Gerechte und Frevler nicht gleich behandelt, und die Erwartung, daß Gott den Frevler austilgt[12] durch (vorzeitigen) Tod. Abrahams Frage nimmt die Redeweise der Weisheitssprüche auf, wobei er den Singular ohne Artikel[13] verwendet. Das Verbum ספה für das Vernichten kommt relativ selten vor – [14] sollte es dezent den eben noch nicht vollzogenen Untergang andeuten? Die einleitende Fragepartikel האף schließlich macht die Frage rhetorisch und suggestiv; Abraham drückt seine Erwartung aus, daß eben jene Gleichbehandlung durch Gott nicht gegeben sei(n möge).

Nach dieser Grundsatzfrage bzw. -aussage geht Abraham auf einen konkreteren Fall ein (18,24), der deutlich macht, wie er auf seine Eingangsfrage gekommen ist. Wenn Abraham nun die Möglichkeit aufzeigt (אולי), daß es 50 Gerechte in der Stadt geben könnte (24a), würde dies angesichts der in 23b unterstellten Gleichbehandlung bedeuten, daß sie hinweggenommen würden (Wiederholung von האף תספה aus V. 23), *sc.* zusammen mit den Frevlern. Die an zweiter und damit gewichtigerer Position genannte Alternative תשה למקום – für den Ort/hinsichtlich des Ortes [das beabsichtigte Gerichtsurteil] aufzuheben [15] – um der 50 Gerechten willen hielte Abraham offenkundig für die angemessenere Lösung, was er wieder durch eine rhetorisch-suggestive Frage zeigt. Abraham nennt – anders als Gott es in seiner Antwort in V. 26 tun wird – nicht einfach den Namen der Stadt, an die er in der vom Kontext her vorauszusetzenden Situation denken müßte („Sodom"), sondern umschreibt mit העיר und המקום, wodurch auch diese Aussage einen allgemeinen Anstrich erhält. Beide Begriffe wären auch auf Jerusalem anwendbar. Insbesondere das Wort מקום, das im Dtn den zentralen Kultort, den Gott erwählen wird, bezeichnet,[16] weckt den Gedanken an Jerusalem mit seinem Tempel, so daß das angeschnittene Problem auch auf dessen potentielle Zerstörung hin durchsichtig wird. Abra-

---

10 Vgl. dazu insbesondere im ältesten Kern des Proverbienbuches Kap. 10–15: 10,3. 6.7. 11.16. 20.24.28.30.32; 11,8.10.23.31; 12,5.7.10.12.21.26; 13, 5.9.25; 14,19.32; 15,6.28-29; sowie 17,15; 18,5; 21,12.18 und 24,15.16; 28,1.12.28; 29,2.7.16.27.

11 Ps 1 (v.a. 1,6); 7,10; 11,5.6; 31,19; 34,20.22; 37 *passim*; 75,14.

12 Z.B. Ps 37,34.38; 145,20 und Ps 11,6 (darin Anspielung auf das Gericht an Sodom mit Feuer- und Schwefelregen) sowie Prov 12,7. Unterschiedlich ergeht es Gerechten und Frevlern nach Prov 10,6.28.30; 11,8.10.23.31; 12,21. Qoh 7,15; 8,14; 9,2 wird dann die Beobachtung ansprechen, daß es keine entsprechende Differenzierung im Ergehen von צדיק und רשע gibt. Demgegenüber hält Mal 3,18 an der unterschiedlichen Behandlung fest.

13 Vgl. dazu Schweitzer 1983: 115–117.

14 Vgl. Gen 19,15.17, wo es im *Nif'al* für das dem Menschen drohende Umkommen verwendet wird; außerdem noch Jes 7,20 für das Abnehmen des Bartes sowie Ps 40,15 i.S. „nach dem Leben trachten".

15 Zu נשא ל in diesem Sinne vgl. Jacob 1934: 450, Westermann 1979: 355; Krašovec 1989: 172 Anm. 7; zur Möglichkeit, das Verb als „vergeben" zu verstehen vgl. Stolz [4]1993: 114.

16 Vgl. Dtn 12,5.11.14.18.21.26; 14,23.24.25; 15,20; 16,2.6.7.11.15.16; 17,8.10; 18,6; 26,2; 31,11; sowie Ps 132,13. vgl. dazu auch Wildberger [5]1994: 287.

ham denkt an dieser Stelle an extreme Alternativen: Vernichtung aller oder
Verschonung aller ohne Unterschied.

Mit V. 25 zeigt Abraham sein Gottesbild, das sich zuvor schon andeutete,
unverblümt. Zweimal wehrt er mit חללה[17] potentielle Tatbestände ab, die seiner Ansicht nach Gott nicht gemäß sind: (a) einen Gerechten zusammen mit
einem Frevler zu töten (צדיק עם־רשע als Wiederaufnahme aus V. 23, aber mit
dem Verb מות *hif.* statt ספה wird die Vernichtung direkter benannt), so dass
die beiden gleich behandelt würden: wie der Gerechte so der Frevler (כצדיק
כרשע). (b) Grundsätzlicher und ein Stück von jeglichem konkreten Fall abstrahiert sagt er: Es kann nicht sein, daß der Richter der ganzen Erde selbst nicht
Recht[18] tut. Damit appelliert Abraham an Gottes Allmacht als Richter, die
wegen ihrer Unumschränktheit nicht zu Willkür führen darf, weil dann die
Weltordnung ins Wanken geriete. Häufig ist da, wo JHWH in den Psalmen als
Richter bezeichnet wird, auch von seiner Gerechtigkeit die Rede[19] – der göttliche Richter ist schlicht nicht anders vorstellbar als gerecht. Aus der menschlichen Perspektive Abrahams wird es als ungerecht empfunden, wenn der Gerechte vom Strafgericht am Frevler mit betroffen ist. Unausgesprochen bleibt
der umgekehrte Fall, daß der Frevler um des Lebens des Gerechten willen
ungeschoren davon kommt.

Während Abraham sich recht vorsichtig äußert, spricht Gott in seiner
Antwort (V. 26) direkt aus, was Abraham intendiert hatte: Wenn er tatsächlich
50[20] Gerechte in Sodom findet, will er um deretwillen hinsichtlich des *ganzen*
Ortes das Unrecht ertragen (נשא).[21] Erst Gott bezieht Abrahams Rede explizit
auf Sodom und damit auf die Erzählung im unmittelbaren Kontext der Unterredung. Abraham reagiert darauf (ענה) wiederum wortreicher (V. 27b–28a) als
die eher wortkarge Gottheit, wenngleich knapper als in seiner ersten Rede. Daß
er sich mit Gottes Antwort noch nicht zufrieden gibt, sondern ihn erneut anzusprechen beginnt, betrachtet er offenkundig als Wagnis. Deshalb weist er
unterwürfig auf seine Unwürdigkeit hin: Er, das vergängliche Wesen (ואנכי
עפר ואפר), hat begonnen, Gott anzusprechen, das sterbliche Geschöpf den

---

17 Mit den meisten der knapp 20 Vorkommen von חללה weist eine Person es von sich, ein
    Unrecht begangen zu haben oder begehen zu wollen (Gen 44,7; Jos 22,29; 24,16; I Sam
    22,15; 24,7; 26,11; II Sam 20,20; 23,17; I Chr 11,19) bzw. Unrecht zu dulden (I Sam 20,2.9).
    Als starke Verneinung erscheint es I Sam 12,23; I Reg 21,3. Gott selbst verwendet das Wort I
    Sam 2,30. Die nächste Berührung zu Gen 18,25 weist Jb 34,10b auf: חללה לאל מרשע ושדי
    מעול.

18 Wortspiel mit dem Stamm שפט in Partizip und Nominalbildung.

19 Vgl. Ps 7,12; 50,6; 75,8; jeweils im Blick auf die Erde (ארץ Ps 82,8; 94,2; 96,13; 98,9. Ob
    „Richter der Erde" eine Formel ist (so Liedke [4]1993: 1008), sei dahingestellt.

20 Zur Erklärung der Zahlen in diesem Abschnitt vgl. Jacob 1934:451; Schmidt 1976: 151–154.

21 Damit nimmt Gott Abrahams Formulierung auf, fügt jedoch כל hinzu, womit die uneinge-
    schränkte Nachsicht zum Ausdruck kommt.

mächtigen (Schöpfer)Gott.[22] Bemerkenswert ist, daß Abraham von Gott als
אדני – (mein) Herr – spricht, worin sich gewiß das Bewußtsein der Rangord-
nung ausdrückt, was aber zugleich bereits auch Ersatz für das Tetragramm[23]
sein mag. So betrachtet würde sich darin dem nachexilischen praktischen Umgang mit dem Gottesnamen entsprechend noch verstärkt Abrahams Respekt
vor Gott ausdrücken.

Indem Abraham hier und in den folgenden Anfragen die in V. 24 genannte
Zahl 50 schrittweise verringert, spielt er den Fall mit veränderten Bedingungen
durch. Bei der ersten Variation ist ihm erneut seine Vorsicht angesichts des
göttlichen Gegenübers anzumerken: Vielleicht fehlen ja fünf an den 50 Gerechten – sollte diese geringe Verminderung schon ausreichen, dass Gott doch
die ganze Stadt vernichtet? Wieder sind die Formulierungen nicht neutral,
sondern wollen das Gegenüber emotional berühren und damit beeinflussen
(wegen der fünf gleich die *ganze* Stadt?). Zudem benutzt Abraham jetzt das
Verb שחת, das speziell auslöschendes göttliches Gerichtshandeln ausdrückt.[24]
Kurz und knapp antwortet JHWH (V. 28b) unter Wiederaufnahme des – nun
verneinten – Verbums שחת und der geänderten Zahl 45 im Konditionalsatz im
selben Sinne wie zuvor V. 26.

Die Wiedergabe der weiteren Unterredung (29–32) erfolgt nahezu stereo-
typ mit nur kleineren sprachlichen Variationen,[25] die verhindern, daß das Gespräch zu eintönig wirkt. Jedesmal eröffnet Abraham seine Frage mit einem
„vielleicht" (אולי), übernimmt aus JHWHs ersten Antworten das Verb מצא, und
setzt die Zahl nun in Zehnerschritten bis auf zehn Gerechte herab. Der Gedanke, daß die Zehnzahl den Schlußpunkt bildet, weil dies bereits hier das
Minimum einer (kultfähigen) Gemeinschaft darstellt wie später – jedenfalls
nach rabbinischer Lehre[26] – die Mindestzahl der gottesdienstfähigen Gemeinde
(*Minjan*),[27] hat dabei durchaus etwas Bestechendes. Solange zehn Gerechte
vorhanden sind, wäre demnach Gottesverehrung bzw. Kult in der von Gott

---

22 Mit עפר ist eine Anspielung auf Gen 3,19b gegeben. Die Kombination עפר ואפר erscheint nur
    noch in Jb 30,19 und 42,6 – an letzterer Stelle unterwirft sich Hiob dem Schöpfergott, der
    sich ihm offenbart hat. Vgl. aus der Perspektive Gottes gesprochen die Anrede Gottes an
    Ezechiel, den בן־אדם, den Sterblichen.

23 Vgl. die Textvariante יהוה (BHS). Das könnte auch im Rahmen der Theoxenie in 18,3 ent-
    sprechend verstanden werden.

24 Vgl. Gen 6,13 den Vernichtungsbeschluß vor der Sintflut sowie 9,11.15. Außerdem Gen
    19,13.14 sowie die Gerichtsankündigungen Jer 13,9.14; 36,29; 51,20; Ez 5,16; 26,4; 30,11
    und die Bitte, die Vernichtung abzuwenden Dtn 4,31; 9,26. Vgl. dazu auch Vetter [4]1993:
    893f.

25 Vgl. die Übersicht bei Wenham 1994: 51.

26 Anknüpfend an Num 13.

27 Vgl. Blum 1984: 403, der in der jüdischen Tradition des Minjan eine Nachwirkung dessen
    erblickt, und Soggin 1994: 217. Vgl. Jacob 1934: 450: „Was die Gerechten innerhalb eines
    Gemeinwesens durch ihre Tugend schützen und retten, ist das Gemeinwesen als solches, die
    Stadt, der Ort […]".

gewünschten Weise[28] möglich. In den drei letzten Runden bringt Abraham sein Bewußtsein zum Ausdruck, daß sein beharrliches Weiterfragen Gott nicht gegen ihn aufbringen möge (אל־נא יחר לאדני ואדברה, 30.32).[29] Bei allem durchaus selbstbewußten Weiterbohren zeigt Abraham sich unterwürfig durch das Verwenden von אדני für sein Gegenüber. Bei der sechsten Frage signalisiert Abraham, dass es seine letzte ist (אך־הפעם V. 32),[30] so daß auch beim Dialogende die Initiative bei Abraham liegt. Gott reagiert immer gleich bleibend mit verneintem Verb[31] und der Aufnahme der von Abraham genannten Zahl. Dadurch wirkt Gott ruhig und langmütig.

In sechs Schritten artikuliert Abraham in dieser Unterredung seine Anfrage an Gott. Er sucht im Grunde eine Bestätigung seines JHWHbildes, seiner Erwartung, daß Gott nicht Gerechte und Frevler zugleich demselben Strafgericht aussetzt. Er legt JHWH nahe, um der Gerechten willen seine Gerichtsabsicht im Blick auf den Ort aufzuheben. Gott gewährt Abraham eine Bestätigung dessen, zumindest bis zu einem gewissen Grade, nämlich bis zum Erreichen des Minimums einer Zehnzahl. Es handelt sich um eine Grundsatzdiskussion – abgesehen von der einzigen Erwähnung des Namens Sodom in der ersten Gottesantwort (18,26aβ) deutet in der Unterredung nichts auf den Erzählkontext hin. Der menschliche Gesprächspartner müßte so gesehen nicht einmal Abraham heißen, zumal da er in diesem Dialog in einer für die Erzvätergestalt sonst untypischen Weise mit Gott redet. Außerdem fällt auf, daß die Fallkonstellation nicht auf das Gottesvolk beschränkt ist, sondern eine universale Perspektive offen hält. Denn JHWH ist als Richter der Erde ja zuständig für alle Städte und Völker.

1.2. Das Verhältnis zu Ezechiel 14,12–20 und 18

Die Passage Gen 18,22b–33a spielt einen Fall durch, den Gott als Richter (18,25) zu beurteilen hat. In dieser Hinsicht berührt sie sich – wie schon öfter gesehen wurde[32] – mit Ez 14,12–20, aber auch 18.

In Ez 14,12–20 liefert Gott selbst einen Monolog, den er laut Wortgeschehensformulierung (Ez 14,12) Ezechiel mitteilt. JHWH spielt darin in vier Varianten den Fall durch, daß er durch Ausrotten (כרת) von Mensch und Vieh das Strafgericht an einem Land (ארץ) vollzieht, das ihm gegenüber schuldig geworden ist (vgl. Ez 14,13 zur Darlegung der Vergehen). Mag die Gestalt, wie Gott das Gericht vollzieht – ob durch Hunger, wilde Tiere, Schwert oder Pest –

---

28 Vgl. dazu Am 5,21–24.
29 V. 31aα wiederholt 27aα.
30 Vgl. Jacob 1934: 453.
31 עשה in 29.30, שחת in 31.32.
32 Vgl. etwa Gunkel ³1910: 205; Schmidt 1976: 148–151.157–158.

auch wechseln, der Grundsatz bleibt bestehen, daß nur die Gerechten selbst ihr Leben retten. Die Gerechten sind exemplarisch vertreten durch drei Namen, die offenkundig als sprichwörtlich tadellose und mustergültige צדיקים gelten: Noah, Daniel und Hiob (Ez 14,14.20). Für Noah und Hiob ist die vorbildliche Einschätzung in weiteren biblischen Texten belegt;[33] bei Daniel ist strittig, ob der Protagonist der Legenden des biblischen Danielbuches gemeint ist oder eine legendäre Gestalt, die in der in Ugarit vorgefundenen Tradition steht.[34] Wie dem auch sei, die Gerechtigkeit dieses Dreigestirns bewahrt nur jeweils sie selbst, ihre Nachkommen ausdrücklich nicht, so dass eine generationen-übergreifende Wirksamkeit ausgeschlossen ist – im Einklang mit der indivi-duellen Haftung in Ez 18.

Ez 14,12–20, nach Zimmerli eine „kasuistische Erörterung",[35] gleicht Gen 18,22b–33a in der literarischen Machart: Eine Fallkonstellation wird mehrfach durchgespielt, indem man ein Element variiert – in Gen 18 die Zahl der Ge-rechten, in Ez 14 das Gerichtsinstrumentarium –, ohne daß sich am grundsätz-lichen Sachverhalt jedoch etwas ändert. Nach Ez 14 entgeht nur der Gerechte dem Gericht. Das wird auch in Gen 19 faktisch so sein, wenn allein Lot (aller-dings in Begleitung seiner Familie) vor dem Gericht aus der Stadt entfernt wird. So gesehen liegt Ez 14,12–20 auf einer Ebene mit der Erzählung in Gen 19: Dem Gericht über ein frevelhaftes Kollektiv entgeht nur der gerechte Ein-zelne. Das Gespräch zwischen Abraham und Gott hingegen läuft darauf hin-aus, daß Gott willens ist, angesichts einer gewissen Mindestzahl von Gerech-ten, die unter Frevlern leben, den Strafvollzug auszusetzen. Während Ez 14 das unausweichliche gnadenlose Gericht vor Augen hat, wie es sich 587 an Jerusalem vollzogen hat, rechnet Gen 18 mit der Möglichkeit der Nachsichtig-keit Gottes um der Gerechten willen, auch wenn sie eine Minderheit bilden. Dabei mag die praktische Überlegung eine Rolle spielen, daß einzelne im Ge-gensatz zu einer Gruppe aus einer Masse von Gottlosen isoliert werden kön-nen. Insofern könnte Gen 18 eine Modifikation oder Korrektur von Ez 14 an-streben.

Ez 18 legt Gott eine Lehrrede in den Mund, die sich mit dem Ergehen des Gerechten und des Frevlers befaßt, wobei das jeweils charakteristische Ver-halten ähnlich wie in Ez 14,13 explizit benannt wird.[36] Mehrere Aspekte kom-men hier zum Tragen: Es bleibt bei der aus Prov und Ps vertrauten Aussage, daß der Gerechte leben und der Frevler sterben wird. Die Rede hebt dabei hervor, dass jeder für sich selbst verantwortlich ist; es gibt keine generationen-

---

33 Vgl. Gen 6,9 sowie Jb 1,1.
34 Von der Beurteilung der Danielgestalt hängt es ab, ob man alle drei Personen als vorzeitliche Nichtisraeliten einschätzt, die aus außerbiblischen Traditionen stammen (Noth 1951: 259) oder als aus israelitisch-biblischer Tradition rekrutierte Gestalten (Wahl 1992).
35 Zimmerli 1979: 319.
36 18,6–9a gerechtes Handeln, 18,10b–13a Frevel.

übergreifende Auswirkung des persönlichen Handelns.[37] Dies illustriert der
Blick auf die Abfolge dreier Generationen: gerechter Vater – ungerechter Sohn
– wiederum gerechter Nachkomme (18,5–18). Trotz des jeweils gegensätzlichen väterlichen Vorbildes verhält der Sohn sich anders als sein Erzeuger. Die
Variable in diesen Fällen ist somit die Vorgängergeneration, zu der man in
Gegensatz steht. Entsprechend der Ablehnung der Gültigkeit des Sprichwortes
in der Eingangspassage des Kapitels (18,1–4) will Gott jeden nur für den eigenen Lebenswandel zur Verantwortung ziehen – so dann auch die Grundsatz-
aussage in 18,20. Hinzu kommt nun noch ein Weiteres:[38] Es besteht die Möglichkeit, daß jemand sich im Laufe seines Lebens ändert – zum Guten wie zum
Schlechten. Auch diese beiden Fälle beleuchtet die Gottesrede (18,21–22.
24).[39] Es zählt jeweils der Endpunkt der Entwicklung, die vorausgehende Gerechtigkeit oder Verfehlung fällt nicht ins Gewicht. Der Fall des Gottlosen, der
sich bekehrt, ist dabei der wichtigere (vgl. 18,23). Damit ermuntert Gott zur
Umkehr, von der die positive Beurteilung und Perspektive des einstmals Gottlosen abhängt. So mündet die Gottesrede in einen Umkehrruf (18, 30b–31a).[40]
Die genaue Entsprechung von Tun und Ergehen, das göttliche Urteilen dem
Tun des Einzelnen gemäß bezeichnet Gott selbst ausdrücklich als gerecht
(18,25.29), auch und gerade wenn er den jeweils späteren bzw. Endstand eines
Menschen beurteilt. Gottes Hinwegsehen über vorliegende Schuld ist damit
explizit an Umkehr gebunden, ein Motiv, das ebenfalls in Jona 3 und Jer 18,7–
10 begegnet. Eben dieser Aspekt der möglichen Umkehr eines Frevlers ist in
Abrahams Unterredung mit Gott aber kein Thema.

Gemeinsam ist den Abschnitten Ez 18, Ez 14,12–20 und Gen 18,22b–33a
neben der Frage nach der göttlichen Beurteilung des Gerechten und des Frevlers – ein Thema weisheitlichen Denkens[41] – das Durchspielen einer Fallkonstellation mit Variablen, ein (literarisches) Phänomen, das seinen Haftpunkt in
theologischer Reflexion und Lehre und insofern in weisheitlichem Kontext hat.
Während im Ezechielbuch der Anlage der Schrift als Abfolge von an den Ich-
Erzähler gerichteten Gottesreden[42] entsprechend Gott selbst in monologischer

---

37 Den markantesten Gegenpol dazu bietet Ex 20,5b par. Dtn 5,9b. Den umgekehrten Fall
    thematisiert II Sam 24,17, wo David für sein Tun haften will, während die unschuldigen Un-
    tertanen nicht betroffen sein sollen. Vgl. dazu auch Num 16,22.
38 Zimmerli ²1979: 396 betrachtet Ez 18, „eine akademische Erörterung", als einheitlich; doch
    wäre eine Fortschreibung, die an eben diesem Punkt ansetzte, nicht unplausibel.
39 Vgl. Ez 33,11–20.
40 Ez 3,17–21 und 33,8–9 führen den Propheten in diese Thematik ein, der als „Umkehrpredi-
    ger" den Menschen den Zusammenhang von Schuld und Gericht bzw. Umkehr und Gnade
    bewußt machen soll.
41 Die Frage der göttlichen Behandlung Gerechter und Gottloser als Kernthema weisheitlichen
    Denkens steht im wahrsten Sinne des Wortes im Hiob-Dialog zur Debatte.
42 Ezechiel pflegt der Angeredete zu sein, der nur in Fortschreibungen das Wort an Gott richtet:
    vgl. Ez 9,8; 11,13; 21,5.

Form die Fallkonstellationen vorstellt, konstruiert in Gen 18 Abraham die Fälle. Er trägt dem göttlichen Richter Rechtsfälle vor und erwartet Gottes Urteil dazu.

1.3. Abraham als Fürbitter?

Diese Rede Abrahams ist als Gebet klassifiziert worden. Diese Gattungsbezeichnung trifft zu, wenn man den Begriff sehr weit fasst und als jede Art des Redens mit oder zu Gott definiert.[43] Die Redeeinleitungen (ויאמר) sind neutral gehalten.[44] Zu bedenken bleibt aber, daß in den Sätzen Abrahams das entscheidende Signal eines Anrufes an das göttliche Gegenüber fehlt. Abraham behandelt Gott wie einen menschlichen Diskussionspartner – wenngleich mit großem Respekt, wie er einem Höhergestellten gebührt. Insofern wird man auch schwerlich von einer (prophetischen) Fürbitte[45] im strengen Sinne sprechen dürfen, wie man sie etwa in Am 7,2.5[46] oder Ex 32,7–14 erblickt hat.[47] Dennoch tritt Abraham mit einer Absicht an, die er jedoch nicht als Bitte äußert. Vielmehr suggeriert er mit seinen grundsätzlichen Anfragen seinem göttlichen Gesprächspartner seine Ansicht bzw. Erwartung. Die Sprechhaltung Abrahams ist formal keine bittend-betende,[48] sondern eine anfragende, die den disputierenden Grundzug beinahe vornehm verdeckt.[49] Ihr haftet dabei etwas Abstraktes,[50] Akademisches an.

Abrahams Unterredung ist am ehesten mit Jonas Auseinandersetzung mit Gott vergleichbar (Jona 4,2.4.8b–11), wo JHWH derjenige ist, der Jonas Gottesbild buchstäblich in Frage stellt, da er mit (rhetorischen) Fragen auf Jonas Beschwerden eingeht (Jona 4,4.9.11).[51] Auf seine Weise bringt auch Jona das

---

43 Dann stünde die Passage auf einer Ebene mit Gen 15,1–6 und 17,15–21.

44 Zur Terminologie von Gebetseinleitungen vgl. Albertz 1984: 34.

45 So ordnen Gunkel ³1910: 203, von Rad 1949: 182, Scharbert 1986: 149, Wenham 1994: 51 und Seebass 1997: 120 das Gespräch als Fürbitte Abrahams ein, was Schmidt 1976: 143–144, Westermann 1979: 354 und Ruppert 2002: 374 ablehnen. Blum 1984: 403 Anm. 32 bietet eine Zwischenlösung.

46 Vgl. auch Ez 9,8; 11,13 sowie die Verbote an Jeremia Jer 7,16; 11,14.

47 Zum Verhältnis von Ex 32, 11ff. zu Amos 7 vgl. Aurelius 1988: 89–90, zur Problematik der Vorstellung prophetischer Fürbitte vgl. Balentine 1984 sowie Schöpflin 2002: 177. 265–269.

48 Vgl. Jacob 1934: 450: „Abraham verteidigt nicht die Frevler, er bittet nicht und betet nicht, sondern ‚spricht' (אמר) und ‚redet' (דבר), d. h. nimmt das Wort, und alle seine Reden sind nur bescheidentliche Fragen, mit denen er sich respektvoll vergewissern möchte, welcher Maßstab für das Urteil gelte."

49 Im Gegensatz etwa zu Jer 12,1, wo Jeremia seine kritische Anfrage zum Wohlergehen der Frevler direkt vorbringt, wenngleich er eingangs aus taktischen Gründen zugestanden hat, daß Gott gerecht ist.

50 So Gunkel ³1910; vgl. Schmidt 1976: 162: „Gedankenspielerei".

51 Jonas erste Rede zu Gott in Jona 4,2 kennzeichnen einleitendes ויתפלל sowie der Anruf אנה יהוה als Gebet. In 4,9b antwortet Jona auf Gottes Anrede an ihn.

gerechte Urteilen Gottes zur Sprache, da er sich nicht damit abfinden mag, daß
JHWH an den wohlgemerkt reumütigen Frevlern in Ninive das angekündigte
Gericht nicht vollstreckt. Er verkennt, daß JHWH sich als Schöpfer für alle
Völker gleichermaßen zuständig fühlt. Dies universalistische Gottesbild des
Jonabuches ist ein weiterer Berührungspunkt zu Abrahams Gespräch mit
JHWH, da der Erzvater – im Gegensatz zu Jona – JHWHs Zuständigkeit nicht
auf ein bevorzugtes Volk begrenzt sieht.[52]

Abrahams Äußerungen in Gen 18,23–32 werden gern mit Moses' Anruf
an JHWH in Ex 32,11–13 verglichen.[53] Nachdem die Israeliten durch Verehrung des Stierbildes Gottes Zorn erregt haben, ist Gott zur Vernichtung ent-
schlossen (Ex 32,10a) – und dazu, Mose zu einem großen Volk zu machen (Ex
32,10b). Diese klare Bezugnahme auf Gen 12,2aα verknüpft redaktionell Exo-
dus- und Vätertraditon.[54] Mose reagiert auf Gottes Gerichtsdrohung – bezeichnenderweise nicht auf die Verheißung. In seiner Frage erinnert Mose Gott an
sein Rettungshandeln an Israel (32,11bβ), dann versucht er, ihn – wieder in
Frageform – gewissermaßen bei seiner Ehre zu packen, indem er die Außen-
wirkung des Gerichts nach dieser Rettung zu bedenken gibt (12a), um dann
schließlich direkt darum zu bitten, daß Gott das Gericht nicht vollstrecken
möge (12b).[55] Eine neuerliche (redaktionelle) Anspielung auf die Väterverheißungen, an die Gott sich erinnern möge, beschließt Moses Appell (32,13).[56]
Mose setzt sich hier für die schuldig gewordenen Israeliten ein, deren Vergehen er nicht leugnet, und bittet Gott direkt, das Strafgericht trotzdem abzuwenden. Insofern appelliert er an JHWHs Gnade. Mose agiert zweifelsfrei als Fürbitter, zumal da er selbst durch den Zusatz in Ex 32,10b explizit von dem
drohenden Strafgericht ausgenommen wird. Wie Aurelius[57] gezeigt hat, wurde
Mose in den einschlägigen Passagen des Pentateuch zum Fürbitter *par excel-*

---

52   Zum Verhältnis von Gen 18,22–33 zu Jona 3–4 vgl. Schmidt 1976: 161–162 – wie Jona rede
     Abraham nur, damit Gott sein Gericht über eine ganze Stadt rechtfertigen könne.

53   Als weitere vergleichbare Fürbitten des Mose werden zudem herangezogen Num 14,13–19
     (vgl. Dtn 9) sowie Ex 32,30–31 und Ex 34,9. Zu einer kritischen Wahrnehmung der mosa-
     ischen Fürbitten vgl. Aurelius 1988. Balentine 1989: 602, beleuchtet als „prose prayers for
     justice" außer Gen 18 und Ex 32, Jos 7,7–9 und I Reg 17,17–24.

54   Vgl. ferner Num 14,12b sowie Dtn 9,14, wo ebenfalls, wenngleich mit einem noch verän-
     ten Wortlaut, auf die Verheißung an Abraham angespielt wird. Instruktiv ist hier auch die
     Übersicht zu den Mehrungsverheißungen bei Köckert 1988: 169.

55   Auch dazu verläuft Num 14,13–19 analog, da Mose – allerdings ausführlicher – mit der
     Außenwirkung des am erretteten Volk vollzogenen Gerichts argumentiert (Num 14,13–16)
     und seine Rede in eine Bitte ausmündet (14,19). Zu diesem Argumentationsgang vgl. auch
     Jos 7,7–9. Zusätzlich behaftet Mose Gott hier bei seinem Wesen, indem er Ex 34,6–7 zitiert
     (Num 14,18), eine Stelle, die auch in Jonas Kritik an JHWH eine wichtige Rolle spielt (Jona
     4,2b).

56   Der Vers komprimiert verschiedene Motive – die Väter als „Knechte" Gottes und den Väter-
     schwur, vor allem aber wird der Vergleich der Menge der Nachkommenschaft mit den zahl-
     losen Sternen (Gen 15,5; 22,17; 26,4) zitiert.

57   Aurelius 1988.

lence stilisiert, was seinen Niederschlag dann auch in späten Psalmen (106,23; 99,6) gefunden hat.

Abraham nun tritt in Gen 18,23–32 nicht dringlich bittend an Gott heran wie Mose. Der Erzvater setzt sich auch nicht für das Gottesvolk ein – das gibt es hier streng genommen ja auch noch nicht –, sondern er führt eine Grundsatzdiskussion in einer generellen, letztlich alle Menschen betreffenden Frage.[58] Er selbst bezieht seine Anfrage auch nirgends auf Sodom; das tut nur Gott (Gen 18,26), der somit Abrahams Rede entsprechend versteht. Obwohl formal keine Fürbitte vorliegt, hat man die Intention von Abrahams Gottesanfrage als fürbittend verstanden, und das offensichtlich schon frühzeitig, nicht zuletzt aufgrund assoziativer Berührungen mit mosaischen Fürbittgebeten,[59] die im übrigen stets erfolgreich sind. Zu diesem Verständnis mag auch die Notiz in Gen 20,17 beigetragen haben. Dort betet (ויתפלל) Abraham zu Gott, und Gott beseitigt, offenkundig daraufhin, die Unfruchtbarkeit im Hause Abimelechs, die er laut 20,18 – einer nachgelieferten Begründung – zuvor verhängt hatte. In Gen 20 ist der Erzvater damit abschließend eindeutig als Fürbitter stilisiert, der sich uneigennützig für ein fremdes Königshaus einsetzt. Nach Gen 20,7a ist das Gebet Abrahams als eines Propheten, seine „Fürbitte" mit Erfolgsgarantie versehen. Beide Bemerkungen sind deutlich am mosaischen Vorbild orientiert und machen Abraham zu einem Vorläufer Mose.

Ohne ihn so zu nennen, stilisiert auch Gen 18,23–32 Abraham als Propheten. Allerdings bedarf es dazu nicht zwingend des Elements der Fürbitte im strengen Sinn: Wie Ez 14,12–20 und Ez 18 zeigen, gibt Gott dem zum Propheten Erwählten Auskunft über die Maßstäbe seines Urteilens. Ebendies geschieht auch hier, nicht im göttlichen Monolog wie im Ezechielbuch üblich, sondern im Gespräch auf menschliche Initiative hin.

2. Der nähere Kontext

2.1. Die erzählerische Einbettung

Die Geschichte vom göttlichen Besuch bei Abraham und der damit verbundenen Geburtsankündigung Isaaks schließt in 18,16 mit dem Aufbruch der Männer Richtung Sodom (18,16a) ab. Daran würde 19,1 völlig glatt anschließen,

---

58 Vgl. Schmidt 1976: 162, Abraham setze keine bestimmten historischen Verhältnisse voraus, sondern ganz allgemeine Strukturen.

59 Bemerkenswert sind die Verklammerungen, die das Motiv der Mehrungsverheißungen an die Erzväter in den Passagen um die Fürbitte des Mose schafft. Wie in Ex 32,10b (und auch 32,13) begegnet auch in Gen 18,19 ein Rückbezug auf Gen 12,2aα. Dies Verheißungsmotiv weist den menschlichen Gesprächspartner zuerst als Erwählten aus. Es erscheint auch in Moses' Fürbitte in Num 14 sowie in Dtn 9. Sollte es das Verständnis von Gen 18,23–32 als „Fürbitte" gefördert haben?

wenn dort nicht von *zwei* Engeln[60] die Rede wäre. Abrahams Mitgehen mit den
Männern (18,16b) korrespondiert mit seiner Rückkehr nach Hause (18,33b).
Das Motiv von Abrahams Weggeleit legt somit einen Rahmen um den Abschnitt 18,17–33a. In der Endgestalt mag 18,22a wie eine Dublette zu 18,16a
wirken, die durch die Äußerungen Gottes in 18,17–19.20–21 notwendig geworden ist. Inhaltlich sorgt 18,22 als ganzer für eine Differenzierung unter den
geheimnisvollen Gästen, die bei Abraham eingekehrt waren (18,1–2), indem
zwischen JHWH selbst (18,22b) und weiteren (*sc.* zwei) Männern unterschieden
wird. Doch ließe sich 18,22a auch im Zusammenhang mit V. 20–21 lesen,[61]
manche sehen V. 22 aber auch in Spannung zu V. 21.[62] Die Unterredung Abrahams mit Gott ist in den Kontext klar durch 18,22b und 18,33a[63] eingebettet.

2.2. Die beiden Gottesäußerungen Gen 18,17–19 und 18,20–21

In der Endgestalt des Komplexes Gen 18–19 gehen zwei Äußerungen Gottes
der Unterredung Abrahams mit ihm voraus.[64] Beide eröffnet lediglich eine
knappe Redeeinleitung (ויהוה אמר[65] 18,17a bzw. ויאמר 18,20). Ein Problem für
die Auslegung der Gottesäußerungen im Kontext bildet der Umstand, dass
beide Reden nicht explizit an ein bestimmtes Gegenüber gerichtet sind, das als
Gestalt innerhalb der Erzählung steht, mit anderen Worten: nicht an Abraham,
der hier als einzige menschliche Bezugsperson in Betracht käme.

---

60 Wellhausen 1899: 25–26, hat festgestellt, daß die zwei Engel sehr wenig zum Ganzen stimm-
    ten, und folgert, dass sie später dort eingetragen seien. Vgl. Köckert 2007: 63–67.
61 So bereits Gunkel ³1910: 201–202.
62 So Ruppert 2002: 373.
63 Vgl. Wellhausen 1899: 26.
64 Angesichts dieser Verse schwanken die literar- und redaktionskritischen Einschätzungen am
    stärksten. Recht einhellig wird ein Widerspruch zwischen 18,17–19 und 18,20–21 gesehen.
    In 18,20f. ist Gottes Beschluß demnach noch nicht endgültig gefaßt (Wellhausen 1899: 26),
    während er in 18,17 schon wisse, was er tun wolle (Gunkel ³1910: 202).
    Während Gunkel ³1910: 201–202, in 18,20–22a.33b die Grundschicht der Erzählung findet
    und damit 17–19 als Zusätze erkennt (auch Krašovec 1989: 170.172, betrachtet 18,20–21 als
    Bestandteil der ursprünglichen Sodomerzählung; vgl. Blum 1984: 401, der 18,20–22a so be-
    urteilt), hält Westermann 1979: 346–347, 18,17–21 für einheitlich. Noth 1948: 258–259 (vgl.
    Scharbert 1986: 149), beurteilt V. 19 als Zusatz, Ruppert 2002: 373–374, hingegen V. 19 und
    V. 21 als Einschübe von einer Hand. 18,17–18 (Schmidt 1986: 136) bzw. 18,17–19 (Blum
    1984: 401) werden demselben Verfasser zugeschrieben wie 18,22b–33a. V 19 ist für Schmidt
    1976: 135–136, ein noch jüngerer Zusatz.
65 Westermann 1979: 350, sieht in der invertierten Wortstellung ein Anzeichen für einen Neu-
    einsatz, da Jahwehs Rede das Folgende vorbereite.

2.2.1. Gen 18,17–19

18,17 formuliert Gott eine (rhetorische) Frage: „Bin ich denn einer, der vor Abraham verbirgt, was ich tun will?". Dies drückt den göttlichen Vorsatz aus, Abraham sein Vorhaben zu enthüllen. Derartige göttliche Offenbarungen werden in alttestamentlichem Schrifttum lediglich auserwählten Personen zuteil; abgesehen von Mose (z.B. Ex 32,7–10) sind dies insbesondere Propheten.[66] Die (dtr) Fortschreibung Am 3,7 faßt dies als einen Grundsatz JHWHs auf; inhaltlich ist dabei schwerpunktmäßig an Gerichtshandeln Gottes als Gegenstand der Offenbarung gedacht. Indem Gott sich hier vornimmt, Abraham sein zukünftiges Handeln zu offenbaren, wird der Erzvater als Erwählter gekennzeichnet und in die Reihe der prophetischen Gestalten im Sinne eines dtr Prophetenkonzeptes einbezogen.[67] Im Kontext der Erzählung vom Untergang Sodoms liegt es nahe, die Enthüllung auf Gottes geplantes Gerichtshandeln an der Stadt zu beziehen.[68]

In V. 18 beleuchtet Gott den besonderen Status Abrahams, indem er sich selbst zitiert: Er greift auf die in der Endgestalt des Abraham-Zyklus erste Verheißung in 12,2aα (unter Zufügung von עצום[69]).3b zurück; der absolute Infinitiv bekräftigt dies ausdrücklich. Die intertextuellen Bezüge weisen diese Bestätigung dessen, was Gott mit Abraham vorhat, als Spätling aus. Im Blick auf Abrahams Unterredung mit Gott wird vorbereitet, weshalb JHWH sich auf dies Gespräch einlässt und geduldig Abrahams Fragen beantwortet. Da es sich hier um ein göttliches Selbstgespräch handelt, ist diese Information in erster Linie für die Leserschaft bestimmt.[70]

Mit 18,19 erfährt die Äußerung deutlich eine Erweiterung.[71] Gott begründet sein besonderes Verhältnis zu Abraham (ידעתיו)[72] mit einem ebenfalls zukunftsgerichteten Zweck (למען): Abraham soll seinen Nachkommen, seinem Haus bis in ferne Zeiten befehlen, so daß sie den „Weg JHWHs" beschreiten,

---

66 Vgl. Köckert 1988: 181 Anm. 81.
67 Vgl. Köckert 1988: 181.
68 So etwa von Rad 1949: 179; Westermann 1979: 346–347.
69 Es ist sicherlich kein Zufall, dass dieser Stamm in Ex 1,7, vgl. Ex 1,9.20, wo die Verheißung bereits ein Stück weit Wirklichkeit geworden ist, gleichfalls verwendet wird. Der Verfasser von Gen 18,18 dürfte diese Überleitung von der Väter- zur Exodustradition vor Augen haben. Num 14,12 ist Gen 12,2aα um עצום erweitert zu גוי גדול ועצום.
70 Jacob 1934: 446, vertritt allerdings die Ansicht, daß 18,17–21 einen im Himmel gefaßten Entschluß nachtragen, versteht die beiden Äußerungen Gottes also als in einer himmlischen Ratsversammlung gesprochen; vgl. Van Seters 1975: 212–213. Das würde an der prophetischen Charakterisierung Abrahams nichts ändern, da er dann als einer gesehen würde, der in der Ratsversammlung Gottes anwesend war (vgl. I Reg 22,19–22; Jer 23,18.22 und Sæbø [4]1993: 147).
71 Vgl. Köckert 1988:180 sowie auch Schmidt 1976: 135–136.
72 Zur Verwendung von ידע für das Verhältnis zwischen JHWH und Israel vgl. Schottroff [5]1994: 692–693, sowie Köckert 1988: 180 Anm. 76.

d.h. die von Gott gegebenen Weisungen zum Leitfaden ihres Lebenswandels machen. Damit erscheint Abraham als ein (Gesetzes)Lehrer wie Mose, der ja zugleich im Sinne von Dtn 18,15–19 mit der Gesetzesverkündigung und -einschärfung eine prophetische Funktion ausübt.[73] דרך יהוה faßt die von Gott gegebenen Weisungen zusammen, die den Nachkommen Abrahams als Leitschnur dienen sollen,[74] damit sie צדקה und משפט tun. Wiederum handelt es sich um eine geprägte Wendung.[75] Eben aufgrund der geprägten Sprache überrascht es nicht, daß Gott hier in 3. Person auftritt.[76] Die Erfüllung[77] der Verheißung („was Gott zu Abraham geredet hat") wird nun noch unter die Bedingung eben dieses rechten Wandels gestellt (18,19b). In dieser Bedingung mag bereits die Erfahrung durchschimmern, daß dieser rechte Wandel eben nicht durchgehend gegeben war und die Erfüllung insofern auch ausgesetzt werden konnte. Im Blick auf 18,19 ist Köckert darin zuzustimmen, dass dieser Vers geprägtes dtn Gedankengut frei aufgreift und verwendet und insofern in größerem zeitlichen Abstand zur Ausbildung des geprägten Gutes stehe, während die formelhafte Wendung עשה צדקה ומשפט mit der Parallelformulierung von Rechtverhalten und Rechtsordnung prophetisches und weisheitliches Erbe aufnehme.[78]

Nachdem 18,17f. Abraham in die Reihe der erwählten prophetischen Gestalten aufgenommen hat, erhärtet 18,19 diese Einordnung, betont dabei jedoch den (dtr) Akzent des Propheten als Gesetzeslehrer; hinzu tritt ein weisheitlicher Zug, so daß die Abrahamfigur mit mehreren Facetten versehen wird.

2.2.2. Gen 18,20–21

Mit V. 20 setzt JHWH zu einer weiteren Äußerung an, in der er das Ausmaß der Sündhaftigkeit Sodoms und Gomorras[79] konstatiert: Großes Klagegeschrei[80] hat sich erhoben, sehr schwer wiegt deren Verfehlung. Das Klagen – *sc.* wegen des Unrechts, das die Bewohner der Städte begangen haben – ist an Gottes Ohr

---

73 Vgl. Köckert 1988: 181.
74 Vgl. Ex 32,8; Dtn 5,33; 8,6; 11,22 u.ö. I Reg 3,14, verneint II Reg 21,22. Vgl. auch Köckert 1988: 182 Anm. 88.
75 Vgl. Köckert 1988: 183 Anm. 91.
76 Vgl. Schmidt 1976: 136 (gegen sein Argument Blum 1984: 401).
77 Zu בוא als *terminus technicus* der Erfüllung von Gottes Ankündigung vgl. Jenni [5]1994: 266–267. Die meisten Belege dazu sind als dtr einzustufen. Besonders markant sind hier Dtn 13,3; 18,22.
78 Köckert 1988: 183.
79 Die beiden Städte treten überwiegend – offensichtlich als geprägte Verbindung – im AT zusammen auf.
80 Zu זעקה vgl. Ex 2,23 (verbal), wo die Israeliten in Bedrängnis sind; vgl. auch Jdc 3,9; 6,6.7; 10,10.14.

gedrungen, ähnlich wie die Bosheit Ninives in Jona 1,2 vor Gott gekommen ist, und er beurteilt ihr Fehlverhalten als sehr schwerwiegend.[81] Damit hat er imgrunde schon ein Urteil gefällt, und auch eine explizite Begründung für die Vernichtung Sodoms im Gericht liegt damit vor. In V. 21 findet sich mythologische Redeweise: Gott will herabsteigen, um sich persönlich zu überzeugen, ob alle Klage, die gegen Sodom erhoben wird, tatsächlich zutrifft. Dieser Vers dürfte in Verbindung mit V. 22a die in 19,1–11 erzählte Geschichte vorbereiten. Denn vor dem Hintergrund von V. 21 wirkt es so, als ob die Männer (ursprünglich vielleicht wie in 18,1ff. einschließlich JHWHs selbst, andernfalls als seine Abgesandten) nach Sodom gingen. Die Vorstellung, daß Gott hernieder steigt (ירד), tritt an markanten Stellen alttestamentlicher Erzählliteratur auf.[82] Besonders bedeutsam ist hier die Turmbaugeschichte, wo Gott hernieder steigt, um das Bauwerk zu betrachten (Gen 11,5). Sein Vorsatz, zum Gericht die Sprache zu verwirren, bedient sich gleichfalls dieses Verbums (Gen 11,7). In Ex 3,8 ist er hernieder gestiegen, um die Israeliten aus der Bedrückung in Ägypten zu retten auf ihr Klagegeschrei hin.

Bevor Gott das Gericht in die Tat umsetzt, prüft er den Fall höchstpersönlich. Damit wird einmal mehr seine Gerechtigkeit sicher gestellt. Vor diesem Hintergrund kann man 18,22a als Fortsetzung dieses Vorsatzes verstehen: Die Männer gehen nach Sodom, um dort die Angelegenheit zu prüfen. Insofern bereitet der Abschnitt Gen 18,20–21/22a die Theoxenie in Kap. 19 vor.

Dem Fall Sodom eignet etwas Grundsätzliches, Sprichwörtliches. Sodom (nebst Gomorra) wurde zum Inbegriff der Verwerflichkeit und Verworfenheit, auf die Gott nur mit absoluter Vernichtung reagieren konnte. Sodom begegnet sonst im Alten Testament als Beispiel völliger Zerstörung,[83] die auch anderen fremden Völkern droht,[84] bildet aber als Inbegriff der Verderbtheit auch den Maßstab für Jerusalems Verurteilung.[85] Dies formuliert die Fortschreibung in Ez 16, vor allem 16,46–50, besonders eindrücklich: Jerusalem hat es schlimmer getrieben als Sodom; deshalb hat es das Gericht ebenso gewiß zu erwarten, wie es Sodom bereits ereilt hat. Gerade im Lichte dieser Ez-Stelle wird das Gericht an Sodom durchsichtig auf das Gericht an Jerusalem. Angesichts dessen gewinnt die Begründung des Gerichts und damit verbunden dann auch das gerechte Urteil Gottes Bedeutung, bevor Gen 19 vom Vollstrecken des Gerichts an Sodom, dem Urtyp der frevelhaften Stadt, erzählt. Der Adressat dieser Gottesrede wird explizit nicht benannt. Man mag auch hier an ein Selbstgespräch JHWHs denken. Ginge man wie Jacob davon aus, daß Gott hier in einer

---

81 Vgl. Gen 13,13.
82 Vgl. die Theophanie am Sinai Ex 19,11.18.20; Ex 34,5; Num 11,17.25. Auch in II Sam 22,10 = Ps 18,10 und Jes 63,19; 64,2 beschreibt das Wort die Theophanie.
83 Dtn 29,22; Jes 1,9; Am 4,11.
84 Jes 13,19; Jer 50,40 (Babel), Jer 49,18 (Edom); Zef 2,9 (Moab und Ammon).
85 Jes 1,10; Jer 23,14; Thr 4,6.

himmlischen Ratsversammlung spricht,[86] könnten die Männer als Gottesboten angeredet sein, die sich auf Gottes Äußerung hin auf den Weg nach Sodom machen.[87] Schließlich kommt in Betracht, daß keine textinterne Kommunikationsebene vorliegt, sondern daß diese Information, sei es als Selbstgespräch Gottes, sei es als Anweisung an die Männer, auf den Leser abzielt, was insbesondere dann zutrifft, wenn man den Erzählfaden Gen 18,16a.20–21.22a.19,1ff. als grundlegend annimmt. Im Kontext dürfte jedenfalls 18,20–21 älter sein als 18,17–18(19). Erst durch diese Verse konnte 18,20–21 als an Abraham gerichtet verstanden werden, wie es selbstredend vorausgesetzt wurde.[88]

3. Der Kontext in Gen 13.18–19

Den Ort Sodom führt Gen 13 ein, als Lot sich nach der Trennung von Abraham diese Region als Wohnstätte erwählt. Zunächst ist lediglich von der Gegend am Jordan die Rede (13,10aα). Erst in der Erläuterung des Erzählers (13,10aβbα) fallen die Namen Sodom und Gomorra. Lots Wahl wird dem Leser erläutert, weil ihm diese Gegend nur im vernichteten, wüsten Zustand[89] ein Begriff ist. Der Hinweis belegt also, daß die Leserschaft mit dem Namen Sodom einschlägige Assoziationen verband. Unter dieser Voraussetzung wäre die Offenbarung, die Gott Abraham laut Gen 18,17 zukommen lassen will, für Leser, die in 18,16a den Namen Sodom wahrgenommen haben, *qua* Assoziation deutlich, da sie unwillkürlich an das Vernichtungsgericht über Sodom denken werden. Die in Gen 13,13 recht unvermittelt erwähnte Bosheit und Sündhaftigkeit der Sodomiter bereitet das Gerichtsgeschehen in Gen 19 kompositionell vor.

Am Schluß der Sodomerzählung erhärtet sich in Gen 19,27–29 die Darstellung Abrahams als eines in Gottes Plan eingeweihten Propheten. Aus der Ferne, just von der Stelle aus, wo seine Unterredung mit JHWH stattgefunden hatte (19,27b, vgl. 18,22b),[90] wird Abraham Zeuge der Vernichtung der Städte (19,28). Damit erlebt er die Erfüllung der göttlichen Gerichtsabsicht. Dies erhärtet die Implikation, dass Gott ihm eben dort seinen Vernichtungsbeschluß kundgetan hatte. Gen 19,29 schließlich bestärkt die Auffassung, daß Abraham sich in Gen 18,23–32 fürbittend für potentiell in Sodom vorhandene Gerechte

---

86 Jacob 1934: 446.

87 Dies unterstellt man unausgesprochen, wenn man 18,20–21 mit 18,22a zusammen sieht.

88 Vgl. etwa Gunkel ³1910: 202, oder Westermann 1979: 350.

89 Den Gegensatz dazu betont Gen 13,10 durch den Hinweis auf den Wasserreichtum und den Vergleich mit dem Gottesgarten, der an Gen 2,8.10 denken läßt.

90 Zur Bedingtheit von 19,27b durch 18,22b–33a vgl. Gunkel ³1910: 214.

eingesetzt hat, denn Gott denkt (זכר)[91] an Abraham, d.h. an sein besonderes Verhältnis zu ihm und an die Unterredung mit ihm. Gen 19,29 weckt den Anschein, als sei die Rettung des einzigen Gerechten aus Sodom die Lösung für die Grundsatzfrage Abrahams in diesem Fall, eine Lösung, die zugleich an die Bewahrung Noahs und seiner Familie erinnert hat.[92] Denn in der der Unterredung folgenden Sodomerzählung entgeht nur einer, der sich recht verhalten hat, der flächendeckenden Vernichtung – ähnlich wie Noah in der Flutgeschichte. Sowohl Gen 6–8 als auch Gen 19 haftet etwas Sagenhaft-Mythologisches an, ein Zug, der eine Zuspitzung auf einen exemplarischen Einzelnen in lehrhafter Absicht erlaubt. Diesem typischen Denken fügt die Abraham-Unterredung eine Differenzierung hinzu: Gott achtet noch auf die kleinste Gemeinschaft von Gerechten und Frommen und setzt das radikale Gericht um ihretwillen aus – mehr hat Abraham offensichtlich auch nicht erwartet. Versteht man Sodom als Chiffre, dann mag das auch zu dem Schluß führen, daß die Beobachtung des Vollzugs eines radikalen Gerichtshandelns Gottes bedeutet, dass eben diese kleinste Gemeinschaft von Gerechten dort an Ort und Stelle nicht gegeben war.[93]

4. Die Stilisierung der Abrahamgestalt in Gen 18,16b–33

Die Unterredung Abrahams mit JHWH und ihr unmittelbarer Kontext in der zweiten Hälfte von Gen 18 präsentieren den Erzvater mit unterschiedlichen Facetten. Zunächst wird Abraham eines direkten Gespräches mit Gott gewürdigt, in dem er als menschlicher Gesprächspartner zuerst das Wort ergreift. Der direkte Kontakt mit JHWH kennzeichnet ihn als Erwählten, was der Rückgriff auf die erste Verheißung an ihn in Gen 12,2a.3b noch verstärkt. Wie Abraham, aber noch häufiger als dieser, spricht auch Mose direkt mit JHWH. Abraham wird außerdem einmal mehr als Prophet gekennzeichnet. Dies geschah schon einmal in Gen 15,1–6,[94] und in Gen 20,7 wird Abraham explizit als נביא bezeichnet werden. Das Selbstgespräch Gottes (Gen 18,17a) stellt Abraham in eine Reihe mit den Propheten wie Mose, denen JHWH insbesondere seine Gerichtsvorhaben im Voraus mitteilt. Mose bittet Gott an einer Stelle sogar explizit darum, ihn derart ins Vertrauen zu ziehen (Ex 33,13). Wie der im dtr Sinne wahre Prophet[95] erfährt Abraham nach Gen 19,28 umgehend, daß Gott das

---

91 Vgl. Schottroff [5]1994: 513–516.
92 So Schmidt 1976: 156; Krašovec 1989: 176; Seebass 1997: 130.134; Levin 2001: 351.
93 So die Interpretation etwa bei Schmidt 1976: 141–143.
94 Vgl. dazu Köckert 1988: 213–216 sowie Wenham 1994: 44.
95 Vgl. Dtn 18,21–22 zum Grundsatz; Jer 28,15–17 erfüllt sich binnen zweier Monate Jeremias Prophezeiung an Hananja. Vgl. ferner Ez 33,21–22, wo Ezechiel erfährt, daß seine Gerichtsverkündigung eingetreten ist.

Gericht an Sodom unverzüglich vollstreckt. Abraham erscheint damit als prophetischer Vorläufer des Mose, der ja seinerseits erst sekundär zum Propheten
stilisiert wurde.[96] Insofern kann man mit Jacob festhalten: „Der erste Prophet
und Mitwisser Gottes ist Abraham. Nicht in dem Sinne, daß er sein Volk vor
dem göttlichen Gericht warnen soll, denn ein solches Volk gibt es ja noch
nicht. Er selbst soll erst zu einem Volke werden, das durch seine Erziehung
und Überlieferung gottgesandte Propheten und Warner möglich machen
wird."[97]

Der Zusatz in Gen 18,19 fügt dem prophetischen Aspekt den lehrenden
Zug hinzu. Wiederum im Vorgriff auf Mose erhält auch Abraham den Anstrich
eines Gesetzeslehrers, allerdings hat zumindest 19aβ auch einen weisheitlichen
Klang. Abraham wird damit zum ersten Lehrer Israels erklärt.[98] Die weisheit-
lich-lehrhafte Tönung Abrahams kommt verstärkt durch die Unterredung zum
Tragen, weil es darin um das im Kern weisheitliche Thema der Gerechtigkeit
Gottes geht. Weisheitlich ist auch der Charakter des Gespräches als einer
Grundsatzdiskussion, die nicht speziell auf Israel, sondern universal ausgerichtet ist. Abrahams Anfragen an Gott sind jedoch schon frühzeitig (vgl. Gen
19,29) als Fürbitte aufgefaßt worden, ein Unterfangen, in dem sich wiederum
vor allem Mose hervortut; hier mag auch ein Bezug zu Gen 20,7.17 ins Spiel
kommen, wo Abraham explizit als fürbittender Prophet auftritt.[99]

So bleibt festzuhalten, daß Abraham vor allem als ein „erster Mose" gestaltet wird, nicht zuletzt auch indem er wie Mose mehrere Eigenheiten in sich
vereint: Erwählter und Vertrauter Gottes, Prophet, (Gesetzes)Lehrer und Fürbitter. Dies legt nahe, dass Gen 18,16b–33 in einem späten Stadium gestaltet
bzw. ausgebaut wurde, zu einer Zeit, als die Mosefigur bereits ihre eigene
Stilisierung erfahren hatte. Andererseits hat offensichtlich auch Abraham,
wenngleich in bescheidenerem Ausmaß, auf Mose abgefärbt: Wenn JHWH die
Verheißung an Abraham auf Mose zu übertragen gedenkt, avanciert Mose
damit zu einem „neuen Abraham".[100] Abraham hat Mose in Gen 18,16b–33
lediglich einen weisheitlichen Einschlag voraus. Abrahams Dialog mit Gott
scheint inhaltlich zudem auf Ez 14,12–20 und Ez 18 zu reagieren, zwei Abschnitte, die innerhalb des Ezechielbuches sicher zu den Fortschreibungen
zählen.

---

96   Vgl. Perlitt 1971.
97   Jacob 1934: 447.
98   Diesen Aspekt macht Ben Zvi 1992: 30–31, besonders stark.
99   Die Darstellung Abrahams und Moses (sowie Josuas) als „Propheten" bildet ein vorauswei-
     sendes redaktionelles Element, das auf das *corpus propheticum* hinführt, vgl. dazu Schmid
     1999: 172–196.358.
100 Dieser Begriff fällt bei Whybray 1996: 113.

Dem Abraham-Zyklus eignet ein proleptischer Zug,[101] der sich hier in Gen 18 ebenso zeigt wie etwa in Abrahams Aufenthalt in Ägypten (Gen 12,10–20), der im Vorgriff die Zeit Israels in Ägypten und die Plagengeschichte in Ex widerspiegelt, oder in der Einrichtung von Kultstätten (Gen 12,7–8; 21,33), die in der späteren Geschichte Israels eine Rolle spielen werden. Hinzu tritt die Vorschau auf die Bedrückung in und Befreiung aus Ägypten (Gen 15,13–16).[102] In Gen 18 und 19 schlägt sich zudem eine Vorahnung des einschneidendsten Ereignisses in der Geschichte des Gottesvolkes nieder. Sodoms Ergehen aufgrund seiner Verderbtheit verkörpert prototypisch auch die Erfahrung der Zerstörung Jerusalems wegen seiner Vergehen. Die Bindung der Verheißung an das Befolgen des JHWHwillens, die Gen 18,19 anspricht, verstärkt diesen Aspekt noch. Gen 18,16b–33 zeigt Kenntnis von und Nähe zu anderen alttestamentlichen Schriften[103] und stellt bewußt Bezüge zu anderen Passagen her. Daher wird man sie mit Fug und Recht als ein schriftgelehrtes Produkt aus spätnachexilischer Zeit ansehen dürfen.

Literatur

ALBERTZ, R. (1984): Gebet II, TRE 12, 34–42.

AMSLER, S. (⁴1993): עמד, THAT 2, 328–332.

AURELIUS, E. (1988): Der Fürbitter Israels. Eine Studie zum Mosebild im Alten Testament, CB 27, Lund.

BALENTINE, S.E. (1984): The Prophet as Intercessor: A Reassessment, JBL 103, 161–173.

– (1989): Prayers for Justice in the Old Testament: Theodicy and Theology, CBQ 51, 597–616.

BEN ZVI, E. (1992): The Dialogue between Abraham and YHWH in Gen. 18.23–32: A Historical-Critical Analysis, JSOT 53, 27–46.

BLUM, E. (1984): Die Komposition der Vätergeschichte, WMANT 57, Neukirchen-Vluyn.

GERTZ, J.C. (2002): Abraham, Mose und der Exodus, in: Gertz, J.C./Schmid, K./Witte, M. (Hg.), Abschied vom Jahwisten, BZAW 315, Berlin/New York, 63–81.

GESE, H. (1991): Die Komposition der Abrahamserzählung, in ders., Alttestamentliche Studien, Tübingen 29–51.

GUNKEL, H. (³1910): Genesis, HKAT 1/1, Nachdr. Göttingen 1964.

JACOB, B. (1934): Das Buch Genesis, Nachdr. Stuttgart 2000.

---

101 Vgl. dazu Gese 1991: 45–46.

102 Vgl. dazu Gertz 2002.

103 Eine – wenn auch nicht erschöpfende – Auflistung von sprachlichen Bezügen zu Genesis-Texten sowie zu prophetischer und weisheitlicher Literatur bietet Ben Zvi 1992: 31 Anm. 1.

JENNI, E. (⁵1994): בוא, THAT 1, 264–269.

KOCH, K. (1955): Gibt es ein Vergeltungsdogma im Alten Testament?, in: Janowski, B./Krause, M. (Hg.), Spuren des hebräischen Denkens, Neukirchen 1991, 65–103.

KÖCKERT, M. (1988): Vätergott und Väterverheißungen, FRLANT 142.

– (2007): Divine Messengers and Mysterious Men in the Patriachal Narratives of the Book of Genesis, in: Reiterer, F.V./Nicklas, T./Schöpflin, K. (Hg.), Angels, DCLY 2007, Berlin/New York, 51–78.

KRAŠOVEC, J. (1989): Der Ruf nach Gerechtigkeit in Gen 18,16–33, in: Görg, M. (Hg.), Die Väter Israels. Beiträge zur Theologie der Patriarchenüberlieferungen im Alten Testament (FS J. Scharbert), Stuttgart, 169–182.

LEVIN, C. (2001): Gerechtigkeit Gottes in der Genesis, in: Wénin, A. (Hg.), Studies in the Book of Genesis, BEThL 155, Leuven, 347–357.

LIEDKE, G. (⁴1993): שפט THAT 2, 999–1009.

NOTH, M. (1948): Überlieferungsgeschichte des Pentateuch, Stuttgart.

– (1951): Noah, Daniel und Hiob in Ezechiel XIV, VT 1, 251–260.

PERLITT, L. (1971): Mose als Prophet, EvTh 31, 588–608.

RAD, G. VON (1949): Das erste Buch Mose, ATD 2/4, Göttingen ⁶1961.

RUPPERT, L. (2002): Genesis. Ein kritischer und theologischer Kommentar. 2. Teilband: Gen 11,27–25,18, fzb 89, Würzburg.

SÆBØ, M. (⁴1993): סוד, THAT 2, 144–148.

SCHARBERT, J. (1986): Genesis 12–50, NEB 16, Würzburg.

SCHMID, K. (1999): Erzväter und Exodus, WMANT 81, Neukirchen-Vluyn.

SCHMIDT, L. (1976): „De Deo". Studien zur Literarkritik und Theologie des Buches Jona, des Gesprächs zwischen Abraham und Jahwe in Gen 18,22ff. und von Hi 1, BZAW 143, Berlin/ New York.

SCHÖPFLIN, K. (2002): Theologie als Biographie im Ezechielbuch, FAT 36, Tübingen.

SCHOTTROFF, W. (⁵1994): זכר, THAT 1, 507–518.

– (⁵1994): ידע, THAT 1, 682–701.

SCHWEIZER, H. (1983): Determination, Textdeixis – erläutert an Genesis XVIII 23–33, VT 33, 113–118.

– (1984): Das seltsame Gespräch von Abraham und Jahwe (Gen 18,22–33), ThQ 164, 121–133.

SEEBASS, H. (1997): Genesis II: Vätergeschichte I (11,27–22,24), Neukirchen-Vluyn.

SOGGIN, J.A. (1994): Abraham hadert mit Gott, in: I. Kottsieper et al. (hg.), „Wer ist wie du, Herr, unter den Göttern?" (FS O. Kaiser), Göttingen, 214–218.

SPEISER, E.A. (1964): Genesis, AncB 1, New York.

STOLZ, F. (⁴1993): נשא, THAT 2, 109–117.

VAN SETERS, J. (1975): Abraham in History and Tradition, New Haven/London.

VETTER, D. (⁴1993): שחח, THAT 2, 891–894.

WAHL, H.-M. (1992): Noah, Daniel und Hiob in Ezechiel XIV 12–20 (21-3), VT 42, 542–553.

WELLHAUSEN, J. (³1899): Die Composition des Hexateuchs und der historischen Bücher des Alten Testaments, Berlin.

WENHAM, J. (1994): Genesis 16–50, WBC 2, Dallas.

WESTERMANN, C. (1979): Genesis, BKAT I/2 Neukirchen-Vluyn.

WHYBRAY, R.N. (1996): The Immorality of God: Reflections on Some Passages in Genesis, Job, Exodus and Numbers, JSOT 72, 89–120.

WILDBERGER, H. (⁵1994): בחר, THAT 1, 275–300.

ZIMMERLI, W. (²1979): Ezechiel 1–24, BK XIII/1, Neukirchen-Vluyn.

„Abraham, mein Freund"

Das Verhältnis von inner- und außerbiblischer Schriftauslegung

Reinhard G. Kratz
Göttingen

Der Jubilar hat nicht nur den „Gott der Väter" verabschiedet und die „Geschichte der Abrahamüberlieferung" rekonstruiert, sondern sich zuletzt auch der Rezeption der Abrahamüberlieferung im Genesis-Apokryphon von Qumran zugewandt.[1] In seiner Studie hat er, soweit ich sehe zum ersten Mal, eine Verbindung der Entstehungsgeschichte der biblischen Abrahamüberlieferung mit der außerbiblischen Rezeption beobachtet: Das Bild Abrahams als Weiser im Genesis-Apokryphon knüpft mehr oder weniger nahtlos an die Figur des Diasporajuden an, zu der Abraham in der innerbiblischen Auslegung der Ahnfraugeschichte in Gen 12 und 20 geworden ist. Im Folgenden möchte ich die von Matthias Köckert gelegte Spur aufnehmen und anhand des Ehrentitels „Freund Gottes" weiter verfolgen, der Abraham an zwei Stellen im Alten Testament (Jes 41,8; II Chr 20,7) beigelegt worden ist und anschließend in allen drei sogenannten „abrahamitischen" Religionen – Judentum, Christentum und Islam – Karriere gemacht hat.

Worum es in diesem Beitrag gehen soll, ist also nicht so sehr die Rezeption als solche, sondern der innere Zusammenhang von inner- und außerbiblischer Auslegung. Da es in vorchristlicher Zeit das Alte Testament oder auch die Hebräische Bibel noch nicht gab, wird man keinen prinzipiellen Unterschied machen können.[2] Ein Unterschied besteht jedoch darin, ob sich die Auslegung im Werden ein und desselben Buches vollzieht oder eine andere Schrift als Referenztext voraussetzt. Ersteres ist innerhalb, letzteres außerhalb der biblischen Literatur die Regel. Der autoritative Charakter der biblischen Überlieferung nimmt in dem Maße zu, in dem sich, was bereits innerhalb der biblischen Literatur selbst beginnt, andere Literatur auf sie bezieht. Insofern ist die Frage trotz der anachronistischen Unterscheidung von biblischer und außerbiblischer Literatur vielleicht dennoch gerechtfertigt, in welchem Verhält-

---

1   Köckert 1988, 2006, 2006a.
2   Zu der Frage vgl. Kratz 2006: 157–180 sowie 126–156.

nis die beiden Weisen der Auslegung zueinander stehen. Der Fragestellung liegt die Vermutung zugrunde, daß sich der Prozeß der Auslegung, der sich im literarischen Werden der biblischen Bücher vollzieht, in der sich daran anschließenden Produktion der außerbiblischen Literatur mehr oder weniger nahtlos fortsetzt.

Ich werde mich in der Untersuchung des Ehrentitels „Freund Gottes" auf das Verhältnis von Altem Testament und Qumran konzentrieren und so vorgehen, daß ich 1) die Verwendung des Titels in den Schriften von Qumran betrachte, danach 2) den biblischen Befund vergleiche und 3) zwei weitere Beispiele und Überlegungen zur Abrahamüberlieferung im ganzen anschließe.

1. „Abraham, mein Freund" in Qumran

In einem der grundlegenden Werke zur Gründung und Organisation der Gemeinschaft von Qumran, der im frühen 1. Jh. v.Chr. entstandenen, so genannten Damaskusschrift, nach dem Fundort der wichtigsten Handschriften auch „Cairo Document" (abgekürzt CD) genannt, werden Abraham, Isaak und Jakob als „Freunde Gottes" bezeichnet (CD III,2–3):

> Abraham wandelte nicht darin (sc. in der Verstocktheit des Herzens) und wurde als Freund geachtet, weil er die Gebote Gottes hielt und nicht den Willen seines eigenen Geistes wählte. Und er gab (sie) weiter an Isaak und Jakob, und sie bewahrten (sie) und wurden aufgeschrieben als Freunde Gottes und als Herren des Bundes für immer.

אברהם לא הלך בה ויע]ל או[]הב בשמרו מצות אל ולא בחר ברצון רוחו
וימסור ליצחק וליעקב וישמרו ויכתבו אוהבים לאל ובעלי ברית לעולם

„Freund Gottes" heißen Abraham und die übrigen Patriarchen also darum, weil sie das Gesetz Gottes gehalten haben. Beides, der Titel „Freund Gottes" und seine Verbindung mit dem Gesetzesgehorsam, ist in der jüdischen wie in der christlichen Tradition (ausgehend von Jak 2,23) vielfach belegt und auch in die islamische Tradition eingegangen.[3] Unter den Belegen ist die zitierte Stelle aus der Damaskusschrift aus zwei Gründen jedoch von besonderem Interesse.

---

3   Vgl. Oegema 1999: 139–165. Er behandelt die folgenden Stellen: Jes 41,8; II Chr 20,7; Dan 3,34–36 LXX; Jub 19,9; CD III,1–4; SapSal 7,27; Philo, De Sobrietate 10,56; De Migratione Abrahami 9,44–45; ApokAbr (slaw.) 9,6; 10,6; TestAbr (griech.) 1,1; 2,2; 8,2; Mishnah Avot 5,13.19; 6,1; Sifre Numeri §§ 42 und 115; Midrash Rabba 44,3; Jak 2,23. Die Belege in Test-Abr differieren je nach Edition oder Handschrift; Allison Jr. 2003: 77 gibt folgende Liste: 1,4.6; 2,3.6; 4,7; 8,2.4; 19,7; 15,12–14; 16,5.9; 20,14 in der langen, und 4,10; 8,2; 14,6 in der kurzen Rezension. Hinzu kommen noch Jes 51,2 LXX und zwei oder drei Belege aus Qumran: 4Q176 1–2 i,10; 4Q252 ii,8; vielleicht auch 4Q225 2 ii,10 (s.u. Anm. 53). Für die frühchristliche Rezeption vgl. I Clem 10,1; 17,2, für die islamische Tradition im Koran Sure 4,125.

Zum einen gehört der Beleg mit zu den ältesten, die auf den biblischen Titel zurückgreifen, welcher zum ersten Mal in Jes 41,8 und II Chr 20,7 bezeugt ist. Seine nächste Parallele hat der Beleg in Jub 19,9 und 30,20–21, wovon CD III, 2–3 literarisch abhängig sein dürfte.[4] Jubiläenbuch und Damskusschrift haben zweierlei gemeinsam: Erstens wird der Titel „Freund Gottes" ausdrücklich auf andere übertragen. In CD sind es die drei Erzväter, in Jub ist es bezeichnenderweise Levi, der wie Abraham in Jub 19,8–9 als „Freund und Gerechter auf den Tafeln des Himmels aufgeschrieben wird" (Jub 30,20–21).[5] Die Parallele erklärt auch das Motiv des Aufschreibens, das ohne die „Tafeln des Himmels" in CD III,4 begegnet und wohl auch hier einen eschatologischen Hintersinn hat. Zweitens ist der Titel „mein Freund" in beiden Fällen mit einer Schriftstelle aus der Genesis kombiniert. Im Jubiläenbuch werden Jes 41,8 und Gen 15,6 miteinander verbunden. Aus dem „Freund Gottes" wird so der Gerechte, der seinen Glauben in mancherlei Versuchungen bewährt (vgl. Jub 17,18). In der Damaskusschrift ist darüber hinaus eine Verbindung zu dem „ewigen Bund" mit Abraham in Gen 17 hergestellt, auf den der (vollkommene) Lebenswandel Abrahams weist (vgl. CD III,3 mit II,15). Beide Schriftbezüge, auf Gen 15 und 17, sollen besagen, daß der „Freund Gottes" einer ist, der zu den Gerechten zählt und den Bund, d.h. die Gebote Gottes, gehalten hat und darum auch eine eschatologische Zukunft hat.[6]

Der Beleg in der Damaskusschrift ist noch in einer anderen Hinsicht von Bedeutung. Er nimmt auch innerhalb der Schriften von Qumran selbst eine Sonderstellung ein. Zwar sind Abraham und die übrigen Patriarchen in den Schriften vom Toten Meer durchaus zahlreich vertreten.[7] Doch ändert sich das Bild schlagartig, sobald man die Herkunft und die Gattung der Texte mit in Betracht zieht.[8] So fällt auf, daß im Unterschied zu der älteren Gemeinde-

---

4 Die Damaskusschrift zeigt sich auch sonst von dem Jubiläenbuch beeinflußt und scheint in CD XVI,3–4 (vgl. auch III,14) ausdrücklich auf dieses zu verweisen.

5 Die Genealogie der Patriarchen wird auch in 4Q225 2 ii,11 und 4Q226 7,5 (beides PsJub) bis Levi geführt; vgl. auch 4Q542 1 i,8.11; 5Q13 2,5–8 sowie 4Q379 17,4–5 (drei Patriarchen, Mose, Eleazar und Ithamar).

6 Zur Einheit von Glaube und Gesetzesgehorsam vgl. auch I Makk 2,49–68 (hier bes. V. 52 die Verbindung von Gen 15 und 22) sowie Sir 44,19–21 (s.u. unter 3).

7 Vgl. die Konkordanz der Eigennamen in Tov 2002: 238–239. Belege, mit denen aufgrund des schlechten Erhaltungszustandes nichts anzufangen ist, sind: 4Q299 106,2; 4Q302 1 i,7; 4Q464 3 i,6; 5Q22 1,5; 11Q12 11,2. Einen Überblick über die Rezeption der Väterüberlieferung gibt Bernstein 1998.

8 Wenn ich recht sehe, kann man drei Gruppen unterscheiden: 1) Texte, die – wie das Jubiläenbuch – den Abrahamstoff selbst bearbeiten und im weitesten Sinne der Gattung der *rewritten bible* angehören: 1QapGen; 4Q158; 4Q196; 4Q214b; 4Q225; 4Q226; 4Q252; 4Q364; 4Q464; 4Q542 (und 11Q12); 2) Texte, die – wie das Gebet des Azarja in Dan 3 – im Zuge der Bearbeitung eines anderen biblischen Stoffs an Abraham und die übrigen Erzväter erinnern: 4Q176; 4Q378; 4Q379; 4Q385a; 4Q389; 3) Texte, die – wie die Damaskusschrift – Belange der Gemeinschaft von Qumran selbst zum Gegenstand haben: CD; 4Q393 (4Q299; 4Q302; 5Q13).

ordnung in 1QS nur hier in CD die Gemeinschaft und die Regeln ihres Zu-
sammenlebens mit Abraham und der biblischen Heilsgeschichte in Verbindung
gebracht werden. Die Damaskusschrift erweist sich damit als eine Art hermeneutischer Schlüsseltext, der den Rahmen für die Aufnahme und Bearbeitung
der biblischen und sonstigen Abrahamüberlieferung in Qumran absteckt.

In diesen Rahmen fügen sich zwei weitere Belege, die Abraham als
„Freund Gottes" titulieren. Der eine ist 4Q176 (4QTanchumim) 1–2 i,10, ein
Zitat von Jes 41,8. In dem Werk werden ausgewählte Passagen hauptsächlich
aus Jesaja 40–54 zitiert.[9] Zwischendurch sind kommentierende Passagen ein-
gestreut, die frei formuliert sind. In ihnen ist vielleicht von Belial (Fr. 8–11,15)
und jedenfalls von Prädestination, Bund und Gehorsam gegenüber den Geboten die Rede. Wie es scheint, wurde der Bibeltext in diesen Passagen auf die
eigene Situation der Gemeinschaft von Qumran, ihre Überzeugungen und
eschatologischen Erwartungen bezogen. Die zweite Erwähnung Abrahams als
„Freund Gottes" neben CD III findet sich in 4Q252, früher als „4Qpatriarchal
Blessings", heute als „4QpGen^a oder „4QCommentary on Genesis A" zitiert.[10]
Der Gattung nach scheint es sich um eine Art Kommentar zu handeln, wie aus
der Zitationsformel in 4Q252 iii,1 (vgl. iv,2) und der Pesher-Formel in 4Q252
v,5 hervorgeht, obwohl das typische Schema von Zitat und Interpretation nicht
durchgehalten ist. Die Erwähnung der „Männer der Gemeinschaft" (אנשי היחד)
in 4Q252 iv,6 spricht dafür, daß der Text in der Gemeinschaft von Qumran
entstanden ist.

Der zweite Text verdient darum besondere Aufmerksamkeit, weil er den
fraglichen Titel in den Text der Genesis selbst einträgt. Als Überleitung von
der Noach- zur Abrahamgeschichte[11] ist die Bemerkung eingefügt: „Das Land
hat Er (sc. Gott) Abraham, seinem Freund, gegeben" (4Q252 ii,8 ארץ נתן
לאברהם אהבו).[12] Bei der Formulierung dürfte II Chr 20,7 Pate gestanden haben, die Szene ist die von Jes 41,8. Mit der Zwischenbemerkung wird der
Schwierigkeit Rechnung getragen, daß das Land zwar nach Kanaan heißt, aber
ein anderer als Eigentümer vorgesehen ist. Nicht von ungefähr geht der Text

---

9   Vgl. Allegro 1968; dazu Stanley 1992; Høgenhaven 2007.

10 Vgl. Brooke 1996; dazu Brooke 1994; Bernstein 1994 sowie die Auseinandersetzung der
    beiden in JQR 85, 1994–1995.

11 Der Übergang ist so gestaltet, daß der Text von der Verfluchung Kanaans in Gen 9,25–27 zu
    der Itinerarnotiz in Gen 11,31f springt. Auf die Verfluchung Kanaans 9,25 folgt eine Kom-
    mentierung, die V. 26–27 ersetzt und unter Bezugnahme auf Gen 9,1 erklärt, warum Gott
    nicht den Übeltäter Ham selbst, sondern seinen Sohn Kanaan verflucht hat. Die Kommentie-
    rung endet mit dem Satz Gen 9,27ab, an den sich die oben zitierte Formulierung zur Über-
    gabe des Landes an Abraham sowie eine Paraphrase von Gen 11,31f anschließt.

12 Die Lesung אוהבו war anfänglich umstritten, ist aber mittlerweile Konsens. Vgl. Lim 1992:
    294f; Lim 1993: 123; dagegen Jacobson 1993: 119; Jacobson 1993a: 292; zuletzt Brooke
    1996: 198–199.

bald danach zu Gen 15 über, wo es um die Frage des Erbes geht, und zitiert anschließend auch Gen 22, wo die in Gen 15 verheißene Erbfolge erneut in Gefahr steht. Der Kommentar zur Genesis bietet damit einen weiteren Schriftbezug, der für das Verständnis des Titels „Freund Gottes" wichtig ist. Neben Gen 15 und Gen 17, den beiden Bundesverheißungen, handelt es sich wiederum um eine Verheißung, die anläßlich der Opferung Isaaks (Aqeda) davon spricht, daß Abraham auf die Stimme Gottes gehört habe (Gen 22,18). In der Textwiedergabe des Kommentars folgen die beiden Kapitel Gen 15 und Gen 22 recht unmittelbar aufeinander. Das ist insofern bemerkenswert, als hier zwei Erzählungen in einen literarischen Zusammenhang gebracht werden, die auch nach dem Urteil der modernen historisch-kritischen Exegese etwas miteinander zu tun haben.

So sehen wir, daß der biblische Titel „Freund Gottes" aus Jes 41,8 und II Chr 20,7 in der frühen Rezeption der Schriften von Qumran mittels Schriftbezügen auf bestimmte Themen und Texte der Abrahmüberlieferung in der Genesis bezogen wurde: auf den „Glauben" und die „Gerechtigkeit" Abrahams in Gen 15, den „Bund" mit Abraham in Gen 15 und 17 sowie die Versuchung Abrahams und die Bewährung der Gottesfurcht in Gen 22. Sämtliche Themen der Abrahamüberlieferung sind wie der Titel selbst im Sinne des Gesetzesgehorsams interpretiert.

2. „Abraham, mein Freund" im Alten Testament

Blickt man von der späteren Verwendung des Titels auf den biblischen Befund, die beiden Belege in Jes 41,8 und II Chr 20,7, so hat es den Anschein, als habe die Deutung in den Schriften von Qumran nicht viel oder gar nichts mit den biblischen Referenztexten zu tun, sondern sei eine freie Weiterentwicklung im Sinne der typischen, späteren Torafrömmigkeit. Doch bei genauerem Hinsehen zeigt sich, daß die biblischen Belege und ihre Rezeption nicht ganz so weit voneinander entfernt liegen, wie es scheint.

Der Titel begegnet zum ersten Mal in Jes 41,8 und hier in einer Art Zwischenbemerkung, vermutlich einem Zusatz, in dem Heilsorakel an Jakob-Israel (41,8–13).

> Du aber, Israel, mein Knecht, Jakob, den ich erwählt habe, du Spross Abrahams, der mich liebt,
> den ich fest ergriffen habe von den Enden der Erde her und berufen von ihren Grenzen,
> zu dem ich sprach: Du sollst mein Knecht sein; ich habe dich erwählt und verwerfe dich nicht,
> fürchte dich nicht...

וְאַתָּה יִשְׂרָאֵל עַבְדִּי יַעֲקֹב אֲשֶׁר בְּחַרְתִּיךָ זֶרַע אַבְרָהָם אֹהֲבִי
אֲשֶׁר הֶחֱזַקְתִּיךָ מִקְצוֹת הָאָרֶץ וּמֵאֲצִילֶיהָ קְרָאתִיךָ
וָאֹמַר לְךָ עַבְדִּי־אַתָּה בְּחַרְתִּיךָ וְלֹא מְאַסְתִּיךָ
אַל־תִּירָא

Für die Annahme, daß es sich in V. 8b.9a („du Spross" bis „von ihren Gren-zen") um einen Zusatz handelt, spricht die Sperrigkeit der Syntax: der Satzteil „Same Abrahams meines Freundes" in V.8b verdoppelt die Anrede von Israel und Jakob in V. 8a, der anschließende Relativsatz in V. 9a verdoppelt den אֲשֶׁר -Satz in V. 8a und macht eine Aussage, die syntaktisch auf die Nachkommen Abrahams (Jakob-Israel) und sachlich auf Abraham selbst zu beziehen ist. Doch selbst wenn die Versteile ursprünglich sein sollten, handelte es sich um einen außergewöhnlichen Einschub, der die übliche, hier nur vertauschte An-rede von Jakob-Israel verbreitert.

Der Einschub dürfte jedenfalls nicht ohne Grund an dieser Stelle an-gebracht worden sein. Jes 41,8–13 ist das erste von vier Heilsorakeln im Zwei-ten Jesaja, in denen das Volk als Erzvater Jakob-Israel angesprochen wird (41,14–16; 43,1–7; 44,1–5). Nach dem Vorverweis in Jes 29,22 und den Dis-kussionsworten in Jes 40, die um die bedrohte Lage Jakob-Israels (40,27) im Rahmen der Völkerwelt kreisen und auf den Schöpfer der Welt verweisen, bot sich diese Stelle an, um die Linie der Erzväter bis zum Stammvater Abraham auszuziehen. So, wie Gott „die Enden der Erde" erschaffen hat (40,28), und so, wie er einen berufen hat, über den „die Enden der Erde" erzittern werden (41,5), so hat er auch Abraham „von den Enden der Erde" berufen und damit schon an ihm getan, was er den Nachkommen Abrahams erneut zu tun ver-heißt.[13] Aufgrund des Einschubs und seiner intertextuellen Bezüge im Rahmen von Jes 40–41 wundert es nicht, daß der Targum noch einen Schritt weiter ging und den Berufenen von 41,1–7, ursprünglich wohl Kyros, mit Abraham identifizierte.

Die zweite Stelle, an der Abraham in der biblischen Überlieferung als „Freund Gottes" tituliert wird, ist II Chr 20,7, ein Gebet des Königs Joschafat, das von Jes 41,8 literarisch abhängig sein dürfte.[14]

HERR, du Gott unserer Väter, bist du nicht Gott im Himmel und Herrscher über alle Königreiche der Heiden? Und in deiner Hand ist Kraft und Macht, und es ist niemand, der dir zu widerstehen vermag. Hast du, unser Gott, nicht die Bewohner dieses Landes vertrieben vor deinem Volk Israel und hast es den Nachkommen Abrahams, der dich liebt, gegeben für immer?

---

13 Vgl. Kratz 1991a: 43–47.153–157.161–163.

14 Die Abhängigkeit ist an der fast gleichlautenden Formulierung לְזֶרַע אַבְרָהָם אֹהֲבִי abzulesen, auch wenn es in II Chr 20,7 nicht um dasselbe Thema geht. Thema ist hier nicht die Beru-fung, sondern die Landgabe an Abraham. Sie wird über die Verheißung in Gen 15,18 (לְזַרְעֲךָ נָתַתִּי לְךָ וּלְזַרְעֲךָ ... לַאֲחֻזַּת עוֹלָם) und Gen 17,8 (נָתַתִּי אֶת־הָאָרֶץ הַזֹּאת) mit der Formulierung aus Jes 41,8 in Einklang gebracht und entsprechend Gen 17,8 als „für ewig" bezeichnet.

הֲלֹא אַתָּה אֱלֹהֵינוּ הוֹרַשְׁתָּ אֶת־יֹשְׁבֵי הָאָרֶץ הַזֹּאת מִלִּפְנֵי עַמְּךָ יִשְׂרָאֵל
וַתִּתְּנָהּ לְזֶרַע אַבְרָהָם אֹהַבְךָ לְעוֹלָם

In der Chronik wird die Spenderstelle Jes 41,8 mit der Verheißung des Landbesitzes aus Gen 15 und 17 kombiniert. Das verbindende Motiv ist die Bedrohung von außen: durch namenlose Feinde, die gegen Israel Krieg führen, in Jes 41,8–13, durch die umliegenden Völker (Ammoniter, Moabiter etc.) in II Chr 20. Dies dürfte die Assoziation der Bedrohung durch die Völker des Landes in der Landverheißung Gen 15 hervorgerufen haben.

Darüber hinaus zeichnet sich die Schilderung des heiligen Krieges in II Chr 20 überhaupt durch wiederholte Anspielungen auf das Jesajabuch aus. Es dürfte daher kein Zufall sein, daß die Stelle Jes 41,8 und mit ihr die Bezeichnung Abrahams als „Freund Gottes" ausgerechnet in diesem Kapitel begegnen. Passend zur Gattung des heiligen Krieges und zur Darstellung Joschafats in der Chronik, wird das Heilsorakel Jes 41,8 (II Chr 20,7) mit dem „Gott mit uns" aus Jes 7,14 und 8,9–10 (II Chr 20,17; vgl. auch Jes 41,10) sowie mit der Mahnung aus Jes 7,9 (II Chr 20,20) kombiniert, die das Heilsorakel an Ahaz in Jes 7,4–9 abschließt.[15] Auf dem Umweg über die Übertragung auf das Volk in Jes 40–44 erhält so die alte Gattung des königlichen Heilsorakels in der chronistischen (wie in der spätdeuteronomistischen) Literatur wieder ihren ursprünglichen Sitz im Leben, ist aber auf ein neues Fundament gestellt: die Verheißungen an Abraham und seine Nachkommen.

Beide Stellen, Jes 41,8 und II Chr 20,7, zeugen von einer Tendenz der zunehmenden Bedeutung des Stammvaters Abraham im Alten Testament, einer Tendenz, die sich in der außerbiblischen Literatur des antiken Judentums fortsetzt.[16] Die Tendenz ist schon in der Geschichte der Abrahamüberlieferung selbst angelegt. Wie Julius Wellhausen so schön schreibt, ist Abraham unter den drei Patriarchen „wol die jüngste Figur in dieser Gesellschaft und wahrscheinlich erst verhältnismäßig spät seinem Sohne Isaak vorgesetzt"[17]. Diese Entwicklung setzt sich in der innerbiblischen Rezeption mit dem Titel „Freund Gottes" im Zweiten Jesaja und in der Chronik fort. Allerdings ist an keiner dieser Stellen der „Freund Gottes" wie im Jubiläenbuch und in der Damaskus-

---

15 Vgl. Strübind 1991: 176–188.

16 In der deuteronomistischen Literatur und davon abhängigen Stellen dominiert die Reminiszenz an die Trias der Erzväter: Ex 3,6.15.16; 4,5; 32,13; 33,1; Dtn 1,8; 6,10; 9,5.27; 29,12; 30,20; 34,4; I Chr 29,18; II Chr 30,6. An einigen sehr späten Stellen setzt jedoch eine Fokussierung auf den Anfang in Abraham ein: Jos 24,2–3; I Chr 1; 16 (im Zitat von Ps 105); II Chr 20,7; Neh 9,7–8; Ps 47,10; 105,6. Diese Entwicklung geht Hand in Hand mit dem Aufstieg Abrahams in der prophetischen Literatur, besonders im Buch Jesaja; vgl. Jes 29,22; 41,8–9; 51,2; 63,16; Jer 33,26; Ez 33,24; Mi 7,20.

17 Wellhausen: 1905, 317; vgl. auch Noth: 1948, 113–114.

schrift ausdrücklich mit dem Gesetz in Verbindung gebracht.[18] Nicht ausdrücklich, aber vielleicht implizit?

Um hier weiterzukommen, muß man sich den Wortlaut etwas genauer ansehen. Die übliche deutsche Wiedergabe von אוהב mit „Freund" suggeriert ein gegenseitiges Verhältnis der Zuneigung und läßt leicht den Sachverhalt aus den Augen verlieren, daß es sich im Hebräischen der masoretischen Vokalisation zufolge um ein aktives Partizip handelt. Das Subjekt dieses Partizips ist nicht Gott, sondern Abraham oder der Same Abrahams, der „ihn" oder – so im Gebet – „dich", d.h. Gott, „liebt".[19] Die Wiedergabe als „Freund Gottes", die das Suffix am Partizip possessiv auffaßt, ist hingegen in den griechischen Versionen begründet. So ist der Titel in der Übersetzung der Spetuaginta von Jes 41,8 und II Chr 20,7 ebenso wie in Dan 3,35 mit einer Form des Verbums ἀγαπάω wiedergegeben, in der Regel im Passiv, in Jes 41,8 sowie in dem Zusatz von Jes 51,2 LXX im Aktiv mit Gott als Subjekt. Ansonsten wird der Ausdruck φίλος τοῦ θεοῦ, lateinisch *amicus dei* (Jdt 8,22 V = 8,26 LXX), verwendet. Alle drei Möglichkeiten begegnen in der Wiedergabe von Jes 41,8: LXX: ὅν ἠγάπησα „den ich liebe"; Aquila: ἀγαπητοῦ σου „sein Geliebter"; Symmachus τοῦ φίλου μου „mein Freund".[20]

Hält man sich jedoch an den masoretischen Text und die reguläre hebräische Grammatik, sieht die Sache anders aus.[21] Mit dem aktiven Partizip אוהב

---

18 In der jüdischen Tradition ist dies die geläufige Bedeutung des Titels; vgl. Avot 6,1. Sie dürfte auch in Jak 2,23 noch nachwirken, wo, wie im Jubiläenbuch, Gen 15,6 und Jes 41,8 kombiniert sind. Auch fügt sich diese Bedeutung zu dem Bild Abrahams in den Spätschichten der Genesis; vgl. Ego 1996. Daneben bildeten sich jedoch noch zwei weitere Interpretationsmuster heraus. Im Gebet des Azarja (Dan 3,35 LXX) sind die drei Patriarchen – wie im literarischen Werden der Genesis selbst und in Sir 44,19ff – vor allem als Träger der Verheißung gesehen, was der Szene von Dan 3 und der Gattung des Gebets entspricht, zugleich aber eine Tradition begründet, die – ohne Verwendung des Ehrentitels – vor allem im Neuen Testament breite Aufnahme gefunden hat. In SapSal 7,27 wird der Titel verallgemeinert und auf alle frommen Seelen bezogen, in denen die Weisheit wohnt.

19 So zu Recht Jenni 1971: 71.

20 Vgl. Oegema 1999: 140–142. Die griechische Übersetzung ist vielleicht von dem Begriff ידיד inspiriert, der in der Septuaginta mit einer passiven Form von ἀγαπάω wiedergeben wird (Dtn 33,12; Jes 5,1) und von den Übersetzern in dem Wort יחיד in Gen 22,2 (את יחידך אשׁר אהבת).12.16 sowie Prov 4,3 wiedergefunden worden zu sein scheint; vgl. Halpern-Amaru 2006. Auch die äthiopische Wiedergabe in Jub 17,12.18; 19,9; 30,20 tendiert zur Bedeutung „Freund Gottes".

21 Der Vorschlag der Umpunktierung in ein passives Partizip in BHS zu Jes 41,8 folgt den griechischen und lateinischen Versionen, die die Konstruktion offenbar nicht verstanden haben oder verstehen wollten. Daß die Übersetzer damit Schwierigkeiten hatten, zeigt auch die Wiedergabe von Jes 48,14. Hier sind im Hebräischen Jhwh Subjekt der finiten Verbform von אהב und der Geliebte, also das Objekt dieses finiten Verbums, Subjekt des ganzen Satzes (יהוה אֲהֵבוֹ יַעֲשֶׂה „den Jhwh liebt, er wird es ausführen"). Die griechischen Übersetzer ließen jedoch den Gottesnamen aus oder fanden ihn noch nicht vor und machten hier das Subjekt des Satzes auch zum Subjekt des Liebens (ἀγαπῶν σε ἐποίησα). Dabei spielt das textkritische Problem keine Rolle, ob der ganze Satzteil V. 14b, der stilistisch aus der Gottesrede heraus-

„Liebender" bewegt man sich in einem semantischen Feld, das eindeutig in den Bereich der Gesetzesüberlieferung im Alten Testament gehört. Im Unterschied zur Liebe Jhwhs zu seinem Volk, die auch in der Metaphorik der Ehe (Hos 3,1) oder der Vater-Sohn-Beziehung (Hos 11,1; vgl. 9,15; 14,5) ausgedrückt werden kann, ist die Redeweise von der Liebe von Menschen zu Jhwh ausschließlich im Kontext der Gesetzesparänese belegt: im Dekalog und davon abhängigen Stellen sowie in der Gesetzesvermahnung des Deuteronomiums, ausgehend vom *Shema' Israel* in Dtn 6,4–5.[22] In die richtige Ordnung gebracht, steht das *Shema' Israel* am Anfang, gefolgt von dem Dekalog und den davon wiederum abhängigen Auslegungen von beidem im Deuteronomium und an anderen Stellen der Hebräischen Bibel.[23]

Der traditionsgeschichtliche Hintergrund weist in dieselbe Richtung. Er besteht, wie man seit langem weiß, im aramäischen und neuassyrischen Vertragswesen, das bei der Ausformulierung der Bundestheologie des Alten Testaments Pate gestanden hat.[24] Die seltsam anmutende, ja anrührende Mischung von innerem Antrieb („Liebe") und äußerem Zwang durch Androhung von Sanktionen (Fluch und Segen) erklärt sich somit nicht aus einem subjektiven religiösen Gefühl, sondern aus der Sprache der altorientalischen Diplomatie, der man die Ernsthaftigkeit der Emotionen nicht von vornherein absprechen sollte. Auch eine Liebeserklärung wie die des Barrakib von Ja'udi/Sam'al zum assyrischen Großkönig in der Gedenkstele für den eigenen Vater, Panamuwa II., läßt sich nicht einfach als reine „Speichelleckerei" oder als kalkulierter Pragmatismus abtun.[25] Auch sie ist Ausdruck einer über Generationen bewahrten Identität, die der Dynastie und dem Königtum von Ja'udi/Sam'al nicht nur

---

fällt, eine spätere Glosse ist oder ob Verschreibung von *jod* und *waw* vorliegt, sei es, daß die ungewöhnliche Konstruktion אהבו יהוה eine Angleichung der Suffixe in חפצי und וזרעו zur Folge hatte, sei es, daß ein Schreibfehler in חפצי und וזרעו – um Mißverständnisse, zu vermeiden, um wessen Willen und Arm es sich handelt – die Zufügung des Gottesnamens Jhwh als Subjekt des ganzen Satzes nach sich gezogen und aus einem Liebenden (אהבי) in Angleichung an II Sam 12,24 einen Geliebten Jhwhs (יהוה אהבו) gemacht hat. Die griechischen Übersetzer weichen von allen nur denkbaren Möglichkeiten ab, indem sie in der ersten Satzhälfte die Suffixe durchgehend in 2. Pers. Sg. änderten (ἀγαπῶν σε ἐποίησα τὸ θέλημά σου) und in der zweiten Häfte זרעו statt זרעו lasen und die „fast unerträglich kurz(e)" (Dillmann: 1882, 426) Ausdrucksweise וזרעו כשדים in einen Genitivus absolutus auflösten: τοῦ ἆραι σπέρμα Χαλδαίων.

22   Für den Dekalog vgl. Ex 20,6//Dtn 5,10 sowie Dtn 7,9; Jdc 5,31; Dan 9,4; Neh 1,5; Ps 145,20. Für das Deuteronomium vgl. Dtn 6,5; 10,12; 11,1.13.22; 13,4; 19,9; 30,6.16.20; ferner Jos 22,5; 23,11; I Reg 3,3; dazu Spieckermann 2000; Rüterswörden 2006.

23   Vgl. Kratz 2005; Aurelius 2003.

24   Vgl. Moran 1963; Rüterswörden 2006 sowie die anderen Beiträge zum Thema im selben Band (S. 279–406). Dieser Hintergrund darf nicht überbewertet werden (Spieckermann 2000: 193 Anm. 8) und trägt auch nichts zur absoluten Datierung bei (Rüterswörden 2006: 230.237). Dennoch ist die Tradition präsent, wie auch immer man die historische Vermittlung erklärt. Zu diesem Problem vgl. Koch 2006.

25   Vgl. KAI 215 und dazu Kratz 2007: 298–301.

das Überleben gesichert, sondern inneren Halt und Orientierung gegeben hat. Gefühl und Pragmatismus schließen sich dabei keineswegs aus.[26]

Im Deuteronomium ist das Verhältnis des Vasallen zum Großkönig auf das Verhältnis des Volkes Israel zu seinem Gott Jhwh übertragen worden. Im Zuge dessen stieß die geforderte und aus eigenem Antrieb gegebene Liebe des Volkes zu seinem Gott nun auch auf die Gegenliebe seines Gottes. Nicht nur das Volk, auch Jhwh hat sich in Liebe seinem Gegenüber verpflichtet – auch dies ein Relikt der altorientalischen Königsideologie.[27] Es ist daher kein Zufall, daß die Rede von der Liebe Gottes zu seinem Volk im Deuteronomium stets in Zusammenhang mit dem Topos der Erwählung des Volkes begegnet.[28] Die Überarbeitung des Deuteronomiums unter dem Gesichtspunkt der Liebe verdankt sich umfangreichen Fortschreibungen und hat vor allem in den vorderen Rahmenkapitel Dtn 1–11 zu erheblichen Weiterungen geführt. Wie in der Damaskusschrift die – mit dem Gesetz konformen – Regeln für das Zusammenleben der Gemeinschaft von Qumran wird hier das Gesetz selbst nachträglich in die biblische Heilsgeschichte eingeordnet.[29] Die „Liebe" dient also auch hier der Verbindung von Erzvätern und Gesetz.

Das führt uns zurück zu unserem „Freund"... Abraham, der „Gott liebt". Vor dem angedeuteten Hintergrund verwundert es nicht, daß die Bezeichnung „Freund Gottes" ausgerechnet in der Gattung eines Heilsorakels begegnet. Wie die Terminologie der „Liebe" lebt auch in dieser Gattung die altorientalische Königsideologie fort. Im Heilsorakel hat die Rede von der Erwählung des Königs oder hier des Volkes zum „Knecht" Gottes ihren ursprünglichen Ort. Und wo von der Erwählung die Rede ist, ist die Liebe nicht fern. Nur ist es in Jes 41,8–9 nicht die Liebe Gottes zu seinem Volk, die die Erwählungsterminologie komplettiert. Auch dafür gibt es in den Heilsorakeln des Jesajabuchs ein Beispiel (Jes 43,4). Doch in Jes 41,8 ist es die Liebe Abrahams (bzw. seines Samens) zu seinem Gott, der ihn und seinen Samen (Jakob-Israel) von den Enden der Erde geholt und berufen, d.h. erwählt hat.

---

26 Dasselbe gilt im übrigen für eine arrangierte oder nach gewissen äußeren Vorgaben geschlossene Ehe zwischen Mann und Frau. Daher bin ich gegenüber einer „mentalitätsgeschichtlichen" Entwicklung, wie sie Rüterswörden 2006: 232–233 mit Blick auf Prov 30,18–19 und Cant 8,6–7 vorschlägt, eher skeptisch. Doch daß im theologischen Diskurs des Deuteronomiums die „Innerlichkeit immer stärkeres Gewicht erhält" (ebd., 233), ist zweifellos richtig beobachtet.

27 Vgl. II Sam 12,24 sowie Jenni 1971: 70. Bestes Beispiel sind die neuassyrischen Prophetien, die in der Mehrzahl Heilsorakel sind.

28 Vgl. Dtn 4,37; 7,7–8.13; 23,6 sowie Jenni 1971: 70 und die oben Anm. 24 genannte Lit. Die Redeweise von der Liebe Gottes zu seinem Volk, die erst ziemlich spät Eingang in das Deuteronomium gefunden hat, aber der Liebe des Volkes zu seinem Gott sachlich vorausgeht, scheint mir das entscheidende Motiv zu sein, das der Liebe zu Gott – im Unterschied zum altorientalischen Vertragsdenken – eine neue, gesteigerte Intensität im Deuteronomium verleiht.

29 Vgl. dazu Kratz 2000: 118–138.

Vom Gesetzesgehorsam Abrahams ist in Jes 41,8–9 somit zwar nicht ausdrücklich die Rede. Doch konnte man, wenn es in dem Zusatz nicht sogar
schon so gemeint war, die Stelle aus der Perspektive des Jubiläenbuches und
seiner Version der biblischen Abrahamgeschichte sowie aus der Perspektive
der Gemeinschaft von Qumran ohne weiteres so verstehen. Auch das semantische Feld im Alten Testament legte ein solches Verständnis nahe. Die wenigen
Stellen, in denen im Jesajabuch auf die Tora verwiesen wird, und insbesondere
der an Jes 41,8–9 gleich anschließende Text über den erwählten Gottesknecht
in Jes 42,1–4, in dem man Jakob-Israel gefunden hat (vgl. 49,3), dürften ein
Übriges dazu beigetragen haben.[30] Und da die Liebe in Jes 41,8–9 entweder
Abraham oder seinen Samen zum Subjekt hat, ließ sie sich in der weiteren
Auslegungsgeschichte leicht auf alle drei Patriarchen übertragen.

Nicht anders verhält es sich bei der Aufnahme von Jes 41,8–9 in II Chr
20,7. Auch hier legt der nähere Kontext, die Joschafat-Perikope, es nahe, bei
der Liebe Abrahams zu seinem Gott an nichts anderes zu denken als an die
Erfüllung von Gottes Willen im Gesetz. Ist es in der Chronik doch gerade der
König Joschafat, der, dem Auftrag des persischen Königs an Esra in Esr 7
vergleichbar, für die Tora und ihre Einhaltung in Juda eintritt (II Chr 17, 3–9)
und das Rechtswesen nach den Maßstäben Tora (Dtn 16–17) reorganisiert (II
Chr 19,4–11).[31] Indem Joschafat mit seiner Regierungsführung zudem die
Feinde Judas in Schranken hält (II Chr 17 17,10–13), deutet sich besonders bei
ihm ein Zusammenhang zwischen Gesetzesobservanz und politisch-militäri-
schem Erfolg gegen die Völker des Landes an. Für beides kann in II Chr 20
auch Abraham, der „Freund Gottes", stehen, und mit beidem war für die Damaskusschrift ein geeigneter Anknüpfungspunkt vorhanden, um Abraham und
seine Söhne als Beispiele des Gesetzesgehorsams anzuführen und als „Freunde
Gottes" zu bezeichnen. Wie es scheint, läßt sich mit dem Ehrentitel „Freund
Gottes" also eine Spur greifen, die recht unmittelbar von der innerbiblischen
Rezeption der Abrahamfigur in die Auslegungstradition von Qumran und darüber hinaus führt.

3. Die Abrahamrezeption in der Genesis und in Qumran

Der „Freund Gottes" ist freilich nur eine schmale Spur, und zwar eine, die
nicht innerhalb der Abrahamüberlieferung selbst, sondern erst in der innerbiblischen Rezeption außerhalb der Genesis beginnt. Aus diesem Grund seien im
Folgenden noch zwei Beispiele kurz angesprochen, die aus der Geschichte der

---

30 Vgl. Jes 1,10; 2,3; 5,24; 8,16.20; 24,5; 30,9; 42,4.21.24; 51,4.7. Die Verbindung von Abra-
    ham und Tora in Jes 41,8 und 42,1–4, die der Targum zu 42,1–4 explizit macht, spiegelt sich
    in Jes, 51,2 und 51,4.7 wider. Die Septuaginta fügen in 51,2 die Liebe (Gottes) hinzu.

31 Vgl. dazu Kratz 1991: 229f.

Abrahamüberlieferung selbst stammen und auch eine Nachgeschichte in Qumran haben.[32]

Das erste Beispiel ist die von Matthias Köckert in seiner eingangs zitierten Studie untersuchte Geschichte von der „Gefährdung der Ahnfrau", die dreimal in der Genesis erzählt wird: zweimal von Abraham und Sara (Gen 12 und 20) und einmal von Isaak und Rebekka (Gen 26). Gute Gründe sprechen dafür, daß die kürzeste Version der Erzählung, Gen 26,7–14, auch die älteste ist.[33] Sie dürfte aus dem Namen Isaak (der Rebekka „liebkost") gesponnen sein und war offenbar das Vorbild für die Übertragung des Motivs auf Abraham und Sara in Gen 12,10–20, wovon wiederum die Version in Gen 20,1–18 abhängig ist.[34] Die Übertragung der Episode von Isaak auf Abraham hängt mit dem Ausbau der Väterüberlieferung zusammen, setzt aber die Vorschaltung Abrahams als der „jüngsten Figur in dieser Gesellschaft" schon voraus und ist in Gen 12 nicht ursprünglich.[35] Die Einfügung erfolgte, um den Vater dem Sohn gleichzustellen und einen Vorverweis auf den bevorstehenden Exodus anzubringen. Die Wiederholung der Episode in Gen 20, diesmal unter Abimelech von Gerar wie in Gen 26, setzt die Fassung in Gen 12 literarisch voraus und ist durch den expliziten Rückverweis in 20,13 in den Gang der Handlung eingebettet.[36] Die Wiederholung verdankt sich einer späteren Hand, die die beiden Versionen in Gen 12 und 26 aneinander anzugleichen bemüht ist und wiederum neue Akzente setzt. Gen 20 will „Abraham als Vorbild eines weltoffenen Judentums in der Diaspora" präsentieren[37] und erinnert damit bereits an die „Diasporanovellen" des Alten Testaments, die Josephsgeschichte, die Daniellegenden und das Buch Ester.[38]

An den drei biblischen Versionen kann man also ablesen, wie ein und derselben Erzählung im Laufe der Redaktionsgeschichte der Genesis verschiedene

---

32 Ausführlich dazu vgl. R.G. Kratz, Friend of God, Brother of Sarah, and Father of Isaac: Abraham in the Hebrew Bible and in Qumran (erscheint 2009 in FAT).

33 So schon Wellhausen 1905: 317–318 Anm. 1; Noth 1948: 115–116; vgl. auch Levin 1993: 141; Kratz 2000: 264.271–272. Anders van Seters 1975: 175–183; Blum 1984: 310; und Köckert 1988: 250–251 Anm. 437, die Gen 12 für die älteste Fassung halten.

34 Vgl. hierzu van Seters 1975: 167–175.183; zuletzt Köckert 2006a: 144.152–154 (hier weitere Lit.).

35 Vgl. Wellhausen 1963: 23; Levin 1993: 141–142; Kratz 2000: 276 Anm. 64. Anders Blum 1984: 307–311.334; Köckert 1988: 250–255.

36 Die Einbettung in den Kontext leistet der Hinweis, daß die Anweisung an Sara, Abraham als ihren Bruder auszugeben, nicht nur für einmal in Ägypten (Gen 12), sondern ein für allemal, „überall, wohin wir kommen," gegeben worden sei. Der redaktionelle Kunstgriff führte zu der weiteren Frage, wo in Gen 12 Abraham dies gesagt habe. Eine Antwort auf diese Frage gibt das Genesis-Apokryphon in XIX,19–20. Vgl. Bernstein 1996: 51–52.

37 Köckert 1988: 152–161; vgl. auch Blum 1984: 408–409.414–416. Als Beispielerzählung für den Gesetzesgehorsam der nachexilischen Zeit interpretiert auch Levin 1993: 174, die Fassung in Gen 20. Doch ist es hier eben der fremde König, der das Gesetz hält.

38 Vgl. Meinhold 1975. Zur literatur- und theologiegeschichtlichen Einordnung solcher Erzählungen vgl. Kratz 1991.

Bedeutungen zugewachsen sind. Es gibt nun verschiedene Strategien, wie in der nachbiblischen Literatur mit der Doppelung bzw. dem dreifachen Vorkommen dieser Erzählung umgegangen wurde. Eine ist die Strategie des Jubiläenbuchs, das die Episode in Gen 12 nur ganz knapp erwähnt und die Varianten in Gen 20 und 26 übergeht. Eine andere Strategie ist die Wiedergabe von Gen 12 im sogenannten Genesis-Apokryphon von Qumran (Kol. XIX–XX).[39] Hier werden die beiden Fassungen von Gen 12 und 20 an der Stelle von Gen 12 miteinander harmonisiert und zu einer Erzählung zusammengefaßt.

In dem Apokryphon sind drei Tendenzen leitend. Erstens werden offene Fragen, die sich aus dem Verhältnis von Gen 12 und Gen 20 ergeben, erklärt und Motive, die in der biblischen Vorlage anklingen, aber dort nicht weiter ausgeführt sind, entfaltet.[40] Zweitens sollen Abraham und Sara von jedem Verdacht moralischer und physischer Unlauterkeit freigesprochen werden.[41] Drittens zeichnet das Genesis-Apokryphon ein neues Bild Abrahams. Der Abraham des Apokryphons besitzt die Fähigkeit, Träume zu erhalten und zu deuten, mit den Fachleuten für das Zauberwesen in Ägypten zu wetteifern und zu obsiegen. Darüber hinaus ist er – wie der Abraham des Jubiläenbuches (Jub 12,27) – in den Schriften des Henoch bewandert, mit denen er ebenso wie Sara mit ihrer Weisheit die Weisen Ägyptens beeindruckt. Mit alldem ist er als Typus des mantisch und magisch begabten Weisen dargestellt, wie er auch in der Josephserzählung und in den Daniellegenden (Dan 1–6) begegnet.[42]

Es liegt auf der Hand, daß das Genesis-Apokryphon sowohl traditionsgeschichtlich als auch in der Textwiedergabe an der jüngsten der drei Varianten der Erzählung in Gen 20 anknüpft. Ist Abraham in Gen 20 bereits „Vorbild eines weltoffenen Judentums in der Diaspora" und wird als Prophet bezeichnet, so wird im Genesis-Apokryphon aus ihm ein weiser Mantiker nach Art des Josef oder Daniel, der sich am Hof fremder Herrscher zu bewegen weiß und dabei seine jüdische Identität nicht preisgibt. Die Akzente sind wiederum etwas anders gesetzt. Die freundlichen Züge des Fremdherrschers, der in Gen 20 zum Proselyten geworden ist, sind durchweg ausgelassen. Stattdessen wird in dem Apokryphon die gewalttätige Seite des fremden Herrschers (wieder) be-

---

39 Zum Text vgl. Fitzmeyer 2004; dazu Ziemer 2005: 27–69; Bernstein 1996; Bernstein 1998: 145–150.

40 So etwa macht erst die ausführliche Beschreibung Saras in Kol. XIX,23–XX,9 deutlich, worin ihre in Gen 12,11.14–15 erwähnte Schönheit besteht: Sara ist körperlich makellos von Kopf bis Fuß, aber eben auch überaus klug.

41 Darum der Traum von Dattelpalme und Zeder (Kol. XIX,14–19), der Abraham exkulpiert, und darum die Betonung der Integrität Saras im Gebet des Abraham (Kol. XX,15) und durch die Steigerung der Plagen, mit denen Gott schon nach Gen 20,6 verhindert, daß sich der Pharao, von dem es in Gen 12,18 heißt, daß er sich Sara zur Frau genommen habe, ihr nähern kann (Kol. XX,16–26). Umgekehrt sind alle positiven Züge des fremden Königs, der nach Gen 20 in Liebe und Unschuld handelte, ausgelassen.

42 Vgl. Köckert 2006a: 166–167.

tont. Doch ist gerade diese Differenz Anzeichen dafür, daß die Auslegung der
Geschichte im Genesis-Apokryphon in unmittelbarer Auseinandersetzung mit
Gen 20 entstanden sein dürfte.

So zeigt sich in der innerbiblischen Auslegung im Rahmen der Literargeschichte von Gen 26 über Gen 12 bis hin zu Gen 20 eine Entwicklung, in der
theologische Fragen und Antworten zur Existenz Israels unter fremder Herrschaft und in der Fremde von Mal zu Mal zunehmen. In diese Entwicklung
fügt sich die außerbiblische Auslegung der Geschichte im Genesis-Apokryphon, die an Gen 20 anknüpft, nahtlos ein. Auch das Apokryphon wartet mit
einer neuen Auslegungsvariante auf, die das Grundproblem noch einmal verschärft und auf die der Gattung der *rewritten bible* eigene Weise löst. Natürlich
weiß das Apokryphon nicht, was wir wissen, und ahnt nichts von der Genese
der drei biblischen Varianten, doch greift es intuitiv auf Gen 20, die jüngste
Version in der Genesis, zu. Das Apokryphon liefert damit vielleicht sogar
einen weiteren, indirekten Beweis für die Richtigkeit der literarhistorischen
Rekonstruktion. Auch wenn sich in dem Genesis-Apokryphon gegenüber Gen
20 die äußeren Bedingungen verschärft haben dürften, liegen zwischen den
beiden Fassungen nicht Welten, sondern teilen diese dieselben Erfahrungen
mit der Fremdherrschaft in persischer und hellenistischer Zeit.[43]

Das zweite Beispiel für den Zusammenhang von inner- und außerbiblischer Auslegung in der Abrahamüberlieferung sind die Verheißungstexte Gen
12; 15 und 17. Nach dem Detail der innerbiblischen Rezeption der Abrahamfigur und einem Beispiel der Auslegungsgeschichte einer Einzelerzählung der
Genesis führen diese Texte auf das Werden der Überlieferung im ganzen.
Auch wenn in der Frage der Komposition der Abrahamüberlieferung vieles
umstritten oder noch ungeklärt ist, so herrscht doch weitgehend Konsens darüber, daß die Verheißungen dabei eine entscheidende Rolle gespielt haben, die
auch literarhistorisch signifikant ist.[44] Unstrittig ist auch, daß der Priesterschrift, die durch die Bundesverheißung in Gen 17 repräsentiert wird, eine
Schicht vorausging, die für die genealogische und geographische Verbindung
der drei Patriarchen und vermutlich auch für die Verbindung von Ur- und Vätergeschichte verantwortlich ist. Es spricht nach wie vor vieles dafür, daß man
diese vorpriesterschriftliche Schicht in den (jahwistischen) Verheißungen von
Gen 12 (V. 1–3) und Gen 28 (V. 13–15) greifen kann, die die Vätergeschichte
unter das Thema des „Segens" stellen.[45] Schon die Entwicklung von der Se-

---

43   Zur Datierung von Gen 20 „fühestens in vorgerückter persischer Zeit" vgl. Köckert 2006a:
     160. Anders Schmitt 2004; Jeremias 2006.

44   Vgl. schon Hoftijzer 1956; ferner die Analysen von Blum 1984; Köckert 1988 und 2006;
     Levin 1993. Für meine Sicht der Dinge s. Kratz 2000: 263–280, bes. 275–278.

45   Bei Blum 1984 wird diese Komposition in „Vg¹"(Vätergeschichte 1) und „Vg²" (Väter-
     schichte 2) aufgeteilt, bei Levin 1993 trägt sie, wie üblich, das Kürzel „J", das für eine jah-
     wistische Redaktion steht, die die älteren Quellenstücke (Fragmente) in einen Zusammen-
     hang gebracht hat. Vgl. zu dieser Schicht Kratz 2000: 265–269.

gensverheißung in Gen 12 und 28 zur Bundesverheißung in Gen 17 läßt einen deutlichen Schritt auf dem Weg zur späteren außerbiblischen Auslegungstradition erkennen.

Daneben repräsentiert Gen 15 einen dritten Auslegungstypus, der in die Genesis eingeschrieben wurde und seither die Überlieferung nachhaltig prägt. Segens- und Bundesverheißung werden hier vor dem Hintergrund einer Gefährdung der Nachkommenschaft zugesichert und in dem Glauben Abrahams begründet, den „er (Gott) ihm (Abraham) als Gerechtigkeit angerechnet hat" (Gen 15,6). Dies ist der Ausgangspunkt für die Verheißungen in der Genesis, die „um Abrahams willen" gegeben und an einer Stelle (Gen 26,5) ausdrücklich mit dem Gesetzesgehorsam Abrahams in Beziehung gesetzt werden.[46] In der Forschung mehren sich die Stimmen, die diese Verheißungen ebenso wie die früher dem „Elohisten" zugerechneten Stücke, zu denen neben Gen 15 auch die Erzählungen Gen 20–22 (außer 21,1–7 und 22,20–24) zählen, nicht vor-, sondern nachpriesterschriftlich datieren.[47]

Nach allem, was wir bisher gesehen haben, verwundert es nicht, daß sich zwei Texte aus Qumran ausgerechnet auf diese vermutlich jüngste Auslegungslinie der Verheißungen in der Genesis beziehen: 4Q225, (Pseudo-Jubiläen) und 4Q252 (Kommentar zur Genesis A). Beide Texte, von denen der erste außerhalb, der zweite innerhalb der Gemeinschaft von Qumran entstanden sein dürfte, sind sehr verschieden, aber darin nicht unähnlich, daß sie in ihrer Wiedergabe der Genesis – unabhängig voneinander – Gen 15 und Gen 22 literarisch miteinander verknüpfen.

In 4Q225 springt der Text von den Itinerarnotizen in Gen 11,21 und 12,4 sofort zu Gen 15 und von hier (im Anschluß an Gen 15,6) zur Geburt Isaaks in Gen 21 und der Aqeda in Gen 22.[48] Wie im Jubiläenbuch (Jub 17) erscheint auch hier Mastema als der Verursacher der Versuchung von Gen 22, doch ansonsten geht die Wiedergabe sowohl über den Bibeltext als auch über die Version des Jubiläenbuches hinaus. Abraham wird von Mastema „wegen Isaak" angefeindet (4Q225 2 i,9 וישטים את אברהם בישחק). Isaak scheint um das Opfer zu wissen und, trifft die vorgeschlagene Ergänzung zu, seinen Vater zu bitten, ihn *rite* zu binden (4Q225 2 ii,4 [כ]פות אותי יפה[);[49] vielleicht ist er

---

46 Vgl. Gen 18,18–19; 22,15–18; 26,3–5.24.

47 Vgl. Levin 1993: 151.172–173; Levin 2004; Schmid 1999: 172–186; Schmid 2004; zu Gen 15 und den verwandten Verheißungen neuerdings auch Blum 2002: bes. 142–145. Anders für Gen 15 Ziemer 2005: 166–184, für Gen 20–22 Graupner 2002: 182–218; Schmitt 2004; Jeremias 2006. Eine vor- und eine nachpriesterschriftliche Schicht in Genesis 15 möchte Gertz 2002 unterscheiden.

48 Zum Text vgl. Milik/Vanderkam 1994, mit Verbesserungen zu Fr. 1 in Kugler/Vanderkam 2001. Dazu vgl. Vermes 1996; Vanderkam 1997; Bernstein 1998: 137–138; Bernstein 2000; Fitzmeyer 2002; García Martínez 2002; Kugler 2003; Kugel 2006; Fabry 2006: 93–101.

49 Vgl. Milik/Vanderkam 1994: 151–152.

sogar selbst der Prüfung ausgesetzt (4Q225 2 ii,7–8).[50] Um den Altar stehen sich die Engel der Herrn und die Engel Mastemas gegenüber, die einen weinend, die anderen über das Ende Isaaks triumphierend (4Q252 2 ii,5–7). Die genealogische Linie des geretteten Isaak wird bis Levi ausgezogen (4Q252 2 ii,10–12).[51]

Vergleicht man den Text mit der biblischen Vorlage, so wird nicht nur die Rolle Isaaks betont, sondern – wie schon im Jubiläenbuch – auch ein priesterliches Interesse erkennbar, das sich des Stoffs von Gen 22 und der Genealogie bemächtigt hat. Gleichzeitig ist jedoch auch das ursprüngliche, in Gen 22,1 und 22,11 artikulierte Interesse an der Glaubensprobe rezipiert und durch das Auftreten Mastemas und seiner Heerscharen sinnfällig gemacht. Statt נסה und ירא אלהים steht hier die Wendung אמ ימצא כחש ואם לא ימצא נאמן (4Q225 2 ii,8; 4Q226 7,1), auf wen auch immer sie sich beziehen mag.[52] Doch auch die Besonderheiten verdanken sich der biblischen Vorlage: die genaue Beschreibung der Opferszene, die Ätiologie der Kultstätte und das zweifache Auftreten eines Engels des Herrn.

Von alldem ist in dem zweiten Text, 4Q252, nichts zu lesen.[53] Auch er geht bei der Auswahl der Bibeltexte selektiv vor und streut verschiedene Bemerkungen ein, die dem Textverständnis dienen und Fragen, die der Bibeltext offen läßt oder aufwirft, auf seine Weise beantwortet. Aufgrund des schlechten Erhaltungszustandes sind die Anlage und das übergeordnete Thema der Komposition, wenn es denn ein solches gab, nicht leicht zu erkennen. Für unsere Zwecke ist vor allem die Zusammenstellung von Gen 15 und 22 von Belang. Sie könnte sich hier ebenso wie die Anspielungen des Texts auf Gen 18 auf die Frage des Landbesitzes und seiner Rechtfertigung gegenüber anderen Ansprüchen beziehen, ein Thema, das in der Zwischenbemerkung von 4Q252 ii,8 exponiert ist. Hierzu würden die übrigen Stücke des Texts recht gut passen, die die Frage des Landbesitzes anhand von Gen 49,10 bis in die eigene Gegenwart und die eschatologische Zukunft ausziehen. Unter diesem Gesichtspunkt wird auch verständlich, warum in 4Q252 anschließend an die Anspielung auf Gen 18 nicht die Aqeda selbst, sondern nur der Ausgang der Geschichte in Gen

---

50 So – für den ersten אם-Satz in Z. 8 – Vermes 1996: 142 Anm. 16, 17; García Martíne 2002: 55; Fabry 2006: 101. Für die Formulierung vgl. jedoch 4Q226 7,1, wo zumindest der zweite אם-Satz auf Abraham bezogen ist; Milik/Vanderkam 1994: 149–150.153 finden dementsprechend auch in 4Q225 ii,8 Spuren eines א and lesen: ואם לא ימצא נאמן א[ברהם.

51 Unklar ist, wer Sprecher und Subjekt des Satzes לא יהיה אהב in Z. 10 ist. Die Herausgeber (Milik/Vanderkam 1994: 153) denken an Abraham, erklären jedoch nicht die Negation. Vermes 1996: 142 Anm. 18, 19 ist vermutlich im Recht mit der Annahme, daß in Z. 9–10 Gott und nicht etwa Mastema (oder einer seiner Engel) spricht. Das würde bedeuten, daß Gott in Abrede stellte, daß Abraham ihn „nicht liebt", und dafür Isaak segnet.

52 Milik/Vanderkam 1994: 149.151.153 ergänzen in Anlehnung an Gen 22: „And [in all this the Prince of the Mastemah was testing (ינסה) whether] he would be found weak, and whether A[braham] should not be found faithful [to God]".

53 Für Angaben zur Edition und Literatur s.o. Anm. 10.

22,10–12 zitiert wird. Wie dem auch sei, scheint es mir bemerkenswert zu sein, daß hier dieselben beiden Verheißungstexte der Genesis im Vordergrund des Interesses stehen, die auch in 4Q225 in einen literarischen Zusammenhang gebracht worden sind, einmal auf den Glauben und die Gesetzestreue Abrahams, das andere Mal vermutlich auf die Frage des Landbesitzes hin ausgelegt.

Wenn man so möchte, handelt es sich bei den beiden Qumrantexten (4Q225 und 4Q252) nachgerade um ein Exzerpt des „Elohisten", also derjenigen nichtpriesterschriftlichen Stücke, die auch in der Genesis selbst ein Sonderdasein führen und die Abrahamüberlieferung im Sinne von Gen 15 midraschartig auslegen.[54] Auch hier scheinen es die spätesten Varianten zu sein, die in der Genesis selbst ein neues Abrahambild zeichnen, an die die außerbiblische Auslegung – aus inhaltlichen Gründen – anknüpft. Vielleicht darf man den Befund ebenso wie die Anknüpfung des Genesis-Apokryphons an der „elohisitischen" Variante der Ahnfrauegeschichte von Gen 20 aber wiederum als Indiz und indirekten Beweis dafür nehmen, daß diese Texte eher nach- als vorpriesterschriftlich einzustufen sind. Die fraglichen Verheißungen fügen dem priesterschriftlichen Bund und dem Gesetz den Glauben und die Gottesfurcht hinzu, die es erlauben, auch die Krisen der Verheißung und des Gesetzesgehorsams zu meistern. Und genau an diesem Punkt setzt die außerbiblische Rezeption in den beiden Texten vom Tote Meer an, die den in der Literargeschichte der Genesis eingeschlagenen Weg mehr oder weniger konsequent fortsetzen.

Beide Beispiele, die Ahnfrauegeschichte und die Verheißungen, bestätigen den anhand des Ehrentitels „Freund Gottes" gewonnenen Eindruck. Die innerbiblische Auslegung, die in der Redaktionsgeschichte der Genesis wie in der innerbiblischen Rezeption der Abraham- Überlieferung zu greifen ist, setzt sich in der außerbiblischen Rezeption in den Schriften von Qumran mehr oder weniger nahtlos fort. Ein wichtiges Zwischenglied in dieser Entwicklung, das nicht unerwähnt bleiben soll, ist hier wie in vielen anderen Fällen das Buch Jesus Sirach, gewesen, das um 190 v. Chr. entstanden ist und die Rezeption der Väterüberlieferung über die Verheißungen an Abraham eingeleitet hat:

> 19 Abraham war der hochberühmte Vater vieler Völker und wurde geehrt wie kein anderer. 20 Er hielt das Gesetz des Höchsten, und Gott schloß mit ihm einen Bund und bestätigte diesen Bund an seinem Fleisch; und er wurde für treu befunden, als er versucht wurde. 21 Darum verhieß ihm Gott mit einem Eid, daß durch sein Geschlecht die Völker gesegnet werden sollten und er zahlreich werden sollte wie der Staub der Erde und seine Nachkommen wie die Sterne erhöht und Erben werden sollten von einem Meer bis ans andre und vom Euphrat bis an die Enden der Erde.

---

54 Das bedeutet freilich nicht, daß den Verfassern der Qumrantexte die Quelle „E" oder die Sonderstücke in Gen 15 und 20–22 etwa noch selbständig vorgelegen hätten. Das Beispiel lehrt vielmehr, daß aus späten Redaktionen, Nachschriften und Exzerpten keine weitreichenden redaktionsgeschichtlichen Schlüsse gezogen werden können.

19 Αβρααμ μέγας πατὴρ πλήθους ἐθνῶν καὶ οὐχ εὑρέθη ὅμοιος ἐν τῇ δόξῃ 20 ὃς συνετήρησεν νόμον ὑψίστου καὶ ἐγένετο ἐν διαθήκῃ μετ' αὐτοῦ ἐν σαρκὶ αὐτοῦ ἔστησεν διαθήκην καὶ ἐν πειρασμῷ εὑρέθη πιστός 21 διὰ τοῦτο ἐν ὅρκῳ ἔστησεν αὐτῷ ἐνευλογηθῆναι ἔθνη ἐν σπέρματι αὐτοῦ πληθῦναι αὐτὸν ὡς χοῦν τῆς γῆς καὶ ὡς ἄστρα ἀνυψῶσαι τὸ σπέρμα αὐτοῦ καὶ κατακληρονομῆσαι αὐτοὺς ἀπὸ θαλάσσης ἕως θαλάσσης καὶ ἀπὸ ποταμοῦ ἕως ἄκρου τῆς γῆς   (Sir 44,19–21).

Wie diese Passage, in der sämtliche Verheißungstexte anklingen, und danach auch das Jubiläenbuch und die anderen Beispiele aus Qumran zeigen, hat man im 2. Jh. v. Chr. keinen Unterschied zwischen den einzelnen Werdestufen in der Genesis gemacht. Und doch wirken sie alle auf ihre spezifische Weise nach. Was im Text der Genesis bereits durch vielfache Textbezüge kenntlich gemacht war, wurde nun im Zusammenhang expliziert. So wurden der Segen Abrahams (Gen 12), der Bund mit Abraham (Gen 15 und 17), sein Glaube und seine Gerechtigkeit (Gen 15) und seine Gottesfurcht (Gen 22) eins. Und sämtliche Eigenschaften wurden im Sinne des Titels „Abraham, der Gott liebt" mit dem Gesetzesgehorsam identifiziert.

Literatur

ALLEGRO, J. (1968): Qumrân Cave 4 I (4Q158–4Q186), DJD V, Oxford, 60–67, Pl. XXII–XXIII.

ALLISON JR., D.C. (2003): Testament of Abraham, Commentaries on Early Jewish Literature, Berlin.

AURELIUS, E. (2003): Der Ursprung des Ersten Gebots, ZThK 100, 1–21.

BERNSTEIN, M.J. (1994): 4Q252: From Re-Written Bible to Biblical Commentary, JJS 45, 1–27.

BERNSTEIN, M.J. (1994–1995): 4Q252: Method and Context, Genre and Sources, JQR 85, 61–79.

–   (1996): Re-Arrangement, Anticipation and Harmonization as Exegetical Features in the Genesis Apocryphon, DSD 3, 37–57.

–   (1998): Pentateuchal Interpretation at Qumran, in: Flint, P.W./Vanderkam, J.C. (Hg.), The Dead Sea Scrolls after Fifty Years: A Comprehensive Assessment 1, Leiden, 128–159.

BLUM, E. (1984): Die Komposition der Vätergeschichte, WMANT 57, Neukirchen-Vluyn.

–   (2000): Angels at the Aqedah: A Study in the Development of a Midrashic Motif, DSD 7, 263–291.

–   (2002): Die literarische Verbindung von Erzvätern und Exodus: Ein Gespräch mit neueren Endredaktionshypothesen, in: Gertz, J.C. u.a. (Hg.), Abschied vom Jahwisten: Die Komposition des Hexateuch in der jüngsten Diskussion, BZAW 315, Berlin, 119–156.

BROOKE, G. (1994): The Genre of 4Q252: From Poetry to Pesher, DSD 1, 160–179.

– (1994–1995): The Thematic Content of 4Q252, JQR 85, 33–59.

– (1996): Qumran Cave 4 XVII: Parabiblical Texts, Part 3, DJD XXII, Oxford, 185–207, Pl. XII–XIII.

DILLMANN, A. (⁴1882): Die Genesis, Kurzgefasstes exegetisches Handbuch zum Alten Testament 1, Leipzig.

EGO, B. (1996): Abraham als Urbild der Toratreue Israels: Traditionsgeschichtliche Überlegungen zu einem Aspekt des biblischen Abrahambildes, in: Avemarie, F./Lichtenberger, H. (Hg.), Bund und Tora: Zur theologischen Begriffsgeschichte in alttestamentlicher, frühjüdischer und urchristlicher Tradition, WUNT 92, Tübingen, 25–40.

FABRY, H.-J. (2006): Isaak in den Handschriften von Qumran, in: García Martínez, F. u.a. (Hg.), From 4QMMT to Resurrection. Mélanges qumraniens en hommage à Émile Puech, STDJ 61, Leiden, 87–103

FITZMEYER, J. A. (2002): The Sacrifice of Isaac in Qumran Literature, Bib. 83, 210–229.

– (³2004): The Genesis Apocryphon of Qumran Cave I (1Q20): A Commentary, Rom.

GARCÍA MARTÍNEZ, F. (2002): The Sacrifice of Isaac in 4Q225, in: Noort, E./ Tigchelaar, E. (Hg.), The Sacrifice of Isaac: The Aqedah (Genesis 22) and its Interpretations, Themes in Biblical Interpretation 4, Leiden, 44–57.

GERTZ, J.C. (2002): Abraham, Mose und der Exodus: Beobachtungen zur Redaktionsgeschichte von Gen 15, in: Gertz, J.C. u.a. (Hg.), Abschied vom Jahwisten: Die Komposition des Hexateuch in der jüngsten Diskussion, BZAW 315, Berlin, 63–81.

GRAUPNER, A. (2002): Der Elohist: Gegenwart und Wirksamkeit des transzendenten Gottes in der Geschichte, WMANT 97, Neukirchen-Vluyn.

HALPERN-AMARU, B. (2006): A Note on Isaac as First-Born in *Jubilees* and Only Son in 4Q225, DSD 13, 127–133.

HØGENHAVEN, J. (2007): The Literary Character of 4QTanhumim, DSD 14, 99–123.

HOFTIJZER, J. (1956): Die Verheissungen an die drei Erzväter, Leiden.

JACOBSON, H. (1993): 4Q252: Addenda, JJS 44, 118–120.

– (1993a): 4Q252 fr. 1: Further Comments, JJS 44, 291–293.

JENNI, E. (1971): Art. אהב *'hb* lieben, THAT III, 60–73.

JEREMIAS, J. (2006): Gen 20–22 als theologisches Programm, in: Beck, M./ Schorn, U. (Hg.), Auf dem Weg zur Endgestalt von Genesis bis II Regum (FS H.-C. Schmitt), BZAW 370, Berlin/New York, 59–73.

KOCH, C. (2006): Zwischen Hatti und Assur: Traditionsgeschichtliche Beobachtungen zu den aramäischen Inschriften von Sfire, in: Witte u.a. (Hg.), Die deuteronomistischen Geschichtswerke: Redaktions- und religionsgeschichtliche Perspektiven zur „Deuteronomismus"-Diskussion in Tora und Vorderen Propheten, BZAW 365, Berlin/New York, 379–406.

KÖCKERT, M. (1988): Vätergott und Väterverheißungen: Eine Auseinandersetzung mit Albrecht Alt und seinen Erben, FRLANT 142, Göttingen.

– (2006): Die Geschichte der Abrahamüberlieferung, in: Lemiare, A. (Hg.), Congress Volume Leiden 2004, VT.S 109, Leiden, 103-128.

– (2006a): Ahnvater, Fremdling, Weiser. Lesarten der Bibel in Gen 12, Gen 20 und Qumran, in: Martus, S./Polaschegg, A. (Hg.), Das Buch der Bücher – gelesen. Lesarten der Bibel in den Wissenschaften und Künsten, Publikationen zur Zeitschrift für Germanistik NF 13, Bern, 139–169.

– (1991): Translatio imperii. Untersuchungen zu den aramäischen Danielerzählungen und ihrem theologiegeschichtlichen Umfeld, WMANT 63, Neukirchen-Vluyn.

– (1991a): Kyros im Deuterojesajabuch. Redaktionsgeschichtliche Untersuchungen zu Entstehung und Theologie in Jes 40–55, FAT 1.

– (2000): Die Komposition der erzählenden Bücher des Alten Testaments, Göttingen.

– (2005): „Höre Israel" und Dekalog, in: Frevel, Chr. u.a. (Hg.), Die Zehn Worte. Der Dekalog als Testfall der Pentateuchkritik, QD 212, Freiburg, 77–86.

– (2006): Das Judentum im Zeitalter des Zweiten Tempels, FAT 42, Studienausgabe, Tübingen.

– (2007): Geschichten und Geschichte in den nordwestsemitischen Inschriften des 1. Jahrtausends v.Chr., in: Morenz, L./Schorch, S. (Hg.), Was ist ein Text? Alttestamentliche, ägyptologische und altorientalische Perspektiven, BZAW 362, Berlin/New York, 284–309.

KUGEL, J. (2006): Exegetical Notes on 4Q225 'Pseudo-Jubilees', DSD 13, 73–98.

KUGLER, R.A. (2003): Hearing 4Q225: A Case Study in Reconstructing the Religious Imagination of the Qumran Community, DSD 10, 81–103.

– /VANDERKAM, J. (2001): A Note on 4Q225 (Pseudo-Jubilees), RQ 20/77, 109–116..

LEVIN, C. (1993): Der Jahwist, FRLANT 157, Göttingen.

– (2004): Jahwe und Abraham im Dialog: Genesis 15, in: Gott und Mensch im Dialog (FS Otto Kaiser), BZAW 345/I, Berlin/New York, 236–257

LIM, T. (1992): The Chronology of the Flood Story in a Qumran Text (4Q252), JJS 43, 288–298.

– (1993): Notes on 4Q252 fr. 1, cols. i–ii, JJS 44, 121–126.

MEINHOLD, A. (1975): Die Gattung der Josephsgeschichte und des Estherbuches: Diasporanovelle I, ZAW 87, 306–324.

MILIK, J.T./VANDERKAM, J. (1994): 225. 4QPseudo-Jubilees, Qumran Cave 4 VIII: Parabiblical Texts, Part 1, DJD XIII, Oxford, 141–155, Pl. X .

MORAN, W.L. (1963): The Ancient Near Eastern Background of the Love of God in Deuteronomy, CBQ 25, 77–87.

NOTH, M. (1948): Überlieferungsgeschichte des Pentateuch, Stuttgart.

OEGEMA, G.S. (1999): Für Israel und die Völker. Studien zum alttestament-lich-jüdischen Hintergrund der paulinischen Theologie, NT.S 95, Leiden.

RÜTERSWÖRDEN, U. (2006): Die Liebe zu Gott im Deuteronomium, in: Witte, M. u.a. (Hg.), Die deuteronomistischen Geschichtswerke: Redaktions- und religionsgeschichtliche Perspektiven zur „Deuteronomismus"-Diskussion in Tora und Vorderen Propheten, BZAW 365, Berlin/New York, 229–238.

SCHMID, K. (1999): Erzväter und Exodus. Untersuchungen zur doppelten Be-gründung der Ursprünge Israels innerhalb der Geschichtsbücher des Alten Testaments, WMANT 81.

– (2004): Die Rückgabe der Verheißungsgabe: Der „heilsgeschichtliche" Sinn von Gen 22 im Horizont innerbiblischer Exegese, in: Gott und Mensch im Dialog (FS Otto Kaiser), BZAW 345/I, Berlin/New York, 271–300.

SCHMITT, H.-C. (2004): Menschliche Schuld, göttliche Führung und ethische Wandlung: Zur Theologie von Gen 20,1–21,21* und zum Problem des Be-ginns des „Elohisitischen Geschichtswerks", in: Gott und Mensch im Dia-log (FS Otto Kaiser), BZAW 345/I, Berlin/New York, 259–270.

SPIECKERMANN, H. (2000): Mit der Liebe im Wort: Ein Beitrag zur Theologie des Deuteronomiums, in: Kratz, R.G./Spieckermann, H. (Hg.), Liebe und Gebot: Studien zum Deuteronomium (FS Lothar Perlitt), FRLANT 190, Göttingen, 190–205.

STANLEY, C.D. (1962): The Importance of *4QTanhumim* (4Q176), RQ 15/60, 1992, 569–582.

STRÜBIND, K. (1991): Tradition als Interpretation in der Chronik: König Josa-phat als Paradigma chronistischer Hermeneutik und Theologie, BZAW 201, Berlin/New York.

TOV, T. (2002): The Texts from the Judaean Desert: Indices and Introduction to the *Discoveries in the Judean Desert* Series, DJD XXXIX, Oxford.

VANDERKAM, J. (1997): The *Aqedah*, Jubilees and Pseudo-Jubilees, in: Evans, C.A./Talmon, S. (Hg.), The Quest for Context and Meaning: Studies in Biblical Intertextuality in Honor of James A. Sanders, Biblical Interpreta-tion Series 28, Leiden, 241–261.

VAN SETERS, J. (1975): Abraham in History and Tradition, New Haven, 175–183.

VERMES, G. (1996): New Light on the Sacrifice of Isaac from 4Q225, JJS 47, 140–146.

WELLHAUSEN, J. (1963): Die Composition des Hexateuchs und der histori-schen Bücher des Alten Testaments, Berlin [3]1899 (Repr. 1963).

WELLHAUSEN, J. (1905): Prolegomena zur Geschichte Israels, Sechste Ausgabe, Berlin.

ZIEMER, B. (2005): Abram – Abraham: Kompositionsgeschichtliche Untersuchungen zu Genesis 14, 15 und 17, BZAW 350, Berlin/New York.

Hausmann und Jäger (Gen 25,27–28).
Aus den Jugendtagen Jakobs und Esaus

Anselm C. Hagedorn

Berlin

Dem Leser, welcher den Anfang der Jakobgeschichte aufschlägt, bietet sich ein wohlbekanntes Bild. Wieder einmal ist eine Ahnfrau über lange Zeit hinweg kinderlos, wieder einmal ist der Fortbestand der Linie gefährdet. So wird gleich zu Beginn der Geschichte von Jakob und Esau diese motivisch mit der Abrahamserzählung (vgl. die Unfruchtbarkeit Sarahs in Gen 11,30) und der Geschichte von Jakob, Lea und Rahel verbunden (vgl. Gen 29,31) – hier fällt die Unfruchtbarkeit Rahels schon deswegen aus dem Rahmen, da diese als Strafe für die fehlende Zuneigung Jakobs Lea gegenüber zu sehen ist.

Wir wollen im Folgenden, den Beginn der Geschichte von Jakob und Esau unter kulturanthropologischen und kulturgeschichtlichen Gesichtspunkten beleuchten, also genau die Dinge in die Exegese der Vätergeschichte einbringen, die Matthias Köckert gerne als *Allotria* bezeichnet.[1]

1. Gen 25,19–34 als Ouvertüre zur Jakoberzählung

Gen 25,19 eröffnet mit der Toledot-Notiz die Jakoberzählung. Im Folgenden wird dann mit einer Reihe von notwendigen Informationen die Bühne für den weiteren Fortgang der Erzählung bereitet. Von diesen kurzen Notizen über Rebekkas Unfruchtbarkeit (Gen 25,21a), ihre problematische Schwangerschaft (Gen 25,21b.22) mit der Gottesverheißung (Gen 25,23) und die Geburt und Aufwachsen der Zwillinge (Gen 25,24–28), hebt sich die Geschichte des Linsengerichts (Gen 25,29–34) stilistisch ab, welche allerdings ohne die vorangehenden Informationen nicht zu verstehen ist.[2] Gen 25,29–34 leitet zur Geschichte über den Erstgeburtssegen in Gen 27 über. Die Erzählung von Isaak und Abimelech in Gen 26 unterbricht den Erzählfaden und dürfte literarisch auf einer anderen Ebene liegen. Gen 27 ist schon deswegen mit Gen 25,19–34

---

1 Zur Methode vgl. Gallagher/Greenblatt 2000: 20–48.

2 Ska 2001:11 spricht dann auch richtig von „une impression mélangée".

verbunden, da alle Elemente aus Gen 25 gebraucht werden, um die Erzählung zu verstehen.[3]

Bereits J. Wellhausen hatte darauf aufmerksam gemacht, daß hier der Erzählfaden der Priesterschrift lediglich „skelettartig" ist.[4] Dieser Ansicht ist zuzustimmen, legt man die Maßstäbe der traditionellen Quellenscheidung auch zu Beginn der Jakobgeschichte an. Das Hauptproblem hierbei ist, daß die Geburt von Jakob und Esau – ebenso wie die Geburten von Ismael und Isaak – nur einmal erzählt wird. Da nach der Quellenhypothese allerdings alle Quellen davon berichtet haben müssen, ist man gezwungen mit Ausfällen zu rechnen und die Priesterschrift entweder nur fragmentarisch erhalten oder als Bearbeitungsschicht zu erachten.[5] Im Gegensatz hierzu hat R.G. Kratz vorgeschlagen, Gen 25,19–20.24–26 insgesamt P zuzurechnen und diese Texte dann als nachpriesterlich erweitert anzusehen, „da erst in P die genealogische Verbindung konsequent durchgeführt ist und Ismael und Esau als genealogische Nebenlinien eine tragende Rolle spielen."[6]

2. Isaaks Hochzeit und Rebekkas Schwangerschaft

Nach Gen 25,20 ist Isaak vierzig Jahre alt, als er Rebekka heiratet.[7] Rebekkas Herkunft wird breit ausgeführt, um so deutlich zu machen, daß Isaak innerhalb seiner Sippe heiratet und eben keine Tochter des Gastlandes zur Frau nimmt (vgl. Gen 28,1–8) – dieser Aspekt wird in Gen 26,34–35 wieder aufgenommen, wenn über Esaus hethitische Frauen gesagt wird, daß sie Rebekka und Isaak „lauter Herzeleid" (מרת רוח) bereiten. Auch wenn über Isaak – im Gegensatz zu Abraham und Jakob – relativ wenig im Alten Testament berichtet wird, hat seine Person Anlaß zu weitreichenden Ausschmückungen gegeben. Dies beginnt mit seinem Alter, als er heiratet. Nach Philo von Alexandrien sind vierzig Lebensjahre das ideale Alter für einen weisen Mann, um eine Frau zu nehmen.[8] Ebenso ist Isaak dem Abraham und Jakob überlegen, da er in der

---

3 Vgl. van Seters 1992: 283–288.
4 Wellhausen 1899: 30.
5 Vgl. die Diskussion in Blum 1984: 66–67.279–280.315–316.432–446; Carr 1996: 93–96 und Levin 1993: 150.172.200.
6 Kratz 2000: 241–242.
7 Vgl. Gen 26,34 – hier ist Isaaks Sohn Esau ebenfalls vierzig Jahre alt, als er Jehudit und Basemat heiratet.
8 Philo, *Questiones in Genesim* 6.154: Nuptiae, ac matrimonium opportunum sapienti quadragintennis est aestas; qoniam expedit jam instrui atque satis frui sicut pueris, disciplinarum rectis ideis, ita ut nihil aliud aspiciatur, vel circa alia circumferantur, quae non sunt amore digna; sed in hujus considerationibus ac choro fruatur nimis, et magus laetetur.

ganzen biblischen Erzählung seinen Geburtsnamen behält.[9] Zur Hochzeit mit
Rebekka wird bemerkt, daß diese ihn von den anderen Patriarchen positiv
unterscheidet, da Isaak sein ganzes Leben nur eine Frau gehabt hat, während
Abraham und Jakob Polygamie praktizierten.[10] Aus der Frömmigkeit Isaaks
erwächst in einigen rabbinischen Traditionen die Überzeugung, daß eben diese
Frömmigkeit zum einen der Grund war, warum die Tora am Sinai offenbart
wurde und zum anderen die Israeliten lediglich 210 Jahre statt 400 Jahre in der
Sklaverei in Ägypten verbringen mußten.[11]

In Gen 25,19–26 begegnen wir der Frömmigkeit Isaaks nur in seiner Bitte
an JHWH,[12] die Unfruchtbarkeit seiner Frau aufzuheben. Dieser Vorgang ist
merkwürdig, da in anderen Fällen, die Frauen diese Bitte selbst übernehmen.[13]
Hier wird jedoch deutlich, daß die Unfruchtbarkeit Rebekkas nicht im Vordergrund steht und diese den weiteren Verlauf der Handlung auch nicht bestimmt
– so wird z.b. ein besonderes Wort des Dankes an JHWH nach der Empfäng-
nis nicht berichtet.[14] „Ob Jakob die Fürbitte an einem Heiligtum vollzogen hat,
und ob mit der Fürbitte ein Opfer verbunden war, kann vermutet, aber aus dem
Kontext nicht erschlossen werden."[15]

Auf die kurze Notiz, daß Rebekka schwanger wird (ותהר רבקה אשתו), folgt
der Bericht, daß die Schwangerschaft problematisch verläuft. Dies wird mit
hebr. רצץ hit. ausgedrückt, welches in dieser Form nur in Gen 25,22 begegnet.
Die gängige Übersetzung mit „sich stoßen" trifft den Tatbestand nur unzurei-
chend, da das Wortfeld von רצץ eher in die Richtung der Mißhandlung weist.[16]

---

9   Philo, *de mutatione nominum* 14.88; im Talmud (jBer 1.9.4a) ist die Beibehaltung des
     Namens die Belohnung für Isaak, daß er seinen Vater Abraham geehrt habe; Josephus hat in
     seiner Darstellung des Lebens Isaaks große Probleme mit dem exegetischen Befund, daß
     Isaaks Taten und Handlungen über weite Strecken, denen Abrahams gleichen (Feldman
     1998: 295).
10   Philo, de congressu quaerendae eruditionis gratia 7.34–38.
11   Feldman 1998: 291; vgl. BerR 56.8 – hier geht der Gehorsam, den Isaak dem Abraham
     entgegenbringt soweit, daß er ihn während der Aqedah bittet, ihn fester zu fesseln, damit er
     sich nicht unfreiwillig wehre.
12   Hier ausgedrückt durch die seltene Wurzel עתר (vgl. Ex 8,4.5.24.25.26; 10,17.18; Jdc 13:8–9;
     Jes 19,22; Zef 3,10; Hi 22,27; 33,26; Esr 8,23; I Chr 5,20; II Chr 33,13).
13   עתר qal nur Gen 25,21; Ex 8,26; 10,18; Jdc 13,8; Hi 33,26. Ruppert 2005: 66 will aus Isaaks
     Fürbitte für seine Frau den Schluß ziehen, daß ein joschijanischer Redaktor Isaak und
     Rebekka an Abraham und Sara angleicht. Außer dem Aspekt der Fürbitte, die in Gen 20,7.17
     allerdings mit פלל hi. konstruiert wird, spricht wenig dafür.
14   Aus Gen 25,21 und Gen 25,26 schließt die rabbinische Tradition, daß Rebekka zwanzig Jahre
     unfruchtbar war (vgl. PRE 22).
15   Wahl 1997: 247.
16   Vgl. etwa Dtn 28,33; Jes 56,6; Am 4,1; Ps 74,14; siehe auch PRE 32 (235); TPsJ 25,22 und
     BerR 63.6: „Each ran to slay the other" (Freedman/Simon 1977: 559) – hier wird der hebrä-
     ische Ausdruck ויתרצצו nun sowohl mit hebr. רצץ als auch mit hebr. רון in Verbindung ge-
     bracht.

Der Konflikt der Söhne vom Mutterleib an, ist – wie J. van Seters gezeigt hat – ein literarischer Topos, welcher enge Parallelen in anderen Teilen der Patriarchenerzählung und in der griechischen Literatur hat.[17] Insbesondere die Geschichte der beiden Söhne des Phokos und der Asterodea, Krisos und Panopeus, welche zwei Städte in Phokis repräsentieren,[18] aus dem hesiod. Frauenkatalog muß hier erwähnt werden:[19]

ἣ τέκετο Κρῖ[σον καὶ ὑπέρθυμον Πανοπῆα
νυκτὶ μ[ι]ῆ[ι].[
τὼ καὶ πρὶν ἰδέ[ειν λ]αμπρὸν φάος ἠελίοιο
μαρνάσθην [ἔτι] μητρ[ὸς ἐ]όντ᾽ ἐν γαστέρι κοίληι.[20]

Sie gebar [Krisos und den temperamentvollen Panopeus
in einer Nacht [
Noch ehe sie sahen [das helle Licht der Sonne
kämpften beide, während sie noch im
hohlen Bauch ihrer Mutter waren.

Im Gegensatz zum Beginn der Jakoberzählung beschreibt der hesiod. Frauenkatalog allerdings die Vereinigung zwischen menschlichen und göttlichen Wesen.[21] Ob es sich bei dem Fragment ebenfalls um eine Ätiologie für spätere Konflikte zwischen den Poleis Krisos und Panopeus handelt, ist aufgrund der fragmentarischen Überlieferung schwierig zu bestimmen; allerdings spricht Zeile 15 des Fragments von κήδεά τ᾽ οὐλομέν[ας τ᾽ ἔριδας. Daß es sich auch bei den Fragmenten aus dem hesiod. Frauenkatalog um einen Topos der griechischen Mythologie handelt, erkennt man bei einem Blick in die Bibliothek des Apollodorus. Hier wird ebenfalls ein Konflikt zwischen Brüdern beschrieben –

---

17 van Seters 1992: 281.
18 Beide Städte sind im Schiffskatalog der Ilias (2.520) genannt (Krisa heißt hier auch τε ζθέην). Alcaeus, *fr.* 7 (Loebel-Page) belegt die Mischform Κίρσα. Krisa wird im homerischen Hymnen an Apollo (3.269,282,431,438,445) erwähnt und Panopeos erscheint auf der großen Labyadeninschrift aus Delphi (D 29–33), wird hier allerdings – wie fast immer in den Inschriften – Phanoteus genannt (vgl. auch Thukydides IV.98.1; zur Form vgl. Buck 1961: 43–44): ΤΟΙΑΔΕ κῆμ Ι Φανατεῖ γέγραπται ἐν τ- Ι ᾶι πέτραι ἔνδω· τάδε Φά[ν]- Ι οτος ἐπέδωκε τᾶι θυγατ- Ι ρὶ Βουπύγαι· (Text nach Rhodes/Osborne 2003 Nr. 1).
19 Zur Debatte um die hesiod. Frauenkataloge, deren systematische Stammbäume die Theogonie des Hesiod fortsetzen vgl. Graziosi/Haubold 2005: 36–38 und West 1985.
20 *fr.* 58 (Merkelbach-West).
21 Phokos ist nach Hesiod, *Theog.* 1003–1005 der Sohn der Göttin Psamathe und des Aiakos: αὐτὰρ Νηρῆος κοῦραι, ἁλίοιο γέροντος, Ι ἦ τοι μὲν Φῶκον Ψαμάθη τέκε δῖα θεάων Ι Αἰακοῦ ἐν φιλότητι διὰ χρυσέην Ἀφροδίτην ... Nach Homer, *Il.* 21.189 ist Aiakos ein Sohn des Zeus. In der griechischen Tradition ist er mit der Insel Ägina verbunden (Hesiod, *fr.* 205 Merkelbach-West); sein Geschlecht ist das erste, welche Schiffe baut und diese mit Segeln ausstattet (οἳ δή τοι πρῶτοι ζεῦξαν νέας ἀμφιελίσσας Ι πρῶτοι δ᾽ ἱστί᾽ ἔθεν νηος πτερὰ ποντόροιο); Aiakos gilt weiterhin als aufrechter und gerechter Mann, welcher selbst Konflikte der Götter löst: Αἰακὸν βαρυσφαράγω πατρὶ κεδνότατον Ι ἐπιχθονίων·ὃ καί Ι δαιμόνεσσι δίκας ἐπεῖ- Ι ραινε· τοῦ μὲν ἀντίθεοι (Pindar, *Isthm.* 8.23-24); nach Pindar, *Olymp.* 8.31-52 half Aiakos den Göttern Poseidon und Apollo beim Bau der Mauernvon Troja.

diesmal zwischen Akrisios und Proitos und auch dieser Konflikt soll bereits im Mutterleib begonnen haben:[22]

Λυκεὺς δὲ μετὰ Δαναὸν Ἄργυς δυναστεύων ἐξ Ὑπερμνήστρας τεκνοῖ παῖδα Ἄβαντα. τούτου δὲ καὶ Ἀγλαίας τῆς Μαντινέως δίδυμοι παῖδες ἐγένετο Ἀκρίσιος καὶ Προῖτος. οὗτοι καὶ κατὰ γαστρὸς μὲν ἔτι ὄντες ἐστασίαζον πρὸς ἀλλήλους, ὡς δὲ ἀνετράφησαν, περὶ τῆς βασιλείας ἐπολέμουν, καὶ πολεμοῦντες εὗρον ἀσπίδας πρῶτοι. καὶ κρατήσας Ἀκρίσιος Προῖτον Ἄργους ἐξελαύνει.[23]

[Lynkeus herrschte nach Danaos über Argos und hatte von Hypermnestra einen Sohn namens Abas. Dieser und die Tochter des Mantineus, Aglaïa, zeugten Zwillinge, Akrisios und Proitos, die bereits miteinander verfeindet waren, als sie noch im Mutterleib waren. Nachdem sie aber aufgewachsen waren, führten sie miteinander Krieg um die Königsherrschaft, und in diesem Krieg wurden sie die Erfinder von Schilden. Akrisios siegte und vertrieb den Proitos aus Argos.[24]]

Das verbindende Element – neben dem Konflikt von Mutterleib an – ist der Streit zwischen Brüdern, welcher als eine besondere Störung des sozialen Systems erachtet wird.[25] Dazu kommt, daß bei den oben erwähnten Berichten – ebenso wie in Gen 25,22 – die Motivation für den Streit nicht erwähnt wird. „Dadurch bekommt der Streit den Charakter einen unabwendbaren Grundgegebenheit"[26] und der Grund für die Ereignisse aus dem späteren Leben der Helden wird so noch vor der Geburt verortet.

Spätere Autoren haben die problematische Schwangerschaft bewußt ausgelassen. Josephus erwähnt weder die Periode der Unfruchtbarkeit von Rebekka, noch berichtet er von dem Konflikt der ungeborenen Söhne im Mutterleib:

Ἰσάκῳ δὲ μετὰ τὴν Ἀβράμου τελευτὴν ἐκύει τὸ γύναικον, καὶ τῆς γαστρὸς ἐπὶ μεῖζον ὀγκουμένης ἀγωνιάσας ἀνήρετο τὸν θεόν. φράζει δ' αὐτῷ διδύμους τέξεσθαι τὴν Ῥεβέκκαν κτλ.[27]

[Nun nach dem Tode Abrahams wurde Isaaks (junge) Frau schwanger und als er sah, daß ihr Bauch unverhältnismäßig groß war, ging er besorgt hin, um Gott zu befragen. Und er sagte ihm, daß Rebekka mit Zwillingen schwanger sei.]

Aus der problematischen Schwangerschaft wird bei Josephus nun eine besondere Schwangerschaft, da Rebekka Zwillinge austrägt. Ebenso ist es nicht mehr die Mutter selbst, die den Herrn befragt, sondern dies wird nun selbstver-

---

22 Bakchylides 11.59–72 weiß von diesem Konflikt im Mutterleib noch nichts und spricht lediglich davon, daß der Streit der Brüder, die Bevölkerung von Argos in große Not gestürzt habe: λαούς τε διχοστασίαις | ἥρ‹ε›ιπον ἀμετροδίκοις μάχαις τε λυγραῖς. Als Lösung des Konflikts verläßt der jüngere Bruder Argos und gründet eine neue Stadt in Tiryns (Τίρυνα τὸν ὁπλότερον | κτίζειν, πρὶν ἐς ἀργαλέαν πεσεῖν ἀνάγκαν·).

23 Apollodorus, Bib. 2.2.1.

24 Deutsche Übersetzung nach Brodersen 2004: 69.

25 Vgl. du Boulay 1974: 220.

26 Taschner 2000: 22; vgl. Fishbane 1998: 45: „Thus the prologue sets the tone for the dominant motif of *agon*, or struggle, which affects all the characters."

27 Josephus, Ant. 1.257.

ständlich vom Mann übernommen. Der Grund für diese Auslassungen und die vorsichtige Korrektur des Gotteswortes aus Gen 25,23 dürfte die bereits zu Josephus' Zeiten bekannte Identifikation von Esau/Edom mit Rom gewesen sein.[28] Jedwede Referenz, die den Respekt für Rom vermissen läßt, muß also vermieden werden.[29]

In der rabbinischen Tradition wird der „Kampf" der ungeborenen Söhne mit dem Aufenthaltsort Rebekkas erklärt und bereits das Bild von Esau als Anhänger von Götzen vorweggenommen:

> AND THE CHILDREN STRUGGLED TOGETHER WITHIN HER. They sought to run within her. When she stood near synagogues or schools, Jacob struggled to come out; hence it is written, *Before I formed thee in the belly I knew thee* (Jer. 1,5). While when she passed idolatrous temples, Esau eagerly struggled to come out; hence it is written, *The wicked are estranged from the womb* (Ps. LVIII, 4).[30]

In der biblischen Erzählung scheint Rebekka in erster Linie um ihre Gesundheit besorgt zu sein (אם כן למה זה אנכי). Daß sie JHWH befragen geht, ist durch den Beginn der Erzählung vorbereitet. Isaak hatte Gott für seine Frau gebeten und nun bittet diese (hier ausgedrückt durch דרש) Gott um eine Erklärung für die Mühen ihrer Schwangerschaft.[31] Die problematische Schwangerschaft wird unvermittelt durch JHWH gedeutet:

Zwei Völker (גיים) sind in deinem Bauch,
und zwei Nationen (אמים) werden sich scheiden in deinem Leib;
ein Volk (לאם)[32] ist stärker als das andere
und das ältere, dient dem jüngeren.[33]

Diese Deutung verläßt die Ebene der Familiengeschichte und trägt den Aspekt des Konflikts zwischen Edom und Israel in die Geburtsgeschichte ein, noch ehe der Leser weiß, daß Esau zum Stammvater der Edomiter werden wird.

---

28 Josephus, *Ant.* 1.257 ersetzt die auch in LXX vorgegebene Möglichkeit der Versklavung der Nachkommen Esaus durch die Nachkommen Jakobs (καὶ λαὸς λαοῦ ὑπερέξει, καὶ ὁ μείζων δουλεύσει τῷ ἐλάσσονι) durch τοῦ δὲ μείζονος προτερήσειν τὸ δοκοῦν ἔλασσον εἶναι.

29 Vgl. Feldman 1998: 322–324.

30 BerR 63.6 (Freedman/Simon 1977: 559–560).

31 Taschner 2000: 23 sieht in der Doppelbefragung Gottes zwei entgegengesetzte Stränge und hebt hervor, daß nun erzählerisch eine „Zweiheit Jahwe-Rebekka" geschaffen wird.

32 Neben Gen 27,29 einziger Beleg von לאם im Pentateuch (sonst Jes 17,12.13; 34,1; 41,1; 43,4.9; 49,1; 51,4; 55,4; 60,2; Jer 51,58; Hab 2,13; Ps 2,1; 7,8; 9,9; 44,3; 47,4; 65,8; 67,5; 105,44; 148,11; Prov 11,26; 14,28.34; 24,24). לאם ist poetischer Ausdruck für Volk oder Nation und verwandt zu akk. *līmu* (vgl. CAD 9, 197–199); im Alten Testament fast immer im Plural gebraucht (Ausnahmen sind Prov 11,26 [hier in *plene* Schreibung] und Prov 14,28). LXX übersetzt mit ἔθνη oder λαοί sowie manchmal mit ἄρχοντες (Gen 27,29; Jes 34,1; 41,1; 43,4.9) und βασιλεῖς (Jes 51,4) und φυλή (Prov 14,34). Im Parallelismus zu גיים steht לאמים in Gen 25,23; Jes 34,1; 43,9; Ps 2,1; 44,3.15; 105,44; 149,7.

33 Seit Speiser 1964: 194–195 wird auf die Entsprechung der Termini im keilschriftlichen Familien- und Errecht hingewiesen; vgl. etwa CH §177 (*šum-ma almattum ša mārū-ša ṣe-eḫ-ḫe-ru a-na bīt ša-ni-im e-re-bi-im pa-ni-ša iš-ta-ka-an ba-lum da-a-a-ni ú-ul i-ir-ru-ub*).

3. Esau – sein Körper und Beruf

Gen 25,24 erzählt noch einmal, daß Rebekka mit Zwillingen schwanger ist,
denn Gen 25,22 hatte noch die Möglichkeit zugelassen, daß es theoretisch auch
Drillinge etc. sein können. Gen 25,24 setzt den Erzählfaden von Gen 25,22a
fort und wirkt nun, nach dem Einschub der Gottesbefragung und der Antwort
JHWHs in Gen 22,22b–23 wie eine unnötige Doppelung. Gen 25,24b wird
auch in der Geschichte der Schwangerschaft Tamars (Gen 38,27) benutzt,
allerdings sind die Zwillinge hier nicht durch ihr äußeres Erscheinungsbild zu
unterscheiden, so daß die Hebamme (המילדת) helfend eingreifen muß, um zu
bestimmen, wer der Erstgeborene ist.

Esau wird bei seiner Geburt aufgrund seines äußeren Erscheinungsbildes
beschrieben. Dies ist schon deswegen notwendig, da bei Zwillingen unweigerlich Fragen der Erbfolge auftreten, es also ein Problem ist, genau zu bestimmen, wer der Erstgeborene ist.[34] Daher kann dann eine Beschreibung der kör-
perlichen Eigenschaften Jakobs fehlen und es ist wenig hilfreich, aus der von
Jakob berichteten Tat, Schlüsse auf seinen Charakter zu ziehen. Von Esau wird
gesagt, daß er rötlich, ganz wie ein haariger Mantel (אדמוני כלו כאדרת שער) ist
– er ist damit die einzige Figur im Alten Testament, welche als behaart beschrieben wird.[35] Die Ähnlichkeit in der Beschreibung Esaus mit der Enkidus
im Gilgamesch-Epos ist lange bemerkt worden.[36] Hier heißt es z.B. auf der
ersten Tafel:

Dicht behaart ist er an seinem ganzen Leibe,
versehen mit Locken wie eine Frau.
Seiner Haarmähne Locken sprießen so üppig hervor wie Nissaba selbst.
Nicht sind ihm die Menschen und (nicht) das Kulturland bekannt.[37]

Im Gegensatz zu Enkidu wird aus dem Aussehen Esaus hier noch kein Schluß
auf seine Charaktereigenschaften gezogen. Dies geschieht erst im Gegensatz
zu dem „gesitteten" Jakob in Gen 25,27 und in der Beschreibung von Esaus
Tischmanieren in Gen 25,30.[38] Die benutzten hebräischen Begriffe lassen
einen negativen Blick auf Esau auch noch nicht zu. I Sam 16,12; 17,42 kann
unter Verwendung des gleichen Wortes (אדמוני), die Schönheit Davids be-

---

34 Vgl. Steinberg 1993: 89; Niditch 2008: 113–114.
35 O. Keel in seinem Vorwort zu Isler-Kerényi 2004 zieht eine Linie vom behaarten Esau über
    die ציים (vgl. hierzu Frey-Anthes 2007: 171–178) zu den griechischen Satyrn.
36 Speiser 1964: 196.
37 Gilgamesch I.105–108 (deutsche Übersetzung nach Maul 2005:49).
38 Gen 25,30 benutzt das *hap. leg* לעט, um Esau seine Forderung nach Essen ausdrücken zu
    lassen. לעט ist verwandt mit להט II (Ps 57,5); vgl. akk. *la'ātu* in Ludlul Bēl Nēmeqi 88 (*áš-
    na-an šum-ma da-ad-da-riš a-la-'-ut*) und Enuma Eliš IV.97 (*iptēma pīša Ti'āmat ana la-'a-
    a-ti-šá*).

schreiben und der haarige Mantel ist in Sach 13,3 das Zeichen der Propheten.[39] Allerdings weist Gen 25,25 bereits auf die Gleichsetzung von Esau mit Edom. Eine solche Etymologie wäre nach dem Gotteswort in Gen 25,23 hier durchaus folgerichtig gewesen – sie wird aber erst in Gen 25,30 im Zusammenhang mit dem (roten) Linsengericht nachgereicht. Im Erzählzusammenhang wird so darauf abgehoben, daß man nicht durch Geburt zum Erzfeind Israels wird, sondern sich diesen Status „verdienen" muß. Die Gleichsetzung mit Edom soll also bewußt im Kontext des Verkaufs der בכרה gesehen werden. So zeichnet Gen 25,25–30 eine Entwicklung vom behaarten rötlichen Baby über den heranwachsenden Jäger, den der Vater um sein Wildbret willen liebt, zum gleichgültigen Menschen, der sein Erstgeburtsrecht verkauft. Daß aus einer Farbe die Bezeichnung für ein Land wird, ist im Umfeld des Alten Testaments gut belegt. Im Ägyptischen wird *kmt* „schwarz" als Synonym für das Land Ägypten gebraucht; gemeint ist hier das schwarze Fruchtland im Gegensatz zur gelb(-roten) Wüste.[40] So kann dann Herodot auch von Ägypten sagen:

... ἀλλὰ μελάγγαιόν τε καὶ καταρρηγνυμένην ὥστε ἐοῦσαν ἰλύν τε καὶ πρόχυσιν ἐξ Αἰθιοπίης κατενηειγμένην ὑπὸ τοῦ ποταμοῦ.

[In Ägypten ist der Boden schwarz und brüchig, eben weil er Schlamm- und Schwemmland ist, den der Fluß aus Aithiopien herabgetragen hat.][41]

Das hellenistische Epigramm nimmt diese Terminologie auf und kann von der „dunklen Scholle Ägyptens" sprechen:

Αἰγύπτου μεδέουσα μελαμβώλου, λινόπεπλε
Δαῖμον, ἐπ᾽ εὐϊέρους βῆθι θυηπολίας.
σοὶ γὰρ ὑπὲρ σχιδάκων λαγαρὸν ποπάνευμα πρόκειται
καὶ πολιὸν χηνῶν ζεῦγος ἐνυδροβίων,
καὶ νάρδος ψαφαρὴ κεγχρίτισιν ἰσχάσιν ἀμφί,
καὶ σταφυλὴ γραίη, χὠ μελίπνους λίβανος.
εἰ δ᾽ ὡς ἐκ πελάγους ἐρρύσαο Δᾶμιν, ἄνασσα,
κἠκ᾽ πενίης, θύσει χρυσόκερων κεμάδα.[42]

Die du die dunkle Scholle Ägyptens umwaltest, o komm nun,
    Göttin im Linnengewand, her zum heiligen Dienst.
Sieh auf dem Brettchen für dich liegt flachgebreitet ein Kuchen,
    weißlicher Gänse ein Paar, das die Gewässer bewohnt,
trockne, körnige Feigen, daneben zerriebene Narde,
    ferner Rosinen und süß duftener Weihrauch dabei.

---

39 „When we add to these considerations the generally positive views of abundant hair in the tales of the Hebrew Bible, especially the heroic, manly dimensions ... we must conclude that, at the outset, Esau looks like a promising patriarch" (Niditch 2008: 114).

40 Vgl. TUAT I/3, 244 (Stein von Rosette); TUAT I/6, 547 (Merenptah-Stele); TUAT I/6, 606 (Udjahorresenet); TUAT I/6, 612 (Statue des Darius I. aus Susa); TUAT I/6, 616 (Satrapenstele des Ptolemaios I. Soter); TUAT III/5, 961 (Bentresch-Stele); TUAT III/5, 1052 (demotischer Mythos vom Sonnenauge).

41 Herodot, *Hist.* II.12; dt. Übersetzung nach Feix 2000: 209.

42 *Ant. Pal.* VI.231 (Philippus).

Wenn du den Damis der Armut wie kürzlich dem Meere entreißest,
  opfert er dir eine Kitz, Herrin mit goldenem Horn.[43]

Die Haar- und Hautfarbe Esaus wird für spätere Autoren dann aber zum Problem. War der hebräische Text in der Septuaginta noch wörtlich übersetzt
worden (πυρράκης, ὅλος ὡσεὶ δορὰ δασύς), erwähnt Josephus dieses Merkmal
nicht.[44] Diese Auslassung ist der antiken Überzeugung geschuldet, daß man
vom Aussehen eines Menschen auf seinen Status und seinen Charakter schließen kann. Ein frühes Beispiel für diese Sichtweise finden wir in der Ilias – hier
spielt sich Thersites als den Fürsten der Griechen ebenbürtig auf, was ihm aber
nicht gelingt, da er schon vom äußeren Erscheinungsbild her gar kein Herrscher sein kann:

… αἴσχιστος δὲ ἀνὴρ ὑπὸ Ἴλιον ἦλθε·
φολκὸς ἔην, χωλὸς δ᾽ ἕτερον πόδα· τὼ δέ οἱ ὤμω
κυρτώ, ἐπὶ στῆθος συνοχωκότε· αὐτὰρ ὕπερθε
φοξὸς ἔην κεφαλήν, ψεδνὴ δ᾽ ἐπενήνοθε λάχνη.

Und er war als der häßlichste Mann nach Ilios gekommen:
Krummbeinig war er und hinkend auf einem Fuß, und die beiden Schultern
  Waren ihm bucklig, gegen die Brust zusammengebogen, und darüber
Zugespitzt war er am Kopf, und spärlich sproßte darauf die Wolle.[45]

Hier haben wir einen ersten Hinweis auf die Wissenschaft, die im Laufe der
Antike unter dem Begriff der Physiognomie zusammengefaßt wird.[46] Für unsere Untersuchung ist lediglich Esaus Haarfarbe von Bedeutung. Nach einem
anonymen lateinischen Traktat zur Physiognomie sind die Haare, mit denen
ein Mann geboren wird, ein sicheres Zeichen für seinen Charakter.

Sciendum etiam de capillis his qui cum homine nascuntur quod certiora sint signa,
ut capitis, superciliorum et oculorum.[47]

In der Physiognomie des Ps-Aristoteles sind rote Haare dann ein Zeichen des
schlechten Charakters. Als Beweis wird die Fellfarbe des Fuchses angeführt,
welche dem gold-braunen Fell des Löwen gegenübergestellt wird, der für einen mutigen Geist steht:

---

43 Deutsche Übersetzung nach Beckby 1957: 565.
44 Josephus, *Ant.* 1.258: ὧν τὸ μὲν πρεσβύτερον ἀπὸ κεφαλῆς ἐπὶ τοὺς πόδας πεισσῶς ἦν
    δασύ; vgl. *Ant.* 6.164 – Josephus ändert die rötliche Farbe Davids (LXX liest in I Sam 16,12
    wie in Gen 25,25 πυρράκης) hier zu einer goldenen (ξανθός).
45 Homer, *Il.* 2.216–219 (deutsche Übersetzung nach Schadewaldt 1975: 28); vgl. hierzu das
    Portrait des alten Laërtes in *Od.* 24.252–253, der auch noch im hohen Alter einem König
    gleicht: οὐδέ τί τοι δούλειον ἐπιπρέπει εἰσοράασθαι | εἶδος καὶ μέγεθος· βασιλῆι γὰρ ἀνδρὶ
    ἔοικας.
46 Vgl. hierzu die grundlegende Studie von Evans 1969 sowie Boys-Stones 2007: 19–124;
    Tsouna 1998: 175–186. Malina/Neyrey 1996 untersuchen die Paulusbilder der Antike unter
    diesem Gesichtspunkt.
47 Anonymus Latinus, *Physiognomonia* 13, lateinischer Text nach Redpath 2007: 564–565.

ἀναφέρεται ἐπὶ τοὺς λέοντας. οἱ πυρροὶ ἄγαν πανοῦργοι· ἀναφέρεται ἐπὶ τὰς ἀλώπεκας.[48]

Philo von Alexandrien folgt dieser Sichtweise und bezieht die rötliche Farbe Esaus auf seinen Charakter, der ihn als Wilden und den Tieren ähnlich ausweist.[49] Die rötliche Farbe Esaus wird also mit seinem „Beruf" als Jäger verbunden. Die biblische Überlieferung ist hier selbstverständlich nur der Ausgangspunkt für diese negative Sichtweise, welche mit Blick auf die antike Physiognomie erklärt werden kann.[50]

Der haarige Erstgeborene Isaaks wird dann ein Jäger, der auf dem Felde umherschweift (איש ידע ציד איש שדה). So wird er zum Liebling des Vaters, der sein erlegtes Wildbret liebt (ויאהב יצחק את עשו כי ציד בפיו). Der weitere Verlauf der Erzählung macht deutlich, daß Isaak in erster Linie das Fleisch liebt, welches nicht unbedingt Wildbret sein muß, denn nach Gen 27,9 besteht das zubereitete Gericht, mit dem sich Jakob den Erstgeburtssegen erschleicht aus zwei Zicklein (שני גדיי עזים), was Isaak nicht zu stören scheint. Als Jäger muß sich Esau außer Haus bewegen; seine Tätigkeit ist eine, die einem Mann geziemt; sie macht ihn aber gleichzeitig verwundbar, da er die Kontrolle über die Vorgänge im Haus verliert. Dieses Dilemma, welches ein jeder Mann in traditionellen Gesellschaften hat, wird ihm später zum Verhängnis werden, da er eben auch wichtige soziale Vorgänge, wie die Bereitung von Speise nicht beherrscht – wir werden auf diesen Aspekt bei Jakob noch zurückkommen müssen.

Die Tradition benutzt sowohl die Tätigkeit des Jagens, als auch den überwiegenden Aufenthaltsort Esaus dazu, sein „wildes" Leben mit der gesitteten Existenz Jakobs zu vergleichen:

---

48 Ps-Aristoteles, *Physiognomonika* 6 (812a[16-18]); griechischer Text nach Swain 2007: 656–657.

49 Philo von Alexandrien, *Questiones in Genesim* 6.160: Rubicunda caro, et pellis hirsuta indicio sunt agressis hominis, et in in furiam versi ferino more ex ira; quoniam rubescens sanguinosusque aspectus idem est cum colore iracundorum, et mos vere pellis more, et quicquid aliud hispidum pro tegmine et amiculo sumitur, atque procautione obtegendi faudulentiam et audacitatem.

50 Noch im Jahre 1947 kann der Juraprofessor Hans von Hentig schreiben: „some distinct physical characteristics are found in criminals". Ein solches physisches Charakteristikum ist nach von Hentig die hohe Anzahl von rothaarigen Männern unter Kriminellen (von Hentig 1947: 1–6). Diese Sichtweise überrascht umso mehr, als das aus der Einleitung zu von Hentigs Aufsatz hervorgeht, daß er, da Kommunist, im Jahre 1935 seinen Lehrstuhl an der Universität Bonn verloren hat und in den USA eine (akademische) Bleibe fand; schon 1938 hatte von Hentig in der *Schweizerischen Zeitschrift für Strafrecht* einen Aufsatz mit dem Titel „Die Kriminalität des Negers. Ein Beitrag zur Frage: Rechtsbruch und Rasse" veröffentlicht; hier wird deutlich, daß von Hentig Anhänger eines rassenhygienisch ausgerichteten Strafrechts bleibt (zur Problematik und Person von Hentigs, vgl. von Mayenberg 2006). Zur Farbe rot im Diskurs über Ethnizität vgl. Bukowczyk 1998: 3–23.

Und die jungen Männer wuchsen. Und Jakob lernte das Schreiben, Esau aber lernte nicht, denn er war ein wilder Mann und Jäger und lernte den Krieg, und all sein Tun war rauh.[51]

Bereits das Jubiläenbuch verbindet die häusliche Existenz Jakobs mit der Kenntnis grundlegender „kulturschaffender" Dinge – von hier ist es nur noch ein kurzer Weg, aus den Zelten von Gen 25,27 ein Studierhaus zu machen.[52]

In diesem Zusammenhang ist immer wieder auf eine Passage aus der (fragmentarischen) phönizischen Geschichte des Philo von Byblos hingewiesen worden,[53] welche in Eusebius' *Praeperatio Evangelica* überliefert ist. Hier wird von dem Streit der Brüder Hypsouranios und Ousoos berichtet:

Εἶτά φησι· τὸν Ὑψουράνιου οἰκῆσαι Τύρον καλύβας τε ἐπινοῆσαι ἀπὸ καλάμων καὶ θρύων καὶ παπύρου, στασιάσαι δὲ πρὸς τὸν ἀδελφὸν Οὔσωον, ὃς σκέπην τῷ σώματι πρῶτος ἐκ δερμάτων ὧν ἴσχυσιν συλλαβεῖν θηρίων εὗρεν. ῥαγδαίων δὲ γενομένων ὄμβρων καὶ πνευμάτων παρατριβέντα τὰ ἐν Τύρῳ δένδρα πῦρ ἀνάψαι καὶ τὴν αὐτῶν ὕλην καταφλέξαι. δένδρου δὲ λαβόμενον τὸν Οὔσωον καὶ ἀποκλαδεύσαντα πρῶτον τολμῆσαι εἰς θάλατταν ἐμβῆναι.[54]

[Dann sagt er: Hypsouranios besiedelte Tyrus und er erfand Hütten, gemacht aus Schilf, Binsen und Papyrus. Er stritt mit seinem Bruder Ousoos, der zuerst entdeckte, wie man eine Bedeckung für den Körper aus dem Fell der Tiere machte, welche er erlegt hatte. Einmal, als während eines heftigen Regen und Sturmwinds, die Bäume in Tyrus aneinanderrieben, begann ein Feuer und es brannte ihre Waldstück nieder. Ousoos nahm ein Teil eines Baumes, schlug die Äste ab und traute sich – zum ersten Mal – über das Meer zu reisen.]

Die Parallelen zu Jakob und Esau sind offensichtlich:[55] der Streit der Brüder, der allerdings hier nicht schon im Mutterleib begonnen hat, und die Assoziation des einen Bruders mit Hütten und die Beschreibung des anderen als Jäger. Die Unterschiede wiegen jedoch schwerer und lassen es schwierig erscheinen, die Passagen aus Philo von Byblos für eine Interpretation des Verhältnisses von Esau und Jakob heranzuziehen. Trotz der Unterscheidung von Natur und Kultur (s.u.) tragen beide Protagonisten aus Phönizien wesentlich zur Kulturentwicklung bei, da auch Ousoos durch seine Planke, mit der er sich aufs Meer

---

51 Jub 19,14 (deutsche Übersetzung nach Berger 1981: 423). „Jubilees placed more emphasis on the distance between the brothers than did the biblical writers, and he did this in language eminently suited to contemporize the characters of Jacob and Esau: studious and learned versus hostile and warmongering" (Enders 1987: 24).

52 Vgl. BerR 63,10.

53 Vgl. Hendel 1987: 125–128.

54 Philo von Byblos, *fr.*2 = Eusebius, *Praeperatio Evangelica* 1.10.11 (Text nach Attridge/Oden 1981: 42).

55 HAL 845 s.v. עשׂו nennt Οὔσωος als eine mögliche Etymologie für Esau; dagegen Eißfeldt 1963: 123–126, der einen Vorschlag von Cheyne 1897: 189 folgt und Οὔσωος mit Uschu, also dem in keilschriftlichen Quellen belegten Namen (vgl. TUAT I/4, 388 ([uru]Ú-šu-ú).401) für den auf dem Festland gelegen Teil der Stadt Tyrus identifiziert.

begibt, den Anstoß zur phönizischen Seefahrt gibt.[56] Weder ist Esau der Erfinder der Jagd, noch ist Jakob der erste der kocht. Ebenso haben die phönizischen Helden numinose Qualitäten und stehen damit den Personen aus den o.g. griechischen Berichten wesentlich näher als Jakob und Esau. Auch scheint der Streit der Brüder nicht identitätsbildend gewesen zu sein, da beide Helden nach ihrem Tod gemeinsam verehrt werden.[57]

Alle diese kulturvergleichenden Überlegungen zeigen, daß der kurze Bericht über die Geburt und die Jugend Esaus durchaus dazu angelegt ist, aus dem erstgeborenen Sohn Isaaks, eine negative Persönlichkeit werden zu lassen, die nicht von ungefähr zum Stammvater der Edomiter wird.[58] Wir werden uns im Folgenden nun Esaus Bruder zuwenden.

4. Jakob – Softie und Gauner

Im Gegensatz zu seinem Bruder Esau wird das äußere Erscheinungsbild Jakobs nicht beschrieben. Diese Beschreibung wird erst in Gen 27,11 nachgereicht, wenn Jakob von sich sagt: אנכי איש חלק. Diese Selbstbezeichnung steht aber schon ganz im Lichte des von Rebekka geplanten Betrugs ihres alten Ehemanns. Im Rahmen der Geburtserzählung ist eine physische Beschreibung Jakobs auch nicht notwendig, da bereits etabliert ist, daß er der jüngere der Zwillinge ist. BerR kann hier die zeitliche Abfolge verschieben und davon sprechen, daß Jakob als erster gezeugt wurde:

> A matron asked R. Jose b. Ḥalafta: Why did Esau issue first? Because the first drop was Jacob's he answered her. For consider: if you place two diamonds in a tube, does not the one put in first come out last? So also the first drop was that which formed Jacob.[59]

Im Gegensatz zu seinem Bruder wird der Name Jakob nur durch eine Etymologie erklärt, die sich ganz auf seine Tat bei der Geburt stützt.[60] Erst in Gen 27,36 gibt Esau eine zweite Etymologie für den Namen Jakob und so weist Gen 25,26 bereits auf den Betrug um den Segen voraus. Jakob wird in der Geburtsgeschichte noch nicht mit dem Namen eines Volkes in Verbindung

---

56   Nach Philo von Byblos geschieht die Erfindung der Seefahrt in Etappen: der Planke des Ousoos folgt das Floß (σχεδία) des Chousor, ehe die Dioskuren das Boot (πλοῖον) erfinden (Eusebius, *Praeperatio Evangelica* 1.10.11; 1.10.14).

57   τούτων δὲ τελευτησάντων τοὺς ἀπολειφθέντας φησὶ ῥάβδους αὐτοῖς ἀφιερῶσαι καὶ τὰς στήλας προσκυνεῖν καὶ τούτοις ἑορτὰς ἄγειν κατ᾽ ἔτος (Eusebius, *Praeperatio Evangelica* 1.10.11 (Text nach Attridge/Oden 1981: 42)).

58   Vgl. hierzu Tebes 2008: 2–20.

59   BerR 63,8 (Freedman/Simon 1977: 563).

60   Zum Problem vgl. Smith 1990: 464–473 und Malul 1996: 190–212.

gebracht und der Leser muß auf die Auflösung des JHWHwortes bis Gen 32,29 warten.

In den Übersetzungen und Kommentaren der Charakterisierung Esaus und Jakobs schwingt unweigerlich der anthropologische Dualismus von *Natur* und *Kultur* mit.[61] So wird Esau beinahe ein „nobler Wilder",[62] der in natürlicher Umgebung lebt und sich der Korruption durch Zivilisation widersetzt, um dann doch von dem Kulturmenschen Jakob übertölpelt zu werden. Ausgangspunkt für diese Wertung ist die problematische Charakterisierung Jakobs als תם איש in Gen 25,27bα, welche die Septuaginta als ἄνθρωπος ἄπλαστος wiedergibt.[63] ἄπλατος bedeutet eigentlich „ungeformt",[64] bekommt aber dann die Konnotation von „aufrichtig".[65] In der jüdischen Tradition wird Jakob zu einem ruhigen Mann, der seine Zeit mit Studien verbringt:[66]

> And Jacob was a quiet man, dwelling in tents: in two tents viz. In the academy of Shem and the academy of Eber ... And Rebekkah loved Jacob: the more she heard his voice [engaged in study] the stronger grew her love for him.[67]

Das Nächste, was von Jakob berichtet wird, ist, daß er ein Gericht kocht (Gen 25,29). Die Terminologie ist schwierig, da nicht das gängige Wort בשל gebraucht wird,[68] sondern זיד (hi.), welches in dieser Bedeutung nur hier benutzt wird und sich vielleicht eher auf das Aufwärmen einer bereits zubereiteten Speise bezieht.[69] Die Septuaginta nimmt das hebräische Wortspiel auf (ἥψησεν δὲ Ἰακὼβ ἕψεμα) und denkt wie hebr. נזיד erst einmal ganz allgemein an ein gekochtes Gericht,[70] welches erst in Gen 25,34 zum Linsengericht wird (נזיד

---

61 Die vielleicht deutlichste Ausformung des Gegensatzes von Natur und Kultur findet sich in der *Anthropologie structurale* von C. Lévi-Strauss (Lévi-Strauss 1977); zum Problem vgl. Geertz 2000: 246–250; Herzfeld 2001: 171–175; Sahlins 2000: 521–524.

62 Der Begriff des noblen Wilden (*noble savage*) wird zuerst in J. Drydens Theaterstück *The Conquest of Granada* gebraucht. Dort heißt es: „... as free as nature first made man, | Ere the base laws of servitude began | when wild in woods the noble savage ran." (zitiert nach Barnard 2000: 20).

63 „The translator used ἄνθρωπος rather than ἄνηρ since it is a type of human being that is described ..." (Wevers 1993: 394).

64 So bei Philo (Mechanicus), *Bel.* 2.317.

65 Vgl. Plutarch, *Aemilius Paulus* 37.1: οὕτω μὲν εὐγενεῖς καὶ μεγάλους λόγους τὸν Αἰμίλιον ἐξ ἀπλάστου καὶ ἀληθινοῦ φρονήματος ἐν τῷ δήμῳ διαλεχθῆναι λέγουσι.

66 Vgl. TO 25,27. und Tg. Neofiti 1.

67 BerR 63,10. Englische Übersetzung nach Freedman/Simon 1977: 566.

68 Vgl. Ex 16,23; 23,19; 29,31; 34,26; Lev 8,31; Num 11,8; Dtn 14, 21; 16,7; I Sam 2,13; II Sam 13,8; I Reg 19,21; II Reg 4,38; 6,29; Ez 46,20.24; Sach 14,21; Thr 4,10.

69 זיד sonst in der Bedeutung von „frech" oder „vermessen handeln"; vgl. Ex 18,11 (q.); Dtn 1,43; 17,13; 18,20; Neh 9,29f. (alle hi.).

70 LXX hat hier die späte Form ἕψεμα statt ἕψημα; ἕψημα beschreibt ganz generell das Gekochte; vgl. Plato, *Rep.* 455c (καὶ τὴν ποπάνων τε καὶ ἐψημάτων); ἐψητήρ ist dann der Kochtopf (τὼς Λαρισσαίως βουγάστορας ἐψητῆρας | καὶ χύτρως, καὶ τὰν εὐρυχαδῆ κύλικα [*Anth. Pal.*6.305]) und ἐψητοί ein kleiner gekochter Fisch oder eine Fischsuppe (οὐδεὶς οὐδὲ σκορόδου κεφαλὴν τοῖς ἐψητοῖσι δίδωσιν [Aristophanes, *Vesp.* 679]).

עדשׁים).[71] Die Zubereitung des Gerichts entspricht den beide Aussagen, die vorher über Jakob gemacht wurden, nämlich die Häuslichkeit und die besondere Zuneigung, die er durch Rebekka erfährt.

Hier ist es sinnvoll, den oben angesprochenen Dualismus von *Natur* und *Kultur* erneut aufzunehmen: In seiner Studie *Le cruit et le cuit* aus dem Jahre 1964 hat C. Levi-Strauss diesen Dualismus durch die Analogie *roh* und *gekocht* erweitert.[72] So entstehen die folgenden Entsprechungen:

roh : gekocht :: Natur : Kultur

Dementsprechend ist der Vorgang des Kochens ein Akt der Vermittlung zwischen den Sphären der Natur und der Kultur. In der Regel sind es in traditionellen Gesellschaften die Männer, die die Nahrung aus der Natur herbeibringen und die Frauen, die diese in eine Mahlzeit verwandeln. Diese Verwandlung ist notwendig, da Naturprodukte bearbeitet werden müssen, ehe sie als Nahrung oder Mahlzeit gelten können. So wird der Akt des Kochens zu einer essentiellen menschlichen Funktion. Der Prozeß der Transformation liegt dabei traditionell in der weiblichen Sphäre des Hauses, ehe die bereitete Mahlzeit erneut den maskulinen Raum betritt. Die Küche, oder die Kochstelle ist damit als weiblicher Raum charakterisiert. Dies bedeutet nicht, daß die Männer des Haushaltes keinen Zutritt zu diesem Ort haben, auch wenn die Kontrolle über die Nahrung die Hauptquelle der weiblichen Macht in einem Haushalt darstellt.[73] Die Reputation einer Frau bemißt sich demnach u.a. nach ihrer Fähigkeit, Mahlzeiten zuzubereiten.[74] Auch wenn die strikte Trennung der Geschlechter in traditionellen Gesellschaften lediglich eine idealisierte Fiktion ist,[75] steht doch außer Frage, daß die Kochstelle bzw. die Zubereitung von Mahlzeiten in den weiblichen Tätigkeitsbereich fällt.[76] Dies bedeutet, daß

---

71 LXX übersetzt ἔψεμα φακοῦ, benutzt also mit φακός die gewöhnliche griechische Bezeichnung für Linsen; vgl. den ähnlichen Gebrauch in Theokrit, *Id.* 10.54 (κάλλιον, ὦ πιμελητὰ φιλάργυρε, τὸν φακὸν ἕψειν | μὴ 'πιτάμῃς τὰν χεῖρα καταπρίων τὸ κύμινον) und Solon, *fr.* 38 (πίνουσι· καὶ τρώγουσιν οἱ ἴτρια, | οἱ δ' ἄρτον αὐτῶν, οἱ δὲ συμμεμιγμένους | γούρους φακοῖσι· καῖθι δ' οὔτε πεμμάτων | ἄπεστιν οὐδ' ἕν, ἄσσ' ἐν ἀνθρώποισι γῇ | φέρει μέλαινα, πάντα δ' ἀφθόνως πάρα).

72 Levi-Strauss 1976.

73 Dubisch 1986: 205–208. Demgegenüber hat Sutton 2001: 25–26 darauf hingewiesen, daß die Männer auf Kalymnos stets darum bemüht sind, auch auf diesem Gebiet die Kontrolle zu behalten.

74 Vgl. Hirschon 1998: 150–151, die berichtet, daß unter den griechischen Flüchtlingen aus Kleinasien schnell zubereitete Mahlzeiten als Speise von Prostituierten (της πουτάνας φαΐ) gelten: „a woman's virtue can be demonstrated when her time is fully occupied in domestic tasks. Cooking and food preparation conventions can this be seen as a mode of social control."

75 Vgl. Cohen 1991: 41–54.

76 Josephus, *Ant.* 2.1 macht aus Jakob, der generell zu kochen scheint, jemanden, der sich lediglich selbst eine Mahlzeit bereitet hat (ἐπιτυχὼν δὲ τἀδελφῷ φακῆν ἐσκευακότι πρὸς

Jakob *out of place* ist und einer Tätigkeit nachgeht, die mit seinem Geschlecht als Mann nur schwer zu vereinbaren ist.[77]

In der stereotypen Sichtweise der antiken Autoren ist das Innere des Hauses eindeutig mit weiblichen Tätigkeiten verbunden und diese Tätigkeiten stehen alle in Verbindung mit der Transformation der Produkte der Natur in solche für den häuslichen Gebrauch:

στεγνῶν δὲ δεῖται καὶ ἡ τῶν νεογνῶν τέκνων παιδοτροφία στεγνῶν δὲ καὶ αἱ τοῦ καρποῦ στοποιίαι δέονται· ὡσαύτως δὲ καὶ ἡ τῆς ἐσθῆτος ἐκ τῶν ἐρίων ἐργασία. ἐπεὶ δ᾽ ἀμφότερα ταῦτα καὶ ἔργων καὶ ἐπιμελείας δεῖται τά τε ἔνδον καὶ τὰ ἔξω, καὶ τὴν φύσιν, φάναι, εὐθὺς παρεσκεύασεν ὁ θεός, ὡς ἐμοὶ δοκεῖ τὴν μὲν τῆς γυναικὸς ἐπὶ τὰ ἔνδον ἔργα καὶ ἐπιμελήματα, τὴν δὲ τοῦ ἀνδρὸς ἐπὶ τα ἔξω ἔργα καὶ ἐπιμελήματα.[78]

[Schutz wird gebraucht für das Stillen der Säuglinge; Schutz wird gebraucht, um aus dem Korn Brot zu machen und ebenso für die Herstellung von Kleidung aus der Wolle. Und da beide Tätigkeiten, die draußen und die drinnen Arbeit und Aufmerksamkeit fordern, hat Gott – so scheint es mir – von Anfang an das Wesen der Frau an die Tätigkeiten drinnen angepaßt und das des Mannes an die Tätigkeiten draußen.]

Xenophon fährt dann fort, diese Aufteilung des Raumes aus der Physis des Mannes und der Frau herzuleiten. Da der Körper des Mannes eher dazu gemacht ist, Hitze und Kälte, Reisen und militärische Unternehmungen zu ertragen, ist es nur verständlich, daß der Mann, sein Leben draußen verbringt. In Analogie dazu, ist der schwächer gebaute Körper der Frau selbstverständlich besser geeignet, daß Innere eines Hauses zu verwalten:

ῥίγη μὲν γὰρ καὶ θάλπη καὶ ὁδοιπορίας καὶ στρατείας τοῦ ἀνδρὸς τὸ σῶμα καὶ τὴν ψυχὴν μᾶλλον δύνασθαι καρτερεῖν κατεσκεύασεν· ὥστε τὰ ἔξω ἔταξεν αὐτῷ ἔργα· τῇ δὲ γυναικὶ ἧττον τὸ σῶμα δυνατὸν πρὸς ταῦτα φύσας τὰ ἔνδον ἔργα αὐτῇ, φάναι ἔφη, προστάξαι μοι δοκεῖ ὁ θεός.[79]

ἄριστον αὐτῷ) – auch dies sicherlich ein Kunstgriff, um den Eindruck des kochenden Mannes zu vermeiden.

77 Natürlich kennt das Alte Testament auch kochende Männer (zum Kochen im AT generell vgl. King/Stager 2001: 64–68); vgl. etwa I Sam 2,13; I Reg 19,21; II Reg 4,30. Allerdings wird hier entweder in einem speziellen Kontext (Opfer), oder in einer besonderen Situation gekocht und nicht von der Zubereitung der täglichen Mahzeiten gesprochen. Dieser Befund deckt sich in gewisser Weise mit dem altorientalischen Material: wird von einem Koch gesprochen, ist dieser entweder der Koch des Königs (TUAT I/1, 124) oder der Koch der Götter (vgl. TUAT III/4, 772.774 [Nergal und Erei̯kigal]; TUAT III/4, 849 [Appu-Märchen]); lediglich der kochende (äg. *psj*) Beduine aus dem *Mythos vom Sonnenauge* (TUAT III/5, 1047) scheint hier die Ausnahme zu bilden. In BerR 63,11 wird das Gericht, welches Jakob kocht zur Trauermahlzeit für den verstorbenen Abraham – so wird aus Jakobs Kochkunst ein einmaliges Ereignis; der besondere Anlaß erlaubt es also Jakob, einer femininen Tätigkeit nachzugehen.

78 Xenophon, *Oeconomicus* 7.21–22.

79 Xenophon, *Oeconomicus* 7.23.

Aus dieser Aufteilung des Raumes und der Arbeit folgt jedoch nicht unbedingt eine Unterordnung der Frau unter den Mann, da Xenophon beide als komplimentäre Teile eines Ganzen ansieht. Nach den Maßstäben von Xenophon verhält sich Esau aufgrund seines Berufs und Aufenthaltsort wie ein Mann – dies kann man von Jakob nicht behaupten: denn ein Mann, der zuviel Zeit im Hause verbringt, läuft Gefahr seine Ehre und seinen Status als Mann zu verlieren.[80]

Der Verkauf der Erstgeburt (Gen 25,29–34) kann dann auch unter dem Gesichtspunkt eines fehlplazierten Mannes interpretiert werden. Der zentrale Punkt ist ein zubereitetes Gericht. Da jede Mahlzeit auch immer eine soziale Komponente hat,[81] treten selbstverständlich auch hier soziale Spannungen und Beziehungen in den Vordergrund.

> „... food provides a most important medium for the exchanges that take place within the family and for the construction and expression of family relations and sentiments."[82]

Die unterschiedlichen Erwartungen der Teilnehmer an einer Mahlzeit, sind dann auch oft der Grund für Mißverständnisse – oder in den Worten M. Sahlins: „What is for some people a radical event may appear to others as a date for lunch."[83] Betrachtet man Jakob im Lichte der oben genannten weiblichen Parameter, überrascht es, daß er eine Bezahlung für die zubereitete Mahlzeit fordert, da dies ja Teil seines Aufgabenbereiches ist.[84] Jedwede Deutung, die hier einen Gegensatz zwischen Hirte und Jäger sehen will,[85] geht an der Intention des Textes vorbei.[86] Vielmehr ergreift Jakob die Chance, seinen Bruder zu überlisten, als dieser nach Hause kommt und gegenübertritt, wie man einer Frau des Hauses gegenüber zu treten pflegt. Esau fordert eine Mahlzeit, deren Zubereitung Pflicht und Aufgabe der Frauen des Haushaltes ist. Indem sich Jakob den Genderstrukturen des Haushaltes widersetzt gelingt es ihm, den Status des erstgeborenen Sohnes zu erlangen, welcher unweigerlich mit dem materiellen Vorteils des Haupterbes verbunden ist.[87] So erreicht er die Ehre, die er drohte zu verlieren, weil er als braver Mann zu Hause – und damit in der weiblichen Sphäre – blieb. Auf der Ebene der Erzählung handelt es sich hier also lediglich um einen Konflikt zwischen Brüdern um das limitierte Gut des Erstgeburtsrechts. Die Eltern sind hier noch nicht Teil der Auseinandersetzung

---

80 Xenophon, *Oeconomicus* 7.30: ... τῷ δὲ ἀνδρὶ αἴσχιον ἔνδον μένειν ἢ τῶν ἔξω ἐπιμελεῖσθαι.
81 Vgl. Douglas 1999: 231–251; Sutton 2001: 103–123.
82 Goddard 1996: 227.
83 Sahlins 1985: 154.
84 Blenkinsopp 1997: 55 geht hier davon aus, daß unbewegliche Habe durch Verkauf auf ein anderes Mitglied der Kernfamilie transferiert werden konnte.
85 So etwa Gunkel 1964: 297 und Westermann 1989: 508 sowie die bildhafte Ausmalung der Geschichte bei Maag 1957: 418–429.
86 Blum 1984: 75.
87 Zu Erbstreitigkeiten etc. in Israel und Griechenland vgl. Hagedorn 2004: 200–239.

und Gen 25,29–34 ist der erste offene Konflikt zwischen den Brüdern nach dem Stoßen im Mutterleib.[88] Jakob gelingt es, seinen eigenen Status zu erhöhen, indem er es ausnutzt, daß sein Bruder Esau in ihm ein weibliches Mitglied des Haushaltes sieht. Am Ausklang der Jugendtage Jakob und Esaus ist aus Esau, der sich so verhält, wie es von einem Mann erwartet wird, der betrogene Bruder geworden, der der List des unter Frauen aufgewachsenen Bruder nichts entgegenzusetzen hat.[89] Das Jubiläenbuch faßt dies deutlich zusammen, wenn es in Jub 24,7 heißt: „Und Jakob wurde der Ältere, und Esau wurde erniedrigt von seiner Größe."[90]

5. Schluß

Gen 25,19–34 eröffnet den Jakob-Esau-Zyklus, indem die Berichte aus den Jugendtagen der beiden Protagonisten den Grundstein für die Motive legen, die den weiteren Fortgang der Erzählung bestimmen werden. Gleichzeitig wird durch ein Gotteswort die Geschichte von den Konflikten innerhalb einer Familie zu der Geschichte der Auseinandersetzung zweier Völker. „Völkergeschichte erscheint in der Gestalt von Familiengeschichte, weil ein genealogisch strukturiertes Denken den Ursprung eines Volkes nicht anders als in Geschichten von den Ahneltern zu erzählen vermag."[91] Die verarbeiteten Motive stammen aus dem kulturellen Fundes des östlichen Mittelmeerraumes und des vorderen Orients.[92] Diese Feststellung erlaubt es, die Verse vor einem größeren Deutungshorizont zu betrachten und kulturanthropologisch auszuwerten. So entsteht ein facettenreiches Bild der Jugendtage Jakob und Esaus, welches auch kulturelle Merkmale beachtet, die nicht explizit erwähnt werden. Vor diesem Hintergrund ist dann Esau eine wesentlich komplexere Persönlichkeit, als viele Kommentatoren annehmen und Jakob ist nicht einfach nur der schlauere der beiden Brüder. Gleichzeitig eröffnet eine kulturanthropologische Betrachtung Einblicke in die unterschiedlichen Anknüpfungspunkte der Rezeptionsgeschichte. Zur literarischen Genese der Jakoberzählung kann die Anthropologie selbstverständlich wenig beitragen, aber es ist mit ihrer Hilfe

---

88   In Gen 27,1–40 ist Rebekka die treibende Kraft hinter der Erschleichung des Segens und lediglich Esau nimmt in Gen 27,36 auf die Ereignisse in Gen 25,29–34 Bezug, was für Blum 1984: 85 u.a. der Grund ist, einen literarisch einheitlichen Zusammenhang von Gen 25,21–34 und Gen 27,1–45 zu postulieren; anders Kratz 2000: 280, der Gen 27,35–38 als Nachtrag erachtet.

89   Nach Philo, de Ebrietate 20.82 bedeutet bereits der Name Jakob Lernen (μαθήσεως) und Fortschritt (προκοπῆς).

90   Deutsche Übersetzung nach Berger 1981: 447.

91   Köckert 2006: 139.

92   Burkert 2003: 21 spricht von einer nahöstlich-mediterranen Kulturgemeinschaft; vgl. West 1997: 262 „East Mediterranean substrate".

möglich, zu erörtern, welche Assoziationen die Erzählung bei ihren ersten Lesern geweckt hat – unter diesem Aspekt haben die *Allotria* dann auch als Teil der historisch-kritischen Forschung ihre Existenzberechtigung.

Literatur

ATTRIDGE, H.W./ODEN, R.A. (1981): Philo of Byblos: The Phoenician History. Introduction, Critical Text, Translation, Notes, CBQMS 9, Washington.

BAMBERGER, S. (³1975): רש"י על התורה. Raschis Pentateuchkommentar, Basel.

BARNARD, A. (2000): History and Theory in Anthropology, Cambridge.

BECKBY, H. (1957): Anthologia Graeca Buch I–VI, München.

BERGER, K. (1981): Das Buch der Jubiläen, JSHRZ II/3, Gütersloh.

BLENKINSOPP, J. (1997): The Family in First Temple Israel, in: Perdue, L.G./ Blenkinsopp, J./Collins, J.J./Meyers, C., Families in Ancient Israel, The Family, Religion and Culture I, Louisville, 48–103.

BLUM, E. (1984): Die Komposition der Vätergeschichte, WMANT 57, Neukirchen-Vluyn.

BOYS-STONES, G. (2007): Physiognomy and Ancient Psychological Theory, in: Swain, S. (Hg.), Seeing the Face, Seeing the Soul. Polemon's *Physiognomy* from Classcial Antiquity to Medieval Islam, Oxford, 19–124.

BRODERSEN, K. (2004): Apollodorus. Götter und Helden der Griechen. Griechisch und deutsch, Edition Antike, Darmstadt.

BUCK, C.D. (²1961): Greek Dialects. Grammar, Selected Inscriptions, Glossary, Chicago.

BUKOWCZYK, J.J. (1998): „Who is the Nation?" – or, „Did Cleopatra Have Red Hair?": A Patriotic Discourse on Diversity, Nationality, and Race, Melus 23, 3–23.

BURKERT, W. (2003): Die Griechen und der Orient. Von Homer bis zu den Magiern, München.

CARR, D. (1996): Reading the Fractures of Genesis. Historical and Literary Approaches, Louisville.

CHEYNE, T.K. (1897): The Connection of Esau und Usoos, ZAW 17, 189.

COHEN, D. (1991): Law, sexuality, and society. The enforcement of morals in classcial Athens, Cambridge.

DOUGLAS, M. (²1999): Deciphering a Meal, in ead., Implicit Meanings. Selected Essays in Anthropology, London, 231–251.

DUBISCH, J. (1986): Culture Enters through the Kitchen: Women, Food, and Social Boundaries in Rural Greece, in ead. (Hg.), Gender & Power in Rural Greece, Princeton, 195–214.

DU BOULAY, J. (1974): Portrait of a Greek Mountain Village, Oxford Monographs in Social Anthropology, Oxford.

EIßFELDT, O. (1963): Schamemrumim „Hoher Himmel", ein Stadtteil von Groß-Sidon, Kleine Schriften II, Tübingen, 123–126.

ENDRES, J.C. (1987): Biblical Interpretation in the Book of Jubilees, CBQMS 18, Washington.

EVANS, E.C. (1969): Physiognomics in the Ancient World, TAPhA n.s. 59/5, Philadelphia.

FELDMAN, L.H. (1998): Josephus's Interpretation of the Bible, Hellenistic Culture and Society 27, Berkeley/London.

FEIX, J. (⁶2000): Herodot – Historien. Erster Band. Bücher I–V, Sammlung Tusculum, Düsseldorf/Zürich.

FISHBANE, M. (1998): Biblical Text and Texture. A literary reading of selected texts, Oxford.

FREEDMANN, H./SIMON, M. (1977): The Midrash Rabbah Band I. Genesis, London/Jerusalem/New York.

FREY-ANTHES, H. (2007): Unheilsmächte und Schutzgenien, Antiwesen und Grenzgänger. Vorstellungen von „Dämonen" im alten Israel, OBO 224, Fribourg/Göttingen.

GEERTZ, C. (2000): Available Light. Anthropological Reflections on Philosophical Topics, Princeton.

GALLAGHER, C./GREENBLATT, S. (2000): Practicing New Historicism, Chicago/London.

GANTZ, T. (1993): Early Greek Myth. A Guide to Literary and Artistic Sources, Bd. 1, Baltimore/London.

GODDARD, V. (1996): Gender, Family and Work in Naples, Oxford.

GRAZIOSI, B./HAUBOLD, J. (2005): Homer: The Resonance of Epic, Classical Literature and Society, London.

GROSSFELD, B. (1988): The Targum Onqelos to Genesis, The Aramaic Bible 6, Edinburgh.

GUNKEL, H. (⁶1964): Genesis, Göttingen.

HAGEDORN, A.C. (2004): Between Moses and Plato. Individual and Society in Deuteronomy and Ancient Greek Law, FRLANT 204, Göttingen.

HENDEL, R.S. (1987): The Epic of the Patriarch. The Jacob Cycle and the Narrative Traditions of Cannan and Israel, HSM 42, Atlanta.

HERZFELD, M. (2001): Anthropology. Theoretical Practice in Culture and Society, Oxford.

HIRSCHON, R. (1998): Heirs of the Greek Catastrophe. The Social Life of Asia Minor Refugees in Piraeus, Oxford.

ISLER-KERÉNYI, C. (2004): Civilizing Violence. Satyrs on 6th Century Greek Vases, OBO 208, Fribourg/Göttingen.

KING, P.J./STAGER, L.E. (2001): Life in Biblical Israel, Library of Ancient Israel, Louisville.

KÖCKERT, M. (2006): Abraham: Ahnvater, Fremdling, Weiser. Lesarten der Bibel in Gen 12, Gen 20 und Qumran, in Martus, S./Polaschegg, A. (Hg.), Das Buch der Bücher – gelesen. Lesarten der Bibel in den Wissenschaften und Künsten, Publikationen zur Zeitschrift für Germanistik N.F. 13, Bern, 139–169.

KRATZ, R.G. (2000): Die Komposition der erzählenden Bücher des Alten Testaments. Grundwissen der Bibelkritik, utb 2157, Göttingen.

LEVIN, C. (1993): Der Jahwist, FRLANT 157, Göttingen.

LÉVI-STRAUSS, C. (1976): Mythologica I. Das Rohe und das Gekochte, stw 167, Frankfurt a.m.

– (1977): Strukturale Anthropologie I, stw 225, Frakfurt a.m.

MAAG, V. (1957): Jakob – Esau – Edom, ThZ 13, 418–429.

MAHER, M. (1992): Targum Pseudo-Jonathan: Genesis, The Aramaic Bible 1B, Edinburgh.

MALUL, M. (1996): ʿāqēb „Heel" and ʿāqab „to supplant" and the Concept of Succession in the Jacob-Esau Narratives, VT 46, 190–212.

MATT, D.C. ed. (2004): The Zohar (Pritzer Edition), Band II., Stanford.

MAUL, S.M. (2005): Das Gilgamesch-Epos, München.

MCNAMARA, M. (1992): Targum Neofiti 1: Genesis, The Aramaic Bible 1A, Edinburgh.

NIDITCH, S. (2008): „My Brother Esau Is a Hairy Man". Hair and Identity in Ancient Israel, Oxford.

REDPATH, I. (2007): Anonymus Latinus, *Book of Physiognomy*, in Swain, S. (Hg.), Seeing the Face, Seeing the Soul. Polemon's *Physiognomy* from Classcial Antiquity to Medieval Islam, Oxford, 549–535.

RHODES, P.J./OSBORNE, R. (2003): Greek Historical Inscriptions 404–323 BC, Oxford.

ROSENBAUM, M./SILBERMAN, A.M. (1982): Pentateuch with Targum Onkelos, Haphtaroth and Rashi's Commentary, Band I., Genesis, Jerusalem.

RUPPERT, L. (2005): Genesis. Ein kritischer und theologischer Kommentar. 3. Teilband: Gen 25,19–36,43, fzb 106, Würzburg.

SAHLINS, M. (1985): Islands of History, Chicago.

SAHLINS, M. (2000): Culture in Practice. Selected Essays, New York.

SCHADEWALDT, W. (1975): Homer – Ilias, insel taschenbuch 153, Frankfurt a.M.

SEEBASS, H. (1999): Genesis II. Vätergeschichte II (23,1–36,34), Neukirchen-Vluyn.

SKA, J.L. (2001): Genèse 25,19–34 – Ouverture du cycle de Jacob, in Macchi, J.-D. /Römer, T. (Hg.), Jacob. Commentaire à plusieurs voix de Gen 25–36. Mélanges offerts à Albert de Pury, La Monde de la Bible 44, Genf, 11–21.

SMITH, S. (1990): „Heel" and „Thigh": The Concept of Sexuality in the Jacob-Esau Narratives, VT 40, 464–473.

SPEISER, E.A. (1964): Genesis, AB 1, New York.

STEINBERG, N. (1993): Kinship and Marriage in Genesis. A Household Economics Perspective, Minneapolis.

SUTTON, D.E. (2001): Rememberance of Repasts. An Anthropology of Food and Memory, Materializing Cultures, Oxford/New York.

SWAIN, S. (2007): Appendix: Ps.-Aristotle, *Physiognomy*, in id. (Hg.), Seeing the Face, Seeing the Soul. Polemon's *Physiognomy* from Classcial Antiquity to Medieval Islam, Oxford, 638–661.

TASCHNER, J. (2000): Verheißung und Erfüllung in der Jakoberzählung (Gen 25,19–33,17). Eine Analyse ihres Spannungsbogens, Herders Biblische Studien 27, Freiburg.

TEBES, J.M. (2008): „You Shall Not Abhor An Edomite, For He Is Your Brother": The Tradition of Esau and the Edomite Genealogies from an Anthropological Perspective, The Journal of Hebrew Scriptures 6 (Article 6), 2–30 [http://www.jhsonline.org].

TSOUNA, V. (1998): Doubts About Other Minds and the Science of Physiognomics, CQ 48, 175–186.

VAN SETERS, J. (1992): Prologue to History. The Yahwist as Historian in Genesis, Louisville.

VON HENTIG, H. (1947): Redhead and Outlaw. A Study in Criminal Anthropology, Journal of Criminal Law and Criminology 38, 1–6.

VON MAYENBERG, D. (2006): Kriminologie und Strafrecht zwischen Kaiserreich und Nationalsozialismus, Baden Baden.

WAHL, H.M. (1997): Die Jakobserzählungen. Studien zu ihrer mündlichen Überlieferung, Verschriftung und Historizität, BZAW 258, Berlin/New York.

WELLHAUSEN, J. (^{3}1899): Die Composition des Hexateuchs und der historischen Bücher des Alten Testaments, Berlin.

WEST, M. (1985): The Hesiodic Catalogue of Women, Oxford.

–   (1997): The East Face of Helicon. West Asiatic Elements in Greek Poetry and Myth, Oxford.

WESTERMANN, C. (^{2}1989): Genesis. 2. Teilband. Genesis 12–36, BK I/2, Neukirchen-Vluyn.

WEVERS, J.W. (1993): Notes on the Greek Text of Genesis, SBLSCS 35, Atlanta.

Jakob in Bet-El und Sichem

Uwe Becker
Jena

1. Sichem und Bet-El in der Jakob-Überlieferung

In der Hochzeit der überlieferungs- und traditionsgeschichtlichen Forschung war man bemüht, die Erzählungen von Abraham, Isaak und Jakob und ihren Wanderungen in Kanaan und Mesopotamien auf ihre alten lokalen Haftpunkte hin zu befragen. Auf diesem Wege wollte man nicht nur die Geschichte der Pentateuchüberlieferung erhellen,[1] sondern auch Licht in das Dunkel der frühesten Religionsgeschichte Israels bringen.[2] Die Frage nach den primären Haftpunkten der Erzvätergestalten, die zugleich ihre ursprüngliche Eigenständigkeit belegten, ergab sich wie von selbst aus dem komplizierten Textbefund. In der Jakob-Überlieferung sind es zwei Orte, die in der Diskussion um die frühesten Überlieferungskerne eine herausgehobene Rolle spielten: *Bet-El* (Gen 28,11–22; 35,1–7.14f.) und *Sichem* (33,18–20; 35,4).[3] So hat man in *beiden* Orten die ältesten Haftpunkte der Jakob-Überlieferung sehen wollen. Eine einflußreiche Erklärung für dieses Nebeneinander hat Albrecht Alt gegeben: Er erschloß eine alte Begehung, nämlich eine „Wallfahrt von Sichem nach Bethel",[4] und machte so aus dem Nebeneinander ein kultisch vermitteltes Nacheinander. Eine zentrale Rolle in der Beweisführung kommt 35,1ff. zu: Obwohl in dem Abschnitt als Ganzes „über Jakobs Tun nach seiner Ankunft in Bethel nichts gesagt wird, was nicht durch Gen. 28,11ff. vorbereitet oder sogar vorweggenommen wäre",[5] verbirgt sich doch hinter der kleinen Szene 35,2–4 eine alte Überlieferung, eine ätiologische Sage, nach der das Volk wie in Jos 24 auf die alleinige Gottesverehrung eingeschworen wurde. Die Übertragung auf Jakob erfolgte, so Alt, aufgrund seiner ursprünglichen Verwurzelung in

---

1   Vgl. Noth 1948.
2   Vgl. z.B. Alt 1929, und die grundlegende Kritik von Köckert 1988.
3   Bet-El begegnet in Gen weiterhin nur noch in 12,8 (2x) und 13,3 (2x); Sichem als Ortsname nur noch in 12,6 und 37,12–14. Als Personenname ist Sichem (neben 33,19) vor allem in Gen 34 verankert.
4   Alt 1938: 79–88.
5   Alt 1938: 79.

Sichem, das allmählich im Zuge einer kultischen Transformation durch Bet-El abgelöst wurde.

Die These Alts stieß zunächst auch bei Martin Noth in seiner Rekonstruktion der Pentateuch-Entstehung auf große Resonanz. Nach ihm ist „das Baumheiligtum östlich der bedeutenden Stadt Sichem der ursprüngliche und älteste Haftpunkt der gesamten Jakobüberlieferung gewesen, und später wäre eines Tages im Zusammenhang mit anderen kultischen Einrichtungen und deren Überlieferungen auch die Jakobüberlieferung mit von Sichem nach Bethel gewandert und hätte an dem gleichfalls bedeutenden Heiligtum bei Bethel eine neue Stätte gefunden."[6] Der jüngere Ort verdrängt die altehrwürdige Stätte: „Ursprünglich aber war es das Heiligtum von Sichem gewesen, an dem der ‚dem Jakob erscheinende Gott' Verehrung genoß."[7] Auch Eckart Otto geht in seiner Monographie über „Jakob in Sichem" von einer Verdrängung Sichems durch Bet-El aus. Denn für ihn leidet es keinen Zweifel, „daß in der Kultgründungslegende Gen 33,18–20 der historische Kern der Verankerung der Jakobgestalt an einem westjordanischen Heiligtum vorliegt, während die Jakobgestalt in Bethel aus Sichem übernommen wurde, also in Abhängigkeit vom sichemitischen Jakobheiligtum."[8] Aber immerhin sei es doch „auffällig, daß im Jakobzyklus die Sichemüberlieferung nur noch in der kurzen Kultgründungsnotiz in Gen 33,18–20 enthalten ist, während die Bethelüberlieferung in Gen 28 und Gen 35 dominiert."[9]

Das religionsgeschichtlich bemerkenswerte Nebeneinander von Sichem und Bet-El hat man demnach als ein Nacheinander von Überlieferungshaftpunkten verstanden, die sich *auch* aus der literarischen Reihenfolge der Texte 33,18–20 und 35,1ff. als Itinerare ergab. Im Lichte einer grundlegend veränderten Ausgangslage in der Pentateuchforschung, die den Blick von den vermeintlich vorliterarischen, gar noch „vorisraelitischen" Überlieferungen[10] stärker auf die redaktionsgeschichtlichen Verhältnisse gelenkt hat, stellen sich die alten Fragen auf der literarischen Ebene neu: Wie kam es zu dem „Verdrängungswettbewerb" zwischen Sichem und Bet-El? Wie läßt er sich *literargeschichtlich* und *religionsgeschichtlich* genauer fassen? Dabei ist einerseits der Bedeutung Bet-Els und Sichems als theologischen „Sinnfiguren" nachzugehen,[11] andererseits aber auch nach den religionshistorischen Anlässen für die Konkurrenz der beiden Heiligtümer in der Jakobsgeschichte zu fragen.[12]

---

6   Noth 1948: 88.
7   Noth 1948: 88.
8   Otto 1979: 81. Dieses Heiligtum war dem „El, Gott Israels" gewidmet (Otto 1979: 199–227).
9   Otto 1979: 81. Zur Ablösung Sichems durch Bet-El vgl. auch Otto 1976: 165–190.
10   Vgl. zu diesem Problemfeld Wahl 1997.
11   Vgl. für Bet-El die Studie von Köhlmoos 2006: 3f. (zum Begriff „Sinnfigur").
12   Vgl. den höchst anregenden Beitrag von Knauf 2006: 291–349, über die meist unterschätzte Bedeutung Bet-Els in der Religionsgeschichte des alten Israel und des frühen Judentums.

Eine Sichtung der einschlägigen Sichem- und Bet-El-Texte im Rahmen
der Gesamtkomposition von Gen 26–35 und ihrer „theologischen Geographie"
muß sich somit der Frage zuwenden, ob die beiden Heiligtumsorte überhaupt
zum Kern der Überlieferung gehören. Was das Thema „Jakob in Sichem"
angeht, sind die Zweifel längst formuliert worden. Es ist vor allem das Ver-
dienst Erhard Blums, auf den redaktionellen, nach seiner Auffassung fortge-
schritten „deuteronomistischen" Charakter von 35,1–7 (vgl. V.2–4) hingewiesen und damit der These einer alten Sichem-Tradition den Boden entzogen zu
haben.[13] Auch das spröde und mehrschichtige Übergangsstück 33,18–20 vermag den Beweis nicht zu tragen, hat es sich doch ebenso als ein redaktionelles
Konglomerat erwiesen.[14] Es kommt hinzu, daß die älteren Erzählkomplexe, die
mit der Jakobsgestalt zusammenhängen, in den Süden Palästinas (Gerar, Beerscheba) und in das Ostjordanland (nördliches Gilead, Sukkot), nicht jedoch
nach Sichem weisen.[15] Ob die ältere Jakob-Überlieferung hingegen mit Bet-El
zu tun hatte, läßt sich nicht so leicht entscheiden. Hier hängt alles von der
Einordnung der gewichtigen Offenbarungsszene Gen 28,11–22* ab: Liegt der
Erzählung im Kern, wie man bis heute meist annimmt, ein alter *hieros logos*
des Heiligtums von Bet-El zugrunde, das mit der Jakob-Tradition verbunden
war?[16] Dem hat jüngst Melanie Köhlmoos widersprochen, indem sie den
Grundtext als einen Gegenentwurf zur Bet-El-Kritik bei den Propheten inter-
pretierte.[17] In diesem Fall wäre die Erzählung jung, und mit der alten Jakob-
Überlieferung hätte sie nichts zu tun. Es ist wohl kein Zufall, daß die Einordnung von 28,11ff. (und das Schicksal teilt die Bet-El-Erzählung mit der Jab-
bok-Geschichte in Gen 32,23–33) in der gegenwärtigen Pentateuchforschung
offen ist: Gehört sie (mit 32,23–33) auf die Ebene des „Jahwisten"? Hier mag
man an den Erstverfasser entweder des großen Zusammenhangs von der
Schöpfung bis zum Vorabend der Landnahme[18] oder aber nur einer zusammenhängenden (Schöpfungs- und) Vätergeschichte denken.[19] Oder gehören beide
Erzählungen in ihrem Kernbestand zu einer noch „vorjahwistischen" Redaktion der Vätergeschichte?[20] Und in welchem Verhältnis steht dann die Bet-El-
Erzählung zu den Sichem-Texten in 33,18–20 und 35,2–4? Wenn die beiden
Kultorte – bei Sichem ist ja potentiell auch der *Garizim* mitzudenken! – eher

---

13 Vgl. Blum 1984: 35–61. Blum denkt an die bis Jos 24 reichende Redaktion K[D].

14 Vgl. wiederum Blum 1984: 61–65.204–209, und mit etwas anderer Akzentuierung Blum
    2001: 232–235, darüber hinaus Levin 1993: 261f. Vgl. im Grunde schon Wellhausen 1899:
    47f.

15 Vgl. zur Analyse des gesamten nichtpriesterschriftlichen Erzählkomplexes Kratz 2000: 267–
    275.

16 Vgl. aus jüngster Zeit vor allem Koenen 2003: 159. So etwa auch Köckert 2007: 57.

17 Vgl. Köhlmoos 2006: 238f.

18 So Levin 1993.

19 Vgl. Kratz 2000: 249–304; Schmid 1999: 102–129; Gertz 2006: 262–278.

20 So trotz aller Unterschiede Levin 1993: 216–220.250–254, und Kratz 2000: 273f.

zum jüngeren Bestand der Jakob-Erzählung gehören, ist nach Veranlassung und Zeit ihrer Integration zu fragen.

2. *Jakobs Traum in Bet-El (Gen 28,11–22)*

Daß die Geschichte vom Traum Jakobs in Bet-El zu den am häufigsten bearbeiteten Texten in der Genesis gehört, liegt nicht so sehr an der Strittigkeit der internen literarischen Analyse, bei der es im wesentlichen nur zwei Optionen gibt: auf der einen Seite das herkömmliche Quellenmodell mit einer Aufteilung auf J und E,[21] auf der anderen Seite das heute favorisierte Ergänzungsmodell[22]. Umstritten ist vielmehr die Kontextverankerung der Erzählung auf ihren verschiedenen literarischen Ebenen.

In ihrer gegenwärtigen Gestalt bildet die Traumoffenbarung Jakobs in Bet-El eine Zwischenstation auf der Reise von Beerscheba nach Haran (28,10), „ein Erlebnis auf dem Weg"[23]. Die Reisenotiz verbindet die Isaak-Esau-Erzählung Gen 26–27*, die mit der Gegend von Gerar (26,1.17) und dem nicht weit entfernten Beerscheba (26,23.25) zu tun hat, mit der ursprünglich ebenfalls eigenständigen, in *Haran* lokalisierten Jakob-Laban-Erzählung (29,1–32,2a*) mit Hilfe des Fluchtmotivs.[24] Dabei deutet sich in dem Ort Beerscheba bereits eine Verbindung mit der Abraham-Überlieferung an. 28,10 bildet mithin die geographische wie literarische Brücke zwischen Gerar/Beerscheba einerseits und Mesopotamien bzw. Haran andererseits. Die Notiz folgte einmal direkt auf das Übergangsstück 27,43–45 (28,1–9 gehören zu P), so daß der redaktionell-verbindende Charakter von 28,10 außer Frage steht.[25] In 29,2ff. befindet sich Jakob in der Gegend um Haran; in dem kurzen Itinerar 28,10 ist also die gesamte Reise von Beerscheba nach Haran bereits enthalten.

Aber dann geschieht doch etwas Unerwartetes. Jakob kommt auf der Flucht mit dem Heiligtum von *Bet-El* in Berührung, ebenso auf dem Rückweg: In Gen 28,19 (be)gründet er das Heiligtum, nach 35,1–7 baut er dort einen

---

21 Auf J wird dabei meist der Traum (etwa V.13–16.19), auf E die jetzige Rahmenhandlung samt Gelübde (etwa V.11f.17f.20–22*) zurückgeführt. Klassisch Wellhausen 1899: 30–32, und Gunkel 1901: 316–322; in neuerer Zeit etwa auch L. Schmidt 1994: 137–149; Graupner 2002: 227–233.

22 Dabei wird gewöhnlich die Jahwe-Rede in V.13–16 als Erweiterung der älteren Traumoffenbarung verstanden. Vgl. (mit je eigener Akzentuierung) z.B. Blum 1984: 7–35; Blum 2000: 33–54; Levin 1993: 216–220; Wahl 1997: 267–278 (mit ausführlicher Diskussion).

23 Westermann 1981: 552.

24 Vgl. die beiden in Grundfragen ähnlichen Analysen von Levin 1993: 197–244, und Kratz 2000: 270–273. Allerdings hält Kratz 2000: 270, die Erwähnung Harans nicht für ursprünglich; lediglich die Überquerung des „Stromes" in 31,21 lasse an Mesopotamien denken. Anders Blum 1984: 41, der gerade 31,21 für einen interpretierenden, auf 35,1ff. weisenden Einschub hält.

25 So etwa auch Levin 1993: 217; Kratz 2000: 272.

Altar, und nach 35,16aα verläßt er den Ort wieder. Beide Texte – Gen 28* und 35* – bilden eine Art Klammer um den Aufenthalt Jakobs in der Fremde: „An derselben Stelle, wo Jakob das Land verließ, betritt er es wieder, und nun vollendet er die Kultätiologie und baut den in Gen 28 noch fehlenden Altar."[26] Der Ort Bet-El ist also weder Heimat noch Haftpunkt der Jakobtradition, sondern literarisch gesehen eine *Durchgangsstation.* Sie bildet bereits – vereinfacht gesagt – die dritte Phase in der Entstehung der gesamten Jakob-Erzählung: Die *erste* und älteste, bereits mehrschichtig zu denkende Phase wird repräsentiert durch die ehedem selbständigen Erzählkomplexe über Isaak-Esau, die in Gen 24–27* enthalten sind, und der Jakob-Laban-Erzählung in Gen 29,1–32,2a*. Die *zweite* Phase, die Verbindung der Einheiten zu einer umfassenden Jakobsgeschichte unter Einschluß Isaaks mittels des Fluchtmotivs und der Versöhnung Jakobs mit Esau (c.33), ist in 28,10 greifbar. Auf dieser Stufe ist eine Verbindung mit der Abraham-Erzählung vorausgesetzt. Zur *dritten* Phase schließlich gehört der Einbau der Bet-El-Erzählung.

Jakob gerät eher zufällig, „weil die Sonne untergegangen war", an den Ort, dessen Identität einstweilen noch nicht preisgegeben wird: „Er traf (פגע) auf die (!) Stätte (מקום) und blieb dort über Nacht." (28,11) Die Erzählung findet ihr Ziel in der Benennung, und das heißt in der *Gründung* der „Stätte" Bet-El (28,19a). Die abschließende Notiz 29,1 leitet wieder zum ursprünglichen Erzählzusammenhang 28,10 zurück, wobei das präzise „nach Haran" durch die unbestimmtere Angabe „in das Land der Ostleute"[27] ersetzt wurde.

Zwischen der Ankunft an der Stätte und ihrer Benennung liegt der Traum Jakobs. Man unterscheidet in den neueren Analysen, sofern sie nicht auf die traditionelle Quellenscheidung zurückgreifen, gewöhnlich zwischen dem Traum und der Reaktion Jakobs einerseits (V.12.17–19a) und der nachträglich eingebetteten Verheißungsrede Jahwes andererseits (V.13–16). Diese Verheißungsrede – früher aufgrund des verwendeten Gottesnamens gern dem Jahwisten zugewiesen – ist unselbständig und auf den erzählenden Rahmen angewiesen.[28] Über die genaue Abgrenzung des Einsatzes V.13–16 und seine innere Geschlossenheit gehen die Auffassungen indes auseinander. Auf der einen Seite legt sich die Herausnahme des *gesamten* Stückes V.13–16 aufgrund des Jahwe-Namens (ganz in den Bahnen der Quellenscheidung gedacht) und der Konkurrenz von V.16 und 17, die jeweils eine Reaktion Jakobs beschreiben, nahe.[29] Auf der anderen Seite gibt es aber auch erwägenswerte Argumente

---

26 Levin 1993: 261.
27 Vgl. Jdc 6,3.33; 7,12; 8,10.
28 Vgl. Levin 1993: 216. Im Horizont der Quellenscheidung argumentiert L. Schmidt 1994: 137–146. Für ihn ist es „nicht erforderlich, daß beide [Erzählungen] noch vollständig erhalten sind" (140).
29 So etwa Levin 1993: 216–220.

für eine alternative Sicht. So hat E. Blum darauf hingewiesen,[30] daß sich sowohl v.13aα[1] „und siehe, Jahwe stand auf ihr (נצב עליו) [der Leiter[31]]" als auch
V.16 mit der Schilderung des Aufwachens und einer ersten Reaktion Jakobs
gut zum Grundbestand der Bet-El-Erzählung fügen. Tatsächlich ist das Kriterium des Gottesnamens nur bedingt tauglich,[32] weil die Belege für „Elohim" in
V.12 („Boten Gottes") und V.17 („Gottes Haus") direkt auf die Benennung des
Ortes in V.19 als *Bet-El* „Haus Gottes" zulaufen und insofern nicht ersetzbar
sind.

Dennoch stellen sich bei dieser Sicht neue Fragen. Wenn V.13aα[1] „und
siehe, Jahwe stand auf ihr" noch zum Grundbestand der Traumgeschichte
gehört, fragt man sich unwillkürlich, ob das alles sei: Jahwe stellt sich auf eine
Leiter, die den Himmel berührt, sagt aber nichts. Wäre die Reaktion Jakobs in
V.16 oder 17 dann überhaupt nachvollziehbar?[33] Sagt Jahwe vielleicht doch
etwas? Könnte es nicht gerade die Selbstvorstellung Jahwes und die Identifikation mit dem „Gott der Väter" in V.13aβ sein? Es ist verständlich, daß man
diesen Schluß nicht ziehen wollte, denn die Selbstvorstellung setzt die Komposition der Vätergeschichte (und vielleicht noch weit mehr) bereits voraus und
macht die Annahme einer (ur)alten und selbständig überlieferten Bet-El-Ätiologie sehr unwahrscheinlich. Läßt man sich aber durch diese sekundären Erwägungen nicht leiten, spricht einiges für die Ursprünglichkeit der Selbstvorstellung Jahwes in V.13aβ. In ihrem Lichte wird auch die Reaktion in V.16
verständlich: *Jahwe* ist an dieser Stätte. Sie besagt, daß Jakob in der Traumoffenbarung die Identifikation des Gottes Abrahams (und Isaaks)[34] (v.13aβ) mit
Jahwe „erkannt" hat (V.16b), und eben dies ist der Realgrund für die „Gründung" Bet-Els als Kultstätte *Jahwes*. Denn daß *Jahwe* an dieser Stätte sei
(V.16), ergibt sich noch nicht aus seinem bloßen Stehen auf den Stufen
(V.13aα), sondern aus dem, was er *sagt* (vgl. auch Ex 3,6). Dabei kann sich die
Reaktion Jakobs strenggenommen nur auf die Selbstvorstellung in V.13a be-
ziehen, nicht aber auf die Verheißungen in V.14f.

Die Konkurrenz zwischen den auf der Leiter auf- und absteigenden „Boten
Gottes" (V.12b) und dem auf der Leiter stehenden Jahwe (V.13a*) findet im
Rahmen bisheriger literarkritischer Operationen eine einfache Erklärung, wenn

---

30 Vgl. Blum 1984: 10–25.

31 Zu dieser Interpretation vgl. Blum 1984: 21f. Andere schlagen einen Bezug auf Jakob vor:
    „und siehe, Jahwe stand *vor ihm*" (so z.B. Wellhausen 1899: 30).

32 Vgl. Blum 1984: 19–22.

33 Diesen Mangel hat Blum 2000: 40–44, erkannt und rechnet nun (mindestens) die Selbstvor-
    stellung Gottes und die Zusage Jahwes für die wohlbehaltene Rückkehr Jakobs zum Grund-
    bestand. In der Argumentation spielt der als hoseanisch (!) und literarisch einheitlich (!) be-
    wertete Text Hos 12 eine Schlüsselrolle.

34 Möglicherweise ist „der Gott Isaaks" nachgetragen; es fehlt die Näherbestimmung „deines
    Vaters" wie bei Abraham. Von 26,24 her gedacht hat „der Gott Isaaks" in 28,13 aber auch
    seinen guten Sinn.

man schon V.13 zur Erweiterung rechnet. Da es aber, wie wir gerade gesehen haben, *auch* Gründe gibt, wenigstens einen Teil der Jahwerede (V.13a) dem Grundbestand zu belassen, muß nach einer anderen Lösung Ausschau gehalten werden. So ist zu erwägen, ob nicht die „Boten Gottes" dem auf der Leiter stehenden Jahwe später beigesellt wurden.

Für diesen Vorschlag sprechen mehrere Indizien: (1) V.13a* läßt sich mit der im *jetzigen* Kontext mißverständlichen Wendung עליו נצב, die sich auf die Leiter, aber auch auf Jakob beziehen kann, leichter an V.12a anschließen: Das עליו gewinnt einen direkteren Bezug auf die „Leiter" (סלם), vgl. auch die Korrespondenz von מצב (V.12a) und נצב (V.13a). – (2) Die auf- und absteigenden Boten lassen sich als Interpretament des schwierigen Hapaxlegomenons סלם lesen, das gewöhnlich mit „Leiter", „Aufstieg" oder „Stufenturm" wiedergegeben wird.[35] Offenbar ist mit diesem „Aufstieg", folgt man F. Hartenstein, „eine vertikale *Verbindung zwischen Erde und Himmel*"[36] angezeigt, die den „Standort Gottes an der Grenze zwischen dem sichtbaren und dem hintergründigen, inneren Himmel" lokalisiert.[37] Ob freilich darin zugleich der Gedanke des Himmels*tores* (vgl. V.17b) eingeschlossen ist,[38] erscheint hingegen nicht so sicher. Wichtig dürfte hingegen sein, daß Jahwe aus dem himmlischen Bereich heraustritt *und sich selbst identifiziert*. Die Vorstellung von den „Boten Gottes" hingegen setzt einen etwas anderen Akzent: Sie interpretiert den „Aufstieg" als eine „Leiter", an der göttliche Wesen auf- und absteigen und gleichsam eine *dauerhafte* Kommunikation zwischen irdischem und himmlischem Bereich herstellen. Aus der einmaligen Gottesoffenbarung wird ein permanente *communicatio Dei*. – (3) Die Vorstellung von den „Boten Gottes" begegnet (nur) noch in der kleinen Ätiologie Mahanajims in 32,2b–3.[39] Diese Notiz ist redaktionell; sie greift erkennbar auf 28,11–19 zurück.[40] Die Mahanajim-Ätiologie hat strukturbildende Funktion (mindestens) für die Jakob-Geschichte.[41] „Möglicherweise gehören sowohl der mit 32,2b beginnende Anhang als auch die Einschübe 28,11–19* und 31,46aβb.48 zu einer einheitlichen Ergänzungsschicht. Die Ätiologien setzen voraus, daß Jakob als Stammvater Israels gilt. Den ursprünglichen Jakoberzählungen liegt diese nationalgeschichtliche Bedeutung noch fern."[42] So könnte die Eintragung der „Boten Gottes" auf einer Ebene mit 32,2b–3 liegen. – (4) Die mit den „Boten Gottes" implizierte indirekte Präsenztheologie distanziert sich möglicherweise bewußt von einer allzu massiven Vorstellung, wie sie im Stehen Jahwes auf einer Leiter zum Ausdruck kommt (vgl. auch den „Boten Jahwes" in Gen 22,11.15). Man hat es hier kaum mit einer alten Vorstellung zu tun, auch wenn eine exakte Einordnung naturgemäß schwerfällt.

---

35 Vgl. mit Diskussion älterer Vorschläge Rose 2001: 77–86; Hartenstein 2001: 156–161; Lanckau 2006: 89–91; Hurowitz 2007: 436–445.

36 Hartenstein 2001: 156.

37 Hartenstein 2001: 157.

38 Vgl. Hartenstein 2001: 157f., aufgrund der Parallelen Am 9,1–4 und 9,5–6.

39 Ferner in 2Chr 36,16, aber hier sind die Propheten gemeint.

40 Vgl. Blum 1984: 140f. (vgl. die Synopse 141); Levin 1993: 246f.

41 Vgl. Blum 1984: 141–149.

42 Levin 1993: 247, der merkwürdigerweise dennoch an eine *vor*jahwistische Erweiterung denkt.

Gewiß gibt es Einwände gegen diese Option: Ist die Namengebung der „Stätte" in V.19 überhaupt noch motiviert, wenn die „Boten Gottes" fehlen? Immerhin könnte man die seltsame und oft beobachtete doppelte Einsicht Jakobs, hier sei „Gottes Haus" und „das Tor des Himmels" (V.17b), erklären. Es ist zutreffend: „Nur die zweite Hälfte dieser zweifachen Einsicht folgt aus dem Traum von der Himmelsleiter"[43]. Erkennt man hingegen in den „Boten Gottes" (V.12b) eine nachträgliche Ausdeutung, vielleicht auch Korrektur des allzu anthropomorph gedachten, auf der Leiter stehenden Jahwe, so könnte man diesem Zusatz „das Tor des Himmels" in V.17b an die Seite stellen. Ursprünglich hätte sich die Reaktion Jakobs also „nur" auf den Ort der Gottespräsenz bezogen („hier ist nichts anderes als Gottes Haus"), worauf sogleich die Namengebung der Stätte (V.19a) folgte. Das „Tor des Himmels" wäre dann in einem Zuge mit den auf- und absteigenden Boten in den Text gelangt.

Damit sind wir bei der doppelten Reaktion Jakobs in V.16 und 17 angelangt. Blum, der beide Verse derselben Ebene zuweist, erklärt die Doppelung damit, daß hier „auf verschiedene Elemente des Traumbildes" zurückgegriffen werde: „Während die erste Rede die *Überraschung* Jakobs zum Ausdruck bringt, folgt darauf in der zweiten sein *Erschrecken*, seine Furcht angesichts des Traumbildes und der Heiligkeit des Ortes."[44] In der Tat läßt sich die zweite Reaktion als Folge, ja auch „Steigerung"[45] der ersten begreifen. Bei den V.16 und 17 handelt es sich also nicht einfach um Dubletten, wie man im Rahmen der Quellenscheidung dachte. Denn bevor Jakob sich fürchten kann (V.17), muß er aus dem Schlaf erwacht sein (V.16).[46] Auf die unmittelbare Reaktion in V.16, die sich auf die Szenerie „Jahwe auf der Leiter" in V.12–13aα zurückbezieht und sie interpretiert, folgt in V.17abα – der traditionellen Dogmatik folgend – der Ausdruck der Gottesfurcht und die Überleitung zur Benennung der Stätte in V.19a.

Damit steht der ursprüngliche Umfang der Erzählung von Jakobs Traum fest: Sie ist greifbar in V.11a.12a.13a.16.17abα.19a, enthält also etwas mehr, als man ihr meist zuweist, hat aber die „Boten Gottes" und das „Tor des Himmels" noch nicht enthalten. Dieser Traum wird nun durch die Einschaltung von V.13b–15 in seinem Charakter grundlegend verändert: „Nun steht die lange Gottesrede ganz im Zentrum, die aber gerade nicht die Gegenwart Gottes am Ort expliziert."[47] Auf die Landverheißung (V.13b) folgt die Zusage von zahlreicher Nachkommenschaft, die sich über die ganze Erde ausbreiten wird (V.13 Ende und V.14a), und die an Gen 12,1–3 erinnernde Verheißung, Jakob werde Segensmittler sein (V.14b). Die Rede wird abgeschlossen von der Zu-

---

43   Levin 1993: 218, freilich ohne die literarkritischen Konsequenzen zu ziehen.
44   Blum 1984: 14. Kritisch Fleischer 1995: 86–88.
45   Blum 1984: 14.
46   Vgl. Blum 2000: 40f.
47   Lanckau 2006: 94.

sage des Mitseins (V.15), die sich in ihrer jetzigen Gestalt sowohl auf den näheren Erzählkontext der Reise Jakobs bezieht als auch generell im Sinne einer stetigen Begleitung Jakobs auf allen seinen Wegen gemeint ist. Möglicherweise ist die Wendung „und ich will dich zurückbringen zu diesem Land" (V.15aβγ) ein Einsatz, der die allgemeinere Zusage in die spezielle überführen möchte, zumal sich die Begründung in V.15b besser zur allgemeineren Zusage des Mitseins fügt. Die Mehrungsverheißung V.14 schöpft erkennbar aus Gen 12,3b und 13,14–16.[48] Berücksichtigt man zudem, daß die Nachkommen nur in V.14 sowie im nachhinkenden Schluß von V.13 eine Rolle spielen, in V.15 aber wieder Jakob allein im Mittelpunkt steht, dürfte V.14 innerhalb der Rede wiederum eine Erweiterung sein,[49] die Jakob um die Nachkommen ergänzt und damit die Israel-Perspektive in die Erzählung einbringt. Dies bedeutet freilich nicht, daß die Erzählung erst auf dieser Ebene einen die gesamte Väter- und Exodusgeschichte umfassenden Horizont erhalten hätte.

Als weiterer Nachtrag läßt sich das Steinmotiv (V.11aβγb) und die ihm korrespondierende Aufstellung des Steins als Mazzebe (V.18) herauslösen.[50] In V.11 fällt die doppelte Übernachtungsnotiz auf, und V.18 unterbricht erkennbar den Zusammenhang von V.17 und 19. Über die Zeit des Einschubs läßt sich nichts Genaues sagen. Er ist aber kaum bereits in der *vor*jahwistischen Quelle erfolgt.[51] Auch das Gelübde in V.20–22a geht über die Ätiologie Bet-Els hinaus. Früher gern dem Elohisten zugewiesen,[52] handelt es sich in Wahrheit um eine Fortschreibung, die dem in V.15a gegebenen bedingungslosen Versprechen „nachträglich den Gehorsam des Menschen an die Seite"[53] stellt. „Besonders nahe steht Gen 28,20 dem Bundesschluß von Jos 24."[54]

Das literargeschichtliche Ergebnis läßt sich wie folgt zusammenfassen: Die ursprüngliche Erzählung in V.11a.12a.13a.16.17abα.19a ist insgesamt für ihren gegebenen Kontext, *mindestens* jedenfalls für eine zusammenhängende Vätererzählung geschrieben worden; sie enthält keine alte Ätiologie Bet-Els: „Was hier in planvoller literarischer Gestaltung ätiologisch begründet wird, ist nicht die Entstehung eines Heiligtums, sondern die Beziehung JHWHs zu dem Ort Bet-El und die daraus abgeleitete Gottesbeziehung Jakobs."[55] Die Ausgangsfrage, ob Jakob ursprünglich mit Bet-El verbunden war oder nicht,[56] muß des-

---

48 Vgl. z.B. Levin 1993: 219f.; Blum 2000: 53f.

49 Vgl. schon Gunkel 1901: 318f.

50 Vgl. Levin 1993: 218; Fleischer 1995: 91–93.

51 So indes Levin 1993: 218.

52 So immer noch L. Schmidt 1994: 142f., der konsequenterweise V.21b (Jahwe!) herausnehmen muß.

53 Levin 1993: 219. Nachtrag ist auch die Selbstverpflichtung, den Zehnten abzuliefern (V.22b).

54 Levin 1993: 219.

55 Köhlmoos 2006: 239. Zum Grundbestand rechnet sie offenbar V.10*–13 (wohl ohne „Isaak" und „deine Nachkommenschaft").15aαβ.16–19a.20–21.

56 Vgl. Levin 1993: 217.

halb negativ beantwortet werden. Entscheidend ist indes, daß Jakob durch den
Einbau der Erzählung mit dem Heiligtum von Bet-El untrennbar verbunden
wird: Bet-El wird durch Jakob legitimiert, und der Heiligtumsort legitimiert
wiederum Jakob als Stammvater Israels. Damit wird eine gesamtisraelitische
Jakob-Interpretation, also die Gleichung Jakob = Israel, vorausgesetzt, wie
man sie ganz ähnlich auch in Gen 32,23–33 findet.

    Eine genaue zeitliche Einordnung der Bet-El-Ätiologie fällt nicht leicht.
Die These Levins, es handle sich um eine zwar nachgetragene, aber noch *vor*-
jahwistische Erzählung, fand keine Bestätigung. Im Gegenteil: Die Erzählung
ist, wenn man bei der traditionellen Terminologie bleiben will, „nachjahwis-
tisch". Über die genannten redaktionsgeschichtlichen Erwägungen hinaus
spricht für diese These nicht zuletzt die (in ihrer Zuordnung freilich umstrittene) Selbstvorstellung Jahwes in V.13a, die aber auch Levin – immerhin –
dem Jahwisten selbst zuweist. Denn V.13a steht mit unzweifelhaft jüngeren,
„nachjahwistischen" Texten in Zusammenhang:[57] In der Ätiologie Beerschebas
in Gen 26,24(–25a) stellt sich Jahwe wie in 28,13 als „Gott deines Vaters Abraham" vor. „Das Stück ist Einsatz."[58] Dem korrespondiert Gen 46,1aβ–5a, ein
ebenfalls spätes Stück, das man als „endredaktionell" oder auch „nachend-
redaktionell" einstufen mag.[59] Schließlich ist auf Ex 3,6a hinzuweisen. Dieser
Vers, früher gern dem Elohisten zugewiesen,[60] läßt sich – zumal angesichts der
engen Parallele in Gen 46,1aβ–5a – ungezwungener als Fortschreibung innerhalb der Berufungsgeschichte Moses verstehen.[61] Die genannten Texte gehören, wie M. Köckert gezeigt hat, zu einer Gruppe von Verheißungsreden, die
mittels der Vorstellung vom Vätergott den Zusammenhang der Väterge-
schichten strukturieren.[62] Sie setzen mit Gen 12,1–4a ein und reichen bis Ex
3,6a. Dabei ist auffällig, daß die Verbindung von Vätergott und Väterverheißung neben Ex 3,6a nur noch in Gen 28,13a begegnet. Auch wenn diese Texte
nicht alle auf derselben Ebene liegen (Gen 46,1aβ–5a dürfte der späteste Text
sein), so setzen sie doch die Verbindung von Vätererzählung und Mose-
Exodus-Geschichte voraus. Ob sie diese Verbindung allererst *herstellen*, läßt
sich aufgrund der hier besprochenen Texte noch nicht sagen. Wie immer man
den Charakter des „Jahwisten" bestimmt – als Erstverfasser lediglich einer
zusammenhängenden (Ur- und) Vätergeschichte (Kratz, Gertz) oder aber einer
Gesamtgeschichte von der Schöpfung bis zur Landnahme respektive Wüsten-

---

57   Man könnte die – hier nicht zu behandelnde – Frage stellen, in welchem (literarischen?)
      Verhältnis die Selbstvorstellung 28,13 zu priesterschriftlichen Texten wie Ex 6,2f. steht. Ist P
      bereits vorausgesetzt?
58   Gunkel 1901: 303; vgl. auch Levin 1993: 206 („Das Ganze mutet ‚deuterojesajanisch' an").
59   In erstem Sinne Gertz 2000: 276–279, in zweitem Sinne Levin 1993: 305.
60   Vgl. W.H. Schmidt 1988: 121–123.
61   Vgl. Gertz 2000: 276–280.
62   Vgl. Köckert 1988: 318–323. Ferner Gertz 2000: 279f.

wanderung (Levin) –, die hier aufgeführten Texte setzen diesen Zusammenhang bereits voraus.

Eine originelle theologiegeschichtliche Einordnung hat M. Köhlmoos vorgeschlagen. Nach ihrer Auffassung sei der Einbau der Bet-El-Ätiologie durch die prophetische Kritik an diesem Heiligtum (Am 4,4f. und 5,5) veranlaßt worden: Gen 28,11ff. sei gleichsam die „Gegenstimme"[63] zur prophetischen Bet-El-Kritik; wo diese die Anwesenheit Jahwes in Bet-El bestreitet, stellt Gen 28 heraus: „JHWH ist dort, entgegen allen Erwartungen, anwesend."[64] Nun gehört die Bet-El-Kritik etwa bei Amos nicht zum Kernbestand des Buches. Das gilt erwiesenermaßen für die Szene Am 7,10–17, aber auch die übrigen Belege (Am 3,14; 4,4; 5,5) dürften kaum auf Amos zurückführbar sein.[65] Wahrscheinlich kam das Amos-Buch überhaupt erst spät – wohl erst durch die nach-dtr Szene 7,10–17 – von Tekoa nach Bet-El.[66] Die Drohungen gegen Bet-El (und Gilgal) könnten mit Dtn 12 in Zusammenhang stehen und sich gegen die Konkurrenzheiligtümer Jerusalems (im 6. und 5. Jh.) richten. Dies schließt eine – dann aber sehr versteckte – literarische Anspielung von Gen 28,11ff. an das Amos-*Buch* nicht aus.

In der Heraushebung Bet-Els in Gen 28,11ff. läßt sich also keine „Gegenstimme" zur prophetischen Bet-El-Kritik vernehmen. Die Integration des Kultortes in die Jakob-Überlieferung dürfte durch seine herausgehobene Bedeutung in der Gegenwart der Redaktoren veranlaßt sein. Vielleicht spiegelt sich hier eine höchst aktuelle Konkurrenz zwischen Bet-El und Jerusalem wider,[67] die in die frühe Religionsgeschichte „Israels" zurückverlegt wird: Bet-El war, so die Vorstellung, *vor* Jerusalem der entscheidende Kultort *Jahwes* für *Jakob = Israel*. Denn auf diese Gleichung kommt es im Grundbestand der Erzählung an: Sie will *Bet-El, Jahwe und Israel (Jakob)* zusammenbinden. Dabei ist der Israel-Name längst zur Bezeichnung des Gottesvolkes geworden; er hat keine „nationalgeschichtliche" Konnotation mehr.[68]

3. Jakob in Bet-El und Sichem (Gen 35,1–16)

Ein zweites Mal kommt Jakob in Gen 35 auf der Rückreise aus Mesopotamien mit Bet-El in Kontakt. In diesem Kapitel unterscheidet man gewöhnlich zwischen einem priesterschriftlichen und einem nicht-priesterschriftlichen Anteil. Dabei führt man auf die Grundschrift P^G beinahe einhellig die Verse 35,6a.9–

---

63 Köhlmoos 2006: 247.
64 Köhlmoos 2006: 247.
65 Vgl. Kratz 2003: 72f. Nach Köhlmoos 2006: 89–93, gehören Am 4,4f. und 5,5 zum ältesten Am-Buch: In Am 5,5 liege „der Keim aller späteren Bet-El-Kritik im Amos- und im Hosea-buch" (93).
66 Vgl. die Andeutungen bei Knauf 2006: 292 Anm. 12.
67 Vgl. Veijola 1982: 194–205 und bes. Knauf 2006: 318–330.
68 Anders Levin 2004: 70: „Jakob soll auf seiner Flucht das königliche Heiligtum des Nordreiches gegründet haben."

13.[14.]15 sowie 35,22b–29 mit der Fortsetzung 36,1–14 zurück.[69] In dem übrigen Bestand (etwa 35,1–5.6b.7.8.14.16) meinte man in der traditionellen Quellenkritik Anzeichen für die Hand des Elohisten wahrnehmen zu können.[70] Faktisch hat man damit den redaktionellen Charakter des Stückes erkannt. So ist es kein Wunder, daß man in der Folge den jetzigen Eingang des Kapitels 35,1–7 auch insgesamt als redaktionell und „spät" – genauer: *spät-dtr* beeinflußt – einstufen konnte.[71] Gleichsam eine Mittelposition zwischen beiden rechnet sowohl mit redaktionellem Material als auch mit Stücken eines älteren Erzählfadens.[72]

Die Aufforderung an Jakob, nach Bet-El hinaufzuziehen, sich dort niederzulassen und einen Altar zu errichten (35,1), schließt direkt an die Trennungsgeschichte 33,1–17* an: So wie Jakob über die Zwischenstation Bet-El nach Haran gelangt, so führt ihn auch der Rückweg wieder über Bet-El – diesmal freilich nicht zufällig wie in 28,11, sondern auf Geheiß Gottes, damit der in Gen 28,11ff. noch fehlende Altar nun gebaut werde. Bet-El ist somit als Kultort bereits bekannt, und der Zusammenhang von Gen 28,11ff. und 35,1 wird durch die Angabe „für El, der dir erschien, als du vor deinem Bruder Esau flohst" (35,1bβγ) auch explizit hergestellt.[73]

35,2–4 ist mitsamt der Wiederaufnahme V.5a „und sie brachen auf" leicht als Einsatz zu erkennen: Jakob richtet sich nun plötzlich an die Seinen (35,2), während er ab 35,6f. wieder allein agiert.[74] Die Aufforderung, nach Bet-El zu gehen und dort einen Altar zu bauen, wird entsprechend dem Gelübde 28,20–22a mit einer Reinigung von allem Fremdreligiösen verbunden.[75] Nimmt man den in V.2–4 vorherrschenden Sprachgebrauch und die Thematik näher in den Blick, zeigt sich eine Nähe zur spät-dtr Literatur bzw. zu Texten, die zwar im Einflußbereich des Deuteronomismus stehen, aber zeitlich und theologisch längst darüber hinausgewachsen sind. Besonders eng sind, wie E. Blum gezeigt hat, die Bezüge zu Jdc 10,16; I Sam 7,3f. und vor allem Jos 24.[76]

---

69   Vgl. zuletzt (mit älterer Literatur) die Analyse von Köhlmoos 2006: 251–255.

70   Vgl. Wellhausen 1899: 47f.; Eissfeldt 1922: 71*–72*.

71   So vor allem Blum 1984: 35–45, der einen hexateuchischen Horizont (Jos 24) sieht. Aufgenommen von Köhlmoos 2006: 257: „Gen 35,1–7* ist ein spät-deuteronomistischer Verknüpfungstext für die Väter- mit der Exodus-Sinai-Landnahme-Geschichte. Ihre Funktion ist die eines antizipierenden Paradigmas des Sinai, von Jos 24 sowie der Richter- und Königsgeschichte."

72   So etwa Levin 1993: 259–264, dessen Schichtung hier im wesentlichen aufgenommen wird, ohne seiner literarhistorischen Verortung zu folgen.

73   Von Köhlmoos 2006: 255 wird dieser Verweis allerdings als sekundär ausgeschieden.

74   Die Wendung „er und alles Volk, das bei ihm war" (35,6b) dürfte dem sekundären Ausgleich dienen. Und 35,5b setzt bereits die späte Erzählung Gen 34 voraus; vgl. Levin 1993: 263.

75   Vgl. Richter 1967: 45–52.

76   Ausführlich Blum 1984: 35–61, und Köhlmoos 2006: 255–263. Zu Jos 24 und seinen literarischen Horizonten vgl. auch Becker 2006: 141–149.157–159.

Warum aber geht Jakob *nach Sichem*, um dort die fremden Götter und die Ohrringe zu vergraben (V.4)? Sprechend sind die literarischen Bezüge zumal zu Jos 24: Dort ist Sichem als Ort der Jahweentscheidung – und der Königswahl (vgl. als Bezugstext Jdc 9)! – eindeutig positiv konnotiert. Aber gilt für Gen 35,2–4 dasselbe, wie man gewöhnlich annimmt? Denn Jakob erfüllt sein Gelübde zwar in bzw. bei Sichem, doch was dort geschieht, ist dazu geeignet, den Ort gründlich in Verruf zu bringen: Unter der Terebinthe bei Sichem werden die fremden Götter und die Ohrringe vergraben, also symbolisch unwirksam gemacht und damit abgetan. Zudem gewinnt man den Eindruck, daß hier der Bundesbruch von Ex 32,2f. (vgl. das Verbum סור sowie Jdc 8,24–27) vorbereitet oder doch assoziiert werden soll.[77] Mit anderen Worten: Das Fremdreligiöse wird bei Sichem „deponiert", während die rechte Verehrung Gottes („Els") allein in Bet-El zu finden ist (35,3).[78] Die kleine Exkursion nach Sichem hat offenbar die Funktion, diesen (Kult-)Ort – wohl in Abgrenzung zu Jos 24 – zugunsten Bet-Els zu desavouieren.[79] Hinter 35,2–4 steckt also, wenn man „intertextuell" liest (vgl. Ex 32,2f.), eine kaum verhüllte Polemik gegen Sichem. Soll man bei der „Terebinthe, die bei Sichem steht", womöglich an den Garizim und den dortigen heterodoxen Kult denken?[80]

Die ursprüngliche Fortsetzung von 35,1 ist in 35,6 zu suchen. Die nachklappende Bemerkung „er und alles Volk, das bei ihm war" (35,6b) wird man als eine Erweiterung ansprechen dürfen, die „Jakobs Haus" aus V.2 einbeziehen möchte. Sie hat am Erzählverlauf sonst keinen Anhalt. Sodann wird man in dem Relativsatz „das im Land Kanaan liegt" eine Glosse zu „Lus" sehen können (vgl. 33,18). Schließlich dient auch die Angabe „das ist Bet-El" einer *nachträglichen* Identifikation: Sie folgte ursprünglich direkt auf „Lus"[81] und setzt auf dieser Ebene V.1 sachgemäß fort. Mit anderen Worten: Der Grundbestand von V.6 – „und Jakob kam nach Lus" – ist im Sinne von V.1 überarbeitet und auf Bet-El übertragen worden. Denn es ist keineswegs ausgemacht, ob beide Orte immer schon identisch waren, wie es V.6 und der Zusatz 28,19b

---

77 Vgl. Köhlmoos 2006: 261.

78 Vgl. Köhlmoos 2006: 262: „Im unmittelbaren narrativen Zusammenhang dient der Vorgang in Sichem dazu, Bet-El von jedem Verdacht der Fremdgötter- und Bilderverehrung zu befreien, so dass die Offenbarung El-Šaddajs störungsfrei ablaufen kann und seine Identität mit JHWH vom Sinai von vornherein klar ist."

79 Ganz anders etwa Levin 1993: 262: „Jakob nimmt den Sichembund an Ort und Stelle vorweg."

80 Die „Terebinthe bei Sichem" könnte aus Gen 12,6 stammen; hier ist die Zielangabe „bis zu der Stätte von Sichem" gegenüber der Orakel-Terebinthe sekundär (vgl. Levin 1993: 56; umgekehrt Gunkel 1901: 166).

81 Anders de Pury 2000: 42, der beide Angaben einer einzigen Hand zuweist.

behaupten. Es spricht einiges für die Annahme, daß es einen Ort Lus im Norden, nicht weit von Sichem entfernt, gegeben hat.[82]

Die alte Frage, ob sich in V.6 „Jakob kam nach Lus" ein Teil des priesterschriftlichen Fadens erhalten hat, muß danach negativ beantwortet werden.[83] Anders freilich Köhlmoos: Der Ortsname „Lus" könnte von der Priesterschrift „selbst geschaffen" sein, „um den Bezug des Altars auf Bet-El so weit als möglich zu verschleiern."[84] Und dies habe einen theologischen Grund: „Nur in der Unterordnung unter das theologische Konzept der Priesterschrift und mit der Verschleierung Bet-Els als ‚Luz' ist die Tradition von JHWH in Bet-El für die Priesterschrift akzeptabel."[85] Erst durch Vorschaltung von 35,1–7* sei also der priesterschriftliche Text *explizit* mit Bet-El verbunden worden. Zu einer anderen Beurteilung der P-Anteile in Gen 35 s.u.

Die Angabe „und Jakob kam nach Lus" dürfte also eine ältere Jakob-Erzählung fortgesetzt haben. C. Levin denkt an seine vorjahwistische Quelle, zu der er weiterhin die Begräbnisnotiz V.8 (ohne den zugesetzte Lokalisierung „unterhalb von Bet-El"!) sowie das Itinerar in V.16 (wiederum ohne „und sie brachen auf von Bet-El") und V.18–20 rechnet.[86] Der Weg Jakobs aus Mesopotamien ist demnach erst durch einen Redaktor in Entsprechung zu 28,11ff. bewußt über *Bet-El* geführt worden; in der vorgegebenen Erzählung ging Jakob über (ein nordisraelitisches?) Lus, das demnach erst durch den Redaktor mit Bet-El zusammengelegt wurde (vgl. auch Jdc 1,22–26). Das literarische Verhältnis zur Bet-El-Ätiologie ist dabei nicht ganz leicht zu bestimmen: Liegt die Bet-El-Bearbeitung in 35,1.6aβ.7.8 („unterhalb von Bet-El").16aα („und sie brachen auf von Bet-El") auf derselben Ebene wie der Grundbestand von 28,11ff.? Das ist literarhistorisch möglich, und die bewußte Umklammerung des Aufenthaltes Jakobs in der Fremde mit Bet-El mag dafür sprechen. Sie könnte freilich auch sekundär hergestellt worden sein, so daß auch die zweite Möglichkeit zu erwägen ist: Die Bet-El-Schicht von c.35 hat die bereits vorgegebene Ätiologie aufgegriffen.

Wie dem auch sei: Der Grundbestand von 35,1–8 hatte mit Bet-El (noch) nichts zu tun. Jakob kommt auf seiner Rückreise über den Ort Lus, der ursprünglich vielleicht in der Nähe Sichems lag. Erst eine redaktionelle Hand hat Bet-El in die Geschichte eingetragen und eine Linie zu 28,11–19* gezogen: Jakob soll nach Bet-El hinaufziehen (V.1), er erreicht den Ort (V.6*), baut dort einen Altar (V.7), begräbt die Amme Rebekkas, die ursprünglich „unter einer

82 Es gibt eine (samaritanische) Tradition, die den Jakobstraum nachträglich auf den Garizim verlegt – möglicherweise aufgrund eines „zweiten" Lus, das man dort zu suchen hätte. Vgl. zur Diskussion um die Lokalisierung ausführlich Gaß 2005: 71–76 (zu Bet-El) und 76–82 (zu Lus).
83 Vgl. Levin 1993: 260, sowie Kratz 2000: 242.273. Anders freilich de Pury 2000: 42.
84 Köhlmoos 2006: 254.
85 Köhlmoos 2006: 255.
86 Levin 1993: 260f.

Eiche" auf dem Wege begraben wird, nun „unterhalb von Bet-El" (V.8), und er
bricht am Ende von Bet-El wieder auf (V.16aα). In V.16aβ setzt die vorgegebene Erzählung mit einigen ätiologischen Notizen (V.16–20*) wieder ein.
Sichem hingegen kommt durch die Einfügung von V.2–5a erst *nach* Bet-El in
die Jakoberzählung. Der Ort hat hier keine positive Konnotation, sondern dient
gewissermaßen als Negativfolie für Bet-El: Alles Fremdreligiöse wird bei
Sichem deponiert, so daß Bet-El konkurrenzlos als Ort der reinsten Gottesverehrung übrigbleibt, der (wie in 28,11ff.) mit Jakob = Israel aufs engste verbunden wird.

In die Rückkehr Jakobs über Bet-El ist nun mit 35,9–15 ein Abschnitt in-
tegriert worden, den man gewöhnlich (meist mit V.6a „und Jakob kam nach
Lus" und ohne V.14) der Priesterschrift zuweist. Auch hier erscheint Gott dem
Jakob (V.9), und auch hier wird Bet-El – noch einmal – „gegründet" (V.15).
Es scheint, als habe man es mit dem priesterschriftlichen Parallelbericht zu den
eben besprochenen Bet-El-Stücken zu tun, was im Rahmen der traditionellen
Quellenscheidung leicht zu erklären wäre: Wenn man Gen 28,11ff. und 35,1ff.
im Kern für elohistisch bzw. jahwistisch hält, kann man 35,9ff. als parallele P-
Version betrachten. Das „noch einmal" in V.9 wäre dann Einsatz des R^P. Ganz
so einfach freilich verhält es sich nicht. Denn der Abschnitt scheint in seiner
jetzigen Gestalt sowohl auf die Gottesbegegnung in Bet-El (28,11ff.) als auch
auf die Penuel-Erzählung (32,23–33) zurückzugreifen, auf zwar, wie es
scheint, auf der *vorliegenden literarischen Ebene.*

Nun ist gerade der wichtige V.10, der mit seiner Umbenennung von Jakob
in Israel direkt auf 32,29 Bezug nimmt, schon früher „beanstandet" und als
sekundärer Einschub beurteilt worden.[87] Hermann Gunkel greift zu einer weitergehenden literarkritischen Lösung. Sie gründet auf der Beobachtung, daß in
der gegenwärtigen Fassung von 35,6.9ff. beide „Sagen" (er meint 28,11ff. und
32,23ff.) miteinander verschränkt sind:

> „Daß diese unorganische Verbindung noch nicht von P herrührt, sieht man daran,
> daß 48,3f., wo P die Betheloffenbarung zitiert, nichts von einer Umbenennung Ja-
> qobs gesagt wird, ferner an dem doppelten Anfang וַיֹּאמֶר לוֹ אֱלֹהִים 10.11 und dar-
> an, daß die Namensoffenbarung Gottes 11 offenbar der *Anfang* einer Gottesrede ist
> und also Vers 10 nicht vor sich duldet."[88]

Erst der J/E und P zusammenfügende Redaktor hat die Bet-El-Offenbarung,
die ursprünglich beim Zug Jakobs nach Aram stand (also hinter 28,1–9), an
diese Stelle gebracht und mit der Penuel-Geschichte „vermischt, *um so beide*

---

87 Vgl. Gunkel 1901: 387; ferner die Argumente *pro et contra* bei Blum 1984: 265f., der V.10
    dem ursprünglichen Bestand beläßt und an der literarischen Einheitlichkeit von 35,9–15 fest-
    hält.

88 Gunkel 1901: 387.

erhalten zu können".[89] P[G] hatte also zwei Gottesbegegnungen, aber an verschiedenen Stellen.

Auch nach Erhard Blum besteht „das eigentliche exegetische Problem" in 35,9–15 darin, „daß drei ‚Ereignisse' der Jakobgeschichte hier noch einmal erzählt werden":[90] die Umbenennung Jakobs in Israel (32,29), die Errichtung der Mazzebe in Bet-El (28,18), die Benennung der Stätte Bet-El (28,19). Die literargeschichtliche Konsequenz, die Blum zieht, liegt auf der Hand: „Meine These ist nun, daß der ‚Erzähler' von 35,9–15 die Geschichte von Jakob in Bethel bewußt neu darstellt, *reformuliert*, indem er seine Version *neben* die von Gen 28 stellt."[91] Der Abschnitt könne also niemals Teil einer ehedem selbständigen Erzählung – sprich: einer eigenständigen Priesterschrift – gewesen sein, sondern sei von vornherein für seinen literarischen Kontext geschrieben worden.[92] Das ergebe sich nicht zuletzt aus der Stellung des Abschnitts *nach* der Rückkehr Jakobs aus Aram. „Ihrer Funktion nach wäre ihr gegebener Ort aber *anstelle* von Gen 28. Die vorliegende Anordnung ist demnach allein mit einer Redaktion der älteren Überlieferung zu erklären, einer Redaktion, welche die Substanz der Überlieferung selbst offenbar nicht transformiert, sondern sie durch blockweise eingesetzte Reformulierungen interpretiert", wodurch die „These einer unselbständigen Bearbeitungsschicht"[93] ihre Bestätigung finde.

Diese Problemlage greift Albert de Pury auf, der allerdings an einer ehedem selbständigen Priesterschrift festhält. Er bietet eine detaillierte Rekonstruktion der Jakobsgeschichte und stellt am Ende mit Recht fest: „Der Schlüssel zu dieser Rekonstruktion liegt natürlich in der Entwirrung der verschachtelten Theophanieszene in Gen 35,6.9–15." De Pury schließt sich weitgehend dem Vorschlag Gunkels an, wonach die ursprüngliche Priesterschrift zwei Gottesbegegnungen an zwei verschiedenen Stellen enthielt:[94] (1) Gen 35,6a.11–15 (unter Einschluß von V.14): Theophanie in Luz in Entsprechung zur vorgegebenen Jakobssage 28,10–22. – (2) Gen 35,9–10: zweite Gotteserscheinung, „die nicht in Bethel, sondern bei der Rückkehr ins Land – irgendwo an der Grenze – stattfindet"[95]; sie entspricht 32,23–33. „Es gab in der ursprünglichen P[g] keinen Besuch Jakobs in Bethel auf seiner Rückreise ins Land, also keine zweite Bethelszene."[96] Die Pentateuchredaktion habe die Erzählungen der P[G] dann umgestellt und ineinander verschachtelt, um sie mit den älteren Jakobserzählungen zu vermitteln.

---

89 Gunkel 1901: 387.
90 Blum 1984: 267.
91 Blum 1984: 268, und die 268–270 aufgeführten Argumente.
92 Vgl. Blum 1984: 269f.
93 Blum 1984: 270.
94 De Pury 2000: 46f. Vgl. auch schon die umfangreiche Studie de Pury 1975.
95 De Pury 2000: 47.
96 De Pury 2000: 47.

Nun stellt sich angesichts dieses komplizierten Umstellungsmodells eine einfache Frage: Hat P wirklich zwei selbständige Gottesbegegnungen enthalten? Oder wäre das Blumsche Modell zu favorisieren? In diesem Fall gibt es aber auch eine dritte Möglichkeit, die innerhalb von 35,9ff. mit einem (kleineren) priesterschriftlichen Grundbestand und einer (umfangreicheren) Überarbeitung rechnet; die Gunkelsche Aufteilung in zwei selbständige Erzählungen wäre also – unter Beibehaltung seiner Beobachtungen – durch das Ergänzungsmodell zu ersetzen: Der Kern von 35,9ff. liegt vor in V.11–13 (in V.13 ohne „an der Stätte, an der er mit ihm geredet hatte"). Hier gibt es auffälligerweise *keine* Entsprechungen in Gen 28 oder 32. Zudem sind die Berührungen zu Gen 17 (P) so eng, daß man als Verfasser die Priesterschrift annehmen darf. Bet-El kommt in ihr nicht vor.[97] Im Zuge einer Überarbeitung ist dann eine Brücke bzw. eine *Zusammenschau der verschiedenen Gottesoffenbarungen* (vor allem Gen 28,11ff. und 32,23ff.) hergestellt worden. Auf diese Hand dürften die V.9–10.14 zurückgehen, so daß sich die beliebte Ausscheidung des עוֹד „noch einmal" in V.9 erübrigt.[98] V.15 schließt die Überarbeitung ab und leitet zum vorgegebenen Erzählzusammenhang auf der Ebene der Bet-El-Schicht zurück: Der Vers nimmt 35,1.7 auf und bildet einen passenden Übergang zu 35,16 „und sie brachen auf von Bet-El". Das dreifache „an der Stätte, an der er (Gott) mit ihm geredet hatte" (V.13.14.15) unterstreicht das Interesse dieser Redaktion an der Thematik der Gottesoffenbarung.

Die für 35,9f.13b–15 verantwortliche nachpriesterschriftliche Redaktion verfolgte die Absicht, einen bestehenden Erzählzusammenhang neu zu strukturieren und mit eigenen theologischen Akzenten zu versehen. Während die Bet-El-Schicht mit der Gründung des bedeutenden Kultortes in 28,11ff. und 35,1ff. eine Klammer um den Aufenthalt Jakobs in der Fremde legt, kommt es in der nachpriesterschriftlichen Redaktion weniger auf den Kultort an, der natürlich vorgegeben war, als vielmehr auf die Verleihung des *Segens* und des neuen Namens „*Israel*" (35,9f.).[99] Beides ist aus 32,23ff. gezogen.

Möglicherweise war diese Redaktion für die Einarbeitung von P (35,11–13a) verantwortlich, ohne den Vorgang gleich mit dem heute problematisch gewordenen Etikett „Pentateuchredaktion" versehen zu wollen. Immerhin legt wenigstens die hier lediglich angedeutete Analyse der Jakobserzählung ein etwas anderes Redaktionsmodell nahe, als man es mit der klassischen Formel J/E + P gewohnt ist. Es darf schließlich nicht unerwähnt bleiben, daß die priesterschriftliche Jakobsgeschichte ausgerechnet im Umfeld der besprochenen Bet-El-Texte

---

97 Anders de Pury 2000: 43 Anm. 47.
98 Vgl. auch gewöhnlich P zugewiesene, aber doch eher *nachpriesterschriftliche* Jakob-Rede Gen 48,3–6(7), die direkt auf 35,6*.9–13 zurückgreift (vgl. Levin 1993: 311 und de Pury 2000: 45). Vielleicht liegen beide Texte auf derselben Ebene.
99 Vgl. auch Blum 1984: 270.

eine empfindliche Lücke aufweist:[100] Es fehlt nach 28,9 die Ankunft Jakobs in Paddan-Aram, die Heirat mit den Töchtern Labans und die Geburt der Söhne; über seine Rückkehr berichtet (zudem unvollständig) nur 31,18. Zu den problematischen P-Stellen gehört aber auch der unsichere Versteil 33,18a: zum einen wegen des für P typischen „Paddan-Aram", zum andern aber aus dem einfachen Grund, weil hier die vermißte Ankunft Jakobs im Land berichtet zu sein scheint.

4. Jakob in Sichem (Gen 33,18–20)

Der nach 35,4 zweite Sichem-Beleg in der Jakobsgeschichte liegt in der kleinen Notiz 33,18–20 verborgen, und es ist noch nicht einmal sicher, ob in V.18 überhaupt von der *Stadt* Sichem (und nicht nur von der *Person* wie in Gen 34) die Rede ist:[101]

18a *Und Jakob kam wohlbehalten [zur] Stadt Sichem(s), die im Land Kanaan liegt, als er aus Paddan-Aram kam.* 18b Und er lagerte vor der Stadt. 19 Und er kaufte das Grundstück, auf dem er sein Zelt aufgeschlagen hatte, von den Söhnen Hamors, des Vaters von Sichem, für hundert Kesita. 20 *Und er errichtete dort einen Altar. Und er nannte ihn El, Gott Israels.*[102]

Die Reise Jakobs und die Errichtung eines Altars für „El" wurden früher gern für quellenhaft gehalten: V.18a ordnete man (wegen Paddan-Aram) der Priesterschrift zu, V.18b dem Jahwisten und V.19–20 dem Elohisten.[103] Zugleich zog man weitreichende überlieferungs- und religionsgeschichtliche Folgerungen aus dieser kleinen Notiz, erblickte man doch im Heiligtum von Sichem den ursprünglichen Haftpunkt der Jakob-Tradition. Gegen eine solche Deutung im Horizont der Quellenhypothese haben sich sowohl E. Blum als auch M. Köckert gewandt und den *redaktionellen* Charakter der im übrigen mehrschichtigen Notiz herausgestellt.[104] Die V.18*.19 bereiten, so Köckert, das späte c.34 vor, in der die *Person* Sichem eine tragende Rolle spielt, „während V 20 in keiner erkennbaren Verbindung dazu steht. Umgekehrt sind V 18f. für V 20 nicht notwendig, denn ein Altarbau setzt keinen Grundstückskauf vor-

---

100 Zu den verschiedenen Versuchen, die Lücke (auch mit Textrekonstruktionen und -ergänzungen) zu füllen, vgl. de Pury 2000: 42f.

101 Die fast beiläufige Erwähnung Sichems zu Beginn der Josefsgeschichte in 37,12–14 sei ausgeklammert. Zur Besonderheit des Abschnitts Gen 37,12–17* vgl. Weimar 2003: 299f., der mit einer späten, judafreundlichen Redaktion rechnet und eine Linie zu Jos 24,32 zieht: „Der Erwähnung Sichems in 37,12 und 14 kommt angesichts dessen eine geradezu symbolische Bedeutung zu, insofern der Ort, an dem einst die Irrfahrt des Josef begann, zum Ort seiner letzten Ruhe wird" (300).

102 Köckert 1988: 86f., und Blum 2001: 228.233 übersetzen als Nominalsatz: „El ist der Gott Israels".

103 Vgl. z.B. Noth 1948: 86–90.

104 Vgl. Blum 1984: 61–65; Blum 2001: 227–232, und 204–209; Köckert 1988: 84–87.

aus".[105] Diese Beobachtung bietet den Schlüssel für die Lösung, die bei dem alten Problem ansetzen muß, ob Sichem in V.18 als Ort oder als Personenname zu verstehen ist. Offenbar ist beides richtig. Ursprünglich war der *Ort* gemeint: Jakob kommt zur Stadt Sichem und – so die unmittelbare Fortsetzung V.20 – errichtet dort einen Altar für „El, Gott Israels". Nach der Einschaltung von c.34 wurde aber aus der Stadt Sichem wie in V.19 die *Person*. In diesem Zuge dürfte auch V.18b „und er lagerte vor der Stadt" hinzugesetzt worden sein.[106] Man kann innerhalb von V.18–20 also zwischen einem *Grundbestand in V.18a.20* und einer auf c.34 zielenden *Bearbeitung in V.18b–19* unterscheiden.

Wie aber ist der Grundbestand V.18a.20 einzuordnen? Es spricht einiges dafür, daß hier dieselbe Redaktion am Werke ist, die auch in 35,9f.13b–15 die Feder führte. Einige Hinweise seien genannt: (1) Das שלם „wohlbehalten" in v.18a erinnert an בשלום in 28,21a und könnte ein bewußter Rückbezug sein.[107] – (2) Mit der Gottesbezeichnung „El, Gott Israels" in V.20 ist, wenn man zugleich den „Gott Jakobs" mitliest, auf die Jabbokszene 32,23ff. angespielt.[108] Hier liegt also keine alte Tradition vor, wie man früher dachte, sondern junge redaktionelle Zusammenschau. – (3) In V.20 bereitet das eigentümliche ויצב „und er stellte hin/auf" gewisse Schwierigkeiten, weil man das Verb gewöhnlich mit einer Mazzebe verbindet.[109] Bezieht man indes sowohl 28,18 als auch 35,7 (darüber hinaus 31,45; 35,20) mit ein, wird der redaktionell-vermittelnde Charakter der Wendung wie des Verses überhaupt deutlich: Der Vers bindet die verschiedenen „Gründungen" in der Jakobsgeschichte, in der sowohl Altar als auch Mazzebe vorkommen, „in einer Art Lectio coniuncta"[110] zusammen und verfolgt damit dieselbe Intention, die in 35,9f.13b–15 im Blick auf die Gottesoffenbarungen in Gen 28 und 32 wahrgenommen werden konnte.[111]

Damit dürfte sich 33,18a.20 am leichtesten als Teil der oben rekonstruierten nachpriesterschriftlichen Redaktion (35,9f.13b–15) verstehen lassen. Die Redaktion plazierte das Stück direkt vor 35,1ff., um Jakobs Route – offenbar wegen 35,2–4! – über Sichem zu führen und auch dort einen Altar gründen zu

---

105 Köckert 1988: 84. Zur Analyse von Gen 34 Levin 2000: 49–59.

106 Vgl. Blum 2001: 234.

107 Vgl. Levin 1993: 262; Blum 2001: 232.

108 Vgl. Blum 2001: 233 und die Diskussion bei Köckert 1988: 85f.

109 Köckert 1988: 85, setzt sie in V.20 sogar ein!

110 Vgl. auch Levin 1993: 262.

111 Nach Blum sind die ätiologischen Notizen in 33,18*.20; 35,6f.*.8.19f. nicht etwa sekundär an einen ursprünglichen Erzählschluß in 33,17 angefügt worden (so noch Blum 1984: 148f. 204–209), vielmehr „bringen die einfach gefügten, aber in den Formulierungen aufeinander bezogenen Überlieferungselemente mehrere Handlungslinien nach und nach zu einer ‚Abrundung': 33,20 besonders das Finale um die Jabbokszene, 35,6f. das Bethel-Motiv; 35,19f. schliesslich komplettiert die in 30,24 offen gehaltene Reihe der Söhne und schliesst mit dem vorzeitigen Tod Rahels eine weitere Erzähllinie" (Blum 2001: 236). Die hier gebotene Analyse liegt eher auf der Linie von Blum 1984.

lassen, wie es sich eben für einen Ort, den ein Erzvater durchzieht, gehört (vgl.
Gen 12,8). Auch hier wird der vermittelnde Charakter der Redaktion deutlich.
Das erzählerische Material stammt in der Hauptsache aus den beiden Offenba-
rungsszenen Gen 28,11ff.; 32,23ff. und aus der Fortsetzung 35,1ff. Mit „Paddan-Aram" in V.18 schließt sich der Redaktor wie schon in 35,9 ganz der
vorgegebenen priesterschriftlichen Terminologie an (vgl. 28,2–7). Es ist natürlich nicht ganz ausgeschlossen, daß sich hinter V.18a ein Fragment der Priesterschrift selbst verbirgt, das der Redaktor in seine Darstellung integriert hat.
Aber weder an Sichem noch an Bet-El scheint P ein eigenes theologisches
Interesse zu haben; die Orte kommen in der Grundschrift (sonst) nicht vor.

5. Abschließende Exkursion:
Jakobs Kampf am Jabbok (Gen 32,23–33)

Ein kurzer Besuch am Jabbok soll die theologiegeschichtliche Reise auf den
Spuren des literarischen Jakob abschließen. Denn mit der Geschichte vom
Gotteskampf in Gen 32,23–33 liegt eine mit Gen 28,11ff. in mehrfacher Hin-
sicht verwandte Erzählung vor. So werden die Verheißungsrede Gottes in
28,13ff. und die Umbenennung Jakobs in Israel in 32,28–30 gern auf eine
Ebene gestellt und auf den Jahwisten zurückgeführt.[112] Demgegenüber wendet
H.-C. Schmitt mit Recht ein: „Mißlich für das Argument des Israelnamens als
Zeichen für J ist vor allem die Tatsache, daß in den J-Stücken von Gen 33,1–
35,20* durchgängig weiterhin der Jakobname gebraucht wird."[113] Tatsächlich
weist die Erzählung – vor allem die Umbenennung in 32,28f. – Bezüge zu
Texten auf, die man traditionellerweise auf E zurückführte (vgl. Gen 27,36 und
33,10), die sich aber ungezwungener als Teil einer umfänglichen Bearbei-
tungsschicht verstehen lassen.[114]
　　Um welche Schicht aber handelt es sich? Zunächst ist ein Blick auf die
Stratigraphie der Erzählung zu werfen. Man unterscheidet gern zwischen einer
Grunderzählung von einem nächtlichen Ringkampf beim Überschreiten der
Jabbokfurt einerseits (V.23*.25b–27.30b) und einer Erweiterungsschicht, in
der Jakob in Israel umbenannt wird, andererseits (V.28–30a). Die Penuel-
Ätiologie (V.31–32a) dürfte noch zum Grundbestand gehören; die Bemerkun-
gen über das Schlagen Gottes auf Jakobs Hüftgelenk (V.26b.32b), der Anhang

---

112　Aus der Fülle der Literatur seien nur die beiden neueren Beiträge von Dietrich 2001: 197–
　　210, und Köckert 2003: 160–181, genannt. Hier findet man leicht Älteres.
113　Schmitt 1998: 176.
114　Vgl. Blum 1984: 167–175, der diese Schicht auf Gen 25–33 begrenzt. Kritisch Schmitt 1998:
　　176–188, der an eine (noch vorexilische) „elohistischen Kompositionsschicht" denkt.

Jakobs (V.23a.24a.25a) und schließlich die Ätiologie des Speisetabus (V.33) sind demgegenüber als Erweiterungen einzuordnen.[115]

Denkt man in diesen Bahnen zunächst weiter, lautet die entscheidende Frage: Welchen literarischen Horizont hat der rekonstruierte Grundbestand? Es handelt sich im Kern um eine Ätiologie Penuels, die mit einem Wortspiel von „Jabbok" und dem Verbum אבק „ringen" eingeführt wird. Auch der Name „Jakob" dürfte hier anklingen![116] Vielleicht lag in dieser Assonanz sogar der Grund für die Wahl des „Jabbok" als Schauplatz der Erzählung. Auch wenn die verwendeten Motive alt sein mögen, die Erzählung ist es nicht. Zum einen ist sie auf den näheren Kontext angewiesen: Der Protagonist wird nicht eigens eingeführt, und die Dunkelheit (V.23a) ist aus 32,14.22 entlehnt. Zum andern unterbricht die Szene die Esau-Geschichten in 32,1–22 und 33,1–15. Sie ist also eingeschoben.[117] Nun hat M. Köckert gerade aufgrund der engen Kontextbindung die These aufgestellt, daß man es mit „einer von vornherein für den Zusammenhang literarisch konstruierten Szene" zu tun hat.[118] Zur Grunderzählung hat aber eben auch, so Köckert, die Umbenennung Jakobs in Israel (V.28–30a) gehört.[119] Die beliebte Herauslösung von V.28–30a habe vor allem mit dem unausrottbaren Vorurteil zu tun, im Grundbestand von 32,23ff. müsse sich eine alte Überlieferung verbergen.

So läßt sich mit Köckert die These aufstellen, daß die Grunderzählung im Umfang von 32,23*.25b.26a.27.28–30.31–32a eine frei konstruierte, aber auf vorgegebenen Texten beruhende Geschichte ist. Sie will erzählen, wie Jakob auf der Rückreise aus Mesopotamien – sozusagen auf halbem Wege zwischen Haran und Bet-El – der Gegenwart Gottes ansichtig wird (Penuel) und seinen Segen erlangt.

> Dabei stammt „aus der Welt des Erzählers ... die *Lokalisierung am Jabbok und bei Pnuel*, woran sich zugleich die literarische Gestaltung des Kampfes mit Gott als Ringkampf (יבק – אבק) inspirieren konnte. Für die Rückkehr Jakobs legte sich das Ostjordanland nicht nur wegen der damit verbundenen Begegnung mit Esau/Edom, sondern auch wegen der alten Gileadüberlieferung in 31,46ff.* nahe, so daß sich mit Gilead, Mahanajim, Jabbok/Pnuel, Sukkot ungezwungen eine ungefähre Reiseroute ergab."[120]

Es liegt nahe, die hier rekonstruierte Grunderzählung mit der Bet-El-Erzählung in 28,11ff.* zu verbinden und auf eine Ebene zu stellen. *Beide* Erzählungen enthalten Gottesoffenbarungen, die mit einem Ort in Beziehung gesetzt wer-

---

115 Vgl. Levin 1993: 250–254. Im Prinzip ähnlich Dietrich 2001: 198–200.
116 Vgl. Dietrich 2001: 199.
117 Vgl. Levin 1993: 251, der allerdings an einen „unselbständigen" Einschub einer uralten Überlieferung denkt. Beides paßt nicht recht zusammen.
118 So auch Köckert 2003: 175.
119 Vgl. Köckert 2003: 167–174.
120 Köckert 2003: 176.

den, noch dazu mit dem Gottesnamen „El". In *beiden* Erzählungen spielt das Motiv der Gottesfurcht eine Rolle (28,17; 32,31), und *beide* Erzählungen schließen wortgleich mit der Benennung des Kultortes (28,19a; 32,31a). Somit ist die ältere Forschung durchaus im Recht, wenn sie Gen 28,11ff. und 32,23ff. eng zusammenrückte. Allerdings setzen beide Erzählungen den „jahwistischen" Zusammenhang etwa im Sinne C. Levins bereits voraus. In die Jakobsgeschichte, die längst Teil einer Erzvätergeschichte (vielleicht auch schon unter Einschluß der Mose-Exodus-Geschichte) geworden ist, werden mit 28,11ff.* und 32,23ff.* zwei neue Gottesoffenbarungen eingeschrieben, die Jakob als in besonderer Nähe zu Jahwe/El stehend auszeichnen und ihn zum Segensempfänger machen. Man kann fragen, ob dieser Aufstieg Jakobs im Gegenüber oder gar in Abgrenzung zu Abraham (vgl. Gen 12,1–3) erfolgte. Jedenfalls tritt Abraham gegenüber Jakob auffällig zurück: *Jakob* ist Israel, und Israel gehört untrennbar mit Bet-El zusammen.

6. Ergebnis: Der Aufstieg Bet-Els im Spiegel der Jakob-Überlieferung

Die These dieses Aufsatzes lautet: Die Integration Bet-Els in die Jakobsgeschichte durch die beiden Erzählungen Gen 28,11ff.* und Gen 35,1–16* (auf der Ebene der Bet-El-Schicht V.1.6.7.8*.16a)[121] beruht nicht auf alten Überlieferungskernen, sondern spiegelt die wachsende Bedeutung dieses Heiligtums zumal nach dem Untergang Jerusalems wider. Vor allem E.A. Knauf hat auf diese Entwicklung aufmerksam gemacht, die angesichts der im Alten Testament dominierenden Stellung Jerusalems zunächst überrascht.[122] Bet-El sei, so Knauf, im 6. und noch im 5. Jahrhundert weit bedeutender als Jerusalem gewesen. Durch die im 7. Jahrhundert erfolgte Eingliederung des Heiligtumsortes in das Gebiet Judas sei Bet-El zum entscheidenden Vermittler nordisraelitischer Traditionen geworden, zu der neben der Exodus-Tradition vor allem die Jakob-Überlieferung gehörte. Letzteres wird man aufgrund der oben vorgestellten Analysen nicht mehr behaupten können, aber wenigstens die Exodus-Tradition dürfte im Norden ihre Heimat gehabt haben. Bet-El hat somit der kleinen Hauptstadt Jerusalem rasch den Rang abgelaufen, was sich nicht zuletzt an der Literaturproduktion zeige, die man stärker mit Bet-El in Zusammenhang bringen müsse:

> „The impact of Bethel on Judean literature must be by necessity have increased when its sanctuary, school, and library / archive were the only ones remaining and

---

121 Hier ist eine gewisse Nähe zur „elohistischen" Pentateuchschicht zu konstatieren, die H.-C. Schmitt 1998: 165–188 rekonstruiert, auch wenn seine Datierung (kurz) nach dem Untergang des Nordreiches zu früh angesetzt sein dürfte.

122 Knauf 2006: 309–330.

operating in Judah for most of the sixth century and possibly extending into the fifth century."[123]

Der Aufstieg Bet-Els zum kulturellen und kultischen Zentrum in den Jahrzehnten nach 587[124] wurde freilich durch die (Wieder-)Errichtung des Tempels in den Jahren 520–515 gebremst. Hier habe, so die überzeugende These Knaufs, der tiefgreifende „conflict between Jerusalem and Bethel"[125] seinen Grund. Am Ende unterliegt Bet-El. In der persischen Zeit sei es dann zu einer schrittweisen, auch literaturgeschichtlich greifbaren Integration der Bet-El-Traditionen „into the ‚constitution of Yehud', the Torah"[126] gekommen.

In diese Entwicklung, die hier nur grob skizziert werden kann, fügen sich die herausgearbeiteten literargeschichtlichen Ergebnisse gut ein: Die Bet-El-Schicht, die in Gen 28,11ff.* und 35,1ff.* greifbar ist und den Erzvater Jakob als *Gründer* des Heiligtumsortes vorstellt, hat in der exilischen oder (eher) der Frühzeit des Zweiten Tempels ihren wahrscheinlichsten Platz. Gewiß: Jerusalem wird nicht namentlich erwähnt, kann auch in der Vätergeschichte nicht erwähnt werden, aber es ist durchaus wahrscheinlich, daß die Heraushebung Bet-Els in den Augen der Leser nicht ohne Seitenblick auf das nahe Jerusalem erfolgt, an dem Jakob auf seinen Wanderungen, die ihn über Bet-El führen, mehrfach vorbeikommen muß. Die Jakobsgeschichte spiegelt also eine Konkurrenz zwischen Bet-El und Jerusalem wider. So gewinnt der Ausruf „Hier ist nichts anderes als Gottes Haus!" (28,17) seine Pointe nicht aus der Bet-El-Kritik der Propheten, die hier abgewiesen werde,[127] sondern aus der Konkurrenz des nahen Jerusalem: Gott ist Israel (Jakob) auf dem Wege aus Mesopotamien (Penuel) „von Angesicht zu Angesicht" erschienen, aber Bet-El hat er zu seinem „Haus" erwählt.

Eine andere Konkurrenz, nämlich die zwischen Bet-El und Sichem, verbirgt sich hinter der kleinen Szene vom Vergraben der fremden Götter und Ohrringe bei Sichem (35,2–4). Diese Notiz ist in die „Bet-El-Schicht" eingesetzt worden und zieht deren theologische Linie aus: Hier wird alles Fremdre-

---

123 Knauf 2006: 318.

124 Das politische Zentrum in dieser Zeit dürfte Mizpa gewesen sein, auch wenn man hier mit guten Gründen einige Fragezeichen setzen kann (vgl. Stipp 2000: 155–171). Nach Veijola 1982: 194–210, war Bet-El nicht nur der Zentralort exilischer Klagefeiern, sondern auch Sitz der Deuteronomisten: „Mit auffallend grosser Regelmässigkeit erscheint in der ältesten dtr Schicht (DtrH) Mizpa als kultischer Versammlungsort des Volkes (Ri 20,1.3; 21,1.5.8; 1Sam 7,*2ff.), während die jüngere dtr Bearbeitungsphase (DtrN) solche Zusammenkünfte des Volkes ständig in Bethel lokalisiert (Ri 2,1–5; 20,18.23.*26–28; 21,2–4). Das legt die Vermutung nahe, dass Mizpa und Bethel ... eben in dieser chronologischen Reihenfolge Sitze der ausgedehnten dtr Tätigkeit waren" (210). Die zitierten Belege aus Jdc und I Sam weisen freilich in eine spät- oder gar nach-dtr Zeit, was die Bedeutung Bet-Els auch nach 515 unterstreicht.

125 Knauf 2006: 319.

126 Knauf 2006: 319.

127 So Köhlmoos 2006: 247.

ligiöse bei Sichem deponiert, auf diesen Ort gleichsam übertragen, damit der Kult Bet-Els umso reiner dastehe. Die „fremden Götter" und die „Ohrringe" weisen auf die Erzählung vom goldenen Jungstier Ex 32 (vgl. V.2f.) voraus. Offenbar mußte das Image Bet-Els (und eines dort aufgestellten Stierbildes?) korrigiert werden. Zugleich blickt Gen 35,2–4 auf die große Stämmeversammlung Jos 24 voraus. Die grundlegende Entscheidung für Jahwe und gegen die fremden Götter hat, so der Tenor von Gen 35,2–4, bereits Jakob in Bet-El getroffen. Die Reserve gegenüber Sichem ist unüberhörbar, so daß sich die Frage stellt, ob hier nicht schon eine Polemik gegen das Heiligtum auf dem Garizim bzw. eine Konkurrenz zwischen Bet-El und dem Garizim angedeutet ist, die der späteren Konfrontation mit Jerusalem vorgreift.[128]

Schließlich gelang es, eine weitere Redaktionsschicht innerhalb der Jakobsgeschichte zu identifizieren, die sich um eine geradezu diplomatische Zusammenschau der verschiedenen Gottesoffenbarungen in Gen 28,11ff. und 32,23ff. und die Integration der Priesterschrift (vgl. 35,11–13a) bemüht. Sie ist greifbar in 33,18a.20 und 35,9f.13b–15 und hat womöglich auch anderswo ihre Spuren hinterlassen. Der Kultort Bet-El scheint hier seine alles dominierende Stellung wieder eingebüßt zu haben, was freilich mit dem Bemühen des Redaktors zusammenhängen dürfte, die verschiedenen Traditionen in schriftgelehrter Art zusammenzubringen. Und so kommt Jakob eben auch nach Sichem und baut dort einen Altar (33,18a). Früher hätte man aufgrund dieser „diplomatischen" Intention wohl vom Pentateuchredaktor gesprochen, der einen literarischen und theologischen Kompromiß zwischen den verschiedenen Heiligtumskonzepten innerhalb der Jakobsüberlieferung schließt.

Literatur

ALT, A. (1929): Der Gott der Väter, in: Alt, A.: Kleine Schriften zur Geschichte des Volkes Israel. Band I, München [4]1968, 1–78.

–   (1938): Die Wallfahrt von Sichem nach Bethel, in: Alt, A.: Kleine Schriften zur Geschichte des Volkes Israel. Band I, München [4]1968, 79–88.

BECKER, U. (2006): Endredaktionelle Kontextvernetzungen des Josua-Buches, in: Witte, M. u.a. (Hg.), Die deuteronomistischen Geschichtswerke. Redaktions- und religionsgeschichtliche Perspektiven zur „Deuteronomismus"-Diskussion in Tora und Vorderen Propheten, BZAW 365, Berlin/New York, 139–161.

BLUM, E. (1984): Die Komposition der Vätergeschichte, WMANT 57, Neukirchen-Vluyn.

---

128 Vgl. zum Verhältnis Garizim/Jerusalem besonders Kratz 2007. Inzwischen ist erwiesen, daß es auf dem Garizim bereits in persischer Zeit ein Heiligtum gegeben hat (vgl. Stern/Magen 2002: 49–57).

- (2000): Noch einmal: Jakobs Traum in Bethel – Genesis 28,10–22, in: McKenzie, S.L./Römer, T. (Hg.): Rethinking the Foundations. Historiography in the Ancient World and in the Bible. Essays in Honour of John Van Seters, BZAW 294, Berlin/New York, 33–54.
- (2001): Genesis 33,12–20: Die Wege trennen sich, in: Macchi, J.-D./Römer, T. (Hg.): Jacob. Commentaire à plusieurs voix de/ Ein mehrstimmiger Kommentar zu/A Plural Commentary of Gen. 25–36. Mélanges offerts à Albert de Pury, Le Monde de la Bible 44, Genf, 227–238.

DIETRICH, W. (2001): Jakobs Kampf am Jabbok (Gen 32,23–33), in: Macchi, J.-D./Römer, T. (Hg.): Jacob. Commentaire à plusieurs voix de / Ein mehrstimmiger Kommentar zu / A Plural Commentary of Gen. 25–36. Mélanges offerts à Albert de Pury, Le Monde de la Bible 44, Genf, 197–210.

EISSFELDT, O. (1922): Hexateuch-Synopse. Die Erzählung der fünf Bücher Mose und des Buches Josua mit dem Anfange des Richterbuches. In ihre Quellen zerlegt und in deutscher Übersetzung dargeboten samt einer in Einleitung und Anmerkungen gegebenen Begründung, Leipzig; Nachdruck Darmstadt 1987.

FLEISCHER, G. (1995): Jakob träumt. Eine Auseinandersetzung mit Erhard Blums methodischem Ansatz am Beispiel von Gen 28,10–22, BN 76, 82–102.

GASS, E. (2005): Die Ortsnamen des Richterbuchs in historischer und redaktioneller Perspektive, ADPV 35, Wiesbaden.

GERTZ, J.C. (2000): Tradition und Redaktion in der Exoduserzählung. Untersuchungen zur Endredaktion des Pentateuch, FRLANT 186, Göttingen.
- (2006): Tora und Vordere Propheten, in: Gertz, J.C. u.a. (Hg.): Grundinformation Altes Testament. Eine Einführung in Literatur, Religion und Geschichte des Alten Testaments, UTB 2745, Göttingen, 187–302.

GRAUPNER, A. (2002): Der Elohist. Gegenwart und Wirksamkeit des transzendenten Gottes in der Geschichte, WMANT 97, Neukirchen-Vluyn.

GUNKEL, H. (1901): Genesis, HK 1/1, Göttingen[7] 1966.

HARTENSTEIN, F. (2001): Wolkendunkel und Himmelsfeste. Zur Genese und Kosmologie der Vorstellung des himmlischen Heiligtums JHWHs, in: Janowski, B./Ego, B. (Hg.): Das biblische Weltbild und seine altorientalischen Kontexte, FAT 32, Tübingen, 125–179.

HUROWITZ, V.A. (2007): Babylon in Bethel – New Light on Jacob's Dream, in: Holloway, S.W. (Hg.): Orientalism, Assyriology and the Bible, Hebrew Bible Monographs 10, Sheffield, 436–448.

KNAUF, E.A. (2006): Bethel: The Israelite Impact on Judean Language and Literature, in: Lipschits, O./Oeming, M. (Hg.): Judah and the Judeans in the Persian Period, Winona Lake, IN, 291–349.

KÖCKERT, M. (1988): Vätergott und Väterverheißungen. Eine Auseinandersetzung mit Albrecht Alt und seinen Erben, FRLANT 142, Göttingen.

– (2003): War Jakobs Gegner in Gen 32,23–33 ein Dämon?, in: Lange, A. u.a. (Hg.): Die Dämonen. Demons. Die Dämonologie der israelitisch-jüdischen und frühchristlichen Literatur im Kontext ihrer Umwelt, Tübingen, 160–181.

– (2007): Divine Messengers and Mysterious Men in the Patriarchal Narratives of the Book of Genesis, in: Reiterer, F.V. u.a. (Hg.): Angels. The Concept of Celestial Beings – Origins, Development and Reception, Deuterocanonical and Cognate Literature Yearbook 2007, Berlin/New York, 51–78.

KÖHLMOOS, M. (2006): Bet-El - Erinnerungen an eine Stadt. Perspektiven der alttestamentlichen Bet-El-Überlieferung, FAT 49, Tübingen.

KOENEN, K. (2003): Bethel. Geschichte, Kult und Theologie, OBO 192, Fribourg; Göttingen.

KRATZ, R.G. (2000): Die Komposition der erzählenden Bücher des Alten Testaments. Grundwissen der Bibelkritik, UTB 2157, Göttingen.

– (2003): Die Worte des Amos von Tekoa, in: Köckert, M./Nissinen, M. (Hg.): Propheten in Mari, Assyrien und Israel, FRLANT 201, Göttingen, 54–89.

– (2007): Temple and Torah: Reflections on the Legal Status of the Pentateuch between Elephantine and Qumran, in: Knoppers, G.N./Levinson, B.M (Hg.): The Pentateuch as Torah. New Models for Understanding Its Promulgation and Acceptance, Winona Lake, IN, 77–103.

LANCKAU, J. (2006): Der Herr der Träume. Eine Studie zur Funktion des Traumes in der Josefsgeschichte der Hebräischen Bibel, AThANT 85, Zürich.

LEVIN, C. (1993): Der Jahwist, FRLANT 157, Göttingen 1993.

– (2000): Dina: Wenn die Schrift wider sich selbst lautet, in: Levin, C.: Fortschreibungen. Gesammelte Studien zum Alten Testament, BZAW 316, Berlin/New York 2003, 49–59

– (2004): Das israelitische Nationalepos: Der Jahwist, in: Hose, M. (Hg.): Große Texte alter Kulturen. Literarische Reise von Gizeh nach Rom, Darmstadt, 63–85.

NOTH, M. (1948): Überlieferungsgeschichte des Pentateuch, Stuttgart.

OTTO, E. (1976): Jakob in Bethel. Ein Beitrag zur Geschichte der Jakobüberlieferung, ZAW 88, 165–190.

– (1979): Jakob in Sichem. Überlieferungsgeschichtliche, archäologische und territorialgeschichtliche Studien zur Entstehungsgeschichte Israels, BWANT 110, Stuttgart.

DE PURY, A. (1975): Promesse divine et légende cultuelle dans le cycle de Jacob. Genèse 28 et les traditions patriarcales, 2 Bände, ÉtB, Paris.

– (2000): Der priesterschriftliche Umgang mit der Jakobsgeschichte, in: Kratz, R.G. u.a. (Hg.): Schriftauslegung in der Schrift. Festschrift Odil Hannes Steck, BZAW 300, Berlin/New York, 33–60.

RICHTER, W. (1967): Das Gelübde als theologische Rahmung der Jakobsüberlieferungen, BZ 11, 21–52.

ROSE, M. (2001): Genèse 28,10–22: L'exégèse doit muer en herméneutique théologique, in: Macchi, J.-D./Römer, T. (Hg.): Jacob. Commentaire à plusieurs voix de / Ein mehrstimmiger Kommentar zu / A Plural Commentary of Gen. 25–36. Mélanges offerts à Albert de Pury, Le Monde de la Bible 44, Genf, 77–86.

SCHMIDT, L. (1994): El und die Landverheißung in Bet-El, in: Schmidt, L.: Gesammelte Aufsätze zum Pentateuch, BZAW 263, Berlin/New York 1998, 137–149.

SCHMIDT, W.H. (1988): Exodus. 1. Teilband Exodus 1–6, BKAT II/1, Neukirchen-Vluyn.

SCHMITT, H.-C. (1998): Der Kampf Jakobs mit Gott in Hos 12,3ff. und in Gen 32,23ff. Zum Verständnis der Verborgenheit Gottes im Hoseabuch und im Elohistischen Geschichtswerk, in: Schmitt, H.-C.: Theologie in Prophetie und Pentateuch. Gesammelte Schriften, hg.v. U. Schorn und M. Büttner, BZAW 310, Berlin/New York 2001, 165–188.

STERN, E./MAGEN, Y. (2002): Archaeological Evidence for the First Phase of the Samaritan Temple on Mount Gerizim, IEJ 52, 49–57.

STIPP, H.-J. (2000): Gedalja und die Kolonie von Mizpa, ZAR 6, 155–171.

VEIJOLA, T. (1982): Verheissung in der Krise. Studien zur Literatur und Theologie der Exilszeit anhand des 89. Psalms, AASF.B 220, Helsinki.

WAHL, H.-M. (1997): Die Jakobserzählungen. Studien zu ihrer mündlichen Überlieferung, Verschriftung und Historizität, BZAW 258, Berlin/New York.

WEIMAR, P. (2003): Spuren der verborgenen Gegenwart Gottes in der Geschichte. Anmerkungen zu einer späten Redaktion der Josefsgeschichte, in: Weimar, P.: Studien zur Josefsgeschichte, SBAB 44, Stuttgart 2008, 297–315.

WELLHAUSEN, J. (1899): Die Composition des Hexateuchs und der historischen Bücher des Alten Testaments, Berlin [4]1963.

WESTERMANN, C. (1981): Genesis 12–36, BKAT I/2, Neukirchen-Vluyn.

Jacob at the Jabbok

John Barton
Oxford

The story of Jacob's wrestling-match at the river Jabbok (Gen 32,23–33) has always fascinated readers of Genesis, and it has been the subject of much scholarly comment.[1] There are two widespread assumptions about it, which are usually linked. The first, which certainly goes back as far as Hermann Gunkel, is that it is the literary version of a folktale which originally had an independent existence and was probably about an unnamed hero. The second is that the 'man' with whom Jacob wrestles was, in this original tale, a demonic or at least a malign being. Like a troll in Nordic legend, he has to be gone by daylight; and he can be seen as the guardian of the ford, opposing travellers and forcing them to wrestle with him to gain safe passage. The present version of the story thus represents a 'theologizing' and 'Israelizing' of an originally anonymous and probably non-Israelite *Märchen*. Typical would be the comment of Claus Westermann:

> All exegetes agree that the basic narrative must be old. It bears distinct animistic traits and is not to be dissociated from the region, the ford, the river. The danger of the ford is personified in the spirit or demon who does not want to let the traveller cross the river ... and attacks him so as to prevent him doing so.[2]

In his important study 'War Jakobs Gegner in Gen 32, 23–33 ein Dämon?',[3] Matthias Köckert has shown how shaky is the foundation on which these assumptions rest. Some of his points seem obvious once pointed out, but had not been noticed before. For example, Jacob's wrestling match occurs *after* he has crossed the Jabbok, not in order to secure its passage from a hostile being. His entire family has already crossed the river unmolested. The being with whom Jacob wrestles *blesses* him, hardly something that a demon would do even if it had the power, which demons do not. In the present form of the story the imminent coming of day means that the meeting with Esau is drawing near,

---

1   See, for example, Elliger 1951: 1–31; Floss 1983a: 9–132 and 1983b: 66–100; Hermisson 1974: 239–261; de Pury 1979: 18–34; Geller 1996: 9–29. For postbiblical reception of the story see Butterweck 1981 and Spieckermann 1997.
2   Westermann 1985: 515.
3   Köckert 2003: 160–181; cf. also Köckert 2007: 51–78.

rather than that the 'demon' must escape. At the most we could speak of folk-tale motifs in the story, but that is true of many stories even in the Deuteronomistic History, as David Gunn showed many years ago in the case of the story of David.[4]

Furthermore, the idea that this is an originally free-standing tale also collapses on closer examination. Of course it has features which pre-existed the present account, such as the food taboo of which the story provides an aetiological explanation, the theme of attack by night (cf. Ps 91,5–6), and the request for the name of a mysterious person, which we find also in the story of Manoah in Judges 13. But there is no evidence that anything recognizable as the precursor of this story was ever a piece of free-floating oral tradition. Already in its original form, which Köckert reconstructs as verses 23.25b.26a.27.28–30.31.32, it makes sense only in the context of the Genesis narrative, with Jacob at this particular stage in his journey, about to meet Esau. Central to the plot is his renaming as 'Israel' and his 'seeing God' face to face, and these are not features that could plausibly go back to a tale about an encounter with a demon. The story is an account of how Jacob met and was renamed by *God*. Later tradition identified the 'man' as an angel (as Köckert shows in a fascina-ting account of the story's later *Wirkungsgeschichte)*, beginning in Hos 12,5 – never as a demon; and the reason for this lies in the scandal of saying that a man, even the patriarch of Israel, had actually 'seen God'. If the story had been about a demon there would have been no reason to change it into an angel: the reverential modification shows clearly that the author of Hos 12,5 saw – and disapproved – the clear implication that it was God himself whom Jacob had wrestled with. Like later rabbinic and Christian writers, he was also worried by the implication that God himself might act in such a hostile way towards the national hero, but that is indeed the implication of the Genesis story, in which "Jahwe ist sowenig wie ein antiker Gott sonst der Extrakt unserer Moralvorstellungen, noch deren Gefangener. In diesem Sinne ist auch Jahwe zweifellos a-moralisch."[5]

If we accept Köckert's analysis of this puzzling story, then we do indeed have here an account that raises theological issues about the character of the God of the Old Testament. It belongs, one might say, to the strand of thought in the Old Testament which can be called 'monistic' (as opposed to dualistic), in which the sovereign aloneness of Yahweh in the divine realm means that any actions not attributable to human agency have to be ascribed to him, whether they are 'good' or 'bad' in human terms.[6] The classic text for this is of course Is 45,6–7, where Yahweh is the cause of both light and darkness, peace

---

4   Gunn 1978.
5   Köckert 2003: 179.
6   But see Lindström 1983.

and evil. True, in the story of Jacob Yahweh's hostility is in the service of ultimate blessing; but it still remains puzzling to the modern reader, as it obviously already was to the author of Hos 12,5, why the God who wishes to bless Jacob should waylay him and threaten his life (cf. the 'bridegroom of blood' incident in Ex 4,24–6). In a way the modern tendency to identify the opponent in Gen 32 as 'originally' a demon perhaps reflects the same embarrassment with this monistic attitude as the attempt to reinterpret him as an angel. Köckert forces us to confront the stark theological message of Gen 32 as it stands, in which the one who seeks to bless Jacob also struggles with him in a life-threatening way.

The theological problem here has been the subject of an important but, I believe, underused work by Walter Dietrich and Christian Link, *Die dunklen Seiten Gottes.*[7] For them the (at least incipient) monotheism of much of the Old Testament is simultaneously the problem and its solution. Monotheism is the *problem* with the power of Yahweh, since there are no convenient other gods to whom one could appeal as having thwarted his plans and so as explaining evil in the world. Yet, Dietrich and Link argue, monotheism is also the reason why God *inevitably* has a dark side: because everything that happens must in the end be attributed to his causation, he appears as a more arbitrary figure than if he were a good god surrounded by the opposing force of evil ones. God both kills and brings to life, as we read in the Song of Hannah (I Sam 2,6), since there is no 'god of death' to whom killing can be ascribed. This element is also present in the passages where God is simultaneously the helper and the opponent of Israel – pre-eminently in this story of Jacob wrestling at the Jabbok, but also in the choice of Saul followed by his rejection, where God seems even somewhat perplexed by the turn events have taken; and in I Reg 22, where it is Yahweh himself who incites Ahab, through the lying spirit, to go up and fall at Ramoth-Gilead, an action which is presented as sinful. It is the monotheistic portrayal of Yahweh that produces these paradoxes: it would be much easier if the downside of them could be attributed to an evil god. But even in these accounts, which strike the average reader of today as in some ways quite primitive, we none the less see the drive towards monotheism that is such an important part of the Hebrew Bible. Similarly, in Job the sufferings of which Job himself complains in the dialogue do not come from a hostile force, but from God himself, and even in the prose framework the Satan can afflict him only because God authorizes it. In the divine speeches God stresses that even hostile powers such as Behemoth and Leviathan were created by him in the first place: they are not anti-God beings like the animal deities in *enuma elish* whom Marduk conquers. God as creator is a central

---

7   Dietrich/Link 1995 and 2000.

theme in the Old Testament, and this rules out any proto-Marcionite theory of two gods, an evil creator and a good redeemer.

This emphasis on the indivisibility of God means that it is impossible to defend him against the charge of being responsible for evil in the world: a theodicy becomes very difficult to construct, and one is led to desperate measures such as Luther's (probably effectively Marcionite) distinction between God's right and left hand, between his *opus proprium* and his *opus alienum*. With Luther, however, one is almost bound to say that we simply cannot hope to understand the ways of God, who is inscrutable to us. That is what the voice from the whirlwind tells us: you simply cannot grasp the ways of God. However, the Old Testament is not fully content with that solution either, since in most examples of human suffering it proposes that God in the end proves gracious: in the final form of the stories in question both Jacob and Job pass the test God has posed for them and are rewarded. It is really only in Qoheleth that inscrutability is the final word, and even there it is said that at least for some people God makes available the possibility of a happy life before death supervenes and ends it all, and that such people should enjoy what they can while they can. The overall impression the Old Testament makes is that God does not generally use his power to torment the human race, though when he does he cannot be made accountable for it. The wisdom literature is generally optimistic and thinks in terms of God's power as a beneficent force in the world. Overall God does not exercise the kind of power that a theory of divine omnipotence ascribes to him, but works to promote human good without being able to avoid the path to that good passing through suffering and disaster.

The monotheistic flavour of the Old Testament certainly militates against reading the being with whom Jacob wrestles as a demon: in such a context he can only be God himself. But this fact also argues strongly against the reading of our story as a folktale. This can be argued on different lines from those sketched by Köckert, but leading to the same conclusion. I have already spoken of God as Jacob's 'helper' and 'opponent', and this situates the discussion in the context of the study of the folktale pioneered by Vladimir Propp in the 1920s, for whom these terms belong to the 'grammar' of folklore.[8] Propp argued that each character in a folktale belongs to one of a restricted number of classes, such as the originator of a quest, the hero, the helper, and so on, and that one can work out a set of algorithms which determine how these characters can be combined into a finite set of basic plots. These can then be set out using symbols that look rather like the symbols used in symbolic logic. When one does this, it becomes apparent that certain plot-lines are 'permissible' as folktales and others are not; only certain combinations of the different characters and their deeds make for 'well-formed' folktales, just as in linguistics only

---

8   See Propp 1928. For much of the following discussion see Barton 1996: 114–119.

certain ways of combining words produce well-formed sentences. If we apply Propp's principles to the story of Jacob, as Roland Barthes did in a famous essay in 1971,[9] we find something strange. The only person who can give someone a new name is God, just as Köckert argues, and it is clear that the mysterious 'man' is either God himself or at least some kind of epiphany of God. But God is, according to a Proppian analysis, the 'originator' of Jacob's quest, and the one who presides over its fulfilment and eventually rewards Jacob by giving him the Promised Land; he is also Jacob's 'helper' throughout his career. Yet in this story he is Jacob's 'opponent'. And this, in terms of Propp's algorithms, is improper – a confusion of roles. This shows in an entirely formal way that the story cannot be a real folktale, even though it has certain obvious folktale features. As it stands the story subverts the normal rules of folktale. It cannot therefore be an oral tale which has been later committed to writing, but must be some kind of deliberate exploitation – or parody, we might say – of a folktale. It is using the themes and motifs of folklore to make a point that folklore would never make.

A Proppian analysis thus has the paradoxical effect of identifying in Genesis 32 a story that is not really susceptible of such an analysis, but breaks the mould. One could move in two directions from this conclusion, and I would say that the two directions have been determinative for subsequent study of narrative texts in the Hebrew Bible. Barthes himself, strangely, drew mainly theological conclusions from his analysis, much along the lines sketched above. He argued that it was Hebrew monotheism that was responsible for the strange turn in the story. For a monotheistic culture, the one God must be the source of all that happens: hence he must be the opponent as well as the originator of the quest. So for Barthes Hebrew culture turns out to be one in which Propp's laws do not really hold – a remarkable conclusion which by making the Bible unique commended structuralism in the 1970s to some very conservative Jews and Christians who would otherwise have been put off it by its generally Marxist-atheist style.

But Barthes' analysis could also move in a more strictly literary direction. One need not make a point about the extreme uniqueness of Hebrew literature, but could instead focus on the way in which a formalist investigation can, as it were in spite of itself, point to literary skill. One of the things we mean when we talk about a writer as great tends to be his or her ability to take commonplace conventions and use them to deliver an unconventional message. We admire stories that have 'a sting in the tail', where things do not turn out as we expected. A motif such as the identification of opponent with originator turns the story of Jacob from a commonplace folktale into great literature, or at least potentially so. We realize this, I would argue, at a subliminal level: most read-

---

9   See Barthes 1971.

ers of the story experience a sort of shiver down the spine when they read it. Only knowing about Propp's laws makes it possible to articulate just what it is that gives the story this spine-tingling effect. But the story also shows that Propp's laws are not deterministic; rather they tell us how conventional literature works, and thereby open up the possibility that we shall recognize literature that is unconventional. Structuralists who had read Propp were very interested in detective stories, and one can easily see why: they are governed by very strict rules about what is and is not allowed to happen within the genre. But one can have subversive detective stories, as in Agatha Christie's *The Murder of Roger Ackroyd*,[10] where the murderer turns out to be the first-person narrator, or Alain Robbe-Grillet's *Les Gommes*,[11] where a detective arrives in a town to investigate a murder that has not in fact happened and ends up committing it himself. The story of Jacob is like these, a story that undercuts the rules for stories.

There is in fact a parallel to the story of Jacob, analysed from this formalist-structuralist perspective, in medieval English literature, in the work known as *Sir Gawain and the Green Knight*,[12] a fourteenth-century Arthurian tale in alliterative verse, probably written in the English Midlands.

> A tall knight dressed all in green enters King Arthur's armed with an axe and proposes a contest: he asks for someone in the court to strike him once with the axe, and he will return the blow a year and a day later. Sir Gawain, the youngest of Arthur's knights, accepts the challenge. He cuts off the giant's head in a single stroke, expecting him to die. The Green Knight, however, picks up his own head and walks away, reminding Gawain to meet him at the 'Green Chapel' in a year and a day. As the date approaches Sir Gawain sets off to find the Green Chapel and complete his bargain with the Green Knight, which he assumes will result in his own death. His long journey leads him to a castle where he meets its lord, Bertilak de Hautedesert. Gawain tells him about his appointment at the Green Chapel, and Bertilak explains that the Chapel is less than two miles away. While he is staying at the castle Gawain exploits Bertilak's hospitality by responding to advances from Bertilak's beautiful wife, but only to the extent of exchanging a few kisses with her. She gives him a green girdle that will help to keep him from harm. When he arrives at the Green Chapel, Gawain finds the Green Knight sharpening the axe, and, as arranged, bends over to receive his blow, expecting death. The Green Knight swings to behead Gawain, but holds back twice, only striking softly on the third swing, causing a small scar on his neck – this is to punish him for his wrongdoing with Bertilak's wife. The Green Knight then reveals that he is himself Bertilak. Gawain is at first ashamed and upset by his abuse of Bertilak's hospitality, but the two men part in friendship. Gawain goes back to court wearing the girdle as a

---

10   Christie 1926.
11   Robbe-Grillet 1953.
12   *Sir Gawain and the Green Knight*; see the texts and articles at
     www.luminarium.org/medlit/gawain.htm.

sign of his shame. King Arthur decrees that all his knights should henceforth wear a green sash to recall Gawain's adventure.[13]

Now here, as in the story of Jacob, there is an identity between the initiator of the quest, the helper, and the opponent. A Proppian analysis would suggest that this, too, cannot be a folktale; and indeed it is generally regarded as a sophisticated literary work, even though it clearly contains folkloristic elements. Like the story of Jacob, the tale produces a pleasurable shudder in the reader at the moment of disclosure, when the identity of Bertilak with the Green Knight is revealed. Here of course there is no theological component, but the stories are parallel in their deep structure, and show how literary skill can subvert and exploit the conventions of folktale.

In the Old Testament this exploitation seems linked closely, as we have argued above, with a monotheistic perspective. The obvious conclusion is that it was Israelite monotheism that led writers to produce such 'ill-formed' stories, to great dramatic effect. But the Middle English parallel, in which theology does not play a role, might suggest that the subversion does not inherently depend on monotheism, and even perhaps that the monotheism of Hebrew stories could, conversely, be derived from their narrative structure. Erich Auerbach hinted at this in *Mimesis*, in the famous discussion of Genesis 22 in comparison with a scene in the Odyssey. Auerbach there sets up a contrast between Homeric style, in which he says every important matter is foregrounded and the characters are rather flat, and Hebrew narrative which he famously described as 'fraught with background'. Whether the comparison is a fair one need not concern us here. What is interesting is how Auerbach presents the nature of Hebrew narrative as subtle and ingenious in allowing character and narrative development to lead to the predetermined goal without any forcing, and for outcomes that are already theologically decided on to appear to emerge from the interplay of human, non-determined actions. He gives this a theological gloss, as correlated with the particular theology of Judaism, its monotheistic belief in which God does not act as a result of conferring with other divine beings, but has only human beings as his conversation partners – in this he argues along lines similar to those developed above. But Auerbach interestingly also suggests that monotheism is not so much the *cause* of the peculiarities of Hebrew narrative as its *result*:

> Es wird auch nichts von der Ursache gesagt, die ihn [Jahwe] bewogen hat, Abraham so schrecklich zu versuchen. Er hat sie nicht, wie Zeus, mit anderen Göttern auf der Ratsversammlung in geordneter Rede besprochen; auch was er im eigenen Herzen erwog wird uns nicht mitgeteilt; unvermutet und rätselhaft fährt er aus unbekannten Höhen oder Tiefen in die Szene hinein und ruft: Abraham! Man wird nun sogleich sagen, daß sich dies aus der besonderen Gottesvorstellung der Juden erklärt, die von der der Griechen so ganz verschieden war. Das ist richtig, aber

---

13 This is an edited version of the convenient plot summary in Wikipedia.

kein Einwand. Denn wie erklärt sich die Gottesvorstellung der Juden? Schon ihr eigenster Wüstengott war nicht festgelegt nach Gestalt und Aufenthalt, und war einsam: seine Gestaltlosigkeit, Ortslosigkeit und Einsamkeit hat sich im Kampf mit den vergleichsweise weit anschaulicheren Göttern der vorderasiatischen Umwelt schließlich nicht nur behauptet, sondern sogar noch schärfer herausgebildet.

But he concludes, "Die Gottesvorstellung der Juden ist nicht sowohl Ursache als vielmehr Symptom ihrer Auffassungs- und Darstellungsweise."[14] Thus the character of Hebrew narrative may be one of the factors that actually led to monotheism – a remarkable and suggestive idea which I cannot go into further now, but which seems to me potentially very fruitful. It in many ways turns on its head what is often said about the distinctiveness of the Old Testament in the ancient Near Eastern context, suggesting that this occurs first and foremost at the literary rather than the religio-cultural level. This of course would be an enormous conclusion to rest on such fragile evidence, but well worth considering. The mysterious story of Jacob at the Jabbok may well be not simply an illustration of Israelite monotheism and its monistic tendencies, but a staging-post on the way to that monotheism. When one looks for the distinctive features of Israel in its ancient Near Eastern context, so many proposed distinctives turn out on examination to have occurred elsewhere too. Perhaps it is in its development of sophisticated prose narrative that Israel was truly unique: and some of its religious individuality may be intimately linked with that highly unusual phenomenon. It is widely held nowadays that the rise of monotheism in Israel was in the first instance limited to an intellectual elite: and it is precisely from such an elite that the carefully crafted stories we find in the narrative books of the Old Testament also derive.

It is a great pleasure to dedicate this article to Matthias Köckert, who has contributed so signally to the study of the Pentateuch and its patriarchal narratives.

Bibliography

AUERBACH, E. ([2]1959): Mimesis. Dargestellte Wirklichkeit in der abendländischen Literatur, Bern.

BARTHES, R. (1971): La lutte avec l'ange: analyse textuelle de Genèse 32.23–33, in R. Barthes/F. Bovon et al. (eds.): Analyse structurale et exégèse biblique, Neuchâtel 1971 [= Structural Analysis and Biblical Exegesis, Pittsburgh 1974].

BARTON, J. ([2]1996): Reading the Old Testament. Method in Biblical Study, London.

---

14   Auerbach 1959: 10.

BUTTERWECK, A. (1981): Jakobs Ringkampf am Jabbok. Gen 32,4ff in der jüdischen Tradition bis zum Frühmittelalter, JudUm 3, Frankfurt/Main.

DE PURY, A. (1979): Jakob am Jabbok, Gen 32, 23–33 im Licht einer alt-iranischen Erzählung, ThZ 35, 18–34.

DIETRICH, W./LINK, C. (1995): Die dunklen Seiten Gottes, Vol.1, Neukirchen-Vluyn.

–   (2000): Die dunklen Seiten Gottes, Vol.2, Neukirchen-Vluyn.

CHRISTIE, A. (1926): The Murder of Roger Ackroyd, London.

ELLIGER, K. (1951): Der Jakobskampf am Jabbok. Gen 32,23ff als hermeneutisches Problem, ZThK 48, 1–31 [= Kleine Schriften zum Alten Testament, ThB 32, Munich 1966, 141–73].

FLOSS, J.P. (1983a): Wer schlägt wen? Textanalytische Interpretationen von Gen 32, 23–33, BN 20, 9–132.

–   (1983b): Wer schlägt wen? Textanalytische Interpretationen von Gen 32, 23–33, BN 21, 66–100.

GELLER, S.A. (1996): Sacred Enigmas: Literary Religion in the Hebrew Bible, London/New York 1996.

GUNN, D.M. (1978): *The Story of King David: Genre and Interpretation*, JSOTS.S 6, Sheffield.

HERMISSON, H.J. (1974): Jakobs Kampf am Jabbok (Gen 32,23–33), ZThK 71, 239–261.

KÖCKERT, M. (2003): War Jakobs Gegner in Gen 32, 23–33 ein Dämon?, in Lange, A./Lichtenberger, H./Diethard Römheld, K.F. (eds.), Die Dämonen/Demons. Die Dämonologie der israelitisch-jüdischen und frühchristlichen Literatur im Kontext ihrer Umwelt/The Demonology of Israelite-Jewish and Early Christian Literature in Context of their Environment, Tübingen, 160–181.

–   (2007): Divine Messengers and Mysterious Men in the Patriarchal Narratives of the Book of Genesis, in Reiterer, F.V./Nicklas, T./ Schöpflin, K. (eds.), Angels: The Concept of Celestial Beings – Origins, Development and Reception, Deuterocanonical and Cognate Literature Yearbook 2007, Berlin/New York, 51–78.

LINDSTRÖM, F. (1983): God and the Origins of Evil: A Contextual Analysis of Alleged Monistic Evidences in the Old Testament, CB 21, Lund.

PROPP, V. (1928): Morfologija skazki, Leningrad [= Morphology of the Folktale, 2nd ed. Austin 1968].

ROBBE-GRILLET, A. (1953): Les Gommes, Paris 1953 [= The Erasers, London 1966].

SPIECKERMANN, H. (1997): Der Gotteskampf: Jakob und der Engel in Bibel und Kunst, Zurich.

WESTERMANN, C. (1985): Genesis 12–36: A Commentary, London and New York.

Tamar and Her Biblical Interpreters

Steven L. McKenzie
Memphis

The story in Genesis 38 has long been recognized as anomalous. It clearly interrupts the tale of Joseph, which begins in the previous chapter, and continues in Gen 39,1, taking up exactly where it left off. Moreover, while the institution of levirate marriage and the birth of twins reflect a genealogical interest, this story entailing *coitus interruptus*, prostitution, adultery, and incest hardly seems the kind that would be told out of a sense of pride in one's ancestors. Its preservation seems all the stranger considering that the ancestry is that of the royal, Davidic line. In this article, offered in honor of Prof. Matthias Köckert,[1] I wish to propose what I think is a new suggestion about the origin and purpose of this story.

Forty years ago, the noted anthropologist Edmund Leach contended that the Tamar of Genesis 38 was part of a late, Jewish cover up in the Hebrew Bible of the diversity of Israel's ethnic origins.[2] The cover up was theologically driven, made use of the legal fiction of levirate marriage, and focused on Solomon's genealogy as part of an assertion of title to land of Canaan. My thesis here is that while Leach was right to notice ethnicity as an important element of the story of Tamar and its interpretation, he got it precisely backwards in terms of the claims of its author and interpreters. The story of Tamar was used not to enforce claims of endogamy but to counter them.[3]

Leach discussed the women listed in the genealogy in Matthew 1, of whom Tamar is the first, but missed the point of their inclusion there. I would propose that the five – Rahab, Ruth, Bathsheba (called the wife of Uriah), and Mary – are included by Matthew as a way of calling the reader's attention to the both foreign and sinful nature of this "pristine" lineage. While a Jew of

---

1   I have been privileged to serve with Prof. Köckert as an editor for the FRLANT and have observed him to be a fine gentleman and a careful scholar. I am pleased to offer this modest contribution in his honor.

2   Leach 1966: 58–101, reprinted in Leach 1969: 25–83.

3   For a more detailed critique of Leach's approach, see Emerton 1976. Ho's statement that the point of Genesis 38 is "David is 100% Jewish" (1999: 529n) is equally exactly wrong in my view.

Matthew's time could hardly boast a more illustrious genealogy, it turns out that David and Solomon, and thus the whole Davidic line were not "pure" Israelite. Not only was Tamar likely Canaanite, but Rahab was expressly so, and Ruth was Moabite.

Moreover, the women appear at first glance to be of questionable character. Tamar dressed as a prostitute and seduced her father-in-law. Rahab was a prostitute by profession. Ruth enticed Boaz at the threshing floor. Bathsheba was David's partner in adultery. Mary became pregnant while betrothed to Joseph. Closer examination reveals that there is something with each of these women that mitigates the first impression. Tamar's father-in-law declared that she was in the right. Rahab astutely perceived Yahweh's power and presence with Israel and helped the spies. Ruth was the paragon of love and loyalty to her Israelite mother-in-law. David, not Bathsheba, was the one responsible for adultery by virtue of his position of authority. Mary had been impregnated by God, whose son she had been chosen to bear. In addition, the men in the genealogy, by and large, are hardly models of virtue, as a survey of the evaluations of the kings of Judah in the book of Kings makes clear. Matthew's point would seem to be that Jewish pedigree was nothing to boast about. Even the best human line was thoroughly soiled. The perfect Messiah had been born into sinful humanity in order to redeem it.

The book of Ruth itself seems to interpret the story of Tamar in a similar vein. The reference to Tamar in the blessing of Boaz by the elders of Bethlehem (Rt 4,12) serves to reinforce the point that Ruth, who is admired and admirable throughout the book, is of Moabite extraction. It has often been speculated that the book was written to advocate universalism in the face of the demand of Ezra-Nehemiah that citizens of Jerusalem divorce their foreign wives.

Careful attention to the details of Genesis 38 in context suggests a similar agenda. I will begin by recounting the story in Genesis 38 as I understand it. While I would not claim that the following summary represents a consensus about the many critical issues raised in this text, I try to make use of the manifold insights offered by scholars who have treated it.[4]

The Story

Some time after Joseph was sold into slavery, Judah separated from his brothers and moved to the vicinity of Adullam beside a Canaanite friend of his named Hirah (Gen 38,1). Judah married the daughter of a certain Canaanite

---

4   Menn (1997: 12–106) provides a detailed summary of the story and the interpretive issues
     raised about it by rabbinic and later interpreters.

man named Shua and fathered three sons by her: Er, Onan, and Shelah (Gen 38,2–5).[5] Judah found a wife for Er – a woman named Tamar, who was presumably also Canaanite (Gen 38,6). When Yahweh took Er's life because he was evil (Gen 38,7), Judah expected his second son, Onan, to perform the duty of the brother-in-law or levir by fathering children through his brother's widow and raising them to carry on his brother's name and inherit his property (Gen 38,8; Dtn 25,5–10). Onan did not refuse outright but repeatedly made use of Tamar for his sexual pleasure, withdrawing before climax in order to prevent her from conceiving a child, which he knew would not be considered his (Gen 38,9).[6] This course of action was hypocritical and abusive. Onan's private undermining of levirate practice may have guarded his reputation from reproach (Dtn 25,7–10), but it left Tamar no legal redress.[7] It did, however, cost him his life, according to the story, at Yahweh's hand (Gen 38,10). Following Onan's death, Judah sent Tamar back to her father hinting that she could marry Shelah when he came of age. Apparently, Judah, fearful that Shelah also would die if he married Tamar and end Judah's line, never intended to follow through (Gen 38,11).[8]

Tamar was in an untenable predicament. Over time, it became obvious that Judah had no intention of permitting the consummation of her marriage to Shelah. But because she was officially betrothed to him, she could not marry someone else. Her very dignity as a woman in that society was at stake. The situation called for desperate measures. Meanwhile, Judah himself became a widower. After the period of mourning for his wife was over, Judah went to shear his sheep at Timnah, accompanied by his friend Hirah (Gen 38,12). Learning of Judah's movements, Tamar recognized an opportunity, perhaps especially because sheepshearing was a time of celebration. Removing her widow's garments, she donned a veil and waited at the gate of a town called Enaim on the road to Timnah (Gen 38,13–14).

Judah's employment of a prostitute's services, though hardly exemplary, was not adulterous, since he was a widower. However, he did not recognize that his partner was his own daughter-in-law because she was veiled (Gen 38,15–16). She negotiated payment and required collateral, which was her real

---

5   Gen 38,2 makes clear that the Canaanite man was named Shua. However, Gen 38,12 is ambiguous as to whether his daughter was named Bath-Shua (so I Chr 2,3) or is simply nameless and referred to as the daughter of Shua (bath-Shua) in the story. For convenience, I will refer to her in this article as Bath-Shua.

6   The syntax of v 9 (וידע אונן כי לא לו יהיה הזרע והיה אם בא אל אשת אחיו ושחת ארצה לבלתי נתן זרע לאחיו) makes it clear that Onan's withdrawal was a repeated act.

7   Wildavsky 1994: 39.

8   The text does not spell out Judah's intent never to allow Tamar to marry Shelah but implies that this was the case by the articulation of Judah's fear that Shelah might die when he sent Tamar back home (v 11) and by Judah's confession that she was more in the right than he, since he had not allowed the marriage to occur (v 26).

interest in the matter. The collateral was Judah's personal effects, his seal and his staff (Gen 38,17–18). These items had no particular intrinsic value but were important as the personal identification of a prominent man.[9] Judah would want to recover them. Hence, he tried to pay his debt following this encounter (Gen 38,19–20). Tamar, of course, was nowhere to be found, since her stint as a prostitute was a singular event (Gen 38,21–23).[10]

When Tamar's pregnancy became known three months later and Judah gave the order to have her burned, she produced his personal effects as evidence that he was the father (Gen 38,25). Judah confessed – whether out of shame or honor – that she was right rather than he.[11] He rescinded the order for burning and refrained from further sexual congress with his daughter-in-law (Gen 38,26). Tamar gave birth to twins, the older of which, technically, was Zerah, though he was replaced in prominence by Peres (Gen 38,27–30).

Literary Setting

As mentioned, the intrusive nature of this story has long been noted. Since at least the 1970s, however, scholars have pointed out a number of features of this story that connect it with the surrounding narrative.[12] These may be rehearsed briefly here. First, the present location of this story – after the sale of Joseph but before the move of Jacob's family to Egypt – was the most logical place for it.[13] The time reference in Gen 38,1 reflects an effort to locate it temporally with the preceding material. The rather unusual statement that Judah "went down" from his brothers (וירד), is best explained as a deliberate connection with the same root in Gen 39,1 (הורד ho.). Tamar's again somewhat unusual instruction to Judah to "regard" (הכר hi., v 25) the signet and staff and Judah's compliance (ויכר hi., v 26) echo the brothers' (with Judah in the lead) instruction to their father concerning Joseph's coat (Gen

---

9   The staff presumably had markings of personal identification on it. The word is also a double (or in this case triple) entendre. מטה means not only "staff" but also "tribe," and it is likely a sexual euphemism. Gunn and Fewell (1993: 40) further suggest that "seal" (חותם) puns on "father-in-law" (חתן) and "cord" (פתיל) on "simpleton" (פתי).

10 Hirah's use of קדשה rather than a זונה may simply be a more polite term, as suggested by Westermann 1986: 54. The latter seems to have referred to a temple functionary, but not necessarily a cultic prostitute. Cf. Bird 1989.

11 The precise nuance of Judah's confession in v 26 is debated. The rendering here follows Waltke/O'Connor (1990: 265–266), who refer to it as an instance of "comparison of exclusion." This is more than a syntactical or translational issue because it relates to the depiction of the eponymous ancestor, Judah, and why this story was preserved.

12 Alter 1975 and Coats 1974

13 Hamilton 1995: 431–432.

37,32–33). The motif of deception and the use of clothing and a goat in deception also provide links with the foregoing Joseph story.[14]

These commonalities have led some scholars to identify the author of the story in Genesis 38 as the author of the surrounding Joseph story, namely J.[15] Nevertheless, caution is in order on this point for several reasons. First, scholars have noted a paucity of direct evidence for J in Genesis 38.[16] Second, the evidence for the distinctiveness and insertion of the story remains overwhelming. Even scholars who argue for the fit of the chapter in its surrounding context acknowledge this. Alter writes of "careful splicing of sources by a brilliant literary artist."[17] As Huddlestun observes, the very use of narrative resumption (*Wiederaufnahme*) in Gen 37,36 and Gen 39,1 shows that the author or editor recognized the intrusive nature of chapter 38.[18]

The expressions mentioned above are especially significant in this regard. Both are unusual. It is unclear why Judah should be descending, and Tamar's order for Judah to "regard" the effects she produces is unnecessary and somewhat redundant following her statement that she is pregnant by the man who owns them. The reason for these expressions appears to be purely literary – to accommodate this story to its surroundings, as noted above. The links with the surrounding material, in other words, are all one-directional. The story in Genesis 38 presupposes its context, but the reverse is not the case. This means that the story as we have it – whatever its antecedents – has been composed specifically for its present location. Such composition does not exclude the possibility of J's authorship, but it is just as possible, and perhaps somewhat more likely in view of the story's intrusive nature, that it was inserted here by a later author.

Creative Writing

Similarities between the story of Tamar in Genesis 38 and that of Tamar in II Samuel 13 have long been noted: the name Tamar, the fact that both deal with the tribe of Judah, the sexual dimension of both stories, the setting of part of the action during sheepshearing, and the use of certain Hebrew roots (נחם ni. "be consoled" [Gen 38,12; II Sam 12,39] and פרץ "break through, press" [Gen

---

14 Huddlestun 2002.
15 Clifford 2004, Emerton 1975: 50–52.
16 Thus even Clifford, who strongly advocates authorship by J acknowledges that "some of the usual criteria for the attribution are lacking" (2004: 520).
17 Alter 1975:76.
18 Huddlestun 2002: 53n.

38,29; II Sam 13,25.27]), and expressions ("I am with child" [אנכי הרה or אנכי הרה] only in Gen 38,25 and II Sam 11,5).[19]

Rendsburg (1986) has shown the correspondence between the names of the characters in Genesis 38 and those in the David story:

Judah = David
Hirah/חירה = חירם/Hiram
daughter of Shua/בת שוע = בת שבע/Bathsheba[20]
Er/ער = נער/the firstborn son of David and Bathsheba
Onan/אונן = אמנון/Amnon
Shelah/שלה = שלמה/Solomon
Tamar/תמר = תמר/Tamar

Rendsburg's comparison suggests that the names in Genesis 38 are artificial and dependent on the ones in Samuel. Ho has begun with Rendsburg's suggestion and built a compelling case for Genesis 38 being a piece of creative fiction that was likely inserted into the Joseph story.[21]

As further evidence for the author's creativity, one might consider the puns inherent in each of these names in the context of this story. Punning is widely recognized at the end of the story in the births of Perez ("breach") and Zerah (uncertain, but apparently "shining, brightness," perhaps with the sense of "appearing"). Er (ער), as often noted, is a reversal of the consonants in the word for "evil" (רע), which is the reason that Er was killed (Gen 38,7). Onan appears to mean "strength" or "virility" (*BDB* 19–20). It also shares the consonants with the word און, "trouble, wickedness," and the two roots are punned on by Hosea (12,4.9). They are also both similar, at least graphically, to the particle of non-existence (אין). It is hard to imagine three words more suited to Onan's story of sinful, wasted virility that brought about his death. Or perhaps the overlap of the ideas suggested by these words, in addition to the name Amnon, was what suggested the name Onan and the details of his story to the author of Genesis 38. Finally, Shelah derives from the word "quiet, at ease," or as Arbeitsman has it, "lull."[22] His name would seem appropriate following the trouble brought on by his two older, wicked brothers. Moreover, שלה might be construed, especially in late Hebrew, to mean or at least as a pun

---

19   There are also similarities between each of these stories and the wider context of the other – the setting of Genesis 38 near Adullam, which is common in the David story and the long-sleeved coat worn only by Joseph (Gen 37,3.32) and Tamar (II Sam 13,18–19) in the Bible are examples. These and other similarities have been treated by Auld (2002) and by Harvey (2004), who come to opposite conclusions about the relative priority of Genesis and Samuel. My concern here is only with Genesis 38 as an insertion into the book of Genesis drawing on the David story.

20   Cf. also I Chr 3,5 where Bathsheba is called Bathshua, thus evincing what Ho (1999: 526) calls a "scribal association" between the two characters, albeit one based on textual corruption.

21   Ho 1999, cf. Auld 2002.

22   Arbeitsman 2000b.

on שׁ + לה "belonging to her, hers." Again, this name is ideal for the role played by Shelah in the story.

In addition to personal names, the author of Genesis 38 may have exercised creativity in the choice of place names. The place names in this story present a particular problem. Other than Adullam, none of the other three (usually understood) place names in the story – Chezib, Enaim, and Timnah – has been located with any degree of certainty. Chezib is usually identified with Achzib (Josh 15,44; 19,29; Jdc 1,31; Mi 1,14) and Enaim with Enam (Josh 15,34). Achzib and Enam are both in the Shephelah not far from Adullam and therefore appropriate to the story. But if these are the places intended, their names seem to have been altered slightly as puns on the content of the story. Kezib (כזיב) means "deceit,"[23] yielding a literal reading of Gen 38,5b as, "he was in deceit when she bore him." Whoever the subject of the verb may be (Judah? Onan? Shelah? Or emended to refer to Bath-Shua?), the allusion to deceit is well suited to this story, in which Onan, Judah, and Tamar all practice deceit.

Similarly, Enaim, "eyes," is a provocative *double entendre* for the place where Tamar poses as a prostitute. It is at the "opening of the eyes" בפתח עינים (Gen 38,14, usually construed as the entrance to Enaim) where Tamar initiates the process that will *reveal* the injustice being done to her. The expression is ironic in view of Judah's failure to recognize Tamar, although she is in plain sight. Noting that the name "makes fine irony," Gunn and Fewell further state, "For where Judah sees a prostitute we know that he is in fact seeing someone else. It is as though his eyes are closed. But in due course his sight of this woman will lead to his eyes being opened to his unjust treatment of Tamar".[24] Since Tamar is veiled her eyes may be all that Judah can see.

As for Timnah, some scholars identify it with the Timnah of the Samson stories on the Judah/Dan border about 20 miles west of Jerusalem (Tel Batash, Josh 15,10; 19,43; Jdc 14,1-5). More commonly, though, it is identified as an unknown site in Judah's hill country, perhaps identical with the Timnah of Josh 15,57. The uncertainty of its location again raises the possibility of a word play. Rosenberg surmises as much, though his claim that "Timnah plays on the Hebrew word for 'conceal'" apparently confuses תמנה (< מנה) with תמנע (> מנע).[25] The former, which is the name in Genesis 38, comes from the root meaning "to apportion, count" and as such seems ideal as a pun in this story

---

23 Arbeitsman 2000a; Gunn/Fewell 1993: 35.

24 Gunn/Fewell 1993: 39. Robinson (1977) proposes on the basis of the contrast with the idiom "closing of the eyes" in Gen 20,16 that the "opening of the eyes" here describes Tamar's manner in her guise as a prostitute, i.e., "invitingly." It is not clear, though, that the "closing of eyes" in Gen 20,16 has the nuance of "secretly" that Robinson ascribes to it.

25 Rosenberg 1993: 58.

involving levirate marriage, the purpose of which was to continue the heritage in both name and property of a family member.[26]

Purpose and Date

This story is often understood as an eponymous etiology describing the settlement of the tribe of Judah and some of its constituent clans in the area surrounding Adullam and the eastern Shephelah area at the beginning of the sedentarization of Israel when relations with the Canaanites were peaceful and intermarriage common.[27] Thus construed, the story explains the extinction of the clans of Er and Onan in favor of Perez and Zerah and the respective status, and change thereof, of the latter two clans, Peres being prominent because it housed the royal line of David. This etiological intent of the story is evident in the birth story of the twins at the end. But this understanding fails to explain the presence of Bath-Shua and Tamar in the story. Are they also eponymous figures? If so, what clans do they represent?[28] If they are simply stereotypes (certainly not the case with Tamar), why are they given names? The etiological understanding also fails to account for the puns and evidence of creativity adduced by Rendsburg and Ho in the names and details in the story. On the other hand, the major shortcoming of the creative readings of Rendsburg and Ho is their failure to explain the obviously etiological nature of birth of the twins and perhaps other eponyms as well.

Rendsburg's and Ho's observations about the origins of the personal names and the fictive elements, as well as the puns on the place names, suggest another possibility. The story would be a forceful counter to the exclusivist, endogamous demands of the post-exilic leaders, Ezra and Nehemiah. The

---

26 Again, Gunn and Fewell (1993: 39) note the pun, suggesting that it occurs because Judah is on his way to a "reckoning."

27 Westermann 1986: 50. In addition to Judah's marriage Westermann cites the mother's naming of sons (Gen 38,4–5), the widow not marrying the levir (cf. Coats 1972), and the burning (not stoning) of an adulteress by the whole community as further indications of the story's early age. Emerton (1975) even proposes that the story has a Canaanite origin, since it is critical of Judah but not hostile toward him. However, as Weisberg (2004: 414–417.425–426) observes in reference to levirate practice, these features might also be accounted for on the literary level. For instance, the focus on the birth of the eponymous sons of Tamar obviates the need to mention her subsequent marital status.

28 Steuernagel (1901: 79–80) proposed that Tamar represented the site in the Arabah mentioned by Ezekiel (47,18[LXX]–19; 48,28) as the eastern border of the future, idealized Israel and presumably the traditional border between Judah and Edom (cf. Cohen 1992). The proposal is intriguing, as the story might then represent a claim to Tamar on the part of Judah or an etiology for how Judah came to possess Tamar. It is all the more intriguing in view of the fact that Zerah and Timna both occur in the Edomite genealogy in Genesis 36 (vv 12.13.33.40). But the Edomite Timna is spelled differently (תמנע) and the setting of the story otherwise in the eastern Shephelah makes the connection with Edom unlikely.

heroine of the story in Genesis 38 is clearly Tamar. She is not explicitly called a Canaanite, but that is the implication.[29] She appears to be one of the "people of the land." Moreover, Judah's wife, Bath-Shua, is expressly identified as a Canaanite. Thus, according to the story, the tribe and nation of Judah are of partially Canaanite origin – including and especially the royal household of David, whose names are found at the tribe's beginnings. Indeed, it was the presumably Canaanite Tamar who saved Judah from extinction and its royal line from non-existence.

The episode in Genesis 38 is alluded to in three other passages in the Hebrew Bible, and these must be considered in the present proposal. Chronicles' version of Judah's genealogy (I Chr 2,3–4) provides an example of a comparable response to exclusivist claims. Chronicles mentions Bath-Shua, Tamar, and Er's death at Yahweh's hand and thus evidently presupposes Genesis 38. The absence of a reference to Onan's mode of death is best explained as an example of the Chronicler's selective use canonical sources for theological purposes.[30] The Chronicler's mention of Tamar also fits well with the interest perceived by recent scholars in the genealogies (I Chr 1–9) in the diverse origins of Israel.[31] The Chronicler, in other words, is not in agreement with Ezra-Nehemiah's exclusivist *Tendenz* but is diametrically opposed to it and thus in agreement with the narrator of Genesis 38.

The other two allusions are in Gen 46,12 and Num 26,19, where the notices about the deaths of Er and Onan are identical (וימת ער ואונן בארץ כנען) and are undoubtedly related to each other.[32] Strikingly, the allusion to Genesis 38 may well be secondary in both instances. Gen 46,8–27 purports to list the descendants of Jacob who went to Egypt. At base, it was apparently a list of Jacob's sons and grandsons, totaling 70 (Gen 46,27).[33] The secondary total of 66 (v 26) was arrived at by deducting Er and Onan, who died in Canaan (v 12), along with Joseph and his two sons, who were already in Egypt according to the larger narrative, and by interpreting בני in the sense of "children" to include Dinah. The notice of the deaths of Er and Onan, therefore, was probably added secondarily to the original list by the same individual who

---

29 As is frequently mentioned, early rabbinical sources identified Tamar as an Aramaean in an effort to avoid contradiction with prohibitions against marrying Canaanites. Cf. Emerton 1976: 91–93.

30 See the remarks in the three recent and excellent commentaries by Japhet (1993: 69–70), Klein (2006: 88), Knoppers (2003: 302–303).

31 Again, see Japhet (1993: 73–74), Klein (2006: 91–92), Knoppers (2003: 302–303).

32 The larger lists in which these notices are incorporated (Gen 46,8–27; Num 26,5–50) may also be related to one another, although scholars disagree as to the direction of dependence and whether it is at the primary stage or is a result of later revision. The relationship merits close study but is beyond the scope of this present article.

33 Cf. von Rad 1972: 403.

recast the genealogy as a list of those who moved to Egypt and who recalculated its total as 66.

Num 26,5–50 is a list of the tribes of Israel according to their clans. The regular pattern for introducing each tribe is, "the sons of X (tribe name) by their clans". Verse 19 uniquely disrupts this pattern, which continues for Judah in v 20, and is, therefore, also quite likely secondary.[34]

This literary-critical analysis suggests that the author of Genesis 38 may have been familiar with two Priestly lists relating to Judah's heritage – a genealogy reflected in Genesis 46, in which the names of Er and Onan were present as sons of Judah, and a tribal (census?) list reflected in Numbers 26, which did not include them among the clans of Judah. Since genealogies reflect social change, Er and Onan may have been once prominent clans within Judah that disappeared relative early in its history. They were (and are) genuine names, along with those of Shelah and Perez and Zerah.[35] The author deduced that the two died in Canaan and composed a story explaining how and why they died. His main purpose, though, was neither to explain the disappearance of the clans of Judah nor to provide entertainment, but to counter assaults on mixed marriages. The similarities of the names of Er, Onan, and Shelah to those of characters in the David story fueled the author's imagination and facility for punning and prompted him to borrow some names and play on others. He also drew on the practice and legislation regarding levirate marriage (Dtn 25,5–10) and on the story of the birth of Jacob and Esau (Gen 25,24–26) for part of the plot. The end result was a well crafted tale according to which Judah's origin was not only exogamous but a non-Israelite woman saved the tribe and nation from extinction.

Bibliography

ALTER, R.(1975): A Literary Approach to the Bible. Commentary 60/6, 70–77.

ASTOUR, M. (1992): Hazazon-Tamar, ABD 3, 86.

ARBEITSMAN, Y.L. (2000a): *kĕzîb* and the Classical Translations, JNSL 26, 75–95.

– (2000b): Tamar's Name or Is It?, ZAW 112, 341–355.

AULD, A.G (2000): Tamar between David, Judah, and Joseph, SEÅ 65, 93–106.

BIRD, P.A. (1989): "To Play the Harlot": An Inquiry into an Old Testament Metaphor, in Day, P.L. (ed.), Gender and Difference in Ancient Israel, Minneapolis: Fortress, 75–94.

---

34 Noth 1968:206.

35 Shelah, Perez, and Zerah are all attested as clan names in Num 26,20. Levine (2000: 319) discusses the etymologies of Er and Onan as personal names.

CLIFFORD, R.J. (2004): Genesis 38: Its Contribution to the Jacob Story, CBQ 66, 519–532.

COATS, G.W. (1972): Widow's Rights: A Crux in the Structure of Genesis 38, CBQ 34, 461–466.

– (1974): Redactional Unity in Genesis 37–50, JBL 93, 15–21.

COOK, J.E. (2001): Four Marginalized Foils – Tamar, Judah, Joseph and Potiphar's Wife: A Literary Study of Genesis 38–39, Proceedings of the Eastern Great Lakes and Midwest Biblical Societies 21, 115–128.

COHEN, S./DE VRIES, S. (1992): Tamar, IDB 4, 515–516.

EMERTON, J.A. 1975. Some Problems in Genesis XXXVIII, VT 25, 338–61.

– (1976): An Examination of a Recent Structuralist Interpreta-tion of Genesis XXXVIII, VT 26, 79–98.

– (1979): Judah and Tamar, VT 29, 403–415.

GOLDIN, J. (1977): The Youngest Son or Where Does Genesis 38 Belong? JBL 96, 27–44.

GUNN, D.M./FEWELL, D.N (1993): Narrative in the Hebrew Bible, The Oxford Bible Series.

HAMILTON, V.P. (1995): The Book of Genesis. Chapters 18–50, NICOT, Grand Rapids.

HARVEY, J.E. (2004): Retelling the Torah: The Deuteronomistic Historian's Use of Tetrateuchal Narratives. JSOT.S 403, London.

HO, C.Y.S. (1999): "The Stories of the Family Troubles of Judah and David: A Study of Their Literary Links," VT 49, 514–531.

HUDDLESTUN, J.R. (2002): Divestiture, Deception, and Demotion: The Garment Motif in Genesis 37–39, JSOT 26/4, 47–62.

JAPHET, Sara. 1993. I & II Chronicles: A Commentary, OTL, Louisville.

KLEIN, Ralph W. 2006. 1 Chronicles: A Commentary. Hermeneia.

KNOPPERS, G.N. (2003): I Chronicles 1–9, AncB 12, New York.

LEACH, E. (1966): The Legitimacy of Solomon, European Journal of Sociology 7, 58–101.

– (1969): Genesis as Myth and Other Essays, London.

LEVINE, B. (2000): Numbers 21–36, AncB 4A, New York.

LOTT, J.K. (1992): Tamar (Place), ABD 6, 315–316.

MENN, E.M. (1997): Judah and Tamar (Genesis 38) in Ancient Jewish Exegesis: Studies in Literary Form and Hermeneutics JSJ.S 51, Leiden.

NIDITCH, S. (1979): The Wronged Woman Righted: an Analysis of Genesis 38. HThR 72, 143–149.

NOTH, M. (1968): Numbers: A Commentary, OTL, Philadelphia.

OLLER, G.H. (1992): Tamar (Person), ABD 6, 315.

PFEIFFER, R.H. (1930): A Non-Israelitic Source of the Book of Genesis, ZAW 48, 66–73.

VON RAD, G. (1972): Genesis: A Commentary, OTL, Philadelphia.

RENDSBURG, G. (1986): David and His Circle in Genesis xxxviii, VT 36, 438–446.

ROBINSON, I. (1977): bĕpetah, ʿēnayim in Genesis 38:14, JBL 96, 569.

ROSENBERG, J.W. (1993): Notes on Genesis, The HarperCollins Study Bible, San Francisco.

SPEISER, E.A. (1964): Genesis, AncB 1, Garden City.

STEUERNAGEL, C. (1901). Die Einwanderung der israelitischen Stämme in Kanaan. Historisch-kritische Untersuchungen. Berlin.

WALTKE, B.K./O'CONNOR, M.P. (1990): An Introduction to Biblical Hebrew Syntax. Winona Lake.

WEISBERG, D.E. (2004): The Widow of Our Discontent: Levirate Marriage in the Bible and Ancient Israel, JSOT 28/4, 403–429.

WESTERMAN, C. (1986): Genesis 37–50: A Commentary, Continental Commentaries, Minneapolis.

WILDAVSKY, A. (1994): Survival Must Not Be Gained Through Sin: The moral of the Joseph Stories Prefigured Through Judah and Tamar," JSOT 62, 37–48.

Die Qedešen im Alten Testament

Hermann-Josef Stipp

München

1. Der Stand der Frage

Aus den Erzelterngeschichten ragt in Gen 38 eine Episode hervor, die eine Erzmutter mit einem ungewöhnlichen literarischen Profil ausstattet.[1] Wir lesen dort, wie Judas Schwiegertochter Tamar mit Einfallsreichtum, List und Mut ihr Recht auf Nachkommenschaft durchsetzt, wobei sie nicht einmal davor zurückschreckt, kurzfristig in die Maske einer Prostituierten zu schlüpfen. Das Kapitel hat neuerdings viel Aufmerksamkeit gefunden, und zwar nicht nur weil es einen Umgang mit Konventionen porträtiert, den man als Vorwegnahme moderner Haltungen zu lesen geneigt sein mag; vielmehr ist die Erzählung auch unter religionsgeschichtlicher Rücksicht interessant. Auf die vermeintliche Dirne (זוֹנָה V. 15) wird nämlich das Lexem קְדֵשָׁה angewandt (V. 21.21.22), dessen Basis *qdš* eine Affinität zur kultischen Sphäre signalisiert,[2] was der Bezeichnung ein eigentümliches Doppelgesicht aus Prostitution und Kult verleiht. Das seltsame Gespann ist allerdings nicht untypisch für dieses (nur in substantivierter Form bezeugte) Adjektiv. Denn das AT belegt damit wiederholt Frauen und Männer (קָדֵשׁ),[3] wobei solche Personen einerseits gehäuft in kultnahen Zusammenhängen begegnen und andererseits regelmäßig in einem abträglichem Licht erscheinen, wenn sie nicht gar, wie in Gen 38, in den Dunstkreis der Prostitution gerückt werden.

---

1   Die vorliegende Arbeit fußt auf Untersuchungen, die während eines Forschungs- und Lehraufenthalts am Departement Antieke Studie und an der Fakulteit Teologie der Universität Stellenbosch (Südafrika) im März/April 2008 durchgeführt wurden. Ich danke den Kollegen aus diesen Einrichtungen für ihre bewährte Gastfreundschaft und Unterstützung. Für sachdienlichen Rat und Literaturhinweise danke ich insbesondere den Kollegen Izak Cornelius (Stellenbosch) und Walther Sallaberger (München).

2   Vgl. die Definition von Kratz 2006: 242: „"Heilig' (hebr. *qdš*) bezeichnet den Gegensatz zu ‚profan' und meint die aus rel. Gründen vollzogene Absonderung und Ausgrenzung bestimmter Bereiche – Räume, Zeiten, Personen und Gegenstände – zu Zwecken der kultischen Verehrung."

3   Maskulinum Singular: Dtn 23,18; I Reg 14,24; 22,47; Plural: I Reg 15,12; II Reg 23,7; Jb 36,14; Femininum Singular: Gen 38,21.21.22; Dtn 23,18; Plural: Hos 4,14.

Wenn etwa das dtn Gesetz anordnet, es dürfe keine קְדֵשָׁה „von den Töchtern Israels" und keinen קָדֵשׁ „von den Söhnen Israels" geben (Dtn 23,18), gesteht es so benannten Menschen nur ein begrenztes Existenzrecht zu. Auffälligerweise kommt sogleich der folgende Paragraf auf den Tempel und gottesdienstliche Akte zu sprechen (נֶדֶר בֵּית יְהוָה, V. 19). Außerdem kennt II Reg 23,17 בָּתֵּי הַקְּדֵשִׁים im Tempelareal, und Hos 4,14 beanstandet die Mitwirkung von קְדֵשׁוֹת an Opferfeiern. Zugleich werden Angehörige dieser Gruppe mehrfach in Nachbarschaft zu Sexarbeitern erwähnt. Nach קְדֵשָׁה und קָדֵשׁ Dtn 23,18 fällt in V. 19 das Stichwort זוֹנָה; Hos 4,14 parallelisiert זֹנוֹת und קְדֵשׁוֹת. Blickt man in die antiken Übersetzungen des AT, findet man dort das substantivierte Adjektiv überwiegend auf Prostitution bzw. ungezügeltes Sexualleben bezogen.[4] Ähnlich die rabbinische Literatur, wo das Lexem für Menschen mit geächtetem Sexualverhalten eintrat: Die feminine Form bezeichnete eine Prostituierte, die maskuline einen (praktizierenden) männlichen Homosexuellen (Jastrow 1903: 1321a).

Deswegen galt lange Zeit als ausgemacht, dass der Ausdruck ursprünglich Prostituierte beiderlei Geschlechts meinte, die ihren Beruf in einem sakral konnotierten Rahmen ausübten, wie auch immer dieser näher beschaffen gewesen sein mochte. HAL 1004 bietet demgemäß neben der etymologisch begründeten Wiedergabe „Geweihte(r)" auch die Bedeutung „Kultprostituierte(r)". Von demselben Verständnis gehen neuere deutsche Übersetzungen aus, nehmen aber zusätzlich an, dass der semantische Gehalt des Wortes sich noch inneralttestamentlich auf die gewöhnliche, rein gewerbliche Prostitution verschob. Die Einheitsübersetzung (1980) benutzt überwiegend kultisch besetzte Äquivalente, nämlich „sakrale Prostitution" (Dtn 23,18) und „Weihedirne" (Hos 4,14); ferner „Hierodule" (Reg), wozu Fußnoten erklären, solche Personen seien „Tempeldirnen" gewesen (zu II Reg 23,7) bzw. der Sphäre der „kultische[n] Unzucht im Dienst heidnischer Götter" zuzurechnen (zu I Reg 14,24). Ferner wird אֵשֶׁת זְנוּנִים Hos 1,2 mit „Kultdirne" wiedergegeben, mit der Anmerkung, der Ausdruck meine „wohl (vgl. 4,12) ein Mädchen, das an den Sexualriten des Baalskultes teilgenommen hat". Aber auch der „Lustknabe" in Jb 36,14 sei eine „Anspielung an die sakrale Prostitution im kanaanäischen Kult". In Gen 38 hingegen findet sich die Entsprechung „Dirne", womit offenbar an alltägliche kommerzielle Prostitution gedacht ist. Denselben Bedeutungswandel setzt die revidierte Lutherbibel (1984) voraus, wenn sie überwiegend kultisch konnotierte Äquivalente gebraucht, nämlich „Tempeldirne" (Dtn 23,18; Hos 4,14) und „Tempelhurer" (Dtn 23,18; Reg) bzw. „Hurer im Tempel" (Jb 36,14), während die Gen-Belege mit „Hure" einem profanen Hintergrund zugeordnet werden.

---

4   Stark 2006: 110–112.141–146.160–164.178–182.198–202.204.

Was hat man sich unter Kultprostitution bzw. „kultische[r] Unzucht im Dienst heidnischer Götter" oder speziell den „Sexualriten des Baalskultes" vorzustellen? Derlei Erklärungen fußen auf einem Bild nichtjahwistischer Religionen, das in folgender These des Soziologen Max Weber im frühen 20. Jahrhundert einen klassischen Ausdruck gefunden hat:

> Die Baalkulte, wie die meisten alten Ackerbaukulte, waren und blieben bis zuletzt *orgiastisch*, und zwar insbesondere *alkohol-* und *sexual*orgiastisch. Die rituelle Begattung auf dem Acker als homöopathischer Fruchtbarkeitszauber, die alkoholische und orchestische Orgie mit der unvermeidlich sich anschließenden Sexualpromiskuität, abgemildert später zu Opfermahl, Singtanz und Hierodulenprostitution sind mit voller Sicherheit als ursprüngliche Bestandteile auch der israelitischen Ackerbaukulte nachzuweisen. (Weber 2005: 504; Hervorhebungen Webers)

Danach offerieren Kultprostituierte im Rahmen orgiastischer Fruchtbarkeitsriten käuflichen Sexualverkehr, dem ein heilsmittlerischer (sakramentaler) Charakter zugeschrieben wird. Grundlage sei eine Weltsicht, die dem Zeugungsakt nach dem geläufigen Muster der imitativen Magie bzw. des Analogiezaubers die Fähigkeit zutraut, eine numinose Fruchtbarkeitspotenz zu stimulieren, die in allen Sektoren der Fertilität wirksam werden kann, also namentlich bei Menschen, Vieh und Ackerbau. Die Ansicht, solche Praktiken seien im Alten Orient verbreitet gewesen, war lange Zeit akzeptiert, gefördert durch antike Nachrichten wie die Reportage Herodots über einen Kult der mit Aphrodite identifizierten „Mylitta" in Babylonien (I 199), Notizen aus den Federn von Lukian (Von der syrischen Göttin § 6) und Augustinus (De civitate Dei IV, 10) sowie nicht zuletzt die Bibel selbst (Bar 6,9.42f.; 2Makk 6,4) und apokryphe Literatur (TestJud 12,2). Diese Autoren haben den altorientalischen Religionen zeitweilig ein Image eingetragen, das exemplarisch durch die Figur der „Hure Babylon" (Offb 17) verkörpert wird. Die genannten Quellen werden in der Literatur zum Thema eingehend erörtert – mit dem Ergebnis, dass sie für unser Problem auf sich beruhen bleiben können. Denn bei allen Differenzen im Einzelnen konvergieren neuere Voten in der Einschätzung, dass derlei Stimmen sämtlich polemische, aus zweiter und dritter Hand schöpfende Außenperspektiven repräsentieren, die eingefahrene Strategien der Alterisierung des Fremden verfolgen und überdies dem Verdacht unterliegen, voneinander abzuhängen.[5] Dokumente aus der Innenwelt der betroffenen Religionen, die die externen Nachrichten mit ihren pikanten Details bestätigen, sind erwartungsgemäß bis heute ausgeblieben. Sollten die externen Quellen einen Wahrheits-

---

5 Vgl. u.a. Barstad 1984: 22–26; Oden 1987: 140–147; Wilhelm 1990: 505–513; Schäfer-Lichtenberger 1995: 124–126; Ulshöfer 1998; Stark 2006: 8–21. Eine günstigere Einschätzung vertritt Day 2004: 13–16.

kern besitzen, ist er nicht in kontrollierter Weise aus ihnen selbst erhebbar und liegt jedenfalls fernab der konkreten Mitteilungen.[6]

Die Frage nach der Existenz kultisch verankerter Prostitution ist mithin auf interne Zeugnisse aus den jeweiligen Kulturen verwiesen, wie man sie in den vergangenen Jahren tatsächlich vermehrt herangezogen hat, freilich ohne damit die Kontroverse zu beenden. Bevor darauf eingegangen wird, ist eine Unterscheidung hinsichtlich der Phänomene einzuführen, nach denen unter unserer Problemstellung gesucht wird. Unter *kultischer* bzw. *sakraler Prostitution* wird eine Form käuflicher Sexualität verstanden, der ein heilsmittlerischer bzw. gottesdienstlicher Charakter zugeschrieben wird mit der Folge, dass die Kunden dem Verkehr mit einem/r solchen Anbieter(in) eine andere Qualität beimessen bzw. davon weiter reichende Effekte erhoffen als bei gewöhnlicher Prostitution. Als *Tempelprostitution* gilt hingegen eine sexuelle Dienstleistung, die in institutioneller Anbindung an eine Kultstätte erbracht wird mit der Folge, dass das Heiligtum von den Erlösen profitiert. Diese beiden Formen kultnaher Prostitution können, müssen aber nicht in eins fallen; die Definition hält also die Möglichkeit offen, dass Kultstätten als Zweig ihrer Tempelökonomie rein kommerzielle, profane[7] Prostitution betrieben.[8]

Die hierzu mittlerweile befragten Quellen sind allerdings ebenso wenig frei von gravierenden Deutungsproblemen, weswegen ihre Auswertung entsprechend strittig verläuft. Um die methodischen Fallstricke beispielhaft zu verdeutlichen: Bei künstlerischen Artefakten, seien sie literarisch oder ikonographisch, ist schwierig zu ermessen, welche Schlüsse sie auf realweltliche Zustände erlauben, während Listen von Tempelpersonal in der Regel wenig über die konkreten Funktionen der aufgezählten Berufsgruppen verraten. Die Komplexität der Detailfragen hinsichtlich der Lesung und Interpretation der einschlägigen Zeugnisse sowie die hier gezogenen räumlichen Grenzen gestatten nicht, in die Einzeldiskussion einzutreten. So bleibt nur der Weg, auf den Stand der altorientalistischen Debatte zu verweisen, wo sich derzeit etwa folgender Trend abzeichnet: Sakrale Prostitution, obwohl nicht mit Sicherheit auszuschließen, wird wegen des Ausbleibens belastbarer Nachweise weithin

---

6   Für einen Versuch, einen historischen Kern der einschlägigen Berichte Herodots zu isolieren, vgl. Da Riva/Frahm 1999/2000: 179–181.

7   Selbstverständlich existierte in der Antike keine Trennung religiöser und profaner Lebenssphären jener Art, wie sie die Moderne kennzeichnet, und Prostitution war in Mesopotamien zumindest insofern religiös getönt, als man Prostituierten ein Sonderverhältnis zu Ištar als ihrer zuständigen Ressortgöttin zuschrieb. Das bedeutet jedoch nicht, dass deswegen alle Bereiche kultischer Natur gewesen wären; die priesterliche Reinheitstora im AT basiert gerade auf der konsequenten Separation kultischer und nichtkultischer Domänen. Unter profaner Prostitution wird daher Prostitution unkultischen Charakters verstanden.

8   Vgl. Frevel 1995: 631–634. Frevel unterscheidet zusätzlich sakrale und kultische Prostitution; letztere ist bei ihm sakrale Prostitution im Dienst eines Heiligtums. Diese Differenzierung bleibt hier als entbehrlich ausgeklammert.

mit Skepsis betrachtet;[9] dagegen sind nicht wenige Fachvertreter bereit, mit einem gewissen Ausmaß von Tempelprostitution zu rechnen.[10]

Die Quellenlage hat maßgeblich dazu beigetragen, das Meinungsklima zur kultisch konnotierten Prostitution im alttestamentlichen Israel neuerdings tiefgreifend zu verändern, wie sich symptomatisch an den Antworten auf die Frage zeigt, welchen Tätigkeiten die als קָדֵשׁ bzw. קְדֵשָׁה etikettierten Menschen nachgingen. Den Umbruch veranschaulichen zwei Einträge im „Neuen Bibellexikon", die im Abstand einer Dekade aus der Feder derselben Autorin erschienen. Marie-Theres Wacker bekräftigte 1991 unter dem Stichwort „Dirne" uneingeschränkt den alten Konsens: „Unbestreitbar bleibt, daß im Israel der Königszeit zu den am Tempel Angestellten Frauen und Männer, Qedeschen genannt, gehörten, die sexuelle Dienste anboten." (1991: 434) Seither war der bleibenden Unbestreitbarkeit indes nur noch eine kurze Gnadenfrist beschieden, denn schon zehn Jahre später kreidete Wacker unter dem Lemma „Prostitution" der Forschung an, sie sei dem „Mythos Kultprostitution" erlegen. Zur fraglichen Berufsgruppe erklärte sie: „Das Nomen *qdešā* [sollte] nicht mit »Kultprostituierte«, sondern mit »Geweihte« o. ä. wiedergegeben werden. ... Die so bezeichneten Frauen waren nämlich zwar Kultbedienstete, ihre »Dienste« aber fanden im Bereich des Opferwesens (Hos 4,14) oder der Herstellung von gewebten Stoffen für Götter/Göttinnenbilder (2Kön 23,7) statt." Diese Frauen hätten lediglich ein deviantes Sexualleben geführt, das aber mit Prostitution nicht zu verwechseln sei; „sie gehörten, da vielleicht schon als Mädchen dem Tempel übergeben ... in keinen Familienverband und fielen deshalb in ihrer Sexualität nicht unter die patriarchalischen Familienregeln" (2001: 202). Was man sich unter der nicht patriarchal regulierten Sexualität konkret vorstellen darf, bleibt offen. Wacker markierte damit jedoch korrekt den gegenwärtigen Forschungstrend, der nicht nur die Existenz von Kultprostitution in Israel abstreitet, sondern noch weiter geht, indem er für die קָדֵשׁ bzw. קְדֵשָׁה genannten Personen jeden regulären Konnex zur Prostitution leug-

---

9   Vgl. etwa Westenholz 1995; Rubio 1999; Budin 2008 (mir nicht zugänglich). – Ausgeklammert bleibt hierbei die sog. Heilige Hochzeit, die, sofern es sie gegeben hat, jedenfalls „die Kriterien für Prostitution – gewerbsmäßige Ausübung und öffentliches Angebot an eine unterschiedslose Menge von Nachfragern –" nicht erfüllt; so mit Schäfer-Lichtenberger 1995: 128.

10   Vgl. die aktuelle Bilanz von Cooper 2006: 18f.; sowie die detaillierten Arbeiten von Fauth 1988; Wilhelm 1990 (die polemische Replik von Ulshöfer 1995 erscheint überzogen); Lambert 1992; dazu die Angaben bei Tanret/van Lerberghe 1993: 443; Radner 1997: 218f.; Keel 2007: 500f. – Ganz in traditionellen Bahnen liest Davidson 2007: 85–97 das altorientalische Belegmaterial. Für Mesopotamien gelte: „Sex was not only *divinized* in the sexual activities among the gods themselves but also *sacralized* in the cult through ritual sex (in the annual sacred-marriage rite and possibly much more widespread)." (89f., Hervorhebungen Davidsons). Für Kanaan bleibe es gegen neuere Zweifel dabei, dass „there was widespread ritual sexual intercourse involving cult personnel at the heart of Canaanite fertility worship" (94 Anm. 46).

net. Mittlerweile hat die Neurevision der Zürcher Bibel (2007) die Konsequenzen gezogen und für das Adjektiv zumeist das Äquivalent „Geweihte(r)" eingesetzt.[11] Um vorschnelle Festlegungen zu vermeiden, wird im Folgenden auf eine Übersetzung des Lexems verzichtet und lediglich von männlichen bzw. weiblichen Qedešen gesprochen.

Wie manche Stimmen zum weiteren Umkreis unseres Gegenstands durchblicken lassen, geht es hier nicht allein um die Klärung eines historischen Detailproblems von allenfalls akademischem Belang, sondern anscheinend steht mehr auf dem Spiel. So meint Joan G. Westenholz, „das Thema ‚Sexuelle Vereinigung' im sakralen Raum" habe „dazu gedient ..., die mesopotamische Kultur zu diffamieren" (1995: 43). Speziell für das Alte Testament stellt sich die Frage, inwiefern die von sexuellen Motiven getränkte prophetische Kritik abgelehnter Kultformen von derlei Bräuchen angeregt war. Diese Polemik und ihre Strafansagen, die häufig mit einem Arsenal der sexuellen Erniedrigung arbeiten, haben den Propheten mittlerweile viel Tadel eingetragen, gebündelt im Schlagwort der „prophetischen Pornographie".[12] Gonzalo Rubio sieht in einschlägigen atl. Passagen sogar nichts weniger als „character assassination" am Werk (1999: 144). Eine solche emotional aufgeladene Atmosphäre und die Verquickung mit Gegenwartsinteressen sind der Wahrheitsfindung indes nicht notwendigerweise förderlich.

Es überrascht vor diesem Hintergrund allerdings nicht, wenn kultisch imprägnierte Prostitution im Allgemeinen und die Qedešen im Besonderen in den vergangenen Jahren ein erhebliches Maß wissenschaftlicher Aufmerksamkeit auf sich gezogen haben. Genannt sei zunächst die gründliche Studie von Christian Frevel (1995: 629–737); sodann ist Christa Schäfer-Lichtenberger im Rahmen eines Aufsatzes zu Hos 1–3 dem Thema nachgegangen (1995: 124–140); und neuerdings hat Christine Stark (2006) den Qedešen eine komplette Monographie gewidmet. Bei allen Differenzen im Detail sind sich diese Analysen im Kern einig: In Israel gab es keine Kultprostitution, so wenig wie im Alten Orient überhaupt. Qedešen waren keine Prostituierten, sondern eine Gilde kultischer Spezialisten. Als repräsentativ kann das Fazit Frevels gelten, für den „es sich bei den *Geweihten um nichtpriesterliches Tempel- oder Kultpersonal beiderlei Geschlechts* gehandelt hat. ... Ein Zusammenhang mit sexuellen Aktivitäten ist sehr unwahrscheinlich."[13] Ins Visier der jahwistischen Orthodoxie gerieten die Qedešen nicht wegen anstößigen Sexualverhaltens, sondern weil sie Riten praktizierten, die im Jahwismus zunehmend als verpönt galten. Dies war der Grund, warum die Kultdienerklasse bekämpft wurde und

---

11   Ausnahme: die Wiedergabe von בְּקִדְשִׁים Jb 36,14; s. unten Anm. 58.

12   Vgl. neben zahlreichen monographischen Arbeiten beispielsweise Brenner 1993 und 1996; Exum 1996.

13   Frevel 1995: 735 (seine Hervorhebung). Vgl. ferner Bird 1997, die männliche Kultprostituierte als rein literarisch induzierte Fiktion zu erweisen sucht.

schließlich verschwand. Am weitesten geht Stark, indem sie die herkömmliche Verhältnisbestimmung von Qedešen und prophetischer Polemik exakt auf den Kopf stellt. Keineswegs habe der Lebensstil der Qedešen die sexuell aufgeladene Rhetorik der Propheten provoziert, sondern umgekehrt habe die prophetische Propaganda ein faktenfernes Image der Qedešen geschaffen: Weil die Propheten bestimmte liturgische Formen bildhaft mit Hurerei gleichsetzten, seien deren Funktionäre zu Unrecht in den Verdacht der Unzucht geraten, mit dem Effekt, dass ihre Berufsbezeichnung schließlich auf Prostituierte überging. Im Sinne Starks müsste man feststellen: Wenn die Wissenschaft auch die Qedešen *vor* jenem Bedeutungswandel mit Prostitution verbindet, perpetuiert sie unkritisch ein antikes Missverständnis der prophetischen Metaphorik.

Der Versuch, die vorgebrachten Argumente an den Quellen nachzuvollziehen, gelingt indes nur begrenzt. Deshalb sollen hier nochmals die alttestamentlichen Zeugnisse durchmustert werden, und zwar im ständigen Gespräch mit den genannten Autoren.[14] Da über das Alter der betroffenen Passagen kaum mehr Einvernehmen zu erzielen ist, wird im Folgenden entlang der hebräischen Bibel vorgegangen. Ferner gilt: Der Befund für Israel ist aus dem AT zu erheben, da keineswegs klar ist, inwieweit die mesopotamischen *qadištu*-Frauen und die in ugaritischen Quellen erwähnten *qdš*-Männer mit den Personen zu vergleichen sind, die in Israel קָדֵשׁ bzw. קְדֵשָׁה heißen.[15]

2. Die biblischen Belege

Der erste einschlägige Fall kam schon eingangs zur Sprache: *Gen 38,21–22*, wo unser Stichwort gleich dreimal auftritt innerhalb der reizvollen Erzählung von Tamars List. Um ihren Schwiegervater Juda zum Geschlechtsverkehr zu verführen, macht Tamar sich unkenntlich (עלף Dt 14c), indem sie sich mit einem „Umlegtuch" (so HAL für צָעִיף) „bedeckt" (כסה D 14b) bzw. „verhüllt" (כסה Dt; Text korr.),[16] sodass ihr Gesicht verborgen ist (15c); zudem nimmt sie am Eingang der Ortschaft Enajim an einer Überlandstraße Platz (14d). Damit erreicht sie, dass der durchreisende Juda „sie für eine Dirne hielt" (וַיַּחְשְׁבֶהָ לְזוֹנָה 15b) und sie schwängert. Weil er nicht in der Lage ist, ihre Gefälligkeit zu bezahlen, hinterlässt er auf Tamars Wunsch hin drei Pfänder und schickt nach seiner Heimkehr einen Freund namens Hira aus Adullam zum Schauplatz des Treffens, um gegen Übergabe eines Ziegenbocks die Bürgschaft bei „der Frau" auszulösen (הָאִשָּׁה V. 20). Als Hira sie nicht finden kann, erkundigt er sich bei den Ortsbewohnern: „Wo ist die Qedeše – die in Enajim an der

---

14 Day 2004 erneuert die Lesart, dass Qedešen Kultprostitution betrieben, definiert „in a broad sense to refer to acts of prostitution undertaken for a religious purpose" (2).

15 Zum Material vgl. zuletzt Stark 2006: 70–75.

16 Vgl. BHS.

Straße?" (אַיֵּה הַקְּדֵשָׁה הִוא בָעֵינַיִם עַל־הַדָּרֶךְ 21bc), und erhält zur Antwort: „Hier war keine Qedeše." (לֹא־הָיְתָה בָזֶה קְדֵשָׁה 21e) Daraufhin kehrt Hira zurück und erklärt seinem Auftraggeber die Undurchführbarkeit der Mission, indem er die Auskunft der Bürger von Enajim wörtlich zitiert (22e = 21e). Juda gibt sich damit zufrieden; seine Antwort unterstellt ebenfalls die Identität der gesuchten Qedeše mit der Dirne, der er den Lohn schuldet (V. 23). Laut diesem Autor kann man anscheinend eine זוֹנָה unerläutert als קְדֵשָׁה bezeichnen, ohne Missverständnisse befürchten zu müssen. Daher scheint Gen 38 die Lexeme קְדֵשָׁה und זוֹנָה als Synonyme zu behandeln; mithin war es auf der von diesem Kapitel repräsentierten Entwicklungsstufe des Hebräischen möglich, eine Dirne des normalen Straßenstrichs קְדֵשָׁה nennen. Der Erzähler müsste sich daher mit seinen Adressaten einig gefühlt haben, dass weibliche Qedešen regelmäßig der Prostitution nachgingen.

Die neueren Studien zum Thema sehen dies freilich anders. Schäfer-Lichtenberger wertet die Frage Hiras als Vertuschungsversuch: Wenn der Mann mit einem Böckchen an der Leine nach einer Qedeše frage, gebe er sich als Interessent an einem Opfer aus, der fachlichen Beistand durch eine kompetente Kultfunktionärin wünscht. Man erfährt indes nicht, was Hira bei der allgemeinen gesellschaftlichen Akzeptanz des Gebrauchs der Prostitution zu solcher Verschämtheit bewogen haben sollte. Welche Logik müsste sich der Sendbote ferner zurechtgelegt haben, um mit dieser Methode die gesuchte Dirne zu finden? Hierzu versichert Schäfer-Lichtenberger, die Erzählgemeinde von Gen 38 sei geneigt gewesen, „einer q^edešah auch Gelegenheitsprostitution zuzutrauen" (1995: 139). Diese Auskunft kommt dem Eingeständnis gleich, dass die Geschichte nur auf der Basis eines Weltwissens funktioniert, laut dem weibliche Qedešen im Regelfall käufliche Sexualität anboten, von welchem Ausmaß auch immer.

Auf ganz anderem Wege stellt Frevel in Abrede, dass Gen 38 einen Zusammenhang zwischen Qedešentum und Prostitution belegt. Seine Argumentation setzt an bei Tamars Schleier. (Unter einem Schleier sei im Folgenden ein Kleidungsstück verstanden, das seine Trägerin hinreichend verhüllt, um sie unkenntlich zu machen, im Unterschied zum Kopftuch.) Es ist nichts davon bekannt, dass Prostituierte in Israel verschleiert gegangen wären.[17] Daher räsonniert Frevel, der Schleier habe als Standestracht von Qedešen gegolten; dann musste das Gewand Juda zu dem Fehlschluss verleiten, er habe eine Angehörige dieser Zunft vor sich (1995: 679). So kann Frevel die Möglichkeit offen halten, Qedešen seien in Wahrheit Kultdiener gewesen. Die Logik hinter

---

17 Die V. 14.19 setzen nur voraus, dass ein Schleier kein Bestandteil der Witwentracht war. Wenn Schleier im AT einem Stand zugeordnet werden, so allenfalls der Brautschaft: Gen 24,65; 29,21–25 (der Betrug Labans konnte nur gelingen, wenn Bräute vor der Hochzeit verschleiert gingen und daher für den Bräutigam nicht zu erkennen waren); vgl. Cant 4,1.3; 6,7. Dazu und zum altorientalischen Hintergrund van der Toorn 1995.

dem Motiv des Schleiers in Gen 38 wäre somit wie folgt zu explizieren: Tamar staffierte sich als Qedeše aus, weil deren Tracht die Täuschung Judas erleichterte; folglich entnahm Juda dem Gewand, er stehe einer Qedeše gegenüber, während ihn der Sitzplatz an der Hauptstraße (vgl. Jer 3,2; Ez 16,25) glauben machte, dass diese Standesvertreterin ausnahmsweise einem Nebenerwerb als Prostituierte nachging.

Träfe dies zu, bewiese die Geschichte tatsächlich keinen Konnex zwischen Qedešentum und Prostitution. Die Berufskleidung von Qedešen muss allerdings für Gen 38 eigens postuliert werden; die Quellen wissen davon nichts. Trotzdem wäre die Kenntnis der Tracht für das Verständnis des Textes eine unabdingbare Voraussetzung, denn der Verfasser selbst sieht keinen Grund, einen ausdrücklichen Bezug zwischen Qedešentum und Schleier herzustellen. Wo von der Vermummung Tamars die Rede ist (V. 14–19), fehlt das Wort קְדֵשָׁה. Bei der Sendung Hiras (V. 20) identifiziert der Autor die Gesuchte lediglich als „die Frau". Trotzdem weiß der Bote anschließend, dass er eine Qedeše finden muss. Auch Frevel räumt ein, dass der Erzählzug des Schleiers ohne Weiteres aus den Erfordernissen des Plots hergeleitet werden kann: Tamar darf ja von ihrem Schwiegervater nicht erkannt werden (1995: 678). Die Interpretation als Standestracht der Qedešen ist eine jener Zusatzannahmen, wie sie getroffen werden, um eine These, die ansonsten als bewiesen gilt, auf einen Fall anwendbar zu machen, auf den sie nicht recht passen will. In Gen 38 nötigt nichts dazu; wenn V. 15 erklärt, Juda habe Tamar für eine Dirne gehalten, weil sie sich verhüllt hatte (כִּי כִסְּתָה פָּנֶיהָ), könnte man das Umlegtuch mit demselben methodischen Recht als Erkennungssignal von Prostituierten werten.[18] Das wäre jedoch ebenso unbegründet. Die einfachste Erklärung für den vorliegenden Wortlaut ist die herkömmliche: Für den Erzähler und sein Publikum waren die Wörter זוֹנָה und קְדֵשָׁה austauschbar;[19] in ihren Augen betrieben Qedešen also regelmäßig Prostitution. Frevels Bewertung des Schleiers käme allenfalls dann in Betracht, wenn die übrigen Quellen zweifelsfrei bewiesen, dass Qedešen im Normalfall mit käuflicher Sexualität nichts zu tun hatten. Davon kann jedoch, wie zu zeigen bleibt, keine Rede sein.

Überzeugender ist daher der Ausgangspunkt Starks, für die זוֹנָה und קְדֵשָׁה in Gen 38 als Synonyme fungieren (2006: 194). Allerdings behauptet sie, das

---

18   Das tut z.B. Brenner 1985: 82.

19   Man kann allenfalls fragen, ob die beiden Lexeme verschiedene Stilebenen repräsentieren (vgl. Bird 1989/1997: 207f.; Ebach 2007: 139). Denn nur die Figuren nennen die Dirne קְדֵשָׁה (V. 21f.); dagegen spricht der Erzähler, wenn er Judas irrigen Eindruck beim Anblick Tamars mitteilt, von זוֹנָה (V. 15), und wenn er die Sendung Hiras referiert, benutzt er אִשָּׁה (V. 20). Nicht zu rechtfertigen ist der Vorschlag, Hira von Adullam und die Leute von Enajim benutzten eine außerisraelitische bzw. kanaanäische Idiomatik (so Boecker 1997: 57; Schäfer-Bossert 1997: 83; vgl. Gruber 1992: 21). Denn Gen 38 enthält keine Rede Judas, die einen Beschreibungsterminus auf die vermeintliche Prostituierte anwendet; es ist daher nicht erkennbar, wie Juda nach Meinung des Autors eine Dirne im Dialog bezeichnet hätte.

Kapitel bilde einen terminologischen Sonderfall, der die strikte Trennung zwischen Qedešentum und Prostitution nur für die Spätzeit des AT aufweiche. Im Rahmen ihrer Theorie, die Qedešen seien erst durch die Kultpolemik der Propheten mit dem Stigma der Unzucht behaftet worden, soll sich der vorfindliche Sprachgebrauch wie folgt erklären: Gen 38 verkörpere das Endresultat des durch die prophetische Rhetorik angestoßenen Bedeutungswandels, denn hier heiße קְדֵשָׁה tatsächlich „Hure". Für ältere Belege gelte das aber nicht. Erst als es keine Kultdiener namens Qedešen mehr gab, sei der Ausdruck auf Prostituierte übergegangen; die Träger der Bezeichnung vor und nach der semantischen Wende hätten ausschließlich den Namen gemein (2006: 195–197). Demnach müsste es dem Prophetismus gelungen sein, in einem Punkt die hebräische Alltagssprache umzumodeln. Man fragt sich, wie das konkret hergegangen sein soll. Immerhin erweckt das AT ja nicht den Eindruck, die Qedešen seien ein Dauerthema der Propheten gewesen; die prophetische Literatur überliefert schließlich nur einen einzigen Beleg (Hos 4,14; dazu weiter unten).

Somit verdient Stark Gefolgschaft, insofern sie die traditionelle Leseweise bekräftigt, für die קְדֵשָׁה in Gen 38 eine Prostituierte bezeichnet. Ob es dagegen in alttestamentlicher Zeit auch Qedešen gab, die nichts mit käuflicher Sexualität zu tun hatten, ist an den übrigen Belegen zu prüfen. Festzuhalten ist ferner, dass קְדֵשָׁה hier für eine Vertreterin des normalen Straßenstrichs eintrat. Jene Art von Dirne, deren Methoden des Kundenfangs Tamar kopiert, lässt keine sakralen Assoziationen erkennen, vom Namen selbst abgesehen. Folglich ist eine Qedeše laut Gen 38 eine Prostituierte, aber keine Kultprostituierte in einem wie immer gearteten Sinn, und somit liefert das Kapitel auch keinen Nachweis für die Existenz von Kultprostitution.

Der nächste Beleg *Dtn 23,18* lässt sich nicht erörtern, ohne auch den folgenden V. 19 heranzuziehen:

23,18 לֹא־תִהְיֶה קְדֵשָׁה מִבְּנוֹת יִשְׂרָאֵל וְלֹא־יִהְיֶה קָדֵשׁ מִבְּנֵי יִשְׂרָאֵל
23,19 לֹא־תָבִיא אֶתְנַן זוֹנָה וּמְחִיר כֶּלֶב בֵּית יְהוָה אֱלֹהֶיךָ לְכָל־נֶדֶר
כִּי תוֹעֲבַת יְהוָה אֱלֹהֶיךָ גַּם־שְׁנֵיהֶם

Die Fortsetzung bedingt, dass hier die Qedešen beiderlei Geschlechts in einem Rahmen begegnen, der Kult und Prostitution verzahnt, denn in V. 19 fällt das Stichwort זוֹנָה neben kultischer Terminologie: נֶדֶר, בֵּית יְהוָה. Nun sind atl. Gesetzeskorpora zwar nur begrenzt systematisch aufgebaut, neigen aber bekanntlich dazu, Vorschriften zu ähnlichen Themen in Gruppen zu bündeln. Es ist daher zu prüfen, ob auch die vorliegende Abfolge einer Sachverwandtschaft der beiden Verbote entspringt und, wenn ja, wie diese beschaffen war. Daraus können sich Gesichtspunkte ergeben, die zu klären helfen, welche Vorstellungen V. 18 mit den Qedešen verbindet. Bevor die Verständnismöglichkeiten von V. 18 ausgelotet werden, sind deshalb die Aussagen von V. 19 zu erhellen.

Dtn 23,19 untersagt, אֶתְנַן זוֹנָה und מְחִיר כֶּלֶב zur Erfüllung von Gelübden im Tempel zu gebrauchen. Während das erste Glied („Hurenlohn") wenig Interpretationsspielraum lässt, wird der „Hundepreis" eingehend diskutiert. Schäfer-Lichtenberger (1995: 136f.) und Elaine Adler Goodfriend (1995) erneuern eine rabbinische Auslegung, der zufolge der Hundepreis genau das meine, was sein Name sagt, nämlich den Verkaufserlös für einen Hund oder spezifischer: ein im Tausch gegen einen Hund erstandenes Opfertier.[20] Dies kann jedoch nur eine jüngere exegetische Eintragung darstellen, wie aus Adler Goodfriends eigenem Material zwingend hervorgeht, denn die Unmenge bislang erschlossener altorientalischer Wirtschaftsurkunden hat bislang keinen einzigen Beleg für Geschäfte mit Hunden zutage gefördert. Die Nachfrage nach dem Haustier war offenbar zu leicht zu befriedigen, als dass es zur Handelsware getaugt hätte; eventuelle Ausnahmen blieben so selten, dass sie keine Spur im Dokumentenbestand hinterließen.[21] Nichts spricht dafür, dies sei im biblischen Israel anders gewesen. Wer sich dort einen Hund[22] zulegen wollte,[23] war kaum auf einen Kauf angewiesen, denn nach den atl. Nachrichten bevölkerten solche Tiere israelitische Siedlungen im Überfluss; sie streunten herrenlos umher und fielen den Menschen zur Last;[24] sie fraßen Abfälle[25] und machten sich über Kadaver her.[26] Über den Besitzerwechsel von Hunden verlautet nichts. Umso fragwürdiger erscheint es, wenn Schäfer-Lichtenberger noch über die rabbinische Interpretation hinausgeht mit der These: Der Hund war ein unreines Tier; deshalb vertrete er in Dtn 23,19 exemplarisch alle unreinen Tiere, woraus sich ergebe: „Verboten ist, den Kaufpreis für ein rituell unreines Tier als Gelübdeopfer in den Tempel zu bringen." (1995: 137) Wäre es jedoch um unreine Tiere schlechthin gegangen, hätte man allenfalls den Esel oder das Kamel als Beispiel gewählt, denn diese Arten waren zwar unrein, wurden aber bekanntermaßen wegen ihrer wirtschaftlichen Bedeutung gezüchtet und deshalb gehandelt, als Abgabe erhoben oder auch geraubt, was im AT ein vielfältiges Echo hinterlassen hat.[27]

Nach Stark hingegen bezieht sich כֶּלֶב in V.19 auf Sklaven, denn deren sozialer Status sei so niedrig gewesen, dass das Dtn die Einnahmen aus ihrem

---

20 M. Temura 6,3; weitere Belege bei Adler Goodfriend 1995: 381 mit Anm. 2 und 3.

21 Der Schadenersatztarif für die Tötung eines Hirtenhundes in den Hethitischen Gesetzen § 87 (von Schuler 1985: 110), auf den Adler Goodfriend 1995: 392 verweist, steht isoliert und ist von der atl. Sphäre lokal und zeitlich weit entfernt.

22 Vgl. zum Ganzen Adler Goodfriend 1995: 387–390; Maiberger 1995.

23 Haltung von Hunden als Nutztieren belegen Jb 30,1; Tob 5,17; 11,4; vgl. Jes 56,10.

24 Ps 59,7.15–16; Prov 26,17; vgl. Ps 22,17.21; Jdt 11,19.

25 Ex 22,30.

26 I Reg 14,11; 16,4; 21,19.23.24; 22,38; II Reg 9,10.35.36; Jer 15,3.

27 Z.B. Gen 12,16; 32,16; 34,28; 43,18; Ex 20,17; 22,3.8–9; Num 16,15; 31,28.30.34.39.45; Dtn 5,21; 22,3; 28,31; Jdc 6,4; I Sam 8,16; 12,3; 27,9; II Sam 16,2; I Chr 5,21; II Chr 14,14; vgl. Gen 45,23; Ex 21,33–34; 23,4; Jer 49,29.32; Jb 1,17; 24,3.

Verkauf vom Gebrauch für religiöse Zwecke ausschließen wollte. Dazu will
Stark V. 18 als sekundären Einschub erweisen, damit sie den Sinn des „Hun-
depreises" aus der Systematik des Kontexts eingrenzen kann, ohne auf die
Qedešen Rücksicht nehmen zu müssen. Dann gelte: „Wird … der Kontext von
Dtn 23,19 ohne V.18 betrachtet, erweist sich die Bedeutung ‚Sklave' für _kæ-
læb_ [sic] als plausibel. So beziehen sich die vorhergehenden V.16–17 auf den
Umgang mit Sklaven, die nachfolgenden V.20–21 auf soziale Finanzregelun-
gen. Dazwischen behandelt V.19 den Preis oder Ertrag für einen Sklaven."
(Stark 2006: 159) Nun kann man Starks Feststellungen zum Kontext nach
Abzug von V. 18 folgen, jedenfalls insofern die V. 16–17 von Untergebenen
sprechen, seien es entlaufene Sklaven oder ausländische Flüchtlinge. Aber dies
rechtfertigt nicht ihre These zur Referenz von כֶּלֶב in V. 19. Gewiss hat man
im atl. Israel – ebenso wie im Alten Orient generell – mitunter einen Menschen
als „Hund" tituliert. Aber nach dem Zeugnis israelitischer Quellen waren dies
entweder Selbstbezeichnungen in höfischer Rede gegenüber Respektsperso-
nen[28] oder beleidigende Schimpfwörter für andere.[29] Sklaven und Sklavinnen
dagegen werden im AT in Hunderten von Fällen mit den Substantiven עֶבֶד,
אָמָה und שִׁפְחָה belegt (so auch der Kontext in Dtn 23,16),[30] während sie nirgends sonst als כֶּלֶב firmieren. Hätte es diesen Sprachgebrauch gegeben, hätten
bei so vielen Gelegenheiten zusätzliche Beispiele den Weg ins AT finden müssen. Da dies nicht geschah, muss Starks Interpretation von כֶּלֶב in V. 19 als
unhaltbar ausscheiden.

Dtn 23,19 koordiniert den „Hundepreis" mit dem „Hurenlohn". Dies und
der Mangel an glaubwürdigen Alternativen plädieren nach wie vor für das
traditionelle Verständnis, wonach der „Hundepreis" das Entgelt für männliche
Prostituierte bezeichnet, wie auch Frevel zugesteht. Erlaubt V. 19 Rück-
schlüsse auf V. 18? Die Nachbarschaft von weiblichen und männlichen
Qedešen in V. 18 sowie weiblichen und männlichen Prostituierten in V. 19
gibt die Frage auf, ob es sich um eine gewollte Parallele handelt, was voraussetzt, dass der Urheber der Sequenz einen Sachzusammenhang zwischen den
Verboten erkannte, etwa deswegen, weil beide Vorschriften Belange der Pros-
titution regeln. Frevel (1995: 666) bestreitet dem Nebeneinander indes jede
Aussagekraft, weil wir eine sekundäre Komposition ehemals unabhängiger
Einzelgesetze vor uns hätten, die daher auch strikt separat gedeutet werden

---

28   I Sam 24,15; II Sam 9,8; II Reg 8,13 (vgl. Maiberger 1995: 204); Lachisch-Ostraka 2, 5, 6
     (Renz 1995: 412.424.426). Belege aus der Amarna-Korrespondenz nennen Adler Goodfriend
     1995: 383 Anm. 8; Renz 1995: 412 Anm. 1. Zum akkadischen Sprachgebrauch vgl. CAD K
     72 s. v. _kalbu_ 1j.

29   II Sam 16,9. Dies gilt für israelitische Verhältnisse, auf die Beobachtungen aus Nachbar-
     kulturen nicht unbesehen übertragen werden dürfen.

30   Belegzahlen: עֶבֶד 800; אָמָה 56; שִׁפְחָה 63. Bei dieser Häufigkeit bedarf es keiner Sichtung nach
     Fällen, wo die Lexeme tatsächlich Sklaven und Sklavinnen bezeichnen.

müssten.[31] Die These des getrennten Ursprungs hat gute Gründe für sich, da die beiden Paragrafen formal voneinander abstechen: V. 18 verfügt in 3. Person über die Qedešen, während V. 19 in 2. Person Singular den männlichen Leser anredet. Doch der textgenetische Status der Abfolge ist in Wahrheit für die Interpretation von geringer Relevanz. Gleichgültig, ob die beiden Verbote primär oder sekundär aneinandergereiht wurden, es kommt jeweils dasselbe Motiv in Betracht: Man bezog sie auf ähnlich geartete Gegenstände. So oder so fällt ein Verdacht auf die Qedešen beiderlei Geschlechts, denn der Kontext versetzt sie in die schlechte Gesellschaft der Prostituierten aus V. 19, eine Tatsache, die bei der Analyse von V. 18 nicht unbeachtet bleiben kann. Stark (2006: 164) konzediert einen Parallelismus zwischen קְדֵשָׁה V. 18 und זוֹנָה V. 19, möchte ihn aber wie folgt relativieren: Erst nachdem die feminine Form קְדֵשָׁה ihren originalen Bezug auf eine Kultfunktionärin gegen die Bedeutung „Hure" eingetauscht habe, habe das ältere Qedešenverbot in seinen heutigen Kontext interpoliert werden können. Der vorausgesetzte Vorgang ist völlig unvorstellbar. Welchem Zweck sollte er gedient haben? Wenn zudem das Vokabular von Gesetzen seinen semantischen Gehalt verschiebt, werden die Vorschriften nicht blind auf die neuen Referenzgrößen übertragen, sondern angepasst oder ausgeschieden.

Neben (1) der Nachbarschaft zu V. 19 muss die Erklärung von V. 18 folgende Merkmale integrieren: (2) Das Gesetz erklärt nicht, was Qedešen sind, zielt also auf ein Publikum, das über die gemeinte Sache im Bilde ist. Deshalb und nach dem Grundsatz, dass nicht bekämpft wird, was nicht vorkommt, spiegelt der Passus eine Verfassergegenwart, wo Qedešen eine hinreichend vertraute Erscheinung gewesen sind. (3) Der Paragraf untersagt nicht die Existenz von Qedešen, sondern er verweigert Israeliten die Zugehörigkeit zu diesem Stand bzw. die Ausübung des Berufs. Nach dem Buchstaben der Vorschrift sind derlei Aktivitäten für Nichtisraeliten erlaubt. (4) Das Gesetz erlässt separate, aber strikt parallel formulierte Verbote für beide Geschlechter, wobei wie in V. 19 die weiblichen Betroffenen den männlichen vorangehen. (5) Eine Strafsanktion fehlt.

Was verrät Dtn 23,18 laut der rezenten Literatur über die Qedešen? Auffälligerweise vermeiden die hier befragten Gewährsleute, nach ihren Analysen der Passage Zwischenergebnisse zu festzuhalten, die den Erkenntnisgewinn für das Generalthema bündeln. Lediglich soll auch auf diese Stelle ihr einmütig vertretenes Gesamtresultat zutreffen, Qedešen seien Spezialisten für Riten

---

31 Vgl. auch Schäfer-Lichtenberger 1995: 137, die die Anreihung nach dem Prinzip der Assoziation akzeptiert, aber den gemeinsamen Nenner kultisch bestimmt: „Dtn 23,18 ist eine auf Personen und Dtn 23,19 eine auf Objekte/Opfergegenstände bezogene Kultregelung." Wie im Folgenden zu darzulegen ist, erscheint mir dies für V. 18 unhaltbar.

gewesen, die der jahwistischen Orthodoxie ein Dorn im Auge waren.[32] Dass sich das Gesetz gegen unerwünschte Kultbedienstete richtet, kann jedoch ausgeschlossen werden, da es den fraglichen Stand nicht kategorisch verdammt, sondern nur den Israeliten vorenthält, und das auch noch ohne explizite Strafandrohung. Die Besonderheit des Sprachgebrauchs tritt prägnant hervor im Vergleich mit Dtn 18,10–11, wo einer Reihe von Praktikanten verpönter religiöser Zeremonien und divinatorischer Techniken das Existenzrecht in Israel schlechthin verweigert wird. Dort ist eine Formulierung gewählt, die an der Totalität des Verbots keinen Zweifel lässt: ‏לֹא־יִמָּצֵא בְךָ‎ ... „Bei dir darf es nicht geben ..." (V. 10).[33] Hier jedoch geht es um Aktivitäten, die lediglich Israeliten untersagt sind.[34] Diente der Paragraf der Abwehr missbilligter Riten, wäre der sensationelle Befund zu vermelden, dass das Dtn Verstöße gegen das Hauptgebot tolerierte, sofern bloß Ausländer die liturgische Assistenz wahrnahmen. In der Logik deuteronomistischer Theologie – und nicht nur dieser – konnten Ausländer jedoch bekanntlich auf israelitischem Boden überhaupt keinem Kult vorstehen, von heterodoxen Praktiken ganz zu schweigen.

Während für Dtn 23,18 der Kult als Tätigkeitsfeld der Qedešen ausscheidet, weisen mehrere Indizien auf Prostitution. Dafür spricht schon die Nachbarschaft zu V. 19, aber auch die Tatsache, dass ebenso wie dort die weibliche Variante der männlichen vorangeht, obwohl das AT bei Koordination beider Geschlechter sonst nahezu immer die umgekehrte Reihenfolge wählt: Männer werden vor Frauen genannt, Väter vor Müttern, Söhne vor Töchtern, Brüder vor Schwestern, Knechte vor Mägden, selbst Esel vor Eselinnen.[35] Die ungewohnte Anordnung weist auf eine Gruppe, deren weiblicher Anteil weit be-

---

32   Die Karten offen legt Gruber 1992: 18 Anm. 2, für den die beiden Genera von ‏קְדֵשׁ‎ freilich ganz unterschiedliche Berufe benennen: Das Femininum bezeichne eine Prostituierte, das Maskulinum einen „Canaanite cultic singer".

33   Vgl. auch Ex 12,19.

34   Dieser Tatbestand wird mitunter konstatiert, doch ohne ihn für das Textverständnis auszuwerten. So notiert Bird 1997: 47, dass V. 18 „proscribes the existence of a ‚professional' class (female and male) within the Israelite population", und laut Stark 2006: 151 erlässt der Vers das „Verbot für Israelit/innen, *qedešāh* oder *qādeš* zu sein", aber jeweils ohne Folgen für die Interpretation. Die Erklärung von Rose 1994: 318, „daß *in Israel* die Tradition des Dienstes der «Geweihten» untersagt sein soll" (Hervorhebung HJS), ist vom Wortlaut nicht gedeckt.

35   Tigay 1996: 216; Bird 1997: 45f.48. Vgl. aus gesetzlicher Literatur etwa Ex 20,10.12.17; 21,2–11.15.17.20.26–32; Lev 3,1.6; 10,14; 12,6.7; 13,29.38; 15,33; 18,7.9.10.12–13.17; 20,9.17.27; 21,2.11; 25,6.44; 27,5.6; Num 5,3.6; 6,2.7; 18,11.19; 30,17; Dtn 5,14.16.21; 12,12.18.31; 13,7; 15,12.17; 16,11.14; 17,2.5; 18,10; 21,13.18.19; 22,15; 27,16.22 u.a.; aus anderen Gattungen Gen 1,27; Gen 2 mit Erschaffung des Mannes vor der Frau; Gen 2,24; 5,2.4 usw.; 6,19; 7,2.3.9.16; 11,11 usw.; 12,16; 19,12; 20,14; 24,35; 28,7; 31,28; 32,1.6; 36,6; 37,35; 45,23; 46,7.15; Ex 1,16; 3,22; 10,9; 11,1; 32,2; 35,29; 36,6; Lev 26,29; Num 21,29; Dtn 4,16; 28,32.41.53.56.68; 29,17; 31,12; 32,19; 33,9; Jos 2,13.18; 6,21.23; 7,24; 8,25; Jdc 9,49.51; 11,34; 12,9; 14,2-6.9.16; 16,27 u.v.a. Gegenbeispiele sind selten; vgl. etwa Gen 30,43; 31,43; Lev 19,3; 20,19; 21,2.

deutender war als der männliche, wie es bei der Prostitution nachfragebedingt nun einmal der Fall ist. Die Präzedenz des weiblichen Zweigs dürfte somit in V. 18 auf demselben Grund beruhen wie im Folgevers. Warum wird kein Strafmaß für Verstöße festgelegt? Die Lücke bietet keine Handhabe zu dem Schluss, hier könne nicht die für Deuteronomisten besonders sensible Frage der Kultreinheit betroffen sein, denn das dtn Gesetz untersagt auch andernorts missliebige Kultformen, ohne Straftarife zu erlassen.[36] Doch obwohl hier keine Eindeutigkeit zu erzielen ist, entspricht das Verfahren immerhin vollauf der Erwartung bei einer schwer durchsetzbaren Norm, die eher dem Bereich der Ethik angehört als dem des Rechts, wie es aller Erfahrung nach gerade für die käufliche Sexualität gilt.

Ist Dtn 23,18 demnach mit Prostitution befasst, geht es dann genauerhin um eine Sorte, die irgendwie kultisch infiziert war? Immerhin werden die Zunftvertreter ja mit dem sakral befrachteten Namen belegt, und die Fortsetzung führt uns in die Sphäre des Tempels. Allerdings ist nur für die weibliche Sparte ein alternativer Ausdruck gesichert (זוֹנָה). Die Koordination von אֶתְנַן זוֹנָה und מְחִיר כֶּלֶב in V. 19 suggeriert, dass man einen männlichen Prostituierten auch als כֶּלֶב bezeichnen konnte; doch fehlen dafür weitere Belege, weshalb nicht mit Gewissheit zu entscheiden ist, ob das Hebräische für die männliche Sparte ein anderes Wort als קָדֵשׁ bereithielt. Zudem gilt: Wenn man in besonders einprägsamer Form die Gültigkeit des Verbots für beide Geschlechter einschärfen wollte, bot das Adjektiv קָדֵשׁ die Möglichkeit streng paralleler Formulierungen. Die Wortwahl braucht sich somit keinem religiösen Hintergrund zu verdanken, sondern kann auch vom Interesse am bündigen Gleichklang geleitet, also stilistisch motiviert sein. Da ferner beide Geschlechter betroffen sind, stellt sich die Frage, welchem Ziel mythischer Vergegenwärtigung oder Stimulation der homosexuelle Verkehr gedient haben sollte, da die Fruchtbarkeit ausscheidet.[37] Es ist jedoch die literarische Einbettung, die bei der angezielten Berufsgruppe alle sakralen Assoziationen ausschließt. Das Verständnis der Qedešen als Kultprostituierte ist im Grunde ja nur ein Spezialfall ihrer Interpretation als Kultfunktionäre. So oder so ginge es um professionell betriebene religiöse Aktivitäten, die den Kern der jahwistischen Orthodoxie antasteten, gleichgültig wie sie konkret ausgesehen haben mochten. Daher werden sie auch durch dasselbe Gegenargument als unglaublich erwiesen: Eine wie auch immer geartete kultnahe Verortung der Qedešen muss voraussetzen, die deuteronomisch-deuteronomistischen Theologen seien bereit gewesen, Verstöße gegen ihr Hauptgebot zu dulden, sofern bloß die Regie in ausländischen Händen lag.

---

36   Vgl. neben Dtn 13; 17,2–7 andererseits Dtn 12,29–31; 14,1–2; 16,21–22; 18,9–12.

37   Vgl. Bird 1997: 41; Day 2004: 16f.

Folglich bleibt nur der Weg, Dtn 23,18 auf profane Alltagsprostitution zu beziehen. Dann ist eine Konsequenz zu explizieren, die auch aus V. 19 hervorgeht. V. 18 beschränkt die legale Ausübung des Berufs auf Nichtisraeliten, und V. 19 schließt Prostitutionserlöse von religiösen Verwendungsweisen aus (wenn auch dieses Gesetz exemplarisch aufzufassen ist). Für beide Paragrafen gilt: Wo sie von Prostituierten sprechen, nennen sie beide Geschlechter. Entgegen der pauschalen Verdammung männlicher Homosexualität in priesterlichen Texten[38] wird homosexuelle Prostitution hier also nicht verboten, sondern innerhalb der von V. 18 gezogenen Toleranzgrenzen hingenommen. Der Wortlaut von Dtn 23,18–19 setzt somit eine bedingte Akzeptanz homosexueller Akte voraus, eine Feststellung, die trotz der übrigen atl. Stimmen zum Thema[39] nicht abwegig erscheint. Es ist zu beachten, dass das Dtn im Rahmen seiner immerhin recht detaillierten Vorschriften zu den Themen Geschlechtlichkeit und Ehe[40] zwar verschiedene Sexualtabus aufführt und auch Transvestitentum untersagt,[41] aber ein Verbot der Homosexualität vermissen lässt. Ferner deuten anthropologische Studien darauf hin, dass die Diskriminierung männlicher Homosexualität häufig auf einem bestimmten Maskulinitätskonzept fußt, insofern in einem Denkrahmen, für den die Penetration ein Statusgefälle vollzieht, die subalterne Position ein auf Dominanz zentriertes Männlichkeitsideal verletzt.[42] Es liegt daher in der Logik einer solchen Mentalität, wenn die Übernahme der als unterlegen bzw. erniedrigend betrachteten Rolle nur für Angehörige der eigenen Gruppe als verwerflich gilt, nicht aber für Fremde. Genau dieses Prinzip wendet das Dtn auf das Kreditwesen an, wenn es Israeliten explizit gegenüber Ausländern bevorrechtigt (15,1–3.12–18; 23,20–21; vgl. 24,7). Aus demselben Grundsatz ist der Umgang mit Homosexualität in Dtn 23,18–19 herleitbar. Wenn also zu entscheiden ist, ob sich hinter den Qedešen in V. 18 heterodoxe Kultspezialisten oder Prostituierte verbergen, gibt die Tatsache den Ausschlag, dass den Deuteronomisten und ihren Erben die Kultreinheit über alles ging, während sie in ihrem Gesetzeskorpus auf einen Bannstrahl gegen die Homosexualität verzichteten.

Nach alldem ist Dtn 23,18 als Versuch zu werten, Israeliten beiderlei Geschlechts vor dem Abstieg in die Prostitution zu bewahren, indem man die Stillung der Nachfrage Fremden vorbehielt. Mit Kultprostitution hat das Gesetz nichts zu tun; es rechnet mit einer Hörerschaft, die das substantivierte Adjektiv קָדֵשׁ in beiden Genera auf gewöhnliche Prostituierte bezieht, ebenso wie dies Gen 38 für das Femininum bezeugt. Wenn V. 19 zusätzlich den kultischen Gebrauch von Prostitutionsgewinnen als תּוֹעֲבַת יְהוָה verurteilt, dürfte

---

38 Lev 18,22; 20,13.
39 Vgl. auch Gen 19,4–11.13; Jdc 19,22–25.
40 Dtn 22,13–23,1; 24,1–4; 27,20–23.
41 Dtn 22,5.
42 Vgl. Frevel 2003: 47f.; 2006: 368f.

hinter dem Berufsverbot für Israeliten eine religiöse Triebfeder aufscheinen: Eine solche Erniedrigung war mit der Stellung Israels vor seinem Gott unvereinbar,[43] was angesichts des Sozialprestizes von Prostituierten nicht überraschen kann.[44] Das Fehlen eines Straftarifs dürfte die Einsicht spiegeln, dass dem Problem allenfalls mit ethischen Normen, aber nicht mit dem Strafrecht beizukommen war. Freilich ging man nicht so weit, auch den Verkehr mit Prostituierten zu bekämpfen – dieses Zugeständnis an die männliche Gebrechlichkeit war wohl schlechterdings unvermeidbar.

Die nächsten Belege bilden ein geschlossenes Bündel. Die kultischen Notizen in den *synchronoptischen Rahmen der Königsbücher* erwähnen wiederholt Qedešen in Juda, bezeichnet als קָדֵשׁ bzw. קְדֵשִׁים. Die maskulinen Morpheme verweisen auf einen männlichen oder zumindest männlich dominierten Kreis, während der Ort der Nachrichten dokumentiert, dass es kultbezogene Gründe waren, die das Interesse der Redaktoren an der Zunft weckten. Denn im schematischen Aufbau der synchronoptischen Rahmen folgen die Kultnotizen in der Regel auf die Wertungsformel „er tat das Rechte/Böse in den Augen Jhwhs", die die Lebensleistung der Könige allein an der Elle kultischer Orthopraxie misst; den Kultnotizen obliegt dann die Aufgabe, das Urteil zu rechtfertigen (Hoffmann 1980: 35–38). Das Tolerieren der Qedešen begründet eine negative Zensur, ihre Bekämpfung eine positive. Ort und Art der Thematisierung verbinden die Qedešen dieser Beleggruppe in nicht näher erläuterter Weise mit diskreditierten Kultformen.[45]

Das untermauern weitere Kontextmerkmale der Einzelbelege. *I Reg 14,24* stellt fest, es habe zur Zeit Rehabeams Qedešen „im Land" gegeben; die Notiz folgt einer stereotypen Liste illegitimer Kultrequisiten, die die Judäer damals eingerichtet hätten: „Höhen, Masseben und Ascheren auf jedem hohen Hügel und unter jedem üppigen Baum" (V. 23). Die beschriebenen Verhältnisse werden dann zusammenfassend gewertet als Exempel für die „Gräuel der Völker, die Jhwh vor den Israeliten vertrieben hatte" (V. 24). Das Urteil stempelt die Qedešen zu Repräsentanten der vorisraelitischen Religionen in Palästina. Auch dieser Autor verrät kein Bedürfnis zu erklären, was Qedešen waren und was sie trieben; er schien sich mit seinem Publikum einig zu fühlen, dass schon ihr pures Vorhandensein einen Frevel darstellt. Ähnlich verfährt *I Reg 15,12*, wenn die positive Wertungsformel für Asa (V. 11) mit der unkommentierten Nachricht begründet wird, dass er „הַקְּדֵשִׁים aus dem Land ausrottete (בער D)"

---

43   Vgl. in priesterlicher Gesetzgebung Lev 19,29; 21,7.9.14–15.

44   Vgl. Anm. 43 sowie in Dtn 23,19 den Ausdruck „Hundepreis"; ferner z.B. Gen 34,31; Jdc 11,1–2; I Reg 12,24b LXX; 22,38; Jes 1,21; 23,16; Ez 16; Hos 2,6–7; Am 7,17; vgl. Neh 5,5. Für das antike Mesopotamien resümiert Cooper 2006: 13: „»Prostitute« … was an insult, and a prostitute's social status was inferior."

45   Dabei ist es gleichgültig, ob die Qedešen-Notizen ursprüngliche Bestandteile ihrer Kontexte bilden oder, wie von Bird 1997: 51–61 angenommen, teilweise später interpoliert wurden.

und Götzenbilder beseitigte. Erneut erhebt der Kontext den Kampf gegen die Qedešen zum Dienst an der Kultreinheit. Der Eindruck, Asa habe das Qedešen-Problem behoben, wird jedoch bald geschmälert, wenn *I Reg 22,47* vermerkt, sein Sohn habe die Purgation vollenden müssen. Die politischen Notizen zur Regentschaft Joschafats, eingeleitet als וְיֶ֫תֶר דִּבְרֵי יְהוֹשָׁפָט (V. 46), geben zu Protokoll, dass er „den Rest הַקָּדֵשׁ, die in den Tagen seines Vaters Asa übrig geblieben waren, aus dem Land ausrottete".[46] Abermals verrät der Text nicht mehr über die Qedešen als ihre selbstverständlich vorausgesetzte Unzulässigkeit und ihre Heimat im „Land".

Der letzte Fall dieser Beleggruppe steht im Bericht von der josianischen Reform. *II Reg 23,7* vermeldet: „Er (Josia) riss die בָּתֵּי קְדֵשִׁים nieder, die im Haus Jhwhs waren, wo die Frauen (הַנָּשִׁים) Kleider / Hüllen (? בָּתִּים[47] für Aschera webten." Danach verfügten die Qedešen am Jerusalemer Tempel über bauliche Installationen, wo Frauen bis zu den Eingriffen Josias nichtjahwistische Kultformen pflegten. Man fragt sich, wie sich diese Nachricht zu den übrigen Gliedern der Stellenserie in I Reg verhält. War das Einschreiten Joschafats gegen die Qedešen doch nicht so erfolgreich wie behauptet? Ferner ist zu klären, was die Bezeichnung der Baulichkeiten über deren Nutzerinnen zur Zeit Josias besagt. Die namengebenden Qedešen tragen weiterhin maskuline Morpheme; und wenn sie über Einrichtungen am Jerusalemer Tempel verfügten, müssen sie Tätigkeiten sakralen Charakters nachgegangen sein, wie es auch die Kontexte ihrer Erwähnungen in I Reg unterstellen. Laut II Reg 23,7 wurden die Anlagen bis zur josianischen Reform kultisch gebraucht, und zwar als Stätten geächteter Gottesdienstformen, was vollauf zum Nimbus der Qedešen in I Reg passt. Allerdings weiß der Vers nur von weiblichen Kultpraktikanten. Ob diese Frauen selber als Qedešen galten und somit die Gilde im Widerspruch zu den Nachrichten in I Reg bis in die Tage Josias fortbestanden haben müsste, lässt der Wortlaut offen. Allerdings spricht die Logik der Kultnotizen und -reformberichte in den Königsbüchern dagegen: Die Deuteronomisten haben auf die Möglichkeit verzichtet, den verhassten Manasse der Wiedereinführung der Qedešen zu beschuldigen; und II Reg 23,7 vermerkt, beim Wort genommen, nicht die Beseitigung der Qedešen, sondern die ihrer Gebäude, ein aussagekräftiger Tatbestand angesichts des pedantischen Strebens nach Vollständigkeit, das den Maßnahmenkatalog des Berichts von der josianischen Reform kennzeichnet. Demnach verwendeten die Aschera-Verehrerinnen lediglich sekundär Installationen weiter, an denen ein Name haften

---

46   Wegen der ungewöhnlichen Position und des Widerspruchs zu I Reg 15,12 wird der Vers mitunter als Nachtrag beurteilt; so etwa Würthwein 1984: 264; Bird 1997: 60f.; erwogen von Frevel 1995: 702f. Dabei könnte der Wunsch Pate gestanden haben, Joschafat stärker als vorbildliche Figur zu profilieren; vgl. Hoffmann 1980: 93–96; Bird 1997: 61.

47   Die Form ist vermutlich auf ein Hapax legomenon בַּת III (HAL 159b; Gesenius18 186a) zu beziehen, das als Objekt von ארג Textilien bezeichnen muss, deren nähere Natur ungeklärt ist. Vgl. die ausführliche Erörterung bei Frevel 1995: 686–699 (Lit.); ferner Keel 2007: 481f.

geblieben war, der an eine frühere Funktion erinnerte.[48] Wenn die „Häuser der Qedešen" im Zuge der josianischen Reform nicht umgewidmet, sondern geschleift wurden, deutet dies darauf hin, dass man sie ausschließlich mit religiösen Abirrungen verband, was nochmals das in I Reg suggerierte Urteil über die Qedešen festigt. II Reg 23,7 lässt sich folglich widerspruchsfrei mit den einschlägigen Notizen in I Reg vereinbaren: Danach waren die Qedešen (zumindest in ihrer Mehrzahl) männliche Repräsentanten heterodoxer Riten in Juda, die in wiederholtem Anlauf von Joschafat Mitte des 9. Jhs. endgültig ausgemerzt wurden. Von ihnen ehemals genutzte Baulichkeiten im Jerusalemer Tempel trugen noch im 7. Jh. ihren Namen und waren Schauplätze nichtjahwistischer Kulte, bis Josia die Einrichtungen zerstörte.

Indes kann man natürlich nicht davon ausgehen, dass die Auskünfte der Königsbücher zu unserem Thema zuverlässig und widerspruchsfrei sind. Doch wie immer sich die Aschera-Dienerinnen im Reformbericht zu den Qedešen verhielten, letztere werden in Reg konsequent dem kultischen Sektor zugeordnet. Sollte der Berufsstand auch der Prostitution nachgegangen sein? Dazu können Frevel (1995: 698.703) und Stark (2006: 146) mit Recht feststellen: Für die Annahme sexueller Aktivitäten liefert die Stellenserie keine Handhabe.[49] Allerdings ist zu ergänzen: Sie spricht auch nicht dagegen; wir erfahren dort überhaupt nichts zu konkreten Funktionen.

Die von Gen 38 und Dtn 23,18 bezeugte Affinität von Qedešentum und Prostitution kehrt wieder in *Hos 4,14*:

לֹא־אֶפְקוֹד עַל־בְּנוֹתֵיכֶם כִּי תִזְנֶינָה וְעַל־כַּלּוֹתֵיכֶם כִּי תְנָאַפְנָה
כִּי־הֵם עִם־הַזֹּנוֹת יְפָרֵדוּ וְעִם־הַקְּדֵשׁוֹת יְזַבֵּחוּ

Der Vers ist in den Kontext V. 12–14[50] eingebettet, der in für Hosea charakteristischer Weise Kultkritik mit Vorwürfen schändlichen Sexualverhaltens verschmilzt. In diesem Rahmen wirft der Passus einen moralischen Schatten auf weibliche Qedešen, indem er sie über einen poetischen Parallelismus „den Huren" zur Seite stellt. Darüber hinaus identifiziert er sie – ähnlich den Belegen in den Königsbüchern – als unerwünschte Kultfunktionäre, indem er in der autoritativen Gottesstimme, somit aus der Warte jahwistischer Orthodoxie den männlichen Adressaten vorwirft, solche Frauen an Opferfeiern zu beteiligen. Auch Hosea sieht keinen Anlass, die Qedešen eigens vorzustellen; vielmehr führt er sie wie „die Huren" mit Artikel als allseits bekannte

---

48 Mit Frevel 1995: 683f.; vgl. auch Bird 1997: 70–72. Mithin kennt das AT auch nicht die „Herstellung von gewebten Stoffen für Götter / Göttinnenbilder" als typischen Dienst von Qedešen; so aber Wacker 2001: 202 (vgl. weiter oben).

49 Murmelstein 1969: 222–225 hat versucht, eine rabbinische Auslegungstradition zu erneuern, die die Nachricht über die Webarbeiten der Frauen in II Reg 23,7 als Metapher für sexuellen Verkehr versteht. Diese Überlieferung ist jedoch zu spät, um Beweiskraft zu besitzen, und wie gezeigt, lädt der Text nicht dazu ein, die Frauen unter den Qedešen zu subsumieren.

50 Details der diffizilen Abgrenzung der Einheit können hier ausgespart bleiben. Vgl. die Kommentare.

Berufsgruppe an, die regelmäßig (x-*yiqtul*-Formation) an Gottesdiensten mit-
wirkt. Verbindet dieses Arrangement die Qedešen mit Prostitution? Frevel,
Schäfer-Lichtenberger und Stark verneinen das entschieden. Der Wortlaut
offenbare wenig über die Lebensweise der Qedešen; vor allem beweise er
keine sexuellen Aktivitäten. Wenn Hosea die Qedešen in einem Atemzug mit
Dirnen nennt, so nach dem gängigen Muster seiner Kultpolemik, wo er ständig
verschmähte Gottesdienstformen metaphorisch als Unzucht perhorresziert. Im
Mund Hoseas brauche der Passus nicht mehr zu bedeuten, als dass die Qedešen
auf Liturgien spezialisiert waren, die der Prophet verabscheute. In den Worten
Frevels (1995: 671): „Eine sexuelle Funktion der *q^edešāh* [ist] aus dem Text
nicht zu erheben … . Vielmehr bleibt man auf eine kaum näher bestimmbare
kultische Funktion im (Schlacht-) Opferkult verwiesen. Dieser Opferkult ist
scheinbar nicht konform zu der von Hosea präferierten YHWH-Verehrung."
Schäfer-Lichtenberger (1995: 135) ist sich sicher: „Die theologische Disquali-
fikation [der Qedešen] sagt überhaupt nichts über deren Lebensweise und
Kultriten aus."

Danach verurteilt Hosea bestimmte Riten, die er gegenüber seinem Audi-
torium durch die Teilnahme der Qedešen charakterisiert. Warum hebt er gerade dieses Merkmal hervor? Nicht untypisch für Hosea, lässt die Einheit in
der Schwebe, wem die attackierten Begehungen im Sinne ihrer Anhänger galten, denn der Kult wird nicht über die angerufene(n) Gottheit(en) identifiziert, sondern über seine Schauplätze (Berggipfel, Hügel, große Bäume 13ab) und
die Attraktionen, die er den Adoranten bietet (כִּי טוֹב צִלָּה 13c). Damit bleibt
offen, ob es sich um explizite Fremdgötterverehrung handelt oder um Jhwh-
Kult, der nach den Maßstäben des Propheten depraviert – bzw. mit einem verbreiteten exegetischen Sprachgebrauch „baalisiert" – ist und sich so effektiv in
Götzendienst verwandelt hat. Die Unbestimmtheitsstelle insinuiert, dass der
Wert religiöser Zeremonien weniger vom konkreten Gegenstand der Devotion
als von der Geisteshaltung abhängt. Die Mehrdeutigkeit des Panoramas er-
streckt sich nun ebenfalls auf die laut 14e im Beisein von Qedešen vollzogenen
Riten, denn der Text schweigt darüber, ob die Opfer in der Sicht der Beter für
Jhwh oder (auch) für andere Gottheiten bestimmt waren. Es ist folglich nicht
gesichert, aber ebenso wenig auszuschließen, dass weibliche Qedešen in der
Welt Hoseas Fremdgötterdienst betrieben.

Warum also hob der Prophet in seiner Kultkritik gerade die Mitwirkung
von Qedešen hervor? Hatte er eine Form der Jhwh-Verehrung im Auge, fragt
man sich, was ihn an dieser speziellen Spielart empörte. Handelte es sich um
Götzendienst, wüsste man gern, warum Hosea hier aus einer Palette von Möglichkeiten eben jene Variante herausgriff. Dies führt uns zurück zu den Fragen,
was der Parallelismus mit den Dirnen in 14d besagt bzw. ob bestimmte religiöse Aktivitäten nur rein bildhaft mit Unzucht gleichgesetzt werden. Nun ist die
sexuell getränkte Polemik Hoseas im Allgemeinen gewiss hochgradig meta-

phorisch, aber für das benachbarte Kolon 4,14d כִּי־הֵם עִם־הַזֹּנוֹת יְפָרֵדוּ erscheint dies wenig glaubhaft. Zunächst begegnet hier der Vorwurf der Unzucht in der konkretesten Fassung, die das Buch überhaupt zu bieten hat: Die Freier suchen mit den Liebesdienerinnen diskrete Orte auf.[51] Außerdem läuft das vielsagende Detail nach dem gegebenen Vortext (13d–14c) auf die Rüge hinaus, dass die Familienvorstände damit noch das enthemmte, ehebrecherische Gebaren der jungen Frauen aus ihren eigenen Sippen in den Schatten stellen, das seinerseits zur verdienten Quittung (עַל־כֵּן 13d) für den in V. 12–13c angeprangerten verfehlten Gottesdienst deklariert wird. Der Verweis auf die Ausschweifungen der Frauen musste aber verpuffen, wenn er bloß Akte in ein abträgliches Bild goss, die bei den Vormündern ohnehin erwünscht waren, wie die Teilnahme an bestimmten Gottesdienstformen. Um zu treffen, musste die Kritik handfestes sexuelles Fehlverhalten vorweisen, was dasselbe Verständnis für den überbietenden Vorwurf an die Männer in 14d unterstützt. Wenn also 14e Liturgien brandmarkt, die im Beisein von weiblichen Qedešen gefeiert werden, so geschieht dies in einem Rahmen, der sich gerade durch besonders konkrete Anklagen sexueller Zügellosigkeit auszeichnet. Daher fragt man sich, ob die Gemeinsamkeiten mit dem Lebensstil der Qedešen wirklich ausnahmslos auf metaphorischer Ebene angesiedelt sein sollen.

Hoseas polemische, dazu elliptische, offenbar auf einen informierten Adressatenkreis zielende Diktion beschneidet unsere Möglichkeiten, methodisch gesichert den präzisen Sinn seiner Worte zu erheben. Daran kranken auch Thesen, die die Tätigkeitsfelder der Qedešen definitiv auf liturgische Rollen beschränken. Gewiss liefern die Bauprinzipien hebräischer Verszeilen nur grobe Fingerzeige, wenn es um die Klärung dunkler Passagen geht. Doch erschiene es im gegebenen Fall ungerechtfertigt, kategorisch zu leugnen, dass die Parallelisierung der Qedešen mit Prostituierten den Beigeschmack gleicher Aktivitäten an sich trägt. Die Assoziation der beiden Zünfte wäre nicht beweiskräftig, stünde sie einzigartig da; aber das ist eben nicht der Fall.[52]

Der letzte Fall führt uns in die Spätzeit des AT. Im Rahmen der Elihu-Reden, deren hoher Anteil an Aramaismen auf ein besonders junges Ursprungsdatum deutet, beschreibt *Jb 36,14* das bedauernswerte Dasein der Ruchlosen (חַנְפֵי־לֵב V. 13) und hebt zur Abschreckung ausgerechnet dessen Gemeinsamkeiten mit dem Leben männlicher Qedešen hervor:

---

51 Vgl. dagegen etwa Hos 1,2; 2,4.6–7.12–15; 3,1–3; 4,12; 5,3–4; 8,9; 9,1; ferner die Juda-Glosse 4,15.

52 Zu Hos 12,1, wo manche Exegeten קְדֹשִׁים als Verschreibung aus קְדֵשִׁים* deuten, vgl. Frevel 1995: 667 Anm. 408; Stark 2006: 101–105.

תָּמֹת בַּנֹּעַר נַפְשָׁם וְחַיָּתָם בַּקְּדֵשִׁים

„In der Jugend muss[53] ihre Seele sterben, und ihr Leben (ist, verläuft; /stirbt, endet)
unter (/nach Art von?) den (männlichen) Qedešen."

Die Botschaft des ersten Satzes 14a liegt auf der Hand: Die Ruchlosen sind zu
einem frühen Tod verurteilt. 14b hingegen erschließt sich weniger leicht. Syntaktisch liegt entweder ein Nominalsatz vor, der das Leben der Ruchlosen in
der Subjektsrolle auf ein Prädikat bezieht, geformt als Präpositionalgruppe mit
dem substantivierten Adjektiv קָדֵשׁ; demzufolge trifft der Passus eine generelle
Feststellung über den Charakter bzw. den Verlauf des Lebens der Ruchlosen.
Oder es handelt sich um einen Verbalsatz, wo תָּמֹת als kontextgetilgtes Prädikat
aus 14a fortwirkt;[54] dann nimmt die Aussage speziell das Ende des Lebens der
Ruchlosen ins Visier. Weiterhin ist unklar, welche Aufgabe der Präposition in
בַּקְּדֵשִׁים zugedacht ist. Jenni (1992: 278) erkennt eine lokale Deixis und reiht
den Fall seiner Kategorie „Lokalisation in einer Menge" (1992: 275–282)
ein.[55] Demnach verliefe (Nominalsatz) oder endete (Verbalsatz) das Leben der
Ruchlosen in engem Kontakt mit den Qedešen. Diese Analyse gründet auf
einer Hauptfunktion der Präposition und ist daher grammatisch unbedenklich,
bereitet aber manchen Exegeten sachliche Schwierigkeiten: Was wäre der
konkrete Sinn einer solchen Aussage? Deshalb wird alternativ erwogen, die
Präposition bedeute hier „nach Art von, gemäß",[56] was den Fall faktisch dem
bei Jenni (148f.) so genannten „Beth normae" subsumiert; dann lieferte die
Existenzweise der Qedešen ein Modell für das Leben bzw. den Tod der Ruchlosen. Allerdings rechnet Jenni nur dann mit einem „Beth normae", wenn der
Präposition ein Substantiv für „eine bestimmte Maßeinheit oder Norm" folgt
wie etwa דֶּרֶךְ in dem Standardbeispiel בְּדֶרֶךְ מִצְרַיִם „nach Art Ägyptens" Jes
10,24.26; denn für Jenni ist „das Beth normae … nichts anderes als ein Beth
instrumenti, bei dem das Mittel einer quantifizierenden Tätigkeit in einem
Maßbegriff … besteht. In einigen nicht sehr zahlreichen Fällen wird bei einer
komplexeren Tätigkeit, namentlich bei Herstellungsverben, auch ein komple-
xerer Normbegriff (z.B. מַתְכֹּנֶת ‚Rezept') verwendet." (148) Wer daher die
Präposition in בַּקְּדֵשִׁים als „Beth normae" deutet, muss elliptische Redeweise
mit Ausfall des Normbegriffs annehmen. Als Parallele hierzu ließe sich allenfalls בַּעֲצַת אֲדֹנָי „gemäß (?) dem Ratschluss des Herrn" Esr 10,3 anführen, doch
schlägt Jenni die Verbindung jenem Restbestand zu, den er „wegen Textver-
derbnis oder sonstigen exegetischen Schwierigkeiten als für die lexikographi-

---

53 Dies ist ein Versuch, den Jussiv wiederzugeben. Sollte er eine Fehlvokalisation der Langform
    תָּמֻת* darstellen (vgl. BHS und die Komm.), ist die Übersetzung anzupassen.
54 So Fohrer 1989: 471; Strauß 2000: 258; vgl. Ebach 1996: 112. Clines 2006: 815 wendet
    dagegen ein, dass מות nur sehr selten unbelebte Subjekte trägt, doch bei der eigenwilligen
    Diktion des Buches Hiob hat das Bedenken geringes Gewicht.
55 Ähnlich Clines 2006: 815.861.
56 Strauß 2000: 260 mit GK § 119h; vgl. HAL Art. בְּ I 8; Ges[18] Art. בְּ I 3c.

sche Untersuchung nicht mehr sicher verwertbar" (48) ausscheidet. Die Interpretation als „Beth normae" mag daher einen unschwer einleuchtenden Sinn ergeben, bedarf aber grammatisch einer heiklen Zusatzannahme. Vergleicht man indessen die auslegerischen Konsequenzen der Wahl zwischen den beiden grammatischen Analysen, erscheinen sie gering. Denn auch für das lokale Verständnis der Präposition gilt: Wenn Leben oder Tod der Ruchlosen bei den Qedešen angesiedelt werden, eignet der Aussage nur dann Bedrohlichkeit, sofern grundlegende Züge des Daseins der Qedešen auf die Ruchlosen abfärben; dabei macht es keinen Unterschied, ob die Nähe der beiden Gruppen buchstäblich oder metaphorisch gemeint ist. Gleichgültig ob man die Präposition in בַקְּדֵשִׁים lokal oder als „Beth normae" auffasst, so oder so geben die Qedešen eine Analogie für das Ergehen der Ruchlosen ab.

Was verbindet das Schicksal der Ruchlosen mit jenem der Qedešen? Dazu sind Kontextindizien zu befragen. Das erste Kolon 14a stellt als Symptom des Elends der Ruchlosen ihre Kurzlebigkeit heraus. Die von den Regeln hebräischer Poesie geschürte Erwartung, dass die Verszeile mit einer sachverwandten Aussage fortfahren werde, sei sie synonym oder antithetisch, wird vom zweiten Kolon 14b mehrfach erfüllt. Das Substantiv חַיָּה II „Leben" korrespondiert mit נֶפֶשׁ „Seele"; zusammen mit dem Verb מות entsteht so ein prägendes Wortfeld; בַּנֹּעַר נַפְשָׁם und וְחַיָּתָם בַּקְּדֵשִׁים konstituieren einen Chiasmus. Die Vernetzung fällt noch stärker aus, wenn die Analyse von 14b als Verbalsatz im Recht ist, weil dann ohnehin das Prädikat תָּמֹת aus 14a fortwirkt. Das zweite Kolon spinnt also offenbar das Thema des ersten weiter. Dies legt den Schluss nahe: Selbst wenn das Bild unscharf bleibt, dienen die Qedešen anscheinend als Paradebeispiel einer erbärmlichen Existenz, die normalerweise mit einem frühen Tod verrinnt. Dafür taugten sie aber nur, wenn sie im spätnachexilischen Juda nach wie vor präsent waren. Der Dichter appelliert bei seinen Adressaten an ein gemeinsames Weltwissen, worin männliche Qedešen als wohlbekannter, keiner Erläuterung bedürftiger Personenkreis gelten, der ein bedauernswertes Leben fristet, oft gezeichnet durch ein vorzeitiges Ende.

Ihr literarisches Porträt in Jb 36,14 ist allerdings mit rituellen Funktionen jedweder Art unvereinbar. Denn das Buch Hiob arbeitet mit einer außerisraelitischen Kulisse, weswegen in den Streitreden typisch jahwistische Probleme wie die Kriterien des rechten Gottesdienstes notwendig ausgeklammert bleiben müssen. Ohnehin fragt man sich, wieso kultische Pflichten das Ableben beschleunigen sollten. Wenn Elihu die Qedešen als warnendes Exempel vor Augen stellt, wird man die Gründe besser nicht in liturgischen Rollen suchen.

Jb 36,14 verbreitet in neueren Studien zu unserem Thema Ratlosigkeit. Frevel räumt offen ein, dass seine Deutung der Qedešen als niedere Kultfunktionäre hier ausgeschlossen ist. Doch obwohl er keine Alternative anbieten kann, möchte er auch keinen Konnex zur Prostitution zugestehen; vielmehr sei „daran festzuhalten, daß eine Verbindung zur Prostitution auf der Interpreta-

tion der Parallelbelege beruht und an dieser Stelle keinesfalls zwingend ist"
(1995: 710). Schäfer-Lichtenberger (1995) übergeht den Fall mit Schweigen.
Stark (2006) tut den hebräischen Text völlig übertrieben als „rätselhaft" und
„unverständlich" ab (109), um dann seine Integrität mit Rekurs auf die keineswegs glaubwürdigere Version der Septuaginta weiter zu untergraben.[57] Zur
Erklärung des vorliegenden Wortlauts schreibt sie eine exegetische Tradition
fort, die hinter קְדֵשִׁים aufgrund des Parallelismus mit נֹעַר 14a ein – von den
Tiberern möglicherweise fehlerhaft vokalisiertes – Abstraktum mit einer Bedeutung im Bereich von „Jünglingsalter, Adoleszenz" vermutet;[58] demnach
hätte die Wurzel qdš eine semantische Entwicklung durchlaufen, an deren
Ende nicht die Prostitution stand, sondern eine bestimmte Altersstufe. Die
offene Frage nach den Ursachen des Wandels beantwortet Stark mit einer
fantasievollen Spekulation: קְדֵשִׁים „könnte … eine bestimmte, religiös konnotierte Lebensspanne meinen" (2006: 114), die in der Adoleszenz angesiedelt
war und hier das Alter abstecke, in dem die Ruchlosen sterben müssten. Für
diese Phase religiöser Weihe fehlt jedoch jeder Nachweis; Stark hat sie frei
erfunden, um ihre Generalthese zu retten. Die Argumentation erscheint wesentlich von dem Wunsch getrieben, einen unerwünschten Textbeleg zu relativieren.

Welche außerkultischen Aktivitäten mögen das wohl gewesen sein, die
den im spätnachexilischen Juda vertrauten Qedešen den Ruf eintrugen, unter
einer weit unterdurchschnittlichen Lebenserwartung zu leiden? Der Trend der
bisherigen Beobachtungen läuft geradewegs auf die traditionelle Antwort zu:
Sie waren homoerotische Prostituierte. Denn sexuelle Triebabfuhr gegen Bares
war damals wie heute ein überwiegend aus Alternativlosigkeit ergriffener
Elendsberuf (Am 7,17), und welche Vorstellungen vom Dasein eines Strichers
umliefen, veranschaulicht der Fluch über einen Lustknaben, den das akkadische Epos „Ištars Gang zur Unterwelt" überliefert hat:[59]

alka Aṣûšu-namir luzīrka izra rabâ
aklī epinnēt āli lū akalka
ḫabannāt āli lū maltītka
ṣilli dūri lū manzāzūka
askuppātu lū mūšabūka
šakru u ṣamû limḫaṣṣū lētka

---

57 Stark 2006: 109–114. *G** Jb 36,14b ἡ δὲ ζωὴ αὐτῶν τιτρωσκομένη ὑπὸ ἀγγέλων deutet בקדשים
    als בַּקְּדֵשִׁים* und verlangt ein verbales Prädikat, das in *MT* ausgefallen sein müsste und sich
    obendrein Rekonstruktionsversuchen per Rückübersetzung entzieht. Dies und die notorische
    Freizügigkeit des griechischen Hiobbuches nehmen der zitierten Variante den Beweiswert,
    zumal die übrigen antiken Wiedergaben die tiberische Vokalisation samt der im Folgenden
    bestätigten Interpretation stützen; vgl. die Zusammenstellung bei Stark 109–112.
58 So z.B. Dhorme 1926: 496; Fohrer 1989: 471; Zürcher Bibel 2007 („Jünglingsalter").
59 Z. 103–108 der ninivitischen Rezension; Text nach Borger 1994: 101.342.

In der Übersetzung von Haas (1999: 75):[60]

Auf, Aṣûšunamer, ich will dich verfluchen mit einem großen Fluch.
Die Brote der Saatpflüge der Stadt seien deine Kost,
aus den Abwasserröhren der Stadt (sollst du) dein Getränk (nehmen),
im Schatten der Mauer sei dein Aufenthaltsort,
die Türschwelle sei dein Sitzplatz,
der Betrunkene und der Durstige mögen deine Wange schlagen!

Der Passus bezeugt, welches Porträt der ordinären Alltagsprostitution in der Antike auf Einverständnis hoffen konnte. Danach blieben die Sexarbeiter,[61] von einem schmalen Edelsegment abgesehen, in einem verwahrlosten Getto gefangen, wo Entbehrung, Schmutz, Alkoholismus und Gewalt die Tagesordnung bestimmten. Von dort aus ist es nur ein kleiner Schritt, sich die erwartungsgemäßen gesundheitlichen Folgen auszumalen. Obwohl das Bild nur transkulturelle Erfahrungen mit Prostitution bestätigt, ist für unsere Zwecke gleichgültig, ob es eine realitätsnahe Milieuskizze oder ein bloßes literarisches Klischee transportiert. Es genügt, dass der Verfasser der Elihu-Reden – wollte man nicht für Israel völlig andere Verhältnisse behaupten – an einem solchen Image der Prostitution anknüpfen konnte. Wenn also überhaupt eine brauchbare Auskunft zu finden ist, warum man die Qedešen als Exempel der Kurzlebigkeit apostrophieren konnte, dann in diesen Zeilen. Nach der wahrscheinlichsten Lösung bezeichnet somit das substantivierte Adjektiv קָדֵשׁ in Jb 36,14 ebenso wie in Dtn 23,18 männliche Prostituierte. Wie dort spricht alles gegen einen kultischen Hintergrund; daher wird man das Lexem, wie am klarsten von Gen 38 bezeugt, als Etikett für Angehörige des normalen Straßenstrichs einstufen müssen, diesmal in der homosexuellen Variante.

3. Schlussfolgerungen

In jüngerer Zeit haben mehrere Arbeiten grundsätzliches Einvernehmen erzielt, dass die im AT wiederholt erwähnten Qedešen als Spezialisten für Riten wirkten, die im orthodoxen Jahwismus in Ungnade fielen. Deshalb sei nicht nur die traditionelle Erklärung der Qedešen als Kultprostituierte abzulehnen; vielmehr habe es überhaupt keinen regulären Konnex von Qedešentum und Prostitution gegeben. Der neuerliche Gang durch das Material schürt Zweifel am Fundament dieses Konsenses. Die vorgebrachten Argumente erwecken bisweilen den Eindruck, dass die rein kultische Interpretation der Qedešen eher

---

60 Vgl. auch Lambert 1992: 152.
61 Wie die weibliche Variante in Gilgameš VII 106–123 (Hecker 1997: 707f.; George 1999: 58; 2003: 638–641) illustriert, schrieb man diesem Porträt Gültigkeit für weite Bereiche der Prostitution zu. Vgl. Clines 2006: 815, der geneigt ist, den maskulinen Plural קְדֵשִׁים inklusiv auf Prostituierte überhaupt zu beziehen.

über einen strategischen Umweg propagiert wird, nämlich durch das Bestreben, für die verhandelten Alternativen unterschiedliche Beweisanforderungen zu etablieren. Denn während die Annahme, Qedešen hätten Prostitution betrieben, strengsten Maßstäben unterworfen wird, sollen zur Stützung der Gegenthese durchaus recht großzügige Postulate angängig sein; man denke etwa an die Spekulationen, Qedešen hätten als Standestracht einen Schleier getragen (Gen 38) oder eine spezielle, religiös qualifizierte Phase im Leben Heranwachsender repräsentiert (Jb 36,14); sogar nur mittelbar mit unserem Thema verzahnte Thesen wie die Deutungen des „Hundepreises" (Dtn 23,19) liefern Anschauungsmaterial. Dazu tritt die Bereitwilligkeit, anerkannte Kriterien zu suspendieren, sobald sie unwillkommene Resultate liefern; so wenn die Aussagekraft der benachbarten Anordnung von Paragrafen in einem Gesetzeskorpus (Dtn 23,18 neben V. 19) oder gar der Parallelität von Kola in einem Stichus (Hos 4,14) heruntergespielt wird. Eine solch eigenwillige Gewichtung der Indizien schadet der Glaubwürdigkeit. Folgt man den neueren Studien, müssten an nicht weniger als drei Stellen (Gen 38; Dtn 23,18; Hos 4,14) die Qedešen aus jeweils verschiedenen Gründen auf rein literarischem Wege in die schlechte Gesellschaft von Prostituierten geraten sein. Ob das nicht zu viel des Zufalls ist?

Nach den obigen Ergebnissen ist den Qedešen im AT ihr zwiespältiges Image nicht zu nehmen: Die Standesvertreter beider Geschlechter zeigen konstant Nähe entweder zum Kult oder zur Prostitution oder zu beidem. Schon ihr Name trägt religiöse Konnotationen. Am deutlichsten tritt ihre Janusköpfigkeit in Hos 4,14 hervor, wo weibliche Qedešen als Kultfunktionärinnen erscheinen, die der Prophet via Parallelismus mit dem Ruch gewerblicher Unzucht belastet, wobei der Kontext ein metaphorisches Verständnis nicht ermutigt. Hier ist der Verdacht nicht auszuräumen, dass kultisch tätige Qedešen der Prostitution nachgingen. Sollte dies zutreffen, lässt der Text freilich offen, ob man diesem Sektor ihrer Aktivitäten ebenfalls einen sakralen Charakter beimaß. Die Königsbücher kennen Qedešen zumindest mehrheitlich männlichen Geschlechts, die über den Ort ihrer Thematisierung (I Reg 14,24; 15,12; vgl. 22,47) bzw. ihre Lokalisierung am Jerusalemer Tempel (II Reg 23,7) der kultischen Sphäre zugerechnet werden; das Lob für ihre Bekämpfung verurteilt sie zudem als heterodox, doch über sexuelle Dienstleistungen verlautet nichts. Für Gen 38, Dtn 23,18[62] und Jb 36,14 sind Qedešen trotz ihres religiös besetzten Namens herkömmliche Prostituierte beiderlei Geschlechts. Gen 38 behandelt die weibliche Variante קְדֵשָׁה als gleichbedeutend mit זוֹנָה, während bei männlichen Prostituierten ungeklärt ist, ob neben קָדֵשׁ überhaupt alternative Ausdrucksweisen wie etwa כֶּלֶב gängig waren.

---

62 Der Vers gehört wie die Belege in Reg zum dtr Literaturbereich, setzt aber im Unterschied zu jenen bereits ein völlig profaniertes Berufsbild der Qedešen voraus. Er dürfte daher tatsächlich, wie häufig angenommen, eine jüngere literarische Ebene repräsentieren.

Der Befund ist kaum anders herzuleiten als mit der Annahme, dass die Berufsbezeichnung קָדֵשׁ in beiden Genera einen Bedeutungswandel durchlaufen hat. Laut der Wortwurzel waren bei den Qedešen sakrale Funktionen primär. Dazu passen die Belege in Hos 4,14 und den Königsbüchern, die den Stand dem kultischen Sektor zuordnen. Doch schon die wahrscheinlich älteste Erwähnung in Hos 4,14 spiegelt am ehesten eine sakral-sexuelle Doppelrolle. Aus dem Text geht allerdings nicht hervor, ob man die mutmaßlichen sexuellen Dienstleistungen als Ausschnitt der kultischen Aktivitäten betrachtete oder als separate, bloß in Personalunion ausgeübte Erwerbstätigkeit. Daneben stehen die Königsbücher, die die Qedešen als Vertreter heterodoxer Riten verurteilen, aber zur Frage sexueller Angebote schweigen. Ein besonders skandalöses Spezifikum wie Prostitution könnte indes begründen, warum gerade diese untergeordnete Kultdienerklasse zur namentlich identifizierten Zielscheibe atl. Kultpolemik aufstieg, obwohl es dafür doch prominentere Kandidaten gegeben haben dürfte.[63] Demgegenüber repräsentieren Gen 38, Dtn 23,18 und Jb 36,14 eine Sprachstufe des Hebräischen, in der das substantivierte Adjektiv für rein profane Prostituierte beider Geschlechter eintritt. Diese Tatsache ist nicht ohne Belang für die Frage, mit welchen Tätigkeitsfeldern bei den kultisch assoziierten Qedešen zu rechnen ist. Denn der Übergang des Namens auf herkömmliche Prostitution erklärt sich zwanglos, wenn bereits die liturgisch tätigen Qedešen diesem Gewerbe nachgingen.

Demnach bewährt sich die neuere Bestimmung der Qedešen als Gilde kultischer Spezialisten beiderlei Geschlechts insoweit, als dies die ursprüngliche Referenz des substantivierten Adjektivs gewesen sein dürfte. Nicht bestätigen ließen sich hingegen Thesen, wonach männliche und weibliche Qedešen in Israel verschiedene Funktionen ausübten[64] und der Stand keinen regelmäßigen Konnex zur Prostitution aufwies. Wann und warum die Qedešen solche Aktivitäten ergriffen, ist dem Quellenmaterial nicht zu entnehmen, doch zu dem Zeitpunkt, als sie in den Gesichtskreis atl. Autoren traten, gehörte die käufliche Sexualität wahrscheinlich bereits zu ihrem beruflichen Spektrum. Sie dürften damit im kulturellen Umfeld nicht isoliert dagestanden haben, denn nach vielfach geteiltem Urteil war dort die Prostitution in der Regie von Heiligtümern keine Unbekannte. Offen bleiben muss, ob die sexuellen Angebote der Qedešen in dieser Phase als Bestandteil ihrer sakralen Aufgaben begriffen wurden. In biblischer Zeit und wohl im Gefolge der Durchsetzung des orthodoxen Jahwismus verlor die Zunft ihre gottesdienstlichen Aufgaben und verlegte sich ganz auf die sexuelle Sparte, mit dem Ergebnis, dass ihr Name zu einer Bezeichnung für normale Prostituierte gerann. Trifft dies zu, erscheint die Hypothese weiterhin berechtigt, dass der Lebensstil der Qedešen ein

---

63 Mit Day 2004: 6.
64 Vgl. oben Anm. 32.

Hauptgrund für die Gegnerschaft seitens des amtlichen Jahwismus gewesen ist. Dass weitere heterodoxe Züge Anstoß erregten, liegt nahe, doch verweigert die Überlieferung hierzu die Auskünfte. Die sexuell aufgeladene Kultkritik im AT dürfte somit in den Qedešen eine realweltliche Inspirationsquelle gefunden haben.

Diese kleine Untersuchung berührt einige wenige Bereiche aus den vielen, um die sich Matthias Köckert in seiner Forschung verdient gemacht hat: neben den Erzelterngeschichten (Köckert 1988a; 2006) etwa Recht und Gesetz im AT (Köckert 2004; 2007) oder das Buch Hosea (Köckert 1988b). Sie möge den hoch geschätzten Kollegen zu seinem Ehrentag grüßen und ihm noch viele Jahre fruchtbarer Arbeit wünschen, in denen er unser Fach mit seinen sorgfältigen, abgewogenen und sprachlich geschliffenen Studien bereichern kann.

Literatur

ADLER GOODFRIEND, E. (1995): Could *keleb* in Deuteronomy 23:19 Actually Refer to a Canine?, in: Wright, D.P./Freedman, D.N./Hurvitz, A. (ed.), Pomegranates and Golden Bells. Studies in Biblical, Jewish, and Near Eastern Ritual, Law, and Literature in Honor of J. Milgrom, Winona Lake, 381–397.

BARSTAD, H.M. (1984): The Religious Polemics of Amos (VT.S 34), Leiden.

BIRD, PH.A. (1989/1997): The Harlot as Heroine. Narrative Art and Social Presupposition in Three Old Testament Texts, in: Amihai, M./Coats, G.W./Solomon, A.M. (ed.), Narrative Research on the Hebrew Bible (Semeia 46), Chico, 119–139; wiederveröffentlicht in: Dies., Missing Persons and Mistaken Identities. Women and Gender in Ancient Israel, Minneapolis 1997, 197–218 (danach zitiert).

–   (1997): The End of the Male Cult Prostitute. A Literary-Historical and Sociological Analysis of Hebrew Qades-Qadesim, in: Emerton, J.A. (ed.), Congress Volume Cambridge 1995 (VT.S 66), Leiden, 37–80.

BOECKER, H.J. (1997): Überlegungen zur „Geschichte Tamars" (Gen 38), in: Kessler, R./Ulrich, K./Schwantes, M./Stansell, G. (Hg.), „Ihr Völker alle, klatscht in die Hände!" (FS E. S. Gerstenberger; Exegese in unserer Zeit 3), Münster, 49–68.

BORGER, R. (1994): Babylonisch-assyrische Lesestücke (AnOr 54), 2., neubearb. Aufl., Rom.

BRENNER, A. (1985): The Israelite Woman. Social Role and Literary Type in Biblical Narrative (JSOT.SS 21), Sheffield.

–   (1993): On ‚Jeremiah' and the Poetics of (Prophetic?) Pornography, in: Brenner, A./van Dijk-Hemmes, F. (ed.), On Gendering Texts. Female and

Male Voices in the Hebrew Bible (Biblical Interpretation Series 1), Leiden, 177–193.

– (1996): Pornoprophetics Revisited: Some Additional Reflections, JSOT 70, 63–86.

BUDIN, ST. (2008): The Myth of Sacred Prostitution in Antiquity, Cambridge.

CLINES, D.J.A. (2006): Job 21–37 (WBC 18A), Nashville.

COOPER, J. (2006): Art. Prostitution, RLA 11, Lfg. 1/2, 12–21.

DA RIVA, R./FRAHM, E. (1999/2000): Šamaš-šumu-ukīn, die Herrin von Ninive und das babylonische Königssiegel, AfO 46/47, 156–182.

DAVIDSON, R.M. (2007): Flame of Yahweh. Sexuality in the Old Testament, Peabody.

DAY, J. (2004): Does the Old Testament Refer to Sacred Prostitution and Did it Actually Exist in Ancient Israel?, in: McCarthy, C./Healey, J.F. (ed.), Biblical and Near Eastern Essays (FS K. J. Cathcart; JSOT.SS 375), London/New York, 2–21.

DHORME, É. (1926): Le livre de Job (Études bibliques), Paris.

EBACH, J. (1996): Streiten mit Gott. Hiob, Teil 2: Hiob 21–42 (Kleine Biblische Bibliothek), Neukirchen-Vluyn.

– (2007): Genesis 37–50 (HThKAT), Freiburg/Basel/Wien.

EXUM, C. (1996): Prophetic Pornography, in: DIES., Plotted, Shot, and Painted. Cultural Representations of Biblical Women (Gender, Culture, Theory 3), Sheffield, 101–128.

FAUTH, W. (1988): Sakrale Prostitution im Vorderen Orient und im Mittelmeerraum, JAC 31, 24–39.

FOHRER, G. (1989): Das Buch Hiob (KAT 16), Gütersloh.

FREVEL, C. (1995): Aschera und der Ausschließlichkeitsanspruch YHWHs. Beiträge zu literarischen, religionsgeschichtlichen und ikonographischen Aspekten der Ascheradiskussion (BBB 94/1-2), 2 Bde., Weinheim.

– (2003): Altes Testament, in: Frevel, C./Wischmeyer, O., Menschsein (Neue Echter Bibel Themen 11), Würzburg, 7–60.

– (2006): Art. Sexualität, in: Berlejung, A./Frevel, C. (Hg.), Handbuch theologischer Grundbegriffe zum Alten und Neuen Testament, Darmstadt, 367–370.

GEORGE, A.R. (1999): The Epic of Gilgamesh. The Babylonian Epic Poem and Other Texts in Akkadian and Sumerian (Penguin Classics), London.

– (2003): The Babylonian Gilgamesh Epic. Introduction, Critical Edition and Cuneiform Texts, Oxford.

GRUBER, M.I. (1992): The Hebrew qedešah and Her Canaanite and Akkadian Cognates, in: DERS., The Motherhood of God and Other Studies (South Florida Studies in the History of Judaism 57), Atlanta (= UF 18 [1986] 133–147).

HAAS, V. (1999): Babylonischer Liebesgarten. Erotik und Sexualität im Alten Orient, München.

HECKER, K. (1997): Das akkadische Gilgamesch-Epos, in: Kaiser, O. (Hg.), Texte aus der Umwelt des Alten Testaments III: Weisheitstexte, Mythen und Epen, Gütersloh, 646–744.

HOFFMANN, H.-D. (1980): Reform und Reformen. Untersuchungen zu einem Grundthema der deuteronomistischen Geschichtsschreibung (AThANT 66), Zürich.

JASTROW, M. (1903): A Dictionary of the Targumim, the Talmud Babli and Yerushalmi, and the Midrashic Literature, 2 Bde., Philadelphia.

JENNI, E. (1992): Die hebräischen Präpositionen. Bd. 1: Die Präposition Beth, Stuttgart.

KEEL, O. (2007): Die Geschichte Jerusalems und die Entstehung des Monotheismus, 2 Bde. (Orte und Landschaften der Bibel IV.1), Göttingen.

KÖCKERT, M. (1988a): Vätergott und Väterverheißungen. Eine Auseinandersetzung mit Albrecht Alt und seinen Erben (FRLANT 142), Göttingen.

– (1988b): Prophetie und Geschichte im Hoseabuch, ZThK 85, 3–30.

– (2004): Leben in Gottes Gegenwart. Studien zum Verständnis des Gesetzes im Alten Testament (FAT 43), Tübingen.

– (2006): Die Geschichte der Abrahamüberlieferung, in: Lemaire, A. (ed.), Congress Volume Leiden 2004 (VT.S 109), Leiden, 103–128.

– (2007): Die Zehn Gebote (Beck'sche Reihe: Wissen 2430), München.

KRATZ, R.G. (2006): Art. Heiligkeit, in: Berlejung, A./Frevel, C. (Hg.), Handbuch theologischer Grundbegriffe zum Alten und Neuen Testament, Darmstadt, 242f.

LAMBERT, W.G. (1992): Prostitution, in: Haas, V. (Hg.), Außenseiter und Randgruppen. Beiträge zu einer Sozialgeschichte des Alten Orients (Xenia 32), Konstanz, 127–161.

MAIBERGER, P. (1995): Art. Hund, NBL II, Zürich/Düsseldorf, 203f.

MURMELSTEIN, B. (1969): Spuren altorientalischer Einflüsse im rabbinischen Schrifttum. Die Spinnerinnen des Schicksals, ZAW 81, 215–232.

ODEN, R. A. (1987): The Bible without Theology. The Theological Traditions and Alternatives to it, San Francisco.

RADNER, K. (1997): Die neuassyrischen Privatrechtsurkunden als Quelle für Mensch und Umwelt (State Archives of Assyria Studies 6), Helsinki.

RENZ, J. (1995): Die althebräischen Inschriften. Teil 1: Text und Kommentar = Renz, J./Röllig, W., Handbuch der althebräischen Epigraphik Bd. I, Darmstadt.

ROSE, M. (1994): 5. Mose, 2 Bde. (ZüBiK.AT 5), Zürich.

RUBIO, G. (1999): ¿Vírgenes o meretrices? La prostitución sagrada en el Oriente antiguo, Gerión 17, 129–148.

SCHÄFER-BOSSERT, S. (1997): Sex and crime in Genesis 38. Eine exegetische Auseinandersetzung mit der „Schuld der Tamar", in: Kessler, R./Ulrich, K./Schwantes, M. /Stansell, G. (Hg.), „Ihr Völker alle, klatscht in die Hände!" (FS E. S. Gerstenberger; Exegese in unserer Zeit 3), Münster, 69–94.

SCHÄFER-LICHTENBERGER, C. (1995): JHWH, Hosea und die drei Frauen im Hoseabuch, EvTh 55, 114–140.

SCHULER, E. VON (1985): Hethitische Rechtsbücher, in: Kaiser, O. (Hg.), Texte aus der Umwelt des Alten Testaments I: Rechts- und Wirtschaftsurkunden. Historisch-chronologische Texte, Gütersloh, 96–123.

STARK, C. (2006): «Kultprostitution» im Alten Testament? Die *Qedeschen* der Hebräischen Bibel und das Motiv der Hurerei (OBO 221), Fribourg/Göttingen.

STRAUß, H. (2000): Hiob. 2. Teilband: 19,1–42,17 (BK.AT 16/2), Neukirchen-Vluyn.

TANRET, M./VAN LERBERGHE, K. (1993): Rituals and Profits in the UR-UTU Archive, in: Quaegebeur, J. (ed.), Ritual and Sacrifice in the Ancient Near East (Orientalia Lovaniensa Analecta 55), Leuven, 439–449.

TIGAY, J.H. (1996): Deuteronomy. The traditional Hebrew text with the new JPS translation (The JPS Torah commentary 5), Philadelphia.

ULSHÖFER, A.M. (1995): Eine mehrfach gekittete Scherbe – und die verführerische Phantasie. Anmerkungen zu Gernot Wilhelm, „Marginalien zu Herodot, Klio 199", WuD 23, 63–70.

– (1998): Bibel, Babel und Herodot. Ein Beispiel für das Überleben alter Vorurteile gegen Fremde, in: Preissler, H./Stein, H. (Hg.), Annäherung an das Fremde. XXVI. Deutscher Orientalistentag vom 25. bis 29. 9. 1995 in Leipzig (ZDMG.S 9), Stuttgart, 104–112.

VAN DER TOORN, K. (1995): The Significance of the Veil in the Ancient Near East, in: Wright, D.P./Freedman, D.N./Hurvitz, A. (ed.), Pomegranates and Golden Bells. Studies in Biblical, Jewish, and Near Eastern Ritual, Law, and Literature in Honor of J. Milgrom, Winona Lake, 327–339.

WACKER, M.-TH. (1991): Art. Dirne, NBL I, 434.

– (2001): Art. Prostitution, NBL III, 201–203.

WEBER, M. (2005): Das antike Judentum, in: Otto, E. (Hg.), Max Weber. Die Wirtschaftsethik der Weltreligionen. Das antike Judentum. Schriften und Reden 1911–1920 (Max Weber Gesamtausgabe I 21/1), Tübingen, 234–606.

WESTENHOLZ, J.G. (1995): Heilige Hochzeit und kultische Prostitution im Alten Mesopotamien. Sexuelle Vereinigung im sakralen Raum?, WuD 23, 43–62.

WILHELM, G. (1990): Marginalien zu Herodot Klio 199, in: Abusch, T./ Huehnergard, J./Steinkeller, P. (ed.), Lingering over Words (FS W. L. Moran; HSM 37), Atlanta, 505–524.

WÜRTHWEIN, E. (1984): Die Bücher der Könige. 1. Kön. 17 – 2. Kön. 25 (ATD 11/2), Göttingen.

Erzvätergeschichte und Exodusgeschichte als konkurrierende Ursprungslegenden Israels – ein Irrweg der Pentateuchforschung

Hans-Christoph Schmitt
Erlangen-Nürnberg

In seinem Vortrag auf dem IOSOT-Kongress von 2004 in Leiden über „Die Geschichte der Abrahamüberlieferung" hat der Jubilar auf zwei Erkenntnisse hingewiesen, die sich ihm bei seinen Forschungen zur Abrahamtradition ergeben haben: Zum einen, dass im Zusammenhang der Pentateuchentstehung stärker als bisher mit Fortschreibungsprozessen gerechnet werden müsse, wobei besonders an nachpriesterschriftliche Fortschreibungen zu denken sei. Zum andern, dass es sich bei der Erzväterüberlieferung und bei der Exodusüberlieferung um noch in der Exilszeit literarisch unverbundene Ursprungslegenden Israels gehandelt habe.[1] Dabei macht Matthias Köckert allerdings gleichzeitig darauf aufmerksam, dass eine solche literarische Selbständigkeit nicht unbedingt auch Konkurrenz der Ursprungslegenden bedeuten muss.[2]

Im Folgenden soll die Jakob-, Josef- und Exodusdarstellung von Gen 25 – Ex 14 daraufhin durchgesehen werden, inwieweit sich an ihnen die Beobachtungen des Jubilars bestätigen. Zu fragen ist zunächst, inwieweit in exilisch-nachexilischer Zeit Erzväter- und Exodusüberlieferung noch als konkurrierende Traditionen verstanden wurden, wobei wir nach dem Vorbild des Leidener Vortrags des Jubilars einen Umweg[3] machen und zunächst das Verhältnis von Erzväter- und Exodustradition in der *prophetischen* Überlieferung betrachten wollen. Danach sollen die literarischen Verbindungen zwischen der Exodusdarstellung von Ex 1–14 und der Erzväterdarstellung geklärt werden. Dabei bestätigt sich zunächst die eingangs zitierte Beobachtung von Matthias Köckert, dass ein Großteil der literarischen Verbindungen zwischen Ex 1–14 und der Erzvätergeschichte erst auf nachpriesterschriftliche Fortschreibungen zurückgeht. Befragt werden sollen diese literarischen

---

1 Köckert 2006: 127f. Für die These von der vorexilischen literarischen Selbständigkeit von Erzväter- und Exodusüberlieferung verweist Köckert u.a. auf de Pury 1991; Römer 1999: 568–575; Schmid 1999. Vgl. auch Gertz 2000; Otto 2007: 115.

2 Köckert 2006: 128 Anm. 88. Köckert verweist hier auf „das im Staatskult des Nordreichs gepflegte Exodusbekenntnis neben der gleichfalls im Norden beheimateten Jakobüberlieferung".

3 Köckert 2006: 103 mit 103–114.

Verbindungen in der Priesterschrift und in nachpriesterschriftlichen Schichten vor
allem danach, ob sie noch erkennen lassen, dass hier konkurrierende Traditionen
verbunden werden oder ob sie die Verbindung von Erzväter- und Exodusdarstellung
bereits als selbstverständlich voraussetzen. In den letzten Teilen des Aufsatzes soll
schließlich untersucht werden, ob auch schon in den vorpriesterschriftlichen
Schichten von Gen 25 – Ex 14* eine Verbindung zwischen Vätergeschichte und
Exodusgeschichte zu belegen ist.

I. Konkurrenz zwischen Väter- und Exodustradition
in der prophetischen Überlieferung?

Wir setzen ein mit der in der neueren Forschung vertretenen These,[4] dass einige
Texte der Prophetenbücher eine noch in exilisch-nachexilischer Zeit bestehende
Konkurrenz zwischen Väter- und Exodusüberlieferung belegen und von daher
dagegen sprechen, dass Exodus- und Erzväterdarstellung bereits vorpriesterschriftlich miteinander verbunden waren.

Von besonderer Bedeutung ist in diesem Zusammenhang die Aussage über
Abraham von Ez 33,24: „Ein einzelner war Abraham, und er besaß das Land. Wir
aber sind viele, uns ist das Land zum Besitz gegeben."[5] Mit dieser Aussage erhebt
im jetzigen Kontext von Ez 33,23–29 die nichtexilierte judäische Bevölkerung
unter Berufung auf Abraham Anspruch auf das Land. Nach Konrad Schmid[6] zeigt
nun die Polemik des golaorientierten und die Exodustradition betonenden
Ezechielbuches gegen diesen Anspruch in Ez 33,23–29, dass hier die beiden Ursprungstraditionen Israels von Erzvätern und Exodus in Konkurrenz zueinander
stehen.

Allerdings gehört der sich auf die Abrahamüberlieferung berufende Spruch
von Ez 33,24 nicht ursprünglich in den vorliegenden Kontext, wie vor allem Karl-
Friedrich Pohlmann[7] gezeigt hat. Ohne den Kontext von Ez 33,23–29 deutet der
Einzelspruch Ez 33,24 nämlich in keiner Weise eine Konkurrenzsituation
gegenüber der Gola und deren Exodustheologie an. Vielmehr steht hier wohl die
Frage der nach der Eroberung durch die Babylonier verbliebenen Restbe-
wohnerschaft des Landes Juda im Hintergrund, „wem das Land nun zufällt, ob das
Land gar endgültig verloren geht". Auf eine solche Frage hin wird in Ez 33,24
darauf verwiesen, dass das Land wie einst dem Abraham so auch jetzt „als von
Jahwe zugestandene und somit unverlierbare Existenzgrundlage verbleibt".[8]

---

4   Vgl. die in Anm. 1 genannten Arbeiten.
5   Übersetzung nach Köckert 2006: 104.
6   Schmid 1999: 88f. Vgl. hierzu auch Van Seters 1992: 239f.
7   Pohlmann 2001: 454f. Vgl. ähnlich Blum 1984: 295f.
8   Pohlmann 2001: 454f.

Auch Matthias Köckert[9] betont die ursprüngliche Eigenständigkeit dieses wohl ältesten Hinweises auf Abraham außerhalb des Pentateuch. Trotzdem will er dem Spruch eine Abrahamtradition entnehmen, die mit einem autochthonen Ursprung Abrahams rechnet: Jene Judäer sähen „in ihrem Ahn Abraham, ihrem eigenen Selbstverständnis gemäß, eine autochthone Gestalt. Als erster Einwanderer würde er der Argumentation die Pointe verderben".[10] Doch ist dieses Argument nur im *Kontext* von Ez 33, 23–29 gültig. Im ursprünglichen Spruch weist dagegen nichts auf ein Verständnis Abrahams als einer autochthonen Gestalt hin. Vielmehr deutet die Aussage, dass das Land zum Besitz *gegeben* ist, doch wohl darauf hin, dass Abraham von außen kam und ihm dann von Gott[11] das Land verliehen wurde.[12] Auch wenn Köckert Recht hat, dass dem Spruch nicht unbedingt eine Landverheißung[13] an Abraham zu entnehmen ist,[14] so wird in ihm doch vorausgesetzt, dass das Land von Gott dem Abraham gegeben wurde. Abraham ist hier somit *nicht* als Ureinwohner von Juda gedacht.[15]

Dass das Ezechielbuch nicht mit einer autochthonen Herkunft der Erzväter rechnet, zeigt sich auch an seinem Verständnis von Jakob. Sowohl in Ez 28,25 als auch in Ez 37,25 wird davon gesprochen, dass Gott seinem Knecht Jakob das Land gegeben habe und es daher auch den Exulanten wieder geben werde.[16]

Im Deuterojesajabuch sind ebenfalls Jakob und Abraham Repräsentanten auch der Exulanten , worauf Köckert[17] anhand von Jes 41,8–13 und Jes 51,1–3 hinweist.[18] Insofern kann auch hier nicht mit der Vorstellung von Abraham und Jakob als Ureinwohnern Judas bzw. Israels gerechnet werden.

---

9   Köckert 2006: 104f.

10 Köckert 2006: 106.

11 Vgl. Blum 1984: 296, der das Passiv von „uns ist das Land gegeben" zu Recht als *passivum divinum* versteht.

12 In die gleiche Richtung weist auch die Bedeutung von yrš in Ez 33,24: Zwar kann hier *yrš* mit „besitzen" wiedergegeben werden (Römer 1999: 514, vgl. auch Lohfink 1982: 953–985, 959), doch hat Lohfink (ebd. 958) zu Recht darauf hingewiesen, dass als Normalübersetzung von *yrš* anzunehmen ist: „die im Objekt bezeichnete Sache in Besitz nehmen". Diese Grundbedeutung spricht nicht dafür, dass mit *yrš* ein von Anfang an bestehendes Besitzen zum Ausdruck gebracht wird.

13 Für die Annahme, dass Ez 33,24 Väter*verheißungen* voraussetzt, vgl. Blum 1984: 296.

14 Vgl. Köckert 1988: 243; ders., 2006: 106, und auch Van Seters 1992: 239f.

15 Die Betonung, dass Abraham ein einzelner war, spielt wohl auf die auch in Jes 51,2b vorausgesetzte Tradition von einer Mehrung Abrahams an (vgl. zu Jes 51,1–8 Köckert 2006: 107–110).

16 Vgl. Pohlmann 2001: 397f. 504f. Bei Ez 28,25f. handelt es sich allerdings um ein relativ junges Heilswort der ezechielischen Überlieferung (vgl. Fechter 1992: 274–281).

17 Köckert 2006: 107–113.

18 Ebenso zeigt sich auch bei Jer 30f., dass hier bereits die Exulanten mit „Jakob" bzw. „Ephraim" bezeichnet werden können (vgl. 30,10f. ; 31,7–9). Anders noch in Jer 30,5–7.18–21*; 31,18–20*, wo mit „Jakob/Ephraim" die im Lande verbliebene Bevölkerung gemeint ist. Vgl. dazu Schmid 1996: 164–174, und auch Wanke 2003: 271–289.

Anhand der prophetischen Überlieferung der exilisch-nachexilischen Zeit ist somit die These, dass die Erzvätertradition eine Ursprungslegende Israels bildet, die die Verwurzelung der Väter Israels im Lande und damit einen autochthonen Ursprung Israels herausstellen will, nicht zu belegen. Somit ist auch die damit verbundene These nicht zu verifizieren, dass sich die Exulanten ausschließlich auf die Exodustradition berufen hätten, während die nichtexilierte Landbevölkerung ausschließlich auf die Ursprungslegende der Erzväterüberlieferung Bezug nahm.

Zu fragen bleibt schließlich, inwieweit in Hos 12 noch eine *vorexilische* Vorstellung von Jakob vorliegt, in der er als Repräsentant eines autochthonen Israel verstanden ist. So hat Albert de Pury[19] die Auffassung vertreten, dass bei Hosea (bzw. seinen Tradenten) in Hos 12,13–14 („Jakob floh ins Gebiet von Aram, Israel diente um eine Frau, um eine Frau hütete er. Aber durch einen Propheten führte Jahwe Israel aus Ägypten herauf, und durch einen Propheten wurde es gehütet") noch ein sich gegenseitig ausschließendes Konkurrenzverhältnis zwischen Väter- und Exodustradition bezeugt sei. Hinter der Jakobtradition mit der Betonung der Frauen Jakobs als Mütter des Volkes Israel stände ein genealogisches Denken,[20] während mit dem Exodus ein prophetisches Israelverständnis verbunden sei. Diese gegensätzlichen Konzeptionen lassen es nach de Pury unwahrscheinlich erscheinen, dass damals Jakob- und Moseüberlieferung bereits in einer heilsgeschichtlichen Synthese miteinander verbunden gewesen wären.

Eine genaue Analyse der Hoseatradition bestätigt jedoch die Auffassung von Matthias Köckert, dass hier keine Konkurrenzsituation zwischen der Jakob- und der Exodustradition vorliegt. Bei der Gegenüberstellung von Hos 12,13f. geht es nämlich nicht um eine Konkurrenz zwischen den beiden genannten Traditionen, sondern vielmehr darum, dass dem zur Knechtschaft führenden Handeln Jakobs das Israel befreiende Handeln Jahwes durch seinen Propheten entgegengestellt wird (vgl. in gleichem Sinne den positiven Bezug von Hos 12,5 auf das in der Jakobtradition berichtete Handeln Gottes).[21] Bestätigt wird dieses Verständnis durch die Stellung, die in Hos 4–11* zum Exodus und zur Bethel-Jakob-Tradition eingenommen wird. Hier wird nämlich nicht nur die Bethel-Jakob-Tradition kritisiert, sondern auch die Exodustradition revoziert[22] (vgl. Hos 8,13; 9,3; 11,5).[23] Wie die alttestamentliche Prophetie auch sonst[24] kritisiert auch die Hosea-

---

19 de Pury 1991: 88–93.

20 Dieses mit Jakob verbundene genealogische Israelverständnis von Hos 12,13 bezieht sich hier allerdings nicht auf einen autochthonen Ursprung Israels. Jakob ist hier nicht als Repräsentant eines Israel, das immer im Lande geblieben ist, dargestellt („Jakob floh ins Gebiet von Aram").

21 Vgl. Schmitt 2001f.: 154–188, 169–173; auch Jeremias 1983: 153–157.

22 Vgl. Jeremias 1983: 142f.; auch Schmid 1999: 84.

23 Vgl. Schmid 1999: 84, der zwar auf die gleichzeitige Revozierung des Exodus *und* der Bethel/Jakob-Tradition in Hos 4–11* verweist, allerdings der Meinung ist, dass demgegenüber in Hos 12 eine jüngere Schicht vorliege, in der die Hoseatradenten die auf den Propheten Mose bezogene Exodusüberlieferung positiv beurteilen und sie in Konkurrenz zur Jakobtradition sehen.

überlieferung hier sowohl beim Exodus als auch bei Jakob[25] offensichtlich im Nordreich allgemein anerkannte Traditionen. Aus der Hoseaüberlieferung ist somit ein Konkurrenzverhältnis zwischen Exodustradition und Jakobtradition nicht zu belegen.[26] Eine zumindest *traditionsgeschichtliche* Verbindung von Jakob und Exodus kann somit für die Zeit Hoseas nicht ausgeschlossen werden. Im Folgenden wird nun zu klären sein, wann es zu einer *literarischen* Verbindung von Vätergeschichte und Exodusgeschichte kam.

II. Priesterschriftliche und nachpriesterschriftliche Brückentexte zwischen Exodus und Genesis

Dass in der Exilszeit bzw. in der frühen Nachexilszeit Exodus- und Väterüberlieferung auch bereits *literarisch* verbunden waren, dafür sprechen nun die einschlägigen Pentateuchbefunde. Wir betrachten zunächst, wie in der Priesterschrift Vätergeschichte und Exodusgeschichte aufeinander bezogen wurden und inwieweit es dabei Anzeichen gibt, dass hier eine Synthese zweier bisher unverbundener Überlieferungen vorgenommen wurde. Unter dem gleichen Gesichtspunkt sollen dann auch die *nach*priesterschriftlichen Verbindungen zwischen Erzvätern und Exodus untersucht werden.

Wir beginnen mit den Brückentexten zwischen Erzvätern und Exodus, die üblicherweise der *Priesterschrift* zugewiesen werden. Am Beginn des Exodusbuches wiederholt Ex 1,1–4.5b[27] die Namen der 12 Jakobsöhne, wie sie bereits in der priesterschriftlichen Jakobgeschichte in Gen 35,22b–26 aufgeführt worden sind: Genannt werden sie in der gleichen Reihenfolge wie in der Genesis, nur auf Josef, der bereits in Ägypten war, wird hier erst am Schluss hingewiesen. Des Weiteren nimmt die priesterschriftliche Moseberufungserzählung in Ex 6,3 darauf Bezug, dass in der priesterschriftlichen Erzväterdarstellung – anders als in der priesterschriftlichen Urgeschichte – Gott den Vätern als El Schaddaj erschienen ist (vgl. Gen 17,1; 35,11; auch 28,3). Noch enger sind die Beziehungen in die Genesis bei Ex 1,7:[28]

Allerdings liegt in Hos 12 keine andere Bewertung der Mose-/Exodus-Tradition als in Hos 4–11* vor. In beiden Textbereichen geht es nämlich primär um eine positive Beurteilung der Prophetie, als deren wichtigster Vertreter Mose gedacht ist (vgl. Hos 12,14 mit 6,5 und dazu Jeremias 1983: 87).

24   Vgl. den Hinweis von Schmid 1999: 82, dass man in der prophetischen Überlieferung mit „kritischer Infragestellung der Tradition durch die Prophetie" zu rechnen habe.

25   Jeremias 1983: 157 spricht hier von der „Freiheit des Propheten im Umgang mit der ehrwürdigen Vätertradition".

26   Gegen ein Konkurrenzverhältnis zwischen einer genealogisch denkenden Jakobtradition und der Exodustradition in Hos 12,13f. auch Bons 1996: 157–159, und vor allem auch Blum 2002: 122f.

27   Zur Zuweisung an P^G vgl. zuletzt L. Schmidt 2006b: 122f. Anders Gertz 2000: 354–357: Zuweisung an einen nachpriesterschriftlichen Redaktor.

28   Vgl. zu seiner Zugehörigkeit zu P^G Gertz 2000: 352f., auch W.H. Schmidt 1988: 11f., und L. Schmidt 2006b: 122f., die beide damit rechnen, dass „und sie wurden stark" in V. 7a vielleicht sekundär ist. Gegen Zugehörigkeit zu P vgl. allerdings Levin 1993: 315, und Kratz 2000: 243.

Dass die Israeliten fruchtbar waren (*prh*) und sich mehrten (*rbh*), ist dargestellt als Erfüllung der Verheißung des priesterschriftlichen Abrahambundes (Gen 17,2.6; auch 28,3; 35,11) und gleichzeitig als Erfüllung des Schöpfungssegens von Gen 1,22.28; 9,1. Auf den priesterschriftlichen Abrahambund von Gen 17 – der in engem Zusammenhang mit dem Noahbund der priesterschriftlichen Urgeschichte von Gen 9, 1–17 zu verstehen ist – nimmt des Weiteren der allgemein der Priesterschrift zugeschriebene Text Ex 2,23aß–25 Bezug: Ex 2,24 weist – ähnlich wie in der priesterschriftlichen Sintflutgeschichte Gen 8, – darauf hin, dass Gott seines Bundes mit Abraham, Isaak und Jakob „gedenkt" (vgl. auch Gen 9,15f.). Hierbei zeigt sich, dass das primäre Interesse der P^G in der Verbindung der Mosezeit mit der Urgeschichte besteht. Dies spricht nicht gerade dafür, dass P^G seine Haupt-aufgabe darin gesehen hätte, erstmals Vätertradition und Exodustradition mitein-ander in Beziehung zu setzen. Vielmehr legt es sich nahe, dass P^G die Verbindung von Erz-vätern und Exodus schon vorgegeben war, worauf bereits Reinhard G. Kratz hingewiesen hat.[29]

Gleiches ergibt sich bei den *nachpriesterschriftlichen Fortschreibungen.* Auch hier ist primäres Interesse nicht die Vermittlung zwischen Erzväter- und Exodus-tradition. Vielmehr sind diese Texte speziell auf einen gemeinsamen Horizont von Pentateuch und Deuteronomistischem Geschichtswerk ausgerichtet, d.h. an einer Reflexion von Väter- und Exodusgeschichte im Rahmen eines Enneateuch. Das gilt zunächst für die Brückenverse zwischen Genesis und Exodus in Gen 50,24–26* und Ex 1,6.8.[30] In Ex 1,6.8 („Und Josef starb und alle seine Brüder und jenes gan-ze Geschlecht. Da erstand ein neuer König über Ägypten, der nichts von Josef wusste.") liegt das gleiche literarische Schema zur Herstellung eines Übergangs zwischen Geschichtsperioden wie beim spätdeuteronomistischen Beginn des Rich-terbuches in Jdc 2.8a.10[31] („Und Josua ... starb. Als nun auch jenes ganze Ge-schlecht zu seinen Vätern versammelt war, kam nach ihm ein anderes Geschlecht auf, das von Jahwe nichts wusste ...") vor.[32]

Ebenso erweist sich die Ex 4,1–9.31; 14,31 bestimmende „Glaubens"-The-matik als typisch für eine nachpriesterschriftliche Redaktionsschicht, die Penta-teuch und Deuteronomistisches Geschichtswerk verbinden will.[33] Das Thema des

---

29 So Kratz 2000: 284.286.
30 Vgl. hierzu Schmitt 2001e: 296–298 (zu den Übereinstimmungen zwischen Ex 1,8 und Jdc 2,6–10 vgl. schon Vriezen 1967: 336–338; Schmitt 1980: 124–127; Blum 1990: 102f.; jedoch auch Ger-hards 2006: 64–65). – Gegen eine nachpriesterschriftliche Ansetzung von Ex 1.6.8–9 vgl. allerdings Carr 2001: 291–293, und ders. 2006: 172–175.
31 Zum spätdeuteronomistischen Charakter von Jdc 2,6ff.* vgl. Nentel 2000: 108f.
32 Auf diese nachpriesterschriftliche spätdeuteronomistische Schicht dürften auch die Beziehungen zwischen Vätergeschichte in Gen 33,19; 35,1–7*; 50,24–26, Exodusgeschichte in Ex 13,17–19* und Deuteronomistischem Geschichtswerk in Jos 24,19–24.26*.31–32 und I Sam 7,3f. zurückzuführen sein (vgl. hierbei besonders den enneateuchischen Horizont der Aufforderung *hsrw 't 'lhy hnkr* in Gen 35,2b; Jos 24,2 und I Sam 7,3f.). Vgl. hierzu Nentel 2000: 107f.122–125.
33 Vgl. hierzu auch Schmitt 2001d: 285–287.

„Glaubens" an die Wundermacht des Schöpfers Jahwe stellt dabei nicht nur eine Beziehung zwischen Erzvätergeschichte (Gen 15, 6)[34] und Exodusgeschichte her, sondern nimmt auch für die Sinaigeschichte (Ex 19, 9) und die Wüstenwanderungs- und Landnahmegeschichte (Num 14,11b; 20,12) eine strukturgebende Funktion wahr.[35] Wichtig ist allerdings, dass diese strukturierende Funktion der Glaubens- thematik nicht auf die ersten vier Mosebücher beschränkt ist, sondern sich im Deuteronomistischen Geschichtswerk fortsetzt. In den Zusammenhang einer Tetra- teuch und Deuteronomistisches Geschichtswerk übergreifenden Schicht weisen zunächst die beiden Belege für die „Glaubensthematik" im Deuteronomium (Dtn 1,32[36] und 9,23).[37] Zielpunkt ist aber II Reg 17, das den Untergang der israelitischen Staaten damit begründet, dass die Väter Israels die Völker nachgeahmt, Götzen- dienst getrieben und nicht an die Macht und die Verheißung Jahwes „geglaubt" (17,14) haben.[38] So ist sowohl in II Reg 17* als auch in Gen 15 (vgl. V. 6.19–21) in dieser spätdeuteronomistischen Schicht das Thema der Gefährdung Israels durch die es umgebenden Völker bereits mit dem Thema „Glaube an die Verheißung und Wundermacht Jahwes" verbunden.

Auf diese nachpriesterschriftliche Fortschreibung gehen daher wohl auch die mit entsprechenden theologischen Aussagen verbundenen Listen der palästinischen Urvölker in Ex 3,8.17;[39] 13,5 zurück, wie sie ähnlich in Gen 15,19–21; Ex 23,23.28; 33,2; 34.11; Num 13,29 und in Dtn 7,1; 20,17; Jos 3,10; 9,1; 11,3; 12,8;

---

34 Zur nachpriesterschriftlichen Ansetzung von Gen 15 vgl. Köckert 2006: 127, und auch schon ders., 1988: 204–247; Schmid 1999: 172–186. Anders Gertz 2002a: 63–82, der nur den Geschichtsvorblick Gen 15,11.13–16 für nachpriesterschriftlich hält. Vgl. dagegen jedoch L. Schmidt 2006a: 251–267, nach dem schon die Grundschicht in Gen 15,7–11.17–18 der nach- priesterschriftlichen Pentateuchredaktion zugewiesen werden muss, während 15,1–6*.12–16.19– 21 auf einen späteren nachpriesterschriftlichen Bearbeiter zurückzuführen sind. Jedenfalls ist schon in der Grundschicht von Gen 15 (vgl. besonders 15,7) eine „*Konkurrenz* zum heils- geschichtlichen Entwurf der nichtpriesterschriftlichen Exoduserzählung" (so Gertz 81) nicht zu erkennen.

35 Vgl. zu den genannten Belegstellen Schmitt 2001g: 224–233.

36 Vgl. Rose 1994: 477–478. Anders Veijola 2004: 31–33, der Dtn 1,32 DtrH zuordnet, dabei allerdings unberücksichtigt lässt, dass nach seiner eigenen literarischen Analyse schon in Num 13f.* die Glaubensthematik (Num 14,11b) erst in der nachpriesterschriftlichen Pentateuchredaktionsschicht vorkommt.

37 Dtn 9,7–10,11* ist nach Rose 1994: 307, insgesamt der spätdeuteronomistischen Schicht zuzuordnen. (vgl. auch Schmitt 2001c: 316–319). Allerdings kann man mit Veijola 2004: 224–226.238f. hier durchaus mit mehreren spätdeuteronomistischen Händen rechnen und 9,7–8*.22–24 einer relativ späten spätdeuteronomistischen Hand zuweisen.

38 Vgl. zum literarhistorischen und theologischen Verständnis von II Reg 17,13–20 Würthwein 1984: 396–397.

39 Zur Zuordnung von 3,7f.16f. zur nachpriesterschriftlichen Endredaktion vgl. u.a. Witte 1998: 277–279, der auf Zusammenhänge von Ex 3,16–18 mit dem Endredaktor von Gen 1–11* hinweist, auch Achenbach 2003: 254 (Achenbach ordnet Ex 3,16.18 seiner Hexateuchredaktion zu). Anders Gertz 2000: 295.297.299, der im Kernbestand von 3,16f. eine vorexilische Schicht meint erkennen zu können.

24,11; Jdc 3,5 und I Reg 9,20 vorliegen.[40] Dabei steht auch hier wieder nicht die Vermittlung von Exodus und Vätergeschichte, sondern die von Tetrateuch und Deuteronomistischem Geschichtswerk im Mittelpunkt.

Dies alles bestätigt den an der prophetischen Überlieferung gewonnenen Eindruck, dass in exilisch-nachexilischer Zeit Väter- und Exodustradition nicht mehr als zwei konkurrierende Traditionen, die erst durch die Redaktoren des Pentateuch miteinander hätten vermittelt werden müssen, empfunden wurden. Es legt sich vielmehr nahe, dass diese Vermittlung bereits in vorexilischer Zeit geschehen ist, so dass den Verfassern der exilisch-nachexilischen Pentateuchschichten der Zusammenhang von Erzvätern und Exodus bereits als selbstverständlich vorgegeben war.

III. Die vorpriesterschriftliche Schicht von Gen Ex 1f.f*

Inwieweit es Anzeichen für ein solches *vorpriesterschriftliches* Zusammenwachsen von Erzväter- und Exodusgeschichte gibt, soll im Folgenden untersucht werden.[41] Zunächst ist jedoch zu klären, welche Teile der Jugend- und Berufungsgeschichte des Mose zu der vorpriesterschriftlichen Exodusgeschichte gehören.

1. Bei *Exodus 1* dürften mit Jan Christian Gertz[42] wohl 1,11–12.15–22* die ursprüngliche Einleitung von Ex 2,1ff. bilden. Die heute häufig vertretene Auffassung, dass die ursprüngliche Exodusgeschichte erst mit der Geburt des Mose in Ex 2,1ff. beginne,[43] raubt der Erzählung von der Geburt des Mose ein im Rahmen der Moseüberlieferung überzeugendes Motiv für die Aussetzung Moses. Die Interpretation von Ex 2,1 durch Konrad Schmid, dass Mose hier als „uneheliches Kind einer gewaltsamen Vereinigung eines Leviten mit der Tochter Levis"[44] verstanden sei und daher ausgesetzt worden wäre, ist philologisch unwahrscheinlich: Das *wyqḥ* von V. 1b kann im vorliegenden Kontext nicht als Ausdruck für eine Vergewaltigung verstanden werden, sondern steht – wie auch sonst – für „zur Ehefrau nehmen".[45] Schließlich erwartet man bei einer Ätiologie für den Namen des Befreiers aus Ägypten[46] einen Bezug auf die Unterdrückung Israels durch Ägypten. Auch aus diesem Grund legt sich die Motivation der Aussetzung des Mosekindes durch den Befehl Pharaos „Alle Söhne, die geboren werden, sollt ihr in den Nil werfen" nahe.

---

40 Zur Stellung dieser Völkerlisten in einem nachpriesterschriftlichen spätdeuteronomistischen Zusammenhang, der Genesis bis Königsbücher umfasst, vgl. Schmitt 2001d: 282–285.

41 Vgl. hierzu schon Schmitt 2003: 1–11.

42 Gertz 2000: 394.

43 So vor allem Schmid 1999: 152–157; Otto 2000: 49f.; ders. 2006: 38; Kratz 2000: 289.

44 Schmid 1999: 155.

45 Zu diesem elliptischen Gebrauch von *lqḥ* vgl. z.B. Gen 38,2; Dtn 20,7; Jer 29,6 u.ö. und dazu zuletzt Gertz 2002b, besonders 7 Anm. 1; Gerhards 2006: 27–29; auch Blum 2002: 146.

46 So zu Recht die Bestimmung der Gattung von Ex 2,1–10* durch Levin 1993: 319. Vgl. hierzu auch unten Anm. 106.

Dieser Befehl Pharaos an alle Israeliten setzt seinerseits die Hebammenerzählung Ex 1,15–20a[47] mit dem erfolglosen Befehl der Tötung der neugeborenen israelitischen Knaben an die Hebammen voraus,[48] die ihrerseits den vorpriesterschriftlichen Bericht über die erfolglose Unterdrückung der Israeliten durch Fronarbeit in Ex 1,11–12* weiterführt. Wie schon oben in Teil II gezeigt, geht allerdings Ex 1,8–10* auf eine nachpriesterschriftliche Redaktion zurück, die den Zusammenhang von Gen 1 – II Reg 25 im Blick hat. Die ursprüngliche Einleitung der vorpriesterschriftlichen Exodusdarstellung ist dadurch offensichtlich ersetzt worden, so dass es nicht mehr zu klären ist, wie stark der Beginn der ursprünglichen Exodusgeschichte auf die Darstellung der Genesis Bezug nahm.[49]

2. Innerhalb von *Exodus 2* treten zunächst in der Aussetzungsgeschichte 2,1–10 literarkritische Probleme auf: Die Passagen 2,4.7–10aα, die von einer älteren Schwester des Mose sprechen, stehen im Widerspruch zu Ex 2,1, der Mose als erstgeborenes Kind seiner Eltern versteht. Auch erwartet man, dass die Tochter Pharaos den Moseknaben sofort nach der Auffindung adoptiert und nicht erst Jahre danach. Die Erzählmotive „Überwachung des ausgesetzten Kindes durch seine ältere Schwester" und „Versorgung durch die Mutter des Kindes in den ersten Lebensjahren" in 2,4.7–10aα dürften daher auf einen späteren Einschub zurückgehen, der die "hebräische" Sozialisation des Kleinkindes Mose sicherstellen will.[50]

In den Erzählungen von der Flucht des Mose Ex 2,11–15a und von seiner midianitischen Heirat in 2,15b–22, die durch das stilistisch auffällige doppelte *wyšb* in V. 15 miteinander verbunden sind,[51] liegt nur in der verspäteten Benennung des Schwiegervaters des Mose mit „Reguel" in Ex 2,18 (vgl. in V. 16 nur „Priester von Midian" und auch in V. 21 nur „der Mann") ein literarkritisches Problem vor. Wahrscheinlich handelt es sich hierbei um einen Nachtrag (wohl

---

47   Ex 1,20b.21 stellen einen sekundären Nachtrag dar, der die in der Grunderzählung als Ägypterinnen angesehenen Hebammen (vgl. hierzu zuletzt Zimmer 1999: 169; Graupner 2002: 55; Gerhards 2006: 40–46) als Hebräerinnen verstehen will. Vgl. vor allem W.H. Schmidt 1988: 18f.; Gerhards 2006: 46f. Anders Gertz 2000: 373f.

48   Gertz 2000: 374f.; vgl. auch schon Albertz 1992: 71f. Anders Gerhards 2006: 26–114, der die Grundschicht von Ex 1–2* dem Jahwisten zuweist, Ex 1,15–20a. aber als in sie später eingeschobene Bruchstücke einer elohistischen Fassung der Aussetzungsgeschichte betrachtet. Dabei übersieht Gerhards jedoch, dass in der Grundschicht von Ex 1–2* die gleiche die Verborgenheit des göttlichen Handelns (auch durch nichtisraelitische Frauen) betonende „elohistische" Theologie vorliegt wie in Ex 1,15–20a.

49   Zu beachten sind in Ex 1,10 Anspielungen auf die Josefsgeschichte (vgl. *hkm* in Ex 1,10 und in Gen 41,8.33.39 und dazu Gertz 2000: 368). Möglicherweise handelt es sich in Ex 1,10* um Reste der ursprünglichen Einleitung der Exodusgeschichte.

50   Vgl. hierzu zuletzt Gertz 2000: 376, auch Gerhards 2006: 47–50, der allerdings ohne hinreichende Begründung Ex 2,4.5bß.7–10aα. als Fragmente einer elohistischen Quelle betrachten will.

51   Eine ähnlich doppelter Gebrauch der gleichen Verbform (*wtśm*) findet sich in Ex 2,3b. Literarkritische Schlüsse dürfen daher aus diesem Befund nicht gezogen werden.

„mit Blick auf Num 10,29").[52] Entsprechendes gilt möglicherweise auch für das „Jitro" in Ex 3,1.[53]

Ex 2,23aß–25 geht – wie oben in Teil II bereits erwähnt – nach allgemeiner Auffassung auf die Priesterschrift zurück. Bei 2,23aα dürfte es sich um eine nachpriesterschriftliche redaktionelle Überleitung handeln, die einen Ausgleich mit der priesterschriftlichen Vorstellung schaffen will, dass Mose zum Zeitpunkt seiner Verhandlungen mit Pharao 80 Jahre alt war (Ex 7,7).[54]

3. Inwieweit auch *Exodus 3–4* zur vorpriesterschriftlichen Mosedarstellung gehört, ist umstritten. Vor allem Konrad Schmid[55] hat die These aufgestellt, dass es sich bei der Erzählung von der Berufung des Mose in Ex 3,1–4,18 insgesamt um einen nachpriesterschriftlichen Einschub in die priesterschriftliche Exodusgeschichte handelt, der die priesterschriftliche Beschreibung der Unterdrückung der Israeliten durch die Ägypter und die Erhörung des Schreiens der Israeliten durch Gott in 2,23aß–25 voraussetze. Genauso wie die nachpriesterschriftliche Darstellung des „Abrahambundes" in Gen 15 vor den priesterschriftlichen „Abrahambund" von Gen 17 gestellt wurde, so habe auch hier der nachpriesterschriftliche Redaktor seine „Moseberufung" vor die der Priesterschrift von Ex 6 platziert.[56]

Demgegenüber hat jedoch Erhard Blum[57] gezeigt, dass die Annahme von Konrad Schmid, Ex 3,1ff. setze die priesterschriftliche Darstellung von Ex 2,23aß–25 voraus, nicht zutrifft. Vielmehr greift 3,1ff. lediglich auf die vorpriesterschriftliche Darstellung der Unterdrückung Israels durch Zwangsarbeit in Ex 1,11ff.* zurück.[58] Vor allem hat Jan Christian Gertz darauf hingewiesen, dass Ex 3,1ff.* keine literarische Einheit darstellt.[59] So ist schon lange erkannt, dass V. 2a mit der Angabe, dass der *ml'k Yhwh* Mose in einer Feuerflamme aus dem Dornbusch erschienen sei, den Zusammenhang von V.1b und V. 2b (beide Male

---

52 Vgl. hierzu zuletzt Gertz 2000: 378.

53 Zu „Jitro" in Ex 3,1 als sekundär vgl. v.a. W.H. Schmidt 1988: 111f.

54 Zur Funktion von 2,23aα im *jetzigen* Kontext vgl. v.a. W.H. Schmidt 1988: 88f. Dass 2,23aα *ursprünglich* vor 4,19 gestanden habe (so W.H. Schmidt; vgl. LXX), dürfte allerdings kaum nachzuweisen sein. Vgl. Kratz 2000: 293, und auch Propp 1999: 170.

55 Schmid 1999: 193f.

56 Zur Auffassung, dass Ex 3,1–4,18 insgesamt „als Eintrag in den Erzählzusammenhang von 2,11–23aα; 4,19 zu bewerten" ist, vgl. zuletzt Gertz 2000: 261. Ähnlich schon Noth 1948: 31 Anm. 103; 221 Anm. 549; Blum 1990: 20–30, und Levin 1993: 329. – Gegen diese Auffassung spricht jedoch, dass 4,19 kaum als direkte Fortsetzung von Ex 2,23aα verstanden werden kann (vgl. unten bei Anm. 73).

57 Blum 2002: 124f.

58 Blum (2002: 137–139 gegen Gertz 2000: 270f.) weist Ex 3 allerdings seiner deuteronomistischen Kompositionsschicht KD zu, wobei er die Möglichkeit der Rekonstruktion einer vordeuteronomistischen Vorlage von KD ablehnt. Gleichzeitig bestreitet er, dass es zwischen der KD-Komposition von Ex 1 bis Dtn 34 und der Genesis eine direkte Beziehung gäbe (Blum 2002: 154–155). So schließt sich letztlich auch Blum der These an, dass erst P einen literarischen Zusammenhang zwischen der Genesis- und der Mose-Überlieferung hergestellt habe.

59 Gertz 2000: 254–281.

Subjekt Mose) unterbricht. Auch nimmt V. 2a in störender Weise „die Pointe der ganzen Erzählung vorweg, als durch sie das überraschende Brennen und Nicht-verbrennen des Dornbusches vor dessen Erwähnung bereits erklärt ist".[60]

Ein klares Indiz für einen weiteren literarischen Einschub stellt die doppelte Einleitung einer Gottesrede in Ex 3,5 und 3,6 dar. Während nun jedoch Gertz die Auffassung vertritt, dass V. 6a in diesem Zusammenhang störe,[61] hat Peter Weimar zu Recht auf „die nahezu wörtliche Entsprechung von 3,5b und Jos 5,15" aufmerksam gemacht, die darauf hindeute, „dass Ex 3,5b im Blick auf einen größeren Erzählzusammenhang hin komponiert ist".[62] Zwar weist Christoph Levin V. 5 seiner vorjahwistischen Quelle zu und sieht in diesem Vers „die Ätiologie eines Kultplatzes, der von Mose entdeckt worden sein soll",[63] doch bleibt problematisch – wie Levin selbst bemerkt – dass bei dieser Ätiologie die Angabe des heiligen Ortes fehlt.[64] Das gleiche Phänomen liegt auch in Jos 5,13–15 vor, wo in V. 15 wörtlich die gleiche Aufforderung vorliegt wie in Ex 3,5. Klaus Bieberstein[65] hat nun gezeigt, dass es sich dort um „keine alte Lokaltradition", sondern um „eine junge Schreibtischkompilation" handelt. Gleiches dürfte wohl auch für Ex 3,5 gelten. Die Heiligkeit des Ortes ist nach dieser schriftgelehrten Auffassung von der Anwesenheit eines himmlischen Boten wie des Engels Jahwes (Ex 3,2a) bzw. des „Fürsten des Heeres Jahwes" (Jos 5,14) abhängig, eine Auf-fassung, die sich auch sonst im Rahmen der nachpriesterschriftlichen spät-deuteronomistischen Schicht des Enneateuch findet (vgl. u.a. II Sam 24,16–17).[66]

Mit Weimar ist daher nicht V. 5, sondern V. 6a* als Fortsetzung von V. 4b zu verstehen:[67] Das in V. 4b mit dem doppelten göttlichen Anruf „Mose, Mose!" und der Antwort des Mose „Hier bin ich" begonnene Gespräch findet seine organische Fortsetzung in der Selbstvorstellung Gottes als „Gott deines Vaters" von V. 6a. Ein in Spannung zum Kontext stehendes Element bildet nur die Erweiterung „Gott Abrahams, Gott Isaaks und Gott Jakobs", die nicht zum Singular „Gott deines Vaters" passt.[68] V. 6b ist dann wieder der Grundschicht von Ex 3,1–6* zuzu-weisen.[69]

---

60 So Richter 1970: 74; vgl. auch Weimar 1980: 33f.; W.H. Schmidt 1988: 112f.; Schmitt 2001g: 235; Levin 1993: 326f.; Graupner 2002: 26. Ähnlich auch Houtman 1993: 339.

61 Gertz 2000: 270.

62 Weimar 1980: 39. Zum Zusammenhang von Ex 3,5 und Jos 5,13–15 vgl. vor allem Van Seters 1994: 37–40. Anders Zimmer 1999: 189–191, der Ex 3,5 der „elohistischen" Grundschicht zu-ordnet.

63 Levin 1993: 329.

64 Vgl. auch W.H. Schmidt 1988: 114–118, und Graupner 2002: 26.

65 Bieberstein 1995: 415.

66 Zur Einordnung von II Sam 24,16–17 vgl. Schmitt 2001d: 288f.

67 Weimar 1980: 39.

68 Weimar 1980: 39. Zur spätdeuteronomistischen Einordnung dieser Erweiterung vgl. Römer 1999: 565.

69 Vgl. Gertz 2000: 269. Anders Levin 1993: 332, der V. 6b als späten Nachtrag ansieht: „Daß es bedrohlich ist, Jahwe zu sehen, ist späte Vorstellung". Vgl. dagegen Ex 20,19, wo die

Zur Grundschicht der Erzählung von der Berufung des Mose gehören somit Ex 3,1*.[70]2b–4*.[71]6*. Ex 3,1–6* kann dabei als direkte Fortsetzung von 2,22 angesehen werden[72] (für die häufig vertretene Auffassung,[73] dass 4,19 die direkte Fortsetzung von 2,23aα sei, spricht dagegen wenig: der Hinweis Jahwes in 4,19, dass „alle Männer, die dir nach dem Leben trachteten, gestorben sind" passt nicht zu 2,23aα, wo lediglich vom Tod des Königs von Ägypten berichtet wird). Ihre Fortsetzung[74] findet diese Grundschicht in dem Text Ex 3,9–14*, der nach dem sog. vorprophetischen Berufungsschema gestaltet und insofern traditionsgeschichtlich einer *vor*priesterschriftlichen Schicht zuzuordnen ist.[75] Da die älteste Schicht der Exodusgeschichte die Plagen noch nicht kennt und somit auch noch nicht mit Verhandlungen zwischen Mose und Pharao rechnet,[76] sind innerhalb von Ex 3,9–14* wohl die Sätze in Ex 3,10 „dass ich dich zu Pharao sende" und in Ex 3,11 „dass ich zu Pharao gehe" als sekundär anzusehen.[77]

Nicht mehr zu dieser vorpriesterschriftlichen Berufungsszene gehört 3,15, der schon wegen der Erwähnung des „Gottes eurer Väter, des Gottes Abrahams, des Gottes Isaaks und des Gottes Jakobs", der nachpriesterschriftlichen spätdeuteronomistischen Redaktion zuzuweisen ist, der wir bereits die entsprechende Erweiterung in 3,6a zugeordnet hatten. Fortgesetzt wird diese nachpriesterschriftliche Redaktionsschicht in der detaillierten Vorhersage des Exodus-

---

Bedrohlichkeit des Redens mit Jahwe in einer vorpriesterschriftlichen („elohistischen"?) Pentateuchschicht vertreten wird. Auch dürfte Ex 3,6b Moses „Gottesfurcht" darstellen wollen (vgl. W.H. Schmidt 1988: 123). Zu dieser vorexilischen („elohistischen"?) Schicht gehört auch Gen 32,31 („ich habe Gott von Angesicht gesehen, und doch wurde mein Leben gerettet") innerhalb der Erzählung von Jakobs Kampf am Jabbok. Vgl. hierzu Schmitt 2001f: 165–188, 176–185, und unten Anm. 103.

70   Zum sekundären Charakter von „an den Horeb" in V. 1bβ vgl. zuletzt Gertz 2000: 263–265, und Graupner 2002: 24. Auch hier liegt eine spätdeuteronomistische Erweiterung vor.

71   Wohl ohne V. 4a, der V. 5 vorzubereiten scheint.

72   So Kratz 2000: 293.

73   Vgl. oben Anm. 56.

74   Zu Ex 3,7f.16f. vgl. oben Anm. 39.

75   Zur Herkunft dieses Schemas aus *vor*deuteronomistischen prophetisch beeinflussten weisheitlichen Kreisen der Zeit nach 722 v.Chr. vgl. Schmitt 2001a: 59–73. Vgl. auch Dozeman 2006: 112f.

76   Vgl. zuletzt Gertz 2000: 214f., der bei Ex 14 mit einer alten Schicht der Exodusüberlieferung rechnet, die von keinen Verhandlungen mit Pharao weiß und eine Flucht der Israeliten aus Ägypten annimmt (Ex 14,5a.6. 9aα; vgl. ähnlich Kratz 2000: 289f.; auch Levin 1993: 341). Es spricht daher alles dafür, dass die ursprüngliche Exodusgeschichte von Ex 3* auch noch keine Verhandlungen Moses mit Pharao kannte.

77   Vgl. L. Schmidt 1990: 6 und Graupner 2002: 24. Dagegen ist Gertz 2000: 281–299 der Auffassung, dass innerhalb von Ex 3,7ff. nur 3,7f.*16f.*21f.? und dann 4,18f.20a.24–26 und 29.31b zur ursprünglichen Exodusgeschichte gehörten (ähnlich auch Levin 1993: 76, der J 3,7f.16.18.21f. und 4,18.20a zuordnet). Bei 3,7aα*.9–12aα handelt es sich nach Gertz um die vorpriesterschriftliche Plagenerweiterung, und bei 3,12aβ–15 um die nachpriesterschriftliche Endredaktion.

geschehens durch Jahwe in 3,18–22,[78] wo Mose als Prophet im Sinne von Am 3,7 verstanden ist.[79]

Auch in Ex 4,1–17. Ist – wie oben[80] gezeigt – zunächst mit nachpriesterschriftlichen Darstellungen zu rechnen. Inwieweit aus diesem Exoduskapitel überhaupt Teile der ursprünglichen Exodusgeschichte zu rekonstruieren sind, ist unsicher. Am ehesten ist ihr noch Ex 4,18 (Rückkehr Moses zu Jitro und sein Aufbruch nach Ägypten) zuzuweisen.[81]

4. Im weiteren Verlauf ist die älteste Exodusgeschichte wegen der Überarbeitung durch die vorpriesterschriftliche Plagenerweiterung nur noch sehr fragmentarisch erhalten. Zu diesen Fragmenten gehört auf jeden Fall in Exodus 14* der der Plagenerzählung widersprechende Bericht von einer Flucht des Volkes Israel aus Ägypten, der in Ex 14,5a.6.9aα[82] vorliegt: „Es wurde dem König von Ägypten gemeldet, dass das Volk geflohen sei. ... Da spannte er seinen Streitwagen an und nahm sein (Kriegs-)Volk mit sich. ... Und die Ägypter jagten ihnen nach, und sie holten sie ein...“

Zusammenfassend ist somit festzustellen, dass auf die ursprüngliche Exodusgeschichte Ex 1,11–12.15–20a.22*;3,1*.2b–4*.6*.9–14*; ... 4,18; ... 14,5a.6.9aα zurückgeführt werden können.

IV. Die Beziehungen zwischen Ex 3,1–6* und Gen 46,1–5*

Stellt man nun die Frage, inwieweit diese Grundschicht von Ex 1–14* mit der Vätergeschichte der Genesis in Beziehung steht, so stößt man zunächst auf Beziehungen zwischen Ex 3,1–6* und Gen 46,1–5*. Die oben rekonstruierte vorpriesterschriftliche Grundschicht von Ex 3,1–6* zeigt nämlich in den beiden

---

78 Vgl. L. Schmidt 1998: 236 der unter Hinweis auf die Parallelität von Ex 3,18–20 mit Gen 15,13–16 nachweist, dass es sich bei Ex 3,18–20 um einen nachpriesterschriftlichen Zusatz handelt.

79 Überarbeitet worden ist die älteste Exodusgeschichte allerdings zunächst durch eine die Plagenüberlieferung einfügende Schicht, die auch noch vorpriesterschriftlich angesetzt werden muss (vgl. Gertz 2000: 291.394–396). Dazu gehören in Ex 3* vor allem die Zusätze in 3,9–14*, die auf Verhandlungen Moses mit Pharao hinweisen (vgl. oben bei Anm. 76 und 77). Wahrscheinlich gehört diese Plagenerweiterung zu der „jahwistischen Redaktion“, die den Zusammenhang von Gen 2,4b–Num 24* (vgl. zu ihm Levin 1993) geschaffen hat.

80 Vgl. oben bei Anm. 33.

81 Die Angabe von 4,20a, dass Mose seine Frau und seine zwei Söhne mit nach Ägypten genommen habe, steht in Spannung zu Ex 2,15–22, wo von einem zweiten Sohn noch keine Rede war. Auch rechnet 4,24–26 nur mit einem Sohn. 4,20a gehört daher wohl zu einer sekundären Schicht. Gleiches gilt wohl auch von 4,19, in dem Jahwes Befehl zur Rückkehr nach Ägypten nach Moses Entschluss zum Aufbruch und der Verabschiedung durch seinen Schwiegervater zu spät kommt. Ein wesentlich jüngerer Nachtrag liegt schließlich in 4,20b vor mit seinem Bericht, dass Mose den Gottesstab in seine Hand nahm. Er dürfte von dem in dem endredaktionellen Text Ex 4,1–17 in V. 17 genannten göttlichen Befehl abhängig sein (vgl. Gertz 2000: 330f.).

82 So Gertz 2000: 214–216.

Elementen der doppelten Anrede durch Gott mit der menschlichen Antwort „Hier bin ich" und der Selbstvorstellung Gottes als „Gott des Vaters" eine deutliche Beziehung zu Gen 46,1–5*.

Allerdings ist das Verständnis von Gen 46,1–5* (Gotteserscheinung Jakobs vor seiner Übersiedlung nach Ägypten in Beerscheba) in der neueren Pentateuchexegese stark umstritten. Konrad Schmid[83] und Erhard Blum sind der Meinung, dass „die Gottesrede in Gen 46,1ff. ... in ihren literarischen Bezügen nicht über den Horizont der Vätergeschichte (Gen 12–50)" hinausgehe.[84] Ihnen haben David M. Carr[85] und Jan Christian Gertz widersprochen und darauf aufmerksam gemacht, dass Gen 46,1aβ–5a „zum einen mit der Verheißung der Volkwerdung in Ägypten (... V. 3bβ) und vor allem mit der Zusage göttlichen Beistands bei der Rückkehr aus Ägypten (...V. 4aβ) ausdrücklich auf die Exodusereignisse" vorausweist.[86] Sie können sich dafür auf Matthias Köckert[87] berufen, der gezeigt hat, dass Ex 3,4*.6* deutlich Gen 46,2–4 aufnimmt. Allerdings sind Gertz und Köckert der Auffassung, dass Gen 46,1aβ–5a mit seinem Exodusbezug erst nachpriesterschriftlich anzusetzen sei.[88]

Bei Gen 46,1–5* fehlt jedoch jeder Hinweis auf einen nachpriesterschriftlichen Charakter. Das einzige Argument, das Gertz zugunsten einer nachexilischen Ansetzung beibringen kann, ist die Ähnlichkeit mit der nachpriesterschriftlich einzuordnenden Jahweverheißung von Gen 26,24.[89] Gertz übersieht dabei jedoch, dass die für die spätdeuteronomistische nachpriesterschriftliche Theologie von Gen 26,24 typische Feststellung, dass Jahwe Isaaks Nachkommen „um Abrahams willen" segnet (vgl. ähnlich Gen 22,15–18; 26,3b–5) in Gen 46,1–5* noch nicht vorhanden ist, so dass hier noch ein vorpriesterschriftliches Verständnis der Erzväterverheißungen vorliegt.

Zwischen dem somit als vorpriesterschriftlich anzusehenden Text Gen 46,1–5* und dem ebenfalls vorpriesterschriftlichen Text Ex 3,1*.2b–3.4b.6a* ergeben sich somit Übereinstimmungen,[90] die nach einer Erklärung verlangen. Dabei kann die Erklärung von Blum, sie beruhten auf „Koinzidenzen der Idiomatik und

---

83   Schmid 1999: 62f.
84   Blum 2002: 132 Anm. 63.
85   Carr 2001: 281f.
86   Gertz 2000: 277. Vgl. zuletzt auch Graupner 2002: 353–355.
87   Köckert 1988: 321f.
88   Gertz 2000: 277–279; Köckert 2006: 122.
89   Gertz 2000: 276. Eine Parallelität zwischen Gen 46,1–5* und Gen 26,24 sehen auch Köckert 1988: 323 Anm. 78, und Levin 1993: 305. Dagegen nimmt Graupner 2002: 352, zu Recht die Priorität von Gen 46,3f. gegenüber Gen 26,24 an. Vgl. schon L. Schmidt 1986: 187–188. Im übrigen rechnet auch Schmid 2002: 116, mit einer vorpriesterschriftlichen Entstehung von Genesis 46,1–5*. Vgl. auch Blum 2002: 127, der darauf hinweist, dass die Beziehungen zwischen Ex 3,1–6* und Gen 46,1–5* nicht auf eine nachpriesterschriftliche Schicht zurückzuführen sind. Auch hat Blum 1984: 298–301, gezeigt, dass in Gen 46,1–5* noch keine deuteronomistischen und priesterlichen Vorstellungen vorliegen.
90   Vgl. Van Seters 2006: 155f.; auch Gertz 2000: 270–277.

(differenter) Sachzusammenhänge"[91] – angesichts der Dichte der Entsprechungen – nur als Verlegenheitsauskunft angesehen werden.

Die Beziehungen zwischen Gen 46,1–5* und Ex 3,1ff. beschränken sich nämlich nicht auf die Anrede durch Gott und auf Gottes Selbstvorstellung als „Gott des Vaters". Von Bedeutung ist in beiden Texten zusätzlich die zentrale Stellung der Verheißung des Mitseins Gottes (vgl. *'mk* in Gen 46,4 und Ex 3,12). In gleicher Weise enthalten beide Gottesreden auch eine Aufforderung zum Aufbruch vom gegenwärtigen Aufenthaltsort (vgl. Gen 46,3f. und Ex 3,10*.12). Somit weist die vorpriesterschriftliche Schicht von Gen 46,1–5* mit der an Jakob ergehenden Verheißung der Mehrung zu einem großen Volk und der Herausführung aus Ägypten deutlich auf die Exodusgeschichte hin, so dass sich hier eine unübersehbare vorpriesterschriftliche Brücke zwischen der Väter- und der Exodusgeschichte ergibt.

Schließlich findet sich das in Gen 46,2f. und Ex 3,4b.6aα vorliegende Schema der Gottesoffenbarung (1. Anruf Gottes mit Namen, 2. Antwort mit *hnny*, 3. Selbstvorstellung Gottes, 4. Aufforderung zum Aufbruch vom gegenwärtigen Aufenthaltsort)[92] auch in Gen 31,11.13[93] bei dem Traum Jakobs in Haran.[94] Auch hier folgen auf den Anruf Gottes (hier repräsentiert durch den Engel Gottes) die Antwort Jakobs „hier bin ich" und die Selbstvorstellung Gottes (hier als der Gott, der Jakob zu Bethel erschienen ist).[95] Durch dieses Schema werden offensichtlich Rückkehr Jakobs aus Haran, Übersiedlung Jakobs nach Ägypten und Exodus miteinander parallelisiert.

---

91   Blum 2002: 131f. Zur Kritik dieser von Blum vertretenen Erklärung vgl. Dozeman 2006: 126f.

92   Für die engen terminologischen und theologischen Beziehungen zwischen Ex 3,4b.6aα und Gen 31,11–13*; 46,2f. vgl. zuletzt Graupner 2002: 28f. Sowohl Ex 3,6a als auch Gen 46,3 sprechen von *'lhj 'bjk* („Gott deines Vaters"). Dieser Rückbezug wird durch die Tatsache, dass in „Ex 3,6 die Gottesbezeichnung *h'l* fehlt", nicht in Frage gestellt (gegen Blum 2002: 132 Anm. 61). Auch in Gen 46,3 und 31,11.13, die nach Blum (ebd.) in enger Beziehung zueinander stehen, liegen keine voll übereinstimmenden Gottesbezeichnungen vor. Vgl. auch L. Schmidt 1986: 189–192.

93   Zu Gen 31,10.12 als Einschüben vgl. schon Gunkel 1977: 342f., und zuletzt Boecker 1992: 86; Seebass 1999: 361.372; Ruppert 2005: 293f.; Graupner 2002: 255f.; auch Blum 1984: 120 Anm. 5.

94   Zur Zuordnung dieser Verse zur Kompositionsschicht der Jakobserzählung Gen 25,21–33,17* vgl. Blum 1984: 117–132: Umfang und Datierung dieser Kompositionsschicht sind allerdings anders als bei Blum zu bestimmen. Vgl. Schmitt 2001f: 165–188, 179–185.

95   Gen 31,13 ist nach LXX (und Targumen) zu emendieren (vgl. zuletzt Köckert 1988: 78; Boecker 1992: 81). Anders Blum 1984: 189; Seebass 1999: 356.358; Ruppert 2005: 288; Graupner 2002: 255; Köhlmoos 2006: 262, die den MT als lectio difficilior beibehalten und *h'el bet-'el* mit "der Gott in (bezug auf) Bethel" übersetzen.

V. Weitere Beziehungen zwischen der vorpriesterschriftlichen Exodusgeschichte und der vorpriesterschriftlichen Jakob-Josefsgeschichte

Bei der Suche nach Beziehungen in der vorpriesterschriftlichen Literatur des Alten Testaments muss zunächst berücksichtigt werden, dass hier nicht priesterliche bzw. schriftgelehrte Kreise am Werke sind, die durch einen spezifischen theologischen Stil identifiziert werden können. Gemeinsame Autorschaft ist hier daher nur gelegentlich an einer gemeinsamen Terminologie zu erkennen. Vielmehr kann hier gemeinsame Verfasserschaft meist nur anhand gemeinsamer Erzählstrukturen, hinter denen eine gemeinsame theologische Intention steht, festgestellt werden.

Dass die oben festgestellte Parallelisierung von Exodus und Rückkehr aus Haran in Gen 31,11–13*; Gen 46,1–5* und Ex 3,1–6 kein Zufall ist, zeigt sich daran, dass die vorpriesterschriftliche Jakobüberlieferung weitere Parallelisierungen mit dem Exodus aufweist. So haben Peter Weimar und Erich Zenger[96] darauf hingewiesen, dass Gen 31,22.23.25 („Es wurde dem Laban … gemeldet, dass Jakob geflohen sei. Und er nahm seine Verwandten mit sich und jagte ihnen nach … Und Laban holte Jakob ein…") auf Ex 14,5a.6.9aα („Es wurde dem König von Ägypten gemeldet, dass das Volk geflohen sei …. Da… nahm er sein Volk mit sich… Und die Ägypter jagten ihnen nach, und sie holten sie ein…") hin formuliert worden sind. Hier ist–wie Graupner zu Recht feststellt–bewusst „Jakobs Flucht vor Laban als Vorausdarstellung des Exodus" gestaltet worden.[97]

Beachtenswert ist, dass das die Jakob- und die Exodusgeschichte miteinander verbindende Motiv der Flucht (brḥ) sich nicht auf die genannten Stellen beschränkt, sondern auch sonst dazu gebraucht wird, um Entsprechungen zwischen der Jakob- und der Mosedarstellung herzustellen. So wird die Jugendgeschichte Jakobs durch die Flucht (brḥ) nach Haran vor den Plänen Esaus, ihn zu töten (hrg), bestimmt (Gen 27,41–43). In gleicher Weise muss der jugendliche Mose vor dem Versuch Pharaos, ihn zu töten (hrg) nach Midian fliehen (brḥ, vgl. Ex 2,15).

Dass hier sehr bewusst parallele Strukturen hergestellt werden, zeigen die Fortsetzungen beider Fluchtgeschichten durch die sehr ähnlich aufgebauten Brunnenszenen im Land der Flucht von Gen 29,1ff.und Ex 2,15–22.[98] Mose trifft wie Jakob am Brunnen auf Frauen, die ihre Herde tränken wollen. In beiden Fällen übernimmt der Held das Tränken des von den Frauen gehüteten Kleinviehs

---

96   Weimar/Zenger 1975: 52. Vgl. auch Levin 1993: 239 Anm.9, der einen von der jahwistischen Redaktion hergestellten Zusammenhang zwischen Gen 31,22–23a und Ex 14,5a.6 sieht.

97   So Graupner 2002: 310, der diese Vorausdarstellung des Exodus in der Jakobgeschichte bereits auf den von ihm ins 9. Jh. datierten Elohisten zurückführt.

98   Vgl. auch die allerdings weiterentwickelte Form einer Szene des Zusammentreffens mit Frauen am Brunnen in Gen 24.

(sowohl in Gen 29,10 als auch in Ex 2,17 wird dabei die Formulierung *wysq 't-ṣwn* gebraucht). Beide Male ist die Frau beteiligt, die später die Ehefrau des Helden wird und ihm Nachkommen schenkt.[99]

Auf diese Entsprechung in der Erzählmotivik zwischen der Jugendgeschichte des Mose und der des Jakob hat bereits Reinhard G. Kratz[100] aufmerksam gemacht. Kratz meint zwar hier eine spätere Hand am Werk zu sehen, die die seiner Meinung nach vorexilisch noch voneinander getrennte Erzväter- und Exodusgeschichte durch Nachträge in Beziehung zueinander setzen möchte. Gegen eine solche Ausscheidung von Ex 2,15–22 aus der ursprünglichen Jugendgeschichte des Mose spricht jedoch, dass im Kontext von 2,11–4,18 auf Ex 2,15–22 nicht verzichtet werden kann.[101] Ex 2,15–22 muss daher als ein alter Bestandteil der Jugendgeschichte des Mose angesehen werden. Die Jugendgeschichte des Mose und die Jakobgeschichte sind somit wohl bereits von Anfang an in Entsprechung zueinander formuliert worden.

Solche Parallelisierungen zwischen Exodus/Mose- und Jakobdarstellung sind dabei nicht zufällig, sondern bestimmt von einer die vorpriesterschriftliche Jakob- und Exodusdarstellung miteinander verbindende Theologie der Führung des biblischen Gottes. Mit diesen Parallelisierungen will der vorpriesterschriftliche Erzähler gemeinsame Strukturen der göttlichen Führung aufzeigen. Vor allem geht es ihm um den Nachweis, wie durch Gottes Führung immer wieder alles zum Heil des Gottesvolkes geschieht, wobei die Pläne der Gegner Israels in ihr Gegenteil verkehrt werden und zur Lebensrettung und -erhaltung des Gottesvolkes dienen.[102]

Dabei wird die Perspektive der Exodustradition, die mit einer Herkunft Israels von außen rechnet, durchgängig auf die Väterdarstellungen übertragen. So erzählt die Jakobgeschichte davon, dass die Geburt der Urväter des Volkes außerhalb Israels geschieht (mit Ausnahme Benjamins) und dass sie erst danach nach Israel übersiedeln. Die Josefsgeschichte berichtet von einer Errettung dieser Urväter, die wieder außerhalb Israels vor sich geht. Diese beiden Teile der vorpriesterschriftlichen Heilsgeschichte sind somit bewusst als Vorbereitung der Exodusgeschichte verstanden, die darstellt, wie die Urväter außerhalb Israels zum großen Volk heranwachsen und zum Gottesvolk werden.[103]

---

99 Beachtenswert ist dabei, dass in Ex 2,15–22 Mose als besonders vorbildlich dargestellt wird. So ist die Hilfe des Mose in Ex 2,16–17 darin begründet, dass er die Töchter des midianitischen Priesters gegenüber dem ungerechten Verhalten anderer Hirten in Schutz nimmt. In Gen 29,1–12 fehlt eine entsprechende Motivation Jakobs (vgl. Gunkel 1977: 327, zur Darstellung von Mose in Ex 2,11–22 als Kämpfer gegen Unrecht vgl. auch Willi-Plein 1988: 18f.).

100 Kratz 2000: 295.

101 Vgl. u.a. Gertz 2000: 379.

102 Vgl. beispielsweise, wie sowohl in Gen 27–30* als auch in Ex 2* die Flucht Jakobs bzw. Moses vor der Todesdrohung durch ihre Gegner zur Geburt von Nachkommen führt.

103 Die vorpriesterschriftliche („elohistische"?) Schicht von Gen 25 – Ex 20* zeigt auch ein gemeinsames Verständnis von Gottespräsenz: In Gen 28,11ff.; 31,11–13*; 32,2f.23ff.* 46,1ff.* und in Ex 3,1ff*; 19–20*. wird die Lebensbedrohlichkeit der Gottespräsenz betont und von „Gottesfurcht" angesichts dieser Präsenz berichtet.

Diese Orientierung der vorpriesterschriftlichen Jakobdarstellung von Gen 25–
35* an der Moseüberlieferung wird auch an dem System der Stämme Israels
deutlich, wie es der vorpriesterschriftlichen Geburtsgeschichte der Söhne Jakobs
von Gen 29f.* zu Grunde liegt. Die hier bestehende Vorrangstellung von Ruben
deutet nämlich auf eine besondere Betonung der Mosetradition in der Jakobüberlieferung hin. Wie Ulrike Schorn[104] wahrscheinlich gemacht hat, erklärt sich
nämlich die Erstgeburtstellung Rubens aus der Tatsache, dass sich in seinem
Territorium das Grab Moses befand.[105]

Die vorpriesterschriftliche Darstellung von Gen 25 – Ex 14* bildet somit eine
zusammenhängende Führungsgeschichte, deren Thema am Ende der Josefsgeschichte formuliert wird mit dem Deutewort der Josefsgeschichte in Gen 50,20:
„Ihr habt gegen mich Böses geplant, aber Gott hat es zum Guten geplant, um …
ein großes Volk am Leben zu erhalten".

So wie Gott die bösen Pläne der Brüder Josefs auf verborgene Weise dazu
nutzt, um Josef zum Retter seiner Familie aufsteigen zu lassen, so gebraucht Gott
entsprechend sowohl die Gegnerschaft Esaus und Labans als auch die Feindschaft
des ägyptischen Königs. Besonders deutlich wird dies in der Jugendgeschichte des
Mose, wo der gegen die israelitischen Knaben gerichtete Tötungsbefehl Pharaos
zur Aussetzung des Mose, zum Mitleid der Tochter Pharaos[106] und schließlich
zum Aufwachsen Moses am Pharaonenhof führt.[107]

Gen 50,15–21 mit ihrer Deutung der göttlichen Führung stellen somit nicht
den Abschluss einer selbständigen Josefsgeschichte dar,[108] sondern sind auf die

---

104 Schorn 1997: 95–97; vgl. auch Ruppert 2005: 249f.

105 Auch in der Aufnahme von Levi als Priesterstamm in das Stämmesystem von Gen 29f.* wird
       wohl Rücksicht auf die Mosedarstellung von Ex 2* genommen, die besonders an einer Zuordnung
       Moses zum levitischen Priestertum (vgl. Ex 2,1) interessiert ist.

106 So wird die Tochter Pharaos zu einem Werkzeug Gottes, durch das die Pläne ihres Vaters
       durchkreuzt werden. Diese Andeutung einer verborgenen göttlichen Führung, bei der Gott nicht
       direkt in das Geschehen eingreift, entspricht Gen 50,20 und deutet auf einen weisheitlichen Sitz
       im Leben der „weisheitlichen Namensätiologie" von Ex 2,1ff. (vgl. Levin 1993: 319; auch Gertz
       2000: 375f. und dazu oben Anm. 46). Vgl. hierzu W.H. Schmidt 1988: 63.

107 Wie stark diese theologische Spannung zwischen menschlicher Planung und entgegengesetzter
       göttlicher Führung die narrative Struktur der alten Mosegeschichte bestimmt, zeigt sich auch an
       der Namensgebung Moses: So erklärt die Tochter Pharaos den Namen Moses mit dem Hinweis,
       dass sie Mose aus dem Wasser herausgezogen habe. Im Hebräischen stellt der Name „Moschäh"
       jedoch ein Partizip Aktiv dar und ist mit der „Herausziehende", der „Herausführende", zu
       übersetzen, wodurch die Tochter Pharaos unbewusst die künftige heilsgeschichtliche Rolle Moses
       andeutet. Vgl. hierzu vor allem Gerhards 2006: 136–148.

108 So zuletzt Schmid 2002: 95–106. Schmid (ebd. 103f.) ist dabei der Meinung, Gen 50,15–21 spiele
       wieder in Kanaan, nachdem Josef und seine Brüder nach dem Tode Jakobs in das Westjordanland
       zurückgekehrt seien. Dagegen sprechen jedoch nicht nur Gen 50,8b.14, die Schmid aus der
       ursprünglichen Josefsgeschichte ohne überzeugende literarkritische Begründung ausscheidet (vgl.
       Carr 2006: 168f.), sondern auch 50,5bβ, wo Josef Pharao seine Rückkehr avisiert. Auch fehlt in
       der Josefsgeschichte jede Erwähnung eines Endes der Hungersnot, das eine Rückkehr nach
       Kanaan möglich gemacht hätte. Insofern rechnet m.E. schon die vorpriesterschriftliche
       Josefsgeschichte in Gen 50,20 mit einem Großwerden Israels in Ägypten, das dann die
       Voraussetzung für die Unterdrückung durch die Ägypter und für den Exodus darstellt.

vorpriesterschriftliche Exodusgeschichte bezogen. Dies zeigt sich schon daran, dass in Ex 1,12 von einem „Groß-Werden" (*rbh* qal) des israelitischen Volkes die Rede ist, was an die Aussage Josefs in Gen 50,20 erinnert, dass der böse Plan der Brüder gegenüber Josef letztlich dazu gedient habe, ein „großes Volk" ('*m rb*) am Leben zu erhalten. Dass die alte Exodusgeschichte von Ex 1f.* die ursprüngliche Fortsetzung der Josefsgeschichte darstellt, zeigt sich auch daran, dass hier bewusst die Thematik der Josefsgeschichte (und der Jakobgeschichte) von der *Lebens-erhaltung* des Gottesvolkes aufgegriffen wird. Nur so ist zu erklären, dass hier entgegen der sonstigen Exodustradition, die nur die Unterdrückung der Israeliten durch Fronarbeit kennt, ein Tötungsbefehl Pharaos gegen die männlichen Nachkommen des Volkes im Mittelpunkt steht. Somit ist die vorpriester-schriftliche Josefsdarstellung mit der Jugendgeschichte des Mose von Ex 1ff. durch die beide Textbereiche übergreifende Tod-/Leben-Thematik verbunden, die nicht nur zentrale Bedeutung für die vorpriesterschriftliche Josefsgeschichte besitzt,[109] sondern auf die gesamte Jakob-Josef- Exodusdarstellung von Gen 25 – Ex 14* bezogen ist.[110] Das, was in menschlichem Sinne ein Weg zum Tode zu sein scheint, erweist sich im Lichte der verborgenen Führung Gottes als Weg zum Leben.

Diese Spannung zwischen dem, was menschliche Akteure wollen, und dem, was Gott daraus macht, stellt dabei ein zentrales Problem der vorexilischen alttestamentlichen Weisheitsliteratur dar, wie zahlreiche Weisheitssprüche in Prov 10–29* belegen (vgl. u.a. Prov 16, 9: „Des Menschen Herz erdenkt sich seinen Weg; aber Jahwe allein lenkt seinen Schritt.").[111] Dem entspricht in der alttestamentlichen Weisheit die Forderung, „Jahwe-/Gottesfurcht" zu üben, was in diesem Zusammenhang heißt, die *Unverfügbarkeit* des *göttlichen* Handelns und damit gleichzeitig auch die *Unverfügbarkeit des Mitmenschen* anzuerkennen. Somit fügt sich auch die Betonung der Gottesfurcht Jakobs in Gen 28,17, Josefs in Gen 42,18 und die der Hebammen in Ex 1,17 in diese gemeinsame weisheitliche Theologie der vorpriesterschriftlichen Jakob-, Josef- und Exodusdarstellung ein.[112]

---

109 Vgl. Schmid 2002: 99–101.
110 Vgl. auch Schmid 1999: 248, zu Ex 1*, das er allerdings in unzutreffender Weise weitgehend als nachpriesterschriftlich ansieht. Dass auch die vorpriesterschriftliche Jakobdarstellung von der Tod-/Leben-Thematik geprägt ist, zeigt Gen 32,31.
111 Vgl. auch Prov 19,21; 20,24; 21,30f.; 27,1.
112 Zum Verständnis von „Gottesfurcht" in Gen 20 – Ex 20* vgl. Schmitt 2001c: 116–118. Weil auch in Gen 20–22* das Thema „Gottesfurcht" von zentraler Bedeutung ist, gehört wohl entgegen der Auffassung von Köckert 2006: 125–126, dieser Teil der Abrahamgeschichte auch zur vor-priesterschriftlichen Erzväter-Exodusgeschichte (vgl. zur vorexilischen Einordnung von Gen 20–22* Jeremias 2006; Schorn 2006: 59–73 bzw. 89–109).

VI. Zum gemeinsamen zeitgeschichtlichen Hintergrund
der vorpriesterschriftlichen Jakob-, Josefs- und Exodusdarstellung

Die überlieferungsgeschichtliche alttestamentliche Forschung hat zu Recht erkannt, dass dem Pentateuch ursprünglich selbständige Überlieferungsblöcke wie
Erzväterüberlieferung, Exodusüberlieferung, Gottesbergüberlieferung oder auch
eine ursprünglich selbständige Josefserzählung zugrunde liegen. Dass auf dieser
Ebene die Erzväterüberlieferung eine andere Ursprungstradition Israels vertritt als
die Exodusüberlieferung, ist nicht zu bestreiten.[113] So bleibt hier beispielsweise
die alte Jakobtradition darauf beschränkt, die Beziehungen Israels zu Edomitern
und Aramäern zu klären.[114]

Allerdings hat die alttestamentliche Forschung gleichzeitig mit guten Gründen
angenommen, dass diese Überlieferungsblöcke bereits zusammengewachsen
waren, bevor es zur Neuinterpretation der alttestamentlichen heilsgeschichtlichen
Überlieferung durch die Priesterschrift kam.[115] Einerseits setzt die Priesterschrift
die Zusammengehörigkeit dieser Überlieferungsblöcke als bereits selbstverständlich voraus. Andererseits haben wir oben jedoch auch gesehen, dass die jetzt
vorliegende Struktur der vorpriesterschriftlichen Jakobdarstellung sich nicht mehr
auf die Klärung der Beziehungen zu den Nachbarvölkern beschränkt, sondern von
einer Theologie der Führung Gottes in Krisensituationen bestimmt ist, die
zumindest Jakob-, Josef- und Exodusgeschichte miteinander verbindet.

Für die Datierung dieser Jakob-, Josef- und Exodusgeschichte ist nun der
Bezug von Ex 2,1–10* auf die assyrische Sargonlegende von besonderer Bedeutung, die in der assyrischen Überlieferung der Zeit um 700 v.Chr. von der
Abstammung des bedeutendsten mesopotamischen Königs des 3. Jahrtausends,
Sargons des Großen von Akkad, berichtet. Diese sog. Sargonlegende wurde von dem
zweiten großen Sargon der mesopotamischen Geschichte, des von 722–705
regierenden assyrischen Königs Sargon II., der sich nicht auf eine normale Thron-
folge berufen konnte, zur Legitimation seiner Herrschaft verwendet. Die Legende
will vor allem deutlich machen, dass die mesopotamischen Weltherrscher ihre
Herrschaft nicht ihrer Abstammung, sondern der Erwählung der mesopotamischen
Götter, vor allem der Göttin Ischtar, verdanken.

Die Ähnlichkeit dieser assyrischen Königslegende mit der Geschichte von der
Geburt des Mose in Ex 2* ist nicht zu übersehen: Wie der mesopotamische
Großherrscher wird der Moseknabe als Neugeborener in einem mit Asphalt
abgedichteten Schilfkorb in einen Fluss ausgesetzt, auf wunderbare Weise gerettet

---

113 Schmid 1999: 89f.

114 Vgl. die von Blum 1984: 479–491, herausgestellte völkergeschichtliche Perspektive der Vätertradition.

115 Dass Jakob- und Exodusüberlieferung relativ früh aufeinander bezogen worden sind, legt sich
schon von ihrer gemeinsamen Beheimatung am Heiligtum von Bethel nahe (zur Beheimatung der
Exodustradition in Bethel vgl. Pfeiffer 1999: 35–42, besonders 183f. unter Berufung auf den Kern
von I Reg 12,28f.*; anders Köhlmoos 2006: 187f.).

und schließlich zum politischen Führer eingesetzt.[116] Diese Erzählung ist somit wahrscheinlich in schriftkundigen „weisheitlichen" israelitischen Beamtenkreisen nach dem Vorbild der Sargonlegende geformt worden. Ihrer diplomatischen Aufgaben wegen besaßen solche „weisheitlich" ausgebildeten Schreiber gute Kenntnisse der Nachbarkulturen, vor allem auch der der Assyrer, die ja in dem Jahrhundert von ca. 730–630 die Oberherrschaft über Israel/Juda ausübten, so dass die assyrische Sargonlegende den israelitischen Schreibern bekannt gewesen sein dürfte.

Umstritten ist, wieso israelitische Schreiber diese assyrische Überlieferung übernommen haben: Soll hier das assyrische Königtum „subversiv" kritisiert werden?[117] Soll die Hoffnung auf einen zukünftigen israelitischen Führer geweckt werden?[118] Auf jeden Fall liegt hier ein Versuch vor, die Krise zu bewältigen, die die assyrische Eroberung des israelitischen Nordreiches für den Glauben an die Macht Jahwes bedeutete. So wird hier im Sinne der „integrativen Monolatrie" des Jahweglaubens das, was die assyrische Religion über die Erwählung und Führung von Herrschern durch mesopotamische Götter glaubte, auf den biblischen Gott übertragen: Die Führung, die die Assyrer Ischtar zuschrieben, ist als Wirken des biblischen Gottes zu verstehen.

In den gleichen historischen Kontext weist auch die Struktur der Jakob-, Josef- und Exodusgeschichte. Dass deren „Helden" immer wieder zum Aufenthalt in fremden Ländern genötigt sind und dass das Mit-Sein Gottes hier sich durchweg auf diese Aufenthalte bezieht (vgl. Gen 28,20; 31,5; 46,4; Ex 3,12), weist auf eine Perspektive, in der Israel in seinem Land nicht mehr zu Hause ist und mit Exilierungserfahrungen rechnet. Unterstrichen wird diese Perspektive durch die Haran-Lokalisierung der Jakob-Laban-Darstellung, die nach Erhard Blum[119] wohl auf das 7. Jh. zurückgeht. John Van Seters[120] hat dabei darauf aufmerksam gemacht, dass die Betonung einer Verwandtschaft Israels mit den nordmesopotamischen Aramäern u.a. mit der assyrischen Exilierung der israelitischen Oberschicht nach Nordmesopotamien in Zusammenhang stehen könnte.

Die vorpriesterschriftliche Jakobdarstellung geht somit nicht mehr von einer autochthonen Existenz Israels aus. Reinhard G. Kratz weist zwar zu Recht darauf hin, dass das Israelverständnis der Jakobgeschichte sich auf die Situation zwischen 722 und 587 v.Chr. bezieht, in der „,Israel' … nicht mehr in den politischen Grenzen der vorexilischen Monarchie, sondern im Niemandsland zwischen Israel und Juda und unter der Monarchie Juda" weiterlebt.[121] Dabei übersieht er aber die

---

116 Vgl. Otto 2000: 55, und zuletzt Gerhards 2006: 149–187.
117 Vgl. Otto 2006: 61–67, und dazu Waschke 2006: 221–223.
118 Vgl. Gerhards 2006: 250–264.
119 Blum 1984: 343f. Anm. 11; vgl. ebd. 164–167.
120 Van Seters 1975: 24–34.
121 Kratz 2000: 274. Auch die in Gen 33* in den Blick genommene „Versöhnung zwischen Israel und Edom" passt in die politische Situation der Assyrerzeit, in der es „zu einer mehr oder weniger friedlichen Koexistenz" der Edomiter mit den Judäern kam (vgl. Dietrich 1999: 1062).

Exilsperspektive, die die Jakobgeschichte durchgehend bestimmt. Die vorpriester-schriftliche Vätergeschichte bildet somit nicht die „Gründungslegende Israels und Judas" als *autochthone* Größen innerhalb der assyrischen Herrschaft.[122] Hinter der Darstellung der Flucht Jakobs vor Laban zurück nach Mittelpalästina als Vorwegnahme des Exodusgeschehens in Gen 31,22f.25 (vgl. Ex 14,5–9*) steht somit bereits die Hoffnung auf einen neuen Exodus, wie sie sich bereits in Hos 11 findet.

In ähnlicher Weise setzt auch Konrad Schmid die Entstehung der vor-priesterschriftlichen Josefsgeschichte in die Zeit nach dem Untergang des Nordreiches an und zieht dabei als historischen Hintergrund auch eine Diaspora-situation von Israeliten in Erwägung.[123] Dass auch hier an eine mesopotamische Diaspora zu denken ist, dafür könnten die zahlreichen Anspielungen auf meso-potamische Gegebenheiten sprechen, die in der Josefsgeschichte zu erkennen sind (vgl. u.a. die Beamtentitel *srys, śr ḥtbḥym* in Gen 39,1 und *abarikku* in 41,43 und die Investitionsszene von 41,42).[124]

Da somit sowohl die ursprüngliche Exodusgeschichte als auch die vorpriester-schriftlichen Fassungen der Jakobgeschichte und der Josefsgeschichte jeweils auf den Untergang des Nordreichs und die damit verbundenen Exilierungserfahrungen bezogen sind, bestätigt sich die oben vertretene These einer ursprünglichen Zusammengehörigkeit dieser drei vorpriesterschriftlichen Darstellungen in einer durchlaufenden Erzväter-Mose-Komposition.[125] Für diese These spricht auch, dass schon in der prophetischen Überlieferung des Nordreichs – wie oben in Teil I anhand der Hoseaüberlieferung gezeigt wurde – Erzväter- und Mosetradition nicht als konkurrierende, sich gegenseitig ausschließende Ursprungslegenden ver-standen wurden.[126] Daher konnten die Jakobüberlieferung und die Josefserzählung – um sie auf die Exilierungserfahrungen der Zeit nach 722 v. Chr. zu beziehen – ohne weiteres dem Exodusbewusstsein Israels zugeordnet werden, so dass bereits die vorpriesterschriftliche Genesis zu einem Dokument der Vorbereitung auf den Exodus wurde.

---

122 Gegen Kratz 2000: 279.
123 Schmid 2002: 106–114.
124 Vgl. hierzu Schmitt 1980: 146–149; z.T. anders Seebass 2000: 70f.
125 Interessant ist, dass es sich bei den zentralen Texten dieser Komposition meist um Texte handelt, die in der traditionellen Pentateuchquellentheorie dem „Elohisten" zugeschrieben wurden. Man könnte also hier von einer „elohistischen" Komposition sprechen (vgl. Schmitt 2001f: 177–182).
126 Auch Blum 2002: 122f., geht davon aus, dass schon in vorexilischer Zeit die Erzväter- und die Exodusüberlieferung *traditionsgeschichtlich* miteinander verbunden sind. Zu Recht weist er darauf hin, dass ein solcher Zusammenhang in Hos 12, in Gen 12,10ff. (vgl. hierzu auch Schmid 1999: 64f., und Köckert 2006: 122) und in der vorpriesterschriftlichen Josefsgeschichte bereits vorausgesetzt wird. Die oben dargestellten kompositionellen Bezüge zwischen Gen 25 – Ex 14* beweisen nun, dass es – wahrscheinlich unter dem Eindruck der Exilierungserfahrung nach dem Untergang des Nordreichs – in der Zeit vor 587 v. Chr. auch schon zu einer *literarhistorischen* Verknüpfung von Vätergeschichte und Exodusgeschichte gekommen ist.

Literatur

ACHENBACH, R. (2003): Die Vollendung der Tora. Studien zur Redaktionsgeschichte des Numeribuches im Kontext von Hexateuch und Pentateuch, BZAR 3.

ALBERTZ, R. (1992): Religionsgeschichte Israels in alttestamentlicher Zeit I, GAT 8/1.

BIEBERSTEIN, K. (1995): Josua-Jordan-Jericho, OBO 143.

BLUM, E. (1984): Die Komposition der Vätergeschichte, WMANT 57.

– (1990): Studien zur Komposition des Pentateuch, BZAW 189.

– (2002): Die literarische Verbindung von Erzvätern und Exodus. Ein Gespräch mit neueren Endredaktionshypothesen, in: Gertz, J.C./Schmid, K./Witte, M. (Hg.), Abschied vom Jahwisten. Die Komposition des Hexateuch in der jüngsten Diskussion, BZAW 315, 119–156.

BOECKER, H.J. (1992): 1. Mose 25,12–37,1: Isaak und Jakob, ZBK.AT 1.3.

BONS, E. (1996): Das Buch Hosea, NSKAT 23/1.

CARR, D.M. (2001): Genesis in Relation to the Moses Story. Diachronic and Synchronic Perspectives, in: Wénin, A. (Hg.) Studies in the Book of Genesis, BEThL 155, 273–295.

– (2006): What Is Required to Identify Pre-Priestly Narrative Connections between Genesis and Exodus?, in: Dozeman, T.B./Schmid, K. (Hg.), A Farewell to the Yahwist?, SBL Symposium Series 34, 159–180.

DIETRICH, W. (1999): Art. Edom, RGG[4] 2, 1061–1063.

DOZEMAN, T.B. (2006): The Commission of Moses and the Book of Genesis, in: Dozeman ,T.B./Schmid, K. (Hg.), A Farewell to the Yahwist?, SBL Symposium Series 34, 107–129.

FECHTER, F. (1992): Bewältigung der Katastrophe. Untersuchungen zu ausgewählten Fremdvölkersprüchen im Ezechielbuch, BZAW 208.

GERHARDS, M. (2006): Die Aussetzungsgeschichte des Mose, WMANT 109.

GERTZ, J.C. (2000): Tradition und Redaktion in der Exoduserzählung. Untersuchungen zur Endredaktion des Pentateuch, FRLANT 186.

– (2002a): Abraham, Mose und der Exodus. Beobachtungen zur Redaktionsgeschichte von Gen 15, in: Gertz, J.C./Schmid, K./Witte, M. (Hg.), Abschied vom Jahwisten, BZAW 315, 63–82.

– (2002b): Mose und die Anfänge der jüdischen Religion, ZThK 99, 3–20.

GRAUPNER, A. (2002): Der Elohist. Gegenwart und Wirksamkeit des transzendenten Gottes in der Geschichte, WMANT 97.

GUNKEL, H. ([9]1977): Genesis, HK I/1.

HOUTMAN, C. (1993): Exodus 1, Historical Commentary on the Old Testament.

JEREMIAS, J. (1983): Der Prophet Hosea, ATD 24/1.

– (2006): Gen 20–22 als theologisches Programm, in: Beck, M./Schorn, U. (Hg.), Auf dem Weg zur Endgestalt von Genesis bis II Regum. FS H.-C. Schmitt zum 65. Geburtstag, BZAW 370, 59–73.

KÖCKERT, M. (1988): Vätergott und Väterverheißungen. Eine Auseinandersetzung mit Albrecht Alt und seinen Erben, FRLANT 142.

– (2006): Die Geschichte der Abrahamüberlieferung, in: Lemaire, A. (Hg.), Congress Volume Leiden 2004, VT.S 109, 103–128.

KÖHLMOOS, M. (2006): Bet-El – Erinnerungen an eine Stadt, FAT 49.

KRATZ, G. (2000): Die Komposition der erzählenden Bücher des Alten Testaments, UTB 2157.

LEVIN, C. (1993): Der Jahwist, FRLANT 157.

LOHFINK, N. (1982): Art. yrš, TWAT 3, 953–985.

NENTEL, J. (2000): Trägerschaft und Intentionen des deuteronomistischen Geschichtswerks. Untersuchungen zu den Reflexionsreden Jos 1; 23; 24; 1Sam 12 und 1Kön 8, BZAW 297.

NOTH, M. (1948): Überlieferungsgeschichte des Pentateuch.

OTTO, E. (2000): Mose und das Gesetz, Die Mose-Figur als Gegenentwurf Politischer Theologie zur neuassyrischen Königsideologie im 7. Jh. v. Chr., in: ders. (Hg.), Mose und das Alte Testament, SBS 189, 43–83.

– (2006): Mose. Geschichte und Legende, C.H.Beck Wissen.

– (2007): Das Gesetz des Mose.

PFEIFFER, H. (1999): Das Heiligtum von Bethel im Spiegel des Hoseabuches, FRLANT 183.

POHLMANN, K.-F. (2001): Der Prophet Hesekiel, ATD 22/2.

PROPP, W.H.C. (1999): Exodus 1–18, AB 2.

DE PURY, A. (1991): Le cycle de Jacob comme légende autonome des origines d' Israël, in: Emerton, J.A. (Hg.), Congress Volume Leuven, 1989. VT.S 43, 78–96.

RICHTER, W. (1970): Die sogenannten vorprophetischen Berufungsberichte. Eine literaturwissenschaftliche Studie zu 1 Sam 9,1–10,16; Ex 3f. und Ri 6,11b–17, FRLANT 101.

RÖMER, T. (1999): Israels Väter. Untersuchungen zur Väterthematik im Deuteronomium und in der deuteronomistischen Tradition, OBO 90.

ROSE, M. (1994): 5. Mose. Teilband 2: 5. Mose 1–11 und 26–34 Rahmenstücke zum Gesetzeskorpus, ZBK.AT 5,2.

RUPPERT, L. (2005): Genesis. Ein kritischer und theologischer Kommentar 3. Teilband: Gen 25,19–36,43.

SCHMID, K. (1996): Buchgestalten des Jeremiabuches. Untersuchungen zur Redaktions- und Rezeptionsgeschichte von Jer 30–33 im Kontext des Buches, WMANT 72.

– (1999): Erzväter und Exodus. Untersuchung zur doppelten Begründung der Ursprünge Israels innerhalb der Geschichtsbücher des Alten Testaments, WMANT 81.

– (2002): Die Josephsgeschichte im Pentateuch, in: Gertz, J.C./Schmid, K./Witte, M. (Hg.), Abschied vom Jahwisten. Die Komposition des Hexateuch in der jüngsten Diskussion, BZAW 315, 83–118.

SCHMIDT, L. (1986): Literarische Studien zur Josephsgeschichte, BZAW 167.

– (1990): Beobachtungen zu der Plagenerzählung in Exodus VII 14 – XI 10, StB 4.

– (1998): Diachrone und synchrone Exegese am Beispiel von Ex 3–4, in: ders., Gesammelte Aufsätze zum Pentateuch, BZAW 263.

– (2006a): Genesis xv, VT 56, 2006, 251–267.

– (2006b): Die Priesterschrift in der Josefsgeschichte, in:. Beck, M/Schorn, U. (Hg.), Auf dem Weg zur Endgestalt von Genesis bis II Regum. FS H.-C. Schmitt zum 65. Geburtstag, BZAW 370, 111–124.

SCHMIDT, W.H. (1988): Exodus, BKAT II/1.

SCHMITT, H.-C. (1980): Die nichtpriesterliche Josephsgeschichte, BZAW 154.

– (2001a): Das sogenannte vorprophetische Berufungsschema, in: ders., Theologie in Prophetie und Pentateuch. Gesammelte Schriften. Hg. von U. Schorn und M. Büttner, BZAW 310, 59–73.

– (2001b): Die Erzählung vom Goldenen Kalb Ex 32* und das Deuteronomistische Geschichtswerk, in: ders., Theologie in Prophetie und Pentateuch. Gesammelte Schriften. Hg. von U. Schorn und M. Büttner, BZAW 310, 311–325.

– (2001c): Die Erzählung von der Versuchung Abrahams Gen 22,1–19* und das Problem einer Theologie der elohistischen Pentateuchtexte, in: ders., Theologie in Prophetie und Pentateuch. Gesammelte Schriften. Hg. von U. Schorn und M. Büttner, BZAW 310, 108–130.

– (2001d):Das spätdeuteronomistische Geschichtswerk Genesis 1 – 2 Regum XXV, in: ders., Theologie in Prophetie und Pentateuch. Gesammelte Schriften. Hg. von U. Schorn und M. Büttner, BZAW 310, 277–294.

– (2001e): Die Josephsgeschichte und das deuteronomistische Geschichtswerk, in: ders., Theologie in Prophetie und Pentateuch. Gesammelte Schriften. Hg. von U. Schorn und M. Büttner, BZAW 310, 295–308.

– (2001f): Der Kampf Jakobs mit Gott in Hos 12,3ff. und in Gen 32,23ff., in: ders., Theologie in Prophetie und Pentateuch. Gesammelte Schriften. Hg. von U. Schorn und M. Büttner, BZAW 310, 154–188.

– (2001g): Redaktion des Pentateuch im Geiste der Prophetie, in: ders., Theologie in Prophetie und Pentateuch. Gesammelte Schriften. Hg. von U. Schorn und M. Büttner, BZAW 310, 220–237.

- (2003): Redaktion und Tradition in Ex 3,1–6. Die Berufung des Mose und der „Elohist", in: Gebauer, R./Meiser, M. (Hg.), Die bleibende Gegenwart des Evangeliums. Festschrift für O. Merk zum 70. Geburtstag, MThSt 76, 1–11.

SCHORN, U. (1997): Ruben und das System der Zwölf Stämme Israels, BZAW 248.

- (2006): Genesis 22 – Revisited, in: Beck, M./Schorn, U. (Hg.), Auf dem Weg zur Endgestalt von Genesis bis II Regum. FS H.-C. Schmitt zum 65. Geburtstag, BZAW 370, 89–109.

SEEBASS, H. (1999): Genesis II/2: Vätergeschichte II (23,1–36,43).

- (2000): Genesis III: Josephsgeschichte (37,1–50,26).

VAN SETERS, J. (1975): Abraham in History and Tradition.

- (1992): Prologue to History. The Yahwist as Historian in Genesis.

- (1994): The Life of Moses. The Yahwist as Historian in Exodus-Numbers.

- (2006): The Report of the Yahwist's Demise Has Been Greatly Exaggerated!, in: Dozeman, T.B./Schmid, K. (Hg.), A Farewell to the Yahwist?, SBL Symposium Series 34, 143–157.

VEIJOLA, T. (2004): Das 5. Buch Mose Deuteronomium Kapitel 1,1–16,17, ATD 8,1.

VRIEZEN, T.C. (1967): Exodusstudien. Exodus I, VT 17, 334–353.

WANKE, G. (2003): Jeremia Teilband 2: Jeremia 25,15–52,34, ZBK.AT 20,2.

WASCHKE, E.-J. (2006): Mose und David. Ein überlieferungs- und redaktionsgeschichtliches Desiderat?, in: Beck, M./Schorn, U. (Hg.), Auf dem Weg zur Endgestalt von Genesis bis II Regum. FS H.-C. Schmitt zum 65. Geburtstag, BZAW 370, 217–230.

WEIMAR, P./ZENGER, E. (1975): Exodus. Geschichten und Geschichte der Befreiung Israels, SBS 75.

WEIMAR, P. (1980): Die Berufung des Mose. Literaturwissenschaftliche Analyse von Exodus 2,23–5,5, OBO 32.

WILLI-PLEIN, I. (1988): Das Buch vom Auszug 2. Mose.

WITTE, M. (1998): Die biblische Urgeschichte. Redaktions- und theologiegeschichtliche Beobachtungen zu Genesis 1,1–11,26, BZAW 265.

WÜRTHWEIN, E. (1984): Die Bücher der Könige. 1.Kön. 17 – 2.Kön. 25, ATD 11/2.

ZIMMER, F. (1999): Der Elohist als weisheitlich-prophetische Redaktionsschicht, EHS 23/656.

Sodomie in Gibea.
Der kompositionsgeschichtliche Ort von Jdc 19

Henrik Pfeiffer
Erlangen

Die Sodom-Erzählung (Gen 19) besitzt bekanntlich ein pittoreskes Gegenstück in Jdc 19. Auf die mannigfaltigen Berührungen zwischen beiden Texten wurde in der Forschung verschiedentlich hingewiesen.[1] Sie lassen sich bis in den Wortlaut hinein verfolgen und implizieren schon deshalb literarische Interdependenz. Die Richtung des Abhängigkeitsverhältnisses wird jedoch nach wie vor kontrovers diskutiert. Entsprechende Vorschläge vor Augen, hat unlängst H.-J. Stipp dabei eine viel sagende Regelmäßigkeit beobachtet: „Der jeweils untersuchte Text ist der jüngere; demgemäß befürworten Genesis-Ausleger den Vorrang von Ri 19, während die Forschung am Richterbuch meist umgekehrt optiert.“[2] Offensichtlich führt ein direkter Vergleich zwischen beiden Texten zu keinem eindeutigen Ergebnis. Es bedarf des Umwegs der literaturgeschichtlichen Einordnung beider Texte. Dabei ist nach wie vor davon auszugehen, dass die Sodomerzählung noch zum Kernbestand der vorexilischen Abrahamüberlieferung gehört.[3] Weitaus größere Unsicherheiten ergeben sich aber für die Gibea-Erzählung (Jdc 19). Sie kommt zwar in einem literarischen Kontext zu stehen, den man gemeinhin zu den nach-dtr. „Anhängen“ des Richterbuches zählt (Jdc 17–21). Doch schließt dies für viele eine Herkunft aus früh- oder vorstaatlicher Zeit keineswegs aus.[4] Diese Sicht gilt es im Folgenden zu überprüfen.[5] Eine Klärung verspricht dabei nicht nur größere Gewissheit hinsichtlich des Verhältnisses von Gen 19 und Jdc 19. Sie ermög-

---

1   Vgl. z.B. Burney 1918: 444f.; O'Connell 1996: 250–252; de Hoop 2004: 21f.
2   Stipp 2006: 155, mit Verweis auf Westermann 1981: 2366; Ruppert 2002: 405.412, für die Priorität des Richter-Textes und für den umgekehrten Fall auf Becker 1990: 262; Block 1990: 333–337; Brettler 2002: 86; Matthews 2004: 186.
3   S.u. Anm. 92.
4   So bereits im 19. Jh. Budde 1890: 91; ders. 1897: 110, der entsprechend der Zweiquellentheorie die literarische Substanz auf J, E und R_{je} zurückführte, die Anfügung an die Richter-komposition jedoch einem nach-dtr. R_p zuschrieb. Für die gegenwärtige Forschung vgl. etwa Stipp 2006.
5   Vgl. bereits Wellhausen, [3]1899: 229–233; ders. [6]1905: 231–233.

licht auch weitere Einblicke in die literarische Genese jener Verklammerung von Volks- und Königtumsgeschichte, die wir als „Richterbuch" bezeichnen.

I.

Wie oft beobachtet, gliedert sich die Teilkomposition Jdc 17–21 in zwei Teile: Kap. 17–18 kreisen um einen gewissen Micha vom Gebirge Ephraim, der unter fragwürdigen Umständen ein Gottesbild fabriziert, und den Stamm Dan. Im Mittelpunkt der Kap. 19–21 stehen das Geschick eines namenlosen Leviten und des Stammes Benjamin. Beide Teile kennen einen Leviten aus „Bethlehem (in) Juda" (17,7.9–13; 18,3.15; 19,1; 20,4).[6] Die Komposition wird darüber hinaus durch ein Geflecht von vier Notizen zusammengehalten, die darauf verweisen, dass es „in jenen Tagen" noch keinen König in Israel gegeben (17,6; 18,1; 19,1; 21,25) und (folglich) ein jeder „das Rechte in seinen (eige-nen) Augen" getan habe, wobei diese zweigliedrige Langform (17,6; 21,25) den gesamten Abschnitt rahmt, der erste Teil des Kehrverses in 18,1 und 19,1 jedoch Gliederungsfunktionen innerhalb der Komposition wahrnimmt.

Wie nicht anders zu erwarten, stellen die Schlusskapitel des Richterbuches in literarhistorischer Hinsicht ein durchaus komplexes Gebilde dar. Dabei läßt sich ohne Mühe zeigen, dass Jdc 19 innerhalb des hinteren Teils der „Anhän-ge" (Kap. 19–21) auf den literarischen Grundbestand führt. Die Frauenbe-schaffungsgeschichten in 21,10–14a.14b–24 haben das Konnubiumsverbot von 21,1–9 und letzteres den Bruderkrieg gegen Benjamin (Kap. 20) zur Voraus-setzung. Die Beratschlagung der Stämme (20,1–13) und der Krieg gegen Ben-jamin (20,14–21) sind ihrerseits nicht ohne die Gibea-Erzählung (Kap. 19) zu denken. Kap. 19 ist somit Auslöser für alles weitere.[7] Dabei ist ohne Schwierigkeiten ersichtlich, dass Kap. 20 die Erzählung von der Schandtat in Gibea auf späterer Ebene fortsetzt. Bereits J. Wellhausen war das eklatante Missverhältnis zwischen dem eher kleinräumigen Konflikt von Kap. 19 und der gesamtisraelitischen Strafmaßnahme in Kap. 20 aufgefallen.[8] Daran anschließend hat H.-W. Jüngling auf grundlegende stilistische Brüche zwi-schen beiden Kapiteln, Differenzen im theologischen Profil und bei der Reka-pitulation von 19,15–29 in 20,4–6 hingewiesen.[9] Die Argumente sind von U. Becker noch in der einen oder anderen Hinsicht präzisiert oder ergänzt wor-

---

6   Die Bezeichnung „Bethlehem (in) Juda" begegnet sonst nur noch in I Sam 17,12; Rt 1,1.2.
7   Vgl. Noth 1930: 162–170; Jüngling 1981: 258f.; Becker 1990: 287–293; Stipp 2006: 135.
8   Vgl. Wellhausen, [3]1899: 230f., der freilich Kap. 19 und 20 dennoch auf derselben („späten") Ebene verortet, und Jüngling 1981: 251. Zu verschiedenen Immunisierungsversuchen gegen diese Beobachtung vgl. Jüngling 1981: 251–259.
9   Vgl. Jüngling 1981: 259–274.

den.[10] Der literarische Bruch zwischen Gibea-Erzählung und Kriegsbericht verläuft durch 19,30.[11] V.30b fällt durch asyndetischen Anschluss und unklaren Adressatenbezug auf.[12] Inhaltlich zielt er auf die Stämmeberatung in 20,1–13 und wird dort entsprechend in V.7 wieder aufgenommen.[13] 19,29–30a gehören noch zur Erzählung von Kap. 19. Dies geht aus der Darstellung der Ereignisse durch den Leviten in 20,6 hervor. Die Formulierungsvarianz in

---

10 Becker 1990: 266–287.

11 Vgl. Jüngling 1981: 246–251; Becker 1990: 261; Stipp 2006: 133–135.

12 Indes scheint LXX^A (nebst einigen Minuskeln und Tochterübersetzungen [vgl. Schreiner 1957: 38]) alle Probleme von V.30 zu lösen: (V.30a [LXX^A]) καὶ ἐγένετο πᾶς ὁ ὁρῶν ἔλεγεν Οὔτε ἐγενήθη οὔτε ὤφθη οὕτως ἀπὸ τῆς ἡμέρας ἀναβάσεως υἱῶν Ισραηλ ἐξ Αἰγύπτου ἕως τῆς ἡμέρας ταύτης. (V.30b [LXX^A]) καὶ ἐντείλατο τοῖς ἀνδράσιν, οἷς ἐξαπέστειλεν, λέγων Τάδε ἐρεῖτε πρὸς πάντα ἄνδρα Ισραηλ Εἰ γέγονεν κατὰ τὸ ῥῆμα τοῦτο ἀπὸ τῆς ἡμέρας ἀναβάσεως υἱῶν Ισραηλ ἐξ Αἰγύπτου ἕως τῆς ἡμέρας ταύτης; θέσθε δὴ ἑαυτοῖς βουλὴν περὶ αὐτῆς καὶ λαλήσατε.
Der Einschub zwischen V.30a (MT) und V.30b (MT) klärt zunächst, wie die Botschaft des Protagonisten überhaupt „in das ganze Gebiet Israels" (V.29 [MT]) bzw. „zu allen Stämmen Israels" (V.29 [LXX^A]) hat gelangen können, nämlich durch „Männer, die er (sc. der Protagonist) sandte". Weiterhin erscheint V.30b jetzt als Teil der Rede der Botschafter, womit Redesubjekt und Adressat eindeutig bestimmt werden. Gleichzeitig glättet der Einschub die Härte der Asyndese am Übergang von V.30a (MT) nach V.30b (MT). *Prima vista* läßt sich der masoretische Text bestens durch Homoioteleuton erklären (ἀπὸ τῆς ἡμέρας ἀναβάσεως υἱῶν Ισραηλ ἐξ Αἰγύπτου ἕως τῆς ἡμέρας ταύτης = עלות בני ישראל מארץ מצרים עד היום הזה למיום), weshalb man in aller Regel zumindest den Überschuss von LXX^A für ursprünglich hält (vgl. Moore 1895: 421; Burney 1918: 470f.; Budde 1897: 132; Nowack 1900: 165f.; vorsichtig Schreiner 1957: 38), wenngleich die einzelnen Lösungsvorschläge differieren. Auch Stipp 2006: 133f., gibt der Erklärung des MT aus einer Parablepsis den Vorzug. Darüber hinaus betrachtet er den alexandrinischen Langtext als *lectio difficilior*: „Der nur dort bewahrte Botenauftrag ... durchbricht ohne ersichtliches Motiv die sequentielle Erzählweise, insofern er erst nach der Reaktion der Adressaten mitgeteilt wird, die er überdies verdoppelt" (Stipp 2006: 134). Doch liegt genau in der Verdoppelung das Problem: Die von den Boten übermittelte Frage des Protagonisten wird nach der vorab *wortgleich* mitgeteilten Reaktion der Adressaten (V.30a) nämlich vollends unsinnig. V.30 (LXX^A) erfordert vielmehr eine literarkritische Lösung, die der genannten Dublette Rechnung trägt. Demnach wäre zwischen der ersten, dem masoretischen Text parallel laufenden Hälfte (V.30a [LXX^A]) und dem Beginn des Sondergutes ein literarischer Bruch anzunehmen. Weiterhin dürfte der gesamte zweite Teil von V.30 LXX^A als *lectio varians* zur masoretischen Textform zu erklären sein. LXX^A ist dann durch Kontraktion der beiden Varianten entstanden (Variante 1 = V.30a.b [MT]; Variante 2 = V.30b [LXX^A]). V.30b (MT) war im Zuge der Redaktion des alexandrinischen Textes jedoch nicht mehr unterzubringen und hat im Unterschied zu V.30a (MT) deshalb keinen Eingang in LXX^A gefunden. Vergleicht man nun den masoretischen Text von V.30 mit der aus LXX^A rekonstruierten älteren Textform (V.30b [LXX^A]), so bietet aus den schon eingangs genannten Gründen erstgenannter eindeutig die *lectio difficilior* und ist dementsprechend als ursprünglich anzusprechen (so schon richtig, wenn auch mit teilweise anderer Argumentation, Jüngling 1981: 246–251; ihm folgend Becker 1990: 261).

13 Vgl. Jüngling 1981: 247f.

19,23f.29–30a und 20,6 zeigt, dass Erzählung und Rekapitulation nicht von gleicher Hand stammen.[14]

Die Erzählung Jdc 19 ist auch älter als der vordere Teil der „Anhänge" Jdc 17f. Mit einigem Recht hat vor allem U. Becker die beiden Kapitel als „negative Ätiologie des danitischen Kultes" gedeutet[15], die auf die Apostasie Jerobeams in I Reg 12 zuläuft. Merkwürdig bleibt allerdings, dass es Jdc 17f. ausgerechnet auf Dan abgesehen haben und nicht auf Bethel wie die anderen alttestamentlichen Texte zur Sache. Die Auffälligkeit erklärt sich aus den Weiterungen in Kap. 20f.: Diese stellen Bethel[16] neben Mizpa[17] als eine Art „amphiktyonischen" Aktionszentrums mit durchaus positiver Funktion vor. Der Autor von Kap. 17f., der die kultische Apostasie des Nordreiches ins Spiel bringen wollte, musste deshalb zwangsläufig auf Dan ausweichen. Das setzt aber voraus, dass er Kap. 20f. schon kannte. Jdc 19 repräsentiert somit das älteste Stratum in den sog. „Anhängen" Jdc 17–21.

Innerhalb der Erzählung selbst bedarf zunächst der Eingang einiger Erläuterungen: ויהי איש am Anfang von V.1b entspricht den Erzähleingängen in Jdc 13,2; 17,1; I Sam 1,1 und 9,1. V.1a gehört zum Kehrvers-Geflecht, das die Komposition Jdc 17–21 formal zusammenhält (17,6; 18,1; 21,25). Weiterhin begegnet die Wendung ויהי בימים ההם in V.1aα noch in Ex 2,11.23 und I Sam 28,1. Aus diesen Gründen betrachtet man V.1a in der Regel als redaktionelles Scharnier zur Einbindung der Erzählung in den vorliegenden Kontext.[18] Wirklich plausibel ist diese Entscheidung aber nur, wenn man bereits voraussetzt, dass Jdc 19 eine ursprünglich *unabhängig* vom Kontext tradierte Erzählung war, was im Folgenden noch zu diskutieren ist.[19] Auffällig ist auch die von Jdc 17,6; 18,1; 21,25 abweichende Formulierung in Jdc 19,1a (ומלך אין בישראל statt ויהי בימים ההם בימים ההם אין מלך בישראל). Dies könnte darauf hinweisen, dass der Kehrvers 19,1a einer anderen Schicht als 17,6; 18,1; 21,25 zuzuordnen ist.

In 19,1b zieht man seit Budde die levitische Identität des Protagonisten in Zweifel.[20] Der Umstand, dass er ein Levit sei, spielt für den Fortgang der Erzählung keine Rolle. Jenseits von 19,1b begnügt sich der Verfasser mit Bezeichnungen wie „(der) Mann" (ה[איש], V.6.7.9.10.22.23), „ihr Mann" (אישה,

---

14 Vgl. ויקח (19,29)/ואחז (20,6), בכל גבול ישראל (19,29)/בכל שדה נחלת ישראל (20,6), נבלה mit Bezug auf איש הזה (19,23.24)/זמה ונבלה בישראל (20,6).

15 Becker 1990: 253.

16 20,18.26; 21,2; vgl. 2,1–5; I Sam 7,16.

17 20,1.3; 21,1.5.8; vgl. I Sam 7,5–7.11f.16; 10,17.

18 Vgl. bereits Wellhausen ³1899: 233; Budde 1897: 128; Nowack 1900: 160; Becker 1990: 258f.; Stipp 2006: 135–137.

19 Die Ursprünglichkeit von V.1a behauptet etwa Jüngling 1981: 59–73, wenn auch mit anderen Implikationen.

20 Vgl. Budde 1897: 127; Nowack 1900: 160; Veijola 1977: 20f.; Jüngling 1981: 76; Becker 1990: 259; Stipp 2006: 132f. u.a. – vgl. dagegen etwa Gunneweg 1965: 23.

V.3), „sein Schwiegersohn" (חתנו, V.5) „der Reisende (Mann)" (האיש הארח,
V.17). Beredt ist auch die Identitätserklärung des Mannes in 19,18: „Wir ziehen von Bethlehem Juda bis zum hintersten Teil des Gebirges Ephraim; von
dort bin ich". Das Gegenbeispiel liefert 17,9: „Ich bin ein Levit aus Bethlehem
Juda, und ich wandere, um mich niederzulassen, wo ich etwas finde". Vom
Leviten ist erst wieder in der um Kap. 20 erweiterten Fassung (vgl. 20,4) und
zuvor in dem späteren Teil Kap. 17f. die Rede (17,7.9–13; 18,3.15). Es spricht
einiges für die Annahme, der Levit sei im Zuge der Bearbeitungen durch Kap.
20f. von dorther nach Kap. 19 gewandert, zumal Kap. 20f. auch sonst priesterliche Prägung verrät.[21] Vor diesem Hintergrund steigert die neue Rolle des
Protagonisten noch die Qualität des Verbrechens, was dann erst recht die in
Kap. 20 geschilderte Reaktion aller anderen Stämme erfordert.[22] Auf der gleichen Ebene wie das Adjektiv לוי liegt auch das Partizip גר, das aus 17,7 stammen dürfte und die Vorstellung des landlosen Leviten assoziiert (vgl. Dtn
18,6).[23] Schließlich hat die gewandelte Identität des Ephraimiten auch in V.18
ihre Spuren hinterlassen: Hier bewahrt am Anfang der zweiten Vershälfte (ואת
בית יהוה אני הלך) wohl die LXX den ursprünglichen Text (καί εἰς τὸν οἶκόν
μου = ואל ביתי).[24] Abgesehen von der grammatischen Schwierigkeit der *nota
accusativi* in Verbindung mit dem Verb הלך bleibt der Vorsatz des Protagonisten, das Jahwe-Heiligtum (von Gibea?) aufsuchen zu wollen, innerhalb
der Erzählwelt unmotiviert. Die Textänderung im masoretischen Text dürfte
mit der Eintragung von לוי גר in V.1 zusammenhängen.

Schwierigkeiten bereiten weiter V.12b–13. Folgt man der Rede des Protagonisten von V.13b, so will er das Nachtquartier in Gibea *oder* Rama nehmen.
Nach V.14 erzwingt dann der Sonnenuntergang gewissermaßen *naturaliter* die
Einkehr in Gibea (V.15). V.12b vermittelt indes den Eindruck, als sei Gibea
von vornherein das ausdrückliche Ziel des Protagonisten gewesen. Hinzu
kommt die doppelte Redeeinleitung ohne Subjektwechsel in V.12aα und
V.13aα und das aus V.12b wiederholte עבר in V.14a. Die Vertreter des Zwei-
quellenmodells haben diesen Befund als Dubletten ausgewertet und den Text
entsprechend auf verschiedene Erzählungsvarianten verteilt.[25] Alternativ
konnte V.12b als Glosse betrachtet werden.[26] Die doppelte Redeeinleitung in
V.12aα und V.13aα spricht jedoch dafür, auch V.13a dem Nachtrag zuzurech-

---

21 Man vgl. nur die Bezeichnungen der Stämmeversammlung als עדה (20,1; 21,10.13.16) und
   קהל (20,2; 21,5.8).
22 Vgl. Budde 1897: 127; Veijola 1977: 20f.
23 Vgl. Stipp 2006: 133.
24 Vgl. BHS; O'Connell 1996: 483; Stipp 2006: 138f.
25 Vgl. z.B. Budde 1897: 129f. (Quelle A: V.10.13.14.15bα, Quelle B: V.11.12.15aβ); ähnlich
   Nowack 1900: 162.
26 Vgl. z.B. Moore 1895: 416; Jüngling 1981: 160f.

nen, der die Reise von vornherein auf Gibea als dem Ort des Verbrechens zulaufen läßt, zumal Rama im weiteren Erzählverlauf keine Rolle spielt.[27]

Wenn in V.24 der Gastgeber neben seiner jungfräulichen Tochter auch noch gleich die Nebenfrau seines Gastes der Meute von Gibea anbietet, um diesen zu schonen, so überschreitet dieser Erzählzug alle Verständnisgrenzen. Offensichtlich hat die Personen-Staffage von Gen 19 (Gen 19,8) dazu geführt, die Handlung des Protagonisten von V.25 auf den Wirt zu übertragen. Das Problem wird durch Eliminierung von ‏ופילגשהו‎ und Änderung der Pluralformen ‏אותם‎ (bis) und ‏להם‎ in die 3. sg. fem. behoben.[28]

In V.29 vermutet man gewöhnlich in ‏לשנים עשר נתחים‎ einen Zusatz.[29] Indizien sind vor allem die parallele Fügung zu ‏לעצמיה‎ und das Suffix in der Form ‏וישלחה‎, das sich nur auf ‏פילגש‎ zurückbeziehen kann (vgl. ‏ויתחה‎), sowie die sachliche Schwierigkeit, die „zwölf Stücke" mit den vorgenannten Gliedmaßen in einen sachlichen Zusammenhang zu bringen. Gegen die grammatischen Schwierigkeiten hat H.-J. Stipp geltend gemacht,[30] dass die Inkongruenz des Suffix-Bezuges durch die Elimination von ‏לשנים עשר נתחים‎ nicht behoben werde, da auch ‏ויתחה לעצמיה‎ nach den Regeln der Grammatik ein plurales Suffix an ‏וישלח‎ erfordere. Gleichwohl bleibt die Formulierung merkwürdig. Denn man fragt sich, welche Funktion die Erwähnung der „Gliedmaßen" im vorliegenden Text haben soll, wenn es der Autor ohnehin auf die „zwölf Teile" und mit ihnen auf die zwölf Stämme Israels abgesehen hat. Die Angabe ‏לשנים‎ ‏עשר נתחים‎ in V.29 ist somit dem Grundbestand abzusprechen und zusammen mit V.30b der Ebene der Erweiterung von Kap. 20 zuzuschreiben.

Die Erzählung in ihrer mutmaßlich ältesten Gestalt gliedert sich in eine kurze Exposition (V.1–3a), zwei Hauptteile (V.3–10aβ¹[bis ‏וילך‎ ‏ויקם‎]/10aβ² [ab ‏ויבא‎]–12a.13b–23.24*–28) und einen Schluss (V.29*–30a). Hauptgliederungsmerkmal sind die jeweiligen durch *verba eundi* markierten Ortswechsel (vgl. die Wendung ‏וילך‎ [...] ‏ויקם‎ am Schluss von Exposition und Hauptteilen [V.3.10aβ¹.28] sowie die Narrative von ‏בוא‎ am Eingang der beiden Hauptteile und des Schlusses [V.3a.10aβ².29*]). Die *Exposition* (V.1–2) führt, sollte V.1a ursprünglich sein, in die vorkönigliche Zeit und stellt einen nicht namentlich genannten Ephraimiten als Protagonisten der Erzählung vor. Mit der Flucht von dessen erzürnter[31] Nebenfrau zu ihrem Vater nach Bethlehem benennt er zugleich das die Handlung in Gang bringende Geschehen. Der Ephraimit

---

27 Vgl. Becker 1990: 260. Diese Zuspitzung auf Gibea ist, wie sich noch zeigen wird, auch sachlich durchaus begründet.

28 Vgl. Budde 1897: 131; Jüngling 1981: 211; Becker 1990: 261; Stipp 2006: 139.

29 Vgl. Budde 1897: 132; Nowack 1900: 165; Jüngling 1981: 234–236 (mit ausführlicher Analyse der Wendungen); Becker 1990: 261.

30 Vgl. Stipp 2006: 139f.

31 Zu dem nur an dieser Stelle belegten ‏זנה‎ II „Abneigung empfinden" vgl. HALAT und LXX, sowie akkadisch *zenûm* „zornig sein"; zur Imperfekt-Langform Stipp 2006: 137, Anm. 51.

begibt sich nach viermonatiger Wartezeit zu seiner entlaufenen Nebenfrau nach Bethlehem, um sie endlich zur Heimkehr zu bewegen.[32] Begleitet wird er von seinem Knecht, den der Erzähler für den Dialog in V.11–12a.13b benötigt, und einem Eselsgespann (vgl. V.10.19.28), das den Transport von Proviant (V.19) und hernach der Frauenleiche (V.28) ermöglicht.

Der *erste Hauptteil* (V.3–10aβ¹) untergliedert sich in drei Unterabschnitte (V.3b–4/5–7/8–10aβ¹), die vor allem durch die Tageszählung konstituiert werden („drei Tage" [V.4], „vierter Tag" [V.5], „fünfter Tag" [V.8]). Die einzelnen Abschnitte schließen mit einer Form des Verbum לין (V.4.7.10aα) und anschließender Partikel שם (V.4.7, in V.10αβ¹ aus sachlichen Gründen durch ויקם וילך ersetzt). Narrative Verknappung und Dehnung gleich im ersten Unterabschnitt (V3b–4) zeigen, worauf es dem Erzähler ankommt: Die Ankunft in Bethlehem und die Begegnung des Ephraimiten mit seiner Nebenfrau, der er doch „zu Herzen zu reden" gedachte (V.3a), werden mit keinem Wort erwähnt. Dafür schildert der Erzähler vergleichsweise ausführlich, wie die Nebenfrau den Ankömmling sogleich ihrem Vater zuführt, dieser sich dem Gast „entgegen freut"[33] und ihn erst einmal für drei Tage großzügig bewirtet. Bei alledem nimmt er am Übergang von V.3a zu V.3b–4 einen auffällig harten Subjektwechsel in Kauf. Der Bethlehemiter weiß seine Gastfreundschaft in den nächsten beiden Abschnitten noch zu steigern (V.5–7/8–10aβ¹). Allein am vierten Tag (V.5–7) nötigt der Wirt seinen Gast dreimal zum Bleiben (V.5b.6b.7b), zweimal davon nun auch in wörtlicher Rede (V.5b.6b). Am fünften Tag ergeht wiederum zweimal in direkter Rede die Aufforderung an den Gast, es sich im Hause seines Schwiegervaters gut gehen zu lassen (V.8a.9b), diesmal ergänzt durch den Hinweis auf die fortgeschrittene Tageszeit. Besonders emphatisch gerät dabei die letzte Rede in V.9b durch das zweimalige הנה und den doppelten Hinweis auf den einbrechenden Abend. Dass der Gast in V.10aα das Angebot seines Wirtes noch zu vorgerückter Stunde ausschlägt, ist wider alle Vernunft, treibt die Erzählung aber voran, denn damit ist alles weitere bereits vorgezeichnet.

In scharfem Kontrast zu der freundlichen Aufnahme, die der Protagonist in Bethlehem erfährt, stehen die Ereignisse, von denen der *zweite Hauptteil* (V.10aβ²–12a.13b–23.24*–28) erzählt. Dieser untergliedert sich wiederum in drei Teile: V.10aβ²–12a.13b–15/16–21/22f.24*–28. Der Heimweg führt den Ephraimiten über das benjaminitische Gibea (V.10aβ²–12a.13b–15). Zunächst jedoch gelangt er bis „gegenüber Jebus", von dem der Erzähler erklärt, es sei Jerusalem (V.10aβ²γ). Dort stellt sich für die Reisenden die Frage der Übernachtung, über die sich dann in V.11b–12a.13b ein Dialog zwischen dem Protagonisten und seinem Knecht entspinnt. Der Vorschlag des Knechtes, die

---

32 Das Ketib להשיבו (mit Suffix-Bezug auf voranstehendes לבה) bietet gegen den Vorschlag der BHS und der meisten Kommentatoren *die lectio difficilior*.

33 Zum Ausdruck vgl. 15,14; ferner 14,5.

„Stadt der Jebusiter" als Nachtquartier aufzusuchen (V.11b), liefert gewissermaßen das Gegenargument gleich mit. Denn sie ist, wie der Ephraimit sofort
einwendet, „Stadt des Fremden, die[34] nicht von den Israeliten" ist. So geht die
Reise weiter, um in Gibea oder Rama zu nächtigen (V.13b). Der Sonnenuntergang nötigt dann aber dazu, in Gibea Einkehr zu halten, das ganz anders als die
Jebusiterstadt „zu Benjamin gehört" (V.14; vgl. V.16) und damit zu den Städten der Israeliten (V.15a). Wider Erwarten präsentiert sich der Ort jedoch von
Anfang an als ungastlich: Niemand, der bereit wäre, die Fremden für die Nacht
aufzunehmen, obwohl es nicht mehr bedürfte als eines schützenden Obdachs
(V.19). Ihnen bleibt – zumindest vorerst – nur ein offener Platz inmitten der
Stadt. Schließlich finden sie doch noch eine Herberge bei einem „alten Mann"
(V.16–21), der nun aber kein Benjaminit ist wie die Leute von Gibea, sondern
ein „Fremdling", der seine Heimat wie die Reisenden auf dem Gebirge Ephraim hat (V.16). Dabei reicht die Gastfreundschaft des Alten weit über das
erforderliche Maß hinaus (vgl. V.21 mit V.19).

Die Gibeaniter erweisen sich jedoch nicht nur als ungastlich, sondern als
ausgesprochen fremdenfeindlich (V.22f.24*–28), was ihnen das Stigma einträgt, „Männer Belijaals" zu sein (V.22). Sie umzingeln das Haus des Alten
und fordern unumwunden die Herausgabe des Gastes, um ihn zu vergewalti-
gen. Mit kaum zu überbietender Eindringlichkeit versucht der Wirt, das Un-
glück von seinem Gast abzuwenden: Zweimal ergeht die Aufforderung, dem
Fremden doch nicht eine solch „schändliche Sache" (דבר הנבלה) anzutun, das
erste Mal im Vetitiv (V.23b), das zweite Mal – steigernd – im Prohibitiv
(V.24b). Sogar seine jungfräuliche Tochter bietet der Gastgeber als Ersatz
(V.23.24*). Bei alledem geht es den Bedrängern weniger um Befriedigung
homophiler Begehrlichkeiten, als vielmehr um die Demütigung des Fremden.
Nur so ist es zu verstehen, dass sie sich zufrieden geben, als der Gast selbst
seine Nebenfrau zur Schändung freigibt (V.25a). Das Martyrium währt die
ganze Nacht hindurch (V.25b). Bei Tagesanbruch schleppt sich die Geschän-
dete bis vor das Haus des Gastgebers (V.26). Ihr Herr indes macht sich am
nächsten Morgen auf, um seines Wegs zu ziehen (V.27), ohne dem weiteren
Schicksal seiner Nebenfrau nachzugehen.[35] Da sie unmittelbar vor dem Eingang des Hauses liegt, trifft er jedoch beim Verlassen desselben auf das Opfer.

---

34 Das auffällige Personalpronomen 3.plur. fem., das im Targum und in einigen masoretischen
    Handschriften in die 3.plur. korrigiert wird (vgl. auch Budde 1897: 130; Nowack 1900: 162,
    u.v.a.), dürfte sich auf das voranstehende עיר beziehen, das zugleich die Bewohner der Stadt
    im Blick hat (vgl. Moore 1895: 416; Jüngling 1981: 158f.). Auch LXX[B] setzt הנה vor-
    aus, interpretiert aber adverbial.

35 Das Desinteresse des Protagonisten an seiner vergewaltigten Nebenfrau mag Zeitgenossen
    westlicher Provenienz empören, dürfte aber in der Welt des Vorderen Orients, zumal der An-
    tike, kaum als anstößig empfunden worden sein; vgl. auch den Hinweis Stipps auf eine ent-
    sprechendes Verhalten Davids in II Sam 16,21; 20,3 (Stipp 2006: 147).

Merkwürdigerweise wird der Tod der Frau nicht eigens notiert.[36] Gleichwohl ist kaum anzunehmen, dass der Erzähler sagen wollte, erst der Protagonist habe ihn durch seine martialische Aktion von V.29 herbeigeführt. Vermutlich wird mit dem Umstand, dass die Frau nicht mehr auf die Anrede ihres Herrn reagiert (V.28a), auch zugleich ihr Tod mitgeteilt.[37] Der Ephraimit legt die Leiche auf einen Esel und tritt dann den Heimweg an. Zu Hause angekommen (V.29*–30a), zerlegt er sie „nach ihren Gliedern/Gebeinen"[38] und verschickt diese „in das ganze Gebiet Israels", um so das Verbrechen im ganzen Land kundzutun. Die Erzählung schließt in V.30a mit einer Reaktion der Adressaten.

II.

Da der Zusammenhang von Jdc 17–21 redaktioneller Art und die Ursprünglichkeit von V.1a strittig ist, können Indizien für eine zeitliche und literaturgeschichtliche Einordnung von Jdc 19* nur aus der Erzählung selbst gewonnen werden.[39] Dabei verdienen die Ortsnamen und die Frage nach möglichen literarischen Querbeziehungen besondere Bedeutung.

Da der Erzähler Eigennamen insgesamt nur sehr sparsam gebraucht und die handelnden Personen auffällig anonym bleiben, steht zu vermuten, dass den wenigen namentlich genannten Orten eine sinntragende Funktion zukommt. Dazu gehört auffälligerweise nicht die Heimat des Protagonisten, die

---

36 Eine entsprechende Notiz bieten erst die LXX-Versionen in V.28.

37 Vgl. Budde 1897: 132; Nowack 1900: 165. Stipp 2006: 148, bucht die Nachlässigkeit im Erzählablauf auf das Konto der ideologischen Interessen des Erzählers.

38 Vgl. Jüngling 1981: 235.

39 Noch J. Wellhausen (³1899: 229–233; ders. ⁶1905: 231–233) stützte seine Spätdatierung der Erzählung in das Vorfeld von Priesterschrift und Chronik in erster Linie auf den gegebenen Zusammenhang: „In Jud. 19–21 sind es nicht, wie sonst überall, die einzelnen Stämme, welche agieren, nicht einmal das Volk Israel, sondern die Gemeinde des Bundes, die auf der Einheit des Kultes basiert. Was sie zum Handeln veranlasst, ist eine in ihrer Mitte begangene Sünde, die fortgeschafft werden muss; die Heiligkeit der Theokratie bringt diese vier mal hunderttausend Mann in Harnisch und erfüllt sie zugleich mit Salbung und mit blutiger Energie. Dieser uniformen Masse sind die geistlichen Instinkte ganz in Fleisch und Blut übergegangen und machen sie zu einem einheitlichen Automaten, so dass alles was geschieht immer von allen zugleich getan wird. Individuen treten nicht hervor, nicht mit Namen, geschweige mit Heldentaten, die Moral ist nichts weniger als heroisch" (Wellhausen ⁶1905: 232). Nahezu die gleichen Indizien führten Jahrzehnte später M. Noth (1930: 162–170; ders. ⁸1976: 101) allerdings zu einer nicht weniger entschiedenen Frühdatierung von Jdc 19–20 in die vorstaatliche Zeit: „Handelnd treten in der Erzählung nur die israelitischen Stämme als solche auf, und ein Zwischenfall in dem Gesamtleben der zwölf israelitischen Stämme ist der wesentliche Inhalt der Geschichte; seinen Anlaß und Verlauf zu schildern, ist anscheinend der einzige Zweck dieser Kapitel" (Noth 1930: 169). Es handle sich demnach „um eine ausgesprochen amphiktyonische Tradition, die nicht nur wahrscheinlich am amphiktyonischen Zentralheiligtum überliefert wurde, sondern auch ein Ereignis aus der Geschichte der Amphiktyonie als solcher zum Inhalt hat" (Noth, 1930: 170).

mit dem „hintersten/entferntesten Teil des Gebirges Ephraim" (V.1.18) weitgehend unbestimmt bleibt. Entscheidend sind vielmehr Ziel und Stationen
seiner Reise: vor allem Bethlehem, wo der Ephraimit im Hause seines Schwiegervaters eine mindestens großzügige Bewirtung erfährt, und das finstere
Gibea, unter dessen Bewohnern sich niemand findet, der dem Fremden Ob-
dach und Schutz für die Nacht gewährt. Bezeichnenderweise ist es ein
Ephraimit und *gēr*, der sich der Fremden erbarmt. Statt großzügige Gastgeber
beherbergt Gibea „Söhne Belijaals" (אנשי בני בליעל), „übles Gesinde"[40]
(V.22): „Die Trias von Bruch des Gastrechts, Homosexualität [Lev 18,22;
20,13] und Gruppenvergewaltigung mit Todesfolge gehörte wohl zum Ärg-
sten, was die schwule Phantasie ... an gerade noch öffentlichkeitsfähigem *sex
and crime* aufzubieten hatte."[41] Freilich gelangt der Ephraimit nicht sogleich
an den Hort des Übels, sondern passiert zunächst Jerusalem. Die Entscheidung
gegen Jerusalem gereicht ihm und seiner Nebenfrau letztlich zum Fallstrick.

Der Text fokussiert die Orte nicht um ihrer selbst willen: „Der Leser soll –
und daran kann kein Zweifel bestehen – mit den Orten *Personen* verbinden".[42]
Bethlehem assoziiert dabei den Geburts- und Salbungsort Davids (I Sam 16,1–
13), Jebus/Jerusalem dessen Residenz, während Gibea als nachmaliges „Gibea
Sauls" (I Sam 11,4; 15,34; II Sam 21,6; Jes 10,29) das Interesse des Lesers
wecken soll. Auf dieser Linie ist wohl auch das in 19,13 erwähnte Rama zu
interpretieren, das der Protagonist zusammen mit Gibea als alternatives Nachtquartier zu Jerusalem ins Auge fasst. In topografischer Hinsicht meint 19,13
zweifellos das benjaminitische Rama, 8 km nördlich von Jerusalem, das heutige *er-Rām*.[43] Doch dürfte es die Bedeutung Ramas/Ramathajims in Ephraim
angezogen haben, der Stadt Samuels,[44] in der schließlich die I Sam 9f. geschilderte Salbung Sauls zu lokalisieren ist.[45] Auch der prononcierte Bezug auf
Benjamin (V.14)[46] und die Benjaminiter (V.16),[47] dem Stamm Sauls, trägt
dessen Signatur. Der Erzähler ergreift offensichtlich für David und gegen Saul
Partei.

---

40 Hertzberg ⁵1973: 243.
41 Stipp 2006: 142 (Hervorhebung im Original).
42 Becker 1990: 265 (Hervorhebung im Original).
43 Zu den topografischen Schwierigkeiten vgl. zusammenfassend Koenen 2007 (mit weiterer
   Literatur).
44 Vgl. I Sam 1,1.19; 2,11; 7,17; 8,4; 15,34, u.ö.
45 Die in Rama eher verborgene Anspielung auf das Königtum Sauls dürfte auch den Ausschlag
   für den Nachtrag der V.12b–13a gegeben haben, der nunmehr das viel deutlicher auf Saul bezogene Gibea in den Vordergrund rückt.
46 Ähnlich allerdings I Sam 13,2.15; 14,16. Möglicherweise haben die letzten beiden Worte von
   V.14 nur diakritische Funktion (so etwa Budde 1887: 130; Nowack 1900: 162).
47 Moore 1895: 414f.; Budde 1897: 130; Nowack 1900: 163, u.a. betrachten V.16aβγ.b freilich
   als Zusatz.

In diesem Sinne hat bereits M. Güdemann im 19. Jh. den Text gedeutet.[48] Er vermutete in Jdc 19–21 allerdings eine „Art Flugschrift"[49] aus der Zeit der siebenjährigen Herrschaft Davids über Juda in Hebron (!), die an Benjamin pro-davidische und folglich anti-saulidische Appelle richte. Die Auslegung Güdemanns bestimmt bis heute die Diskussion. Weitgehende Einigkeit besteht hinsichtlich der pro-davidischen und anti-saulidischen Tendenz des Textes.[50] Weiterhin betrachtet man die Erzählung nach wie vor als Einzelüberlieferung, beschränkt deren Grundbestand aber aus den in Teil I skizzierten Gründen auf Kap. 19. Ansonsten schwankt die historische Verortung. Während F. Crüsemann[51] und vor allem H.-W. Jüngling an der Datierung in der frühen Königszeit festhalten, plädiert U. Becker – wenn auch zurückhaltend – für eine Ansetzung in der mittleren Königszeit noch *vor* dem Untergang des Nordreiches, in der die davidische Dynastie „ideelle(n) Ansprüche auf das Territorium des Nordreiches und dessen Königtum" erhoben habe.[52] Doch vermögen weder der von Becker angeführte Vergleichstext I Reg 12,1–19 noch die Existenz späterer anti-saulidischer Texte wie I Sam 15[53] diese Datierung zu stützen. Vor allem aber kann Becker nicht erklären, weshalb ausgerechnet ein gegen Saul und Benjamin (!) gerichteter Text in einer Zeit entstanden sein soll, in der weder das saulidische Königtum zu Gibea noch Benjamin eine Gefahr für Juda und die Davididen darstellten. Bei Beckers Deutung würde man eigentlich eine Polemik gegen Samaria und nicht gegen Gibea erwarten.

So gibt H.-J. Stipp wieder der Frühdatierung den Vorzug.[54] Ganz im Sinne Güdemanns beschreibt er Jdc 19* als ein „politisches Pamphlet, das den Kampf Davids um die Macht über den israelitischen Norden mit den Mitteln schriftlicher Propaganda vorantrieb".[55] Entsprechend richte sich das Stück an die „Nordstämme ..., die gegen Benjamin und für Juda mobilisiert werden sollen".[56] Stipp nimmt nur insofern eine spätere Datierung als Güdemann vor, als er den Text nicht während der judäischen Herrschaft Davids in Hebron ansetzt, sondern „erst" zur Zeit seiner Jerusalemer Regentschaft. Letzteres erhelle aus dem Versuch des Pamphletisten, die allseits gegenwärtigen „Vor-

---

48 Vgl. Güdemann 1869, der seinerseits an entsprechende Erwägungen von C.A. Auberlen anknüpft. Zur älteren Forschungsgeschichte vgl. zusammenfassend Jüngling 1981: 1–49.

49 Güdemann 1869: 368; ähnlich Graetz ²1908: 319–321, der in Jdc 17–18 und 19–21 zwei „Flugschriften" aus salomonischer Zeit erkannte, die sich gegen die benjaminitischen Feinde des von David begründeten Königtums richteten.

50 Vgl. dagegen aber bereits Budde 1897: 127; Nowack 1900: 159; Noth 1930: 170, u.a.

51 Vgl. Crüsemann 1978: 164.

52 Becker 1990: 265.

53 Becker 1990: 263.

54 Zu einer entsprechenden Frühdatierung des Substrats von Jdc 20 vgl. Hentschel/Niessen 2008.

55 Stipp 2006: 140.

56 Stipp 2006: 152.

behalte gegen Jerusalem zu zerstreuen, was voraussetzt, dass David seine neue
Residenz bereits bezogen hat".[57] Dass nach der biblischen Überlieferung David
die Sauliden im Wesentlichen noch *vor* der Einnahme Jerusalems ausgeschal-
tet hat, führt Stipp hingegen auf den Konstruktionswillen der Deuteronomisten
zurück. Eine Datierung *nach* David hält er jedenfalls für abwegig.[58] Denn der
Text verzichtet in der Exposition (nach Stipp ohne V.1a) auf eine zeitliche
Verortung und bringt die historische Situation in V.10–12 eher beiläufig zu
Gesicht, was bei späterer Datierung ungewöhnlich wäre. Weiterhin ließen die
„biblischen Nachrichten ... nach David keinerlei Raum mehr für eine politische
Konstellation, wo Juda der theoretisch nie aufgegebene Führungsanspruch
über Israel ausgerechnet von benjaminitischer Seite streitig gemacht worden
wäre".[59]

Indes ergeben sich einige Zweifel an der Erklärung von Jdc 19 als frühkö-
nigszeitliche „Kampfschrift", „Flugblatt" oder „Pamphlet". Sehen wir einmal
von der mindestens strittigen Frage ab, ob das „Pamphlet" bei den „Nord-
stämmen" überhaupt auf eine relevante lesekundige Adressatenschaft hätte
treffen können,[60] so bedürfte weiterhin der Klärung, wie man sich eigentlich
die Verbreitung der Schrift vorstellen soll und wie dieser – wohl kaum archiv-
würdige – Text sich hat in der Überlieferung halten und schließlich in den
Kanon gelangen können. Vor allem aber ergeben sich Zweifel an der Frühdatierung als solcher. Im Umfeld der Ortsbezeichnungen fällt in dieser Hinsicht
besonders die Jerusalem-Passage in V.10–12a auf. Jerusalem erscheint in
V.10aβ und V.11a zunächst unter der Bezeichnung „Jebus". V.10aγ erklärt:
„das ist Jerusalem".[61] In V.11b spricht der Knecht von der „Stadt des Jebusiters". Der Protagonist nennt sie schließlich in V.12a „Stadt des Fremden (עיר
נכרי), die nicht von den Israeliten ist" und weist deshalb den Vorschlag seines
Knechtes ab, dort zu übernachten.

Die Bezeichnung „Jebus" taucht außerhalb von Jdc 19 in der masoretischen Textüberlieferung nur noch in der chronistischen Version der Eroberung
Jerusalems durch David auf (I Chr 11,4.5).[62] Außerhalb des Alten Testaments
und dem davon abhängigen Schrifttum heißt Jerusalem nie „Jebus", sondern
stets „Jerusalem".[63] Dies ist vor allem im Blick auf das vor-davidische Jerusalem zu betonen, das vielleicht schon in den ägyptischen Ächtungstexten

---

57   Stipp 2006: 152.
58   Vgl. Stipp 2006: 152–155.
59   Stipp 2006: 155.
60   Den in der jüngeren Forschung vielfach geäußerten Zweifeln an einer breiteren Literalität in
     vorexilischer Zeit begegnet Stipp 2006: 128–131, seinerseits mit grundsätzlicher Skepsis.
61   Vgl. Jos 18,28; Jos 15,8.
62   Vgl. noch Jos 18,28 (LXX) und Jos 15,8 (LXX).
63   Zu den Belegen vgl. Hübner 2002: 34.

(19./18. Jh. v.Chr.),[64] sicher aber in der Amarna-Korrespondenz[65] bezeugt ist. Man hat deshalb nicht ganz zu Unrecht den Ortsnamen „Jebus" für einen künstlichen Archaismus gehalten, dem das Gentilizium יבוסי(ה) zugrunde liegt.[66]

Aber auch von „Jebusitern" weiß die außer-alttestamentliche Überlieferung nichts. Das wirft die Frage auf, ob es sich bei dieser Bezeichnung ebenfalls um einen Archaismus späterer Historiografen handelt.

Von den insgesamt 41 Belegen im masoretischen Text entfallen zwanzig auf die – keinesfalls vor-dtr. – stereotypen Völkerlisten der vor-israelitschen Bewohner des Landes.[67] Die genealogische Fiktion der Priesterschrift zählt „den Jebusiter" zu den Söhnen des Hamiten Kanaan (Gen 10,16; vgl. I Chr 1,14). Die restlichen Belege verteilen sich auf Josuas Landverteilung (Jos 15,8.63; 18,16.28[68]), die ‚negative' Landnahmenotiz Jdc 1,21, sodann auf Jdc 19,11, die Eroberung Jerusalems unter David (II Sam 5,6.8; vgl. I Chr 11,4.6), die Erwähnung eines gewissen Arauna,[69] von dem es heißt, er sei ein יבוסי(ה), im Kontext der Volkszählung Davids (II Sam 24,16.18; vgl. I Chr 21,15.18.28; II Chr 3,1) sowie das späte Philisterwort Sach 9,7. Jos 15,63 vermerkt ausdrücklich, dass zur Zeit Josuas noch die „Jebusiter" in Jerusalem wohnten, ähnlich Jdc 1,21, nur dass Jos 15,63 die Symbiose mit den Judäern,[70] Jdc 1,21 jedoch die mit den Benjaminiten betont. Jdc 1,21 bietet innerhalb des Richterbuches die historische Verstehensvoraussetzung für Jdc 19,10–15 (vgl. Benjamin in 19,14), während Jos 15,63 und Jdc 1,21 im Rahmen der Großerzählung des Enneateuch die Einnahme des von „Jebusitern" bewohnten Jerusalem durch David (II Sam 5,6.8; vgl. I Chr 11,4.6) sowie die Existenz eines „Jebusiters" namens Arauna in Jerusalem zur Zeit Davids (II Sam 24,16.18; vgl. I Chr 21,15.18.28; II Chr 3,1) erklären wollen. Jos 18,28 (MT) identifiziert היבוסי direkt mit Jerusalem. Auch Sach 9,7 hat das Wissen zur Voraussetzung, Jerusalem sei ehedem von „Jebusitern" besiedelt gewesen. Etwas anderer Art ist der Bezug von Jos 15,8 und 18,16 zu Jerusalem. Beide Stellen erwähnen eine „Schulter des Jebusiters" (כתף היבוסי) im Umfeld bestimmter topografischer Größen Jerusalems,[71] was ebenfalls die Annahme voraussetzt, Jerusalem sei einmal von „Jebusitern" bewohnt gewesen. In den Völkerlisten ergibt sich ein Bezug zu Jerusalem dadurch, dass die „Jebusiter" in der Regel an letzter oder vorletzter Stelle genannt

---

64 Vgl. Hübner 2002: 34.

65 EA 287.289.

66 Vgl. bereits Budde 1897: 129; Nowack 1900: 162 (die – um das hohe Alter des Textes zu retten – unter Verweis auf Gen 35,6.19 u.a. היא יבוס als „Glosse" ausscheiden und für V.11 ein älteres „Jerusalem" anstelle von „Jebus" vermuten); in neuerer Zeit: Becker 1990: 259f.; Görg 1993: 97; Stipp 2006: 144, u.a.

67 Gen 15,21; Ex 3,8.17; 13,5; 23,23; 33,2; 34,11; Num 13,29; Dtn 7,1; 20,17; Jos 3,10; 9,1; 11,3; 12,8; 24,11; Jdc 3,5; I Reg 9,20; Esr 9,1; Neh 9,8; II Chr 8,7.

68 So der masoretische Text, vgl. jedoch BHS.

69 Zur unsicheren Namensüberlieferung und sprachlichen Zuordnung des Namens vgl. HALAT, 83; Hübner 2002: 31f.

70 Vgl. jedoch zu den textlichen Schwierigkeiten, Fritz 1994: 156f.

71 Zum Versuch J.M. Millers, den כתף היבוסי mit der Ortslage Šu'fāṭ (4,5 km nördlich von Jerusalem) zu identifizieren (Miller 1974), vgl. die berechtigte Kritik bei Hübner 2002: 33f.

werden. Dies entspricht dem alttestamentlichen Geschichtsbild insofern, als Jerusalem die letzte Station der israelitischen Landnahme darstellt.[72]

U. Hübner hat den alttestamentlichen Nachrichten über die „Jebusiter" mit nicht den schlechtesten Gründen jeden historischen Wert abgesprochen.[73] Er verweist neben der auffälligen Abwesenheit von „Jebus" und den „Jebusitern" jenseits des Alten Testaments und seinem Wirkungsfeld zunächst auf die Etymologie von „Jebus", die sich einer eindeutigen Erklärung entziehe. Der Ortsname assoziiere Wurzeln wie בוס (יבוס = „Er hat zertreten", als Hypokoristikon mit theophorem Element: „Er [Gottesname] hat zertreten", in israelitischem Kontext: „Er [Jahwe] hat zertreten"), יבש („trocken") oder בזז („erbeuten, plündern"), was wiederum als hypokoristische Form auf „Er (Jahwe) hat erbeutet" führt. „Jebus(iter)" sei demzufolge ein „sprechende(r) Eigenname, der das Geheimnis seiner fiktiven Etymologie mit Absicht nicht preisgeben will, weil er in spielerischer Art und Weise bei seinen muttersprachlichen Lesern freischwebende Assoziationen über den Gewinn der Stadt und den damit verbundenen Herrschaftsanspruch auslösen wollte". Die ethnografischen Listen, in denen die „Jebusiter" begegnen, gäben sich bei genauerem Hinsehen als ein fiktives Sammelsurium von Un- und Halbwissen ihrer Verfasser über die vorisraelitische Geschichte Palästinas zu erkennen. Die hier genannten Völker blieben, auch wenn sie z.T. in der altorientalischen Überlieferung begegnen, völlig unbestimmt und stellten mitunter Pseudoethonyme oder ethnisierte Gottesbezeichnungen (wie die „Rephaim") dar. Vor diesem Hintergrund sei es relativ unwahrscheinlich, dass die Listen ausgerechnet im Falle der „Jebusiter" auf einen historisch zutreffenden Sachverhalt rekurrierten. Weiterhin könne die Doppelbezeichnung Jebus/Jerusalem nicht unabhängig von vergleichbaren Fällen gesehen werden, die ebenfalls je unterschiedliche Toponyme für die vor-israelitische und israelitische Zeit verwenden, wie Kirjath-Arba (קרית [ה]ארבע)/Hebron (Gen 23,2; 35,27; Jos 14,15 u.ö.), Kirjath-Sepher (קרית ספר)/Debir (Jos 15,15f; Jdc 1,11f) oder Lus/Bethel (Gen 28,19; 35,6; 48,3; Jdc 1,23). Allenthalben gehe es bei diesen Doppelnamen darum, „die frühe Geschichte Israels nicht in Kontinuität und Nähe ..., sondern in Diskontinuität und Distanz zur präisraelitischen Geschichte zu sehen".[74] Alles in allem erklärt Hübner „Jebus" und die „Jebusiter" als Produkt einer „pseudoethnische(n) Differenzierung", deren Urheber daran interessiert

---

72   Vgl. Hübner 2002: 34f.

73   Vgl. Hübner 2002; anders freilich Keel 2007: 63–65.

74   Hübner 2002: 36. Was die Kenntnisse über die Vorbewohner nachmals von Israeliten besiedelter Städte betrifft, so biete Hebron ein anschauliches Beispiel: Num 13,22.28.33 u.a. suchen Hebrons nichtisraelitische Vorbewohner bei den Anakitern, Gen 14,13; 23,3–20; 25,10; 49,32 bei den Hethitern und Amoritern, die in Ez 16,3.45 ebenfalls als Eltern der Frau Jerusalem auftreten. Was die Historizität des Toponyms „Jebus" betrifft, so dürften schließlich auch fiktive Namen für Jerusalem wie „Morija" (Gen 22,2; II Chr 3,1), „Ariel" (Jes 29,1.2.7) oder „Oholiba" (Ez 23,4ff.) nicht außer Betracht bleiben.

waren, „die historische, ethnische ...", kulturelle und religiös-sakrale Kontinuität des präisraelitischen mit dem judäischen Jerusalem" zu verschleiern.[75] „Die literarisch-ethnographische Unterscheidung wollte Besitzansprüche durch eine Fiktion historisch begründen und den Anschein erwecken, als sei Jerusalem erst durch die israelitische Besiedlung zu Jerusalem geworden".[76]

Ganz ohne Zweifel folgt auch Jdc 19 der hier beschrieben Dogmatik. Des zum Zeichen erscheint Jerusalem in Jdc 19,12 als „Stadt des Fremden" (עיר נכר). Im Hintergrund steht letztlich die pseudoethnische Differenzierung zwischen Israel und Kanaan. Ihre geistige Heimat liegt nicht im davidischen Jerusalem, sondern im nachstaatlichen Judentum.[77]

Das Bild wird durch die in Jdc 19 vorausgesetzten literarischen Horizonte bestätigt. Neben den schon erwähnten Parallelen zu Gen 19 zeigt die Erzählung vor allem an ihrem Schluss Berührungen mit I Sam 11 (vgl. Jdc 19,29*–30a mit I Sam 11,7). I Sam 11 berichtet innerhalb der gewachsenen Komposition über die Anfänge des saulidischen Königtums (I Sam 7–12) von Sauls Feldzug gegen die Ammoniter, der letztlich zu dessen Inthronisation führt (I Sam 11,15). Saul, als er vom Felde „hinter den Ochsen her" die Szene betritt (I Sam 11,5),[78] erfährt von einer Bedrängnis der Bewohner Jabeschs durch die Ammoniter. Daraufhin „nahm er ein Joch Rinder und zerstückte es und sandte durch die Boten in das ganze Gebiet Israels folgendermaßen: Wer nicht auszieht hinter Saul [...][79] her, dessen Rindern soll ebenso getan werden" (11,7). Die Parallele zu Jdc 19,29 liegt auf der Hand: Auf eine Notsituation folgt die Aussendung von Fleischstücken, die zu einer solidarischen Reaktion der Israeliten nötigen will. Die Berührungen reichen dabei bis in den Wortlaut hinein.[80] Gleichwohl ist die Vermutung literarischer Interdependenz nicht ganz unumstritten.[81] Literarische Abhängigkeit von I Sam 11,7[82] verrät jedoch schon die kaum zu übersehende Künstlichkeit der Szene in Jdc 19,29f., die allein dadurch erzwungen wird, dass der Erzähler I Sam 11,7 über den Leisten von Jdc

---

75 Hübner 2002: 36.

76 Hübner 2002: 36. – Unter der Voraussetzung, dass die „Jebusiter" ihre Heimat im Reich der Fiktionen haben, ist die topografische Bezeichnung „Schulter des Jebusiters" (כתף היבוסי) in Jos 15,8 und 18,16 aus einer älteren „Schulter Jerusalems" zu erklären (vgl. Hübner 2002: 34).

77 Die gelegentlich beanstandete Wendung „Jebus, das ist Jerusalem" in V.10 (vgl. Budde 1897: 129; Nowack 1900: 162; Noth 1930: 165f.) erklärt sich vor diesem Hintergrund als archaisierender Stil; ähnlich V.16b (vgl. bereits Wellhausen ³1899: 232).

78 Vgl. I Reg 19,19–21.

79 ואחר שמואל ist Zusatz (vgl. Budde 1902: 75; Nowack 1902: 50; Stoebe 1973: 227; Müller 2004: 152).

80 Vgl. ויקח, נתח Pi. 3. sg. masc. impf. cons. + Suff. und בכל גבול ישראל וישלח(ה)(ו) (vgl. dazu noch I Sam 11,3).

81 Vgl. vor allem Jüngling, 1981: 236–240.

82 Vgl. z.B. Wellhausen ³1899: 232; Budde 1897: 165; Nowack 1900: 132; Becker 1990: 262; Stipp 2006: 155, u.a.

19 schlägt. Bereits das pittoreske Medium der Botschaft – die zerstückte Frau – wirkt in ganz anderer Weise ambitioniert als das Ochsengespann Sauls. *Realiter* ist ein solcher Vorgang schon deshalb undenkbar, weil der Protagonist durch eine solche Aktion die Frau um ihr Begräbnis gebracht hätte. Da der Ephraimit weiterhin anders als der König über keine Boten verfügt, die in der Lage wären, das Verbrechen *verbaliter* bekannt zu machen,[83] dienen jetzt die *signa* des Verbrechens selbst als Botschaft. Merkwürdigerweise verrät die Botschaft aber weder etwas über die näheren Umstände des Verbrechens noch über die Täter. Künstlich wirkt weiterhin die Asymmetrie zwischen dem Absender der Botschaft (irgendein geschädigter Ephraimit) und den Empfängern (das „ganze Gebiet Israels"), während die gleiche Adresse in I Sam 11,7 überhaupt keine Schwierigkeiten bereitet. Denn wie sich gleich zeigen wird, agiert Saul auf der Ebene der älteren Erzählung bereits als König. Auch ist das „Israel" von I Sam 11,7 ein anderes als in Jdc 19,29. Meint es dort – zumindest auf der Ebene der älteren Ammoniterkriegsüberlieferung[84] – das saulidische Israel, so hier das Gottesvolk, das aus dem Exodus hervorgegangen ist, dort also ein historisch greifbares, hier ein theologisch konstruiertes Israel.

Schließlich bleibt die Botschaft des Ephraimiten (V.29) *innerhalb der Erzählwelt von Jdc 19* mehr oder weniger funktionslos. Denn der Ephraimit hatte anders als Saul nicht die Möglichkeit, zu den Waffen zu rufen. Eine robuste Reaktion der Adressaten bleibt auf der Ebene der älteren Erzählung entsprechend aus (vgl. V.30a). Betrachtet man Jdc 19,29 indes als „sarkastische Travestie der Saulüberlieferung",[85] so fügt sich die Handlung bestens in das antisaulidische Profil der Erzählung. I Sam 11,7 zufolge mündet die Aktion Sauls in einen glänzenden Sieg, der ihm letztlich das Königtum über Israel einträgt (I Sam 11,15). Die Zerlegung der Frauenleiche und die Verschickung ihrer Teile in Jdc 19,29 liefern jedoch ein anrüchiges „Zerrbild"[86] der heroischen Tat Sauls. Die Fleischstücke dokumentieren jetzt ein Verbrechen in Gibea, das in I Sam 11,4 „Gibea Sauls" heißt. Die Botschaft des Ephraimiten sprengt demnach bewusst den Rahmen der Erzählwelt, um das an die Leser adressierte anti-saulidische Profil am Schluss der Erzählung nochmals ausdrücklich zu untermauern. Ihren natürlichen Ort hat die Handlung mit den Fleischstücken demnach in der Saulüberlieferung. Jdc 19,29 ist nur künstliche Rezeption.

Da die Saulüberlieferung nun ihrerseits ein entstehungsgeschichtlich komplexes Gebilde darstellt, ist zu fragen, welche Ebene der Saulüberlieferung der Verfasser von Jdc 19 vor Augen gehabt haben mag. I Sam 11 gehört zu den Erzählungen von der Entstehung des Königtums unter Saul (I Sam 8–11). Gewöhnlich unterscheidet man zwischen älteren Kernen, die dem Königtum

---

83 Erst LXX[A] füllt diese Leerstelle: siehe oben Anm. 12.
84 Dazu: s. im Folgenden.
85 Stipp 2006: 141.
86 Stipp 2006: 141.

Sauls noch wohlgesonnen waren (I Sam 9,1–10,16; 11) und einem späteren saul- bzw. königsfeindlichen Zusammenhang (I Sam 8; 10,17ff.). I Sam 11 suggeriert dabei, dass Saul aufgrund seines Sieges gegen die Ammoniter vom Volk zum König erhoben worden sei (11,15). Allerdings scheint durch die vorliegende Erzählung noch eine Überlieferung durch, nach der Saul sein Königtum nicht erst dem Sieg gegen die Ammoniter verdankt (V.15)[87]. In V.4 spricht der Erzähler reichlich verfrüht vom „Gibea Sauls".[88] Nach V.7a kann Saul noch vor seiner Erhebung zum König Boten aussenden und das Aufgebot verlangen. Diese Ungereimtheiten erklären sich am besten, wenn man annimmt, die Erzählung verarbeite eine Überlieferung, in der Saul bereits als König gegen die Ammoniter zu Felde zieht. Die älteste erreichbare Ebene endete dann mit V.11.[89] Es hat einiges für sich, auf dieser Ebene Erinnerungssplitter der frühen Königszeit zu vermuten. Doch setzt Jdc 19 bereits eine *gewachsene* Saulüberlieferung voraus. Denn die Erzählung insistiert keineswegs auf das Heroentum Sauls, wie es I Sam 11* vor Augen malt. Vor dem Hintergrund des Kontrastes zwischen Bethlehem und Gibea erscheint David im Sinne des Erzählers vielmehr als recht, Saul aber als schlecht. Aus der ältesten Fassung von I Sam 11 und den weiteren Überlieferungskernen der Saulüberlieferung (I Sam 1*; 9f.*; 13f.*) konnte der Verfasser von Jdc 19 solches nicht erfahren. Ihm musste bereits eine Form der Saulüberlieferung vorliegen, in der die Konkurrenz zwischen Saul und David substantiell verankert war. Das setzt mindestens die redaktionelle Verbindung der zunächst unabhängig voneinan-

---

87   Zu möglichen Überarbeitungen in V.15 vgl. Müller 2004: 151–53.262.

88   Vgl. I Sam 15,34; II Sam 21,6; Jes 10,29. I Sam 11,4 dürfte den ältesten Beleg bieten. Die Bezeichnung verdankt sich der Funktion Gibeas als Residenz Sauls (I Sam 22,6).

89   V.12f.14 sind anerkanntermaßen redaktionell: V.14 transformiert die Inthronisation von V.15 in eine *Erneuerung* des Königtums und trägt somit I Sam 10,24f. Rechnung, V.12f. führen den Vorgang von 10,27 weiter. Umstritten sind weiterhin V.5–8. Kratz 2000: 176, Anm. 80, betrachtet sie als Bearbeitung und verweist dafür auf den Plural in V.9, dessen älteren Bezug er in V.4 vermutet. Ähnlich Müller 2004: 152, der allerdings den Sg. in der LXX für ursprünglich hält und die Pluralform im masoretischen Text aus dem offensichtlichen Nachtrag ויאחר שמואל in V.7 erklärt. Der literarische Bruch liege dann, wie schon von Kratz als Alternative erwogen, zwischen V.5 und V.6: „Die Aussendung der zerstückelten Rinder geschieht ‚durch die Hand der Boten', also offenbar der Boten, die von Jabesch zum Gibea Sauls gekommen waren (V.3f.). Diese sind nach V.9 aber immer noch in Gibea anwesend. Der Auszug der Israeliten ‚wie ein Mann' (V.7bβ) paßt zudem schlecht zur Szene von V.9."
Die Annahme, die in V.7 genannten Boten seien mit den jabeschitischen Boten identisch, bleibt jedoch zweifelhaft. V.9 nennt die Boten im Unterschied zu V.7 המלאכים הבאים. Der Erzähler unterscheidet also zwischen den Boten, die Saul aussendet (V.7 – zur Determination vgl. GK28 § 126g.q–r) und den „Boten, die gekommen waren", nämlich aus Jabesch. Eine andere Ebene beschreitet erst V.7b, der die Motivik des Jahwe-Krieges einträgt. Von späterer Hand stammen auch V.2b, die Geistbegabung Sauls in V.6a (vgl. I Sam 10,6), die über V.6b hinausgehend das Aufgebot Sauls theologisch motiviert und Saul zwischen den Richtern (vgl. Jdc 3,10; 6,34; 11,29; 13,25; 14,6.19; 15,14.19; 16,19) und dem Gegenmodell David (vgl. I Sam 10,6.10; 16,13.14 usw.) verortet, sowie aufgrund der pronociert gesamt-israelitischen Perspektive V.8 (vgl. V.2b), der überdies schlecht zu den drei Heerhaufen von V.11 passt.

der tradierten Saul- und Davidüberlieferung (I Sam 1*; 9f.*; 13f.*/II Sam 11 –
I Reg 2*) voraus (I Sam 16 – II Sam 5*), die David allererst zum Nachfolger
Sauls machte. Seinen historischen Ort hat dieser Brückenschlag mit einiger
Wahrscheinlichkeit in der Zeit nach dem Untergang des Nordreiches (720
v.Chr.).[90]

Die späteren Bearbeitungen extrapolieren dann den Antagonismus zwischen Saul und David und heben diesen auf eine theologische Ebene, bis Saul
schließlich als von Jahwe verworfen (I Sam 15), David und seine Dynastie
aber für alle Zeiten als „erwählt" gilt (II Sam 7).

Wo genau innerhalb dieses Spektrums der Verfasser von Jdc 19 sich inspi-
riert hat, läßt sich schwer sagen. Die Erzählung setzt auf alle Fälle einen tief
liegenden Antagonismus zwischen David und Saul voraus. Eine theologische
Deutung dieses Gegensatzes ist zwar nicht zu beobachten. Aber das muss kein
Indiz höheren Alters sein. *Terminus a quo* ist in jedem Falle der Untergang des
Nordreiches. Der implizite Gegensatz von Israel und Kanaan in der Jerusalem-
Passage Jdc 19,10–12 läßt jedoch kaum mehr an eine vor-dtr. Herkunft den-
ken.

Damit ist indirekt auch das Entscheidende über das literarische Verhältnis
zwischen Jdc 19 und Gen 19 gesagt. Unabhängig von der Frage, ob die Sodom-Erzählung von Gen 19,1–26* einmal als Einzelüberlieferung tradiert
wurde,[91] gehört sie zusammen mit Gen 13*; 18* (und 21*) zum älteren Bestand der vorexilischen Abrahamüberlieferung,[92] sei diese nun als ehemals
selbständige Komposition von einer späteren übergreifenden Vätererzählung
abzugrenzen[93] oder deren eigentliches konstituierendes Element.[94] Sie dürfte
also um Jahrhunderte älter sein als die keineswegs mehr vor-dtr. Erzählung
von Jdc 19*. Die Abhängigkeit besteht vonseiten der Gibea-Erzählung Jdc 19*
und nicht umgekehrt.[95]

---

90 Vgl. Kratz 2000: 179–193.
91 Vgl. Gunkel [3]1910: 160.206–217, und in neuerer Zeit etwa Levin 1993: 163f.; Kratz 2000:
    276.278; kritisch Blum 1984: 287–289.
92 Vgl. Gunkel [3]1910: 159–162; Blum 1984: 273–297; Kratz, 2000: 275–279; Köckert 2006:
    120–122.
93 So Blum 1984: 273–297; Köckert 2006: 120–122.
94 So Kratz 2000: 275–279.
95 Vor diesem Hintergrund kann man zumindest erwägen, ob die Schilderung der Zerteilung der
    Frauenleiche in Jdc 19,29 zudem von Gen 22,10 her inspiriert ist (beide Male: את המאכלת
    ויבח; מאבלת ist außer an diesen beiden Stellen nur noch in Gen 22,6 und Prov 30,14 belegt). –
    Die im Zusammenhang mit Jdc 19 vielfach diskutierten Stellen Hos 9,9; 10,9 rekurrieren
    nicht auf Jdc 19 und können demzufolge nicht als Belege eines hohen Alters der Erzählung
    oder gar als Beweis der Historizität der „Schandtat" dienen. Vielmehr beziehen sich die Ho-
    seastellen auf die Anfänge des Königtums Sauls (so schon richtig Wellhausen [3]1899: 233,
    mit Verweis auf die Targumüberlieferung; vgl. auch Vielhauer 2007: 164).

III.

Scheidet eine vor-dtr. Herkunft der Gibea-Erzählung aus und erstrecken sich ihre literarischen Horizonte zurück bis in die Genesis und anderseits bis in die gewachsene Saul-David-Überlieferung, so erscheint es nicht gerade naheliegend, in ihr eine ursprünglich eigenständig tradierte Einzelerzählung zu suchen, wie die ‚Flugblatt'-These nahelegt. Eher dürfte Jdc 19* von vornherein auf einen größeren Kontext hin entworfen worden sein.

Worauf zielt die Erzählung? Ein wichtiges Indiz liefert die literargeschichtliche Stellung der Erzählung innerhalb des Richterbuches. Zieht man die Zusätze in Jdc 17–21, also alles außer Jdc 19*, ab,[96] so rückt die Erzählung zunächst zwischen die Richterkomposition 2,6–16,31* und die Bücher Sam–Reg. Allerdings reibt sich die dezidiert pro-davidische Tendenz von Jdc 19* mit der nicht weniger ausdrücklichen Königskritik der Richterkomposition 2,6–16,31*.[97] Jdc 19* muss demnach anderer Herkunft sein als 2,6–16,31*. Bereits A. Jepsen hatte im Rahmen seiner Analysen zu den Königebüchern vermutet, dass der Mittelteil des Richterbuches sekundär in einen älteren Zusammenhang Jdc 1; 17–21 eingeschoben worden sei.[98] Tatsächlich fällt es wesentlich leichter, die pro-davidische Orientierung von Jdc 19* früher zu datieren als die rundum königskritische Haltung der Richterkomposition, die sich bis in die Substanz von 2,6–16,31* verfolgen läßt. Da weiterhin der (seinerseits gewachsene) vordere Rahmen in Jdc 1; 2,1–5[99] jünger sein dürfte als die Richterkomposition in 2,6ff., könnte der ursprüngliche literarische Ort von Jdc 19* zwischen der Exodus-Landnahmeerzählung (Ex–Jos) und der Königtumsgeschichte (Sam–Reg) zu suchen sein und auf der ältesten Ebene einmal unmittelbar an Jos 11,23 + Jdc 2,8f. (bzw. Jos 24,29f.) angeschlossen haben.

An der Nahstelle zwischen Volksgeschichte (Ex–Jos) und Königtumsgeschichte (Sam–Reg) ergäbe die Erzählung jedenfalls einen guten Sinn. Im Vorfeld der Entstehung des Königtums weckt sie die allerschlimmsten Erwartungen für die spätere Residenz Sauls, verleiht den Orten der Königsalbung und Residenz Davids aber ein durchweg positives Image. Fortan darf der Leser

---

96 S.o. unter I.
97 Zur königskritischen Tendenz der Richterkonzeption als solcher vgl. bereits Buber [3]1956: 13–35 sowie v. Rad 1963: 344f.; Becker 1990; Kratz 2000: 193–219.325f., u.a. Im Gegenzug hat Veijola 1977 dem älteren Deuteronomisten („DtrG"), auf dessen Autorschaft er auch den Kehrvers Jdc 17,6; 18,1a; 19,1a; 21,25 zurückführt, eine königsfreundliche Haltung attestiert und die Königskritik erst dem späteren „DtrN" zugeschrieben (vgl. bes. S. 115–122; ähnlich Smend [4]1978: 116–119; Müller 2004: 237–240). Die These erledigt sich mit den vorausgesetzten literargeschichtlichen Prämissen (vgl. bes. Kratz 2000).
98 Vgl. Jepsen [2]1956: 68 (Anm. 2).95.
99 Eine ausführliche Analyse und forschungsgeschichtliche Diskussion von Jdc 1,1–2,5 bietet Rake 2006.

aus Bethlehem nur das Allerbeste erwarten. Von Gibea aber weiß er, dass es nicht besser ist als Sodom.

Der Schluss der Erzählung bestätigt das Bild (V.29–30a). Er sprengt zwar, wie oben bereits festgestellt, in mancher Hinsicht den Rahmen der innerhalb der Erzählwelt gesetzten Bedingungen. Doch spricht dies nur für die besonderen Ambitionen des Erzählers, der hier seine Leser auf die richtige Spur setzen will: Zunächst weitet er, indem er den geschädigten Ephraimiten durch eine Persiflage der beherzten Tat Sauls die Signa des Verbrechens in „das ganze Gebiet Israels" (V.29) senden läßt, den Horizont des Geschehens von einer lokalen Petitesse in die gesamtisraelitische Perspektive. Die Reaktion der Israeliten greift sodann bis auf das Gründungsdatum des Gottesvolkes in der ägyptischen Vorzeit zurück: „Nicht ist solches geschehen noch gesehen worden, seit die Israeliten aus dem Lande Ägypten hinaufgezogen sind" (V.30a).[100] Das Verbrechen markiert demnach eine tiefgreifende Zäsur in der Geschichte des Gottesvolkes seit der Zeit des Exodus. Tatsächlich wird eine solche Zäsur sichtbar, sobald man die anti-saulidischen Implikationen der Erzählung berücksichtigt. Denn die Ereignisse von Bethlehem und Gibea liefern nichts anderes als ein Vorspiel zum Zerwürfnis zwischen Saul und David aus „den Tagen, da es noch keinen König in Israel gab" (V.1a). Letzteres aber findet seine Fortsetzung in der Reichsteilung von I Reg 12, die geradewegs in den Untergang der beiden Königtümer Israels mündet. Jdc 19* präsentiert sich somit als eine Geschichte des Übergangs von der heilvollen Volks- ([Gen/]Ex–Jos) in die unheilvolle Königtumsgeschichte (Sam–Reg). Der Verdacht, sie habe nie eine andere Funktion gehabt, als beide Komplexe miteinander zu verknüpfen, liegt jedenfalls nahe.

Summa summarum erweist sich Jdc 19* als die mutmaßlich älteste Brücke zwischen Volks-[101] und Königtumsgeschichte (Sam–Reg). Dies spricht zugleich für eine Zuweisung von V.1a an den Grundbestand der Erzählung. In der weiteren Kompositionsgeschichte des Enneateuch ist Jdc 19* dann durch den Vorbau der Richterkomposition in 2,6–16,31, die Ausgestaltung von Jdc 19* zu den „Anhängen" Jdc 17–21 und den vorderen Rahmen in Jdc 1,1–2,5 beträchtlich erweitert und mit neuen Akzenten versehen worden. Dies weiter zu verfolgen, würde aber den Rahmen einer Geburtstagsgabe erheblich sprengen.

---

100 Dass der Exodus hier als Gründungsdatum des Gottesvolkes im Blick ist, verrät schon der oben vermutete dtr. Traditionshintergrund der Erzählung.

101 Vermutlich inklusive der Vätergeschichte, wie der Bezug auf Gen 19 nahelegt. Unter dieser Voraussetzung verdiente freilich die Frage nach dem Alter des Zusammenhangs von Exodus- und Vätererzählung nochmals eine eingehende Diskussion.

Literatur

BECKER, U. (1990): Richterzeit und Königtum. Redaktionsgeschichtliche Studien zum Richterbuch, BZAW 192, Berlin.

BLOCK, D.I. (1990): Echo narrative technique Hebrew literature: A study in Judges 19, WThJ 52, 325–341.

BLUM, E. (1984): Die Komposition der Vätergeschichte, WMANT 57, Neukirchen-Vluyn.

BRETTLER, M. (2002): The book of Judges, Old Testament readings, London.

BUBER, M. (^{3}1956): Königtum Gottes, Heidelberg.

BUDDE, K. (1897): Das Buch der Richter, KHC VII, Freiburg i. Br./Leipzig/Tübingen.

– (1890): Die Bücher Richter und Samuel. Ihre Quellen und ihr Aufbau, Gießen.

– (1902): Die Bücher Samuel, KHC VIII, Tübingen/Leipzig.

BURNEY, C.F. (1918): The Book of Judges with Introduction and Notes on the Hebrew Text of the Book of Kings with an Introduction Appendix, New York.

CRÜSEMANN, F. (1978): Der Widerstand gegen das Königtum. Die antiköniglichen Texte des Alten Testamentes und der Kampf um den frühen israelitischen Staat, WMANT 49, Neukirchen-Vluyn.

FRITZ, V. (1994): Das Buch Josua, HAT I/7, Tübingen.

GÖRG, M. (1993), Richter, NEB.AT 31, Würzburg.

GRAETZ, H. (^{2}1908): Geschichte der Juden von den ältesten Zeiten bis auf die Gegenwart, Bd. 1, Leipzig (Nachdruck 1998).

GÜDEMANN, M. (1869): Tendenz und Abfassungszeit der letzten Kapitel des Buches der Richter, MGWJ 18, 357–368.

GUNKEL; H. (^{3}1910): Genesis übersetzt und erklärt, HK I/1, Göttingen.

GUNNEWEG, A.H.J. (1965): Leviten und Priester. Hauptlinien der Traditionsbildung und Geschichte des jüdisch-israelitischen Kultpersonals, FRLANT 89, Göttingen.

HENTSCHEl, G./NIESSEN, C. (2008): Der Bruderkrieg zwischen Israel und Benjamin, Biblica 89, 17–38.

HERTZBERG, H.W. (^{5}1973): Die Bücher Josua, Richter, Ruth, ATD 9, Göttingen.

HOOP, R. DE (2004): Saul the Sodomite: Genesis 18–19 as the opening panel of a polemic triptych on king Saul, in: Noort, E./Tigchelaar, E. (Hg.), Sodom's sin. Genesis 18–19 and its interpretations, Themes in biblical narrative 7, 17–26.

HÜBNER, U. (2002): Jerusalem und die Jebusiter, in: Hübner, U./Knauf, E.A., Kein Land für sich allein. Studien zum Kulturkontakt in Kanaan/Palästina und Ebinâri für Manfred Weippert zum 65. Geburtstag, OBO 186, Freiburg Schweiz/Göttingen, 31–42.

JEPSEN, A. ([2]1956): Die Quellen des Königebuches, Halle.

JÜNGLING, H.-W. (1981): Richter 19 – Ein Plädoyer für das Königtum. Stilistische Analyse der Tendenzerzählung Ri 19,1–30a; 21,25, AnBib 84, Rom.

KEEL, O. (2007): Die Geschichte Jerusalems und die Entstehung des Monotheismus, Teil 1, Orte und Landschaften der Bibel, Bd. 4,1, Göttingen.

KÖCKERT, M. (2006): Die Geschichte der Abrahamüberlieferung, in: A. Lemaire (Hg.), Congress Volume Leiden 2004, VT.S 109, Leiden.

KOENEN, K. (2007): Art. Rama, in: Bauks, M./Koenen, K. (Hg.), Das wissenschaftliche Bibellexikon im Internet, 2007, http//www.wibilex.de.

KRATZ, R.G. (2000): Die Komposition der erzählenden Bücher des Alten Testaments. Grundwissen der Bibelkritik, UTB 2157, Göttingen.

LEVIN, CH. (1993): Der Jahwist, FRLANT 157, Göttingen.

MATTHEWS, V.H. (2004): Judges and Ruth, New Cambridge Commentary, Cambridge.

MILLER, J.M., Jebus and Jerusalem: A Case of Mistaken Identity, ZDPV 90, 115–127.

MOORE, G.F. (1895): A Critical and Exegetical Commentary on Judges, ICC, Edinburgh (=[7]1958).

MÜLLER, R. (2004): Königtum und Gottesherrschaft. Untersuchungen zur alttestamentlichen Monarchiekritik, FAT II/3, Tübingen.

NOTH, M. (1930): Das System der zwölf Stämme Israels, BWANT 4/1, Stuttgart (Nachdruck Darmstadt 1980).

– ([8]1976): Geschichte Israels, Göttingen (Nachdruck Berlin).

NOWACK, W. (1900): Richter – Ruth übersetzt und erklärt, HK I/4.1, Göttingen.

– (1902): Die Bücher Samuelis übersetzt und erklärt, HK I/4.2, Göttingen.

O'CONNELL, R.H. (1996): The Rhetoric of the Book of Judges, VT.S 63, Leiden.

RAKE, M. (2006): „Juda wird aufsteigen!". Untersuchungen zum ersten Kapitel des Richterbuches, BZAW 367, Berlin-New York.

RUDOLPH, W. (1947): Textkritische Anmerkungen zum Richterbuch, in: J. Fück (Hg.), FS O. Eißfeldt, Halle, 199–212.

RAD, G. VON ([4]1963): Theologie des Alten Testaments, Bd. 1: Die Theologie der geschichtlichen Überlieferungen Israels, München [4]1963.

RUPPERT, L. (2002): Genesis. Ein kritischer und theologischer Kommentar. 2. Teilband: Gen 11,27–25,18, fzb, Würzburg.

SMEND, R. ([3]1984): Die Entstehung des Alten Testaments, ThW 1, Stuttgart u.a.

SCHREINER, J. (1957): Septuaginta-Massora des Buches der Richter. Eine textkritische Studie, AnBib 7, Rom.

STIPP, H.-J. (2006): Richter 19 – Ein frühes Beispiel schriftgestützter politischer Propaganda in Israel, in: Gillmayr-Bucher, S./Giercke, A./Nießen, Ch. (Hg.), Ein Herz so weit wie der Sand am Ufer des Meeres, FS G. Hentschel, EThSt 90, 2006, 127–164.

STOEBE, H. J. (1973): Das erste Buch Samuelis, KAT VIII/1, Gütersloh.

VEIJOLA, T. (1977): Das Königtum in der Beurteilung der deuteronomistischen Historiographie. Eine redaktionsgeschichtliche Untersuchung, AASF.B 193, Helsinki.

VIELHAUER, R. (2007): Vom Werden des Buches Hosea. Eine redaktionsgeschichtliche Untersuchung, BZAW 349, Berlin/New York.

WELLHAUSEN, J. (^{3}1899): Die Composition des Hexateuchs und der historischen Bücher des Alten Testaments, Berlin (= ^{4}1963).

–   (^{6}1905): Prolegomena zur Geschichte Israels, Berlin.

WESTERMANN, C. (1981): Genesis. 2. Teilband: Genesis 12–36, BK 14/1, Neukirchen-Vluyn.

Hosea 12 und die Pentateuchüberlieferungen

Erhard Blum
Tübingen

Literarhistorische Analysen des Alten Testaments bleiben aufgrund der in vieler Hinsicht defizitären Quellenlage vor allem auf innerkanonische Vergleiche und Zuordnungen angewiesen. Deren strukturellen Probleme sind bekannt und spiegeln sich in den derzeit wieder heftigen Ausschlägen der Hypothesenbildungen. So werden ‚typologische' Daten und Maßstäbe, insbesondere konzeptionelle, sprachliche, stilistische, motivische etc. Zuordnungen in ihrer Tragfähigkeit gern überschätzt, was in der Konsequenz vielfach zu sich verselbständigenden Diskursen und Insider-Verständigungen führt. Von daher muss immer wieder der Versuch ‚stratigraphisch' fundierter Einordnungen wichtiger Referenztexte unternommen werden. Da es sich um Texte, d.h. um Kommunikate mit intentionalen Bezügen auf die geschichtliche Wirklichkeit von Autoren und Adressaten handelt, kann dies letztlich nur gelingen, wenn sich für die betreffenden Überlieferungen hinreichend spezifische Wirklichkeitsbezüge als konstitutiv ausweisen lassen.

Im Folgenden soll dergleichen für Hos 12 versucht werden, mithin für einen prophetischen Text, der nicht nur in mancher Hinsicht eine Summe hoseanischer Theologie bietet,[1] sondern der auch intensiv auf zentrale Ursprungsüberlieferungen Israels referiert und insofern im Fadenkreuz gleich mehrerer literarhistorischer Fragehinsichten steht. Freilich wird gerade dieses Kapitel von Kennern „zu den schwierigsten Abschnitten des Buches Hosea" gezählt.[2] Tatsächlich gehen bis in die Gegenwart nicht nur die diachronen Analysen zu Hos 12 weit auseinander, sondern insbesondere auch die inhaltlichen Deutungen (der postulierten Vorstufen und) des Gesamttextes. Dem entsprechend werden hier zunächst (I) einige gewichtige neuere literargeschichtliche Hypothesen geprüft und anschließend (II) eine erneute Gesamtlesung der Haupteinheit 12,3–15 zur Diskussion gestellt. Am Ende (III) stehen dann einige überlie-

---

1 Eine meisterliche Zusammenschau dieser Theologie ist Matthias Köckert (1988b) zu verdanken, dem dieser Beitrag in Freundschaft und Dankbarkeit gewidmet ist.

2 Dieses Diktum, mit dem Marti 1904: 91 seine Auslegung eröffnet, wird in der Literatur gern zustimmend zitiert, so auch von Rudolph 1966: 223.

ferungsgeschichtliche Implikationen und Konsequenzen im Blick auf die Ja-
kob- und Mosetraditionen des Pentateuchs.

I Neuere Vorstufenrekonstruktionen zu Hos 12

Gemessen an der thematischen und motivischen Geschlossenheit üblicher
Prophetenworte und selbst im Vergleich mit den nicht selten komplexen literarischen Zusammenhängen in Hosea muss Hos 12 mit seinem sprunghaften
Wechsel zwischen Erzählung über/Anrede an „Jakob" und „Ephraim", zwischen Prophetenrede und Gotteswort, zwischen Erzväter- und Exodusreminis-
zenzen etc. vorderhand derart disparat wirken, dass sich ein ‚ordnendes' Re-
arrangement des Abschnitts in diachroner Rekonstruktion geradezu aufdrängt.

Während unter den neueren Kommentaren H.W. Wolff sich noch damit
begnügte, das Kapitel – abgesehen von judäischen Aktualisierungen[3] – auf
„fünf locker zusammengefügte Sprucheinheiten" zurückzuführen,[4] rekonstruierte W. Rudolph zwei (hoseanische) Vorstufentexte: eine größere Einheit
in V. 1–7.11f.13f.15, in der allerdings V. 11f. ursprünglich auf V. 13f. gefolgt
sei, sowie ein ursprünglich selbständiges Wort V. 8–10, das in erstere sekundär
eingeschoben wurde.

Auf ähnlichen Bahnen bewegt sich auch der Kommentar von J. Jeremias:[5]
Judäische „Aktualisierungen und Neudeutungen" erkennt er in 12,1b.2aγ.3a*
(„Juda") und 12,6. In der älteren Überlieferung wiederum „bilden offensichtlich die Verse, die von Jakob handeln, den Kern". Dazu zählen die Verse *3–5,
7 und 13f. Die Zusammengehörigkeit der Verse zeige sich stilistisch („nur
diese Verse sind vom Erzählstil [Perf. + Imperf.consec.] geprägt") und an
inhaltlichen Zusammenhängen, wozu er auf eine mit שמר gebildete „doppelte
Antithese" in V. 7bα+13 und 13+14 verweist. Die anders profilierten Abschnitte, die von Ephraim handeln, gehen nach Jeremias ihrerseits auf mehrere
vorgegebene Hoseaworte (1a.2; 8–10.11f.15) zurück (vgl. Wolff). Aus diesem
Material hätten Hoseas Tradenten „in engster Anlehnung an ihn selber" eine
„zweigipflige Prophetenrede" gebildet. In deren erstem Teil seien V. 7 („hüte
Güte und Recht") die Verse 8f. („Thema: Betrug, Reichtum, Überheblichkeit")
als neue Antithese gegenübergestellt und dieser ganze Teil durch die Gottesrede in V. 10 (Gericht und Heil) abgeschlossen worden. In ihrem zweiten Teil
bildeten nun die Verse 11–12 und 13–14 einen zweifachen antithetischen Zu-

---

3   Bei Wolff: „Juda" in V. 3a (1965: 267 Textanm. 3b) und V. 6 (276f.).
4   Wolff 1965: 269: V. 1–2; 3–7; 8–10; 11–12; 13–15 mit V. 16 als Zusammenfassung der An-
     klage des Kapitels und der Unheilsankündigung. Für die Zusammenstellung dachte er an eine
     „eigene() Niederschrift" oder ein „Diktat" des Propheten selbst (ebd. 270).
5   Zum Folgenden (und den Zitaten) s. Jeremias 1983: 150.

sammenhang, näherhin die Gegenüberstellungen von „Prophetenwort" (11) und „frevelhafter Kult" (12) bzw. „Sexualriten" (13) und „prophetische Führung" (14), wozu das Gerichtswort in 15 den Abschluss darstelle. Beide Teile der so gebildeten Prophetenrede „besagen zusammen, daß Gott auch schwere Schuld zu tilgen gewillt ist (V. 10: Rückführung Israels in die Wüste und neuer Anfang wie in 2,16f. ...), daß Gottes Vergebung aber dort unmöglich ist, wo Israel die Propheten ablehnt, die es als Gottes Boten ständig mit seinem Willen und seinem Heil konfrontieren (V. 11–14)." Diese Vorstufen-Rekonstruktion gibt freilich, ebenso wie die Interpretation des Gesamtzusammenhangs von V. *3–15, ihrerseits Fragen auf:

(1) Zunächst im Blick auf die Kohärenz und Geschlossenheit des angenommenen „Jakobsworts": Unabhängig davon, ob sich die Deutung von Jakobs Verhalten in V. 13 auf die Befolgung kanaanäischer Sexualriten bewährt (dazu gleich), ist zu fragen, ob eine dergestalt profilierte Anklage tatsächlich die inhaltliche Opposition zur Forderung, „חסד und משפט zu hüten", böte und damit direkt an diese anschließen könnte. Vor allem aber erscheint V. 14 am Ende der postulierten Einheit inhaltlich ‚verloren': weder die Exodusthematik noch die der Prophetie wäre innerhalb des Jakobwortes eingeführt oder auch nur (antithetisch) vorbereitet. Angesichts dieser eigentümlich isolierten und disproportionierten Stellung von V. 14 fällt es denn auch schwer, die Sacheinheit dieses „Jakobsworts" und eine die Gesamtintention bündelnde Pointe zu erkennen.

(2) Signifikanterweise werden aber die Themen von V. 14 in den ausgeschiedenen Textelementen eingeführt: der Ägypten-Exodus in V. 10, die Prophetie in V. 11. Darüber hinaus erweisen sich die geschiedenen Elemente inhaltlich/motivisch keineswegs so distinkt, wie es bei einer Orientierung an den Stichworten „Jakob" bzw. „Ephraim" erscheinen mag. So gehören z.B. die Stichworte bzw. -themen און (V. 4.9.12) oder „Betrug" (V. 4.8f.) zu einem übergreifenden semantischen Netzwerk, das die Jakob- und Ephraimteile nicht nur vordergründig zusammenhält. Vielmehr wird sich zeigen, dass auch die Ephraim-Passagen nicht zuletzt von der Jakobmotivik her formuliert sind.

(3) Die inhaltliche Gesamtdeutung ruht wesentlich auf den unterstellten Bezügen von V. 11 auf einen frevlerischen Kult bzw. von V. 13 auf kultische Sexualriten. Beides geben die Verse m.E. nicht her: Stieropfer in Gilgal bilden per se keinen Frevel,[6] und Jakobs Arbeit um seine Frau(en) hat nichts mit einer „Befolgung der Sexualriten im Kult" zu tun.[7] Darüber hinaus ist im Blick auf

---

6 Jeremias 1983: 149. In der Übersetzung (ebd. 149) wird dies durch die Wiedergabe von און mit „abgöttisch" überdeckt; dazu unten Anm. 49.

7 Zu Jeremias 1983: 157. Als Brücke trägt auch nicht die Verbindung von שמר und זנות in Hos 4,10f.: weder deckt sich שמר semantisch mit ב שמר, noch sind für Hosea-Leser „Unzucht" und „Erwerb der (Ahn-)Frau" gleichzusetzen. Selbst Rudolphs abgeschwächte Lesart, wonach „das doppelte באשה" „wohl [zeige], daß der Prophet hier einen Seitenhieb auf den synkretisti-

das Verständnis als doppelgipflige Rede mit einer Differenzierung zwischen
Schuld, die von Gottes Heilshandeln eingeholt werde, und einer solchen, die
seine Vergebung verunmögliche, zu fragen, weshalb der dafür entscheidende
Gedanke der Konditionierung eines Vergebungshandelns nicht angedeutet
wird. Mehr noch, eine solche Kontrastierung abgestufter Kategorien von
Schuld und Ergehen widerspräche in doppelter Hinsicht der Logik der prophetischen Überlieferung (wohl nicht nur in Hos): Zum einen ist auch für eine in
V. 10 eventuell implizierte Perspektive „Gericht – Heil" eben das Gericht über
das schuldhafte Volk und nicht die ‚Vergebung' der Schuld konstitutiv. Zum
anderen gibt es – im Horizont der Gerichtsprophetie – kein Gerichtshandeln an
Israel/Juda, das nicht – sozusagen per definitionem – auch die Ablehnung der
überführenden Prophetenrede zur Voraussetzung hätte.

Schwierig bleibt gleichwohl das genaue Aussageprofil von V. 10. Entsprechend
der vorherrschenden Sicht dürften die Zelte hier als „Symbol der Dürftigkeit im
Gegensatz zu ihrem bisherigen Wohlleben im Reichtum" dienen (Rudolph),[8] möglicherweise, wenn auch nicht notwendig,[9] ist damit der Gedanke einer „Rückkehr
nach Ägypten/in die Wüste"[10] (8,13b; 9,3; 11,5*; 2,16f.) impliziert. Das Element
des heilvollen Neuanfangs wird dabei zumeist in מועד כימי gefunden. Der mitunter
postulierte Bezug auf eine Sinai-Tradition lässt sich allerdings nicht begründen.[11]
Auch als Bezeichnung für die „Begegnung" JHWHs mit Israel in der Ursprungs-
zeit ist מועד weder nach der Semantik des Lexems[12] noch mit einem spezifischen
Sprachgebrauch von Hos zu erweisen. Am wahrscheinlichsten ist vielmehr die Bedeutung „wie an Festtagen" (vgl. Hos 9,5). Nach Rudolph war dies „ironisch gemeint" und so V. 10 als reine Unheilsankündigung zu lesen.[13] Doch hätte man in
diesem Falle weniger von Ironie als von Zynismus zu sprechen, wie er in der Gottesrede ebenso analogielos wie deplaziert wäre. So ist im überlieferten Text der
ganze Vers wohl als vollmundige Heilszusage verstanden, was im Gesamtkontext
aber nur als sekundäre Lesung und möglicherweise als Verlesung zu erklären ist.
Von den diversen Konjekturvorschlägen[14] kommt der von F. Perles:[15] עד כימי

---

8   Rudolph 1966: 234.
9   Vgl. unten bei Anm. 61.
10 Dazu erhellend Köckert 1988b: 13.
11 Vgl. Gese 1986: 90, demzufolge V. 10b das Gericht voraussetzt und zugleich „von dem
    zukünftigen Begegnungsgeschehen im heiligen Lager entsprechend dem Sinaivorgang
    spricht". Selbst unter Voraussetzung einer entfalteten P-Tradition genügte מועד kaum, um all
    dies zu evozieren.
12 מועד bezeichnet den festgelegten Ort oder Termin einer Zusammenkunft oder den Fest-/Fei-
    ertag, nicht jedoch den Vorgang der Begegnung, s. HALAT und Ges[18] s.v.
13 Rudolph 1966: 234; Rudolphs Übersetzung und Deutung als Ironie schließt sich Pfeiffer
    1999: 17–178 an.
14 S. die bei Marti 1904: 96f. referierte Diskussion.
15 Perles 1895: 44.

---

schen Fruchtbarkeitskult seiner Zeitgenossen beabsichtigt, denen dabei der Umgang mit
Frauen wichtiger ist als die Verehrung Jahwes ...", (1966: 231) trägt alles Wesentliche ein.

(„wie in den Tagen der Vorzeit")[16] mit der Annahme einer Dittographie zweier Buchstaben aus und hat zudem die Lesung/Deutung des Targums (כיומי קדם) auf seiner Seite (zur sachlichen Deutung s.u. in II). Bedenkenswert bleibt unbeschadet dessen die Möglichkeit, dass V. 10 und 11 ursprünglich zwei Trikola bildeten, von denen V. 10 sekundär durch eine Ergänzung heilsprophetisch umgedeutet wurde.

Von den genannten Zugängen unterscheiden sich verschiedene Analysen, die mit einem umfangreichen, aber punktuell angelegten Wachstum einer – freilich jeweils unterschiedlich bestimmten – hoseanischen Grundschicht rechnen.

In der Regel kommt dabei die Frage nach dem Gesamtzusammenhang nicht mehr in der Blick, geschweige denn, dass dieser noch vor dem literarkritischen Zugriff eine Chance hätte wahrgenommen zu werden. So findet K. Marti[17] den Grundbestand für V. 3–15 in 12,3b.4.8–9a.12.15; der Rest wurde durch späte Interpolatoren und Glossatoren aufgefüllt. Bei J. Vollmer[18] bleibt nach dem literarkritischen Durchgang tentativ ein vergleichbarer, aber kürzerer Bestand: 12,3–4. 8*–9. I. Willi-Plein[19] rekonstruiert als ältere Spruchaneinheit: 12,3.4–5.8–10, eine Analyse, die zuletzt von H.-C. Schmitt[20] aufgenommen, jedoch deutlich modifiziert wurde mit 12,3–4.5b.13–15 als hoseanischem „Kern", den vor allem „spätdeuteronomistische" Hände in V. 5a.7.10–12 erweitert hätten. Als Argumente dienen u.a. (fragliche) Sprachgebrauchsargumente wie die Identifizierung von שמר in V. 7 als „deuteronomisch-deuteronomistisch" und von תמיד als „priesterlich" oder die Verbindung von Jakobs „Weinen" und „Flehen" mit deuteronomistischen Vorstellungen der Buße. Zugleich bleiben interne Zusammenhänge (dazu u. in II) wie der zwischen V. 10f. und 14 oder zwischen V. 7 und 8f.13 ohne Berücksichtigung.

Stärker von der Möglichkeit einer Sonderung der Jakob- und Ephraim-Passagen (s. Jeremias) lässt sich dagegen wieder die eingehendste neuere Analyse von Hos 12 durch H. Pfeiffer leiten.[21] Gegenüber Jeremias u.a. repräsentiert Pfeiffer zugleich eine Neuorientierung innerhalb der aktuellen Hoseaforschung, insofern seine Analyse eine deutlich spätere Ansetzung (hier der Grundschichten von Hos 12) impliziert; nicht zuletzt deshalb soll sie hier genauer besprochen werden.

Pfeiffer erklärt die Genese von Hos 12 mit der „Verschmelzung" zweier „Einheiten": 12,1–2(*).8–9.10.12.15 (Ephraim) und 12,3–5.(6.)7.11.13–14 (Juda+Jakob).[22] Anders als Jeremias ordnet er V. 11 aufgrund seiner offenkundigen thematischen Nähe zu V. 14 in den Jakob-Faden ein, blendet aber gleichwohl (jedenfalls auf der grundlegenden analytischen Ebene) andere

16 So die Übersetzung von Perles, 1895:44. Zur Möglichkeit eines Bezugs von עד auf die Vergangenheit vgl. z.B. Clines 2007: s.v. עד II.1 unter Verweis auf Hi 20,4 und 4QapJoshua[b] 1,6[mg].

17 Marti 1904: 94ff.

18 Vollmer 1971: 105–115.

19 Willi-Plein 1971: 210–219.

20 Schmitt 1998: 170–173.

21 Pfeiffer 1999: 68–100.

22 Pfeiffer 1999: 68–70.

Konnexionen aus.[23] Zugleich fällt auf, dass die so rekonstruierte Vorstufe einer
Jakob-Retrospektive eine Reihe von Inkohärenzen aufweist.[24]

Dazu gehört besonders[25] der angenommene Sprecher- und Adressaten-
wechsel innerhalb von V. 7: Während Pfeiffer V. 7a („Du, du darfst mit Hilfe
deines Gottes zurückkehren") als an Jakob gerichtete Gottesrede, die als *vox
populi* der in 5b angeblich sprechenden Judäer zitiert werde, versteht,[26] soll in
7b („Bewahre Güte und Recht und hoffe beständig auf deinen Gott") dieser
Redezusammenhang schon wieder verlassen sein, insofern Gott sich hier direkt
an die Leser wende. Dieser Lesung steht entgegen, dass V. 7 sich fugenlos als
Rede eines Sprechers an ein und denselben Adressaten präsentiert: mit der
durchgehenden Anrede in der 2.P.sg.m. und mit einer komplexen Inclusio
(semantisch: Versicherung des göttlichen Beistands auf dem [implizierten]
Weg des Angesprochenen; formal: באלהיך – אל אלהיך).[27] Die Konsistenz der
Referenzen ist so klar markiert, dass jede andere Zuordnung die Leser einer
heillosen Verwirrung überlassen müsste. Gerade der als Analogie herangezo-
gene[28] Abschnitt Hos 6,1–6 macht dies (im Kontrast) deutlich: der Sprecher-
wechsel zwischen 6,3 und 4 ist hier unmissverständlich angezeigt durch den
Übergang von einer Rede (des Volkes) in der 1.P.pl. *über JHWH* zur Rede
(JHWHs) in der 1.P.sg. *an Ephraim*/Juda.

Spricht der Textbefund also entschieden für die sachliche und pragmati-
sche Kohärenz der Gottesrede in V. 7, dann erweist sich – in der Folge – auch
der (schon in Pfeiffers Lesung schwierige) direkte Anschluss von V. 11 als
unhaltbar. Angesichts des von Pfeiffer mit Recht ernst genommenen Zusammenhangs von V. 11 mit V. 14 gerät damit freilich die gesamte Statik der angenommenen Juda/Jakob-Einheit ins Wanken.

---

23 Vgl. die bereits oben bei J. Jeremias genannten Beispiele; dazu kommen weitere: Die Asso-
    nanz zwischen מרמה in 12,1 und תמרורים in 12,15 dient als Argument für die primäre Zu-
    sammengehörigkeit der Verse; der deutlich substantiellere Bezug zwischen V. 3b und 15b
    (dazu auch Andersen/Freedman 1980: 622) bleibt dagegen unberücksichtigt, ebenso die As-
    sonanz insbesondere zwischen 7a und 10b (s.u.). Letztere wäre zudem mit der Entsprechung
    ואתה – ואנכי, jeweils in der Eröffnung der beiden Gottesreden, zu verbinden – etc. (s.u. II).
24 Zum Folgenden ist die Übersetzung der Rekonstruktion in Pfeiffer 1999: 70f. zu vergleichen.
25 Ein anderes Beispiel bildet die von Pfeiffer beibehaltene Unstimmigkeit in V. 5MT hinsicht-
    lich der Suffixbezüge („in Bethel fand/findet er ihn, dort redet/e er mit uns"), die noch da-
    durch verstärkt wird, dass die in V. 7 folgende Rede wieder an eine 2.P.sg.m. gerichtet ist.
    Die Behauptung, eine derartige textliche Inkohärenz lasse sich mit einem Konzept der „cor-
    porate personality" erklären (Pfeiffer 1999: 79), wäre erst noch an einem zweifelsfreien Bei-
    spiel zu belegen. Zum textkritischen Problem s.u. Anm. 43.
26 So in Anknüpfung an Utzschneider 1980: 190f.
27 Die behauptete inhaltliche Unstimmigkeit: „Andererseits will die Ermahnung [scil. 7b, E.B.]
    inhaltlich kaum zu der apodiktisch wirkenden Verheißung von V7a passen" (ebd. 73), unter-
    stellt eine dem Alten Testament fremde theologische Alternative (vgl. Gen 17,1b–2 u.v.a.m.).
28 Pfeiffer 1999: 73.

Noch gravierender – und zunächst unabhängig von den soeben skizzierten Einwänden – erscheint mir jedoch eine die ganze „Einheit" betreffende Unstimmigkeit: In V. 3 wird der Zusammenhang als Rechtsstreit (רי̇ב) JHWHs mit Juda und Jakob eingeleitet – mit dem Ziel, „Jakob nach seinen Wegen heimzusuchen; nach seinen Taten vergilt er ihm". Diese Eröffnung zielt jedoch ins Leere, weil in den zugeordneten Versen gar kein Rechtsstreit durchgeführt wird: Zwar beinhalten die Verse 4–5.13 eine kritisch-entzaubernde Nacherzählung von der Identifikationsfigur Jakob, jedoch keinen Schuldaufweis, der in die Ankündigung einer Heimsuchung/Ahndung mündete: weder im Blick auf den Jakob der Ursprungsgeschichte – ihm gelten vielmehr die Verschonung in V. 5aβb und der Zuspruch in V. 7(a)! – noch im Blick auf ein gegenwärtiges Juda/Jakob – von dessen *Taten* ist gar nicht die Rede, statt dessen wird ihm (in der Pfeifferschen Lesart) eine paränetische Gottesrede (7b.11) zuteil, und V. 14 schließt mit der Reminiszenz der Bewahrung durch den Propheten (Mose). Anders formuliert, es fehlt nicht nur die Durchführung des Rechtsstreits, sondern überhaupt die nach V. 3 zu erwartende Applikation der rekapitulierten Jakobgeschichte auf das Tun und Ergehen der Adressaten.[29]

Diese Unterbestimmung des Adressatenbezugs gilt schließlich in besonderem Maße für die als Partner des Rechtsstreits genannte Größe „Juda", die in der Durchführung weder ausdrücklich noch in Anspielungen wiederkehrt und deshalb in V. 3 üblicherweise als sekundäre judäische Applikation gesehen wird.[30] Gleichwohl wird hier dieses „Juda" zusammen mit der MT-Lesung eines Suffixes der 1.P.pl. in V. 5bβ zum Schlüssel für den geschichtlichen Ort der postulierten Jakob-Einheit: Diese lasse „den Leser zum Zeugen eines in der Exilszeit geführten ‚Streites' um die ‚rechte' Kulttheologie des von Judäern am Heiligtum von Bethel ausgeübten Kultes werden".[31] Aus dem *rib* mit „Juda/Jakob" über die ‚Rechtsfolgen' seiner „Wege" und „Taten" (V. 3) wird so unter der Hand eine theologische Auseinandersetzung über die rechte „Heilsvergewisserung".[32] Näherhin würden der Verheißung für Jakob alternativ spätexilische Gesetzespredigt und Exodustradition entgegen gehalten. Tatsächlich aber bildet die Rede vom Bewahren von חסד und משפט (V. 7b) weder sachlich noch phraseologisch eine Referenz auf Toragehorsam, sei es in einem deutero-

---

29   Vgl. bereits treffend I. Willi-Plein 1971: 210: „Es ist ... äußerst unwahrscheinlich, daß sich die Anklage in der mehr oder weniger historischen Reminiszenz erschöpft hätte; dies ist vielmehr nur das Bild für die gegenwärtigen Missetaten, um die die Anklage geführt wird (...). Diese aktuelle Anklage, die Explikation der Jakobserzählung, folgt in v. 8–9."

30   Schlagend bereits Wolff 1965: 267 Textanm. 3b: „Die finale Verknüpfung לפקד verlangt in 3a den gleichen Angeklagten wie in 3b."

31   Pfeiffer 1999: 98. Auf die Belege für ein während der Exilszeit bestehendes Heiligtum zu Bethel (ebd. 80f.) ist hier nicht einzugehen. Sie können die These m.E. nicht tragen.

32   Der Begriff Pfeiffer 1999: 97; zur inhaltlichen Deutung von 12,13 s. unten.

nomistischen oder in sonst einem exilisch-nachexilischen Sinne.[33] Ebenso
wenig wird mit einem Hinweis auf die Begabung von Propheten mit Visionen[34] und JHWH-Wort (V. 11) oder mit dem Verweis auf die bewahrende
Führung eines prophetischen Mose (V. 14) der dtr Typus prophetischer Tora-
und Umkehrprediger evoziert! Offenbar werden solche Eintragungen notwendig als Folge der Fokussierung auf punktuelle Retuschen der Hoseaüberlieferung („Juda"; „wir" in V. 5b), die sich mit der Textsubstanz (sei es auch der
postulierten Vorstufe!) nur in freien Relektüren verbinden lassen.

Die neuere Untersuchung von Hos 12 durch M. Köhlmoos demonstriert auf ihre
Weise die (kaum völlig zu vermeidende) Verselbständigung gewisser Diskussions-
konstellationen,[35] aber auch die Probleme einer Interpretation des Kapitels in einem exilisch-nachexilischen Entstehungskontext. Sie übernimmt einerseits Jeremias' Ausgrenzung der Jakob-Exodus-Abschnitte (12,3–7.13–14[15]) als „Kern"
des Kapitels, andererseits Pfeiffers Unterstellung eines „deuteronomistische(n)
Profil(s)" und eines primären Juda-Bezugs sowie die entsprechende Ansetzung
(hier) in nachexilischer Zeit. Zugleich werden einige Zuspitzungen Pfeiffers wie
die einer primären *vox populi* in V. 5b.7a und die Aufspaltung der Rede in V. 7
vermieden. Dann stellt sich allerdings die Frage, wo überhaupt in dem rekonstruierten Zusammenhang die Taten Judas(?) zu erkennen sind, die
nach 12,3 heimgesucht werden sollen. Die Beth-El-Episode liefert dafür keinen
Anhalt, bietet sie doch „ein geschichtstheologisches Exempel, das von Gott selbst
ausgeht und den Stempel einer persönlichen Beziehung trägt" (146). Gleichwohl
sei hier aber für die Tradenten „Gottes Zusage ... in sich theologisch nicht suffi-
zient, sondern [müsse] durch die ethische Forderung ergänzt werden". Auch wenn
man dieses gewagte Verständnis der Gottesrede einmal auf sich beruhen lässt,
bleibt dann immer noch die Frage, wo im verbleibenden Text (V. 13f.) „Jakobs
fortwährende Schuld ... festgestellt" würde. Darauf antwortet auch nicht die Paraphrase von V. 13: „Jakob flieht vor dem Gott, der ihn gefunden hatte und hütet
‚wegen einer Frau', anstatt das Recht zu hüten". Denn weder kann Jakob „vor
Gott" fliehen, wenn dieser ihm gerade die Rückkehr zugesprochen hat,[36] noch
steht ein Hüten „wegen einer Frau" (auf der Ebene der Jakobgeschichte!) in einem
nachvollziehbaren Gegensatz zu חסד und משפט.[37] Kurzum: die Interpretationsan-

---

33   Die in Pfeiffer 1999: 89f. aufgeführten Belege, erweisen m.E. das Gegenteil dessen, was sie
     zeigen sollen, obschon dabei משפט von der für den Sprachgebrauch in Hos 12 (und Hos 6,5–
     6) gerade charakteristischen Verbindung mit חסד isoliert wird. Es ist kaum sinnvoll, die ana-
     chronistische nachkanonische Sicht der Schriftpropheten als Toraverkünder und das Ver-
     ständnis einer jeden Rede von משפט oder צדקה als Synonym für die Gebote der Mosetora
     durch einen solchen Verzicht auf Unterscheidungen quasi-‚historisch' in die Überlieferung
     einzuzeichnen.

34   Vgl. dazu die Argumentation in Pfeiffer 1999: 92 Anm. 113.

35   Köhlmoos 2006: 142–150. Vgl. auch die – deutlich knappere – Erörterung des Kapitels in der
     jüngsten monographischen Untersuchung zu Hosea von Vielhauer 2007: 178–180, die sich
     i.w. auf eine Rezeption von Jeremias und Pfeiffer beschränkt.

36   So Köhlmoos selbst ebd. 146 oben.

37   Die resümierende Deutung (Köhlmoos 2006: 146): „die Bet-El-Episode stellt sich als theolo-
     gisch nicht eindeutig heraus, um ein störungsfreies Verhältnis zwischen Israel und Gott zu
     gewährleisten. Diese Eindeutigkeit ist erst erreicht, als JHWH sich im Exodus zu erkennen

strengungen erweisen auch in diesem Falle (ungewollt) den fragmentarischen Charakter der angenommenen Textgrundlage.

Die Prüfung verschiedener Vorstufenrekonstruktionen einer älteren Jakob-Einheit in Hos 12 führt demnach zu dem Befund, dass die supponierten Zusammenhänge jeweils erhebliche Inkohärenzen aufweisen. Die damit verbundenen Schwierigkeiten einer bündigen inhaltlichen Deutung (sei es in einem hoseanischen, einem Hosea nahestehenden oder einem exilisch-nachexilischen Kontext) wecken nachhaltige Zweifel an dem genuinen Textstatus der angenommenen Schichten.

II Kohärenz und Pragmatik von Hos *12,3–15

Die Konnexionen innerhalb von Hos 12 ebenso wie seine Verweise und Anspielungen auf andere Überlieferungen erfordern eine bewusste Wahrnehmung der Ausdrucksgestalt des Textes, die sich freilich weder in der textgeschichtlichen Rekonstruktion noch in der sprachlichen Deutung durchgehend von selbst versteht. Deshalb soll die im Folgenden vertretene Lesung zunächst vorgestellt und anmerkungsweise begründet werden.[38]

Hos 12,3–15

3 Einen Rechtsstreit (ריב) führt JHWH mit [Juda],[39]
   heimzusuchen Jakob (יעקב) nach seinen Wegen;
   nach seinen Taten wird er ihm zurückgeben (ישיב לו):

4 Im Mutterleib trat (עקב)[40] er seinen Bruder,
   und in seiner Kraft/Potenz (און) kämpfte er mit einem Göttlichen:
5 Aber ,Gott', ein Engel, behielt die Oberhand (וישר אל)[41] und obsiegte.

---

gibt und sein Wille sich im Propheten kundtut", wirft ein Licht auf die Problematik der vorausgesetzten Kategorien: Könnte man etwa von Propheten sagen, dass sie im Eigenverständnis der Tradition „ein störungsfreies Verhältnis … gewährleisten"?

38 Direkte Reden sind kursiv gesetzt, wahrscheinliche Ergänzungen in petit. Die dreimalige Graumarkierung wird im Anschluss erläutert.

39 Zu den Gründen für eine den älteren Text retuschierende Juda-Applikation s.o. bei Anm. 30. Als ältere Lesung vermute ich aufgrund des weiteren Zusammenhangs (z.B. V. 15) „Ephraim" (nicht das zumeist postulierte „Israel").

40 Für עקב wird, da „betrügen" in die vorgeburtliche Situation nicht passt, vielfach die Bedeutung „an der Ferse packen" angenommen (vgl. Gen 25,26), s. z.B. HALAT: s.v. I. und zuletzt Clines 2007: s.v. I. §2. M.E. liegt eine von „Ferse" denominierte Bedeutung „(mit der Ferse) treten" näher; vgl. auch im Syrischen ʿqb pe. (Brockelmann 1928: 541) und als semantische Analogie πτερνίζω.

41 So mit Wolff 1965: 266 mit Textanm. 5a und 275, der מלאך zudem als interpretierende Glosse betrachtet; man kann darin jedoch auch eine primäre Interpretation des 'elohim/'el sehen. Alternativ bietet sich eine Ableitung von שרה = kämpfen an, wobei die abweichende (s. auch V. 4b) Präposition 'el der (despektierlichen) Anspielung an den Israel-Namen diente: „Er kämpfte gegenüber einem Engel und obsiegte". Für Wolffs Lesung (die selbstverständ-

Er weinte und flehte ihn um Gnade an.
In Bethel fand/findet (מצא) er ihn,
  dort redet/e (דבר) er (immer wieder)[42] mit 'ihm':[43]
[6 JHWH, der Gott der Heerscharen, JHWH ist sein Name.][44]
7 *„Du, du kannst mit Hilfe deines Gottes zurückkehren* (באלהיך תשוב)*!*
  Bewahre (שמר) *Treue* (חסר) *und Recht* (משפט)
    und hoffe beständig auf deinen Gott!"

8 Wie[45] ein Kanaanäer (Händler) ist er, in dessen Hand eine falsche Waage (מרמה)
ist;
  er liebt es zu übervorteilen.
9 Ephraim sprach: *„Fürwahr* (אך), *ich bin reich geworden,*
  Vermögen (און) *habe ich mir gefunden* (מצא)*.*
  Alles mein Erwerb![46] *Man wird mir nicht finden* (מצא)
    ein Vergehen (עון)*, das Sünde wäre."*
10 *„Dabei bin ich, JHWH, dein Gott*
    vom Land Ägypten her.
  Ich werde dich wieder in Zelten sitzen lassen (אשבך אהלים)
    [*wie an den Festtagen*](/*'wie in alter Zeit'*).[47]

---

lich ebenfalls eine „Israel"-Anspielung impliziert) spricht aber die höhere Kohärenz in V. 5
insgesamt.

42 Die beiden PK-Formen in 7b (nach den perfektiven Formulierungen in 4–5a) verlangen eine
    Erklärung. Unter der Voraussetzung, dass die MT-Lesung auch bei dem zweiten Verbum die
    ältere Textform repräsentieren (s. die folgenden Anm.), können die „Imperfektiv"-Formen
    (dazu Blum 2008a) m.E. nur so gedeutet werden, dass dieses Handeln JHWHs ausdrücklich
    als nicht abgeschlossen gezeigt werden soll. In dem gegebenen Zusammenhang ist dies wohl
    im Sinne eines wiederholten (und als solches nicht abgeschlossenen zu sehenden) Gesche-
    hens (iterative Aktionsart) gemeint. Die Besonderheit im vorliegenden Fall besteht darin,
    dass im Redezitat sozusagen die „erste" und für den Ahnvater einmalige Rede an Jakob wie-
    dergegeben wird. Zugleich ‚impliziert' der Iterativ die Rekurrenz eben dieser Gottesmittei-
    lung in Bethel für „Jakob = Israel"; s.u. vor Anm. 56. Die Komplexität des Befundes hat Ru-
    dolph 1966: 229 treffend beschrieben; seine Erklärung mit einem sog. Praesens historicum
    lässt sich sprachlich jedoch nicht fundieren (zu dem bei Bergsträsser 1929: §7f angeführten
    Beispiel vgl. etwa Blum 2008a: 127).
43 Die MT-Lesung eines Suffixes der 1.P.pl. עמו dürfte auf die applizierende Bearbeitung
    zurückgehen, die V. 6 im Blick hatte (s. die folgende Anm.). Ob sie eine ursprüngliche Bil-
    dung der 3.P.sg. mit n-Affix voraussetzte oder durch eine pluralische Lesung des Suffixes im
    vorausgehenden ימצאנו induziert war, mag offen bleiben.
44 Dass hier eine Einschreibung vorliegt, gehört zu den (wenigen) allgemein geteilten diachro-
    nen Urteilen zu Hos 12 (anders aber wohl Andersen/Freedman 1980). Vermutlich geht sie auf
    eine Randglosse zu באלהיך in V. 7a zurück, die den Gottesnamen mit seiner Jerusalemer Ti-
    tulierung nachtrug.
45 So mit Annahme einer Haplologie des *Kaph*. Denkbar ist freilich auch die Lesung: „Ein
    Händler ist er, in dessen Hand etc."
46 Die Annahme eines eingliedrigen Nominalsatzes ist nicht zwingend. Vertretbar ist auch eine
    Übersetzung wie nach Ges[18] s.v. יגיע*: „An meinem ganzen Besitz wird man nichts finden,
    was Frevel wäre".
47 S. oben bei Anm. 15.

11 *Immer wieder rede/te* (דבר) *ich ,zu* [48] *den Propheten* (נביאים),
  ich, ich gewährte viele Gesichte,
  und durch die Propheten (נביאים) *rede(te) ich in Bildern.* "

12 Oder[49] ist Gilead etwa ,vermögend'[50] (און)?
  Fürwahr (אך), nichtig sind sie geworden!
  In Gilgal opferten sie Stiere.
  Auch ihre Altäre sind (nun) wie Steinhaufen (גלים)
    an den Furchen des Feldes (שדי).
13 Jakob floh in das Gefilde (שדה) Arams,
  und Israel diente (עבד) um eine Frau (באשה),
  und um eine Frau (באשה) hütete er (שמר).
14 Aber durch einen Propheten (בנביא) führte JHWH
  Israel aus Ägypten herauf,
  und durch einen Propheten (בנביא) wurde es behütet (שמר).

---

48 Entweder gehört die Schreibung על zu den bei späteren Schreibern häufigen Vertauschungen mit אל oder sie ist als sekundäre Interpretation im Sinne einer Kritik zu verstehen („ich redete wider die Propheten").

49 Wollte man den אם-Satz konditional verstehen und gleichzeitig die Tempora ernst nehmen, ergäbe sich für MT so etwas wie „wenn Gilead Frevel ist, sind sie nichts als Nichtigkeit geworden", und dies „bleibt trotz allen Mühens unverständlich" (Rudolph 1966: 223). Ebenso problematisch wie unnötig sind jedoch freie Konjekturen des Konsonantentextes (so Rudolph selbst; weitere Vorschläge bei Diedrich 1977: 46–48) bzw. ähnlich freie Übersetzungen. Beispiele für Letztere bieten Wolff 1965: „Wenn (schon) Gilead böse war, dann sind sie wahrlich unbrauchbar geworden" (mit vergangenheitlicher Übersetzung des אם-Satzes und fraglicher Logik) oder Jeremias 1983: 149: „Wenn (schon) Gilead abgöttisch war und sie zunichte wurden" (weder bedeutet און „abgöttisch", noch lässt sich ...אך syndetisch zum Nebensatz ziehen). Mit einem Verständnis von און als „Unheil" übersetzt Gese (1986: 91): „Wenn Gilead Unheil ist, / sind *sie* nichts als Nichtigkeit geworden. // In Gilgal haben sie Stiere geopfert, / aber auch *ihre* Altäre sind wie Steinhaufen / an den Feldackerfurchen." [Hervorhebungen i.O.]); freilich muss er dazu einen Gegensatz zwischen Ost- und Westjordanland einführen, der im Text so nicht markiert ist. Eine interessante Lesung mit einem konzessiven אם schlägt de Pury vor (1992: 190 mit Anm. 53 [„... reste incertaine"]): „Si Galaad (déja) est (réduit à) néant, [- ils sont vraiment devenus rien! -] à Gilgal on sacrifie des taureaux". Die darin problematische präsentische Wiedergabe von זבחו wird in der deutschen Version („Mag Gilead vom Unheil erreicht worden sein, [- sie sind wirklich zu nichts geworden! -] in Gilgal opferte man eifrig Stiere!"; de Pury 1994: 423) zwar korrigiert, doch wäre dann der inneren Logik nach im Vordersatz Vorzeitigkeit zu erwarten („mochte Gilead auch ..."), was aber der Nominalsatz nicht hergibt. Davon abgesehen scheint auch ein konzessives אם durchweg eine ‚Kondition' einzuschließen („selbst *falls*", „even if").
  Von den bei Willi-Plein 1971: 218 aufgelisteten sprachlichen Optionen erlaubt allein die zweite eine syntaktisch und semantisch schlüssige Lesung. Danach leitet אם hier eine Zustimmung heischende Frage (*num*) ein (Belege in HALAT s.v. 5.; Ges[18] s.v. II.1.; Clines 1993: s.v. 3.; Brockelmann 1956: § 54f.); freilich ist און dabei nicht als „Unheil/Bosheit" zu lesen, sondern ebenso wie in V. 9; vgl. die folgende Anmerkung.

50 Unter Voraussetzung eines ursprünglich nordisraelitischen Textes, in dem און in jedem Falle als 'ôn gesprochen wurde, bietet die Vokalisierung von MT nicht mehr (und nicht weniger) als eine judäische/jüdische Auslegung.

15 Ephraim hat bitterlich erzürnt,
    seine Blutschuld wird auf ihm lassen
    und seine Schmähung wird zu ihm zurückkehren lassen (ישיב לו) sein
    Herr[51] (אדניו).

Die Gliederung des Zusammenhangs in eine Einleitung des Prozesses (ריב)
zwischen JHWH und Ephraim/Jakob in V. 3, eine Durchführung in drei Stro-
phen (V. 4–7 [I]. 8–11 [II]. 12–14 [III]) und eine resümierende Feststellung
(V. 15) ist durch inhaltliche und formale Markierungen angezeigt.[52] So wird
etwa die Sachentsprechung zwischen V. 3 und V. 15 mit der inkludierenden
Korrespondenz des Ausdrucks ישיב לו im jeweils dritten Kolon unterstrichen.
Die Dreigliederung des Hauptteils erhält ihr formales Gerüst durch die beiden
abschließenden Gottesreden in Strophe 1 (an den Erzvater) und 2 (an Eph-
raim/Israel) und durch den Abschluss von Strophe 3 mit der „erzählenden"
Aufnahme der zweiten Gottesrede (Themen: Exodus und Propheten). Dem
korrespondiert der inhaltliche Dreischritt: Rückblick auf die Anfangsgeschich-
te im Erzvater Jakob – Applikation auf das prahlerisch-selbstgerechte Ephraim
mit dem Ich JHWHs und seinem Handeln an Israel als scharfem Kontrast –
Verbindung der Themen (Erzvater Jakob; gegenwärtiges Israel; Exodushandeln JHWHs) in einer dichten Textur. Schlechthin grundlegend ist freilich die
Einsicht, dass es unbeschadet der vordergründigen Fokussierungen in der Erzählung von Jakob immer auch um das gegenwärtig adressierte Israel geht –
und umgekehrt!

In den Passagen, welche die Identifikationsgestalt des Ahnvaters explizit
vor Augen stellen, wird dem applizierenden Bezug auf die Adressaten mit
einer tendenziösen Profilierung der Jakobüberlieferung zugearbeitet. Freilich
gilt es die Bedeutung der Jakobreminiszenzen für den Schuldaufweis im ריב
JHWHs differenziert wahrzunehmen: Auf der einen Seite ist unverkennbar,
dass der Autor mithilfe kontrastierender Arrangements der Erzähltradition (der
Plot ist offenbar hinreichend bekannt)[53] und mit einer Überzeichnung vorgege-
bener Einzelzüge die Geschichte Jakobs gleichsam „gegen den Strich" gelesen
evoziert. Offenbar zielt dies darauf ab, das Bild des „Gotteskämpfers" Jakob/
Israel mit wenigen Strichen zu entzaubern und ihn – anders als die Genesis-
Erzählung – plakativ in seiner „Trickster"-Existenz zu präsentieren: Bereits im
Mutterleib „trat/betrog" er den Bruder; in seiner Manneskraft rang er mit Gott,
näher besehen freilich mit einem Mal'ak; sein ruhmreiches „Obsiegen" ent-

---

51 Zur (suffigierten) Pluralform mit singularischer Bedeutung bei אדון (Analoges gilt für בעל)
     vgl. neben den Wörterbüchern Rösel 2000: 30f.

52 Vgl. schon grundlegend de Pury 1992: 185ff., dessen Gliederung hier nur leicht modifiziert
     wird.

53 So die Kontrastierung der Taten Jakobs „im Mutterleib" und „in seiner Manneskraft" (V.
     4[5]); damit kann die Bethel-Episode dahin rücken, wohin sie wegen der Gottesrede gehört:
     ans Ende von Strophe I. Jakobs Aufenthalt in Aram (V. 13) wiederum musste wegen der Ge-
     genüberstellung mit V. 14 in Strophe III rücken.

puppt sich zudem als Erhörung seines flehentlichen Weinens.[54] Auf der anderen Seite resultiert aus dieser Negativzeichnung per se noch kein Aufweis von – im strengen Sinne – „Vergehen, die Sünde wären", wie insbesondere auch im Blick auf V. 13 deutlich ist – ein Umstand, der manche Ausleger denn auch zu verwegenen Eintragungen an dieser Stelle verleitet hat (s.u.).

Nimmt man den skizzierten Befund ernst, führt er nicht auf eine unmittelbare Applikation der Jakob-Reminiszenzen, sondern auf deren im klassischen Sinne typologische Bedeutung, insofern die „Typos"-Funktion sich sozusagen von dem überbietenden „Antitypos" her erschließt: Erst im Licht des betrügerischen und schuldbeladenen Verhalten Ephraims (8–9.15) erhellt die Fluchtlinie des einseitig pointierten Jakobverhaltens. Es zeigt sich so etwas wie eine grundsätzliche „Jakob"-Kontinuität Israels, die, wie der Text aufzuweisen sucht, bereits in der Vita des Ahnvaters *angelegt* ist.[55]

Eine Ausnahme von dieser vermittelt-typologischen Hermeneutik der Jakob-Reminiszenzen bildet allerdings die Bethel-Passage in 12,5b.7, die über ihren primären ‚narrativen' Bezug auf die Geschichte des Erzvaters hinaus von bleibender Geltung für Israel/Ephraim ist. Dies zeigt sich zum einen daran, dass hier die Konstituenten und Maßstäbe der Gottesbeziehung formuliert werden, ohne welche die folgende Anklage Ephraims/Israels nicht zu verstehen wären, zum anderen an den Verbformen in V. 5b, die als einzige innerhalb der expliziten Jakob-Reminiszenzen konsequent imperfektiv formuliert sind.[56] Dazu fügt sich nicht zuletzt die signifikant mehrdeutige Formulierung auch von V. 7a: bezogen auf den Jakob der Ahnvatergeschichte geht es um die „Rückkehr" aus der Ferne, bezogen auf das angesprochene Ephraim um das Angebot der „Umkehr" „mit Hilfe" seines Gottes!

Selbstverständlich kann die dominierende typologische Relation ebenso in den „Ephraim"-Passagen selbst angesprochen sein. Dies ist denn auch der Fall, wiederum im Modus von Anspielungen bzw. induzierten Assoziationen, nun eben spiegelbildlich innerhalb der im Blick auf Ephraim/Gilead explizierten Schuldaufweise. So springen V. 8–9 vordergründig in einen von V. 4–7 völlig verschiedenen Sachzusammenhang. Sie benennen anklagend das auf Trug und Ausbeutung ausgerichtete Handeln Ephraims, das darauf in einer Prahlrede antwortet: der selbstzufrieden bestätigte Reichtum sei allein Frucht der eigenen mühevollen Arbeit, sein Vermögen (אוֹן) habe nichts mit Vergehen (עָוֹן) zu tun. Damit hat Ephraim freilich nicht nur einen Mangel an jeglicher Schuldeinsicht, sondern auch eine verfehlte Grundhaltung bloßgelegt, deren Pointe sich in voller Schärfe erst vor dem Hintergrund der unmittelbar davor rekapitulierten

---

54   Wie massiv die Erzählüberlieferung hier transformiert wird, hängt freilich an der Textrekonstruktion in V. 5a; s. dazu o. Anm. 41.

55   In Anlehnung an die Rabbinen könnte man hier von מעשה אבות - סימן לבנים sprechen. Die von Gertner 1960 konstruierten „Midrasch"-Bezüge zu Gen 32f. sind dagegen mit Rudolph als „ein starker Anachronismus" (Rudolph 1966: 229 Anm. 17) zu sehen.

56   S.o. Anm. 42.

‚Jakoberzählung' zeigt: Nicht חסד und משפט (7bα) bestimmen das Handeln, sondern Betrug und Unterdrückung. Nicht das beständige Hoffen auf seinen Gott (7bβ) und dessen Wirken (7a), sondern ein hochmütiges Bewusstsein des eigenen Vermögens. Kurzum: Israel weiß sich nicht von seinem Gott „gefunden" (מצא, 5b) und lebt deshalb auch nicht aus der – hoseanisch gesprochen – דעת אלהים, sondern meint, alles Vermögen „sich" selbst „gefunden" zu haben (מצאתי און לי), ohne dass man ihm etwas Verkehrtes „nachweisen" könne (לא ימצאו לי עון). Es ist dieses maßlose Setzen auf das eigene Vermögen, das der Prophet bereits in das Handeln des Ahnvaters einzeichnet und mit dem Leitwort און (4b.9a.12a) markiert.[57]

Darüber hinaus verschränken sich Ursprungsgeschichte und Gegenwart aber auch im Motiv des Reichtums: Die Gottesrede zu Bethel (7) nimmt den weiteren Weg Jakobs in den Blick, wozu in der überlieferten Erzählung nicht zuletzt das breit ausgeführte Elemente vom reichen Besitz, den Jakob sich bei Laban erwarb, gehörte. Für Leser, die mit diesem Plot vertraut waren, bildete demnach Jakobs trickreiche Mehrung seines Vermögens zulasten der Verwandten die „typologische" Folie für Ephraims Prahlrede in V. 9.[58]

Hierzu fügt es sich, dass selbst noch die unmittelbar anschließende Gottesantwort auf Ephraim eine „typologische" Perspektive einschließt. Zunächst freilich legt die Selbstprädikation JHWHs die ganze Gottvergessenheit in Ephraims Selbstsicht offen: In Wahrheit hat das Volk sein Gedeihen und sein Vermögen dem zu verdanken, der sich von Ägypten her als „sein Gott" erwiesen hat. Dieses konkrete Verständnis der scheinbar überzeitlich-grundsätzlichen Aussage in V. 10a ergibt sich kontextuell zwingend (a) aus dem bestreitend-überführenden Bezug auf V. 9, (b) aus dem sprachlichen (אלהיך) und (über V. 8–9 vermittelt) sachlichen Rückbezug auf die Gottesrede an Jakob in V. 7 und (c) aus der inhaltlichen Kongruenz mit der Rede vom Handeln JHWHs in V. 14.[59] V. 10a bildet demnach den (nur vom Vorkontext her verständlichen) Schuldaufweis, dem die unheilvolle Konsequenz auf dem Fuße

---

57 Nicht ohne zugleich die darin liegende Selbsttäuschung vorzuführen, s. V. 5aβ.

58 Zwar suggeriert der Prophet, wie schon in 12,4f., wiederum eine negativ überzeichnende Lesung der Jakoberzählung, doch lassen sich hierzu auch in deren überlieferter Gestalt durchaus Anhaltspunkte ausmachen: Nachdem in Gen 30,31–43 mit großer Detailfreude Jakobs Züchtungskünste geschildert wurden, mit denen er seinen Herdenanteil zulasten von Labans Anteil mehrte (dazu Blum 1984: 114–116), klagen Labans Söhne in 31,1 (nicht ganz ohne Grund), Jakob habe seinen exorbitanten Herdenreichtum vom Besitz ihres Vaters genommen. Jakob wiederum beruft sich in seiner naturgemäß gänzlich anderen Sicht der Dinge auf seinen יגיע כפים (31,42), vgl. Hos 12,9. Vgl. im übrigen bereits de Pury 1992: 194f. zu 12,9: „… comment ne pas songer à cet épisode important et substantiel du cycle de Jacob (Gn 30,25–31,19) où l'enrichissement de Jacob chez Laban est expliqué par le recours à une astuce? … Dans ce récit, le mode d'acquisition des richesses est précisément au cœur du débat, Laban contestant et Jacob défendant la légitimité des procédés adoptés."

59 Darüber hinaus korrespondiert es sehr genau der Ausrichtung der Exodusthematik im weiteren Hosea-Zusammenhang (bes. 11,1ff.).

folgt: עוד אושיבך באהלים. Sachlich steht diese Konsequenz in der typisch tal-
ionischen Beziehung zu der um den eigenen Wohlstand kreisenden Fehlorien-
tierung Ephraims: „Wohnen in Zelten" bedeutet hier den Verlust der vorher
gerühmten Güter einschließlich des Landes. Obschon es von 10a her hätte
naheliegen können, entspricht die Formulierung aber nicht den Ankündigun-
gen einer Rückführung in die Wüste oder einer Rückkehr nach Ägypten wie
sonst in Hos, sondern ist mit einer (vermutlich) doppelten Jakob-Reminiszenz
formuliert.[60] Zum einen kann man innerhalb von Hos 12 einen paronomasti-
schen Bezug auf V. 7a (באלהיך תשוב) erkennen, der die inhaltliche Umkehrung
der dortigen Zusage unterstreicht. Zum anderen bietet 10b offenbar eine Anspielung an Jakobs Charakterisierung als „Zelthocker" (ישב אהלים) in der Ja-
kob-Esau-Geschichte (vgl. Gen 25,27b).[61]

> Falls die oben erwogene Lesung von 10bβ (כימי עד) bereits zur alten Überliefe-
> rung gehörte, wäre der Verweis auf die „alte Zeit" danach primär auf die Erzväter
> zu beziehen. Aufgrund des dominierenden Gerichtsgedankens stünde dabei freilich
> nicht die Welt der evozierten Jakoberzählung insgesamt im Fokus, sondern in ers-
> ter Linie der (aus der Sicht des sesshaften Israel/Ephraim) deprivative Aspekt des
> Verlustes des Landes und seiner Güter.[62]

Die zentrale Bedeutung dieser Gottesrede am Ende der zweiten Strophe erhellt
bereits daraus, dass hier und nur hier die Adressaten der Redeeinheit unmittelbar angesprochen werden. Dazu fügt sich des weiteren die nachdrückliche
Einführung der Propheten als Vermittler der Gottesrede(n) in V. 11, insofern
damit nicht zuletzt auch der vorliegende Hoseatext autoreferentiell legitimiert
wird. Naturgemäß können beide Elemente (direkte Adressatenanrede und
Thematisierung der Prophetie) im Jakob-Substrat der Einheit keine vollständi-
ge Entsprechung haben. Gleichwohl besteht eine enge Kongruenz mit der
Gottesrede in Bethel (V. 5b.7). Denn zum einen bildet die Wortoffenbarung an
Jakob – der Erzählüberlieferung nach im Traum – nichts anderes als die ‚ur-
sprungsgeschichtliche' Entsprechung zur Prophetie und ihren Schauungen
(חזון). Zum anderen ist sie – ausweislich der Tempusformen (s.o.) – keineswegs allein für den Erzvater in seiner individuellen Situation von Bedeutung.
Und nicht zuletzt zeigt die Forderung von חסד und משפט (V. 7b), liest man sie
im hoseanischen Kontext,[63] die Sachübereinstimmung der Gottesrede für Jakob mit JHWHs Reden durch den/die Propheten an.

---

60 Freilich wird man bei der Art des Textes deswegen eine Ägyptenassoziation nicht ausgeschlossen.

61 Die ‚abweichende' Formulierung mit ב in 12,10b war wegen der Hifʻil-Formulierung erforderlich.

62 Im gesamthoseanischen Kontext mochte dabei auch der Aspekt des jenseits des Gerichts zu
   erwartenden Neuanfangs mitgedacht werden.

63 Vgl. bes. Hos 4,1f; 5,1; 6,5*f.

Die Nagelprobe für jede Interpretation von Hos 12* bildet freilich die dritte Strophe mit den scheinbar zusammenhangslosen Aussagen über Gilead (V. 12) und über Jakobs Flucht nach Aram (V. 13).

Im Duktus der bisherigen Lesung sollte man hier nichts anderes als eine Weiterführung der diskursiv-aufdeckenden Argumentation erwarten dürfen. Erst recht gilt dies angesichts der schon formal unselbständigen Eröffnung von V. 12 mit einer num-Frage,[64] die in irgendeiner Weise die vorausgehende rib-Rede fortsetzen muss. Tatsächlich werden hier alle skizzierten Aussageelemente der zweiten Strophe explizit oder implizit aufgenommen, und zwar in einer Konkretion, welche am Beispiel Gileads zugleich die Triftigkeit der überführenden Rede mit einer ersten Bewahrheitung vor Augen führt. So wird im Parallelismus versuum drastisch und mit zunehmender Konkretion demonstriert, wie weit das Zutrauen in eigenes Vermögen und Stärke (אוֹן), deren Ephraim sich in V. 9 rühmt, zu tragen vermag: „Ist Gilead etwa vermögend/stark? – Fürwahr,[65] zunichte sind sie geworden!" Darstellung ihres Reichtums und zugleich einer verfehlten kultischen Selbstvergewisserung waren die aufwendigen Rinderopfer[66] im Heiligtum zu Gilgal gewesen. So traf es in talionischer Entsprechung gerade auch die zahlreichen[67] Kultstätten: „auch ihre Altäre sind wie Steinhaufen an den Furchen der Flur." Das Gericht, das in der Anrede an „Ephraim" (V. 10) imperfektivisch angekündigt wird, ist für Gilead bereits Wirklichkeit geworden! Und – dies suggeriert V. 11 mit seiner Mittelstellung zwischen 10 und 12 und mit seinem Bezug auf ein darin unterstelltes Vorwissen der Adressaten – JHWH hat dieses Gericht durch seine Propheten angesagt.[68]

---

64 Zur Begründung s.o. Anm. 49.

65 Die Aufnahme des die Rede Ephraims (V. 9) einleitenden אך unterstreicht den antithetischen Bezug.

66 Die letztlich fruchtlosen Versuche, die Stieropfer als einen nach dem Urteil des Propheten ,abweichenden' Kult zu deuten (z.B. Grimm 1973; Utzschneider 1980: 201; Jeremias 1983: 156 Anm. 19 [fragend]), erübrigen sich ebenso wie die in der älteren Literatur beliebten Konjekturvorschläge: שׁוָרִים als Konkretion des אוֹן der Gileaditer sollen ein Licht auf deren Investitionen im Wallfahrtsheiligtum werfen (vgl. Grimm ebd. 342 über den Stier: „das vornehmste Opfertier des Vorderen Orients").

67 Dieser Aspekt ist wohl im Vergleich der zerstörten Altäre mit den allgegenwärtigen Steinhaufen am Rand der Felder impliziert. Er verbindet sich mit den aufwendigen Stieropfern im Gedanken des gesteigerten Kultbetriebs, durch den – so Hosea – JHWH gerade nicht zu finden ist (5,6; 6,5f.; 8,11–13; 10,1–2//8).

68 Deutliche Befunde zeigen, dass in diesem Sinne die Amosüberlieferung im Nordreich in dessen letztem Jahrzehnt rezipiert wurde (s. vorläufig Blum 2008b: 105f.) sowie in Jerusalem durch Jesaja; vgl. Blum 1992/94; vgl. auch Hardmeier 2006: 139.142; Schmid 2008: 99f. Die pluralische Rede von den Propheten (und der Iterativ) in V. 11 schließt jedenfalls Hosea selbst mit ein (unabhängig davon, ob und wie er vor 732 gewirkt hat). Zugleich sollte man diesen Vers aber im Blick auf die Unheilsprophetie in der zweiten Hälfte des 8. Jh.s v.Chr. nicht strapazieren; schließlich dient er auch der Vorbereitung von V. 14, wo eine mit Mose einsetzende prophetische Kontinuität im Blick ist.

Damit setzt der Text passgenau eine geschichtliche Situation der Adressaten voraus, wie sie nach dem Eingreifen Tiglathpilesers III. im letzten Jahrzehnt des Nordreichs Israel, d.h. zwischen 733/32 und 722/20 v.Chr. gegeben war, und nur in dieser Zeit. Unbeschadet der teilweise anderen Lesung des Verses haben bereits H.W. Wolff und (in seinem Gefolge) weitere Ausleger aus 12,12 eben diesen Kontext erschlossen.[69] Die Bedeutung dieses Horizonts für die dritte Strophe insgesamt wird sogleich zu besprechen sein.

Nun könnte auf den ersten Blick verwundern, weshalb die mit Tiglathpileser III. hereingebrochene Katastrophe des Nordreichs ausgerechnet am Beispiel Gileads angesprochen wird, und nicht etwa im Blick auf Galiläa und die Ebene von Megiddo. Der Grund liegt freilich im Gesamtzusammenhang der *rib*-Rede auf der Hand: Nur mit Gilead ließ sich darüber hinaus eine Reminiszenz an Jakob verbinden, näherhin an den Abschluss der Jakob-Laban-Geschichte in Gilead. Sie wird hier mit ähnlichen Mitteln wie in V. 9 evoziert: zum einen durch Stichwörter wie גלעד, גל, מזבח, זבח,[70] zum anderen durch die ‚Kontaktstellung‘ mit V. 13.

V. 13 selbst bildet freilich die entscheidende Crux interpretum des ganzen Abschnitts:

„Jakob floh in das Gefilde Arams,
    und Israel diente (עבד) um eine Frau (באשה),
    und um eine Frau (באשה) hütete er (שמר).“

Textgeschichtlich und sprachlich ist darin nichts strittig. Doch worin soll das Anstößige oder gar Verwerfliche in Jakobs Verhalten bestehen und worin die Pointe der Gegenüberstellung mit dem Exodushandeln JHWHs durch einen Propheten?

Wenn überhaupt, dann scheint sich an dieser Stelle eine positive Lesung der Jakobreminiszenzen in Hos 12 nahezulegen: „Es ist nichts Verwerfliches, diese Zeit des knechtischen Hütedienstes eines nur verborgenen Erstgeborenen, diese Zeit der Begründung der israelitischen Stämme in der Ehe mit Lea und Rahel, sondern sie steht im Gegenteil unter der Führung des Bethelgottes (vgl. V. 7)" (Gese 1986: 92). Nach H. Gese geht es vielmehr darum, die Moseoffenbarung kontrastiv zu exponieren: „Aber um wieviel grösser ist das, was Mose, der Prophet (bis, vgl. V. 11), der Mittler der Selbstoffenbarung Gottes, oder vielmehr, wie der Text deutlich herauskehrt, JHWH selbst durch den Propheten tut: Israel wird aus der knechtischen Existenz geführt und selbst behütet. Und so hoch die Moseoffenbarung über der Jakobverheissung steht, so können wir fortfahren, wird auch Israels Errettung aus dem Gericht im neuen Exodus über den Verlust der Gabe des Jakoblandes

---

69 Wolff 1965: 270.279; vgl. auch Jeremias 1983: 156; Gese 1986: 92f.; de Pury 1994: 427.

70 Vgl. dazu Gen 31,46–54; s. auch de Pury (1992: 198) zu den Namen „Gilead" und „Gilgal": „Ces noms se prêtent en outre à un jeu de mots avec *gal* …, un motif qui est, lui aussi, bien ancré dans la tradition de Jacob." Eine motivische Brücke bildet zudem auch hier Jakobs „Vermögen", das in Gen 32f. gerade mit Gilead verbunden ist.

hinausführen" (ebd.: 93).[71] Allerdings hat sich uns in der bisherigen Gesamtlesung[72] weder die Annahme einer durchgehend positiven Spiegelung der Jakobtraditionen bewährt noch die einer heilsgeschichtlichen Überbietung der Gottesoffenbarung für Jakob durch die ‚Moseoffenbarung'.

Die Schwierigkeiten einer Deutung auf die Praktizierung JHWH-widriger Sexualriten wurden bereits angesprochen.[73] Deutlich mehr Resonanz hat in neuerer Zeit ein anders ausgerichteter Vorschlag von A. de Pury gewonnen. Er geht von der antithetischen Parallelformulierung der Verse 13 und 14 aus und interpretiert diese im Horizont seiner Gesamtthese zu Hos 12, wonach hier zwei Ursprungstraditionen Israels alternativ einander gegenübergestellt werden: Jakob/Erzväter und Mose/Exodus.[74] Dabei richtet er den Fokus vor allem auf ein Element der Parallelisierung von V. 13 und 14: das „zweimalige(n) und in ebenso akzentuierter Stellung wie בנביא hervorgehobene(n) באשה".[75] Das Tertium comparationis für die Propheten und die Frauen Jakobs sieht er im Konzept der „Mittlerschaft". Im Falle der Frau(en) sei dies in ihrer Bedeutung als Ahnmütter Israels begründet: „Die Frau stellt für das Bestehen Israels die genealogische Vermittlung dar." Damit stünden sich im Blick auf die Identität Israels zwei Konzepte gegenüber: das genealogische und das prophetische. „Die Frage lautet: Was bestimmt, was Israel ist: die Zugehörigkeit zu einer Genealogie, also zu einem Stämmesystem, oder das Hören auf das durch die Propheten vermittelte Jahwe-Wort, also der Eintritt in eine Glaubens- und Lebensgemeinschaft?" Und diese Frage bleibe in Hos 12 keineswegs offen, vielmehr laufe die dritte Strophe „auf ein lapidarisch formuliertes Bekenntnis hinaus: Die wahre Geschichte vom Ursprung Israels ist nicht die Geschichte des Ahnvaters Jakob, sondern die Geschichte von der Begegnung mit Jahwe in der Wüste. Anders ausgedrückt: die wahre Identität Israels beruht nicht auf Geburt, sondern auf Berufung."[76]

Man mag diese Interpretation textimmanent kritisch daraufhin befragen, ob die Leser tatsächlich auf das unterstellte Tertium comparationis hingeführt werden, da die Formulierungsparallele zwar formal mit dem jeweils zweimaligen ב gegeben ist, aber nicht semantisch: das eine Mal geht es in der Tat um ein Bewahren „durch den Propheten", das andere Mal aber um Jakobs Dienst „um eine Frau". Angesichts dieser Differenz mag man weiterhin fragen, ob ein intendierter Bezug auf die Nachkommenschaft nicht sehr viel direkter hätte

---

71 Vgl. auch die Annahme eines doppelten כל־וחמר-Schlusses bei Willi-Plein 1971: 214f., anders als bei Gese allerdings verbunden mit einer exilisch-nachexilischen Datierung.

72 In der von Gese inspirierten Auslegung H.-D. Neefs (1987: 15–57) kommt dagegen Hos 12,3–15 als Gesamtzusammenhang kaum in den Blick.

73 S.o. bei Anm. 7.

74 de Pury 1992; 1994. Zur Rezeption s. neben Pfeiffer 1998 und Köhlmoos 2006 auch Schmid 1999: 82ff.

75 de Pury 1994: 428.

76 Die drei letzten Zitate sind de Pury 1994: 429 entnommen.

zum Ausdruck gebracht werden können, ohne aus der Jakobreminiszenz herauszufallen.[77] Doch können solche Problematisierungen auf sich beruhen, da sich im Blick auf die Erklärungshypothese die sehr viel grundlegendere Frage stellt, ob die unterstellte Konzeption in einem historischen Sinne überhaupt denkbar ist – sei es für die Zeit eines Hosea oder für eine andere Epoche der alttestamentlichen Traditionsbildung.

Als Analogie zu der postulierten „prophetischen Utopie" von Israel als einer „Glaubensgemeinschaft" nennt de Pury Levitentraditionen, in denen den Angehörigen Levis zugute gehalten wird, dass sie der Treue zu JHWH den Vorrang vor verwandtschaftlicher Solidarität gegeben haben.[78] Wie wenig dies mit der Infragestellung genealogisch begründeter Identität zu verwechseln ist, zeigt jedoch eben das Beispiel der Leviten: Man ist Levit durch Geburt, und niemand erlangte/erlangt diesen Status ohne familiäre Zugehörigkeit allein aufgrund eines Bekenntnisses. In ähnlicher Weise gehört die fundamentale Bedeutung der ethnischen Zugehörigkeit zu den schieren Selbstverständlichkeiten des nachexilischen und auch des nachbiblischen Judentums. Die rabbinische Institution des Proselyten war und ist denn auch nicht zuletzt auf eine Integration des Ger Zedeq in das Ethnos (in einer Art ethnischer Adoption) ausgerichtet. In welch elementarer Weise jüdische Identität mit dieser Frage verbunden ist, belegt nicht zuletzt der schmerzhafte Ablösungsprozess des frühen Christentums vom Judentum, beginnend mit der paulinischen Mission. Die ebenso verbreitete wie unzutreffende Rede vom nachexilischen Judentum als einer „Kirche" oder „Wahlgemeinschaft" stellt mithin die anachronistische Projektion eines christlichen Vorverständnisses dar: Eine – sei es auch partielle – Aufhebung des Unterschieds zwischen „Israel" und den „Völkern"(!) wird weder in der Zeit des ersten noch der des zweiten Tempels auch nur gedacht.[79] Kurzum: die These einer derart analogielosen Neukonzipierung Israels in vorexilischen prophetischen Kreisen lässt sich auf unsere strittigen Verse kaum gründen.

Soll es – vor allem im Blick auf 12,13 – nicht bei einem Non liquet bleiben, muss es darum gehen, auch V. 13f. kontextuell im Gefälle des davor er-

---

77 Anstelle der „Frau" hätten etwa auch „Söhne", „Same" oder „Haus" aufgeführt werden können.

78 De Pury 1994: 434f. verweist auf Ex 32,25–29, Dtn 33,8–11 und auch Gen 49,5–7. Die Leviten sind bei ihm auch aus dem Grund einschlägig, weil er die Hos 12-Konzeption nicht nur Hosea, sondern darüber hinaus einem prophetisch-levitischen Oppositionsmilieu zuweisen möchte.

79 Ansätze zu einer Neudefinition des Judentums als einer „religiösen Konfession" gab es erst und allein im nach-napoleonischen West- und Mitteleuropa (später in Nordamerika). Davon strikt zu unterscheiden ist der Befund, dass das sich selbst als Gottesvolk verstehende Israel seit der perserzeitlichen und hellenistischen Antike mit dem Kreis der Verehrer „seines" Gottes nicht identisch war und ist. Zum Ganzen vgl. Blum 1995 und zuletzt die umfassende monographische Untersuchung von Haarmann 2008.

kennbaren dichten Aussagegefüges zu interpretieren. Dafür wichtige Beobachtungen und Überlegungen finden sich insbesondere bei H.W. Wolff, E.M. Good und H. Utzschneider. Des weiteren gilt es, die bereits skizzierte typologische Relation zwischen der Jakobüberlieferung und der Welt der Adressaten auch hier in Anschlag zu bringen.

Grundlegend ist die Kontextstellung von V. 13 zwischen dem Gilead-Vers 12 und der kontrastiv profilierten Rede über den Exodus in V. 14. Mit dem Vorkontext verbindet den Vers zunächst die verdeckte (12) bzw. explizite (13) Jakobreminiszenz, wobei der assoziative Weg vom Abschluss der Jakob-Laban-Episoden zu deren Beginn führt. Hinzu kommt eine Stichwortverknüpfung (שׂדה/שׂדי) zwischen dem letzten Satz in V.12 und dem ersten in V.13: "The relation between the ruins of altars in the fields (v. 12) and the flight of Jacob to the field of Aram (v. 13) is not fortuitous." Good sieht hier "another allusion to the Israel-Syria conspiracy".[80] In diese Richtung geht auch die Erwägung von H.W. Wolff, dass Hosea mit Jakobs Flucht „ins Gefilde von ‚Aram' und de(m) dortigen Knechtsdienst" „auf die Unterwerfung Israels und die fremden Mächte anspielen könnte".[81] In der Tat erscheint eine solche Deutung geradezu zwingend in der *Leseabfolge* von V. 12 und 13: V. 12 verweist auf das Ergehen von Gilead unter den Schlägen Tiglathpilesers um 733/32 und evoziert zugleich die Jakobüberlieferung vom Grenzvertrag zwischen Laban (= Aram) und Jakob (= Israel) in Gilead. Wenn unmittelbar daran anschließend von Jakobs Zufluchtnahme im „Gefilde Arams" (nicht „bei Laban"!) und von Israels[82] Abhängigkeit (עבד) ebenda die Rede ist, dann können zeitgenössische Leser nicht anders, als an die ursächliche Vorgeschichte des katastrophalen Geschehens zu denken, nämlich Israels Rolle als Juniorpartner im Pakt mit Damaskus[83] gegen Assur.[84] Ebenso wie in den vorausgehenden Bezugnahmen ist dabei keine allegorische Eins-zu-eins-Abbildung der erzählten/evozierten Jakobgeschichte auf die Gegenwart (oder umgekehrt) zu erwarten, sondern eine im beschriebenen Sinne typologische Relation, in der das Typos-

---

80 Good 1966: 149.

81 Wolff 1965: 280.

82 Der Israel-Name erscheint in dem Poem hier zum ersten Mal!

83 Aus israelitischer Perspektive im ausgehenden 8. Jh. steht „Aram" selbstverständlich für „Aram-Damaskus". Zur Entsprechung in der Jakobüberlieferung s.u. Anm. 91.

84 Die Dominanz von Aram-Damaskus im Konflikt mit Assur ist nicht nur aus den strukturellen Kräfteverhältnissen (der nachomridischen Zeit) zu erschließen, sondern auch aus der unterschiedlichen Behandlung der Bündnispartner durch Tiglathpileser: Während Damaskus erobert wird, begnügt er sich im Falle des Nordreichs mit einer drastischen Maßregelung. Eine entsprechende Konstellation spiegelt sich beiläufig, aber konzis in der Nachricht für Ahas in Jes 7,2: „Aram hat sich auf Ephraim niedergelassen". Auch Hos 5,11 ist mit Wolff 1965: 134 Textanm. 11b, 145f. und Jeremias 1983: 78, 82 am ehesten auf das Bündnis mit Aram zu beziehen; dabei expliziert die Formulierung הואיל הלך אחרי־צו deutlich das gleiche Machtgefälle wie es hier für 12,13 supponiert ist, insbesondere wenn man צו mit der Tradition als „Befehl" o.ä. deutet.

Geschehen von dem überbietenden ‚antitypischen' Geschehen her zu ‚lesen'
ist. Die genauen Konturen des Letzteren, d.h. des inkriminierten Verhaltens
des gegenwärtigen Israel, werden zum einen durch den Vorkontext konkretisiert mit dem Verweis auf eine einschlägige Erfahrung Israels (V. 12), zum
anderen kontrastiv konturiert mit der Gegenüberstellung eines alternativen,
„positiven" Typos in V. 14. Ohne diesen bliebe V. 13 in der Sache unterbe-
stimmt. Dies zeigt die scharf herausgemeiselte Parallelformulierung an, die
sich auf folgende vier Elemente erstreckt: (a) Handeln Jakobs/Israels vs. Handeln JHWHs; (b) Schutzsuche und Knechtsdienst in Aram vs. Heraufführung
aus (der Verknechtung in) Ägypten; (c) Jakobs Selbstverdingung um einer
Frau willen vs. JHWHs Exodus-Handeln an Israel durch einen Propheten; (d)
die Qualifizierung von (c) als „hüten/bewahren (für einen anderen)" vs. „bewahrt *werden*".

Beide Typoi stehen für zwei Grundmuster der Gott- und Weltbeziehung
Israels, auf deren kontrastive Präsentation die gesamte Einheit ausgerichtet ist.
Das eine Muster stellt Israels Weg „ohne Gott und Prophet"[85] dar, näherhin ein
Handeln aus dem alles bestimmenden Bewusstsein der eigenen Potenz (און),
ein Bewusstsein, das im Zweifel meint, es mit Gott aufnehmen zu können
(12,4), das beim Schaffen von Vermögen (און) Güte und Recht (חסד ומשפט)
nicht kennt (7–9) und sich gleichwohl Schuldlosigkeit bescheinigt (9b), das
aber auch gern in kultische Absicherung und Selbstdarstellung investiert (12).
Außenpolitisch hatte dieser Einstellung (zuletzt) die Anlehnung an Aram im
Bündnis gegen Assur (13) entsprochen, was in der Antwort der Großmacht
bereits furchtbare Konsequenzen zeitigte (12). In Wahrheit steht hinter Assur
freilich Israels Gott, der das in seinem Selbstbezug JHWH-vergessene Volk als
Ganzes heimsuchen und „wieder in Zelten wohnen lassen wird" (3.10b.15).

Das andere ‚Muster' der Gott- und Weltbeziehung Israels ist seit seinen
Ursprüngen nicht weniger real, wenn auch – so die kritische Sicht des Propheten – (bis auf die Mosezeit) allein vonseiten JHWHs in dessen heilvoller Zuwendung zu seinem Volk: In der gnädigen Verschonung des Erzvaters (5a)
und seiner ‚Findung' in Bethel (5b), in dem Zuspruch für Jakob ebenda (7a)
und in der Einweisung in eine Gott- und Weltbeziehung, die der Zuwendung
JHWHs korrespondiert: mit dem Bewahren von חסד und משפט und im unein-
geschränkten Vertrauen auf JHWHs Handeln (7b). Seit dem Exodus aus Ägypten ist die Selbstkundgabe durch die *Propheten* das Medium des *bewahrenden*
Handelns an Israel (11.14). Von daher kann die Leitung des Volkes durch
„einen Propheten" (= Mose) als das Paradigma der ungetrübten Gottesbeziehung Israels eingeführt werden. Von daher wird auch die Selbstvorstellung

---

85 Utzschneider 1980: 208: „Jakob, der um das Weib hütet, ist das Urbild des Gegenentwurfs
    zur Theokratie – eine Entwurf ohne Gott und Prophet. Israel verfällt, indem es heute dem
    Propheten entgegentritt, dem Gegenentwurf Jakobs." Ob „Theokratie" das von Hosea Inten-
    dierte präzise trifft, mag hier dahin gestellt bleiben.

„Ich, JHWH, bin dein Gott von Ägyptenland her" (10a) in einer spezifisch hoseanischen Konkretion beleuchtet (und zugleich als inkompatibel mit der Rolle der Exodustradition im Staatskult des Nordreiches). In eben diesem Sinne kann Hosea die Argumentation für JHWHs *rib* bündeln in einer pointierten Gegenüberstellung des positiven Paradigmas der heilvollen Mosezeit (14) mit der gegenwärtig erlittenen Katastrophe (12) und deren Grund in einer gottvergessenen Politik, die sich nicht durch das prophetische Wort „bewahren" (שׁמר) lassen will (13).[86]

Damit ist die Konklusion (V.15 in Aufnahme der Eröffnung V.3) zwingend vorbereitet: die Zeit der Heimsuchung ist schon da,[87] die Konfrontation dessen, der sich aus Gottvergessenheit zum Knecht (עבד) gemacht hat, mit „seinem Herrn" (אדניו).

So gelesen erweist sich Hos *12,3–15 als ein ebenso stimmiger wie hochkomplexer Diskurs, der Ursprungsgeschichte und Gegenwart, Typos und Antitypos im Wechsel übereinander blendet, – mithin als eine dicht gewirkte Textur, aus der sich kein Faden herauslösen lässt.

III Hos 12 und die Pentateuchüberlieferung

Hos 12* ist unter den ganz wenigen vorexilischen Texte außerhalb des Pentateuchs, die auf pentateuchische Traditionen Bezug nehmen, der einzige, der insgesamt und substantiell von solchen Traditionen bestimmt ist. Der Umstand, dass es sich dabei um einen nordisraelitischen Prophetentext und um dominant ‚nördliche' Traditionen (Jakob, Mose)[88] handelt, kommt gewiss nicht von ungefähr.[89] Anders formuliert: für eine kritische Auseinandersetzung Hoseas mit dem Selbstbewußtsein und dem Gottes- und Weltbezug seiner Zeitgenossen dürfte sich eine Thematisierung der Jakob- und Exodustraditionen – beide in spezifischen Zuspitzungen – geradezu aufgedrängt haben.

---

86 Die Redundanz des Motivs „um eine Frau" (באשׁה) in V.13 hat – methodisch durchaus verständlich – viele neuere Ausleger insofern ‚irregeleitet'. Es gehört im Unterschied zu „Aram" und „dienen" nicht zu den typologisch applikablen Elementen, sondern dient zum einen der tendenziös abschätzigen Zeichnung des Ahnvaters (s.o.) und zum anderen als *rhetorische* Folie für das betonte „durch einen Propheten" (בנביא) in V. 14. Die Rezeption der primären Adressaten war in dieser Hinsicht vor allem durch ihr einschlägiges Vorwissen hinreichend bestimmt.

87 12,3; vgl. 9,7a: באו ימי הפקדה באו ימי השׁלם.

88 „Nördliche Traditionen" ist hier freilich nicht exklusiv zu verstehen. Für die Jakobüberlieferung belegt dies (von den Jakobsöhnen inkl. Juda noch ganz abgesehen) allein schon die aus der Substanz nicht herauszulösende Verbindung mit Esau = Edom.

89 Zur hier nicht aufzunehmenden Diskussion um das sog. Pentateuchschweigen der Propheten vgl. die treffenden Bemerkungen bei Schmid 1999: 81f.

Die Jakobgeschichte (Jakob-Esau-Laban) hat Hosea in den wesentlichen Elementen und narrativen Zusammenhängen gekannt, die auch die Jakoberzählung der Genesis bestimmen. Dies ist bereits vielfach beschrieben und bedarf nach der voranstehenden Interpretation (II) keiner Einzelbegründung mehr. Auch wenn sich an einigen Stellen Wortlaut-Reminiszenzen nahelegen,[90] besteht jedoch keine Veranlassung, daraus just einen Bezug auf die Gestaltung der Jakoberzählung abzuleiten, die Eingang in die kanonische Überlieferung der Hebräischen Bibel gefunden hat.

Wesentlicher als letztere Frage bleibt vielmehr die Feststellung, dass Hosea den Zusammenhang der Jakoberzählung nicht nur kannte, sondern diese Kenntnis auch bei seinen Lesern/Hörern in einer Selbstverständlichkeit voraussetzen konnte, die es ihm erlaubte, den Plot in nahezu beliebigen Arrangements aufzunehmen, ihn provozierend ‚gegen den Strich zu bürsten' oder sich auch mit subkutanen Anklängen zu begnügen. Die beabsichtigte rhetorische Wirkung dieser ‚Techniken' vermochte sich nur zu entfalten, wenn die Adressaten den so pointierten Text vor dem Hintergrund der wohlvertrauten Überlieferung wahrnahmen. Immerhin ist damit für die narrative Grundstruktur[91] der Genesis-Jakoberzählung ein nicht eben leicht wegzudisputierender Terminus ante quem in der zweiten Hälfte des 8.Jh.s gegeben.[92] Rechnet man das supponierte Maß der Vertrautheit mit dem Stoff hinzu, ist die Genese der Erzählung selbst deutlich früher anzusetzen.

Zwar könnte man für diese Erzählung grundsätzlich auch an mündliche Überlieferungsgestalten denken, doch bestätigt der Befund in der Genesis, dass mit (einer) im Nordreich Israel literarisch ausgearbeiteten Jakoberzählung(en) zu rechnen ist.[93] Mehr noch, fragt man nach hebräischen literarischen Texten,

---

90 Wie ebenfalls seit langem diskutiert, klingt 12,5aα an Gen 32,29b an; ויתחן in 5aβ bildet ein Echo des in Gen 32f. leitmotivischen Spiels mit חן, מנחה, מחנה etc. (Blum 1984: 142f. mit Lit.), und 7a ist die Korrespondenz mit Gen 28,15a nicht abzusprechen (Blum 2000: 50f.).

91 Über die Hauptelemente des narrativen Plots hinaus lässt sich die Rede von der „Grundstruktur" zumindest in einer Hinsicht konkretisieren: In der Genesis ist die ältere Erzählsubstanz, in der Jakob seinen Onkel Laban in dem an das israelitische Ostjordanland angrenzenden Gebiet der בני קדם, d.h. in den politischen Kategorien des 8.Jh.s: von Aram-Damaskus, aufsuchte und fand, noch deutlich erkennbar von einer jüngeren Verortung Labans in Haran zu unterscheiden; s. Blum 1984: 164–167 u. 343f. Anm. 11; Blum 2000: 52f. Diese letztere Verschiebung – wann immer sie eingetragen worden sein mag – ist bei Hosea noch nicht vorausgesetzt.

92 Dieses Urteil hängt auch nicht an der Stellung von Hos 12 im Hoseabuch. Mit Recht macht Schmid 1999: 84 darauf aufmerksam, dass Hos 11 der Abschluss eines größeren kompositorischen Zusammenhangs (4–11) vorausgeht. Wenn dem mit 12–14 eine zweite, parallelgeführte Sammlung folgt, ist dies von Bedeutung für die Buchkomposition, erlaubt aber keinen Rückschluss auf die Genese der Einheit 12,3–15.

93 Von der Literalität der Gesellschaft auf die Verbreitung und den Rezipientenkreis solcher Texte zu schließen (Schmid 2008: 49 zur alttestamentlichen Literatur allgemein: „... auf weite Strecken von Schriftgelehrten für Schriftgelehrte"), greift zu kurz und lässt sich auch nicht mit dem „hohen Intellektualitätsgrad" der Literatur begründen: Auch für geschriebene Texte

an denen Schreiberschüler des Nordreiches auf ihre künftigen öffentlichen Aufgaben vorbereitet werden konnten, dann erscheint unter den überlieferten Texten kein Werk dafür so prädestiniert wie das Ursprungsepos von Jakob, der zu Israel wurde, und vom Gott Jakobs/Israels, der ihn als „der Gott in Bethel" (Gen 31,13) auf seinem Weg begleitete. Mit ihrer grundständig ätiologischen Ausrichtung handelt die Erzählung in Gen 25*; 27–33 wie kaum eine andere von dem, was im Selbstverständnis einer traditionalen Gesellschaft geradezu fundamental die Identität Israels ausmachte. Dazu gehört die Begründung und Vermittlung sozialer Selbstverständlichkeiten, d.h. auch des fraglos Gültigen: der ethnischen Strukturen und Beziehungen (im Inneren, nach außen) mithilfe der grundlegenden Kategorie der Verwandtschaft, des vorfindlichen Lebensraums, der Lebensweise, der gemeinschaftlichen Gottesbeziehung und deren Institutionen (Kultort etc.) und nicht zuletzt der mit diesen Gegebenheiten wesenhaft verbundenen Namen. ‚Begründung' vollzieht sich dabei ganz elementar im Modus der Erzählung vom Herkommen, von den Ursprüngen. Es geht hier mithin um diejenige Art des kollektiven Erinnerns, wie sie für jede traditionale Gemeinschaft unverzichtbar ist.[94]

Damit eine solche Erzählung zu einer „klassischen" Überlieferung werden kann, bedarf es darüber hinaus einer der inhaltlichen Bedeutung entsprechenden Ausdrucksgestalt, in diesem Falle einer hohen Erzählkunst sowohl in den rührenden oder unterhaltenden Details wie auch in den großen Erzählbögen und hintergründigen Zusammenhängen, aber auch einer nicht nur ätiologischen, sondern auch paradigmatischen Triftigkeit des Erzählten für die Adressaten: in der Thematisierung grundlegender menschlicher Erfahrung (Konflikte/Rivalität unter Brüdern zwischen den Generationen, innerhalb einer polygamen Familie etc. – und deren Lösung), in ‚weisheitlichen' Orientierungen oder in der großartigen narrativen Theologie vom Segen, die mit der individuellen ‚Bildungsgeschichte' des Hauptprotagonisten verwoben ist.

Einige besonders exponierte Züge der Jakoberzählung haben ihre nächste Entsprechung in einer Konstellation, die in der Anfangszeit des Nordreiches unter Jerobeam I. begegnet (insbesondere die Ausgestaltung von Bethel zum Staatsheiligtum und die Rolle von Pnuel als zeitweiligem Residenzort; s. I Reg

---

bleibt eine (abgeleitete) Mündlichkeit grundlegend: sowohl im Milieu der Schreiber-Autoren-Tradenten (Carr 2005) als auch in der Rezeption via Vortrag, Vorlesen etc. Darauf verweisen nicht nur textimmanente Indizien wie die hochrhetorische Anlage mancher Texte, etwa des Deuteronomiums oder vieler prophetischer Überlieferungen, sondern auch der lebensweltliche Hintergrund für Überlieferungen wie Dtn 31,11ff. oder Jer 36, aber auch außerisraelitische Befunde (Griechenland).

94 Der entsprechende Befund volkskundlicher und ethnologischer Forschung zu vormodernen Gesellschaften braucht ebenso wenig ausgeführt zu werden wie die antiken Parallelen in den literarischen/ikonischen Mythen zu den städtegründenden Heroen oder der ‚lokalen Historien' in Griechenland.

12,25–29).[95] Dies deutet zumindest darauf hin, dass bestimmte Traditionen der ‚Gründerzeit' auf unsere Jakoberzählung eingewirkt haben, was freilich auch in späterer Zeit im Sinne einer repristinierenden Aufnahme denkbar bleibt. Neben der vor-omridischen Frühzeit käme m.E. am ehesten noch die erste Hälfte bis Mitte des 8.Jh.s infrage.[96]

Weder in den Erzählungen vom ‚Herkommen' kollektiver Gegebenheiten noch in der damit verbundenen dramatischen Gestaltung menschlicher Grundbeziehungen noch in der differenzierten Segenstheologie, in keiner dieser Erzähldimensionen kommt jedenfalls so etwas wie eine grundsätzliche Bedrohung dieser Welt oder gar ihr bereits eingetretenes katastrophisches Ende in den Blick.

Versuche, diese Geschichte gleichwohl als „nach-nationale Ätiologie Israels nach dem Untergang des Königreiches 720" (Köhlmoos[97]) zu lesen, kommen deshalb nicht umhin, deren Wirklichkeitsbezüge in einer Botschaft zu suchen, die von dem konkreten Profil der Narration weitgehend abstrahiert: „Sie [scil. die „Erste Jakoberzählung", E.B.] konzentriert sich territorial auf den Südosten des alten Königreiches mit Gilead, Pnuel, Mahanaim und Sukkot, also auf die Region, die von der assyrischen Eroberung Israels am wenigsten schwer betroffen war. Mit dieser textlichen Komposition formieren und begründen sich die Überlebenden neu als solche, die in aller Gefährdung unter dem Segen Gottes stehen. Der theologische Schlüsseltext dieser Komposition – Gen 32,2–3.23–33* – erkennt in diesem Segen die Geburtsstunde Israels und formuliert damit ein religiöses Bewusstsein derer, die noch einmal davongekommen sind: dass Segen ‚errungen' werden muss. Was sich hier theologisch und literarisch abzeichnet, ist der Gegenentwurf zum etwa gleichzeitigen Ersten Amosbuch. Israel ist durchaus nicht tot, selbst Wohlstand und Nachkommen sind möglich, und Gott bleibt bei Israel. Er tötet es nicht, er verwundet es nur."[98] Doch wie sollten sich Israeliten, welche die Zerstörungen und Deportationen von 732 und 720 überlebt haben und sich fremdbestimmt in assyrischen Provinzen vorfanden, ihre Geschick ausgerechnet in dem überreich gesegneten Jakob wiedererkennen, der den Segen noch einmal von Gott selbst empfängt,

---

95 Dazu eingehend Blum 1984: 175–184.

96 So ist weder die Existenzkrise Israels durch die Assyrer im Blick (dazu gleich) noch lässt die Zeichnung Labans und der Konflikte Jakobs mit ihm an die bitteren Erfahrungen der Aramäerkriege in der Anfangszeit der Jehu-Dynastie (bis in den Anfang des 8.Jh.s) denken. Des weiteren fällt auf, dass die Region Samarias in der Erzählung keine Rolle spielt, nicht einmal als Wegstation Jakobs.

97 Köhlmoos 2006: 242 unter Verweis u.a. auf Kratz 2000: 269.

98 Köhlmoos 2006: 242f. Ähnlich hat bereits Schmitt 1998: 182ff.185ff. die Pnuelepisode und ihren Kontext als Teil seiner „elohistischen" Schicht in das 7.-6. Jh. datiert. Als ein Argument nennt er die Rolle Esaus/Edoms, das erst in dieser Zeit für Israel/Juda zu einem gefährlichen Gegner geworden sei. Doch passt das Bild des Esau übel mitspielenden Jakob, der dann doch großherzig von jenem aufgenommen wird, in die Juda-Edom-Beziehungen vor und nach 587? In der theologischen Deutung scheint Esau denn auch zur Chiffre für den (israelitischen) Bruder, den „Mitmenschen" zu mutieren (ebd. 286–288). Im übrigen bleibt bei Schmitts Bezug der Jabbok-Episode auf „die Erfahrung des Untergangs des Nordreichs" ebenso wie bei Köhlmoos die Frage, ob ein glücklich überstandener Gotteskampf (Gen 32,29), der Jakob zu Israel werden lässt, wirklich eine kollektive Untergangserfahrung abbilden sollte.

den der vermeintlich von tödlichem Hass getriebene Bruder versöhnlich in die
Arme nimmt und dem sich darin das Glück der beim Aufstrahlen der Sonne be-
standenen Gottesbegegnung wiederholt (Gen 33,10) etc.? Falls von dem Erzähler
dergleichen intendiert worden wäre, hätte er sein homiletisches Ziel verfehlt: das
Bild des zeichenhaft hinkenden, aber mit überfließender Segensfülle beschenkten
Ahnvaters taugt nicht zur Darstellung von Überlebenden einer Katastrophe.

Noch konsequenter muss der Literalsinn bei der Bethel-Geschichte in Gen 28
zurücktreten, die als Ergänzung der (noch) vorexilischen Grunderzählung in die
frühexilische Zeit datiert wird. Dabei handele es sich nicht um eine ältere Tradition, „zumindest nicht im Sinne eines Hieros Logos. Was hier in planvoller literarischer Gestaltung ätiologisch begründet wird, ist nicht die Entstehung eines Heiligtums, sondern die Beziehung JHWHs zu dem Ort Bet-El und die daraus abgeleitete
Gottesbeziehung Jakobs. Eine materiale Kultgründung liegt außerhalb des textlichen Horizonts. Der einzig erwähnte Kultgegenstand, die Mazzebe, hat allein einen narrativen und theologischen Sinn."[99]

Weniger noch als die Jakob-Reminiszenzen können in Hos 12 die Bezugnah-
men auf die Exodustradition erstaunen, bildet diese doch ein durchgehendes
Motiv hoseanischer Theologie. Vieles spricht dafür, dass Hosea dabei ein
tragendes Element des (nord)israelitischen Staatskultes, wie er insbesondere in
Bethel gepflegt wurde, aufnahm und es zugleich kritisch gegen den offiziellen
Kult und die damit verbundene Theologie wendete.[100]

Ebenso wenig wie die bloße Rede vom Exodus kann des weiteren eine Referenz auf dessen Führungsperson in 12,14 verwundern, wird die Mosegestalt
doch weithin mit guten Gründen zu den primären Elementen dieser Tradition
gerechnet. Verwundern muss jedoch auf den ersten Blick, dass diese Gestalt
hier – ohne Namensnennung – betont als „Prophet" bezeichnet wird, durch den
JHWH das Volk aus Ägypten heraufgeführt habe. Schließlich gelten die relativ
häufigen Darstellungen und Bezeichnungen Moses als Prophet im Pentateuch
allgemein und wiederum mit guten Gründen als eher späte, jedenfalls nicht
vordeuteronomistische Traditionsbildungen.[101] Allerdings wäre es kurzschlüs-
sig, Hos 12,14 mit diesen Pentateuchbelegen literargeschichtlich abgleichen zu
wollen. Es macht eben einen Unterschied, ob Erzähler und reflektierende Tradenten der Heilsgeschichte Mose mit einem bereits (deuteronomistisch) geprägten Prophetenbild in Beziehung bringen oder ob ein Prophet sein prophetisches Selbstverständnis unter Inanspruchnahme der Mosegestalt artikuliert.[102]
Wie oben ausgeführt, dient Hosea die Zeit des Exodus in Hos 12 als Paradigma einer prophetischen Bewahrung Israels, das kritisch gegen die Verweige-
rung des Prophetenwortes durch seine Zeitgenossen (und damit auch gegen die

---

99 Köhlmoos 2006: 239.
100 Vgl. dazu insbesondere Pfeiffer 1999: 171ff. mit der plausiblen Vermutung, dass die Formu-
    lierung in 12,10a; 13,4a ihr Vorbild in der „Kultformel" von I Reg 12,28b habe (ebd. 175).
101 Zu nennen sind vor allem Ex 3; 32–34; Num 11; 12; Dtn 34,10; 18,14ff.; vgl. dazu bspw.
    Perlitt 1971; Blum 1990: 33f.194–197.
102 Ähnlich schon Schmitt 1998: 172.

Berufung auf die Exodustradition im Staatskult) gewendet wird. Darauf zielt seine prophetische Interpretation der Mosegestalt, die zum einen vermutlich an eine überlieferte ‚Gottesunmittelbarkeit' Moses in seinem Führungshandeln anknüpfen konnte,[103] zum anderen an ein – nicht nur bei Hosea vorauszusetzendes – Verständnis der JHWH-Propheten als Künder *und* als Mittler des Gottes*handelns* an Israel (Hos 6,5; 12,11). Das Postulat einer Hosea dazu bereits vorgegebenen Tradition erübrigt sich.[104]

Lässt sich aus Hos 12,14 noch mehr über die von Hosea als bekannt vorausgesetzte Mosetradition entnehmen? Aus der Formulierung in V.14a mit עלה hif. zunächst dies, dass sie über die Herausführung aus Ägypten hinaus die Führung des Volkes nach Kanaan einschloss. Wie sich darüber hinaus aus V.14b (ובנביא נשמר) und aus der Funktion der Exodustradition als positives Gegenbild zu dem an seiner JHWH-Vergessenheit scheiternden Israel/Ephraim erschließen lässt, hat Hosea die Mosezeit insgesamt[105] als ungetrübte Gottesgemeinschaft gesehen. Dies macht es unwahrscheinlich, dass die ihm bekannten Ägypten- und Wüstentraditionen wie in Exodus und Numeri bereits vom Motiv des immer wiederkehrenden „Murrens" des Volkes bestimmt waren.

Alle weitergehenden Fragen nach einer bestimmten Gestalt oder Struktur der Moseüberlieferung bleiben fruchtlos. Zwar erscheint ihre literarische Ausbildung in einer zusammenhängenden Mosegeschichte durchaus möglich, dies muss jedoch (allein von Hos 12 her) offen bleiben. Schon gar nicht wären wir berechtigt, aus dem Nebeneinander von Jakob- und Exodustradition in Hos 12 auf die Existenz von *Gen und *Ex/*Num übergreifenden Proto-Pentateuchquellen nach Art der traditionellen Urkundenhypothese zu schließen.

Gleichwohl kann man nach dem konzeptionellen Zusammenhang der Jakobüberlieferung einerseits und der Mose-Exodus-Überlieferung andererseits (für Hosea und seine Adressaten) fragen. Die Antwort erscheint mir freilich weitaus weniger kompliziert, als es teilweise im Anschluss an A. de Pury's Thesen zu den beiden Israel-Identitäten in Hos 12 diskutiert wurde: Unbeschadet der außerordentlich hohen Wahrscheinlichkeit, dass beide Ursprungstraditionen in ihrer wie auch immer zu imaginierenden Vorgeschichte zunächst

---

103 Entscheidend war in dieser Hinsicht die Differenz zu einem ‚politischen' (königlichen), aber wohl auch priesterlichen Amt.

104 Anders Perlitt 1971: 15–17, der vermutet, dass „dem Propheten … eine spezifische Deutung Moses überliefert war" (17). Dazu nötigen ihn vermeintliche Widersprüche zu Hos 6,5 (in seiner Übersetzung: „Ich behaue durch die Propheten, ich erschlage sie durch Worte meines Mundes") bzw. Hos 11,1 („… aus Ägypten rief ich meinen Sohn"). Doch weder impliziert Hos 6,5, dass JHWH-Prophetie *per se* Gerichtsprophetie wäre (so wenig JHWH im Blick auf Israel *per se* auf Gericht aus ist), noch macht 12,14 – gegen 11,1 – „ein(en) mit einem Prophetentitel ausgezeichnete(n) Mensch zum Subjekt dieses grundlegenden Vorgangs" (ebd. 16); vielmehr ist auch in 12,14 JHWH ausdrücklich das Subjekt *und* der Prophet lediglich dessen ‚Werkzeug'.

105 Hält man sich an Hos 9,10, so jedenfalls bis „Baal Peor" – was auch immer damit genau angesprochen sein mochte.

unabhängig von einander bestanden und sich entfalteten, ist für Hos 12, und d.h. nach dem hier vorgetragenen Verständnis: für die Zeit Hoseas, jedenfalls von dreierlei auszugehen:

(a) Jakob- und Exodustradition gehörten beide zu der im Nordreich (bzw. im Umkreis Hoseas) fraglos anerkannten Ursprungsgeschichte Israels. Denn selbst unter Voraussetzung einer programmatischen Antithese zweier Israel-Identitäten im Sinne von A. de Pury, ginge es dabei um die Alternative einer bestimmten religiös-normativen Orientierung, nicht um die Alternative einer „kognitiven" Triftigkeit entweder der Erzvätergeschichte oder der Exodusgeschichte. Verhielte es sich anders, wäre der Autor entweder von falschen Präsuppositionen über das Vorwissen seiner Adressaten ausgegangen oder er hätte aus Unvermögen falsch argumentiert. Beides sind keine ernsthaft disputablen Annahmen.

(b) Für die Zuordnung beider Traditionen gibt es konzeptionell nur die eine Möglichkeit, wie sie auch im kanonischen Pentateuch (und darüber hinaus) realisiert ist: die geschichtliche Vorordnung der Jakobgeschichte vor die Exodusgeschichte. Eine solche Vorordnung ist nicht nur problemlos, sondern in der Weltsicht traditionaler Kulturen, in denen Ontogenese (der Individuen) und Phylogenese (von Sippe, Stamm, Volk, Menschen) nicht anders als genealogisch zu denken sind, gerade zu unabdingbar. Deshalb ist die Geschichte Jakobs und seiner Familie ohne Einschränkung „Geschichte Israels" – freilich im Modus der Familiengeschichte. „Geschichte Israels" mit Israel als ‚Großgruppe', als Volk, beginnt mit Ägypten.[106]

(c) Die damit selbstverständlich gegebene Verbindung von Selbigkeit und Transformation Israels in seinen Ursprüngen ermöglicht es Hosea, in der Rede zu oder von dem Volk pointiert von einem ‚Anfang' in Ägypten zu sprechen (wie in 11,1 oder 12,10)[107] und daneben von dem Ahnvater Jakob/Israel, dessen Nachkommen ihm so problematisch ähneln. Nach dieser Logik verbietet es sich auch, Aussagen wie Hos 12,10a ‚religionsgeschichtlich' zu interpretieren, etwa im Sinne einer „vor-jahwistischen Väterreligion".[108]

Das literarhistorische Resümee der Überlegungen ist einfach: Das in der Diskussion mit neueren Analysen gewonnene Bild, wonach Hos *12,3–15 insgesamt als *literarische* Bildung des Propheten Hosea zu verstehen ist, die bei den Adressaten die Erfahrung der assyrischen Eingriffe von 733/32 voraussetzt, impliziert historisch eine (selbstverständliche) Kenntnis einer literarischen Jakobgeschichte (jedenfalls in der Substanz der Jakoberzählung in Gen *25; *27–33) und einer Moseüberlieferung (Exodus und Zug nach Kanaan), deren Gestalt und etwaige Verbindung mit der Jakobüberlieferung von Hos 12

---

106 Dazu grundsätzlich bereits Blum 1984: 479–491.
107 Zu Schmid 1999: 84.
108 Für den darüber hinausgehenden Befund genügt der Hinweis auf den Klassiker Köckert 1988a.

her nicht zu bestimmen ist. Dagegen steht ihre *konzeptionelle* Verbindung im Nordreich zur Zeit Hoseas außer Frage.

Für die Literar- bzw. Traditionsgeschichte zentraler Pentateuchtraditionen bildet Hos 12 damit eine ‚externe' Quelle von erheblicher Bedeutung. Sie belegt, dass eine pauschale Verknüpfung der Geschichtsüberlieferungen Israels bzw. ihrer literarischen Entfaltung mit Verarbeitungen der Katastrophen von 720 oder 587 historisch zu kurz greift. Das Erzählen von und das theologische Denken in „heilsgeschichtlichen" Zusammenhängen gehört nicht zu den Innovationen des nachexilischen Judentums, auch wenn die großen Kompositionen ihre kanonisch gewordene Gestalt zu wesentlichen Teilen in dieser Zeit gefunden haben. Ob solche Überlieferungen ein geschichtliches Proprium des königszeitlichen Israel/Juda in seiner syro-palästinischen Umwelt darstellte, entzieht sich angesichts der defizienten Quellenlage dem historischen Urteil.

Literatur

ANDERSEN, F.I./FREEDMAN, D.N. (1980): Hosea, AncB 24, New York u.a.

BERGSTRÄSSER, G. (1929): Hebräische Grammatik II. Teil: Verbum, Leipzig (= Nachdruck Hildesheim 1962).

BLUM, E. (1984): Die Komposition der Vätergeschichte, WMANT 57, Neukirchen-Vluyn.

– (1990): Studien zur Komposition des Pentateuch, BZAW 189, Berlin/New York.

– (1992/94): Jesaja und der דבר des Amos. Unzeitgemäße Überlegungen zu Jes 5,25; 9,7–20; 10,1–4, DBAT 28, 75–95.

– (1995): Volk oder Kultgemeinde? Zu einer Theorie über das nachexilische Judentum in der alttestamentlichen Wissenschaft, KuI 10, 24–42.

– (2000): Noch einmal: Jakobs Traum in Bethel – Genesis 28,10–22, in: McKenzie, S.L. u.a. (Hg.), Rethinking the Foundations. Historiography in the Ancient World and in the Bible, BZAW 294, Berlin/New York, 33–54.

– (2008a): Das althebräische Verbalsystem – eine synchrone Analyse, in: Dyma, O./Michel, A. (Hg.), Sprachliche Tiefe – Theologische Weite, BThSt 91, Neukirchen-Vluyn, 91–142.

– (2008b): Israels Prophetie im altorientalischen Kontext. Anmerkungen zu neueren religionsgeschichtlichen Thesen, in: Cornelius, I./Jonker, L. (Hg.), „From Ebla to Stellenbosh". Syro-Palestinian Religions and the Hebrew Bible, ADPV 37, Wiesbaden, 81–115.

BROCKELMANN, C. (^{2}1928): Lexicon Syriacum, Halle.

– (1956): Hebräische Syntax, Neukirchen-Vluyn (2. Aufl. 2004).

CARR, D. (2005): Writing on the Tablet of the Heart. Origins of Scripture and Literature, Oxford.

CLINES, D.J.A. (Hg.) (1993): The Dictionary of Classical Hebrew, Vol. I, Sheffield.

– (Hg.) (2007): The Dictionary of Classical Hebrew, Vol. VI, Sheffield.

DIEDRICH, F. (1977): Die Anspielungen auf die Jakob-Tradition in Hosea 12,1–13,3. Ein literaturwissenschaftlicher Beitrag zur Exegese früher Prophetentexte, FzB 27, Würzburg.

GERTNER, M. (1960): An attempt at an interpretation of Hosea xii, VT 10, 272–284.

GESE, H. (1986): Jakob und Mose: Hosea 12:3-14 als einheitlicher Text, in: van Henten, J.W. u.a. (Hg.), Tradition and Re-Interpretation in Jewish and Early Christian Literature. FS J.C.H. Lebram, StPB 36, Leiden, 38–47 (zitiert nach ders.: Alttestamentliche Studien, Tübingen 1991, 84–93).

GOOD, E.M. (1966): Hosea and the Jacob tradition, VT 16, 137–151.

GRIMM, D. (1973): Erwägungen zu Hos 12,12 „in Gilgal opfern sie Stiere", ZAW 85, 339–347.

HAARMANN, V. (2008): JHWH-Verehrer der Völker. Die Hinwendung von Nichtisraeliten zum Gott Israels in alttestamentlichen Überlieferungen, AThANT 91, Zürich.

HARDMEIER, C. (2006): Geschichtsdivinatorik und literatursoziologische Aspekte der Schriftprophetie am Beispiel von Jesaja 9–10, in: Lux, R./Waschke, E.-J. (Hg.), Die unwiderstehliche Wahrheit. Studien zur alttestamentlichen Prophetie, FS A. Meinhold, Arbeiten zur Bibel und ihrer Geschichte 23, Leipzig, 129–151.

JEREMIAS, J. (1983): Der Prophet Hosea, ATD 24/1, Göttingen.

KRATZ, R.G. (2000): Die Komposition der erzählenden Bücher des Alten Testaments, UTB 2157, Göttingen.

KÖCKERT, M. (1988a): Vätergott und Väterverheißungen. Eine Auseinandersetzung mit Albrecht Alt und seinen Erben, FRLANT 142, Göttingen.

– (1988b): Prophetie und Geschichte im Hoseabuch, ZThK 85, 3–30.

KÖHLMOOS, M. (2006): Bet-El – Erinnerungen an eine Stadt. Perspektiven der alttestamentlichen Bel-El-Überlieferungen, FAT 49, Tübingen.

MARTI, K. (1904): Das Dodekapropheton, KHC XIII, Tübingen.

NEEF, H.-D. (1987): Die Heilstraditionen Israels in der Verkündigung des Propheten Hosea, BZAW 169, Berlin/New York.

PERLES, F. (1895): Analekten zur Textkritik des Alten Testaments, München.

PERLITT, L. (1971): Mose als Prophet, EvTh 31, 588–608 (= ders., Deuteronomium-Studien, FAT 8, Tübingen 1994, 1–19).

PFEIFFER, H. (1999): Das Heiligtum von Bethel im Spiegel des Hoseabuches, FRLANT 183, Göttingen.

DE PURY, A. (1992): Osée 12 et ses implications pour le débat actuel sur le Pentateuque, in: Haudebert, P. (Hg.), Le Pentateuque. Débats et recherches, LeDiv 151, Paris, 175–207.

– (1994): Erwägungen zu eine vorexilischen Stämmejahwismus. Hos 12 und die Auseinandersetzung um die Identität Israels und seines Gottes, in: Dietrich, W./Klopfenstein, M.A. (Hg.), Ein Gott allein? JHWH-Verehrung und biblischer Monotheismus im Kontext der israelitischen und altorientalischen Religionsgeschichte, OBO 139, Freiburg/Schweiz – Göttingen, 413–439.

RÖSEL, M. (2000): Adonaj – warum Gott ‚Herr' genannt wird, FAT 29, Tübingen.

RUDOLPH, W. (1966): Hosea, KAT XIII,1, Gütersloh.

SCHMID, K. (1999): Erzväter und Exodus. Untersuchungen zur doppelten Begründung der Ursprünge Israels innerhalb der Geschichtsbücher des Alten Testaments, WMANT 81, Neukirchen-Vluyn.

– (2008): Literaturgeschichte des Alten Testaments. Eine Einführung, Darmstadt.

SCHMITT, H.-C. (1998): Der Kampf Jakobs mit Gott in Hos 12,3ff. und in Gen 32,23ff. Zum Verständnis der Verborgenheit Gottes im Hoseabuch und im Elohistischen Geschichtswerk, in: Diedrich, F./Willmes, B. (Hg.), Ich bewirke das Heil und erschaffe das Unheil (Jesaja 45,7). Studien zur Botschaft der Propheten. FS L. Ruppert, Würzburg, 397–430 (zitiert nach: ders., Theologie in Prophetie und Pentateuch. Gesammelte Schriften, hg. von U. Schorn und M. Büttner, BZAW 310, Berlin/New York 2001, 165–188).

UTZSCHNEIDER, H. (1980): Hosea vor dem Ende. Zum Verhältnis von Geschichte und Institution in der alttestamentlichen Prophetie, OBO 31, Freiburg/Schweiz – Göttingen.

VIELHAUER, R. (2007): Das Werden des Buches Hosea. Eine redaktionsgeschichtliche Untersuchung, BZAW 349, Berlin/New York.

VOLLMER, J. (1971): Geschichtliche Rückblicke und Motive in der Prophetie des Amos, Hosea und Jesaja, BZAW 119, Berlin.

WELLHAUSEN, J. (³1898): Die kleinen Propheten übersetzt und erklärt, Berlin (= Nachdruck 1963).

WILLI-PLEIN, I. (1971): Vorformen der Schriftexegese innerhalb des Alten Testaments. Untersuchungen zum literarischen Werden der auf Amos, Hosea und Micha zurückgehenden Bücher im hebräischen Zwölfprophetenbuch, BZAW 123, Berlin/New York.

WOLFF, H.W. (1965): Dodekapropheton I. Hosea, BK XIV,1, Neukirchen-Vluyn (zitiert nach der 3. Aufl. 1976).

Jakob der Gerechte – Beobachtungen zum Jakobsbild der *Sapientia Salomonis* (Sap 10,10–12)

Markus Witte
Frankfurt am Main

„Seine Geschichte ist ein lehrreicher Spiegel des menschlichen Herzens, und Gott hat dem männlichen Jakob selbst den Flecken abgewischt, den der jugendliche Jakob mit seinem Namen umher trug."[1]

„Jakob war so etwas Ähnliches wie ein Seelentröster ... Man ist hingegangen, weil die Welt nach solchem Besuch ein kleines bißchen rosiger ausgesehen hat ..."[2]

1. Biblische Figuren als Typen

In seiner epochalen Dissertation aus dem Jahr 1986 (1988) hat der verehrte Jubilar eindrucksvoll gezeigt, wie die Überlieferungen von Abraham, Isaak und Jakob auf einer späten Stufe über die Gottesbezeichnungen und die Verheißungen literarisch und theologisch miteinander verknüpft und in eine chronologische Folge gebracht wurden.[3] Konsequenz einer solchen Strukturierung der Überlieferung mittels bestimmter literarischer und theologischer Motive ist eine Schematisierung und Normierung. Erzählungen werden zu Paradigmen eines theologischen Leitgedankens, Figuren mutieren zu Typen bestimmten Handelns und Verhaltens.

Eine neue literarische Qualität und religiöse Funktion hat die Typisierung und Exemplifizierung ausgewählter Figuren aus den Geschichtsdarstellungen des Alten Testaments in den geschichtstheologischen Beispielreihen des jüdischen Schrifttums aus hellenistisch-römischer Zeit erhalten.[4] Dabei kommen

---

1 Herder 1787: 294 (415).
2 Becker 1969: 250.
3 Köckert 1988: 300–323.
4 Vgl. nach Anfängen in den sogenannten Geschichtssummarien (Neh 9,7–31) und Geschichtspsalmen (Ps 77,12–21; 78; 105; 106) in entfalteter Form Sir 44–50; Sap 10; I Makk 2,49–64; III Makk 2,1–20; 6,1–15; IV Makk 16,18–23; 18,10–19; IV Esr 7,106–110; CD II,14–III,12 sowie in frühchristlichen Schriften Hebr 11 und I Clem 4,7–6,4; 9,2–12,8. Zur literaturgeschichtlichen Ableitung dieser Beispielreihen, insbesondere von Sap 10, aus griechischen

jeweils unterschiedliche Theologumena und Kompositionsmuster zum Einsatz, über welche die Figuren charakterisiert und in die Gesamtkonzeption der jeweiligen Schrift eingebettet werden. Während beispielsweise Ben Sira sein von Henoch bis zu Simeon II. reichendes „Lob der Väter" (Sir 44–50) unter das Stichwort der Barmherzigkeit Gottes (חסד, ἔλεος) stellt und die Geschichte Israels mittels eines durch Gott gestifteten „Bundes" (ברית, διαθήκη) strukturiert sein läßt oder in I Makk 2,52ff. die durch Vertrauen und Hoffnung gekennzeichnete Haltung gegenüber dem Gesetz (νόμος, I Makk 2,64) das Leitmotiv der figurengeschichtlichen Beispielreihe ist, dient dem Verfasser von Sap 10,1–11,1 das Wirken der personifizierten Weisheit (σοφία) und die Kennzeichnung der Figuren als Gerechte (δίκαιος) als verbindendes Element einer von Adam bis zu Mose reichenden Geschichtsschau. Diesem Panorama, in dem die aus der Überlieferung in Gen – Ex übernommenen bzw. assoziierten Erzählungen und die durch diese selbst in Gen – Ex konstruierte Geschichte zu einem Paradigma von Geschichte schlechthin verdichtet sind,[5] näherhin dem dabei entworfenen Bild Jakobs, gelten die folgenden Beobachtungen.

2. Aufbau und Struktur von Sap 10,10–12

Ziel- und Höhepunkt des den zweiten Teil der *Sapientia* (Kap. 6,22–11,1) bestimmenden Lobs auf die Weisheit bildet eine hymnenähnlich gestaltete Beispielreihe zum Wirken der Weisheit in der Geschichte, die letztlich auf Erkenntnis Gottes, Bewährung des Frommen in schwieriger Situation und Hoffnung auf Gottes rettendes Handeln zielt. Ob der Verfasser dieser pädagogischen und parakletischen Beispielreihe auf einen vorgegebenen Hymnus zurückgegriffen hat, zu dessen älterer Gestalt auch die jetzt in Sap 4,10–14 vorliegende Henochnotiz gehörte,[6] und ob Sap 10 erst auf eine Fortschreibung des Grundbestandes des sogenannten eschatologischen Buches (Kap. *1,1–6,21) zurückgeht,[7] kann erwogen werden, soll aber hier nicht im Mittelpunkt stehen. Die von Ernst Haag (1991) vorgebrachten Argumente für eine literarische Schichtung in Sap 10 überzeugen nicht.[8] Sap 10,1–11,1 ist in der vorliegenden

---

Vorbildern siehe Schmitt (2000: 235ff.) mit entsprechenden Beispielen aus der Rhetorik (Lysias; Isokrates), Epik (Homer, Il. V,381–402; Od. V,118–129) und Lyrik (Pindar, N. 10,1–20).

5 Gegen Schwenk-Bressler (1993: 33) geht es der *Sapientia* nicht nur um die Interpretation von Geschichten, sondern auch um die Deutung von Geschichte als einem durch Gott bzw. die Weisheit strukturierten Geschehen und um ein Gesamtverständnis von Geschichte (siehe dazu Haag 1991: 125; Spieckermann 2002: 350; 361; 366 Gilbert 2006: 171–183).

6 So Georgi 1980: 436.

7 Ruppert 1973: 101; Haag 1991: 153; Spieckermann 2002: 350; Blischke 2007: 41; 264.

8 Haag (1991: 110f.) führt die Verse 5c, 8–9, 12, 18–19, 20–21, teilweise ohne nähere Begründung, auf unterschiedliche Bearbeitungen des Grundbestandes von Sap 10 zurück, der seiner-

Form – trotz des unterschiedlichen Umfangs seiner inhaltlichen und poetischen Einheiten – kohärent und mit allen Teilen des Buches sprachlich und motivisch eng vernetzt.

Als Überleitung vom unmittelbar vorangehenden Gebet „Salomos" um Weisheit (9,1–17) und als Hinweis auf die pädagogische Funktion der folgenden Beschreibung der Weisheit dient das Bekenntnis zur Belehrung und Rettung der Menschen durch die Weisheit (9,18). So greift der Verfasser von Sap 10,1–11,1 aus 9,18c die Stichworte σοφία und σώζειν auf und komponiert mit diesen und entsprechenden Synonymen zu σώζειν[9] paradigmatische Miniaturen zu „Adam", „Noah", „Abraham", „Lot", „Jakob", „Josef" sowie „Israel und Mose". Innerhalb dieser Miniaturen werden die Motive der rechten Wegführung (9,18a) und der Unterweisung (9,18b) mit der σοφία als in der Geschichte handelnder Größe entwickelt. Wie in der Salomofiktion, welche die gesamte *Sapientia* durchzieht (vgl. 6,25; 7,1;8,10f.; 9,7–8.12), oder wie in der „Zehnwochenapokalypse" des Henochbuches (1Hen 93,1–10 + 91,12–17) wird auf die namentliche Nennung der Beispielfiguren verzichtet. Für die in der biblischen Tradition gebildeten Adressaten der *Sapientia* ist die Identifikation der einzelnen Helden aufgrund der mit diesen verbundenen Motive eindeutig. Zwar zitiert der Verfasser von Sap 10,1–11,1 nie exakt aus seiner biblischen Vorlage – der Septuaginta –, aber seine Wortwahl läßt eine eindeutige Zuordnung zu den entsprechenden biblischen Texten zu. Der Austausch des Eigennamens der Figuren durch ihre Kennzeichnung als „Gerechte" ist einerseits Ausdruck der literarischen Gestaltung von Sap 10 als Lehre für in der biblischen Überlieferung Gebildete. Andererseits wird dadurch die Vorbildfunktion der Gerechten unterstrichen und der Grad der Identifikationsmöglichkeit der Leser gesteigert.

Der Abschnitt in 10,1–11,1 ist durch den anaphorischen Hinweis auf die Weisheit mittels des Pronomens αὕτη in sechs Abschnitte gegliedert,[10] die insgesamt sieben Beispiele für das rettende Handeln der Weisheit enthalten[11]

---

seits schon eine „Erweiterung" von Sap 6,22–25; 7,22–28 (30–8,1) darstelle, aber zur „dreigliedrigen Grundschicht" in Sap 6,22–25; 7,22–30; 8,1, 10,1–5ab.6–7.10–11.13–17; 11,2.6–8; 16,2–3.9–10.15–16.20; 17,1–2; 18,3 gehöre (S. 114f.; 153f.). Die Verse 10,8–9 lassen sich aber als Zwischenfazit verstehen. Wie der von Haag postulierte „Widerspruch" zwischen 10,10d und 10,12d zu erklären ist, wird weiter unten gezeigt.

9   διαφυλάσσειν (V. 1b.12a), ἐξαιρεῖσθαι (V. 1c), τηρεῖν (V. 5b), φυλάσσειν (V. 5c, vgl. 9,11; 19,6), ῥύεσθαι (V. 6a.9.13b.15b), ἀσφαλίζειν (V. 12b, vgl. 4,17; Jes 41,10[LXX]). Siehe dazu auch Schmitt 2000: 225f.

10 V. 1–4, V. 5, V. 6–7, V. 10–12, V. 13–14, V. 15–11,1.

11 Adam, Noah, Abraham, Lot, Jakob, Josef, Israel. Zur Anwendung eines Siebenerschemas vgl. auch die sieben Abschnitte in Teil I der Sapientia (1.) 1,1–15; 2.) 1,16–2,24; 3.) 3,1–12; 4.) 3,13–4,6; 5.) 4,7–19; 6.) 5,1–23; 7.) 6,1–21) oder die sieben *Synkrisen* zur strafenden Gerechtigkeit in Sap 11,2–14 + 16,1–19,22 (1.) 11,2–14; 2.) 16,1–4; 3.) 16,5–14; 4.) 16,15–29; 5.) 17,1–18,4; 6.) 18,5–18,25; 7.) 19,1–9).

und fünfmal die Kennzeichnung einer Figur als δίκαιος bieten[12]. Diesen steht als exemplarischer ἄδικος „Kain" gegenüber (10,4).[13] Ein durch das Leitwort σοφία (vgl. 9,18; 10,4.21) eröffnetes Interludium reflektiert das Verhältnis zwischen der Ausrichtung des Menschen auf Weisheit, Erkenntnis des Guten und Rettung der Frommen durch die Weisheit (V. 8–9) und gliedert zwischen der Epoche der wenigen Gerechten in der Ur- und Frühgeschichte (V. 1–7) und der neuen Epoche der Gründungsgeschichte Israels (V. 10–11,1).[14] Ein Wechsel in die direkte hymnische Anrede Gottes im Du (V. 20 *par.* 9,17) und eine Sentenz zur Weisheit als Verursacherin des Gotteslobs (V. 21) zeigen, daß die Weisheit trotz ihres selbständigen und gerade als Retterin häufig die Rolle Gottes übernehmenden Handelns[15] Gott zu- und letztlich untergeordnet ist. Zugleich beschließen die V. 20–21 die Komposition, zu der noch der Ausblick auf den „heiligen Propheten", d.h. Mose,[16] (11,1) als Überleitung zur folgenden *relecture* des Exodus und der Wüstenwanderung Israels (11,2–14) gezählt werden kann.[17]

Die umfangreichste Sequenz, die sich einer biblischen Einzelfigur widmet und die paradigmatisch zehn Rettungstaten der Weisheit illustriert, ist nun die Jakobsnotiz (10,10–12):

10a Den Gerechten, der vor dem Zorn seines Bruders floh,
10b führte sie (d.h. die Weisheit) auf geraden Pfaden.
10c Sie zeigte ihm die Königsherrschaft Gottes
10d und gab ihm die Erkenntnis der Heiligen.
10e Sie machte ihn wohlhabend bei (seinen) Anstrengungen
10f und vermehrte (den Ertrag) seiner Mühen.
11a Bei der Habgier derer, die ihn überwältigen wollten, stand sie ihm zur Seite,
11b und machte ihn reich.

---

12   Noah, Abraham, Lot, Jakob, Josef.

13   Vgl. Philo, Agr. 20f.; Cher. 52; Fug. 60.

14   So mit Ruppert 1973: 102.

15   Siehe die unter Anm. 9 genannten Äquivalente zu σῴζειν und dazu Sap 2,18 (ῥύεσθαι); 16,7 (σῴζειν); 19,9 (ῥύεσθαι).

16   Nachdem „Mose" bereits in 10,16 als Gottesknecht (θεράπων κυρίου, vgl. Num[LXX] 12,7; Jos[LXX] 1,2) und „mit der Weisheit Beseelter" (vgl. Jes 63,11 und als Kontrast Sap 1,4) eingeführt ist, wird er jetzt als προφήτης gekennzeichnet (vgl. neben Dtn 18,18; 34,10; Hos 12,14 im jüdisch-hellenistischen Schrifttum Aristobul 10,4 [Denis 1970: 218,6], MartJes 1,3,8 [Denis 1970: 112,32f.]; AssMos Frgm. a,2 [Denis 1970: 63,2]; 11,16; Philo, Heres. 262; Som. 2,189; VitMos. 2,187f.; Josephus, Ant. 4,329 sowie allgemein zur Ausstattung eines Menschen als Prophet [und Freund Gottes] durch die Weisheit Sap 7,27).

17   Die Zugehörigkeit von 11,1 zum „Weisheitsgedicht" in Kap. 10 zeigt sich grammatisch daran, daß die Weisheit implizites Subjekt von εὐόδωσεν („sie ließ gelingen") ist. Inhaltlich werden die „Werke, die die Weisheit durch die Hand des Mose gelingen ließ", hingegen erst in 11,2–13 (mit dem gegenüber 10,1–21 geänderten Subjekt „Israel") entfaltet, und in 11,14 wird das Mosemotiv wieder aufgenommen. Wie 9,18 läßt sich 11,1 aufgrund seiner zurück- und vorausweisenden Funktion mit Schwenk-Bressler (1993: 34f.; 57f.) als „Schaltvers" bezeichnen.

12a Sie bewahrte ihn vor (seinen) Feinden,
12b und vor denen, die ihm nachstellten, brachte sie ihn in Sicherheit.

12c Und einen schweren Kampf entschied sie zu seinen Gunsten,
12d damit er erkannte: Mächtiger als alles (andere) ist die Frömmigkeit.

Die Jakobsnotiz ist mit allen Einzelbildern ihres Kontextes verknüpft. Mit der Adamminiatur (V. 1–2) teilt sie die Motive der Bewahrung (διαφυλάσσειν) und Begabung (διδόναι) durch Gott (V. 12a bzw. V. 10d). Mit der Notiz über Noah ist sie, wie mit den Notizen über Abraham, Lot und Josef, über das Epitheton Jakobs als Gerechten (δίκαιος) verbunden (V. 10a). Mit der Kain-Noah-Sequenz (V. 3–4)[18] hat sie darüber hinaus das Motiv des Bruderzorns gemeinsam (V. 3 *par.* V. 10a). Mit der Abrahamstrophe (V. 5) ist sie, wie mit der Adamnotiz, über den Wortstamm φυλάσσειν, das Motiv der Erkenntnis (γινώσκειν, V. 12d) und das Wort ἰσχυρός verbunden (V. 12a). Dadurch werden Abrahams Glaubensprobe in Morija (vgl. Gen 22,1–19)[19] und Jakobs Kampf am Jabbok (vgl. Gen 32,23–32) parallelisiert: Beide Geschehnisse werden in der *Sapientia* als Beispiele göttlicher Erziehung verstanden (vgl. Jdt 8,26–27).[20] Mit der Lotreminiszenz (V. 6–7) hat die Jakobsnotiz das Motiv der Flucht (* φεύγειν) gemeinsam (V. 10, φυγάς). Mit der Josefsnotiz (V. 13–14) verbindet sie, wie mit der Adamminiatur, das Motiv der Begabung (διδόναι) (V. 10d). Hinzu kommt hier die Antitypik göttlicher und menschlicher Herrschaft (βασιλεία, V.10c.14a) sowie eine Prolepse der Josefsreminiszenz durch die Verwendung von Wörtern, die auch in der Josefsgeschichte der Gen-LXX vorkommen.[21] Mit der Mose-Israelstrophe schließlich (V. 15–21; 11,1) ist sie über den Begriff ὁδηγεῖν (V. 10b), den Bezug zum Heiligen (V. 10d) und das Gegensatzpaar εὐσέβεια – ἀσεβεῖς (V. 12, 20) verknüpft. Dazu treten die Bezüge zwischen der Jakobsnotiz und dem Interludium in V. 8–9 über die Motive der Erkenntnis und der Bewahrung in Mühen (πόνοι) sowie zahlreiche Querverbindungen zwischen den einzelnen Paradigmen, so daß diese sich gegenseitig ergänzen und erläutern. Alle diese Verflechtungen dienen wie die grundlegenden Leitworte der gesamten Komposition (σοφία, σώζειν, -φυλάσσειν, δίκαιος, γινώσκειν / γνῶσις) der Typisierung der beschriebenen Figuren und der von diesen erfahrenen Taten der Weisheit. Das spezifische Profil der ein-

---

18 Interessanterweise wird hier die Sintflut unmittelbar mit dem Brudermord Kains begründet, womit in gewisser Hinsicht die literargeschichtliche These einer ursprünglichen Zusammengehörigkeit von Gen 4 mit Gen 6,5ff. bestätigt wird (vgl. dazu Witte 1998, 171ff.). Allerdings kennt auch die *Sapientia*, vermutlich in einer jüngeren Schicht, die Überlieferung von den „Engelehen" (vgl. Sap 14,6).

19 Die Konzentration der Rezeption der Abrahamüberlieferung auf Gen 22* ist typisch für die Geschichtsreminiszenzen in der jüdisch-hellenistischen Literatur (Sir 44,20; Jdt 8,26; I Makk 2,52; IV Makk 16,20; 18,11; vgl. dann auch Jak 2,21).

20 Zur Leidenspädagogik der *Sapientia* vgl. Sap 3,4–6; 11,9–10; 12,2.22.

21 Vgl. zu πόνος (Sap 10,10) Gen 41,51^{LXX}, zu πληθύνειν (Sap 10,10) Gen 47,27^{LXX} und zu κατισχύειν (Sap 10,11) Gen 49,24^{LXX}.

zelnen Typen ergibt sich 1.) aus den „Füllelementen", die selektiv aus der
Überlieferung geschöpft sind, und 2.) aus den Zielpunkten der einzelnen Notizen. Letztere lassen sich insbesondere aus den Gaben, welche die Weisheit
verleiht (διδόναι), ablesen. So steht Adam für die Möglichkeit des Menschen
zur „irdischen Herrschaft" (ἰσχὺς κρατῆσαι, 10,2, in Analogie zur Herrschaft
Gottes, 10,10; 12,16–18). Jakob figuriert die „Erkenntnis der göttlichen Herrschaft (βασιλεία) und der Heiligen" (V. 10c–d). Josef steht für die Realisierung
irdischer Herrschaft (βασιλεία, V. 14c, in Analogie zur Herrschaft Salomos,
9,7) und den Empfang „ewiger Herrlichkeit" (δόξα αἰώνιος, V. 14f [vgl. Gen
45,13^{LXX}] in Analogie zur Herrlichkeit Gottes und der Weisheit, 7,25; 9,10f.,
sowie zur Herrlichkeit Salomos, 8,10, und Israels, 18,8; 19,22).[22] In besonderer
Weise ist Jakob ein Beispiel für den Wert der Frömmigkeit, was sich daran
zeigt, daß der Begriff εὐσέβεια, der in der *Sapientia* nur hier gebraucht wird,[23]
in betonter Schlußstellung der Jakobsnotiz und somit als Gegenüber zum
Eröffnungswort αὕτη (d.h. σοφία) steht (V. 12d). Wie kommt nun der Verfasser von Sap 10,10–12 im Detail zu seinem Jakobsbild?

3. Tradition und Komposition von Sap 10,10–12

Bereits der einführende Titel Jakobs als „Gerechter" (V. 10a) verblüfft – zumindest wenn man von der Lektüre der Jakobserzählungen in Gen 25–35; 48–
50* und der Jakobsnotiz in Hos 12,4–5 her kommt, in denen Jakob eine ambi-
valente Gestalt ist, die sich zwischen Betrug und Segen bewegt. Immerhin
bietet der Hinweis Jakobs auf seine „Redlichkeit" (δικαιοσύνη) in Gen 30,33^{LXX}
einen, wenn auch schwachen, sprachlichen Anhaltspunkt für die Bezeichnung
als δίκαιος.[24] Diese Charakterisierung läßt sich aber – neben ihrer grundsätzlichen Verankerung in der Gesamtkonzeption von Sap 10, ausgewählte Figuren
der jüdischen Tradition als „Gerechte" zu bezeichnen und zur „Liebe der Gerechtigkeit" aufzurufen (Sap 1,1) – als Zusammenfassung der Nachrichten
über Jakobs Kultstätten (Gen 33,20; 35,7.14), Gebete (32,10–13), Absage an
fremde Götter (Gen 35,2–3) und Segensworte (Gen 47,7.10; 48,3–22; 49,28)
verstehen. Sie entspricht der bereits in der Hebräischen Bibel feststellbaren
Tendenz, einzelne Figuren zu entschuldigen und zu Glaubensvorbildern zu
machen, und findet ihre Parallele in der Anwendung religiöser Ehrentitel wie

---

22 Zum Programm der „Herrschaft durch Weisheit" siehe auch Mack 1973: 82.

23 Vgl. im Rahmen jüdisch-hellenistischer Weisheitstexte Prov 1,7^{LXX}; 13,11^{LXX}; Sir 49,3; Ep-
    Arist 131,2; 210,2; 229,2; Aristobul 12,8 (Denis 1970: 223,30–32); Aristeas historicus 25,4
    (Denis 1970: 196,21) sowie 46mal in IV Makk und 164mal bei Philo.

24 Vgl. auch den Hinweis Jakobs auf sein Defizit gegenüber der göttlichen Gerechtigkeit (Gen
    32,11^{LXX}).

„Freund Gottes", „Prophet" oder „Gerechter" auf Abraham, Isaak, Jakob, Mose und David im jüdischen Schrifttum der hellenistischen Zeit.[25]

Berücksichtigt man, daß das Jubiläenbuch in seinem breit angelegten Jakobszyklus (Jub 19–46) die Angabe, Jakob sei ein תם איש / ἄνθρωπος ἄπλαστος (Gen 25,27) gewesen, was zumeist im Gegensatz zur Lebensweise Esaus im Sinn von „gesittet" verstanden wird, mit „vollkommen und rechtschaffen" wiedergegeben hat,[26] ist nicht ausgeschlossen, daß auch der Verfasser von Sap 10,10 an Gen 25,27 dachte. Für diese Annahme könnte auch sprechen, daß sich die Wendung איש תם in ihren weiteren biblischen Belegen eindeutig auf eine moralisch und religiös integre Figur bezieht (vgl. Jb 1,1.8; 2,3). Dementsprechend verwendet die LXX in Jb 1,1, über den MT hinausgehend, den Begriff δίκαιος zur Qualifikation Hiobs.[27]

Mit dem Motiv der *Flucht vor dem Zorn des Bruders* (V. 10a) rekurriert der Verfasser unmittelbar auf den Rat Rebekkas, Jakob solle vor dem Zorn Esaus fliehen (Gen 27,43–45^{LXX}; vgl. auch Gen 35,7), sowie in einem weiteren Sinn auf Jakobs Bitte, Gott möge ihn aus der Hand seines Bruders herausreissen (ἐξαιρεῖσθαι, vgl. Sap 10,1, Gen 32,12^{LXX}). Zugleich werden über das Motiv des Zorns Kain und Esau bzw. Abel und Jakob als Gerechte parallelisiert (vgl. V. 3; Hebr 11,4.9.20f.)[28]. Der „Zorn" erscheint damit in der historiographischen Konzeption von Sap 10 als ein geschichtsbestimmender Faktor. Entsprechend der negativen Wertung des menschlichen Zorns, die Sap 10,3.10 mit der jüdischen und ägyptischen Weisheitsliteratur sowie der zeitgenössischen paganen, vor allem stoischen Philosophie teilt,[29] ist er eine Antithese zu Weis-

---

25 Zur Kennzeichnung Jakobs als „Freund (אוהב) Gottes" siehe CD III (= 4Q269 2),2–4; 4Q372 Frgm. 1,21; zur Kennzeichnung als „Prophet" siehe Tob 4,12 (Jakob steht hier, wie auch in JosAs 7,5; Jub 39,6 und TestJos 3,3, für die Einhaltung des Gebots der Endogamie, vgl. Tob 1,9; 3,17; 6,12; 7,10 und dazu Gen 28,1f.6; 29,1ff.); zur Kennzeichnung als „gerecht" (δίκαιος) siehe OrMan 1 und 8.

26 Jub 19,13; 27,17; 35,12; 36,16; vgl. auch Aq. und Th., die תם mit ἁπλοῦς übersetzen (vgl. Jb^{LXX} 22,3), Sym., der תם mit ἄμωμος wiedergibt (vgl. Ps^{LXX} 14,2; 36,18), sowie TO zu Gen 25,27 („ein vollkommener Mann, der im Lehrhaus diente", ähnlich TPsJ; TNeofiti 1; BerR LXIII z.St.) und Philo, All. 3,2, der Gen 25,27 als Beleg für die Tugend des weisen Jakob anführt (vgl. auch All. 3,15; Plant. 44). Zu ἄπλαστος im moralischen Sinn vgl. auch Philo, SpecLeg. 2,235, Diogenes Laertius VII,118, und Plutarch, De genio Socratis 580B5.

27 Auf weitere Parallelen zwischen Jakob und Hiob in der biblischen wie in der nachbiblischen Tradition kann hier leider nicht eingegangen werden. Die Überlieferungen über beide Figuren teilen nicht bloß weit mehr als das Motiv des Segens, die Verknüpfung über die Jakobstochter Dina als Ehefrau Hiobs (TgHiob 2,9; TestHiob 1,5f.; PsPhilo, LibAnt 8,7f.) oder die Parallelisierung des Kampfes am Jabbok mit Hiobs Ringen mit dem Satan im *Testament Hiobs* 27; vgl. dazu Witte 2009.

28 Zur Parallelisierung von Kain und Esau bzw. Abel und Jakob vgl. auch Philo, Sacr. 14ff.

29 Vgl. z.B. Prov 14,17.29; 15,18; 16,32; 19,11; 29,8; Qoh 7,8; Pap. Insinger 202; 474 (Brunner 1988: 313; 329); für entsprechende Belege in der Stoa siehe z.B. SVF III,397; III,444; III,459; Seneca, De ira; Marc Aurel, Selbstbetrachtungen I,9; XI,18.

heit und Frömmigkeit. Nach Philo kennzeichnet den Gerechten geradezu die Flucht vor dem Zorn.[30]

Das Motiv der *Führung* (ὁδηγεῖν) *Jakobs auf rechten Pfaden* (V. 10b) basiert sprachlich und motivisch auf Gen 28,15.20 und 35,3. Mittels der aus Jes 40,3[LXX] bekannten Wendung τρίβοι εὐθεῖαι faßt der Dichter nicht nur den in Gen 27–28 bzw. 29–31 erzählten Weg Jakobs nach Haran und zurück sowie dessen Bewahrung vor Esau und Laban zusammen (vgl. Tob 4,19), sondern beschreibt zugleich die Hinführung Jakobs zu ethischer und religiöser Integrität, mithin zur Tugend.[31] Über den Begriff ὁδηγεῖν parallelisiert der Verfasser Jakob mit Salomo (Sap 9,11) und mit dem aus Ägypten ausziehenden Gottesvolk (Sap 10,17; 18,3).

Im Blick auf das Verständnis der Weisheit in Sap 10 zeigt der hier verwendete Begriff ὁδηγεῖν – wie die anderen in Sap 10 verwendeten Rettungsverben –[32], daß die Weisheit eine genuine Funktion Gottes wahrnimmt.[33] Als Wegführerin und geschichtsgestaltende Kraft tritt die jüdische σοφία – wie auch in ihrer Funktion als Retterin (σωτήρ/σώτειρα) – neben die ägyptisch-griechische Isis.[34] Mit John J. Collins (1997) läßt sich die Auswahl der heilsgeschichtlichen Figuren in Sap 10, möglicherweise auch die Fokussierung auf das für die *Sapientia* so zentrale Thema der Gerechtigkeit, durch analoge Rettungstaten der Isis erklären.[35] Wie dieser kommt der σοφία in Sap 10 auch die Aufgabe zu, als selbst in das Wissen Gottes Eingeweihte (μύστις, 8,4) und von

---

30 Philo, Migr. 26f.; 208; Fug. 23; Som. 1,45f.; 2,225 (Engel 1998: 173; von Gemünden 2001: 361ff.).

31 Vgl. Sap 9,18 sowie Ps 24,3–4[LXX]; 26,11[LXX]; Ps 118,35[LXX]; Prov 2,13.16.19[LXX] sowie als Kontrast Sap 2,15; 5,7.

32 S.o. Anm. 9.

33 Vgl. Sap 9,11 gegenüber Sap 7,15 und Ps 22,3[LXX]; 42,3[LXX]; 72,24[LXX]; 76,21[LXX]; 105,9[LXX]; 106,7[LXX]; Jos 24,3[LXX] sowie Jes 63,14, wo der „Geist Gottes" (רוח יהוה, πνεῦμα παρὰ κυρίου) Israel durch die Wüste führt.

34 Vgl. Philo, Imm. 142f.; 159f.; Op. 70, aber auch Lk 11,49–51. Zu Isis als „Wegführerin" (ὁδηγός) siehe Pap. Oxy. XI,1380,122 (Totti 1985: Nr. 20; Mack 1973: 66), zu Isis als „Retterin" (σώτειρα) siehe z.B. Pap. Oxy. XI,1380,20; SGUÄ Nr. 9999; SGUÄ Nr. 8401 (Isis als πανσώτειρα) oder den Isis-Hymnus I des Isidor (Totti 1985: Nr. 21,26, und dazu Frazer 1972: I,260f.; I,671; II,940f.; Merkelbach 1995: 98).

35 Collins 1997: 203–204. Isis erscheint nicht nur in den Aretalogien als Spenderin des Rechts und der Gesetze (Totti 1985: Nr. 1 § 4; Nr. 3,65(4); Nr. 19,24.29; Müller 1961: 42), sondern kann auch den Kulttitel der δικαιοσύνη tragen (Frazer 1972: I,199). Als Parallelen zu den Rettungstaten in Sap 10 vgl. am Beispiel der „Selbstoffenbarung der Isis" (Totti 1985: Nr. 1; mit Kommentierung des Textes: Müller 1961) den Lobpreis auf Isis als Herrin der Schiffahrt (§ 15; § 39 *par.* Sap 10,4), als Bewahrerin vor Nachstellungen (§ 34 *par.* Sap 10,12), als Vermittlerin von δόξα (§ 40 *par.* Sap 10,14) und als Befreierin aus Fesseln (§ 48 *par.* Sap 10,14). Siehe auch Anm. 38.

Gott Geführte (ὁδηγός, 7,15) in mystische Geheimnisse einzuführen,[36] und „Gottesfürchtige" (εὐσεβεῖς) zu bewahren.[37]

Mit dem Doppelsatz, daß die Weisheit Jakob *die Königsherrschaft Gottes* zeigte und ihm *die Erkenntnis der Heiligen* gab (Sap 10,10c–d),[38] faßt der Dichter die Erzählungen von der Traumoffenbarung Jakobs in Bethel (Gen 28,12–15), der Begegnung Jakobs mit den Engeln in Mahanajim (Gen 32,2–3) und der Offenbarung Gottes in Bethel (Gen 35,1–16; 48,3) zusammen. Dabei bezieht sich das *Zeigen* (δεικνύναι) der Herrschaft Gottes, was im Rahmen der jüdisch-hellenistischen Literatur Jakob in dieser Form mit Abraham teilt (vgl. TestAbr A 15,12), wohl in einem doppelten Sinn auf die himmlische Herrschaft Gottes, wie sie der Verfasser von Sap 10,10 aus dem Bild der Engelsleiter, an deren Spitze Gott selbst steht, (Gen 28,12–13) herausliest, *und* auf die Jakob und seinen Nachkommen angekündigte irdische Herrschaft (Gen 35,11, vgl. Gen 17,6; 27,29), wie sie sich ideal in Josef (Sap 10,14) und in Salomo (Sap 7,1ff.) realisierte.[39] Insofern sowohl das Sehen der (himmlischen) Herrschaft Gottes als auch die Hoffnung auf die Herrschaft der Gerechten eschatologische Topoi des Judentums der hellenistisch-römischen Zeit sind,[40] klingt in Sap 10,10 ein eschatologischer Ton mit.

Bei der „Erkenntnis der Heiligen" (γνῶσις ἁγίων, vgl. Prov 30,3[LXX]) denkt der Verfasser wohl weniger an die Mitteilung „heiliger Dinge ([τὰ] ἅγια)"[41] oder des „himmlischen Heiligtums ([τὰ] ἅγια)"[42] als vielmehr gemäß Gen 28,12 und 32,2 an die Engel ([οἱ] ἅγιοι).[43] Dabei ist nicht ausgeschlossen, daß der Genitiv ἁγίων sowohl den Gegenstand der Erkenntnis als auch deren

---

36 Totti 1985: Nr. 1 § 22; Müller 1961: 49.

37 Totti 1985: Nr. 22,6; Nr. 23,4.27.

38 Die Weisheit lehrt (Sap 7,22; 9,18) und erzieht (Sap 3,11; 7,14). Zu Isis als „Lehrerin" siehe die „Selbstoffenbarung" (Totti: 1985, Nr. 1 § 23; Müller 1961: 50) und Plutarchs Beschreibung als der weisen und weisheitsliebenden Göttin, zu deren Bereich *qua* ihres Namens (Ἶσις) Wissen (εἰδέναι) und Wissenschaft gehöre (De Iside, 2 = 351E–F; 352A) .

39 Vgl. auch Sap 6,20 im Kontrast zur programmatischen Anrede der „Herrscher" in Sap 1,1 und 6,1ff.

40 Vgl. SyrBar 21,23; Mk 4,11 (Lk 8,10; Mt 13,11); 9,1; Joh 3,3; Apg 7,56 bzw. Sap 3,8; Dan[LXX] 7,18.22.27; I Hen 96,1; 1QpHab 5,4; Mt 19,28; IKor 6,2; Apk 20,4 und dazu Bousset/Gressmann 1926: 213ff.

41 Scarpat 1996: 313f.; Engel 1998: 173 (die Weisheit selbst); Ruppert 2005: 203 (die noch in der Zukunft liegende und in Gott verborgene Heilsgeschichte Gottes mit Israel).

42 Burrows 1939: 405–407; Winston 1979: 217; jeweils mit Hinweis auf TestLev 9,3 und Hebr 9,12 (vgl. auch Jub 32,22; BerR LXIX zu Gen 28,17); ähnlich Larcher 1984: 628, allerdings mit Bezug auf den Auftrag an Jakob, ein Heiligtum zu errichten (vgl. Gen 28,17.21f.; 35,3; zur Bezeichnung des Heiligtums als [τὰ] ἅγια vgl. Sir 45,24; I Makk 3,43.58f.).

43 Vgl. auch Gen 31,11; 48,16 sowie die Bezeichnung der Engel als „Heilige" Sap 5,5; Hi 5,1; 15,15; Ps 88,6.8[LXX]; 109,3[LXX]; Sach 14,5; Dan 8,13; Sir 42,17; Tob 11,14; I Hen 1,2 (4Q201,I,3); 1,9 (4Q204,I,15); 93,2 (4Q212,III,21); 106,19 (4Q204 Frgm. 5,II,26); TestLev 3,3; PsSal 17,43; 1QGenAp II,1; 4Q400 Frgm. 1,I,17; 4Q403 Frgm. 1,I,24; I Thess 3,13; II Thess 1,10.

Qualität bezeichnet, Jakob also die Engel sieht und Erkenntnis wie die Engel erhält.[44] Die vom *Codex Venetus* gebotene Variante (γνῶσις ἁγίου „Erkenntnis des Heiligen", nämlich Gottes)[45] dürfte eine Angleichung an V. 10c sein, die möglicherweise von Gen 32,31[LXX] (εἶδον γὰρ θεὸν πρόσωπον πρὸς πρόσωπον) inspiriert ist. Die Lesart des *Codex Ephraemi Syri rescriptus* (*C* γνῶσις ἀνθρώπων) entspricht der Vorstellung, daß „Erkenntnis göttlicher und menschlicher Dinge" zum Wesen menschlicher Weisheit gehört (vgl. IV Makk 1,16),[46] dürfte aber textkritisch ebenfalls sekundär sein.

Insofern Jakob durch die Vermittlung der Weisheit an der Welt der Engel partizipiert, ist es durchaus treffend, von einer „Angelisierung" Jakobs zu sprechen.[47] In JosAs 22,7 wird Jakobs Physiognomie explizit mit der eines Engels verglichen. In dem bei Origenes erhaltenen apokryphen „Gebet Josefs" (1. Jh. n.Chr. ?) ist Jakob schließlich als der Engel Israels, der sich mit Uriel um den Rang streitet und sich selbst als ἀρχάγγελος δυνάμεως κυρίου bezeichnet, vollends in die himmlische Welt aufgestiegen.[48] So weit geht die *Sapientia* nicht. Gleichwohl wird die hier vorgeschlagene Deutung von Sap 10,10 durch Parallelen zu der Wendung קדשים דעת („Erkenntnis der Heiligen") in den aus Qumran und Massada bekannten Engelsliturgien der Sabbatopferlieder[49] ebenso wie durch die Erzählungen von Jakobs Visionen in Jub 32,21ff. und in 4Q537 (= 4QAJa/4QVisJac/4QTestJac) bestätigt. Durch seine Schau der himmlischen Welt nimmt Jakob dann teil am himmlischen Gottesdienst. Versteht man die Kundgabe der Königsherrschaft Gottes und der Erkenntnis der Engel als Mitteilung besonderer göttlicher Geheimnisse (μυστήρια θεοῦ, vgl. Sap 2,22; 6,22), erscheint Jakob als ein mystischer Offenbarungsempfänger. Als solcher tritt er nicht nur Salomo, so wie ihn Sap 7,17 charakterisiert,[50] zur Seite, sondern auch dem weisen Agur (Prov 30,3[LXX])[51], den himm-

---

44 Schwenk-Bressler 1993: 79f., gegen Larcher 1984: 630.

45 Vgl. auch die Minuskel 253 und die Peschitta sowie Sir 48,20 (G); Hab 3,3; Jes 40,25; I Hen 14,1; 97,6; 98,6; 104,9; 1Joh 2,20.

46 Nach Aetius geht diese Vorstellung auf die Stoiker zurück (SVF II,35), vgl. auch Sextus (SVF II,36) und Cicero, De officiis II,2(5), sowie im jüdischen Kontext Philo, Congr. 79; Aristobul 12,12 (Denis 1970: 225,4–5). Oder steht hinter der Lesart von *C* auch Gen 32,29[LXX] (ἐνίσχυσας *μετὰ θεοῦ καὶ μετὰ ἀνθρώπων*)?

47 Georgi 1980: 438. Vgl. zum Zusammenhang von Gotteserkenntnis, Gottesschau und Vergottung mit Philo, Praem. 36f.; 44ff. u.ö. (und dazu Wilckens 1964: 502; Butterweck 1981: 66ff.). Zur „Angelisierung" Abrahams siehe Philo, Sacr. 5.

48 Denis 1970: 61,6.10ff; Horst/ Newman 2008: 253. Im TNeofiti1 ist es der Engel Sariel. Vgl. dazu ausführlich Butterweck 1981: 72ff.

49 Vgl. 4Q402 Frgm. 4,6; 4Q400 Frgm. 2,7; 0QShirShab I,11 (= Mas1k I,11).

50 So erhält Salomo durch Gott untrügliche Erkenntnis (γνῶσις) des Seins hinsichtlich des Aufbaus des Kosmos und des Wirkens der Elemente. Vgl. auch Ps 94,10[LXX]; 118,66[LXX]; Prov 2,6[LXX].

51 Der griechische Text, der vielfach von den Kirchenvätern zitiert wird (vgl. z.B. Clemens Alexandrinus, Strom. 2,17,77), unterscheidet sich hier erheblich vom MT, demzufolge Agur

lischen Figuren der Sabbatopferlieder,[52] den in das „Geheimnis der Welt" (רז
נהיה) Eingeweihten in der Weisheitslehre 4QInstruction[53] oder den Apokalyptikern Daniel (Dan 2,18ff.; 4,6), Baruch (grApkBar 1,8), Esra (grApkEsr 1,5) und Henoch (1Hen 1,2; 106,19 *par.* 4Q204 Frgm. 5,II,26f.).[54] Durch die Weisheit wird Jakob zur Antwort auf die Frage des fiktiven Salomo in Sap 9,13:

> „Denn welcher Mensch wird den Ratschluß Gottes (βουλὴ θεοῦ) erkennen (γινώσκειν),
> oder wer wird begreifen, was der Herr will?" (vgl. V.16–17; Jes 40,13^{LXX}; Sir 16,20; Prov 30,4^{LXX}; Hi 38,2^{LXX})

Die Kundgabe besonderer Erkenntnis speziell an Jakob teilt Sap 10,10 weiterhin mit 4Q158, einer paläographisch aus frühherodianischer Zeit stammenden Paraphrase von Gen 32,23–32, in deren Rahmen der über Gen 32,30 hinausgehende Segenswunsch ergeht, Gott möge Jakob vermehren, *mit Erkenntnis und Klugheit (דעת ובינה) beschenken* sowie aus jeder Gewalt erretten (Frgm. 1–2, Z. 7–10).[55]

Die Aussage von Sap 10,10c–d zusammenfassend, läßt sich also sagen, daß das in Gen 28 und 35 angelegte Bild Jakobs als eines exemplarischen Offenbarungsträgers besonders ausgemalt wird. Traditionsgeschichtlich zeigt sich hier, daß die *Sapientia* – wie die Daniel- und die Henochüberlieferung, späte Schichten in den Proverbien, aber auch einzelne Passagen im Sirachbuch und v.a. die Lehren 4QInstruction – genuin weisheitliche Vorstellungen mit apokalyptischen Elementen verbindet.[56] Da die Teilhabe an göttlichen Geheimnissen (Sap 2,22; 6,22) und die Gotteserkenntnis (Sap 2,13; 7,17; 14,22; 15,3) als Kennzeichen des Gerechten und als vollendete Gerechtigkeit gelten,[57]

---

bekennt, *nicht* (לא – LXX-Vorlage: אל) Weisheit gelernt (לָמַדְתִּי – LXX las wohl לָמַד אֹתִי) und Erkenntnis erkannt zu haben. Entgegen der zumeist vertretenen Interpretation von קדשׁים als Gottesbezeichnung halte ich hier (wie auch in Prov 9,10) einen Bezug auf die Heiligen, d.h. die Engel, für wahrscheinlicher (vgl. Anm. 43).

52   Vgl. 4Q400 Frgm. 2,1ff.; 4Q401 Frgm. 14,I,6f.

53   Siehe dazu Tigchelaar 2001; Collins 2005b: 161ff.; Goff 2007: 13–15.

54   Zur neutestamentlichen Modifikation dieser Vorstellung s.u. Anm. 93.

55   Zur Verwendung der Wurzel ידע in einer Paraphrase der Jakobsüberlieferung vgl. auch 5Q13 Frgm. 2,6 (hier mit Bezug auf Gen 28,16: ... אל יעקב ה[ו]עדתה בבית אל ...: „dem Jakob hast du kundgetan in Beth-El"; zu dieser Übersetzung siehe Martínez/Tigchelaar 1997: 1135). Als Pendant dazu bittet Jakob in einem in den „Zauberpapyri" (PGM 22b) gesammelten apokryphen „Gebet Jakobs" aus dem 4. Jh. n.Chr., mit Weisheit erfüllt zu werden (Preisendanz 1931: 149,23; Charlesworth 1985: 722,17; Horst/Newman 2008: 231,17). Zu einem auf die Gabe von Wissen und Erkenntnis zielenden Segenswunsch siehe in charakteristischer Abwandlung von Num 6,24–26 und in Zuspitzung auf die Mitglieder der Qumrangemeinschaft 1QS II,3.

56   Collins 2005a: 157f.; Goff 2007: 293.

57   Vgl. als Kontrast Sap 10,8f.; 14,22; 15,11. Zum Motiv der Mitteilung von Offenbarungswissen an den Gerechten siehe 1QS IV,2–6; XI,2–9; I Hen 103,1ff. und in neutestamentlichem Gewand Mk 4,11 (*par.* Mt 13,11; Lk 8,10) sowie I Kor 13,2 wie in rabbinischer Gestalt im Blick auf Abraham BerR XLIX zu Gen 18,17 (Wünsche 1881: 229ff.). Vgl. auch Anm. 93.

liefert Sap 10,10c–d indirekt eine weitere Begründung für die Bezeichnung Jakobs als δίκαιος.

Die Hälfte der gesamten Jakobsnotiz (V. 10e–12b) bezieht sich auf die *Bewahrung, Versorgung und Vermehrung des Erzvaters* durch die Weisheit in der Zeitspanne von der Flucht vor Esau über den Aufenthalt bei Laban bis zur Rückkehr ins Heilige Land. Biblischer Hintergrund ist der Komplex von Gen 28,1–32,22 (33,5–15; 35,5.11–12). Dabei greift der Verfasser von Sap 10,10–12 erneut nur punktuell direkt sprachlich auf die Genesis zurück.[58] Er entwickelt seine poetische Paraphrase, indem er mit eigenen Worten auf zentrale Motive aus dem Jakob-Esau-Zyklus und vor allem aus dem Jakob-Laban-Zyklus anspielt.[59] Letzteren stellt er unter den für die pagane und für die jüdische Ethik der hellenistischen Zeit zentralen Begriff der „Habgier" (πλεονεξία)[60]: Dem gerechten Jakob steht der habgierige Laban gegenüber (vgl. Ps 118,36[LXX]), der Jakob zu überwältigen (κατισχύειν) versucht. Wie bei der Kontrastierung von Jakob und Esau kommt hier die aus der alttestamentlichen, aber auch aus der ägyptischen und griechisch-hellenistischen Spruchweisheit bekannte Antitypik des „Gerechten" und des „Frevlers" zur Anwendung.[61] Ohne ein Äquivalent für das Wortfeld „Segen", das die Jakobserzählungen der Genesis literarisch und theologisch strukturiert, zu gebrauchen,[62] zeigt Sap 10,10–12 worin sich Segen konkretisiert, nämlich in wirtschaftlicher und sozialer Sicherung (vgl. Prov 10,22[LXX]), mit anderen Worten im Beistand (παριστάναι) der Weisheit (vgl. Gen 31,42[LXX]). Das Wort παριστάναι steht dabei nicht nur inhaltlich im Zentrum der Zusammenfassung von Gen 28,1–32,22, sondern verbindet die Jakobsnotiz der *Sapientia* mit dem Schlußsatz des gesamten Werks (19,22):

---

58 So im Fall des Gebrauchs des Verbs πληθύνειν / πλῆθος (V. 10f, vgl. Gen 28,3; [30,30]; 32,13; 35,11; 47,27; 48,4.16), des Wortstammes πλουτίζειν / πλουτεῖν / πλοῦτος (V. 11b, vgl. Gen 30,43; 31,16 sowie Sir 11,21) und des Leitwortes διαφυλάσσειν (V. 12a, vgl. Gen 28,15.20 sowie Sap 9,11; 10,1).

59 Vgl. zu V. 10e–f besonders Gen 31,17–18; 32,11.14–22; 33,11, zu V. 11a–b besonders Gen 29,15–31,54, zu V. 12a–b besonders Gen 31,22–54; 32,4–13.

60 Siehe dazu Delling 1959: 266–274; Bauer 1988: 1342f. Nach dem Stoiker Chairemon (1. Jh. n. Chr., zitiert bei Porphyrios, De abstinentia 4,6,21), steht die πλεονεξία im Gegensatz zur θεία γνῶσις. Bei Aristoxenos (4. Jh. v.Chr.), Frgm. 50,50ff., ist die πλεονεξία das Laster schlechthin und steht als solche im Gegensatz zum Recht und zur Gerechtigkeit.

61 Vgl. auch die anderen Miniaturen in Sap 10 (Adam *versus* Kain *versus* Noah, Sodomiten *versus* Abraham, Josef *versus* seine Bedrücker), dazu Schmitt 2000: 230, sowie als eine ganz kleine Auswahl von Sprüchen zum Gegensatz zwischen dem Gerechten und dem Frevler aus dem hebräischen, ägyptischen und griechischen Bereich: Prov 4,18f.; 10,3ff.; 13,23[LXX]; Pap. Insinger 92; 697f.. (Brunner 1988; 307; 342; 346); Theognis, Eleg. 1,315.319ff. 394ff. 613f.; Aesop, Fab. 183; Platon, R. 352b; Aristoteles, EN 1103b15.

62 Vgl. demgegenüber die Jakobsnotiz Ben Siras (44,22–23 [H]), der gleich zweimal das Leitwort „Segen" aufgreift. Ebenso ist der „Segen" das Leitmotiv der Jakobspassagen des Jubiläenbuchs (Jub 19–46*) oder der Erwähnungen Jakobs in der Reihe der Glaubenszeugen des Hebräerbriefs (11,20–21).

„In allem nämlich, Herr, hast du dein Volk groß gemacht und es verherrlicht, und du hast es nicht übersehen, indem du ihm zu jeder Zeit und an jedem Ort beistehst (παριστάναι)."[63]

Mit dem Hinweis darauf, daß die Weisheit *in einem schweren Kampf zu Jakobs Gunsten entschied, damit dieser erkannte, daß Frömmigkeit mächtiger als alles andere ist,* kommt die Jakobsnotiz zu ihrem eigentlichen Ziel(10,12c–d). So läuft die gesamte Führung, die Jakob durch die Weisheit erfährt, letztlich darauf hinaus, daß dieser den Wert der Frömmigkeit kennenlernt. Der Jakobsweg der *Sapientia* ist ein Lernprozeß. Als dessen letzte Station ruft Sap 10,12c die Überlieferung vom Kampf am Jabbok in Erinnerung (Gen 32,23–33). An der Wendung ἀγῶνα ἰσχυρὸν ἐβράβευσεν αὐτῷ läßt sich nochmals schön die Technik des assoziierenden Zitierens und des eigenständigen Wortgebrauchs von Sap 10 zeigen. So komprimiert der Verfasser die Erzählung von Jakobs nächtlichem Ringen an der ostjordanischen Furt einerseits mit dem typisch hellenistischen Begriff ἀγών (vgl. Sap 4,2), der in der biblischen Textvorlage nicht vorkommt.[64] Ebenso hat das in der LXX nur hier gebrauchte Wort βραβεύειν[65] seinen Ort in der paganen Literatur, sei es zur Beschreibung der Funktion eines Schiedsrichters im sportlichen Wettkampf, den Sieger zu erklären,[66] oder der Aufgabe eines Königs, die gerechten Dinge zugunsten seiner Untertanen zu entscheiden.[67] Andererseits nimmt der Verfasser sprachlich eindeutig Bezug auf seine Vorlage in Gen 32,23–33^{LXX}, indem er mit dem Wort ἰσχυ-ρός das Wort ἐν-ἰσχύ-ειν, das in Gen 32,29 und Hos 12,4–5 eine zentrale Rolle spielt, rezipiert (vgl. κατ-ισχύειν in V. 11a) und mit dem Wort δυνατωτέρα an das Wort δύνατος in Gen 32,29^{LXX} anknüpft:

„Er aber sagte zu ihm: Dein Name soll nicht mehr Jakob genannt werden, sondern Israel soll dein Name sein, denn du wurdest stark mit/gegenüber Gott[68] (ἐνίσχυσας) und mit/gegenüber Menschen mächtig (δύνατος)".

Auf die Nennung eines Objektes des ἀγών verzichtet der Verfasser von Sap 10 hingegen, womit er die schon in Gen 32,25ff. angelegte Zurückhaltung fortschreibt.

Demgegenüber findet sich im literarischen Umfeld der *Sapientia*, sofern nicht bewußt auf einen Rekurs auf den Jabbokskampf verzichtet wird wie bei Ben Sira (44,22–23) und im Jubiläenbuch, das insgesamt die Jakobsüberlieferung breit ausmalt und den Erzvater als ein einmaliges Vorbild verherrlicht,[69] eine klare Identifi-

---

63 Vgl. Ps 108,31^{LXX}; TestJos 6,2 und in neutestamentlicher Zuspitzung II Tim 4,17–18.

64 Zur Anwendung des Bildes vom Wettkampf auf den Jabbokskampf siehe dann auch den Midrasch BerR ^{LXX}VII zu Gen 32,24 (Wünsche 1881: 377).

65 Vgl. noch einmalig in der LXX den Neologismus συμβραβεύειν in Esr 9,14.

66 Vgl. z.B. Sophokles, Elektra, 690; 709.

67 Vgl. Musonius, Diss. a Lucio digestarum reliquiae 8,19. Zur Verwendung des Verbs mit Gott als Subjekt vgl. Philo, VitMos. 1,163.

68 Zur Formulierung μετὰ θεοῦ siehe Hos 9,8^{LXX}.

69 So „verbindet" Jub 29,13 unmittelbar Gen 32,23–24 mit Gen 33,1.

kation des Kampfgegners. So kennen der Historiker Demetrius (Frgm. 2,7)[70], das „Gebet Josefs"[71], diverse Varianten zu Gen 32,25 in der LXX-Überlieferung,[72] die Targumim[73] oder Justin (Dialog 58,6), wie Hos 12,5 als Gegner Jakobs einen „Engel Gottes". Ebenso ist bei Josephus der Widerpart Jakobs ein „Engel Gottes", wobei Josephus den Kampf zusätzlich spiritualisiert, indem Jakob eigentlich einem φάντασμα begegnet, mit dem er ringt und das sich selbst als „Engel Gottes" ausgibt (Ant. 1,331f.). Entsprechend kennzeichnet Josephus die Erscheinungen der Engel in Mahanajim (Gen 32,2) als φάντασμα.[74] Auch Philo, der den Jabbokskampf mehrfach thematisiert und allegorisch auslegt, kann gelegentlich den Widersacher des von ihm häufig als Athleten (ἀσκητής bzw. ἀθλητής) angesprochenen Jakob als einen Engel bezeichnen.[75]

Weiterhin übergeht Sap 10,12 die Ätiologien in Gen 32,29.31.32, wobei zumindest das Motiv von Jakobs „Sehen Gottes" (32,31) bereits durch V. 10c–d abgedeckt sein dürfte. Der Jabbokskampf ist für die *Sapientia* ein Gleichnis der Macht der Weisheit und der Bewährung von Frömmigkeit. Der Anschluß von V. 12c mit καί und die in der Passage V. 10–12 einmalige Weiterführung mit einem Finalsatz (V. 12d) deuten darauf hin, daß die Wendung ἀγών ἰσχυρός über den direkten Bezugspunkt in Gen 32,23–33 hinaus eine Zusammenfassung des gesamten Weges, den Sap 10,10–12c nachzeichnet, darstellt. Der Begriff ἀγών erscheint dementsprechend, wie häufig in der paganen griechischen Literatur, als Metapher für das Leben überhaupt.[76] Entscheidend für die *Sapientia* ist, daß Jakob durch seinen Kampf, wie durch seinen ganzen, von

---

70 Denis 1970: 176,16.

71 Denis 1970: 61,6; Horst/Newman 2008: 253.

72 Die Hauptüberlieferung der LXX spricht gemäß dem hebräischen Text (איש) von einem ἄνθρωπος, ähnlich übersetzen Aq. und Sym. (ἀνήρ) und das TO (גברא), vgl. auch Justin, Dialog, 126,3. Hingegen heißt es in einer textlich in ihrer Ursprünglichkeit umstrittenen Notiz in JosAs 22,7, daß „Jakob ein Mensch war, der *mit Gott* gerungen hat" (Denis 1987: 857; Burchard 1985: 238j; vgl. auch Chrysostomos, In Samaritanam 59,537,74), was sich natürlich vor dem Hintergrund der Deutung des Namens „Israel" in Gen 32,29 erklärt. Daß im biblischen Grundtext der Gegner Jakobs kein Dämon, sondern Gott selbst ist, hat überzeugend Köckert 2003: 160ff. (2007: 60–62) gezeigt. Zu weiteren Identifikationen in der nachbiblischen jüdischen Überlieferung siehe Butterweck 1981: 72ff.; Smith 1985: 707.

73 TO zu Gen 32,31; TPsJ zu Gen 32,25 („ein Engel in der Gestalt eines Mannes"); TNeofiti 1 zu Gen 32,25 („der Engel Sariel in der Gestalt eines Mannes"), vgl. dann auch bHul 91b; 92a und dazu Butterweck 1981: 72ff.

74 Ant. 1,325. Vgl. auch TPsJ und TNeofiti1 (s. Anm. 73) sowie den Midrasch BerR LXXVII zu Gen 32,25, der u.a. den Gegner Jakobs diesem „*im Bilde wie* ein Hirte" oder „*als* ein Räuberhauptmann" erscheinen läßt (Wünsche 1881: 376–377). Zu Josephus' Deutung Jakobs als Sinnbild einer glücklichen politischen Zukunft siehe Butterweck 1981: 51–56; 192f.

75 Philo, Mut. 87; zu Jakob als „Athlet" vgl. Philo, Ebr. 82; Plant. 44; 90; 110; All. 3,18; 3,93; Post. 59; Fug. 4; Migr. 27 u.ö. Zu Philos allegorisierender Interpretation des Jabbokskampfes als Ringen für den Erwerb von Tugend, siehe z.B. Mut. 14f. und dazu Butterweck 1981: 62–71; 194f.; von Gemünden 2001: 361.

76 Vgl. Philo, Migr. 26; All. 3,14; Som. 2,145; Agr. 112; 119 sowie ausführlich zum traditionsgeschichtlichen Hintergrund der Wettkampfterminologie im jüdisch-hellenistischen und frühchristlichen Schrifttum Merkelbach 1975: 108ff.

der Führung durch die Weisheit geprägten Lebensweg, Frömmigkeit (εὐσέβεια) als „Lebensmittel" lernt (vgl. IV Makk 15,11–16).[77] Die εὐσέβεια ist hier in Korrelation zur göttlichen σοφία Mitte, Ziel und Grund der gesamten Existenz eines Gerechten.

4. Die Funktion von Sap 10,10–12

Vergleicht man das Jakobsbild der *Sapientia* mit den Stilisierungen des Erzvaters in den zeitgenössischen jüdischen Schriften, dann sind die Kennzeichnungen Jakobs als gerechtem Empfänger mystischer Offenbarungen und als Vorbild an Frömmigkeit keineswegs mehr so fremd, wie wenn man ausschließlich von Gen 25–50* her kommt. Vor allem die Zeichnung Jakobs im etwas älteren Jubiläenbuch (mit seinen Seitenstücken in 4Q158 und 4Q537), im annähernd zeitgleichen Werk Philos, der Jakob als Muster der Tugend (ἀρετή) und „Mann, der Gott sieht" preist,[78] sowie im etwas jüngeren Werk des Josephus, der wie Sap 10,12 an Jakob die εὐσέβεια hervorhebt,[79] weisen hierin die nächsten Parallelen auf. Noch einen Schritt weiter geht das vierte Makkabäerbuch (1. Jh. n. Chr.), wenn es Jakob unter Berufung auf Gen 34,24ff. und 49,5–7 als Beispiel für Besonnenheit (σώφρων νοῦς) bezeichnet und ihm das Attribut des „Allweisen" (πάνσοφος) verleiht (2,18f.), das u.a. Sophokles für Odysseus (Frgm. 913,1) oder Philo für Abraham (Cher. 18), für Isaak (Cher. 47) und häufig für Mose gebraucht (Agr. 20; Plant. 27; Migr. 76; SpecLeg. 2,194; 4,157 u.ö.). Gleichwohl besitzt die Jakobsnotiz der *Sapientia* mit ihrer Betonung des passiven, von der Weisheit geführten und gelehrten Erzvaters, mit dessen doppelter Typisierung als Paradigma des einzelnen Gerechten wie des Gottesvolkes, mit ihrer poetischen Dichte und mit ihrer Mischung aus biblisch vorgegebenen Formulierungen und Vorstellungen mit paganen hellenistischen Begriffen und Denkmustern einen ganz eigenen literarischen und theologischen Charakter.

Kennzeichnend für die Art und Weise, wie die *Sapientia* mit der Jakobsüberlieferung der Genesis umgeht, ist, neben ihrer materialen Beschränkung auf Rezeptionen aus dem Bereich Gen 27,41–32,33*; 33*; 35*; 47,27–

---

77 Vgl. auch IV Makk 17,15 und Philo, Virt. 45 (Scarpat 1996: 319).

78 Philo, Ebr. 82; Migr. 200; Sacr. 5; 17; 45ff.; All. 3,191 (Butterweck 1981: 62–71; 194f.). Philos Interpretation des Jakobsnamens „Israel" (Gen 32,29) als „der, der Gott sieht" (ὁρῶν θεόν, Fug. 208; Abr. 57; Legat. 4,2; Praem. 44; Congr. 51 u.ö.) könnte auf dem Verständnis von ישראל als איש ראה אל beruhen (Smith 1985: 703; von Gemünden 2001: 365; demgegenüber vermutet Butterweck 1981: 65, eine Verbindung mit der Wurzel שור „schauen", vgl. Hi 34,29).

79 Ant. 2,196.

49,33*,[80] eine Typisierung, Funktionalisierung und Ethisierung Jakobs sowie eine Spiritualisierung und gemäßigte Eschatologisierung einzelner Erzählzüge. Jakob erscheint als geschichtliche Konkretion und als überzeitliches Vorbild des Gerechten (Sap 2,10ff.; 5,1.15), der von Gott und seiner Weisheit geführt, bewahrt, belehrt und belohnt wird. Sap 10,10–12 illustriert so am biblischen Beispiel die Biographie des anonymen, auf der Basis von Jes 52,13–53,12 stilisierten Gerechten aus Sap 2,12–20.

Wie dem von Sap 1,15 und 2,21–3,1 herkommenden Leser verheißen, steht am Ende eines von der Gerechtigkeit gekennzeichneten Lebens- und Lernweges die Unsterblichkeit.[81] Als bereits in dieses Leben hineinreichendes „Unterpfand" gilt die Einsicht in die Geheimnisse Gottes (Sap 2,22) und die Gemeinschaft mit den Engeln (Sap 10,10), die dem Gerechten nicht erst nach dem endzeitlichen Gericht zuteil werden (1Hen 104,1–6).

Insofern Jakob paradigmatische Einzelfigur *und* in der Fluchtlinie der biblischen Identifikation Jakobs mit dem Stammvater Israels und des kollektiven Gebrauchs des Namens Jakob für das Volk Israel auch Chiffre für Israel ist, lassen sich alle Einzelaussagen zu Jakob in Sap 10,10–12 auf einen einzelnen Gerechten *und* auf Israel als Gottesvolk beziehen. Am Ergehen des Erzvaters zeigt sich dann auch beispielhaft und prototypisch das Schicksal Israels in Vergangenheit und – wie im Blick auf die historische Situation der *Sapientia* als einem zwischen 30 v.Chr. und 40 n.Chr. verfaßten Dokument jüdischen Lebens in der ägyptischen Diaspora zu betonen ist –[82] in Gegenwart und Zukunft. So wird hier die von Jakob erlebte „Begabung mit göttlichen Geheimnissen, Versorgung in Mühen, Belohnung in Anstrengungen, Bewahrung vor Habgier in fremdem Land, Rettung vor Feinden und Absicherung gegenüber Nachstellungen" den in Alexandria lebenden, von innergemeindlichen Gegnern (typisiert durch Esau) und heidnischen Verfolgern (typisiert durch Laban) bedrohten frommen Juden zugesagt (vgl. Sap 19,13–16). Die von Jakob in ihrer Wirkmacht erkannte und gelebte εὐσέβεια wird auch den Lesern der *Sa-*

---

80   Auf die Dinageschichte (Gen 34), die ansonsten im jüdisch-hellenistischen Schrifttum breit rezipiert wird (JosAs 23,13[14]; Jdt 9,2–5; Jub 28,23; 30,1ff.; 34,15; TestLev 2,2; 6,1ff.; Theodotus Frgm. 3 und Frgm. 4 [bei Denis 1970: 204–207]); Demetrius 21,9 [Denis 1970: 174–179]); Josephus, Ant., 1,337ff.; PsPhilo, LibAnt, 8,7; Philo, Migr. 223–225; Mut. 194f.), geht der Verfasser von Sap 10 nicht ein – sei es, weil hier Jakob nicht vor Unheil bewahrt wird, sei es, weil Jakob hier kaum als selbständige Figur auftritt (doch s.o. IV Makk 2,18f.).

81   Als Gerechter hat Jakob Anteil an der Unsterblichkeit (vgl. Sap 3,1), was ein eschatologisches Pendant der *Sapientia* zur Vorstellung vom ewigen Leben der Erzväter in IV Makk 7,19; 16,25; TestAbr A 20,14; Mk 12,26–27; SibOr II,246f. oder bBB 16b/17a darstellt. Zur Eschatologie der *Sapientia* siehe Blischke 2007.

82   Zu dieser geschichtlichen Verortung der *Sapientia* siehe Winston 1979: 20ff.; Larcher 1983: 138f.; 155ff.; Scarpat 1989: 21ff.; Engel 1998: 33f.; Spieckermann 2002: 348f.; Blischke 2007: 44ff.

pientia als „alles überwindende Größe" (παντὸς δυνατωτέρα)[83] nahegelegt, wobei dann in der Fluchtlinie von Sap 2,12; 6,18; 16,6; 18,4.9 unter εὐσέβεια „Gehorsam gegenüber dem Gesetz" zu verstehen ist.[84] Der Verfasser der Jakobsnotiz der *Sapientia* aktualisiert so die Überlieferung der *Genesis* und verfolgt damit – wie mit den anderen Miniaturen in Sap 10 auch – ein paränetisches und parakletisches Ziel.

> „Denn hie sihestu / das er durch vnd durch leret / Gott fürchten vnd trawen / Schreckt die jenigen mit Exempeln göttlichs zorns / so sich nicht fürchten / vnd Gott verachten. Widerumb tröstet die jenigen mit Exempeln göttlicher gnade / so jm gleuben und trawen / welchs nichts anders ist / denn der rechte verstand des ersten Gebots".[85]

Interpretiert man die Typisierung Jakobs (wie die der anderen Figuren in Sap 10) und die verallgemeinernde Formulierung bei den Anspielungen auf die jüdische Überlieferung weitergehend als ein Mittel, den Text auch für heidnische Leser verstehbar zu machen,[86] fügt sich Sap 10 zu Form und Funktion der gesamten *Sapienta* als dem groß angelegten literarischen Versuch, in einem heidnischen Umfeld für das jüdische Verständnis von Gerechtigkeit, Weisheit und Frömmigkeit zu werben. Die Begabung Jakobs mit besonderer Erkenntnis durch die Gestalt der Weisheit, die ihre tendenzielle Parallele in der Vorstellung von der Inkarnation der himmlischen Weisheit in der Tora als dem Erbe für die „Gemeinden Jakobs" (Sir 24,23) besitzt,[87] kennzeichnet Jakob als einen wahren Mysten.[88] Daß gerade der Stammvater Israels die Macht der εὐσέβεια, die als Ehrfurcht gegenüber den Göttern und den göttlichen Ordnungen auch in der paganen hellenistischen Welt einen enormen Wert besitzt, erfährt, führt den heidnischen Lesern die Frömmigkeit der Juden vor Augen. Das Zusammenspiel von Weisheit, Frömmigkeit, Gerechtigkeit, Einsicht und Beständigkeit läßt Jakob dann als die jüdische Alternative zu Sokrates, so wie ihn Xenophon in seinen Memorabilien zeichnet, erscheinen. In der Gestalt von Sap 10,10–12 braucht der biblische Held weder den Vergleich mit Xenophons

---

83 Vgl. auch EpArist 229,2; Philo, Dec. 52 (die εὐσέβεια als bester Anfang aller Tugenden); I Tim 4,8. In III Esr 3,12; 4,35.38 wird diese Qualifikation auf die ἀλήθεια bezogen. In weiterem Sinn kann natürlich auch auf 1Kor 13,13 verwiesen werden (Scarpat 1996: 351).

84 So mit Neher 2004: 146. In der rabbinischen Tradition wird Jakobs Status als חסיד und צדיק ausdrücklich mit seiner Beziehung zur Tora begründet, was u.a. aus Gen 25,27 geschlossen wird (Butterweck 1981: 160f.).

85 So beschreibt treffend Luther 1545 die Gesamtfunktion der *Sapientia* als „eine rechte auslegunge / vnd Exempel des ersten Gebots" (1702).

86 Schwenk-Bressler (1993: 26) spricht in diesem Zusammenhang richtig von der „doppelten Lesbarkeit" der *Sapientia*.

87 Vgl. auch Sir 24,8 und Bar 3,37ff. – gegen Spieckermann (2002: 366), der in der *Sapientia* kein Pendant zu Sir 24 entdeckt.

88 So auch Schwenk-Bressler 1993: 80.

„bestem und glücklichstem Mann" (ἄριστός τε ἀνὴρ καὶ εὐδαιμονέστατος)[89] noch mit dem gleichfalls von Xenophon als Vorbild beschriebenen, von der Tugend (ἀρετή) auf dem rechten Weg geführten Herakles[90] zu fürchten. Für den Verfasser von Sap 10,1–11,1 hat Jakob – und mit diesem jeder Gerechte, der dem Vorbild Jakobs folgt – den Vergleich mit Sokrates wie mit Herakles längst für sich entschieden: dank der Gestalt der Weisheit und der Kraft der Frömmigkeit. Die Jakobsnotiz der *Sapientia* hat somit auch eine apologetische Tendenz.

5. Ausblick

Die Kennzeichnung Jakobs als „Gerechter" in Sap 10,10–12 ist *ein* innerbiblischer Höhepunkt der Stilisierung des Erzvaters. Diese Höhenlinie findet jenseits der Hebräischen Bibel und der Septuaginta eine doppelte, teilweise gebrochene Fortsetzung.[91] Zu ihr gehört auch die Frage, die der Evangelist Johannes der Samaritanischen Frau am Jakobsbrunnen in Sychar in den Mund legt, ob Jesus „größer (μείζων) sei als unser Vater Jakob" (Joh 4,12). Die Formulierung in Joh 4,12, die eine direkte sprachliche Parallele in der Kennzeichnung Jakobs als „größer als ein Mensch" im apokryphen „Gebet Josefs" hat,[92] provoziert textstrategisch natürlich die Antwort „ja": Jesus ist für Johannes der wahre Jakob (vgl. Justin, Dialog 100,3; 134,6). Gleichwohl setzt Joh 4,12 ebenso wie die hinter Joh 1,51 und seiner Rezeption von Gen 28,12 stehende Antitypik von Jakob und (johanneischem) Christus die Vorstellung der Besonderheit Jakobs voraus. Möglicherweise spiegelt sich in Joh 1,51 und 4,5ff. eine auch in den palästinischen Targumim zu Gen 28,10ff. vorliegende Tradition

---

89 Xenophon, Mem. IV,8,11, vgl. auch Mem. I,6,12 im Gegenüber zu Sap 10,11a (Scarpat 1996: 350). In diesem Zusammenhang ist auch auf die Aufzählung der vier Kardinaltugenden σωφροσύνη, φρόνησις, δικαιοσύνη und ἀνδρεία, welche die Weisheit lehrt, in Sap 8,7 hinzuweisen (vgl. IV Makk 1,18), sowie auf die Bestimmung der Ausrichtung der Tora auf εὐσέβεια, δικαιοσύνη, ἐγκράτεια „und die übrigen der Wahrheit gemäßen Güter" bei Aristobul 12,8 (Denis 1970: 223,30–32).

90 Xenophon, Mem. II,1,27–34; vgl. besonders II,1,27f. u. 32 mit den Motiven in Sap 10,10–12 und dazu natürlich die Überlieferungen von Herakles' Ringkämpfen (z.B bei Apollodor, Bibl. II,105; 111; 115; 148). Zu einem Vergleich Jakobs mit Odysseus siehe Herder 1787: 294 (415).

91 Zur vielfältigen Rezeption Jakobs im Werk Philos, worauf hier nur punktuell verwiesen werden konnte, siehe Butterweck 1981: 62ff.; Scarpat 1996: 310–319; von Gemünden 2001: 358ff.

92 ὁ Ἰακὼβ μείζων ἢ κατὰ ἄνθρωπον ἦν (zitiert nach dem bei Origenes, Philocalia, 23,19,15f., mitgeteilten Fragment C; siehe dazu Denis 1970: 62; Smith 1985: 714; Horst/Newman 2008: 253).

wider.[93] Spezifisch für die neutestamentliche Aufnahme des Bildes von den auf- und absteigenden Engeln in Gen 28,12 und der Zeichnung Jakobs als Offenbarungsempfänger in Sap 10,10 ist aber, daß Jakob nun mit Jesus der Offenbarungsspender gegenüber gestellt wird: Während Jakob die βασιλεία τοῦ θεοῦ sieht, zeigt Jesus diese (Joh 3,3). Dementsprechend verstehen sich frühchristliche Gemeinden nun durch Christus in die göttlichen Geheimnisse eingeführt.[94] Insofern der Evangelist Jesus als Offenbarer in die Fußstapfen der σοφία treten läßt, zeigt sich in Sap 10,10–12 *in nuce* die zentrale traditionsgeschichtliche und theologische Bedeutung, welche die *Sapientia* als eine jüdische Synthese aus biblischer Tradition, aus hellenistischer Philosophie und Religiosität sowie aus apokalyptischen Weisheitsspekulationen für eine Theologie des Alten Testaments insgesamt besitzt.[95]

Ob sich der Verfasser des 1. Timotheusbriefes auch vom Jakobsbild der *Sapientia* inspirieren ließ oder ob er lediglich an der im hellenistischen Judentum und frühen Christentum weit verbreiteten Wettkampfsprache partizipierte,[96] wenn er auf das geoffenbarte Geheimnis der εὐσέβεια und deren allumfassenden Wert verweist (3,16; 4,8) und wenn er vom ἀγών des Glaubens spricht, ist schwer sagen. Sein Ratschlag in 1Tim 6,12 jedenfalls scheint mir, zumal, wenn er vor dem Hintergrund von Sap 10,10–12 gelesen wird, als Geburtstagsgruß für einen biblischen Theologen nicht unangemessen zu sein:

„Kämpfe den guten Kampf des Glaubens; ergreife das ewige Leben, wozu du berufen bist und bekannt hast das gute Bekenntnis vor vielen Zeugen."

Literatur

Nichtbiblische antike griechische Texte (einschließlich Philos, Josephus' und der Kirchenväter) sind, sofern nicht auf eine besondere Ausgabe Bezug genommen wird, nach dem TLG zitiert: Thesaurus Linguae Graecae Workplace 8.0., CD-Rom, Silver Mountain Software 1993.1999.

BAUER, W. (1988): Griechisch-deutsches Wörterbuch zu den Schriften des Neuen Testaments und der frühchristlichen Literatur, 6. völlig neu bearb. Aufl., Berlin/New York.

BECKER, J. (1969): Jakob der Lügner. Roman, Berlin (Ost)/Weimar (Lizenzausgabe Frankfurt/M. 1981).

---

93 Clarke 1974: 373ff.; Massonnet 1996: 91ff. Zur Rezeption von Gen 28,12 in Joh 1,50f. siehe auch von Gemünden 2001: 369.

94 Vgl. I Kor 2,7; 4,1; Eph 1,9; 3,3; Kol 1,26f.; 2,2 u.v.a.; s.o. Anm. 54 und 57.

95 Siehe dazu ausführlich Spieckermann 2002: 345ff.

96 S.o. Anm. 75 sowie Hebr 12,1; Phil 1,20; Kol 2,1; I Thess 2,2; II Tim 4,7.

BLISCHKE, M.V. (2007): Die Eschatologie in der Sapientia Salomonis, FAT II/26, Tübingen.

BOUSSET, W./GRESSMANN, H. (1926): Die Religion des Judentums im hellenistischen Zeitalter, 3. verbess. Aufl., HNT 21, Tübingen.

BRUNNER, H. (1988): Die Weisheitsbücher der Ägypter. Lehren für das Leben, 2. verbess. Aufl., Düsseldorf/Zürich.

BURCHARD, C. (1985): Josef and Aseneth, in: OTP II, New York u.a., 177–247.

BURROWS, M. (1939): Wisdom X_{10}, Bib. 20, 405–407.

BUTTERWECK, A. (1981): Jakobs Ringkampf am Jabbok. Gen. 32,4ff in der jüdischen Tradition bis zum Frühmittelalter, JudUm 3, Frankfurt/M./Bern.

CHARLESWORTH, J.H. (1985): Prayer of Jacob, in: OTP II, 715–723.

CICERO: De officiis, in: Miller, W., Cicero in Twenty-Eight Volumes, XXI, LCL 30, London/Cambridge, Mass. 1968 (Nachdr. v. 1913).

CLARKE, E.G. (1974/5): Jacob's dream at Bethel as interpreted in the targums and the New Testament, SR 4, 367–377.

COLLINS, J.J. (1997): Jewish Wisdom in the Hellenistic Age, OTL, Louisville, Kent.

– (2005a): The Reinterpretation of Apocalyptic Traditions in the Wisdom of Solomon, in: Ders., Jewish Cult and Hellenistic Culture. Essays on the Jewish Encounter with Hellenism and Roman Rule, JSJ.S 100, Leiden u.a., 143–158.

– (2005b): The Mysteries of God: Creation and Eschatology in 4Q Instruction and *The Wisdom of Solomon*, in: Ders., Cult, 159–180.

DELLING, G. (1959): πλεονέκτης κτλ., ThWNT VI, 266–267.

DENIS, A.-M. (1970): Fragmenta Pseudepigraphorum quae supersunt Graeca una cum historicorum et auctorum Judaeorum hellenistarum fragmentis, PVTG III, Leiden, 45–246.

– (1987): Concordance grecque des pseudépigraphes d'Ancien Testament. Concordance, corpus des textes, indices, Louvain-la-Neuve.

ENGEL, H. (1998): Das Buch der Weisheit, NSK.AT 16, Stuttgart.

– (2008): Sophia Salomonis, in: Karrer, M./Kraus, W. (Hg.), Septuaginta Deutsch. Das griechische Alte Testament in deutscher Übersetzung, Stuttgart [im Druck].

FÖRSTER, W. (1964): εὐσεβής, εὐσέβεια, εὐσεβέω, ThWNT VII, 175–184.

GARCÍA MARTÍNEZ, F./TIGCHELAAR, E.J.C. (HG.) (1997.1998): The Dead Sea Scrolls Study Edition, I–II, Leiden u.a.

GEMÜNDEN, P. VON (2001): La figure de Jacob à l'époque hellénistico-romaine: L'exemple de Philo d'Alexandrie, in: Macchi, J.-D./Römer, Th. (Hg.), Jacob. Commentaire à plusieurs voix de Gen 25–36, FS A. de Pury, MoBi 44, Genf, 358–370.

GEORGI, D. (1980): Weisheit Salomos, JSHRZ III/4, Gütersloh.

GILBERT, M. (2006): The Origins According to the Wisdom of Solomon, in: Calduch-Benages, N./Liesen, J. (Hg.), History and Identity. How Israel's Later Authors Viewed Its Earlier History, DCLY 2006, Berlin/New York, 171–185.

GOFF, M.J. (2007): Discerning Wisdom. The Sapiential Literature of the Dead Sea Scrolls, VT.S 116, Leiden u.a.

HAAG, E. (1991): „Die Weisheit ist nur eine und vermag doch alles." Weisheit und Heilsgeschichte nach Weish 11–12, in: Hentschel, G./Zenger, E. (Hg.), Lehrerin der Gerechtigkeit. Studien zum Buch der Weisheit, EThS 19, Leipzig, 103–155.

HERDER, J.G. (1787): Vom Geist der Ebräischen Poesie, I, in: Suphan, B. (Hg.), Herders Sämmtliche Werke, XI, Berlin 1879, 212–475.

HORST, P.W.VAN DER/NEWMAN, J.H. (2008): Early Jewish Prayers in Greek, CEJL, Berlin/New York.

HÜBNER, H. (1999): Die Weisheit Salomos, ATD.A 4, Göttingen.

KÖCKERT, M. (1988): Vätergott und Väterverheißungen. Eine Auseinandersetzung mit Albrecht Alt und seinen Erben, FRLANT 142, Göttingen.

– (2003): War Jakobs Gegner in Gen 32,22–33 ein Dämon? in: Lange, A./Lichtenberger, H./Römheld, K.F.D. (Hg.), Die Dämonen / Demons, Tübingen 2003, 160–181.

– (2007): Divine Messengers and Mysterious Men in the Patriarchal Narratives of the Book of Genesis, in: Reiterer, F.V./Nicklas, T./Schöpflin, K. (Hg.), Angels. The Concept of Celestial Beings. Origins, Development and Reception, DCLY 2007, Berlin/New York, 51–78.

LARCHER, C. (1983/1984/1985): Le Livre de la Sagesse ou la Sagesse de Salomon, I–III, ÉtB NS 1–3, Paris.

LIDDELL, H.G./SCOTT, R. (1996): A Greek-English Lexicon, revised and augmented throughout by Sir H.S. Jones with the assistance of R. McKenzie, with a revised supplement, Oxford.

LUTHER, M. (1545): Die gantze Heilige Schrifft Deudsch Wittenberg 1545. Letzte zu Luthers Lebzeiten erschienene Ausgabe, hg. v. H. Volz unter Mitarbeit v. H. Blanke, München 1972.

MACK, B.L. (1973): Logos und Sophia. Untersuchungen zur Weisheitstheologie im hellenistischen Judentum, StUNT 10, Göttingen.

MASSONNET, J. (1996): Targum, Midrash et Nouveau Testament. Le songe de Jacob (Gn 28,10–22), in: Amphoux, Chr.-B./Martin, J. (Hg.), Les premières traditions de la Bible, Histoire du texte biblique 2, Lausanne, 67–101.

MERKELBACH, R. (1975): Griechische Athletik, Gladiatorenkämpfe und Kaiserkult, ZPE 18, 108–136.

– (1995): Isis regina – Zeus Sarapis. Die griechisch-ägyptische Religion nach den Quellen dargestellt, Stuttgart u.a.

NEHER, M. (2004): Wesen und Wirken der Weisheit in der Sapientia Salomonis, BZAW 333, Berlin/New York.

NEWSOM, C. (1985): Songs of the Sabbath Sacrifice: A Critical Edition, HSS 27, Atlanta, GA.

PREISENDANZ, K. (1931): Papyri Graecae Magicae. Die griechischen Zauberpapyri herausgegeben und übersetzt, Leipzig/Berlin.

RUPPERT, L. (1973): Der leidende Gerechte. Eine motivgeschichtliche Untersuchung zum Alten Testament und zwischentestamentlichen Judentum, fzb 5, Würzburg.

– (2005): Genesis. Ein kritischer und theologischer Kommentar. 3. Teilband: Gen 25,19 – 36,43, fzb 106, Würzburg.

SCARPAT, G. (1989/1996/1999): Libro della Sapienza. Testo, traduzione, introduzione e commento, I–III, Biblica Testi e studi 1/3/6, Brescia.

SCHMITT, A. (1989): Weisheit, NEB 23, Würzburg.

– (1999): Struktur, Herkunft und Bedeutung der Beispielreihe in Weish 10, in: Ders., Der Gegenwart verpflichtet. Studien zur biblischen Literatur des Frühjudentums, BZAW 292, Berlin/New York, 223–244.

SCHWENK-BRESSLER, U. (1993): Sapientia Salomonis als ein Beispiel frühjüdischer Textauslegung. Die Auslegung des Buches Genesis, Exodus 1–15 und Teilen der Wüstentradition in Sap 10–19, BEATJ 32, Frankfurt/M. u.a.

SENECA: De ira, in: Basore, J.W., Seneca in Ten Volumes, I, Moral Essays, I, London / Cambridge, LCL 214, Mass. 1970 (Nachdr. v. 1958), 106–355.

SMITH, J.Z. (1985): Prayer of Joseph, in: OTP II, New York u.a., 699–714.

SPIECKERMANN, H. (2002): Der Gerechten Seelen sind in Gottes Hand. Die Bedeutung der Sapientia Salomonis für die Biblische Theologie, in: Bultmann, Chr./Dietrich, W./Levin, Chr. (Hgg.), Vergegenwärtigung des Alten Testaments. Beiträge zur biblischen Hermeneutik, FS R. Smend, Göttingen, 345–368.

TIGCHELAAR, E.J.C. (2001): To Increase Learning for the Understanding Ones. Reading and Reconstructing the Fragmentary Early Jewish Sapiential Text 4QInstruction, StTDJ 44, Leiden u.a.

TOTTI, M. (1985): Ausgewählte Texte der Isis- und Sarapis-Religion, SubEpi 12, Hildesheim u.a.

TOV, E. (1995): 4QReworked Pentateuch: A Synopsis of Its Contents, RdQ 16, 647–653.

WILCKENS, U. (1964): σοφία κτλ. C. Judentum, in: ThWNT VII, 497–510.

WINSTON, D. (1979): The Wisdom of Solomon. A New Translation with Introduction and Commentary, AncB 43, New York.

WITTE, M. (1998): Die biblische Urgeschichte. Redaktions- und theologiegeschichtliche Beobachtungen zu Genesis 1,1–11,26, BZAW 265, Berlin/New York.

– (2009): Hiob und seine Frau in jüdischen Schriften aus hellenistisch-römischer Zeit, in: Lichtenberger, H./Mittmann-Richert, U. (Hg.), Figures in Biblical and Cognate Literature. The Reception and Function of Biblical Figures in Deuterocanonical and Other Early Jewish Literature, DCLY 2008, Berlin/New York, [im Druck].

WÜNSCHE, A. (1881): Bibliotheca Rabbinica. Eine Sammlung alter Midraschim. Zum ersten Mal ins Deutsche übertragen. Der Midrasch Bereschit Rabba, Leipzig (Nachdr. Hildesheim 1967).

Franz Delitzsch – Aspekte von Leben und Werk

Rudolf Smend
Göttingen

Franz Delitzsch gehört zu den wenigen Alttestamentlern, von deren Leben und Werk wir eine ausführliche und zureichende Darstellung besitzen. Der unvergessene Siegfried Wagner, später Matthias Köckerts Lehrer, legte 1963 der Leipziger Theologischen Fakultät die Habilitationsschrift vor, die seit ihrem arg verzögerten Erscheinen 1978 die Grundlage jeder Beschäftigung mit Delitzsch bildet.[1] Von ihr profitiert auch die folgende noch ganz fragmentarische Skizze, die, wie ich hoffe, da und dort zur Lektüre des Wagnerschen Buches, aber auch der Werke Delitzschs selbst ermuntern wird.

Um Delitzschs Herkunft ist ein Geheimnis. Wenn Karl Heinrich Graf ihn beiläufig als einen „Ex-Juden" bezeichnete,[2] gab er ein verbreitetes Gerücht wieder, gegen das Delitzsch sich leicht mit dem Hinweis wehren konnte, daß er am 23. Februar 1813 „in Leipzig in einem Hause des Grimmaischen Steinwegs geboren und am 4. März als Kind armer christlicher Eltern in der hiesigen Nicolaikirche getauft worden" war, also „kein jüdischer Proselyt" sein konnte.[3] Aber möglicherweise hatte er doch einen Juden zum leiblichen Vater. Das Taufregister der Nicolaikirche verzeichnet für Franz Julius Delitzsch als Paten und offenkundigen Namensgeber den „Meubleur" Franz Julius Hirsch, von dem offenbar feststeht, daß er mit dem „Juden namens Levy Hirsch" identisch ist, der mit den Delitzschs „in einem Hause", vielleicht sogar in derselben

---

1 Wagner 1978. – Es scheint mir angebracht, hier den Grund der Verzögerung zu nennen, nachdem Wagner das in seiner Vornehmheit nirgends getan hat. Da kaum Aussicht auf eine Veröffentlichung in der DDR bestand, ging Wagner gern auf das Angebot von Karl Heinrich Rengstorf, damals Direktor des Institutum Judaicum Delitzschianum in Münster, ein, das Buch in der Bundesrepublik herauszubringen. Doch Rengstorf nahm den Durchschlag des maschinenschriftlichen Manuskripts an sich, machte im Dienst seiner eigenen Delitzsch-Interessen jahrelang stillschweigend von ihm Gebrauch und ließ es trotz wiederholter Anfragen von seiten Wagners und anderer dabei bewenden. Diesem Zustand machte schließlich Walther Zimmerli ein Ende, indem er, was nicht ganz ohne Risiko war, Wagners letztes Exemplar im Reisekoffer von Leipzig nach Göttingen beförderte, wo, sicherheitshalber ohne Fühlung mit Münster, das Nötige getan werden konnte.
2 Budde/Holtzmann 1904: 219.
3 Wagner 1978: 21.

Wohnung[4] wohnte und den Delitzsch in seiner kurzen Autobiographie von 1883[5] ungewöhnlich stark als seinen „Wohltäter von Jugend auf" hervorhebt. Später war Hirsch „Objekt" seiner „Missionswirksamkeit": am 10. Mai 1843, Delitzsch hat das Datum festgehalten,[6] wurde der Wohltäter getauft. Das Gerücht, bei dem Täufling – und, kirchenrechtlich eigentlich unmöglich, einst Taufpaten! – habe es sich um den Vater seines Missionars gehandelt, hielt sich aber hartnäckig; noch nach Jahrzehnten äußerte ein Mann wie Alfred Jeremias, dem man weder den Respekt vor Delitzsch noch die Vertrautheit mit den Leipziger Verhältnissen absprechen kann: „Ich habe nie daran gezweifelt, daß der Jude Hirsch der wirkliche Vater von Delitzsch gewesen ist."[7] Gegen dieses Gerücht konnte Delitzsch naturgemäß schwerer ankommen als gegen das von seinem Proselytentum, und so verwundert es nicht, daß ein eindeutiges Dementi aus seinem Munde fehlt; vielleicht hat er ja auch selber die Wahrheit nicht gewußt. Der beste Kenner im 20. Jahrhundert entscheidet sich nach langem Abwägen dafür, „daß alle vorgeführten Materialien eigentlich mehr für eine jüdische Abkunft sprechen als dagegen".[8] Aber es gibt auch das Zeugnis Gustaf Dalmans, dem die Problematik nicht fremd war, über seinen Lehrer: „So viel ist gewiß, daß Franz Delitzsch sich nie als ‚Jude' gefühlt hat."[9] In der Tat, er war mit Leib und Seele Christ; aber sein Christentum hatte schon früh die elementare Beziehung auf das Judentum, die die Judenmission zu einer seiner wichtigsten Aktivitäten werden ließ. Ob Levy Hirsch nun sein Vater war oder nicht – man wird kaum umhin können, ihm auch für dieses Lebensthema des Franz Delitzsch so etwas wie eine Patenfunktion zuzuschreiben. Übrigens tat sich Mutter Delitzsch in späteren Jahren, wohl nach dem Tod ihres Mannes, mit Hirsch zusammen, indem sie in dessen kleinem Buchantiquariat mitarbeitete; nach seinem Tod führte sie es allein weiter.

Delitzsch berichtet, er habe in Leipzig zunächst eine „Knabenschule" und dann die „Ratsfreischule" besucht, wo er, obwohl einen „Drang nach Gott" verspürend, ein „völliger Rationalist" geworden sei. Auf der Universität, habe er zuerst Philologie und Philosophie studiert und sich „in die Systeme der großen deutschen Philosophen" vertieft; „besonders zog mich Fichte an"[10], noch vor ihm nennt er an anderer Stelle Spinoza.[11] In der Philologie handelte es sich um semitische Studien, die er bei dem nachmals führenden Arabisten Leberecht Fleischer und dem Hebraisten Julius Fürst betrieb, zwei Gelehrten,

---

4   Wagner 1978: 16f.
5   Abgedruckt bei Wittenberg 1963: 9–11, hier 9.
6   Abgedruckt bei Wittenberg 1963: 10.
7   Wagner 1978: 21.
8   Wagner 1978: 23.
9   Wagner 1978: 21.
10 Delitzsch 1883: 9.
11 Vgl. Wagner 1978: 34.

mit denen er persönlich und wissenschaftlich verbunden blieb. In einer gewissen Spannung zu seinem Bericht steht die Tatsache, daß er sich bereits zu Beginn seines ersten Semesters, im Herbst 1831, nicht in der philosophischen, sondern in der theologischen Fakultät immatrikuliert hat[12]; vermutlich wollte er durch die nachträgliche „Profanierung" seines Studienbeginns noch stärker die alsbald erfolgte Bekehrung herausstreichen, die für sein weiteres Leben von fundamentaler Bedeutung war. Er hat diesen Vorgang nicht datiert, aber genau lokalisiert:

> „Noch heute […] kann ich die Stelle auf einer der Straßen Leipzigs (unfern des früheren Grimmaischen Thores in der Goethestraße, nahe an der Ecke der Grimmaischen Straße[13]) zeigen, wo ein Strahl von oben mich in den Zustand versetzte, in dem sich Thomas befand, als er rief: Mein Herr und mein Gott! Von nun an wurde ich Theologe. Ich suchte den Verkehr mit Studenten, die durch Gottes Gnade erweckt waren, und ging in gläubigen Leipziger Familienkreisen aus und ein. Die Jahre 1832–1834, meine letzten Universitätsjahre, sind die schönsten meines Lebens. Es waren Tage der ersten Liebe, der Frühling meines zeitlichen Lebens."[14]

Am tiefsten beeindruckte ihn damals Martin Stephan, streng lutherischer Pfarrer der böhmischen Gemeinde in Dresden mit einer sektenartigen Anhängerschaft, die 1838 mit ihm großenteils nach Nordamerika auswanderten, wo die Missouri-Synode aus ihr hervorging. Delitzsch widmete ihm 1836 seine erste Schrift, „Zur Geschichte der jüdischen Poesie", und bekannte sich noch 1838 in der zweiten, „Wissenschaft, Kunst, Judenthum", als Stephan bereits ein heftig umstrittener Mann war, zu ihm als seinem „theuren vielgeliebten Lehrer", der das „ewigfeste Wort des lebendigen Gottes, nicht die modisch wechselnde Philosophie oder Poesie einer verkehrten Vernunft oder eines zerrütteten Herzens, nicht ein rationalistisch fortgebildetes oder neuevangelisch indifferenzirtes Christenthum" predige, und das „rein, unverfälscht und ungeschminkt, mit Beweisung des Geistes und der Kraft, und eben dieses Wort giebt dem Namen dieses Gottesmannes jene tiefe Bedeutung, jenen süßen Klang, dessen Echo noch aus der späten Geschichte der Kirche widertönen wird".[15] Dies indessen trat keineswegs ein, sondern Stephan, noch auf der Schiffsreise zum Bischof avanciert, wurde in Amerika „bald nach der Ankunft als unlauterer Mensch entlarvt und von seiner Gefolgschaft verlassen".[16] Das hinderte nicht, daß Delitzsch in jenen Jahren bei den „Stephanisten" im Tal der Mulde, deren Luthertum sich mit einer starken pietistischen Erweckungsfrömmigkeit mischte, seine geistliche Heimat fand; dort hielt er auch seine ersten Predigten. In Leipzig leitete er viele Jahre hindurch mit großer Hingabe

---

12 Vgl. Wagner 1978: 31 Anm. 36.
13 Also an der Westseite des just 1831 angelegten Augustusplatzes (R.S.).
14 Delitzsch 1883: 9.
15 Delitzsch 1883: 2f.
16 Schmidt 1962: 357f.

„Erbauungsstunden in einem gläubigen Freundeskreise"[17], dreimal wöchent-lich. Dazu studierte und produzierte er eine Vielzahl erbauliche Literatur; das „Beicht- und Communionbuch", das er unter dem Titel „Das Sacrament des wahren Leibes und Blutes Jesu Christi" zuerst 1844 hinausgehen ließ und das sieben Auflagen erlebte, war ihm „die liebste unter seinen Schriften"[18].

Als Berufsziel dürfte ihm lange die Judenmission vor Augen gestanden haben. So widmete er sich innerhalb des theologischen Fächerkanons beson-ders dem Alten Testament, für das in Leipzig bis zu seinem Tod (1835) der hochgelehrte E.F.K. Rosenmüller zuständig war, vor allem aber studierte er das nachbiblische Judentum. Schon im Gymnasium hatte er etwas Hebräisch gelernt, jetzt unterrichtete ihn ein Judenmissionar namens Becker, der seiner Tätigkeit auf der Leipziger Messe nachging, in der Sprache der Rabbinen; beide lasen zusammen den Traktat אור לעת ערב „Licht am Abend". Die er-wähnten Schriften aus den Jahren 1836 und 1838 erweisen den noch ziemlich jungen Delitzsch als einen erstaunlich breit orientierten Judaisten. Wenig spä-ter konnte er sogar äußern: „Die jüdische Literatur, ich sehe es wohl ein, hat mir zu viel Zeit, die ich Besserem und Nützlicherem widmen konnte, wegge-nommen; ich bin ihr deshalb recht gram geworden."[19] Aber da hatte sich die Aussicht auf den Beruf des Judenmissionars schon zerschlagen: seit 1838 ge-führte Verhandlungen mit der Evangelisch-Lutherischen Missionsgesellschaft in Dresden, die ihn in ihren Dienst nehmen wollte, waren an der Weigerung des sächsischen Kultusministeriums gescheitert, Delitzschs Ordination zu genehmigen; auch konnte das Komitee die finanziellen Forderungen De-litzschs nicht erfüllen – Forderungen, in denen sich „ein nüchterner Blick für die Realitäten der äußeren Dinge" kundtat, „eine Veranlagung, die auch später bei Delitzsch beobachtet werden kann"[20]. Ohne Amt und nur mit gele-gentlicher finanzieller Unterstützung ist er aber weiterhin unter Juden missio-narisch tätig gewesen.

Bereits 1835 Kandidat der Theologie und sogar Dr. phil – von der Disser-tation ist nicht einmal das Thema bekannt –, schlug er nunmehr die Laufbahn des Universitätslehrers ein. Aufgrund einer Dissertation „De vita atque aetate Habacuci Prophetae" wurde er im Herbst 1841 zum Lizentiaten der Theologie promoviert, im Frühjahr 1842 habilitierte er sich als Privatdozent, im Sommer-semester begann er seine Lehrtätigkeit mit einer fünfstündigen Vorlesung über den Propheten Jesaja. Obwohl noch ohne festes Gehalt, aber immerhin seit

---

17 Delitzsch 1883:10.
18 Köhler 1898: 567.
19 Brief an E. W. Hengstenberg 12.1.1842, vgl. Bonwetsch 1917: 48. Allerdings ist der Adressat Hengstenberg in Rechnung zu stellen.
20 Wagner 1978: 50. Dort 52 Anm. der Hinweis, daß diese Seite der Sache von Verehrern Delitzschs gern verschwiegen wurde.

1844 mit dem Titel eines außerordentlichen Professors versehen, heiratete er 1845 Clara Silber, die er in seinen Erbauungsstunden kennengelernt hatte.

Nach seiner Habilitation hoffte er auf ein Ordinariat in Leipzig, aber dem war spätestens durch die Berufung des Geseniusschülers Friedrich Tuch (1841 außerordentlicher, 1843 ordentlicher Professor) ein Riegel vorgeschoben. So streckte er seine Fühler nach Preußen aus, wo er die Hilfe des mächtigen Hengstenberg in Anspruch nahm und sich diesem in noch höherem Maße als Gesinnungsgenossen präsentierte, als er es tatsächlich war: „[...] ich kann wohl sagen, daß ich jetzt in Ihren Schriften lebe und webe, daß Ihre alttest. exegetischen Werke von der Christologie bis zu Bileam meine liebste Lectüre sind, daß ich an ihnen gelernt habe und lerne, welchen Zielen ich nachzustreben habe, und daß ich den Gott aller Gnade lobe und preise, der Ihnen zur Verherrlichung seines Namens die Charismen der Diakrise und der Auslegung in so reichem Maße verliehen hat." „Jesus Christus, unser lieber Herr und Heiland, lasse Ew. Hochwürden einen Sieg nach dem anderen erringen und schmücke Sie mit viel Segen."[21] Trotz Hengstenbergs Fürsprache kam eine Berufung nach Halle nicht zustande, weil der dortigen Fakultät Hermann Hupfeld als der geeignete Nachfolger des großen Gesenius erschien, und danach ebenso Berufungen nach Breslau und Königsberg – diese wegen der Festigkeit, mit der Delitzsch auf seiner Sonderstellung als Lutheraner in unierter Umgebung bestand.[22]

Doch schon bald führte ihn sein Weg an Stätten einwandfreier Rechtgläubigkeit, ja sogar in die Zentren des sich damals formierenden „Neuluthertums". 1846 wurde er in Rostock Nachfolger von J.Ch.K. (v.) Hofmann, der nach Erlangen gegangen war, und bereits 1850 konnte auch er in den größeren Wirkungskreis von Erlangen wechseln, wo er außer Hofmann, seinem wichtigsten Gesprächspartner, W. Höfling, G. Thomasius und H. Schmid vorfand und in den kommenden Jahren Th. Harnack und R. Frank hinzutraten. Nach siebzehn Jahren fruchtbarer Tätigkeit in Erlangen ließ sich der 57jährige verlocken, in seine Vaterstadt Leipzig zurückzukehren. Dort dominierte das konfessionalistische Luthertum nicht so ausschließlich wie in Erlangen, und so war der Ruf an ihn schon in der Fakultät nicht ganz so leicht durchzusetzen (wie übrigens auch vorher im Falle Erlangen beim Münchner Oberkonsistorium, das von ihm „exklusiven Lutheranismus" befürchtete[23]). Er fand A. Harleß nicht mehr vor, der, ebenfalls aus Erlangen gekommen, diese Richtung seit 1845 in Leipzig kraftvoll etabliert hatte, aber dafür K.F.A. Kahnis und E. Lut-

---

21 12.11.1842 und 30.9.1836, vgl. Bonwetsch 1917: 44f.

22 Vgl. Rengstorf 1967. Bei der Lektüre dieser Arbeit halte man sich vor Augen, daß ihr Autor sich als entschiedener Lutheraner innerhalb der unionsbestimmten Münsteraner evangelisch-theologischen Fakultät in der Lage sah, die Delitzsch dadurch erspart wurde, daß er nicht nach Halle, Breslau oder Königsberg kam.

23 Wagner 1978: 76.

hardt, mit denen er fortan das „Leipziger lutherische Dreigestirn" bildete, dessen Anziehungskraft weit über Sachsen, ja über Deutschland und Europa hinausging.

An jeder seiner Wirkungsstätten blieb die Erinnerung an Delitzsch jahrzehntelang lebendig. Schwerlich hat ein Alttestamentler im 19. und auch noch im 20. Jahrhundert auf Generationen von Studenten und also auf die künftige Pfarrerschaft tiefer gewirkt als er. Seine Hörsäle waren voll, oft überfüllt. Der lebhafte kleine Mann, früh weißhaarig, pflegte beim Vortrag eine Blume vor sich hinzulegen und von Zeit zu Zeit daran zu riechen. Er war in ständiger Bewegung und „hüpfte geradezu auf dem Katheder, zumal wenn er den Namen Hupfeld nannte"[24].

> „Seine Vortragsweise war sehr liebenswürdig, die Sprache schwungvoll, poetisch, mit feinem Humor gewürzt. Bei seinen kleinen Witzen lächelte der Herr Professor recht gutmütig. Oft erwähnte er mit sichtlichem Behagen sonderbare Erklärungsversuche alter Verfasser, besonders der rabbinischen, sie als zwar sachlich nicht richtig, aber immerhin ‚feinsinnig und interessant' bezeichnend."[25]

Von eisernem Fleiß – er stand morgens um 5 Uhr auf –, war er ungeheuer belesen und teilte aus seinen Schätzen freigebig mit. In Erlangen lautete sein Lehrauftrag noch umfassender als in Rostock und Leipzig auf „alttestamentliche Exegese, christliche Apologetik, theologische Moral und die darein einschlagenden Fächer"[26]; das dort aus Pflicht, aber wohl auch aus Neigung vorgetragene „System der christlichen Apologetik" widmete er nach seinem Abgang der Erlanger Fakultät „als Zeichen dankbarer Erinnerung an siebzehn in einmütiger Wirksamkeit verbrachte Jahre" (1869).

> „Die Ausarbeitung [seiner] zahlreichen und schwierigen Vorlesungen nahm seine Kraft und seine Zeit um so mehr in Anspruch, als er es sich zur Pflicht machte, den Wortlaut bis in die feinsten rhetorischen Einzelheiten schriftlich zu fixieren, ohne sich indessen auf dem Katheder unbedingt daran zu binden: sein Vortrag machte nicht den Eindruck einer reflektierten Reproduktion, sondern den begeisternden Eindruck einer momentanen, unter Ringen sich vollziehenden, dem tiefsten Inneren entströmenden Produktion."[27]

Die Studenten erlebten ihn nicht nur auf dem Katheder. Er leitete in der „Lausitzer Predigergesellschaft", einer Vorläuferin der späteren Seminare, die hebräische Abteilung, gründete eine „Englisch-exegetische Gesellschaft", die alsbald zu einer „Anglo-amerikanisch-exegetischen Gesellschaft" mutierte, und vor allem hielt er Lehrveranstaltungen im „Institutum Judaicum", dem schon ein „Juden-Kränzchen" vorangegangen war.[28] Er ließ sich gern ins Ge-

---

24 Boehmer bei Wagner 1978: 19 Anm. 17.
25 Schalin bei Wagner 1978: 101.
26 Wagner 1978: 76.
27 Köhler 1898: 567.
28 Vgl. Mathias in Gößner 2005: 402–404.

spräch ziehen und wurde in die verschiedensten Versammlungen eingeladen, wo er wirkungsvoll das Wort ergriff und sich als charmanter und schlagfertiger Unterhalter betätigte. Viele Einzelne förderte er wissenschaftlich und menschlich, ging mit ihnen spazieren oder ins Café und besuchte sie bei Krankheit zu Hause, wo er auch mit ihnen betete. Kurz, er war „ein rechter Studentenprofessor"[29].

Den prominentesten Einzelfall aus den Beziehungen zwischen Delitzsch und seinen Studenten dokumentiert sein 1973 ans Licht gebrachter Briefwechsel mit Wolf Graf Baudissin.[30] Delitzsch hatte zu Baudissin in dessen Erlanger Studentenzeit eine starke Neigung gefasst, die über das normale Verhältnis eines akademischen Lehrers zu seinem Schüler erheblich hinausging. Dabei scheint Baudissins Adel eine gewisse Rolle gespielt zu haben: Otto Eißfeldt erzählte gern (und hatte das wohl von seinem Lehrer Baudissin), Delitzsch habe einen „Adelstick" gehabt. Delitzsch konnte im Rückblick sagen, er habe nie „in diesem Leben einen Menschen so hingebend geliebt" wie Baudissin[31], einen „so tiefen Einschnitt" wie dieses Verhältnis habe sonst kaum etwas in seinem Leben gebildet.[32] Daß es sich immer „völlig im Rahmen des zu seiner Zeit Üblichen" halte,[33] kann man den Herausgebern nur mit Bedenken nachsprechen, und zwar abgesehen von vielerlei Redewendungen, die sich anführen ließen, schon um der Geheimhaltung willen, mit der Delitzsch das Verhältnis umgab: es durfte nur Baudissins Eltern bekannt sein, nicht aber Frau Delitzsch[34], man traf sich möglichst an dritten Orten, das gegenseitige Du, zu dem Delitzsch den Neunzehnjährigen genötigt hatte, wurde erst nach vielen Jahren vor anderen gebraucht.[35] Für Baudissin war das Verhältnis, das Delitzsch als ein christlich-geistliches verstand, alles andere als einfach. So sehr er sich dem Älteren anfangs und oft auch noch späterhin öffnete[36], der gewaltige Ansturm der Gefühlsäußerungen, Ratschläge und Vorschriften wissenschaftlicher und persönlicher Art, dem er sich ausgesetzt sah, beengte ihn immer mehr, so viel Förderung er dabei auch erfahren mochte; schüchterne Versuche, seine Freiheit zu bewahren, trafen Delitzsch tief und führten bei ihm zu Reaktionen, die öfters Pressionen gleichkamen und mehr als einmal einen ultimativen Charakter annahmen.[37] Auf die Dauer mußte Delitzsch sich damit abfinden, daß das Verhältnis sich lockerte und ein anderes wurde. Die Art, in

---

29   Hartung bei Wagner 1978: 101 Anm. 113.
30   Eißfeldt/Rengstorf 1973. S. Wagner standen die Briefe nicht zur Verfügung.
31   Eißfeldt/Rengstorf 1973: 466.
32   Eißfeldt/Rengstorf 1973: 486.
33   Eißfeldt/Rengstorf 1973: XXI.
34   Eißfeldt/Rengstorf 1973: 293f.
35   Eißfeldt/Rengstorf 1973: 438.
36   Vgl. etwa seinen ersten Brief, Eißfeldt/Rengstorf 1973: 5ff.
37   Vgl. z.B. Eißfeldt/Rengstorf 1973: 294.

der er das tat und dem Jüngeren trotzdem bis zuletzt die Treue bewahrte, ist, wenn man ihn nimmt, wie er nach dem Zeugnis dieser Dokumente offenbar gewesen ist, respektabel; sein Bild, das sich bei der oft quälenden Lektüre der ersten Hälfte des Briefwechsels einigermaßen verdunkelt hat, wird gegen Ende wieder heller.

Eine gleichmäßig gute Figur macht Baudissin; auch und gerade in seinen eigenen menschlichen und beruflichen Krisen und denen seines Verhältnisses zu dem übermächtigen, trotz allem immer in Dankbarkeit verehrten Lehrer bewahrt er seine Vornehmheit und die Rigorosität seines Gewissens, von der Delitzsch einmal fast ein wenig unwirsch redet.[38] Ihm hätten, hat Baudissin einmal im späteren Rückblick bekannt, seine Arbeiten „aus den Stoffen selbst" in „hartem Ringen mit dem verehrten Lehrer Franz Delitzsch" und danach die Gemeinschaft mit Männern wie Schürer, Harnack, Reuß, Holtzmann, Herrmann und Jülicher „das Urteil für die Schätzung geschichtlicher Werte von Fesseln gelöst"[39]. Demgegenüber hätte Delitzsch 1879, im Jahr nach Wellhausens „Prolegomena", den Schüler allen Ernstes gern „in das Stadium frommer Kindlichkeit zurückgelangt" gesehen[40]; er bat ihn, deutlich auch aus Karrieregründen, „nicht den Schein eines der neuesten Pentateuchkritik Erlegenen" zu erwecken.[41] Für ihn traf die wissenschaftliche Kritik zentral den Glauben und nicht weniger die Freundschaft: „So lange Du aus Sacharja und wohl auch aus Jesaja II die Weissagung von dem Getödteten und doch ewig Lebendigen auslöschest, so lange hast Du mich Dir ertödtet!"[42] Wenige Tage vor seinem Tode sah er sich und Baudissin noch einmal in Gedanken zusammen und diktierte:

> „Wenn unsere Wege seit der Harnack'schen Wendung seiner zweiten Leipziger Epoche ohne alle Abweichung zusammen gegangen wären, so würden wir Beide doch nicht dem gegenwärtigen Zeitalter entsprechen denn die moderne Theologie und die Negation des Wunders sind solidarisch, es wäre Zeit, daß die alte Alternative, ob Supranaturalismus oder Naturalismus wieder auflebte. Ich habe meine Zeit gehabt aber sie ist vorüber."[43]

Erst nach Delitzschs Tod erschien, auf seinen Wunsch bis dahin zurückgehalten, die Besprechung seines vorletzten Buches, „Iris" (1888), durch Baudissin.[44] Man kann, so der Rezensent, den Autor neben der „Biblischen Psychologie" in diesem Buch am besten kennenlernen, und so gibt die Besprechung zugleich eine vorsichtige Porträtskizze, die später leider nicht mehr, wie geplant, zu einem vollen Gemälde ausgeführt wurde. „Iris", mit dem Untertitel

---

38 Eißfeldt/Rengstorf 1973: 401.
39 Nachruf auf Orelli, zitiert nach Eißfeldt 1962: 128f.
40 Eißfeldt/Rengstorf 1973: 448.
41 Eißfeldt/Rengstorf 1973: 455.
42 Eißfeldt/Rengstorf 1973: 424.
43 Eißfeldt/Rengstorf 1973: 534.
44 Baudissin 1899: 161–166.

„Farbenstudien und Blumenstücke", ist eine Sammlung von zwölf Essays, die Delitzsch bei verschiedenen Gelegenheiten vorgetragen hat, handelnd vom Blau des Himmels, von Schwarz und Weiß, von Purpur und Scharlach, von der akademischen Amtstracht und ihren Farben, von Blumen und Blumenduft, von einem angeblichen Blumenstrauß auf Luthers Katheder bei der Leipziger Disputation, vom sagenhaften Blumenrätsel der Königin von Saba, aber auch von Wein und Tanz in der Bibel – letzteres gegen Wellhausens Vorstellung einer „Denaturalisation" mit der Feststellung: „es ist viel getanzt worden und wurde auch später nicht wenig getanzt"[45] – und schließlich von Liebe und Schönheit, ewigem Leben und ewiger Jugend. Delitzsch erscheint hier in einem sehr weiten, aber auch sehr präzisen Sinn als Ästhet:

> „Was er sieht, wird ihm zum Bild eines anderen, und er denkt die Dinge nicht, wie sie an sich sind, sondern im Bilde. Die Blume, mit welcher er auf dem Katheder zu spielen pflegt, ist ihm nicht Hyacinthe oder Rose, sondern sie bedeutet ihm ein anderes, aus dessen Abbild er den Duft des Originals einsaugt. Symbol und Sache fließen ihm in eins zusammen. [...] Die Erlanger Typologie ist bei Delitzsch aus der eigensten Art des Denkens und Lebens erwachsen: wie sein eigenes Leben und das Leben derer, welche er liebt, so ist ihm die ganze Geschichte der Menschheit Typus und Antitypus."[46]

In diesen Zusammenhang gehört auch, daß er mehr als viele seiner Fachgenossen Sinn für Sprache gehabt hat. Gewiß redet er nicht selten in pietistischer Weise arg „salbungsvoll"[47], aber schon eine Tatsache wie die, daß bereits der 23jährige beiläufig dem „geschmackvollen Herder" den „geschmacklosen Michaelis" gegenüberstellt,[48] erweist ein sicheres Urteil in Stilfragen (wiederum: in einem sehr weiten, aber auch sehr präzisen Sinn). Er selber übte sich in manchen Schreibweisen bis hin zu dem Wagnis, „innerhalb des Rahmens Eines Tages ein anschauliches Bild der galiläischen Wirksamkeit Jesu zu geben". Über das vielgelesene Büchlein, „Ein Tag in Capernaum, erzählt von Franz Delitzsch" (1871), eine reizvolle Mischung aus Gelehrsamkeit und poetischer Phantasie, sagte er im Rückblick: „Die Arbeit hat mir so viel Genuß gewährt, daß ich betrübt war, als ich zum Schlusse gekommen war."[49] Man hat nicht nur hier den Eindruck, daß ihm das Schreiben leicht von der Hand ging und ihm ebensoviel „Genuß gewährte" wie das Reden. Er nannte „geistiges Schaffen eine Lust" und zitierte dazu: „wenn es überhaupt ein Surrogat für die Liebe gibt, so ist es gewiss das Bücherschreiben".[50] Wie wäre auch sonst sein immenses Oeuvre zustandegekommen?

---

45 Delitzsch 1888a: 145, vgl. 153 Anm. 3.
46 Baudissin 1899: 164.
47 Seeligmann 2004: 474.
48 Delitzsch 1836: VI.
49 Zitate aus dem Vorwort.
50 Delitzsch 1859: V.

Dieses Oeuvre und damit seine gesamte Wirksamkeit in ihrer unübersicht-
lichen, ja verwirrenden Vielfalt brachte Delitzsch gegen Ende seiner Laufbahn
auf den Nenner: „Ich glaube der Osterbotschaft und ziehe ihre Consequen-
zen."[51] Schon ein halbes Jahrhundert vorher hatte er seine Grundposition nicht
weniger prägnant fixiert, indem er in einer der berühmtesten theologischen
Auseinandersetzungen der Vergangenheit nachträglich radikal Partei ergriff:
„Nein, in dem Streite Lessings mit J.M. Goezen führte dieser die Sache Gottes,
und jener mit dämonischem Witz die Sache des Teufels. *Noli admirari!*" Diese
Warnung[52] steht in einer Artikelserie, die unter den Überschriften „Unglaube,
Glaube, Neuglaube" einen „Beitrag zur christlichen Psychologie" liefern sollte;[53] bis zum „Neuglauben" gelangte die Serie allerdings nicht, vielleicht weil
er Delitzsch beim Unglauben schon hinreichend mitbehandelt zu sein schien.
„Pfui", hatte er dort „über jene memmenhaften Zweiflinge" gewettert, „denen,
wenn ein spitzfindiger Philosoph oder ein weitbelesener Polyhistor gegen das
Wort und die Kirche des dreieinigen Gottes seinen Gänsekiel spitzt, alsbald
vor Furcht die Eingeweide brummen und vor Bedenklichkeit jener Glaube
wackelig wird, der mit jedem Mondwechsel eine andere Gestalt annimmt und
sich seiner selbst noch nicht gewiss ist, weil er noch nicht alle etwa noch auf-
zubringenden Gegengründe verwunden hat. […] Was für ein Monstrum ist so
ein Glaube, der dem Teufel, wenn er nur Gelehrsamkeit, Tiefsinn und Esprit
zeigt, seine tiefen Reverenzen macht, der die Geburten der Hölle freie Entfal-
tungen innerhalb der Kirche nennt, der die gotteslästerlichste Forschung unter
den Begriff der Freiheit subsumiert, die doch unter die Knechtschaft der Sünde
und den Bann der Finsternis gehört."[54] Bei Anwendung der herkömmlichen
Richtungsnamen kommt der Supranaturalismus nicht viel besser weg als der
Rationalismus: er „kuppelt die Vernunft mit der Offenbarung zusammen, und
diese, trotz ihrer titularen Superiorität, geräth unter das launische Regiment der
erstern". So ergibt sich die dreifache Stufung:

> „Der Rationalismus hat, als Unglaube, seinen Sitz in de *ratio obscurata* (verfins-
> terten Vernunft); der Supranaturalismus als Halbglaube in der *ratio collustrata* (be-
> leuchteten Vernunft); der Glaube hingegen und die von ihm ausgehende rechtgläu-
> bige Wissenschaft in der *ratio illuminata* (erleuchteten Vernunft)."[55] „*Intellectus
> ex fide* – dies ist, wie Augustin und Anselm einschärfen, die unverbrüchliche Ord-
> nung."[56]

Nicht lange vor seinem Tod, ein Jahr nach jenem Satz über die Osterbotschaft,
hat Delitzsch seine Positionsbestimmung noch einmal wiederholt, nicht ohne

---

51   Delitzsch 1887: III.
52   Delitzsch 1840a: 98 Anm. 1.
53   Delitzsch 1840a/b.
54   Delitzsch 1840a: 87f.
55   Delitzsch 1840a: 98.
56   Delitzsch 1840a: 96.

Modifikationen und weniger polemisch, aber schon durch den Titel „Der tiefe Graben zwischen alter und moderner Theologie. Ein Bekenntnis" (1888) das Gewicht andeutend, das die damit bezeichnete Alternative nach wie vor für ihn besaß; und nicht zufällig ging er ins Muldental, seine alte geistliche Heimat, um dort sein „Bekenntnis" abzulegen. Dessen Kernpunkt ist der Glaube an Gottes übernatürliches Eingreifen in die natürliche Welt, also an das Wunder, gipfelnd im Wunder von Christi Auferweckung. Dem herrschenden „Subjektivismus der Wissenschaft", die die Realität des Wunders leugnet, setzt Delitzsch das Bekenntnis entgegen, daß diese Realität ihm „durch die Wunder der Gnade besiegelt" ist, die er „in den Gemeinden des Muldenthales mit eigenen Augen gesehen". Das Fazit seines Theologenlebens darf daher lauten:

> „Wenn ich in manchen biblischen Fragen der hergebrachten Ansicht widersprechen muß, so bleibt mein Standpunkt doch diesseits des Grabens, auf Seiten der Theologie des Kreuzes, der Gnade, des Wunders nach dem guten Bekenntnis unserer lutherischen Kirche. Bei dieser Fahne, liebe Brüder, wollen wir bleiben, in sie uns wickelnd wollen wir sterben."[57]

Das konnte nicht ohne Reaktion bleiben. Postwendend äußerte sich mit einem „Offenen Brief" in der „Christlichen Welt", die damals noch „Evangelisch-Lutherisches Gemeindeblatt" hieß, ihr Herausgeber Martin Rade, indem er vornehm und respektvoll die Alternative zurückwies: es sei „keine Aufgabe für den evangelischen Theologen unsrer Tage, Gräben zu ziehen, damit andre drüben stehen, sondern vielmehr, den andern über die Gräben herüberzuhelfen, welche sie von der christlichen Gemeinde trennen"; vielleicht sei „oft mehr Glaube vorhanden, wo man allen Erwägungen der modernen Kritik zugänglich ist und dennoch seines Gottes und Heilandes gewiß bleibt, als wo man jener mißtraut in der Besorgnis, durch sie unversehens um seinen Frieden zu kommen".[58] Delitzsch reagierte auf Rades Brief in persönlicher Freundlichkeit, seine Position änderte er nicht mehr.[59]

Diesseits des „Grabens" stand Delitzsch fest auf dem Boden des „Neuluthertums", aber ohne in der Starre zu verharren, die den Konfessionalismus immer bedroht; es widerstrebte ihm, „die Theologie mit dem Buchstaben der Konkordienformel zu umgittern"[60]. Mit vielen Kollegen innerhalb und außerhalb der Fakultäten, denen er angehörte, unterhielt er ein Verhältnis des Nehmens und Gebens, wobei Beteuerungen inniger Freundschaft und scharfe Kritik sich nicht auszuschließen brauchten. In seiner näheren und weiteren Umgebung gab es nur wenige kirchlich-theologische Streitfälle, in denen er nicht das Wort ergriff. Ein Orientierungspunkt war seit den Leipziger Anfängen Heng-

---

57 Delitzsch 1888b: 18.
58 Rade 1889: 382.
59 Wagner 1978: 428.
60 Ohne Quellenangabe überliefert von Köhler 1898: 569, dort wiederholt übernommen.

stenberg, aber die Distanz, wohl von Anfang an vorhanden, wuchs, bis hin zu
dem Urteil:

> „Hengstenberg ist ein Advocat, aber kein Apologet. Und steht er nicht jetzt noch
> wie er vor 20 Jahren stand? Keine Spur von Empfänglichkeit für den von seiner
> Person unabhängig sich vollziehenden theologischen Fortschritt."[61]

1850 empfahl er in Rostock als seinen Nachfolger den hochoriginellen Einzel-
kämpfer Michael Baumgarten, aus dessen „Theologischem Kommentar zum
Pentateuch" (1843/44) ihn ein „lenzlicher Geist" angewoht hatte, der ihn, „den
exegetischen Scholastiker", dann im persönlichen Verkehr noch tiefer „durch-
drang"[62]. In seiner Charakteristik von Baumgartens Kommentar ist wohl auch
ein Stück Selbstcharakteristik – mindestens im Sinne einer Wunschvorstellung
– enthalten:

> „Die Heilige Schrift steht B. als ein lebendiges Zeugnis des in die Geschichte ein-
> gegangenen göttlichen Lebens vor der Seele, und in dieses der Vergangenheit, aber
> nicht dem Tode verfallene Leben sucht er sich zu versenken, um es nicht bloß von
> einem außerhalb seiner selbst gelegenen Standpunkt zu betrachten, sondern als ein
> gegenwärtiges, der Zukunft zustrebendes mitzuerleben."[63]

Daß Baumgarten zur historisch-kritischen Exegese kein Verhältnis hatte, bot
Delitzsch natürlich keinen Anstoß, wohl aber seine politisch-kirchenpoliti-
schen Aktivitäten, die ihm den Freund auf die Dauer theologisch und menschlich entfremdeten und ihn sogar zu öffentlicher Kritik veranlaßten.[64]

Überhaupt scheint Delitzsch es als seine Pflicht betrachtet zu haben, als
eine Art „Stratege Gottes" (Wagner) nicht nur nach außen hin zu streiten, sondern auch Angehörige des eigenen Lagers in aller Freundschaft zur Ordnung
zu rufen – so 1863 in „Für und wider Kahnis" seinen künftigen Leipziger Ne-
benmann[65]. Bei weitem der wichtigste Gesprächspartner war Hofmann, sein
Rostocker Vorgänger und Erlanger Kollege. Was die Gemeinsamkeiten angeht, muß hier ein Hinweis auf die Grundvoraussetzungen der „Erlanger Theologie" und, im bibeltheologischen Bereich, auf die bekannten Schlagworte
Heilsgeschichte, Weissagung und Erfüllung und Typologie sowie auf die Distanz zur historisch-kritischen Exegese genügen. Selbstverständlich ist im Verhältnis zwischen Hofmann und Delitzsch der ältere und originalere Hofmann
mehr der Gebende, Delitzsch mehr der Nehmende gewesen. Dazu gehört aber
auch, daß Delitzsch im Vollzug der Exegese das Hofmannsche Programm
streckenweise besser durchgeführt hat, als Hofmann es je gekonnt hätte, und
daß sich ihm dabei und in der systematischen Reflexion vieles ergab, was er
bei Hofmann nicht gefunden hatte, ja daß er Fragen an ihn stellen mußte, die

---

61 Wagner 1978: 78 mit Anm. 89.
62 Wagner 1978: 75 Anm. 86.
63 Delitzsch, zitiert nach Haußleiter 1897: 459.
64 Delitzsch/v. Scheurl 1858; vgl. Wagner 1978: 79f.
65 Vgl. Wagner 1978: 195.

das Fundament betrafen.[66] Das zentrale Dokument seiner Auseinandersetzung mit Hofmann ist bezeichnenderweise ein umfangreicher biblischer Kommentar, zum Hebräerbrief (1857). Danach konnte er Hofmann noch zu einem vierjährigen privaten Wechsel von Briefen bewegen, die sie nacheinander in drei Hefte schrieben und die nach Delitzschs Tod veröffentlicht wurden. Seiner nicht selten zudringlichen Art begegnete Hofmann mit – mutatis mutandis – ähnlicher Würde wie später Baudissin. Wohl treffend charakterisiert der zur Psychologie neigende Delitzsch ihrer beider Individualität:

> „Deine Geisteshaltung ist mehr dialektisch, die meinige mehr mystisch. Du spaltest mir zu sehr Begriffe und ich rede Dir zu sehr in Bildern. Du bist mir zu discursiv, ich bin Dir zu sehr rhetorisch und zu wenig begrifflich scharf und klar. Indeß spalte ich selbst Begriffe, indem ich so schreibe."[67]

Zu den Konsequenzen der Osterbotschaft gehörte für Delitzsch notwendig die Mission an den Juden und in ihrem Dienst die Wissenschaft vom Judentum. Das sprach er von vornherein in direkter Anrede an die „Männer von Juda" unzweideutig aus:

> „Um euch das Evangelium von Christo dem Gekreuzigten zu predigen, zu keinem andern Zwecke, aus keinem andern Beweggrunde habe ich eure Sprachen zu erlernen und eure Literaturen zu durchmustern begonnen. Und auch jetzt erkenne ich neben dem höchsten Ziele meiner Studien, der Kirche Gottes zu dienen, kein anderes an, als mit sieghaften Gründen unermüdlich euch zuzureden, Jesum Christum, den von euch verworfenen, anzunehmen. Ermesset die Größe und Reinheit der Liebe nach dem unendlichen und allerheiligsten Gute, das ich (wo es möglich) auf euch überpflanzen möchte. Verkennet ihr diese Liebe, so hält euch entweder die alte Finsterniß gefangen, oder die neue Aufklärung hat euch geblendet."[68]

Es mag wohl sein, daß nie zuvor ein protestantischer Theologe „die Aufgabe einer Begegnung mit dem Judentum so klar erkannt" hat wie Delitzsch und daß ihn ein „tiefes Verlangen" erfüllte: „daß doch endlich die Scheidewand zwischen Synagoge und Kirche fällt"[69]. Aber wenn man nicht sogleich hinzufügt, daß Sinn und Ziel dieser Vorgänge für Delitzsch unabdingbar die Annahme Jesu Christi durch die Juden war, dann verkürzt, ja verfälscht man den Tatbestand. Die verständnisvollste Würdigung Delitzschs von jüdischer Seite, der Nachruf des hochangesehenen Budapester Historikers und Philologen David Kaufmann, kommt nicht um das Urteil herum: „Franz Delitzsch war kein Freund des Judentums", mit der Begründung:

> „Kirche und Synagoge vereinigen, d. h. das Judentum im Christentum verschwinden zu lassen, Christus den Juden näher zu bringen, das Evangelium in Israel zu verbreiten, das war die große Leidenschaft seines Herzens, die Aufgabe, von der er träumte, und für die er wachte, der Schwerpunkt seines Trachtens und Strebens.

---

66 Vgl. Wagner 1978: 74f.77–82.334–348.436–440.
67 Volck 1891: 75. Vgl. Wagner 1978: 81f. und Beyschlag 1993: 76f.
68 Delitzsch 1838: 7f.
69 Kraus 1982: 230.

Wie er in der Wissenschaft ganz Licht, so war er in diesem Berufsleben ganz Flamme."[70]

Hier ist nicht der Ort, „dieses Berufsleben" zu beschreiben[71]; es muß genügen, auf die Zeitschrift „Saat auf Hoffnung" (seit 1863 – der Titel deutet an, daß man nicht mit schnellen Erfolgen rechnete), den „Evangelisch-lutherischen Centralverein für die Mission unter Israel" (seit 1870) und das Leipziger „Institutum Judaicum" (1886) als die wichtigsten Einrichtungen hinzuweisen. Delitzsch hat in diesem Rahmen sehr viel publiziert, bis hin zu seinem letzten Buch, „Messianische Weissagungen in geschichtlicher Folge" (1890), das laut Vorwort als „Vademecum" für die Missionare gedacht war. Jahrzehntelange Arbeit steckt in der für Juden bestimmten Übersetzung des Alten Testaments ins Hebräische der Mischna und des älteren Midrasch (zuerst 1877, zu Delitzschs Lebzeiten 10 Auflagen);[72] man nimmt sie heute als ein Curiosum zur Hand, ist aber von dem eigentümlichen Unternehmen schnell so gefesselt, daß man schwer mit der Lektüre aufhören kann.

Es bleibt denkwürdig, daß vielfach gerade ihres Judentums sehr bewußte Juden sich durch Delitzschs Theorie und Praxis der Judenmission nicht davon abhalten ließen, ihn nicht nur als den besten damaligen nichtjüdischen Kenner des Judentums, sondern auch als einen großen und aufrichtigen Freund Israels zu respektieren, ja zu verehren. Seinem oben aufgeführten Urteil zum Trotz findet David Kaufmann den Gedanken tröstlich, daß Delitzschs Name „ein Symbol der Versöhnung, ein Vorbild der Nacheiferung für kommende Geschlechter bleiben" werde. Delitzsch habe „genug getan, daß sein Name auf den Blättern der jüdischen Geschichte unvergessen fortlebe und mit Dank gepriesen werde, wo jüdische Herzen schlagen. Er wird in seinen Leistungen fortfahren, ein Zeuge und Streiter Israels zu sein, und Freunde uns werben über das Grab hinaus."[73] Als „Zeuge und Streiter" prägte er sich der Nachwelt ein, indem er gegen die einflußreichen antisemitischen Pamphlete des katholischen Theologieprofessors August Rohling (voran „Der Talmudjude", 1871) kundig und mutig Stellung bezog. In seiner Schrift „Rohlings Talmudjude beleuchtet", die noch im Erscheinungsjahr (1881) siebenmal aufgelegt werden mußte, wies er ihm zahllose Fehler und die Abhängigkeit von J.A. Eisenmengers zweibändigem „Entdecktem Judenthum" (1700) nach, worauf Rohling sogleich (1881) unter dem Titel „Franz Delitzsch und die Judenfrage, antwortlich beleuchtet" reagierte. Angesichts weiterer, auch eidlicher Behauptungen Rohlings und eines Gesinnungsgenossen, der sich pseudonym Justus nannte, betreffend jüdische Ritualmorde, schrieb Delitzsch 1883 „Was D. Aug. Rohling beschworen hat und beschwören will, kritisch beleuchtet" und „Schachmatt den Blutlüg-

---

70 Kaufmann 1908: 302.
71 Vgl. statt dessen Wagner 1978: 148–166.
72 Vgl. Wagner 1978: 167–180.
73 Kaufmann 1908: 306.

nern Rohling & Justus entboten", um dann, ebenfalls 1883 mit einem Send-
schreiben an seinen Kollegen Zöckler in Greifswald, überschrieben „Neueste
Traumgesichte des antisemitischen Propheten", die Serie abzuschließen, bei
deren Lektüre man einem Kampf gegen Windmühlenflügel beizuwohnen
glaubt. Immerhin beweisen die Auflagenzahlen, daß auch Delitzsch seine Leser hatte. Nicht übrigens als hätte er immer und überall die Partei der Juden
ergriffen! „Treugemeint sind des Liebenden Schläge" übersetzte er Prov 27,6
und stellte den Spruch einer Schrift voran, in der er, mitten in der Rohling-
Kontroverse, einige ihm schmerzliche Erfahrungen mit jüdischen Zeitgenossen
besprach, doch möglichst so, „daß sie der Antisemitismus nicht zu seinen
Gunsten ausbeute"[74].

„Delitzsch hat in seinem Verhältnis zum Judentum eine sonderbare Zwischenstellung eingenommen", resümiert Siegfried Wagner[75]. Aber ist nicht
eine solche Stellung, wie immer sie nuanciert sei, einem christlichen Theologen und vollends Alttestamentler durchaus angemessen?

Schon über die anfänglichen „Leistungen" des, wie wir heute sagen würden, „Judaisten" Delitzsch, und über sie besonders, ist David Kaufmann voll
des Lobes, ja der Bewunderung:

„Wer die ersten Früchte seiner schriftstellerischen Tätigkeit betrachtet, der müßte,
wenn er nicht von andersher das Bekenntnis ihres Urhebers erfahren hat, nicht nur
aus der gesättigten Fachgelehrsamkeit, sondern vornehmlich aus der Wärme und
inneren Teilnahme des oft hinreißenden Vortrags auf die Zugehörigkeit des Verfassers zum Judentume folgern. Wie ein schmetternder Lerchenton den Frühling
verkündet, so schien sein erstes Buch: ,Zur Geschichte der jüdischen Poesie vom
Abschluß der heiligen Schriften Alten Bundes bis auf die neueste Zeit', dessen
Vorrede vom 1. Mai 1836 datirt ist, einen Maientag für die Schätzung und Würdigung jüdischen Geistes und hebräischer Dichtung heraufzuführen. Ein kaum
24jähriger christgläubiger junger Mann trat vor die Zeitgenossen hin, um von dem
Dornröschen versunkener Schönheit zu erzählen, das er hinter dem Dickicht des
Urwaldes, in dem weltverlorenen jüdischen Schrifttum entdeckt hatte, durch das er
mit feurigem Eifer und entschlossener Kraft den Weg sich zu lichten verstanden.
Überall war er zu Hause, er hat den Talmud und die Midraschim durchsucht, an
den Zauberquellen der mittelalterlichen spanischen Poeten Entzücken getrunken
und die Spätlinge und Aftertriebe der Neuzeit mit prüfendem Auge betrachtet.
Maßstäbe und Kategorieen der klassischen Literaturgeschichte wurden hier zum
ersten Male an Erscheinungen angelegt, die noch nie von solchem Gesichtspunkte
aus waren betrachtet worden. Staunend erfuhr die nichtjüdische Welt aus diesem
Buche, ,daß die hebräische Sprache nie gestorben sei, sondern in unsterblicher Ju-
gendfrische fortlebe', einen Reichtum von Dichtungsarten und Formen entfaltet
habe, um die so manche lebende sie beneiden müßte, geistlichem und weltlichem
Inhalt in der reichsten Mannigfaltigkeit als bildsamer und gefügiger Ausdruck
durch die Abfolge der Zeiten unentwegt gedient habe. Dukes, Sachs und Zunz hat-

---

74 Delitzsch 1882; Zitat: 4.
75 Wagner 1978: 414. Vgl. eingehend Wiese 1999: 99–111.123–130.

ten noch nicht die Bausteine der jüdischen Literaturgeschichte behauen, als der christliche Gelehrte auftrat, um seinen geistgefügten Bau in die Höhe zu ziehen."[76]

Die frühe Synthese bedeutete keinen Abschluß der Arbeit auch nur auf diesem Teilgebiet, vielmehr blieb Delitzsch dem nachbiblischen Judentum in seiner ganzen Breite als Forscher, Lehrer und Schriftsteller verbunden, wobei er niemals die Kärrnerarbeit des Philologen, Textkritikers und Editors scheute und gern mit jüdischen Kollegen zusammenarbeitete[77]. Es versteht sich, daß diese Beschäftigung auf die Dauer in mehr als einer Hinsicht in den Schatten der Arbeit an der Bibel trat, aber sie blieb auch dort auf verschiedenen Ebenen immer gegenwärtig. In Delitzschs biblischer Exegese kommen jüdisches Material, jüdische Methode, jüdische Theologie mehr zum Zuge als bei allen seinen Zeitgenossen, wenigstens den christlichen. Noch einmal Kaufmann:

> „Seine glänzende Vertrautheit mit der rabbinischen Literatur und dem nachbiblischen Hebraismus macht seine exegetischen Werke selbst für den jüdischen Forscher zu Quellenschriften, die er neben den nationalen Auslegern stets mit Nutzen zu Rate ziehen wird."[78]

Seine exegetischen Werke, also seine Kommentare[79], sind der Teil seines Oevres, der die weiteste Verbreitung gefunden hat und am längsten lebendig geblieben ist; noch in unseren Tagen werden Nachdrucke veranstaltet und offenbar auch verkauft. Worin ihr Reiz für empfängliche Leser verschiedener Couleur[80] auch heute bestehen könnte, sei mit der Charakteristik seines Hiobkommentars durch einen Rezensenten angedeutet, der damit ausdrücklich auch „die Art der anderen" meint; der Rezensent ist Wellhausen:

> „Was am meisten daran auffällt, ist die ausgebreitete Belesenheit des Vf. Er kennt und berücksichtigt alles, die Kirchenväter, Rabbiner und Reformatoren, selbstverständlich die großen katholischen und evangelischen Begründer der ATlichen Wissenschaft, nicht minder jedoch die [in jüngster Zeit] erschienenen englischen, französischen und deutschen Schriften über das B[uch]. Eine überraschende Fülle der Gesichtspunkte hängt damit zusammen. Wenn Ewald, nur den Zusammenhang des Textes im Auge, consequent geradeaus geht, so schaut sich D. nach allen Seiten um und läßt keine Blume ungepflückt, auch wenn sie etwas ferne vom Wege blüht. Er hat eine beinah altholländische Freude an der Gelehrsamkeit als solcher, nicht zum wenigsten an der modernen, an den arabischen Etymologieen und grammatischen Erörterungen der Leipziger Schule, an assyrischen Parallelen, an den Ergebnissen der allerjüngsten Dissertationen und Monographien. Es kann nicht fehlen, daß in diesem reich bepflanzten Garten nicht alle Blumen Honig geben, man muß

---

76 Kaufmann 1908: 292f.
77 Eine souveräne Übersicht gibt Kaufmann 1908.
78 Kaufmann 1908: 297.
79 Es gibt zu denken, daß er keine Einleitung in das Alte Testament, keine Theologie des Alten Testaments und keine Geschichte des Volkes Israel geschrieben hat, statt dessen das „System der biblischen Psychologie" (Leipzig 1855); dazu vgl. Wagner 1978: 191f. und Rogerson 1984: 116–120.
80 Von der Klientel des Brunnen-Verlages bis hin zu Ernst Jünger (1993: 457).

sich wie die Bienen vorzugsweise an die unscheinbaren halten. Die Parallelen und Citate, insbesondere aber die syntaktisch-stilistischen Bemerkungen sind originell und z. Th. vortrefflich, sie beruhen auf gründlicher Beobachtung des Sprachgebrauchs [...]. Alles in Allem genommen - sorgfältig und erwogen ist das Meiste, was der Vf. giebt, und wenn man nicht immer für die Sache, um die es sich eigentlich handelt, etwas lernt (z. B. bei den Etymologieen), so ist man doch fast auf jeder Seite sicher, überhaupt etwas zu lernen. Und die Zeiten sind wohl vorüber, wo man von D. nichts lernen *wollte,* weil er seine wissenschaftliche Ueberzeugung mit der kirchlichen Tradition zu vereinigen sucht und dabei mitunter ins Gedränge kommt. Genug, daß er eine wissenschaftliche Ueberzeugung *hat,* wie die Thatsache, daß sie ihn in Conflicte bringt, beweist."[81]

Wenige Jahre später hätte Wellhausen seine Kritik wohl nicht mehr so charmant ausgedrückt. Seit seinen „Prolegomena" von 1878 spitzten sich die Gegensätze in der alttestamentlichen Wissenschaft zu, das „Gedränge", in das Delitzsch bis dahin „mitunter" gekommen war, nahm einen bedrohlichen Charakter an. Delitzsch hatte die historische Kritik, deren Symbolfigur der junge W.M.L. de Wette war, bei allen, oft schweren Vorbehalten nie einfach verurteilt oder ignoriert wie seine Vorgänger Hengstenberg und Hofmann; so konnte Wellhausen in der eben zitierten Rezension konstatieren, daß Delitzsch die Echtheit der Elihureden preisgab[82], und Ed. Reuß war bei der Lektüre des Jesajakommentars „ganz erstaunt wie viel im Grunde zugegeben" wurde[83]. Indessen ließ sich die Kritik dort weithin einigermaßen domestizieren; ihr Einfluß sei „auf die Exegese im B. Jesaia so gut wie keiner", bemerkte Delitzsch ganz gelassen noch in der letzten Auflage des Kommentars.[84] Aber Mose und der Pentateuch waren von vornherein nicht ganz dasselbe wie das übrige Alte Testament, und als Wellhausen seine große Attacke ritt, erschrak Delitzsch tief. Im Sommer 1881 bereiste ein schottischer Pfarrer namens William Robertson Nicoll Deutschland, um seiner heimischen Kirchenzeitung über diese Vorgänge zu berichten. Er besuchte zunächst Wellhausen und Zöckler in Greifswald und dann „the venerable Franz Delitzsch at Leipzig". Dieser schien ihm „to be more deeply stirred upon the whole subject than almost anyone else that I met with".

"'I am an adversary,' Delitzsch said to me, 'both of his [Wellhausen's] conclusions, and even more of the spirit in which he deals with the Old Testament history. Certainly,' he said, 'if his conclusions be true, the Old Testament cannot in any distinctive sense be the Word of God; but many critics have no proper idea of what that phrase – the Word of God – necessarily implies. And,' after a pause, he added, with great earnestness and evident emotion, 'that some of them do not realize the position which they assume when they trouble with their speculations the

---

81   Wellhausen 1877: 73.
82   Wellhausen 1877: 73.
83   Reuß 1904: 582.
84   Delitzsch 1889: 30.

Church of God.' Again and again he repeated, in his deep guttural tones, the phrase, 'Troubling the Church of God'."[85]

Und Baudissin gegenüber zitierte er die Mischna (Soṭa IX 15):

> „‚Das Angesicht des letzten Zeitalters [vor dem Ende] wird wie des Hundes Angesicht sein.' Solches Hundsgesicht hat dieses ganze Buch [Wellhausens Prolegomena], es strotzt voll cynische Frechheit."[86]

Aber er stürzte sich auch in die exegetische Arbeit, schrieb in Luthardts Zeitschrift für kirchliche Wissenschaft und kirchliches Leben zwei Artikelserien, betitelt „Pentateuch-kritische Studien" (1, 1880) und „Urmosaisches im Pentateuch" (3, 1882), und arbeitete seinen Genesiskommentar noch einmal so durchgreifend um, daß er 1887 als „Neuer Commentar über die Genesis" erscheinen konnte. Zwar legte er im Vorwort Gewicht darauf, daß „der Geist dieses Commentars […] seit 1852 unverändert der gleiche geblieben" sei, aber indem er erklärte, es seien „weniger die verschiedenen Resultate der Analyse, welche die Mitarbeiter scheiden, als die verschiedene religiöse Stellung zur heil. Schrift und die verschiedene religionsgeschichtliche Verwertung der Resultate"[87], deutete er an, daß er sich in wesentlichen Punkten von Wellhausen hatte überzeugen lassen. Auch hier, wenn man so will, eine „sonderbare Zwischenstellung"! Ed. Meyer hat es einen „Beweis für die Kraft des wissenschaftlichen Gewissens" genannt, „wie er ruhmreicher nicht gedacht werden kann", daß Delitzsch „wenige Jahre nach dem Erscheinen der Arbeiten Wellhausens diese Ergebnisse rücksichtslos anerkannt, seine ganze Lebensarbeit revidiert und einen Weg gefunden hat, die neue Auffassung mit der Orthodoxie auszugleichen". Aber ist es wirklich sicher, daß die Sache für Delitzsch am Ende so glatt abgemacht war? In seiner letzten Positionsbestimmung gesteht er zwar zu, daß er „in manchen biblischen Fragen der hergebrachten Ansicht widersprechen muß", sieht aber mit starken Worten seinen Standpunkt „doch diesseit des Grabens"[88], anders gesagt: nach wie vor bei Goeze im unvereinbaren Gegensatz zu Lessing. Sein Schwanengesang, „Messianische Weissagungen in geschichtlicher Folge", enthält zwar Zugeständnisse an die Resultate der modernen Kritik, doch „erfolgt gleichwohl der Aufbau fast ganz nach dem alten Schema, welches doch durch die neuere Literarkritik umgestoßen ist"[89]. Sein letztes Wort war eher resigniert: „Ich habe meine Zeit gehabt aber sie ist vorüber."[90] Einige Probleme sind geblieben.

---

85 Nicoll 1882: 368.
86 Delitzsch/Baudissin 1973: 440, vgl. 509.
87 Delitzsch 1887: 17.
88 Delitzsch 1890: 18.
89 Siegfried 1890: 420.
90 Delitzsch/Baudissin 1973: 535. Ähnlich vorher an Rade (bei Wagner 1978: 428).

Literatur

BAUDISSIN, GRAF W. (1899): Rez. von F. Delitzsch, Iris. Farbenstudien und Blumenstücke, ThLZ 15, 161–166.

BEYSCHLAG, K. (1993): Die Erlanger Theologie, Erlangen.

BUDDE, K./HOLTZMANN, H.J. (Hg.) (1904): Eduard Reuß` Briefwechsel mit seinem Schüler und Freunde Karl Heinrich Graf, Gießen.

BONWETSCH, N. (1917): Aus vierzig Jahren Deutscher Kirchengeschichte 1. Folge, Beiträge zur Förderung christlicher Theologie ; Bd. 22, Gütersloh.

DELITZSCH, F. (1836): Zur Geschichte der jüdischen Poesie vom Abschluß der heiligen Schriften Alten Bundes bis auf die neueste Zeit, Leipzig.

– (1838): Wissenschaft, Kunst, Judenthum. Schilderungen und Kritiken, Grimma.

– (1840a): Charakteristik des Unglaubens, ZLThK 1/I, 70–105.

– (1840b): Charakteristik des Glaubens, ZLThK 1/III, 26–61.

– /VON SCHEURL, A. (1858): Die Sache des Professors D. Baum-garten in Rostock: theologisch und juristisch beleuchtet, Erlangen.

– (1859): Commentar über den Psalter. Erster Theil, Leipzig.

– (1883): Franz Delitzsch über sich selbst 1883. Selbstbiographie, geschrieben für norwegische Freunde, in: Wittenberg, M. (1963): Franz Delitzsch (1813–1890). Vier Aufsätze über ihn und Auszüge aus seinen Werken, Handreichung des Evangeliumsdienstes unter Israel durch die evangelisch-lutherische Kirche 7, Nürnberg, 9–11.

– (1887): Neuer Commentar über die Genesis, Leipzig.

– (1888a): Iris. Farbenstudien und Blumenstücke, Leipzig

– (1888b): Der tiefe Graben zwischen alter und moderner Theologie. Ein Bekenntnis, Leipzig.

– (1889): Commentar über das Buch Jesaia, Leipzig.

EIßFELDT, O./RENGSTORF, K.H. (Hg.) (1973): Briefwechsel zwischen Franz Delitzsch und Wolf Wilhelm Graf Baudissin 1866–1890, ARWAW 43, Opladen.

EIßFELDT, O. (1962): Kleine Schriften I, Tübingen.

GÖßNER, A. (Hg.) (2005): Die Theologische Fakultät der Universität Leipzig. Personen, Profile und Perspektiven aus sechs Jahrhunderten, Leipzig.

HAUßLEITER, J. (1897): Art. Baumgarten, Michael, RE[3] II, 458–464.

JÜNGER, E. (1993): Siebzig verweht, Bd. 3, Stuttgart.

KAUFMANN, D.(1908): Franz Delitzsch. Ein Palmblatt aus Juda auf sein frisches Grab, in: Kaufmann, D.: Gesammelte Schriften, Bd. 1., Frankfurt/Main.

KÖHLER, A. (1898): Art. Delitzsch, Franz, RE[3] IV, 565–570.

KRAUS, H.-J. ([3]1982): Geschichte der historisch-kritischen Erforschung des Alten Testaments, Neukirchen-Vluyn.

MEYER, E. (³1953): Geschichte des Altertums. Der Orient vom zwölften bis zur Mitte des achten Jahrhunderts, Bd. 2, Abt. 2, Darmstadt.

NICOLL, W.R. (1882): Wellhausen and his position, in: The Christian Church. A Journal of Defence of Christian Truth II, 366–369.

RENGSTORF, K.H. (1967): Die Delitzsch'sche Sache. Ein Kapitel preußischer Kirchen- und Fakultätspolitik im Vormärz, Arbeiten zur Geschichte und Theologie des Luthertums 19, Berlin/Hamburg.

RADE, M. (1889): Der tiefe Graben zwischen alter und moderner Theologie. Offener Brief an Herrn Geh. Kirchenrat Professor D. Delitzsch in Leipzig, ChW 2, 380–382.

ROGERSON, J. (1984): Old Testament criticism in the Nineteenth Century. England and Germany, London.

SCHMIDT, M. (1962): Art. Stephan, Martin, RGG³ VI, 357f.

SEELIGMANN, I.L. (2004): Gesammelte Studien zur Hebräischen Bibel, FAT 41, Tübingen.

SIEGFRIED, C. (1890): Rez. von F. Delitzsch, Messianische Weissagungen in geschichtlicher Folge, ThLZ 15, 419f.

VOLCK, W. (Hg.) (1891): Theologische Briefe der Professoren Delitzsch und v. Hofmann, Leipzig.

WAGNER, S. (1978): Franz Delitzsch. Leben und Werk, BevTh 80, München.

WELLHAUSEN, J. (1877): Rez. von F. Delitzsch, Biblischer Commentar über die poetischen Bücher des Alten Testaments. 2 Bd. Das Buch Job, ThLZ 2, 73-77.

WITTENBERG, M. (1963): Franz Delitzsch (1813–1890). Vier Aufsätze über ihn und Auszüge aus seinen Werken, Handreichung des Evangeliumsdienstes unter Israel durch die evangelisch-lutherische Kirche 7, Nürnberg.

WIESE, CHR. (1999): Wissenschaft des Judentums und protestantische Theologie im wilhelminischen Deutschland: ein Schrei ins Leere?, Schriftenreihe wissenschaftlicher Abhandlungen des Leo-Baeck-Instituts 61, Tübingen.

Die Alten und die Jungen.
Predigt über Jesus Sirach 3,1–6.11–16

Otto Kaiser
Marburg an der Lahn

Jesus Sirach 3,1–6.11–16

1 Des Vaters Satzung höret an, ihr Söhne,
und tut danach, damit ihr lebt!
2 Denn Ehre gab der Herr dem Vater bei den Söhnen,
der Mutter Satzung gab er Kraft über die Kinder.
3 Sünden bedeckt, wer seinen Vater ehrt,
4 und Schätze sammelt, ehrt er seine Mutter.
5 Wer seinen Vater ehrt, freut sich an seinen Söhnen,
und wenn er betet, so wird er erhört.
6 Wer seinen Vater ehrt, wird länger leben,
und wer dem Herrn gehorcht, ehrt seine Mutter.

11 Wer seinen Vater ehrt, der ehrt sich selber,
doch Sünden mehrt, wer seiner Mutter flucht.
12 Mein Sohn, nimm dich im Alter deines Vaters an
und laß in nicht allein, so lang er lebt.
13 Und wenn er abnimmt an Verstand, sieh es ihm nach,
so lang du lebst, sollst du ihn nicht beschämen.
14 Denn nicht vergessen wird der Beistand für den Vater,
er bleibt dir als ein Sündopfer erhalten.
15 Am Tag der Not wird dein gedacht,
um wie Wärme den Reif deiner Schuld zu tilgen.
16 Vermessen ist, wer seinen Vater verachtet,
und seinen Schöpfer reizt, wer seiner Mutter flucht.

1. Vom Verhältnis zwischen den Generationen

Vom Verhältnis zwischen den Generationen ist fast täglich in den Zeitungen und anderen Medien die Rede: Das Mißverhältnis zwischen der Zahl der Alten zu den Jungen, die Last, welche die Alten damit den Jungen auflegen, und die Schuld, die sie dennoch an ihnen abtragen müssen, weil ihre Lebensarbeit das

Fundament der eigenen gelegt hat, wird seit Jahren hin und her gewendet. Wenn wir uns der Frage nach dem rechten Verhältnis zwischen den Alten und den Jungen im Licht unseres Glaubens stellen wollen, sind wir gut beraten, wenn wir uns den Weisen Jesus Sirach als Führer wählen. Er hat in den Jahren zwischen 190 und 180 v.Chr. in Jerusalem ein Lehrbuch für die heranwachsende Jünglinge und zugleich für sein ganzes Volk geschrieben, das damals vor der Wahl stand, den Glauben an den Herrn und seine Gebote durch den an den himmlischen Zeus zu ersetzen, um sich als vollberechtigte Glieder in die hellenistischen Kultur und Staatenwelt einzugliedern. Der Sirazide setzte sich diesem Trend entgegen und suchte in seinem 51 Kapitel umfassenden Buch den Nachweis zu führen, daß der ererbte jüdische Glaube die vernunftgemäße Religion ist. Dazu verfaßte er Lehrreden, die auf alle menschlichen Lebenslagen eingehen, wobei er auf die Weisheit der an den Ufern des östlichen Mittelmeers wohnenden Völker zurückgreifen konnte.

2. Die Alten von heute – die Jungen von gestern, die Jungen von heute die Alten von morgen

Vorab überlegen wir uns, wie es um Jugend und Alter überhaupt bestellt ist. Es ist doch so: Wir Alten von heute waren einst die Jungen, und Ihr Jungen von heute werdet einst die Alten sein. Das ist das unumkehrbare Gesetz des Lebens, daß es einen Anfang und eine Mitte besitzt und ein Ende nimmt. In der Jugend liegt das Leben vor uns wie ein großer See in der Morgensonne, der so breit erscheint, daß wir sein Ufer nicht erkennen. Sind wir vierzig geworden, ahnen wir im Mittagsdunst seinen Schatten. Mit fünfzig hören wir ein fernes Geräusch wie von einem Wasserfall. Mit sechzig wird es uns gewiß, daß unser Lebensschiff auf ihn zutreibt. Mit siebzig verengt sich der See zu einem Kanal, dessen Wasser uns schneller und schneller dem Ende der Fahrt entgegentreibt. Gleichzeitig mit diesem Wandel verkehren sich auch die Pflichten, welche die Alten und die Jungen gegen einander besitzen: Wenn die kleinen Menschenkinder geboren werden, sind sie hilflose Wesen, die ohne die Liebe und treue Zuwendung ihrer Mütter nicht überleben könnten. Auf Jahre hinaus benötigen sie die Hut und Pflege ihrer Eltern, bis sie endlich selbständig und in eigener Verantwortung ihr Leben gestalten können. Dieses Verhältnis kehrt sich im Verlauf der Jahre um: Nun müssen die Jungen für ihre alt gewordenen Eltern sorgen, die am Ende so auf die Hilfe ihrer Kinder (oder sie vertretender Menschen) angewiesen sind. Jesus Sirach kommentiert das in Kap.7,27–28 knapp mit den beiden Sätzen:

> „Mit ganzem Herzen ehre deinen Vater
> und vergiß nicht deiner Mutter Wehen.

Denke daran, daß sie dich geboren,
was sie dir getan, kannst du nimmer vergelten."

Ohne die Eltern gäbe es die Jungen nicht, darum bleiben sie, was immer sie für diese tun, in ihrer Schuld. Daß der Dank an die alt gewordenen Eltern nicht immer einfach ist, entbindet, wie wir es im Predigttext gehört haben, nicht davon, ihn trotzdem zu erstatten (3,13):

„Auch wenn er abnimmt an Verstand, sieh es ihm nach,
so lang du lebst, sollst du ihn nicht beschämen."

3. Warum hat sich das Verhältnis
zwischen den Generationen heute verändert?

In vergangenen Zeiten war das Verhältnis zwischen den Generationen unproblematischer als heute. Die Berechtigung des biblischen Mahnworts leuchtete von selbst ein (Lev 19,32):

„Vor grauem Haar sollst du aufstehen
und einen Greis sollst du ehren;
und du sollst dich fürchten vor deinem Gott,
ich bin der Herr."

Denn anders als seit einigen Jahrzehnten waren die Alten nicht nur die sittlich Erfahrenen und lebensklugen, sondern sie hatten auch das technische, handwerkliche Wissen vor ihren Kindern voraus. Der Einzelne spielte überdies nicht die Rolle wie heute, wo jeder auf sich selbst steht und zusehen muß, wie er mit dem Leben zu recht kommt. Denn sein Leben war in das der Sippe eingebettet, in der jeder für jeden einstand und es ganz selbstverständlich war, daß der Sohn dem Vater, der Vater dem Großvater und alle dem Sippenhaupt, einem rüstigen und besonnenen Mann gehorchten. Zudem gab es immer nur sehr wenige Alte, weil die Hälfte der Jahrgänge nicht älter als dreißig Jahre wurde und von ihnen nur ein Viertel die fünfzig überlebte. Daher wußten die Jungen, daß sie auf den Rat der Alten angewiesen waren. Heute ist es mindestens zur Hälfte umgekehrt: Heute lernen in allen technischen Fragen die Jungen nicht von uns Alten, sondern wir Alten von den Jungen. Mit der Lebensweisheit kann es dagegen anders stehen. Aber damit das Zusammenleben der Generationen gelingt, bedarf es wechselseitig der Herzensgüte und der Rücksicht.

4. Rücksicht aufeinander als Höflichkeit des Herzens

Auch dafür hat Jesus Sirach in seiner Lehre vom richtigen Verhalten beim Gastmahl die passenden Worte gefunden. In ihr gab er den Jungen den Rat, sich nicht vorzudrängen und den Alten das Wort nicht abzuschneiden (Sir 32,7–8):

> „Bursche, rede nur, wenn es nötig ist,
> wann man dich mehrfach darum bittet.
> Fasse dich kurz und sage mit wenigen Worten viel,
> dann gleichst du dem Weisen, der schweigen kann."

Den wahren Waisen konnte man damals den „gerechten Schweiger" nennen: Das war der Mann, der das passende Wort zur rechten Zeit sagte, ohne viele Worte zu machen. Entsprechend heißt in Sir 5,11:

> „Sei schnell bereit zu hören,
> aber langsam Antwort zu geben."

Aber Jesus Sirach sah auch die andere Seite der Medaille und darum schrieb er den Alten das Folgende ins Stammbuch (Sir 23,3–4):

> „Sprich, bist du alt, denn das steht dir zu,
> doch sprich mit Verstand und stör nicht das Singen!
> Wo man Wein trinken will, halte keine langen Reden,
> das ist nicht der Ort, um mit Weisheit zu glänzen."

Gewiß erfordert es der natürliche Takt, erfordert es die Rücksicht, daß die Jungen die Alten ausreden lassen. Aber die Alten müssen ebenso Rücksicht auf die Jungen nehmen und dürfen sie nicht um die ihrem Alter gemäßen Freuden bringen. Sie sollen sie auch nicht über Dinge zu belehren versuchen, welche die Jungen nun einmal besser wissen, weil sie innerlich noch biegsamer und lernbereiter als die Alten sind.

Wirklich gelingen aber kann das Verhältnis zwischen den Generationen nur, wenn beide ihrer selbst gewiß sind. Gesundes Selbstvertrauen gewinnt von selbst die Achtung der Anderen (Sir 10,28–29):

> „28 Mein Sohn, in Bescheidenheit achte dich selbst
> und gib dir den Wert, der dir zukommt.
> 29 Wer wird den anerkennen, der sich selbst verdammt,
> und wer den ehren, der sich selbst verachtet?"

Damit ist ein ganz entscheidendes Stichwort gefallen, daß der Bescheidenheit. Daher sollte den Wahrspruch, mit dem ein Bearbeiter die Lehre des Sirachiden über die rechte Verhalten Belehrung der Generationen beim Mahle abschließt, von Alt und Jung beherzigt werden (Sir 32,10):

> „Vor dem Hagel leuchtet der Blitz,
> und vor den Bescheidenen leuchtet Anmut."

Was ist Anmut? Friedrich Schiller hat eine berühmte Abhandlung über das Thema „Von Anmut und Würde" geschrieben. Wir müssen uns an dieser Stelle

kürzer fassen und sagen: Anmut leuchtet auf den Gesichtern, die sich in selbst-
verständlicher, aus Selbstsicherheit kommender Güte dem Anderen zuwenden
können. Es ist seltsam: Aus einem ganz verrunzelten, von den Jahren Gesichter
in den Schatten stellt. Trotzdem ist Anmut keine Gabe, die nur dem Alter zukommt. Auch junge Menschen strahlen sie aus, wenn sie sich ebenso ihrer
selbst sicher wie freundlich bewegen und dem Anderen zuwenden. Anmut ist
die Folge eines Taktes, der aus dem Herzen kommt. Wer über beides verfügen
will, muß seinen Frieden mit Gott und der Welt geschlossen haben. Wer sein
Herz an das Haben und Mehrhaben wollen hängt und nicht gelernt hat, daß
Geben besser als Nehmen ist und Treue und Liebe mehr als alle Besitztümer
sind, wird notwendig vom Leben enttäuscht werden.

5. Das Ende des Lebens als neuer Anfang

Damit haben wir das Ziel unserer Überlegungen erreicht: Wir sagten, die Alten
von heute waren die Jungen von gestern und die Jungen von heute sind die
Alten von Morgen. Wir erinnerten uns in dem Beispiel von der Ausfahrt unseres Lebensschiffes daran, daß sich der Horizont der Lebensreise im Laufe der
Jahrzehnte langsam und doch unübersehbar verengt: Auch unser Lebensschiff
treibt wie das aller Menschen, die vor uns gelebt haben und nach uns leben
werden auf das Ende der irdischen Reise zu. (Sir 41,3):

   „Fürchte dich nicht vor dem Tode, der dir bestimmt.
         Bedenke, daß es keinem vor und nach dir anders geht;
         denn das ist Gottes Los für alles Fleisch."

Aber als Christen können wir darauf vertrauen, daß der Tod kein Ende und
unser aller Leben eine Fahrt zur Ewigkeit ist. In ihr sind wir in Gott geborgen.
Daher brauchen wir uns nicht vor dem Tode zu fürchten, sondern können mit
dem schlesischen Dichter Josef Freiherr von Eichendorff bekennen:

   „Die Welt mit ihrem Gram und Glücke
   will ich, ein Pilger, wohl bereit,
   betreten nur als eine Brücke
   zu dir, Herr, übern Strom der Zeit."

Was also bietet die Gewähr für das Gelingen des gemeinsamen Lebens der
Generationen? Ein unerschütterliches Gottvertrauen, das sich auch im Tode in
Gott geborgen weiß und uns im Leben die Freiheit gibt, einander als die wahr
zu nehmen, die wir sind: als Menschen, die wissen, daß sie auf die Treue, Güte
und Barmherzigkeit Gottes angewiesen sind und sie daher einander erweisen
können.[1]

---

[1]   Predigt, gehalten am 6. Juli 2006 in der Martinskirche zu Kassel zur Eröffnung der Kasseler
      Sommerkirche 2008 „Erfahrungen mit dem Alter".

Stellenregister